Studien zum europäischen ur
deutschen Öffentlichen Recht

herausgegeben von

Christian Calliess und Matthias Ruffert

35

Malte Symann

Schutz der Rechtsstaatlichkeit durch europäisches Haushaltsrecht

Plädoyer für einen neuen Sanktionsmechanismus

Mohr Siebeck

Malte Symann, geboren 1988; Studium des deutschen und französischen Rechts an der LMU München und der Université Panthéon-Assas Paris II; 2011 Licence en Droit; 2014 Erste Juristische Staatsprüfung und Maîtrise en Droit; Rechtsreferendariat am Hanseatischen Oberlandesgericht Hamburg mit Stationen in Brüssel und Washington D. C.; 2017 Zweite Juristische Staatsprüfung; Studium des US-amerikanischen Rechts an der New York University; 2019 LL.M.; wissenschaftlicher Mitarbeiter an der HU Berlin; 2020 Promotion; seit 2020 Rechtsanwalt.
orcid.org/0000-0002-9688-1070

Dissertation an der Humboldt-Universität zu Berlin, Rechtswissenschaftliche Fakultät
(Verteidigung: Oktober 2020)

ISBN 978-3-16-159973-6 / eISBN 978-3-16-160002-9
DOI 10.1628/978-3-16-160002-9

ISSN 2192-2470 / eISSN 2569-443X
(Studien zum europäischen und deutschen Öffentlichen Recht)

Die Deutsche Nationalbibliothek verzeichnet diese Publikation in der Deutschen Nationalbibliographie; detaillierte bibliographische Daten sind über *http://dnb.dnb.de* abrufbar.

Das Buch wurde von epline in Böblingen aus der Times gesetzt und von Laupp & Göbel in Gomaringen auf alterungsbeständiges Werkdruckpapier gedruckt und gebunden.

Printed in Germany.

Meinen Eltern

Vorwort

Der Rechtsstaat und das Europarecht – beides hat mich schon lange politisch sowie rechtlich interessiert und beides hat in den letzten Jahren eine zunehmende Bedeutung erfahren. In dieser Arbeit habe ich mich diesem Themenkomplex eingehend gewidmet und möchte durch die erarbeiteten Ergebnisse zum europarechtlichen und -politischen Diskurs beitragen. Anfang Oktober 2020 wurde diese Arbeit an der Rechtswissenschaftlichen Fakultät der Humboldt-Universität zu Berlin als Dissertation angenommen. Auf den parallel zu meiner Disputation vorgelegten neuen Vorschlag der Bundesregierung verweise ich in der Arbeit knapp, die weiteren Verhandlungen hierzu konnte ich aber nicht mehr aufnehmen. Dieser Vorschlag stimmt, zumindest in seiner ersten Version, in weiten Teilen mit den in dieser Untersuchung gefunden Ergebnissen überein.

Diese Arbeit entstand maßgeblich während meiner Zeit als wissenschaftlicher Mitarbeiter am Lehrstuhl für Öffentliches Recht und Europarecht/Walter-Hallstein-Institut der Humboldt-Universität zu Berlin. Die Tätigkeit an diesem Lehrstuhl hat mir insbesondere wegen aller Kolleginnen und Kollegen, dem wissenschaftlichen Austausch und nicht zuletzt der guten Stimmung von Anfang an große Freude bereitet. Ganz besonderer Dank gilt an dieser Stelle dem Lehrstuhlinhaber und Erstgutachter dieser Arbeit, Prof. Dr. Matthias Ruffert. Er stand für Fragen und Diskussionen immer zur Verfügung, ließ zugleich genügend Freiraum für eigene Gedanken und Entwicklungen. Zudem unterstützte er mein LL.M.-Studium während der Promotion maßgeblich. Es war eine wunderschöne Zeit – für alles ein herzliches Dankeschön!

Daneben danke ich Herrn Prof. Dr. Christian Waldhoff für die äußerst zügige Erstellung des Zweitgutachtens und die wertvollen Anregungen. Prof. Dr. Christian Calliess und Prof. Dr. Matthias Ruffert danke ich für die Aufnahme in die Schriftenreihe Studien zum europäischen und deutschen Öffentlichen Recht. Darüber hinaus möchte ich allen Kollegiatinnen und Kollegiaten des Promotionskollegs Einheit und Differenz im Europäischen Rechtsraum der Humboldt European Law School sowie insbesondere Herrn Prof. Dr. Martin Eifert für die anregenden Diskussionen und zahlreichen, auch kritischen, Nachfragen herzlich danken. Diese Arbeit durch Korrekturlesen und Diskussionen besonders unterstützt haben zudem Lauren Bourke, Dr. Philipp Gärtner, Dr. Paweł Mazur, Dr. Sarah Pohlmann sowie meine Eltern Lisa und Dr. Michael Symann. Ebenfalls bedanken möchte ich mich bei der Stiftung der Deutschen Wirtschaft für das gewährte Promotionsstipendium sowie bei der Hanns-Seidel-Stiftung, der Deutsch-Französischen Hochschule, dem Deutschen Akademischen Austauschdienst sowie der New York University School of Law, die meine übrige juristische Ausbildung finanziell und ideell gefördert haben.

Aber das Leben besteht eben nicht nur aus Arbeit und, in meinem Fall, Juristerei: Besonders lebenswert wird das Leben doch erst durch zwischenmenschliche Begegnungen, Freundschaften und Familie. Deshalb möchte ich mich bei meinen Freundinnen und Freunden dafür bedanken, dass sie mich in allen Belangen immer unterstützt und auch trotz teilweise weiter Entfernungen und längerer Abwesenheiten enge Freundschaften aufrechterhalten haben. Ganz besonders gilt dies für meine Eltern Lisa und Michael sowie meinen Bruder Rune – sie sind immer für mich da. Ihnen ist diese Arbeit gewidmet.

Berlin, im Oktober 2020 Malte Symann

Inhaltsübersicht

Inhaltsverzeichnis

Abkürzungsverzeichnis

AA	Andere Ansicht
Abs.	Absatz
AEUV	Vertrag über die Arbeitsweise der Europäischen Union
Art.	Artikel
BayVfGHG	Gesetz über den Bayerischen Verfassungsgerichtshof
BIP	Bruttoinlandsprodukt
BlnVfGHG	Gesetz über den Berliner Verfassungsgerichtshof
BVerfG	Bundesverfassungsgericht
EAER	European Agency for Administrative Efficiency and Rule of Law/Europäische Agentur für Verwaltungseffizienz und Rechtsstaatlichkeit
EAGV	Vertrag zur Gründung der Europäischen Atomgemeinschaft (Euratom)
ECJ	European Court of Justice (= EuGH)
EFRE	Europäischer Fonds für regionale Entwicklung
EGKSV	Vertrag über die Gründung der Europäischen Gemeinschaft für Kohle und Stahl
EGMR	Europäischer Gerichtshof für Menschenrechte
EHO	Europäische Haushaltsordnung
ELER	Europäischer Landwirtschaftsfonds für die Entwicklung des ländlichen Raums
EMFF	Europäischer Meeres- und Fischereifonds
EMRK	Europäische Konvention zum Schutz der Menschenrechte und Grundfreiheiten
ErwG.	Erwägungsgrund
ESF	Europäischer Sozialfonds
ESIF	Europäische Struktur- und Investitionsfonds
ESM	Europäischer Stabilitätsmechanismus
EuGH	Europäischer Gerichtshof
EuGHVfO	Verfahrensordnung des Gerichtshofs
EuRH	Europäischer Rechnungshof
Europäisches Semester	Europäisches Semester für die wirtschaftspolitische Koordinierung
Europol	Agentur der Europäischen Union für die Zusammenarbeit auf dem Gebiet der Strafverfolgung
EUStA	Europäische Staatsanwaltschaft
EUV	Vertrag über die Europäische Union (in der Fassung des Vertrags von Lissabon)
EZB	Europäische Zentralbank
Fn.	Fußnote

GAP	Gemeinsame Agrarpolitik
GFP	Gemeinsame Fischereipolitik
GO	Geschäftsordnung
GRC	Charta der Grundrechte der Europäischen Union
IRG	Internationales Rechtshilfegesetz
Kommission	Europäische Kommission
Legalis	System Informacji Prawnej Legalis
MFR	Mehrjähriger Finanzrahmen
mwN	Mit weiteren Nachweisen
OLAF	Office Européen de Lutte Anti-Fraude/Europäisches Amt für Betrugsbekämpfung
OSNAPiUS	Orzecznictwo Sądu Najwyższego. Izba Administracyjna, Pracy i Ubezpieczeń Społecznych
Parlament	Europäisches Parlament
Rat	Rat der Europäischen Union
RL	Richtlinie
Rn.	Randnummer
SächsVfGHG	Gesetz über den Sächsischen Verfassungsgerichtshof
TEU	Treaty on European Union (= EUV)
TFEU	Treaty on the Functioning of the European Union (= AEUV)
U. S.C.	Code of Laws of the United States of America
Venedig-Kommission	Kommission für Demokratie durch Recht (Europarat)
VO	Verordnung
VwVfG	Verwaltungsverfahrensgesetz (Bundesrepublik Deutschland)

§ 1 Rechtsstaatskrise und Krisenresilienz

Die EU – gegründet nach den Weltkriegen zur Verhinderung weiterer Krisen und Kriege – sieht sich selbst seit Jahren zahlreichen fundamentalen Krisen gegenüber: Die Wirtschafts- und Eurokrise ab 2008 führte zu tiefgreifenden Verwerfungen, die wirtschaftlichen und politischen Folgen des Brexit harren weiter einer Klärung und nun erfordert die Überwindung der durch Covid-19 ausgelösten gesundheitlichen und wirtschaftlichen Krise fundamentale Kraftanstrengungen. Vor diesem Hintergrund und weiterer tiefgreifender Herausforderungen, von der Klima- bis zur Außen- und Sicherheitspolitik, geriet die ebenfalls seit Jahren schwelende Krise der Rechtsstaatlichkeit der EU immer wieder in den Hintergrund. Dabei stellt auch sie eine existenzielle Gefahr für den Bestand der EU dar;[1] sie droht Grundlagen und Funktionsfähigkeit der EU nachhaltig zu beeinträchtigen.

Die EU kümmerte sich in den letzten Jahren vornehmlich um die Bewältigung der wirtschaftlichen Herausforderungen – die Krise der Rechtsstaatlichkeit hat in Politik und Gesellschaft erst spät jene Aufmerksamkeit erhalten, die sie verdient.[2] Die Mitgliedstaaten und die Institutionen der EU ringen nun um die richtigen Antworten auf diese Krise, die insbesondere in Polen und Ungarn bedenkliche Ausmaße angenommen hat. So sind gegen Polen und Ungarn Verfahren nach Art. 7 EUV eingeleitet worden, die aufgrund der hohen Zustimmungserfordernisse unter den Mitgliedstaaten bisher noch keine greifbaren Ergebnisse hervorgebracht haben. Auch deshalb setzt die Europäische Kommission (Kommission) nunmehr vermehrt auf Vertragsverletzungsverfahren. Daneben werden andere Instrumente diskutiert, insbesondere die Einführung einer finanziellen Sanktionsmöglichkeit zur Ahndung rechtsstaatswidriger Maßnahmen. An diese werden zur Lösung der Krise der Rechtsstaatlichkeit hohe Erwartungen gestellt; zugleich ist sie politisch und rechtlich umstritten.

---

[1] *R. D. Kelemen*, CEP 17 (2019), S. 246 ff., 247 spricht mit Blick auf die Krise der Rechtsstaatlichkeit von „arguably the only truly existential risk" für die EU. Ähnlich *J.-W. Müller*, in: C. Closa/D. Kochenov (Hrsg.), Reinforcing Rule of Law Oversight in the European Union, Cambridge 2016, S. 206, 207.

[2] Dies zeigt sich auch in der hohen Bedeutung, die die Bevölkerung der Rechtsstaatlichkeit beimisst. *European Commission*, Special Eurobarometer 489 – Rule of law – Report, July 2019, S. 5 ff. Ähnlich *W. Rech*, Journal of Contemporary European Studies 26 (2018), S. 334 ff., 336 ff.

A. Der europäische Rechtsstaat in der Krise

Die EU und ihre Vorgängerorganisationen sahen sich von Anfang an als Rechtsgemeinschaft. Besonders deutlich wird dies an dem Bekenntnis des ersten Kommissionspräsidenten *Walter Hallstein*: „Die Europäische Wirtschaftsgemeinschaft ist in dreifacher Hinsicht ein Phänomen des Rechts: Sie ist Schöpfung des Rechts, sie ist Rechtsquelle und sie ist Rechtsordnung.“[3] Insbesondere das Vertrauen auf eine regelbasierte europäische Einigung ermöglichte es auch kleineren Mitgliedstaaten, bis dato ungekannten Fortschritten in der europäischen Integration zuzustimmen. Allein aus der Mitgliedschaft folgende ökonomische Vorteile, so bedeutend sie waren und sind, hätten eine solch weitgehende Kompetenzübertragung auf die supranationale Ebene der EU nicht ermöglicht.

Neben diesem integrationspolitischen Hintergrund kommt der europäischen Rechtsstaatlichkeit auch aus geschichtlicher Perspektive eine besondere Bedeutung zu: Die EU und ihre Vorgängerorganisationen wurden als Antwort auf den Nationalismus und die Rechtlosigkeit insbesondere während der in Europa tobenden Weltkriege gegründet. Sie sieht sich deshalb auch als Schicksalsgemeinschaft, die sich der Förderung und Verteidigung grundlegender demokratischer und rechtsstaatlicher Werte verschrieben hat.[4] Der europäische Rechtsstaatsbegriff wird deshalb in Abgrenzung zum auf formalen Kriterien beruhenden Rechtspositivismus[5] weiter verstanden: Er ist umfassender und enthält grundlegende Wertungen zu Grund- und Menschenrechten und setzt insoweit auch der Legislative entsprechende Grenzen.[6] Die Ausgestaltung des Rechtsstaats kann daher nicht isoliert diskutiert werden, sondern ist vielmehr eng mit Fragen der Demokratie und des Schutzes der Menschrechte verknüpft.[7]

Umso beklagenswerter sind rechtsstaatswidrige Tendenzen, die sich in den letzten Jahren in verschiedenen Mitgliedstaaten, insbesondere Polen und Ungarn, beobachten ließen. Dies betrifft nicht nur konkret die Rechtsunterworfenen in den jeweiligen Ländern, sondern über die Integration der dortigen Rechtsschutzsysteme in das europäische Rechtsschutzsystem auch die europäische Integration insgesamt. Diese ist darauf angewiesen, dass europäisches Recht in allen Mitgliedstaaten gleichermaßen beachtet wird, und droht deshalb nachhaltig Schaden zu nehmen. Verschiedene politische und rechtliche Reak-

---

[3] *W. Hallstein*, Der unvollendete Bundesstaat – Europäische Erfahrungen und Erkenntnisse, 1969, S. 33 ff. Hierzu auch *I. Pernice*, Der Beitrag Walter Hallsteins zur Zukunft Europas – Begründung und Konsolidierung der Europäischen Gemeinschaft als Rechtsgemeinschaft – WHI Paper 9/01, 16.11.2001.

[4] Siehe hierzu unten § 2 A. III. 4.

[5] Hierzu *J. Weiler*, in: C. Closa/D. Kochenov (Hrsg.), Reinforcing Rule of Law Oversight in the European Union, Cambridge 2016, S. 313, 316 ff.

[6] Siehe unten § 2 A. II.

[7] *J. Weiler*, in: C. Closa/D. Kochenov (Hrsg.), Reinforcing Rule of Law Oversight in the European Union, Cambridge 2016, S. 313, 318.

tionen hierauf konnten diese Krise bisher, trotz Erfolgen in Einzelfällen, nicht lösen.[8]

B. Die Krisenresilienz der EU als Chance

Seit ihrer Gründung und insbesondere in den letzten Jahren hat die EU allerdings schon viele Krisen durchgestanden und der gelegentlich ertönende Abgesang auf die EU hat sich bisher immer als voreilig erwiesen. Vielmehr sollte die Krisenresilienz der EU nicht unterschätzt werden, die EU ist häufig erst durch Krisen gestärkt worden. Insoweit kann sich *Jean Monnet* mit seinem Zitat bestätigt sehen: „J'ai toujours pensé que l'Europe se ferait dans les crises, et qu'elle serait la somme des solutions qu'on apporterait à ces crises."[9] Auch in diesen Zeiten muss sich die EU dieser Eigenschaft gewahr werden und ihre Kräfte zur Überwindung der multiplen Krisen bündeln. Gelingt ihr dies, kann die Krise der Rechtsstaatlichkeit zur Stärkung der rechtsstaatlichen Strukturen in der EU und sogar zur Herausbildung eines europäischen Kernverfassungsrechts beitragen.

Für die Krise der Rechtsstaatlichkeit lässt sich mutmaßlich keine einzelne und zugleich umfassende Lösung finden. Vielmehr wird auch die Überwindung dieser Krise verschiedene und aufeinander abgestimmte Instrumente politischer und rechtlicher Natur benötigen. Ein wichtiger Baustein hierfür könnte die finanzielle Sanktion von Rechtsstaatsverstößen sein. Hierdurch würde allen Mitgliedstaaten verdeutlicht, dass die Vorteile der Mitgliedschaft in der EU mit Pflichten einhergehen: Vormals eher getrennte Politiken der EU würden dadurch stärker verschränkt, in diesem Fall die finanzielle Förderung und die europäische Rechtsstaatlichkeit. Vor dem Hintergrund der stetig wachsenden Bedeutung des EU-Haushalts für die einzelnen Mitgliedstaaten – die in Reaktion auf die durch Covid-19 ausgelöste Wirtschaftskrise noch einmal stark zunehmen wird[10] – dürfte ein solcher Sanktionsmechanismus eine besondere Wirkung entfalten.

Ein solcher Sanktionsmechanismus würde sich in verschiedenen Spannungsfeldern bewegen: So hat er durch seine finanzielle Wirkweise und sein Ziel der uneingeschränkten Geltung der Rechtsstaatlichkeit in allen Mitgliedstaaten eine hohe politische Bedeutung. Gleichzeitig soll er kein rein politisches Instrument sein und eine gewisse Verrechtlichung erfahren, um der Durchsetzung zwingenden Unionsrechts zu dienen und um eine sachwidrige Anwendung dieses

---

[8] Siehe unten § 2 A. IV.

[9] „Ich habe immer geglaubt, dass Europa durch Krisen entsteht und es die Summe der Lösungen dieser Krisen ist." *J. Monnet*, Mémoires, 1976, S. 615 f.

[10] Deutlich wird dies insbesondere durch die geplante spürbare Erhöhung der Eigenmittel der EU in den nächsten Jahren, Art. 1 ff. COM (2020) 445 final (Geänderter Vorschlag Eigenmittelsystem EU) v. 28.05.2020.

Sanktionsmechanismus auszuschließen. Zudem steht dieser Sanktionsmechanismus auch im Spannungsverhältnis zwischen der Souveränität der Mitgliedstaaten und einer möglichst effektiven – letztlich in einigen Politikbereichen sehr weitgehenden – Zusammenarbeit in der EU: Je detailreicher die EU die mitgliedstaatliche Justizorganisation vorschreibt, umso stärker greift sie in die aus mitgliedstaatlicher Sicht besonders sensible Struktur und Funktionsweise der Judikative ein.

Diese Fragen werden im Rahmen dieser Arbeit untersucht, in deren Mittelpunkt die Bedeutung und rechtliche Umsetzung finanzieller Sanktionen mit Auswirkungen auf die Europäischen Struktur- und Investitionsfonds (ESIF) im Fall von Rechtsstaatsverstößen steht. Hierbei geht sie auch vertieft auf den entsprechenden Vorschlag der Kommission, wie er sich nach den Beratungen im Europäischen Parlament (Parlament) darstellt, ein.[11] Die Arbeit untersucht in einem ersten Schritt die derzeitige Krise der Rechtsstaatlichkeit, den derzeitigen Diskussionsstand und die möglichen Wirkungen des neuen Sanktionsmechanismus (§ 2). Darauf aufbauend folgt die Untersuchung, wie sich der neue Sanktionsmechanismus in das Kompetenz- und Sanktionssystem der EU einfügt (§ 3).

§ 4 klärt die mögliche Ausgestaltung des neuen Sanktionsmechanismus. Dies umfasst Definition und Überwachung der sanktionsbewehrten rechtsstaatlichen Mindeststandards, Sanktionsverfahren und Rechtsfolgen des Sanktionsbeschlusses. In § 5 werden die wichtigsten Thesen dieser Untersuchung zusammenfassend dargestellt. § 6 enthält abschließend eine Zusammenfassung der wichtigsten Ergebnisse auf Englisch.

[11] Vorschlag COM (2018) 324 final (finanzielle Sanktionen) – Abänderungen Parlament (P8_TA-PROV(2019)0349) v. 04.04.2019. Sofern dieser signifikant vom ursprünglichen Vorschlag der Kommission (Vorschlag COM (2018) 324 final (finanzielle Sanktionen) v. 02.05.2018) abweicht, wird dies entsprechend kenntlich gemacht.

Kurz vor Drucklegung dieser Untersuchung hat die deutsche Ratspräsidentschaft einen Kompromissvorschlag vorgelegt, den der Rat zur Grundlage für weitere Verhandlungen gemacht hat: Proposal 11322/20 (conditionality EU budget) – Proposal of the Council (Interinstitutional File 2018/0136(COD)) v. 30.09.2020. Dieser neue Kompromissvorschlag deckt sich in weiten Teilen mit den in dieser Untersuchung gefunden Ergebnissen. Die weiteren aktuellen Diskussionen hierzu konnten vor Veröffentlichung dieser Untersuchung aber nicht mehr berücksichtigt werden.

§ 2 Die Wahrung der Rechtsstaatlichkeit mit finanziellen Sanktionen

Die Beachtung rechtsstaatlicher Grundsätze in allen Mitgliedstaaten ist für die EU insgesamt von besonderer Bedeutung (A). In den letzten Jahren hat sich der Zustand der Rechtsstaatlichkeit in einigen Mitgliedstaaten aber spürbar verschlechtert – trotz verschiedener politischer Dialoge und des Einsatzes bereits bestehender Sanktionsmechanismen. Deshalb werden verschiedene Reformvorschläge zum Schutz der Rechtsstaatlichkeit diskutiert (B). Für die Einführung finanzieller Sanktionen bieten sich insbesondere die ESIF an, die deshalb in der Diskussion besondere Beachtung finden (C). Hieraus ergeben sich Maßstäbe für den neuen Sanktionsmechanismus (D).

A. Die grundlegende Bedeutung der Rechtsstaatlichkeit

Die Ausgestaltung der Judikative ist ein Kernelement des modernen Staatsaufbaus – und damit auch ein Kernelement der Staatlichkeit (I). Deshalb sind Eingriffe in deren Organisation für die Mitgliedstaaten und ihre gewachsenen verfassungsrechtlichen Traditionen besonders kritisch. Nach dem modernen europäischen Staatsaufbau zeichnet sich die Judikative durch Rechtsstaatlichkeit aus (II). Sie unterliegt somit einer Grundkonzeption, die über eine rein rechtspositivistische Anwendung hinausgeht.

Die Beachtung rechtsstaatlicher Grundsätze in allen Mitgliedstaaten ist für die EU insgesamt aus verschiedenen Gründen von besonderer Bedeutung (III). Dies gilt nicht nur für die Glaubwürdigkeit und Rechtsstaatlichkeit der EU selbst, sondern auch für die EU-weite Zusammenarbeit der Justiz und Verwaltung. Trotz dieser herausgehobenen Bedeutung der Rechtsstaatlichkeit in allen Mitgliedstaaten, wird diese in einigen Mitgliedstaaten missachtet (IV). Die bisher angewendeten Sanktionsmöglichkeiten konnten dies nicht verhindern, so dass ein Bedürfnis für einen neuen Sanktionsmechanismus besteht (V).

I. Die Organisation der Judikative: Kernelement der Staatlichkeit

Souveräne Staaten zeichnen sich dadurch aus, dass sie über ihre innere Organisation – insbesondere Staatsform sowie Teilung und Begrenzung staatlicher Macht – frei entscheiden können. In allen Gesellschaften wurde und wird über diese Fragen teilweise intensiv gerungen. Die Wahl oder Änderung einer bestimmten Staatsform ist deshalb immer Ausfluss gesellschaftlicher, nicht notwendigerweise aber demokratischer Grundentscheidungen und verfassungsrechtlicher Traditionen. Gesellschaftliche Entwicklungen haben somit Auswirkungen auf die Organisation des jeweiligen Staates, so dass sich die jeweiligen Staatsorganisationen in ihren Details in aller Regel periodisch fortentwickeln.[1]

Über die Jahrhunderte hat das Prinzip der Gewaltenteilung, das die Teilung und Begrenzung staatlicher Macht fordert, immer stärker an Bedeutung gewonnen. Erstmalig im größeren Maßstab wurde es in der Antike angewandt.[2] Heute unterteilen alle Staaten ihre Staatsgewalt zumindest formal in die drei Gewalten der Rechtssetzung, der Rechtsausführung sowie der Rechtsprechung. Die konkrete Ausgestaltung dieser Gewaltenteilung – insbesondere die Organisation und Stellung der einzelnen staatlichen Organe – variiert jedoch deutlich: Die Staatsform einiger Staaten ist auf die Machterhaltung bestimmter Personen, Personengruppen oder Parteien ausgelegt, die deshalb über entsprechende durchgreifende Machtstrukturen verfügen. Diese Staaten beachten die Grundsätze der Gewaltenteilung allenfalls formal und gestehen insbesondere der Judikative keine Unabhängigkeit zu. Auf der anderen Seite stehen Demokratien nach westlich-europäischem Vorbild, die sich durch die Beachtung von Mehrheitsentscheidungen auszeichnen und Gewaltenteilung auch in der Staatspraxis anwenden. Andere Staaten lassen sich wiederum zwischen diesen Polen einordnen.

Insbesondere die Frage, ob und wie übrige Staatsorgane der Kontrolle durch eine rechtsprechende Gewalt unterliegen, ist eine für die Staatsform fundamentale Entscheidung. Vorgaben zur Organisation und Aufgabenstellung der Judikative greifen somit in den Kernbereich der Staatlichkeit ein. Zugleich verändern sie gegebenenfalls auch den über Generationen gewachsenen Staatsaufbau, insbesondere das idealtypisch ausbalancierte Verhältnis der staatlichen Gewalten. Gerade deshalb werden von außen aufgestellte Vorgaben zur Organisation und Stellung der Judikative, die die unterschiedlichen staatlichen Gegebenheiten nicht berücksichtigen, häufig kritisch gesehen.

---

[1] So für Deutschland, Frankreich und Großbritannien auch *L. Pech*, The Rule of Law as a Constitutional Principle of the European Union – Jean Monnet Working Paper 04/09, 2009, S. 45.

[2] *A. Weber*, ZÖR 63 (2008), S. 267 ff., 268.

II. Die Ausgestaltung der Rechtsstaatlichkeit als unionaler Grundwert

Die EU und ihre Mitgliedstaaten haben sich – neben weiteren grundlegenden Werten – der auf der Gewaltenteilung fußenden Rechtsstaatlichkeit verschrieben. Dies wird an der Entwicklung der Verträge, insbesondere ihrer Änderungen durch die Verträge von Maastricht, Amsterdam und Lissabon, deutlich:[3] Die Mitgliedstaaten bekennen sich (nunmehr) schon in der Präambel zu EUV und AEUV „zu den Grundsätzen der Freiheit, der Demokratie, und der Achtung der Menschenrechte und Grundfreiheiten und der Rechtsstaatlichkeit".[4] Art. 2 S. 1 EUV legt fest, dass sich die EU auf die „Achtung der Menschenwürde, Freiheit, Demokratie, Gleichheit, Rechtsstaatlichkeit und die Wahrung der Menschenrechte einschließlich der Rechte der Personen, die Minderheiten angehören", gründet.[5] Gemäß Art. 3 Abs. 1 EUV fördert die EU diese Werte aktiv. Auch in der Charta der Grundrechte der Europäischen Union (GRC) haben sich die Mitgliedstaaten zu diesen Grundwerten bekannt.[6] Zudem sind alle Mitgliedstaaten der Europäischen Konvention zum Schutz der Menschenrechte und Grundfreiheiten (EMRK) beigetreten; die EU selbst soll der EMRK ebenfalls beitreten.[7]

---

[3] Zur wachsenden Bedeutung der Rechtsstaatlichkeit in der Entwicklung der europäischen Verträge *L. Pech*, The Rule of Law as a Constitutional Principle of the European Union – Jean Monnet Working Paper 04/09, 2009, S. 17 ff.; zur Entwicklung des Rechtsstaatsbegriffs im Europarecht *R. Ullerich*, Rechtsstaat und Rechtsgemeinschaft im Europarecht – Eine dogmatische und terminologische Untersuchung der europäischen Verträge und der Rechtsprechung des Europäischen Gerichtshofs – Zugleich eine Gegenüberstellung zum Bundesverfassungsrecht, 2011, S. 42 ff.

[4] Die Präambeln der Gründungsverträge enthalten diesen Hinweis noch nicht. Siehe die Präambeln von EGKS-Vertrag, Euratom-Vertrag und EWG-Vertrag v. 25.03.1957. Erst die Präambel des EU-Vertrag (1992), ABl. EU C 191 v. 29.07.1992, S. 1 ff. enthält das Bekenntnis „zu den Grundsätzen der Freiheit, der Demokratie und der Achtung der Menschenrechte und Grundfreiheiten und der Rechtsstaatlichkeit".

[5] Insoweit und mit Blick auf die in Art. 2 S. 2 EUV genannten Prinzipien von Pluralismus bis Gleichheit von Frauen und Männern sprechen einige auch vom „europäischen Gesellschaftsmodell", *A. Hatje/J. Schwarze*, EuR 54 (2019), S. 153 ff., 155 f. Zur Genese von Art. 2 EUV *M. Hilf/F. Schorkopf*, in: E. Grabitz/M. Hilf/M. Nettesheim (Hrsg.), Das Recht der Europäischen Union, [69]München 2020, Art. 2 EUV, Rn. 1 ff. Hierzu auch *A. v. Bogdandy/M. Ioannidis*, CML Rev 51 (2014), S. 59, 60.

[6] Die Präambel der GRC verweist darauf, dass die EU „auf den Grundsätzen der Demokratie und Rechtsstaatlichkeit" beruht.

Gemäß Art. 6 Abs. 1 UABs. 1 Hs. 2 EUV ist die Grundrechtecharta den Verträgen rechtlich gleichranging. Für Polen und das Vereinigte Königreich gelten gemäß Protokoll Nr. 30 (Anwendung GRC), ABl. EU C 202 v. 13.12.2007, S. 312 f. Ausnahmen. Zur Bedeutung dieses Protokolls etwa *J. F. Lindner*, EuR 43 (2008), S. 786 ff.

[7] Dies ergibt sich aus dem Programmsatz in Art. 6 Abs. 2 S. 1 EUV. Zu den vertragsrechtlich vorgesehenen Modalitäten Art. 6 Abs. 2 EUV und Protokoll Nr. 8 (Beitritt EMRK), ABl. EU C 202 v. 07.06.2016, S. 273. Möglich ist der Beitritt der EU mittlerweile auch, da die EU nach einer Änderung in Art. 59 Abs. 2 EMRK beitreten kann, obwohl sie kein Staat im klassischen Sinne ist; die EMRK wurde durch Art. 17 Abs. 1 14. EMRK-Zusatzprotokoll entsprechend geändert. Der EuGH hat den geplanten Beitritt der EU zur EMRK aber bereits zweimal (unter unterschiedlichen Voraussetzungen) für unionsrechtswidrig erklärt. EuGH, Gutachten v.

Auch in der EMRK wird schon in der Präambel unter anderem auf die Bedeutung der „Achtung der Freiheit und Rechtsstaatlichkeit" verwiesen.

Die Beachtung all dieser, insbesondere in Art. 2 S. 1 EUV genannten, Werte ist für das unionale Gesellschaftskonzept elementar; trotzdem hat die Rechtsstaatlichkeit und insbesondere die Sicherung rechtsstaatlicher Verfahren doch eine herausgehobene Bedeutung.[8] Denn nur die Garantie eines rechtsstaatlichen Verfahrens kann den übrigen formal gewährten Rechten zu ihrer vollen Entfaltung verhelfen: Nur hierüber ist es dem einzelnen Bürger sowie Unternehmen möglich, ihre Grundrechte und Grundfreiheiten im Zweifelsfall auch durchzusetzen. Die Kommission bezeichnet die Rechtsstaatlichkeit deshalb zurecht als „Rückgrat jeder modernen demokratischen Grundordnung".[9] Zudem hat die Rechtsstaatlichkeit auch besondere Bedeutung für die europäische Zusammenarbeit.[10] Sprachlich wird dies dadurch deutlich, dass die Organe der EU diese auch als Rechtsgemeinschaft bzw. Rechtsunion bezeichnen.[11] Darüber hinaus bedingen sich Demokratie und Rechtstaatlichkeit gegenseitig: Ohne rechtsstaatliche Sicherungen ist ein demokratischer Diskurs nicht möglich; Rechts-

---

28.03.1996, Rs. 2/94, *Beitritt der Gemeinschaft zur EMRK*, ECLI:EU:C:1996:140 und EuGH, Gutachten v. 18.12.2014, Rs. 2/13, *Beitritt der EU zur EMRK*, ECLI:EU:C:2014:2454. Hierzu und zu den weiteren Entwicklungsperspektiven etwa *M. Wendel*, NJW 68 (2015), S. 921 ff.; *F. Schorkopf*, in: E. Grabitz/M. Hilf/M. Nettesheim (Hrsg.), Das Recht der Europäischen Union, [69]München 2020, Art. 6 EUV, Rn. 35 ff.

[8] Zur Aufnahme des Begriffs der Rechtsstaatlichkeit in die europäischen Verträge *D. Nickel*, EuR 52 (2017), S. 663 ff., 664 ff. Zum Verständnis des Begriffs des Rechtsstaats in Deutschland, Großbritannien, Frankreich und Bulgarien *European Parliament*, The Triangular relationship between Fundamental Rights, Democracy and Rule of Law in the EU – Towards an EU Copenhagen Mechanism, October 2013, S. 28 ff. Zur Entwicklung in Deutschland, Frankreich, Großbritannien und weiteren Mitgliedstaaten *A. Weber*, ZÖR 63 (2008), S. 267 ff., 268 ff.; *L. Pech*, The Rule of Law as a Constitutional Principle of the European Union – Jean Monnet Working Paper 04/09, 2009, S. 22 ff. Zur Bedeutung der Rechtsstaatlichkeit auch *O. Mader*, HJRL 11 (2019), S. 133 ff., 140 ff.; *L. Pech*, The Rule of Law as a Constitutional Principle of the European Union – Jean Monnet Working Paper 04/09, 2009, S. 49 ff.

[9] *Europäische Kommission*, Mitteilung der Kommission an das Europäische Parlament und den Rat – Ein neuer EU-Rahmen zur Stärkung des Rechtsstaatsprinzips – COM (2014) 158 final, 11.03.2014, S. 2. Zur Entwicklung der rechtsstaatlichen Strukturen im europäischen Verfassungsraum *P. Häberle/M. Kotzur*, Europäische Verfassungslehre, [8]2016, S. 1056 ff.

[10] Siehe unten § 2 A. III.

[11] Zum Begriff der Rechtsgemeinschaft *A. v. Bogdandy*, EuR 52 (2017), S. 487 ff., 488 ff. Auch EuGH, Urteil v. 23.04.1986, Rs. 294/83, *Les Verts/Europäisches Parlament*, ECLI:EU:C:1986:166, Rn. 23. Zur Bedeutung dieses Urteils *L. Pech*, The Rule of Law as a Constitutional Principle of the European Union – Jean Monnet Working Paper 04/09, 2009, S. 10 ff. Ferner EuGH, Urteil v. 25.07.2002, Rs. C-50/00 P, *Unión de Pequeños Agricultores/Rat*, ECLI:EU:C:2002:462, Rn. 38 ff.; EuGH, Urteil v. 27.02.2018, Rs. C-64/16, *Associação Sindical dos Juízes Portugueses/Tribunal de Contas*, ECLI:EU:C:2018:117, Rn. 31; EuGH, Urteil v. 03.10.2013, Rs. C-583/11 P, *Inuit Tapiriit Kanatami*, ECLI:EU:C:2013:625, Rn. 91 ff.; *A. v. Bogdandy*, EuZW 27 (2016), S. 441 f., 442; *A. v. Bogdandy/C. Calliess/H. Enderlein u. a.*, ZRP 46 (2013), S. 225 ff., 249. Zur entsprechenden Bezeichnung durch den ersten Kommissionspräsidenten Walter Hallstein siehe oben § 1 A.

staatlichkeit wird empirisch gesehen nur in Demokratien gewährleistet.[12] Auch deshalb betrifft die Ausgestaltung des Rechtsstaats den Kernbereich der europäischen Staatlichkeit.

Der unional und materiell verstandene Begriff der Rechtsstaatlichkeit geht über rein formale Anforderung etwa zur Einrichtung einer Judikative bzw. eines Gesetzesstaats hinaus. Er stellt vielmehr materielle Anforderungen an Organisation und Aufgabenstellung der Judikative:[13] Die Verfassung bzw. Rechtsordnung ist damit nicht werteneutral, sondern folgt vielmehr einem Gerechtigkeitskonzept.[14] Letztlich soll dies sicherstellen, dass die Gewaltenteilung – und insbesondere die unabhängige Kontrolle durch die Judikative – sowie der Schutz der Grund- und Menschenrechte auch in der Praxis gewährleistet ist.

1. Rechtsstaatlichkeit von Verfahren

Der Begriff der Rechtsstaatlichkeit ist somit materiell zu verstehen, dient aber vor allem der Sicherung rechtsstaatlicher Verfahren. Damit diese gewährleistet sind, müssen folgende Grundsätze erfüllt sein:

a) Gewaltenteilung, Unabhängigkeit und Unparteilichkeit der Justiz

Nach dem Grundsatz der Gewaltenteilung handelt jedes staatliche Organ nach den ihm zugewiesenen Befugnissen und Zielen.[15] Dies verpflichtet auch zur Einrichtung einer unabhängigen Judikative[16] – und gerade diese Unabhängigkeit von Exekutive und Legislative ist Wesensmerkmal der rechtsstaatlichen

---

[12] *C. Möllers/L. Schneider*, Demokratiesicherung in der Europäischen Union – Studie zu einem Dilemma, 2018, S. 129 f. Zum Verhältnis von Demokratie und Rechtsstaat auch *A. Voßkuhle*, NJW 71 (2018), S. 3154 ff., 3154 ff.; *European Parliament*, The Triangular relationship between Fundamental Rights, Democracy and Rule of Law in the EU – Towards an EU Copenhagen Mechanism, October 2013, S. 30 ff.

[13] So auch *A. Weber*, ZÖR 63 (2008), S. 267 ff., 268 f.; *L. Pech*, The Rule of Law as a Constitutional Principle of the European Union – Jean Monnet Working Paper 04/09, 2009, S. 53 ff.

[14] *R. Hofmann*, in: R. Hofmann/M. L. Amaral (Hrsg.), Rechtsstaatlichkeit in Europa, Heidelberg 1996, 3 ff.

[15] Für die EU ist der Grundsatz der Gewaltenteilung in Art. 13 Abs. 2 S. 1 EUV festgelegt. Hierzu etwa EuGH, Beschluss v. 18.04.2013, Rs. C-413/11, *Germanwings GmbH/ Thomas Amend*, ECLI:EU:C:2013:246, Rn. 16 f. Zum Grundsatz der Gewaltenteilung eingehend *A. Weber*, ZÖR 63 (2008), S. 267 ff., 278 ff.; *R. Hofmann*, in: R. Hofmann/M. L. Amaral (Hrsg.), Rechtsstaatlichkeit in Europa, Heidelberg 1996, S. 3, 11 f.

[16] Die einzurichtenden Gerichte müssen nach der Definition des EuGH auf gesetzlicher Grundlage und auf Dauer errichtet sein, Rechtsnormen in einem kontradiktorischen Verfahren anwenden, verbindliche Entscheidungen treffen und unabhängig sein. EuGH, Urteil v. 27.02.2018, Rs. C-64/16, *Associação Sindical dos Juízes Portugueses/Tribunal de Contas*, ECLI:EU:C:2018:117, Rn. 38; EuGH, Urteil v. 16.02.2017, Rs. C-503/15, *Ramón Margarit Panicello*, ECLI:EU:C:2017:126, Rn. 27; EuGH, Urteil v. 17.07.2014, Rs. C-58/13 und C-59/13, *Angelo Alberto Torresi und Pierfrancesco Torresi*, ECLI:EU:C:2014:2088, Rn. 17.

Judikative.[17] Richter müssen ihre richterlichen Funktionen somit in völliger Autonomie ausüben können und müssen vor ihre Unabhängigkeit gefährdenden Interventionen geschützt werden.[18] Hier ist auch der für die Rechtsunterworfenen (objektiv) entstehende Eindruck von Bedeutung.[19] Sie dürfen deshalb grundsätzlich nicht vorzeitig ohne besondere Befugnis entlassen werden können[20] und müssen angemessen vergütet werden.[21] Zudem muss das Gericht, um den Anforderungen des Art. 6 Abs. 1 EMRK sowie Art. 47 Abs. 2 S. 1 GRC zu genügen, unparteiisch sein.[22]

b) Legalitätsprinzip, Vorrang und Vorbehalt des Gesetzes

Wesen einer Demokratie und eines Rechtsstaats ist es, dass wesentliche Entscheidungen durch das demokratisch direkt legitimierte Parlament getroffen werden.[23] Nur dieses kann, da es selbst durch Wahlen der periodischen Kon-

---

[17] EuGH, Urteil v. 11.01.2000, Rs. C-174/98 P und C-189/98 P, *Van der Wal*, ECLI:EU:C:2000:1, Rn. 17; *H. Jarass*, in: ders. (Hrsg.), Charta der Grundrechte der Europäischen Union, ^{3}München 2016, Art. 47 GRC, Rn. 19ff. mwN. Nach Ansicht des EuGH kommt der Unabhängigkeit der Gerichte „grundlegende Bedeutung" zu, EuGH, Urteil v. 25.07.2018, Rs. C-216/18 PPU, *LM*, ECLI:EU:C:2018:586, Rn. 48ff.; EuGH, Urteil v. 05.11.2019, Rs. C-192/18, *Kommission/Polen (Indépendance des juridictions de droit commun)*, ECLI:EU:C:2019:924, Rn. 105f. Zu verschiedenen Aspekten der richterlichen Unabhängigkeit *F.J. Säcker*, NJW 71 (2018), S. 2375ff.; *European Commission for Democracy through Law* (Venice Commission), Rule of Law Checklist – CDL-AD(2016)007, 18.03.2016, S. 20ff.

[18] EuGH, Urteil v. 27.02.2018, Rs. C-64/16, *Associação Sindical dos Juízes Portugueses/Tribunal de Contas*, ECLI:EU:C:2018:117, Rn. 44; EuGH, Urteil v. 19.09.2006, Rs. C-506/04, *Graham J. Wilson*, ECLI:EU:C:2006:587, Rn. 51; EuGH, Urteil v. 16.02.2017, Rs. C-503/15, *Ramón Margarit Panicello*, ECLI:EU:C:2017:126, Rn. 37; EuGH, Urteil v. 24.06.2019, Rs. C-619/18, *Kommission/Polen (Indépendance de la Cour suprême)*, ECLI:EU:C:2019:531, Rn. 72; EuGH, Urteil v. 05.11.2019, Rs. C-192/18, *Kommission/Polen (Indépendance des juridictions de droit commun)*, ECLI:EU:C:2019:924, Rn. 109; EuGH, Urteil v. 19.11.2019, Rs. C-585/18, C-624/18 und C-625/18, *A. K. u. a./Sąd Najwyższy*, ECLI:EU:C:2019:982, Rn. 121.

[19] EuGH, Urteil v. 19.11.2019, Rs. C-585/18, C-624/18 und C-625/18, *A. K. u. a./Sąd Najwyższy*, ECLI:EU:C:2019:982, Rn. 127ff.; EGMR, Urteil v. 06.11.2018, Rs. 55391/13, 57728/13, 74041/13, *Ramos Nunes de Carvalho e Sá/Portugal*, Rn. 144.

[20] EuGH, Urteil v. 08.04.2014, Rs. C-288/12, *Kommission/Ungarn*, ECLI:EU:C:2014:237, Rn. 54; EuGH, Urteil v. 05.11.2019, Rs. C-192/18, *Kommission/Polen (Indépendance des juridictions de droit commun)*, ECLI:EU:C:2019:924, Rn. 112ff.

[21] EuGH, Urteil v. 27.02.2018, Rs. C-64/16, *Associação Sindical dos Juízes Portugueses/Tribunal de Contas*, ECLI:EU:C:2018:117, Rn. 45. Hierzu *T. Jaeger*, EuR 53 (2018), S. 611ff., 620ff.

[22] EGMR, Urteil v. 12.12.2002, Rs. 59021/00, *Kalogeropoulou u. a./Greece and Germany*, S. 276; EGMR, Urteil v. 01.10.1982, Rs. 8692/79, *Piersack/Belgium*, Rn. 28ff.; EuGH, Urteil v. 24.06.2019, Rs. C-619/18, *Kommission/Polen (Indépendance de la Cour suprême)*, ECLI:EU:C:2019:531, Rn. 73; EuGH, Urteil v. 19.11.2019, Rs. C-585/18, C-624/18 und C-625/18, *A. K. u. a./Sąd Najwyższy*, ECLI:EU:C:2019:982, Rn. 128ff.

[23] Zum Gesetzesvorbehalt eingehend *I. Härtel*, in: A. Hatje/D. Braun (Hrsg.), Europäisches Organisations- und Verfassungsrecht, Baden-Baden 2014, S. 623, 55ff.; *A. Weber*,

trolle durch die Gesellschaft unterliegt, die Mitglieder der Gesellschaft in wesentlichen Fragen binden. Dies gilt insbesondere dann, wenn Grundrechte betroffen sind.[24] Die anderen öffentlichen Gewalten, Exekutive und Judikative, sind an diese von der Legislative gesetzlich festgelegten Grundentscheidungen gebunden.[25]

c) Rechtssicherheit, Rechtsklarheit und Rückwirkungsverbot

Die Grundsätze der Rechtssicherheit und -klarheit erfordern es, dass Bürger und Unternehmen die sich aus den gesetzlichen bzw. staatlichen Regelungen ergebenden Rechte und Pflichten eindeutig erkennen können.[26] Somit ist auch das Rückwirkungsverbot Teil dieser Grundsätze.[27]

d) Gewährung elementarer Justizgrundrechte

Die Justizgrundrechte sollen gewährleisten, dass die Rechtsunterworfenen die ihnen zustehenden Rechte auch mittels effektiven gerichtlichen Rechtsschutzes durchsetzen können.[28] Die Gerichtsorganisation und Verfahrensordnungen müssen so gestaltet sein, dass sie die Durchsetzung von Rechten „nicht praktisch unmöglich machen oder übermäßig erschweren".[29] Dazu zählt beispiels-

---

ZÖR 63 (2008), S. 267 ff., 284 ff.; *European Commission for Democracy through Law* (Venice Commission), Rule of Law Checklist – CDL-AD(2016)007, 18.03.2016, S. 11 ff. Für die EU selbst ist dieser Grundsatz u. a. in Art. 290 Abs. 1 AEUV festgelegt. Danach darf nur der Erlass „nicht wesentlicher Vorschriften" von Gesetzgebungsakten an die Kommission delegiert werden.

[24] Gemäß Art. 52 Abs. 1 S. 1 GRC muss die Einschränkung der Ausübung der durch die GRC geschützten Grundrechte gesetzlich vorgesehen sein.

[25] *R. Hofmann*, in: R. Hofmann/M. L. Amaral (Hrsg.), Rechtsstaatlichkeit in Europa, Heidelberg 1996, S. 3, 5 ff.; *J. Seidl*, Beitrittsverfahren und Sanktionen als Sicherungsmechanismen für die Werte der Europäischen Union, Erfurt 2019, S. 57 ff.

Im Strafrecht kommt dieser Grundsatz durch das Prinzip nulla poena sine lege, festgelegt unter anderem in Art. 7 Abs. 2 EMRK sowie Art. 49 Abs. 1 GRC, zum Ausdruck.

[26] EuGH, Urteil v. 21.06.2007, Rs. C-158/06, *Stichting ROM-projecten/Staatssecretaris van Economische Zaken*, ECLI:EU:C:2007:370, Rn. 24 ff.; EuGH, Urteil v. 13.02.1996, Rs. C-143/93, *Van Es Douane Agenten*, ECLI:EU:C:1996:45, Rn. 27; EuGH, Urteil v. 26.10.2006, Rs. C-248/04, *Koninklijke Coöperatie Cosun*, ECLI:EU:C:2006:666, Rn. 79 f. Auch *European Commission for Democracy through Law* (Venice Commission), Rule of Law Checklist – CDL-AD(2016)007, 18.03.2016, S. 15 ff.; *A. Weber*, ZÖR 63 (2008), S. 267 ff., 288 f.

[27] Auch dies folgt für das Strafrecht aus dem Grundsatz nulla poena sine lege gemäß Art. 7 Abs. 1 EMRK und Art. 49 Abs. 1 GRC. EuGH, Urteil v. 08.10.1987, Rs. C-80/86, *Kolpinhuis Nijmegen BV*, ECLI:EU:C:1987:431, Rn. 13.

[28] Dieser allgemeine Grundsatz des Unionsrechts folgt aus den gemeinsamen Verfassungstraditionen der Mitgliedstaaten und ist in Art. 19 Abs. 2 EUV, Art. 47 GRC sowie Art. 6 und 13 EMRK verankert. Zum gerichtlichen Rechtsschutz *A. Weber*, ZÖR 63 (2008), S. 267 ff., 286 ff.

[29] EuGH, Urteil v. 22.12.2010, Rs. C-279/09, *DEB Deutsche Energiehandels- und Beratungsgesellschaft mbH/Deutschland*, ECLI:EU:C:2010:811, Rn. 28 f.; EuGH, Urteil v. 16.12.1976, Rs. 33-76, *Rewe Zentralfinanz und Rewe Zentral*, ECLI:EU:C:1976:188, Rn. 5.

weise auch, dass gemäß Art. 47 Abs. 3 GRC und Art. 6 Abs. 3 lit. c) EMRK nötigenfalls Prozesskostenhilfe gewährt werden muss.[30] Ferner zählt zu den Justizgrundrechten auch das Verbot des ne bis in idem.[31]

e) Grundsatz der Gleichbehandlung und Willkürverbot

Nach dem in Art. 20 GRC verankerten Gleichbehandlungsgrundsatz sind vergleichbare Sachverhalte nicht unterschiedlich und unterschiedliche Sachverhalte nicht gleich zu behandeln, es sei denn hierfür liegt eine objektiv nachvollziehbare Rechtfertigung vor.[32] Damit eng zusammen hängt das Willkürverbot, das ebenfalls ein allgemeiner Grundsatz des Unionsrechts ist.[33]

2. Weitere materielle Aspekte der Rechtsstaatlichkeit

Legt man der Rechtsstaatlichkeit ein weites Begriffsverständnis zugrunde, so umfasst sie nicht nur verfahrenssichernde Aspekte. Vielmehr können hierunter dann auch die elementaren Grundrechte zur Achtung der persönlichen Integrität und Freiheit gefasst werden.[34] Die GRC trifft – über die Regelungen zu justiziellen Rechten hinaus[35] – Regelungen zur Würde des Menschen,[36] zu Freiheitsrechten,[37] zur Gleichheit,[38] zur Solidarität[39] sowie zu Rechten von Unionsbürgern.[40] Auch die EMRK schützt diese Grundrechte.[41]

---

[30] EuGH, Beschluss v. 13.06.2012, Rs. C-156/12, *GREP GmbH/Freistaat Bayern*, ECLI:EU:C:2012:342, Rn. 37 ff.

[31] Art. 50 GRC. *J. Seidl*, Beitrittsverfahren und Sanktionen als Sicherungsmechanismen für die Werte der Europäischen Union, Erfurt 2019, S. 65.

[32] EuGH, Urteil v. 21.12.2016, Rs. C-76/15, *Paul Vervloet u. a./Ministerraad*, ECLI:EU:C:2016:975, Rn. 74; EuGH, Urteil v. 14.09.2010, Rs. C-550/07 P, *Akzo Nobel Chemicals Ltd und Akcros Chemicals Ltd/Kommission*, ECLI:EU:C:2010:512, Rn. 54 f.; EuGH, Urteil v. 16.12.2008, Rs. C-127/07, *Société Arcelor Atlantique et Lorraine u. a./Premier ministre u. a.*, ECLI:EU:C:2008:728, Rn. 23; EuGH, Urteil v. 11.04.2013, Rs. C-401/11, *Blanka Soukupová/Ministerstvo zemědělství*, ECLI:EU:C:2013:223, Rn. 28 f. Siehe auch *European Commission for Democracy through Law* (Venice Commission), Rule of Law Checklist – CDL-AD(2016)007, 18.03.2016, S. 18 f.

[33] EuGH, Urteil v. 16.05.2017, Rs. C-682/15, *Berlioz Investment Fund SA/Directeur de l'administration des contributions directes*, ECLI:EU:C:2017:373, Rn. 51; EuGH, Beschluss v. 17.11.2005, Rs. C-121/04 P, *Minoan Lines SA/Kommission*, ECLI:EU:C:2005:695, Rn. 30; EuGH, Urteil v. 21.09.1989, Rs. 46/87 und 227/88, *Hoechst AG/Kommission*, ECLI:EU:C:1989:337, Rn. 19. Zu Gleichheitsgrundsatz und Willkürverbot *A. Weber*, ZÖR 63 (2008), S. 267 ff., 289 ff.

[34] Zur Bedeutung der Grundrechte für die Rechtsstaatlichkeit *R. Hofmann*, in: R. Hofmann/M. L. Amaral (Hrsg.), Rechtsstaatlichkeit in Europa, Heidelberg 1996, S. 3, 12 ff.

[35] Siehe oben § 2 A. II. 1. d).

[36] Art. 1 bis 5 GRC.

[37] Art. 6 bis 19 GRC.

[38] Art. 20 bis 26 GRC.

[39] Art. 27 bis 38 GRC.

[40] Art. 39 bis 46 GRC.

[41] Hierzu zählt etwa das Recht auf Leben (Art. 2 EMRK), das Verbot von Folter und Skla-

Ferner kann unter eine weit verstandene Rechtsstaatlichkeit auch der Grundsatz der Verhältnismäßigkeit gefasst werden, da er eng mit verschiedenen Aspekten des Rechtsstaatlichkeit, insbesondere dem Willkürverbot, verbunden und gemäß Art. 5 Abs. 4 EUV für die Organe der EU verpflichtend ist.[42] Darüber hinaus sieht die Kommission eine effiziente Korruptionsbekämpfung bzw. die weitestgehende Abwesenheit von Korruption als Teil der Rechtsstaatlichkeit an.[43] Dies ist ebenfalls mit den oben aufgeführten grundlegenden Aspekten der Rechtsstaatlichkeit, insbesondere dem Legalitätsprinzip, eng verbunden.

Auch diese Aspekte sind für sich genommen von großer Bedeutung für den Einzelnen und das europäisch-demokratische Gesellschaftsbild. Für die unterschiedlichen Aspekte bieten sich aber unterschiedliche Durchsetzungsmechanismen an, so dass eine Unterscheidung sinnvoll und nötig ist.

III. Die Bedeutung der mitgliedstaatlichen Rechtsstaatlichkeit für die gesamte EU

Eine mangelnde Beachtung – oder auch offene Verstöße – gegen europäisches Recht lassen sich in den verschiedensten Politikbereichen feststellen. Besonders schwerwiegend sind Verstöße gegen rechtsstaatliche Grundsätze. Denn sie sind Teil des Selbstverständnisses der EU und ihre Einhaltung zugleich conditio sine qua non für die europäische Zusammenarbeit.[44] Solche schwerwiegenden Auswirkungen sind aber nicht schon bei vereinzelten, sondern regelmäßig nur bei wiederholten und schwerwiegenden Verstößen zu erwarten.[45]

---

verei (Art. 3 und 4 EMRK), Gedanken-, Gewissens- und Religionsfreiheit (Art. 9 EMRK), Meinungsfreiheit (Art. 10 EMRK) und Versammlungsfreiheit (Art. 11 EMRK).

[42] Zum Grundsatz der Verhältnismäßigkeit siehe unten § 4 A. I. 1. c).

[43] In den Fortschrittsberichten über die Beitrittskandidaten überprüft die Kommission den Stand der Korruptionsbekämpfung als Teil der Rechtsstaatlichkeit. Etwa *European Commission*, Albania 2016 Report – Communication from the Commission to the European Parliament, the Council, the European Economic and Social Committee and the Committee of the Regions – 2016 Communication on EU Enlargement Policy – SWD (2016) 364 final; COM (2016) 715 final, 09.11.2016, S. 17 ff.; *dass.*, Turkey 2016 Report – Communication from the Commission to the European Parliament, the Council, the European Economic and Social Committee and the Committee of the Regions – 2016 Communication on EU Enlargement Policy – SWD (2016) 366 final; COM (2016) 715 final, 09.11.2016, S. 20 ff.

[44] *R. D. Kelemen*, CEP 17 (2019), S. 246 ff., 248.

[45] So auch *A. Hatje/J. Schwarze*, EuR 54 (2019), S. 153 ff., 179 f.; *A. v. Bogdandy*, EuR 52 (2017), S. 487 ff., 506. Auch die Kommission sieht eine Gefährdung für die EU als Ganzes nur bei systemimmanenten Gefährdungen; einzelne Verstöße können ihrer Ansicht nach auch durch die Kontrolle der nationalen Justiz und der EMRK beseitigt werden. *Europäische Kommission*, Mitteilung der Kommission an das Europäische Parlament und den Rat – Ein neuer EU-Rahmen zur Stärkung des Rechtsstaatsprinzips – COM (2014) 158 final, 11.03.2014, S. 7 f.

1. Rechtsstaatlichkeit der EU

Gemäß Art. 19 Abs. 1 S. 2 EUV schaffen die Mitgliedstaaten die „erforderlichen Rechtsbehelfe, damit ein wirksamer Rechtsschutz in dem vom Unionsrecht erfassten Bereichen gewährleistet ist". Die mitgliedstaatlichen Gerichte erfüllen damit eine zentrale Aufgabe zur Gewährleistung des in Art. 2 EUV verankerten Rechtsstaatsprinzips.[46] Nur durch das Zusammenspiel von mitgliedstaatlichen und unionalen Gerichten kann ein wirksamer Rechtsschutz im Bereich des Unionsrechts gewährleistet werden.[47]

Erfüllen mitgliedstaatliche Gerichte rechtsstaatliche Kriterien nicht, so ist ein effektiver Rechtsschutz auch im Anwendungsbereich des Unionsrechts nicht unionsweit gegeben. Dies ist für die EU als Rechtsunion[48] problematisch, denn ihr ist „das Vorhandensein einer wirksamen, zur Gewährleistung der Einhaltung des Unionsrechts dienenden gerichtlichen Kontrolle […] inhärent".[49] Deshalb hat auch der EuGH darauf verwiesen, dass „Einrichtungen, die als Gerichte im Sinne des Unionsrechts Bestandteil [des mitgliedstaatlichen] Rechtsbehelfssystems sind, in den vom Unionsrecht erfassten Bereichen einen wirksamen gerichtlichen Rechtsschutz gewähren" müssen.[50] Für einen solchen wirksamen gerichtlichen Rechtsschutz müssen mitgliedstaatliche Gerichte unabhängig sein.[51] Nur dann kann das Gerichtssystem aus europäischen und mitgliedstaatlichen Gerichten auch eine kohärente und einheitliche Auslegung des Unionsrechts sicherstellen.[52]

---

[46] EuGH, Urteil v. 24.06.2019, Rs. C-619/18, *Kommission/Polen (Indépendance de la Cour suprême)*, ECLI:EU:C:2019:531, Rn. 46 ff.; EuGH, Urteil v. 27.02.2018, Rs. C-64/16, *Associação Sindical dos Juízes Portugueses/Tribunal de Contas*, ECLI:EU:C:2018:117, Rn. 32 ff.; EuGH, Gutachten v. 08.03.2011, Rs. 1/09, *Schaffung eines einheitlichen Patentgerichtssystems*, ECLI:EU:C:2011:123, Rn. 69; EuGH, Urteil v. 03.10.2013, Rs. C-583/11 P, *Inuit Tapiriit Kanatami*, ECLI:EU:C:2013:625, Rn. 99.

[47] *T. Jaeger*, EuR 53 (2018), S. 611 ff., 616 ff. Zum arbeitsteiligen Rechtsschutz durch nationale und originär unionale Gerichte etwa *T. v. Danwitz*, in: A. Hatje/D. Braun (Hrsg.), Europäisches Organisations- und Verfassungsrecht, Baden-Baden 2014, S. 747, 45 ff. Siehe auch unten § 2 A. III. 3. a).

[48] Siehe oben § 2 A. II.

[49] EuGH, Urteil v. 27.02.2018, Rs. C-64/16, *Associação Sindical dos Juízes Portugueses/Tribunal de Contas*, ECLI:EU:C:2018:117, Rn. 36; EuGH, Urteil v. 28.03.2017, Rs. C-72/15, *Rosneft*, ECLI:EU:C:2017:236, Rn. 73. Auch EuGH, Urteil v. 24.06.2019, Rs. C-619/18, *Kommission/Polen (Indépendance de la Cour suprême)*, ECLI:EU:C:2019:531, Rn. 46.

[50] EuGH, Urteil v. 27.02.2018, Rs. C-64/16, *Associação Sindical dos Juízes Portugueses/Tribunal de Contas*, ECLI:EU:C:2018:117, Rn. 37.

[51] EuGH, Urteil v. 27.02.2018, Rs. C-64/16, *Associação Sindical dos Juízes Portugueses/Tribunal de Contas*, ECLI:EU:C:2018:117, Rn. 42 f. Zur richterlichen Unabhängigkeit siehe oben § 2 A. II. 1. a).

[52] Zur Kohärenz und Einheitlichkeit der Auslegung des Unionsrechts durch das Gerichtssystem aus europäischen und mitgliedstaatlichen Gerichten EuGH, Urteil v. 06.03.2018, Rs. C-284/16, *Slowakei/Achmea*, ECLI:EU:C:2018:158, Rn. 35 ff.; EuGH, Gutachten v. 18.12.2014, Rs. 2/13, *Beitritt der EU zur EMRK*, ECLI:EU:C:2014:2454, Rn. 174; EuGH,

2. Dezentraler Vollzug unionaler Politiken

Für die möglichst wirksame Umsetzung der unionalen Politiken ist die rechtsstaatliche Organisation und Arbeitsweise der mitgliedstaatlichen Behörden und Judikative von besonderer Bedeutung: Abgesehen von wenigen Ausnahmen vollziehen die Mitgliedstaaten die unionalen Politiken dezentral durch ihre eigenen Behörden.[53] Die Wirksamkeit dieses dezentralen Vollzugs ist – insbesondere im Vergleich zu einem zentralisierten Vollzug etwa durch die Kommission – nur dann gewährleistet, wenn die mitgliedstaatlichen Behörden dieselben Maßstäbe beachten und vergleichbare Verfahren anwenden. Andernfalls besteht die Gefahr, dass die unionalen Politiken je nach Mitgliedstaat oder Region unterschiedlich oder gar nicht umgesetzt werden. Dadurch kann die jeweilige unionale Politik im äußersten Fall wirkungslos werden.

Neben diesen Folgen für die betroffene unionale Politik kann dies aber auch die demokratische Ordnung der EU nachhaltig schwächen: Denn die unionalen Politiken werden regelmäßig von Parlament und Rat der Europäischen Union (Rat) als Legislativorgane erlassen.[54] Vollzieht die Exekutive diese Gesetzgebungsakte nicht, wird sie ihrer im demokratischen Institutionengefüge obliegenden Aufgabe als maßgeblich ausführendes Organ nicht gerecht. Dadurch wird nicht zuletzt das Ansehen der Legislativorgane, insbesondere des direkt demokratisch legitimierten Parlaments, geschwächt. Für diese problematischen Folgen für die Gewaltenteilung[55] in der EU ist es unerheblich, ob es sich insoweit um ein Versäumnis der unionalen oder mitgliedstaatlichen Exekutive handelt.

Deshalb müssen auch die unionalen Legislativorgane sicherstellen können, dass ihre unionalen Gesetzgebungsakte von der unionalen und mitgliedstaatlichen Exekutive ordnungsgemäß umgesetzt werden. Hierzu wird sie regelmäßig objektiv überprüfbare Maßstäbe und Verfahren festlegen. Die Einhaltung dieser Maßstäbe und Verfahren kann nur eine nach rechtsstaatlichen Maßstäben arbeitende Exekutive und Judikative gewährleisten. Die Bedeutung der mitgliedstaatlichen Ebene wird durch den Grundgedanken der Ver-

---

Urteil v. 24.06.2019, Rs. C-619/18, *Kommission/Polen (Indépendance de la Cour suprême)*, ECLI:EU:C:2019:531, Rn. 44.

[53] Die Mitgliedstaaten müssen die hierfür nötigen Durchführungsrechtsakte erlassen, Art. 291 AEUV. *W. Frenz*, Handbuch Europarecht 5 – Wirkungen und Rechtsschutz, Heidelberg 2010, Rn. 523 ff. Auch etwa im stark unionsrechtlich geprägten Kartellrecht, das der Kommission weitreichende Kompetenzen bietet, verbleiben den mitgliedstaatlichen Behörden maßgebliche Kompetenzen zur dezentralen Durchsetzung. *G. Kallfaß*, EuR 53 (2018), S. 175 ff., 177 ff. Ähnlich argumentiert *E. Crabit*, in: W. Heusel/J.-P. Rageade (Hrsg.), Authority of EU Law, Berlin 2019, S. 261, 264 ff.

[54] In der Regel findet das ordentliche Gesetzgebungsverfahren gemäß Art. 289 Abs. 1 und 294 AEUV Anwendung. Daneben erfordern einige Ausnahmefälle die Anwendung eines besonderen Gesetzgebungsverfahrens, Art. 289 Abs. 2 AEUV.

[55] Zur Gewaltenteilung als Teil des Rechtsstaatsgebots siehe oben § 2 A. II. 1. a).

träge herausgestellt, wonach neben der allgemeinen Überwachungsfunktion der Kommission insbesondere die dezentrale Durchsetzung des Unionsrechts von besonderer Bedeutung ist. Deutlich wird dies an der Anwendbarkeit und dem Anwendungsvorrang des Unionsrechts in nationalen Gerichtsverfahren.[56] Nur durch dieses Zusammenspiel rechtsstaatlich organisierter Organe kann der ordnungsgemäße dezentrale Vollzug unionaler Politiken sichergestellt werden.

3. Zusammenarbeit der Mitgliedstaaten

Darüber hinaus fußt die Zusammenarbeit der europäischen Institutionen und Mitgliedstaaten auf dem gegenseitigen Vertrauen, dass sich alle europäischen und mitgliedstaatlichen Institutionen rechtstreu verhalten.[57]

a) Justizielle Zusammenarbeit

Dies zeigt sich eindrücklich im Bereich der justiziellen Zusammenarbeit: Diese beruht gemäß Art. 81 Abs. 1 S. 1 AEUV (Zivilsachen) bzw. Art. 82 Abs. 1 S. 1 AEUV (Strafsachen) auf dem Grundsatz der gegenseitigen Anerkennung gerichtlicher Urteile und Entscheidungen.[58] Das Vertrauen, dass diese Urteile und Entscheidungen auf rechtsstaatlichem Wege ergangen sind, ist Voraussetzung für eine solche gegenseitige Anerkennung. Andernfalls müssten alle Entscheidungen einzeln überprüft werden, was die europäische Zusammenarbeit in ihrer derzeitigen Form unmöglich machen würde.[59]

Hierauf verweisen die Rechtsakte zur Angleichung der Rechtsvorschriften der Mitgliedstaaten und zur gegenseitigen Anerkennung ausdrücklich.[60] Auch

---

[56] EuGH, Urteil v. 15.07.1964, Rs. 6/64, *Costa/E. N.E. L.*, ECLI:EU:C:1964:66, S. 593 f.; EuGH, Urteil v. 22.10.1998, Rs. C-10/97, *Ministero delle Finanze/IN.CO.GE. '90*, ECLI:EU:C:1998:498, Rn. 21; *R. Streinz*, in: ders. (Hrsg.), EUV/AEUV, [3]München 2018, Art. 4 EUV, Rn. 35 ff.

[57] *C. Closa*, in: C. Closa/D. Kochenov (Hrsg.), Reinforcing Rule of Law Oversight in the European Union, Cambridge 2016, S. 15 ff.; *A. v. Bogdandy*, EuZW 27 (2016), S. 441 f., 442; *Europäische Kommission*, Mitteilung der Kommission an den Rat und an das Europäische Parlament zu Artikel 7 des Vertrags über die Europäische Union – Wahrung und Förderung der Grundwerte der Europäischen Union – COM (2003) 606 final, 15.10.2003; *D. Kochenov/ L. Pech*, Upholding the Rule of Law in the EU: On the Commission's „Pre-Article 7 Procedure" as a Timid Step in the Right Direction – EUI Working Paper RSCAS 2015/24, 2015, S. 4 f.

[58] Zur Bedeutung des gegenseitigen Vertrauens für die justizielle Zusammenarbeit in Straf- und Zivilsachen umfassend *E. M. Kullak*, Vertrauen in Europa – Entwicklung und Funktion als Verfassungsgrundsatz des Unionsrechts, Tübingen 2020, S. 57 ff.; auch *M. Hazelhorst*, Neth Int Law Rev 65 (2018), S. 103 ff.

[59] So auch *A. v. Bogdandy/M. Ioannidis*, CML Rev 51 (2014), S. 59, 90. Prägnant zusammengefasst hat dies die damalige EU-Kommissarin für Justiz, Verbraucher und Gleichstellung *Věra Jourová*: „This means that if the national system of judiciary is broken, the EU system is broken." *V. Jourová*, Speech of Commissioner Jourova at the High level seminar: Finland 100 years, 31.10.2017.

[60] Etwa ErwG. 4 ff. RL 2013/48/EU (Rechtsbeistand in Strafverfahren und Verfahren zur Vollstreckung des Europäischen Haftbefehls), ABl. EU L 294 v. 22.10.2013, S. 1 ff.; ErwG. 26

nach Ansicht des EuGH hat „der Grundsatz des gegenseitigen Vertrauens zwischen den Mitgliedstaaten im Unionsrecht fundamentale Bedeutung […], da er die Schaffung und Aufrechterhaltung eines Raums ohne Binnengrenzen ermöglicht. Dieser Grundsatz verlangt aber, namentlich in Bezug auf den Raum der Freiheit, der Sicherheit und des Rechts, von jedem Mitgliedstaat, dass er, abgesehen von außergewöhnlichen Umständen, davon ausgeht, dass alle anderen Mitgliedstaaten das Unionsrecht und insbesondere die dort anerkannten Grundrechte beachten."[61] Die Mitgliedstaaten sind also unionsrechtlich verpflichtet, die Grundrechtstreue der übrigen Mitgliedstaaten zu unterstellen; insoweit haben sie dann auch keine Prüfkompetenz im Einzelfall.[62]

Wenn die Rechtsstaatlichkeit in einzelnen Mitgliedstaaten nicht mehr garantiert ist, kann dies über die justizielle Zusammenarbeit der Mitgliedstaaten auch schwerwiegende Folgen für jeden einzelnen Unionsbürger haben: So sind alle Mitgliedstaaten verpflichtet, einen europäischen Haftbefehl zu vollstrecken und die betroffene Person auszuliefern.[63] Dieses Problem beschäftigt mittlerweile auch die Gerichte: So hat unter anderem der High Court von Irland die Frage, ob eine Auslieferung gemäß dem Europäischen Haftbefehl nach Polen in der derzeitigen rechtsstaatlichen Lage möglich ist, ausführlich diskutiert und hierzu den EuGH angerufen.[64] In seinem Urteil im Vorabentscheidungsverfahren hat der EuGH dargelegt, dass das Übergabeverfahren beendet werden kann, wenn die Gefahr einer unmenschlichen oder erniedrigenden Behandlung der gesuchten Person droht.[65] Dafür ist zu untersuchen, ob wegen der systemischen

---

VO (EU) Nr. 1215/2012 (Anerkennung und Vollstreckung Zivil- und Handelssachen), ABl. EU L 351 v. 12.12.2012, S. 1 ff.; ErwG. 10 Rahmenbeschluss 2002/584/JI (Europäischer Haftbefehl), ABl. EU L 190 v. 13.06.2002, S. 1 ff.; ErwG. 4 VO (EU) Nr. 606/2013 (Schutzmaßnahmen Zivilsachen), ABl. EU L 181 v. 12.06.2013, S. 4 ff. So auch *F. Schorkopf*, EuR 51 (2016), S. 147 ff., 148 f.

[61] EuGH, Gutachten v. 18.12.2014, Rs. 2/13, *Beitritt der EU zur EMRK*, ECLI:EU:C:2014:2454, Rn. 191. In diesem Sinne auch EuGH, Urteil v. 27.02.2018, Rs. C-64/16, *Associação Sindical dos Juízes Portugueses/Tribunal de Contas*, ECLI:EU:C:2018:117, Rn. 43.

[62] EuGH, Urteil v. 25.07.2018, Rs. C-216/18 PPU, *LM*, ECLI:EU:C:2018:586, Rn. 36 f.; EuGH, Gutachten v. 28.03.1996, Rs. 2/94, *Beitritt der Gemeinschaft zur EMRK*, ECLI:EU:C:1996:140, Rn. 192; EuGH, Urteil v. 05.04.2016, Rs. C-404/15 und C-659/15 PPU, *Pál Aranyosi und Robert Căldăraru*, ECLI:EU:C:2016:198, Rn. 78.

[63] Dieser wurde eingeführt auf Grundlage des Rahmenbeschluss 2002/584/JI (Europäischer Haftbefehl), ABl. EU L 190 v. 13.06.2002, S. 1 ff. In Deutschland ist der Europäische Haftbefehl in den §§ 78 ff. IRG geregelt. Die deutsche Justiz ist gemäß § 79 IRG grundsätzlich verpflichtet, ein Auslieferungs- oder Durchlieferungsersuchen eines Mitgliedstaats zu billigen. Dies betrifft nach § 80 IRG auch deutsche Staatsangehörige. Zur grundsätzlichen Pflicht der Mitgliedstaaten zur Vollstreckung eines Europäischen Haftbefehls EuGH, Urteil v. 30.05.2013, Rs. C-168/13 PPU, *Jeremy F./Premier ministre*, ECLI:EU:C:2013:358, Rn. 35 f.; EuGH, Urteil v. 05.04.2016, Rs. C-404/15 und C-659/15 PPU, *Pál Aranyosi und Robert Căldăraru*, ECLI:EU:C:2016:198, Rn. 80.

[64] Ireland, Judgment v. 12.03.2018, Rs. 119 IEHC, *The Minister for Justice and Equality and Artur Celmer*, Rn. 41 ff.

[65] EuGH, Urteil v. 25.07.2018, Rs. C-216/18 PPU, *LM*, ECLI:EU:C:2018:586, Rn. 45.

oder allgemeinen Mängel im Justizsystem eine „echte Gefahr der Verletzung des Grundrechts auf ein faires Verfahren“ vorliegt.[66] Darauf aufbauend muss die vollstreckende Justizbehörde prüfen, ob auch für die auszuliefernde Person eine konkrete Gefahr besteht.[67] Deutsche Gerichte haben sich ebenfalls bereits im Rahmen der Auslieferung nach Polen auf Grundlage des Europäischen Haftbefehls mit den Auswirkungen der polnischen Justizreform befasst. So beurteilte das OLG Karlsruhe die polnische Justizreform sehr kritisch: In einem Verfahren im Jahr 2019 erlaubte es die Auslieferung nur unter der Maßgabe, dass dem deutschen Botschafter ein Besuchsrecht eingeräumt werde.[68] Im Februar 2020 hob es einen Auslieferungshaftbefehl nach Polen mit Verweis auf die polnischen Justizreformen und „einer echten Gefahr der Verletzung [des] Rechts auf ein faires Verfahren“ des Verfolgten auf.[69]

Hierzu *A. v. Bogdandy/P. Bogdanowicz/I. Canor u. a.*, Drawing Red Lines and Giving (Some) Bite, 03.08.2018 (https://verfassungsblog.de/drawing-red-lines-and-giving-some-bite-the-cjeus-deficiencies-judgment-on-the-european-rule-of-law/) (geprüft am 10.10.2020). In diesem Zusammenhang auch EuGH, Urteil v. 05.04.2016, Rs. C-404/15 und C-659/15 PPU, *Pál Aranyosi und Robert Căldăraru*, ECLI:EU:C:2016:198, Rn. 83 ff. *I. Canor*, CML Rev 50 (2013), S. 383 ff., 401 ff. sieht in dieser und weiterer Rechtsprechung die Grundlage für ein „horizontales Solange“, mit dem die Mitgliedstaaten gegenseitig die Einhaltung unionaler Vorgaben überwachen.

[66] EuGH, Urteil v. 25.07.2018, Rs. C-216/18 PPU, *LM*, ECLI:EU:C:2018:586, Rn. 60 ff. So auch EuGH, Urteil v. 05.04.2016, Rs. C-404/15 und C-659/15 PPU, *Pál Aranyosi und Robert Căldăraru*, ECLI:EU:C:2016:198, Rn. 88 ff.

[67] EuGH, Urteil v. 25.07.2018, Rs. C-216/18 PPU, *LM*, ECLI:EU:C:2018:586, Rn. 68 ff.; EuGH, Urteil v. 05.04.2016, Rs. C-404/15 und C-659/15 PPU, *Pál Aranyosi und Robert Căldăraru*, ECLI:EU:C:2016:198, Rn. 92 ff. Gerade diese zweite Prüfung dürfte in der Praxis sehr schwierig sein. Zu diesem Verfahren eingehend *M. Wendel*, EuR 54 (2019), S. 111 ff., 111 ff.; *W. Hummer*, EuR 53 (2018), S. 653 ff., 659 ff.; *E. M. Kullak*, Vertrauen in Europa – Entwicklung und Funktion als Verfassungsgrundsatz des Unionsrechts, Tübingen 2020, S. 67 ff. Zur Bedeutung dieses Urteils *W. Sadurski*, Poland's constitutional breakdown, Oxford 2019, S. 202 ff.

[68] OLG Karlsruhe, Beschluss v. 07.01.2019, Rs. Ausl 301 AR 95/18, *Auslieferung nach Polen*, ECLI:DE:OLGKARL:2019:0107.AUSL301AR95.18.00, Rn. 18 ff. Dieser Beschluss nimmt auch Bezug auf das Verfahren EuGH, Urteil v. 24.06.2019, Rs. C-619/18, *Kommission/Polen (Indépendance de la Cour suprême)*, ECLI:EU:C:2019:531. Zu diesem Verfahren siehe unten § 2 A. IV. 2. c). Bei Auslieferungen im Rahmen von Europäischen Haftbefehlen ist dieses deutliche Beharren auf diplomatischen Beistand ein ungewöhnlicher Vorgang. Hierzu *K. M. Böhm*, NStZ 39 (2019), S. 256 ff., 260 f.

Zur Bedeutung des Art. 7-Verfahrens für die Vollstreckung des Europäischen Haftbefehls *W. Hummer*, EuR 53 (2018), S. 653 ff., 655 ff.

[69] OLG Karlsruhe, Beschluss v. 17.02.2020, Rs. Ausl 301 AR 156/19, *Derzeitige Unzulässigkeit einer Auslieferung nach Polen*, ECLI:DE:OLGKARL:2020:0217.AUSL301 AR156.19.00, Rn. 33. In seinem Beschluss verweist das OLG Karlsruhe u. a. auf die Verfahren EuGH, Urteil v. 05.11.2019, Rs. C-192/18, *Kommission/Polen (Indépendance des juridictions de droit commun)*, ECLI:EU:C:2019:924 und EuGH, Urteil v. 19.11.2019, Rs. C-585/18, C-624/18 und C-625/18, *A. K. u. a./Sąd Najwyższy*, ECLI:EU:C:2019:982. Zu diesen Verfahren siehe unten § 2 A. IV. 2. c).

Zu diesem Urteil des OLG Karlsruhe und ähnlichen Urteilen der Rechtbank Amsterdam (Rechtbank Amsterdam, Beschluss v. 24.03.2020, Rs. 13/751021-20, *Overleverings-*

Ein weiteres Beispiel für die möglichen Konsequenzen ist die Europäische Ermittlungsanordnung in Strafsachen.[70] Nach dieser auf dem Grundsatz der gegenseitigen Anerkennung[71] beruhenden Anordnung können Ermittlungsmaßnahmen in anderen Mitgliedstaaten erlassen werden. Auch hier zeigt sich, dass die Bürger aller Mitgliedstaaten ein Interesse an Rechtsstaatlichkeit in allen Mitgliedstaaten haben.[72] In Zivilsachen können sich konkrete Folgen für einzelne Unionsbürger daraus ergeben, dass die Mitgliedstaaten Entscheidungen der Zivilgerichte gegenseitig anerkennen.[73]

Schon diese Beispiele verdeutlichen, dass mangelnde Rechtsstaatlichkeit in einem Mitgliedstaat jeden Unionsbürger betreffen kann – und zwar unabhängig von Nationalität, Wohn- und Aufenthaltsort.

b) Zusammenarbeit der mitgliedstaatlichen Verwaltungen

Auch für die effektive Zusammenarbeit der mitgliedstaatlichen Verwaltungen ist ein gegenseitiges Vertrauen maßgebend. Sie umfasst mittlerweile sehr viele Bereiche; besonders bedeutend ist das Binnenmarktrecht, in dem gegenseitiges Vertrauen eine wichtige Rolle für die Anwendung des Grundsatzes der gegen-

---

verzoek uit Polen, ECLI:NL:RBAMS:2020:1896; Rechtbank Amsterdam, Beschluss v. 24.03.2020, Rs. 13/752026-19, *EAB Polen*, ECLI:NL:RBAMS:2020:1931; Rechtbank Amsterdam, Beschluss v. 26.03.2020, Rs. 13/751883-18, *Verfolgings-EAB Polen*, ECLI:NL:RBAMS:2020:2008) sowie kritisch zum in EuGH, Urteil v. 25.07.2018, Rs. C-216/18 PPU, *LM*, ECLI:EU:C:2018:586 etablierten Test *P. Bárd/J. Morijn*, Domestic Courts Pushing for a Workable Test to Protect the Rule of Law in the EU, 19.04.2020 (https://verfassungsblog.de/domestic-courts-pushing-for-a-workable-test-to-protect-the-rule-of-law-in-the-eu/) (geprüft am 10.10.2020).

[70] RL 2014/41/EU (Europäische Ermittlungsanordnung), ABl. EU L 130 v. 03.04.2014, S. 1 ff.

[71] Art. 1 Abs. 2 und Art. 9 Abs. 1 RL 2014/41/EU (Europäische Ermittlungsanordnung), ABl. EU L 130 v. 03.04.2014, S. 1 ff.

[72] Soweit ersichtlich hat die Rechtsprechung sich noch nicht näher mit den Folgen der Entwicklungen insbesondere in Polen und Ungarn auf die Europäische Ermittlungsanordnung beschäftigt. Dies liegt (vermutlich) auch daran, dass diese Ermittlungen häufig im Verborgenen ablaufen.

[73] Hierzu die Regelungen in VO (EU) Nr. 606/2013 (Schutzmaßnahmen Zivilsachen), ABl. EU L 181 v. 12.06.2013, S. 4 ff.: Nach Art. 4 Abs. 1 dieser Verordnung wird eine in einem Mitgliedstaat angeordnete und unter den Anwendungsbereich der Verordnung fallende Schutzmaßnahme in den anderen Mitgliedstaaten anerkannt, ohne dass es hierfür eines besonderen Verfahrens bedarf, und ist dort vollstreckbar, ohne dass es einer Vollstreckbarkeitserklärung bedarf. Instruktiv ist auch die VO (EU) Nr. 1215/2012 (Anerkennung und Vollstreckung Zivil- und Handelssachen), ABl. EU L 351 v. 12.12.2012, S. 1 ff.: Nach Art. 36 Abs. 1 dieser Verordnung werden die in einem Mitgliedstaat ergangenen und dieser Verordnung unterfallenden Entscheidungen in den anderen Mitgliedstaaten anerkannt, ohne dass es hierfür eines besonderen Verfahrens bedarf. Gemäß Art. 39 dieser Verordnung ist diese Entscheidung auch ohne Vollstreckbarkeitserklärung in den anderen Mitgliedstaaten vollstreckbar, sofern sie auch im Mitgliedstaat des urteilenden Gerichts vollstreckbar ist. Die Anerkennung und Vollstreckung dieser Entscheidungen kann gemäß Art. 45 ff. dieser Verordnung nur in Ausnahmefällen untersagt werden.

seitigen Anerkennung spielt.[74] Im Rahmen der Migrations- und Flüchtlingskrise wurden Zusammenarbeit und Zuständigkeiten der mitgliedstaatlichen Asylbehörden intensiv diskutiert.[75] Diese Zusammenarbeit fußt insbesondere darauf, dass in allen Mitgliedstaaten vergleichbare rechtsstaatliche Standards herrschen, und ist deshalb bei Problemen der Rechtsstaatlichkeit gefährdet.[76]

Auch in anderen öffentlich weniger diskutierten aber nicht minder wichtigen Bereichen gibt es eine intensive Zusammenarbeit der mitgliedstaatlichen Verwaltungen. Dies betrifft etwa die Zusammenarbeit der nationalen Polizeien und Strafverfolgungsbehörden gemäß Art. 87 Abs. 1 AEUV, insbesondere über die Agentur der EU für die Zusammenarbeit auf dem Gebiet der Strafverfolgung (Europol).[77] Gerade der Austausch sensibler, in aller Regel personenbezogener Informationen zwischen diesen Behörden ist nur dann vertretbar, wenn sichergestellt ist, dass diese Informationen durch rechtsstaatlich arbeitende und entsprechend kontrollierte Behörden erhoben und verarbeitet werden. In diesem Zusammenhang ist auch die Zusammenarbeit der Datenschutzbehörden relevant, die zur Umsetzung der Datenschutzgrundverordnung ebenfalls sensible Informationen austauschen.[78]

c) Gefahr einer Aussetzung der Zusammenarbeit wegen der Solange-Rechtsprechung des Bundesverfassungsgerichts?

Ist nicht sichergestellt, dass die Behörden anderer Mitgliedstaaten ähnlich hohen rechtsstaatlichen Anforderungen und entsprechender gerichtlicher Kontrolle unterliegen, könnten einzelne Mitgliedstaaten zum Schutz der eigenen Bürger die europäische Zusammenarbeit auf Ebene der mitgliedstaatlichen Verwaltungen und Gerichte einschränken. Hierfür sprechen nicht nur politische Gründe, sondern auch rechtliche: Nach der Rechtsprechung des Bundesverfassungsgerichts bedarf es zum Schutz der Grundrechte neben der Rechtfertigung von Eingriffen in den Schutzbereich auch besonderer verfahrenstechnischer Absicherungen. Dies gilt etwa für die, mittlerweile auch in der europäischen

---

[74] Hierzu und zur geschichtlichen Entwicklung *E. M. Kullak*, Vertrauen in Europa – Entwicklung und Funktion als Verfassungsgrundsatz des Unionsrechts, Tübingen 2020, S. 17 ff.

[75] Die Zuständigkeiten der Mitgliedstaaten sind festgelegt in VO (EU) Nr. 604/2013 (Dublin III), ABl. EU L 180 v. 26.06.2013, S. 31 ff.

[76] Hierzu etwa EuGH, Urteil v. 21.12.2011, Rs. C-411/10 und C-493/10, *N. S./Secretary of State for the Home Department*, ECLI:EU:C:2011:865, Rn. 75 ff. Zu diesem Urteil sowie zur Bedeutung des gegenseitigen Vertrauens im Ausländer- und Asylrecht allgemein *E. M. Kullak*, Vertrauen in Europa – Entwicklung und Funktion als Verfassungsgrundsatz des Unionsrechts, Tübingen 2020, S. 35 ff.

[77] Zur Zusammenarbeit zwischen den Mitgliedstaaten und Europol Art. 5 bis 8 VO (EU) Nr. 2016/794 (Europol), ABl. EU L 135 v. 11.05.2016, S. 53 ff.

[78] Die Zusammenarbeit der nationalen Datenschutzbehörden beruht auf Art. 51 sowie 60 bis 62 VO (EU) Nr. 2016/679 (Datenschutz-Grundverordnung), ABl. EU L 119 v. 27.04.2016, S. 1 ff.

Zusammenarbeit relevanten, Verwendung personenbezogener Daten.[79] Derzeit ist davon auszugehen, dass diese bzw. vergleichbare Absicherungen in allen Mitgliedstaaten gewährleistet werden.

Ist dies allerdings nicht mehr der Fall – bzw. kann die Einhaltung dieser Absicherungen mangels rechtsstaatlicher Verfahren nicht überprüft werden – könnte dies nationale Gerichte auf den Plan rufen: In seiner Solange-Rechtsprechung stellt das Bundesverfassungsgericht fest, dass es seine richterliche Kontrolle zurücknimmt, „solange die [EU], insbesondere die Rechtsprechung des [EuGH] einen wirksamen Schutz der Grundrechte gegenüber der Hoheitsgewalt der [EU] generell gewährleistet, der dem vom [GG] als unabdingbar gebotenen Grundrechtsschutz im Wesentlichen gleichzuachten ist [...]“.[80]

In der hier beschriebenen Konstellation wäre der Grundrechtsschutz zwar letztlich nicht durch die Hoheitsgewalt der EU, sondern durch die Hoheitsgewalt eines oder mehrerer Mitgliedstaaten infrage gestellt. Der der Rechtsprechung des Bundesverfassungsgerichts zugrundeliegende Gedanke – Rücknahme der eigenen gerichtlichen Kontrolle bei ausreichender Gewährleistung durch andere Gerichte – ist auf diese Konstellation allerdings anwendbar. Denn bei weiterer Verschlechterung der rechtsstaatlichen Lage in einigen Mitgliedstaaten kann von einer dem deutschen Grundrechtsschutz gleichwertigen Überprüfung auch verfahrenstechnischer Absicherungen zum Schutz von Grundrechten nicht unbedingt ausgegangen werden. Dies gilt insbesondere dann, wenn – wie ansatzweise bereits in Polen[81] und Ungarn[82] zu beobachten – Verfassungsgerichte in Mitgliedstaaten beispielsweise aufgrund der einschlägigen Richterwahlverfahren nicht mehr als unabhängig angesehen werden können oder entsprechende Rechtsprechung des EuGH in den Mitgliedstaaten dauerhaft missachtet wird.

---

[79] BVerfG, Urteil v. 15.12.1983, Rs. 1 BvR 209/83, 269/83, 362/83, 420/83, 440/83, 484/83, *Volkszählungsgesetz*, ECLI:DE:BVerfG:1983:rs19831215.1bvr020983, BVerfGE 65, 1 ff., Rn. 146, 161 ff.; BVerfG, Urteil v. 27.02.2008, Rs. 1 BvR 370/07, 1 BvR 595/07, *Informationstechnische Systeme*, ECLI:DE:BVerfG:2008:rs20080227.1bvr037007, BVerfGE 120, 274 ff., Rn. 198 ff.; BVerfG, Beschluss v. 28.07.2016, Rs. 1 BvR 335/14, 1 BvR 1621/14, 1 BvR 1635/14, 1 BvR 2464/15, *Berichterstattung Minderjährige*, ECLI:DE:BVerfG:2016:rk20160728.1bvr033514, Rn. 9.

Der Schutz personenbezogener Daten unterfällt dem Recht auf informationelle Selbstbestimmung, das aus dem allgemeinen Persönlichkeitsrecht abgeleitet wird. BVerfG, Urteil v. 15.12.1983, Rs. 1 BvR 209/83, 269/83, 362/83, 420/83, 440/83, 484/83, *Volkszählungsgesetz*, ECLI:DE:BVerfG:1983:rs19831215.1bvr020983, BVerfGE 65, 1 ff.); *U. Di Fabio*, in: T. Maunz/G. Dürig (Hrsg.), Grundgesetz, [90]München 2020, Art. 2 GG, Rn. 173 ff.

[80] BVerfG, Beschluss v. 22.10.1986, Rs. 2 BvR 197/83, *Solange II*, BVerfGE 73, 339 ff., Rn. 117. Hiermit hat das Bundesverfassungsgericht seine vorherige Rechtsprechungspraxis aufgegeben, BVerfG, Beschluss v. 29.05.1974, Rs. 2 BvL 52/71, *Solange I*, BVerfGE 37, 271 ff.

[81] Näher hierzu unten § 2 A. IV. 2.

[82] Näher hierzu unten § 2 A. IV. 1.

4. Selbstverständnis und Integrationskraft der EU

Neben diesen rechtlichen Kategorien hat die Beachtung der Rechtsstaatlichkeit in allen Mitgliedstaaten auch eine politische Dimension: Die EU sieht sich vor dem Hintergrund der Weltkriege, die in Europa ihren Ursprung nahmen, als Schicksalsgemeinschaft und Rechtsunion.[83] Verletzt auch nur ein Mitgliedstaat die wertebasierten Gründungsprinzipien der EU dauerhaft – und insbesondere ohne dass die EU einzugreifen vermag – so stellt dies letztlich die Glaubwürdigkeit und das Selbstverständnis der EU als Wertegemeinschaft[84] insgesamt infrage.

Bei wiederholt unsanktionierten Verstößen leidet das Vertrauen der Unionsbürger in die EU nachhaltig.[85] Denn von systematischen Rechtsstaatsverstößen in einem Mitgliedstaat sind letztlich alle Unionsbürger betroffen: Hierzu zählt die mögliche Betroffenheit einzelner Unionsbürger über die justizielle und verwaltungstechnische Zusammenarbeit.[86] Darüber hinaus wirkt eine rechtsstaatsfeindliche Regierung über den Europäischen Rat sowie den Rat an der politischen Willensbildung und der konkreten Gesetzgebung in der EU mit. Sie kann so alle Unionsbürger betreffende Entscheidungen mitgestalten.[87]

Die Glaubwürdigkeit der EU hängt zudem davon ab, inwiefern sie die ihr zugewiesenen politischen Aufgaben wahrnehmen kann. Hierfür ist sie darauf angewiesen, dass ihre Politiken auch in den Mitgliedstaaten umgesetzt werden und diese Umsetzung durch die mitgliedstaatlichen (und unionalen) Gerichte entsprechend überwacht wird. Denn die mitgliedstaatlichen Gerichte sind, sofern sie europäisches Recht anwenden, immer auch Gericht der EU.[88] Zu Recht weist die Kommission deshalb darauf hin, dass „Mängel in den nationalen Justizsystemen […] das Funktionieren des Binnenmarkts, das reibungslose Funktionieren des europäischen Rechtsraums und die effektive Umsetzung des Besitzstands der Union“ behindern.[89]

---

[83] Siehe oben § 2 A. II.

[84] So auch *A. v. Bogdandy*, ZaöRV 79 (2019), S. 503 ff., 512 ff.

[85] *Ders.*, EuR 52 (2017), S. 487 ff., 501 f. Ein Verlust von Vertrauen in Institutionen lässt sich nur schwer wieder rückgängig machen. *Ders.*, in: S. Kadelbach (Hrsg.), Verfassungskrisen in der Europäischen Union, Baden-Baden 2018, S. 23, 28 ff. Ähnlich auch *M. Kneuer*, in: W. Hilz/A. Nötzold (Hrsg.), Die Zukunft Europas in einer Welt im Umbruch, Wiesbaden 2018, S. 207, 226.

[86] Siehe oben § 2 A. III. 3.

[87] Zu diesem Problem auch *C. Closa/D. Kochenov/J. Weiler*, Reinforcing Rule of Law Oversight in the European Union – EUI Working Paper RSCAS 2014/25, 2014, S. 5 f.; *K. L. Scheppele/L. Pech*, Should the EU Care About the Rule of Law at Member State Level?, 03.03.2018 (https://verfassungsblog.de/should-the-eu-care-about-the-rule-of-law-at-member-state-level/) (geprüft am 10.10.2020).

[88] Siehe oben § 2 A. III. 1.

[89] So etwa in *Europäische Kommission*, Mitteilung der Kommission an das Europäische Parlament, den Rat, die Europäische Zentralbank, den Europäischen Wirtschafts- und Sozial-

Darüber hinaus ist das Recht auch ein „systemtragendes Bauprinzip“ der EU.[90] Die bisherigen Integrationsleistungen der EU waren nur möglich, da sie durch eine entsprechende Rechtsordnung abgesichert wurden. Gleichsam beruht auch die Anziehungskraft der EU auf Nachbarstaaten auf ihren Werten, insbesondere der durch sie garantierten Rechtsstaatlichkeit. Lässt diese Vorbildfunktion der EU nach, kann sich dies auch nachteilig auf die Stabilität der die EU umgebenden Regionen auswirken. Ein Abbau der Rechtsstaatlichkeit in den Mitgliedstaaten kann somit für die EU insgesamt bedeutende negative Konsequenzen haben.

5. Nachhaltige wirtschaftliche Entwicklung

Ferner können Verstöße gegen das Rechtsstaatsgebot für die einzelnen Mitgliedstaaten und die EU als Ganzes auch wirtschaftliche Schäden bedeuten. Denn eine nachhaltige wirtschaftliche Entwicklung ist maßgeblich durch Rechtsstaatlichkeit bedingt. Hierunter fallen beispielsweise die Gewährleistung der Investitionssicherheit und die Beachtung der Wettbewerbsregeln, aber auch das Vertrauen in das Rechtssystem insgesamt.[91] Nur wenn dieses gegeben ist, können Marktteilnehmer darauf vertrauen, dass ihre Investitionen sich allein am Marktgeschehen messen müssen und nicht anderen weniger berechenbaren Risiken ausgesetzt sind. Dieses Vertrauen ist essenziell dafür, dass Marktteilnehmer dazu bereit sind, Investitionen zu tätigen und damit auch Risiken auf sich zu nehmen.[92]

Auch die Kommission hebt die Bedeutung der Rechtstaatlichkeit für die nachhaltige wirtschaftliche Entwicklung hervor und hat unter anderem deshalb 2013 das EU-Justizbarometer eingeführt. Dieses gibt einen vergleichenden Überblick über Unabhängigkeit, Qualität und Effizienz der mitgliedstaatlichen Justizsysteme. Es konzentriert sich aber – wegen ihrer Bedeutung für die wirtschaftliche Entwicklung – auf die Zivil-, Handels- und Verwaltungsstreitigkeiten.[93] Auch in ihrem Reflexionspapier zur Zukunft der EU-Finanzen stellt

---

ausschuss und den Ausschuss der Regionen der EU – Justizbarometer 2015 – COM (2015) 116 final, 09.03.2015, 1.

[90] So treffend *A. Hatje/J. Schwarze*, EuR 54 (2019), S. 153 ff., 173 f.

[91] *E. H. Ballin*, in: C. Closa/D. Kochenov (Hrsg.), Reinforcing Rule of Law Oversight in the European Union, Cambridge 2016, S. 133, 135 ff. Zur Bedeutung der unterschiedlichen Facetten der Rechtsstaatlichkeit für die nachhaltige Entwicklung *S. Haggard/L. Tiede*, World Development 39 (2011), S. 673 ff. Ähnlich *E. Crabit*, in: W. Heusel/J.-P. Rageade (Hrsg.), Authority of EU Law, Berlin 2019, S. 261, 266 ff.

[92] Instruktiv hierzu sind etwa Daten zur Durchsetzung von Verträgen in der EU, *World Bank Group*, Doing Business 2019 – Training for Reform – Regional Profile European Union (EU), S. 52 ff.

[93] *Europäische Kommission*, Mitteilung der Kommission an das Europäische Parlament, den Rat, die Europäische Zentralbank, den Europäischen Wirtschafts- und Sozialausschuss und den Ausschuss der Regionen – Das EU-Justizbarometer – COM (2013) 160 final, 27.03.2013,

die Kommission auf die Bedeutung der Rechtsstaatlichkeit für die wirtschaftliche Entwicklung ab.[94]

Anders herum fördert eine nachhaltige wirtschaftliche Entwicklung auch Rechtsstaatlichkeit: Denn gerade in schweren Wirtschaftskrisen neigen Gesellschaften zur Radikalisierung, die auch Auswirkungen auf die demokratische Verfasstheit des Staates haben kann.[95] In der EU hat sich dies beispielsweise im Rahmen der Staatsschulden- und Eurokrise gezeigt: Während dieser erhielten vor allem in den von dieser Krise besonders betroffenen Mitgliedstaaten populistische Strömungen und Parteien starken Zulauf.[96]

In den derzeit besonders unter Beobachtung stehenden Mitgliedstaaten Polen und Ungarn lassen sich solche Auswirkungen der rechtsstaatlichen Defizite auf die wirtschaftliche Entwicklung aber (jedenfalls: noch) nicht eindeutig feststellen. Vielmehr wuchsen beide Volkswirtschaften in den vergangenen Jahren, in denen viele aus rechtsstaatlicher Sicht kritikwürdige Vorhaben umgesetzt wurden,[97] überdurchschnittlich stark.[98] In diesen Ländern ist der Rechtsstaat somit vielmehr trotz der guten volkswirtschaftlichen Entwicklung unter Druck geraten.[99]

IV. Bedeutende Konflikte der Rechtsstaatlichkeit und des Vorrangs des Unionsrechts

Insbesondere seit den letzten Erweiterungsrunden in der EU zeigt sich, dass die Einhaltung europäischer Grundwerte nicht in allen Mitgliedstaaten unter allen Regierungen und Parlamentsmehrheiten Vorrang genießt. Teilweise wird auch offen gegen die Grundwerte der EU verstoßen. Besonders deutlich wird dies in den Mitgliedstaaten Ungarn und Polen. Daneben bestehen rechtsstaatliche Defizite aber auch in anderen jüngeren und älteren Mitgliedstaaten.

S. 1. Eingehend hierzu etwa *A. Dori*, The EU Justice Scoreboard – Judicial Evaluation as a New Governance Tool – MPILux Working Paper 2 (2015).

[94] *European Commission*, Reflection paper on the future of EU finances, 28.06.2017, S. 22.

[95] *A. v. Bogdandy/C. Calliess/H. Enderlein u. a.*, ZRP 46 (2013), S. 225 ff., 249. Zur Diskussion um den Zusammenhang zwischen nachhaltiger wirtschaftlicher Entwicklung und demokratischer Entwicklung mwN *U. Sunde*, PWP 7 (2006), S. 471 ff.

[96] Die damalige wirtschaftliche Lage verhalf auch *Fidesz* zur Macht in Ungarn, *P. Krekó/Z. Enyedi*, Journal of Democracy 29 (2018), S. 39 ff., 42 f. Zum wachsenden Einfluss populistischer Parteien in Westeuropa als Folge der Eurokrise *S. B. Hobolt/J. Tilley*, West European Politics 39 (2016), S. 971 ff., 978 ff.

[97] Für Ungarn siehe unten § 2 A. IV. 1., für Polen siehe unten § 2 A. IV. 2.

[98] In den Jahren 2014 bis 2018 verzeichnete Polen ein durchschnittliches BIP-Wachstum von 3,8 %, Ungarn von 4,02 %. Das durchschnittliche Wirtschaftswachstum aller EU-Länder betrug in diesem Zeitraum 2,12 %. *eurostat*, Real GDP growth rate, 09.10.2020 (https://ec.europa.eu/eurostat/databrowser/view/tec00115/default/table?lang=en) (geprüft am 10.10.2020).

[99] Für Polen so auch *W. Sadurski*, Poland's constitutional breakdown, Oxford 2019, S. 168 f.

1. Ungarn: Verstöße und Verfahren

Der nationalkonservative Bund Junger Demokraten *Fidesz – Magyar Polgári Szövetség (Fidesz)* verfügte von 1998 bis 2002 und verfügt seit den Wahlen vom 11. April 2010 wieder über eine Mehrheit im ungarischen Parlament.[100] Unter Ministerpräsident *Viktor Orbán* haben das ungarische Parlament und die ungarische Regierung tiefgreifende Reformen vorgenommen, die Bedenken hinsichtlich der Rechtsstaatlichkeit hervorrufen.[101] Dies veranlasste die EU zur Einleitung des Art. 7-Verfahrens sowie von Vertragsverletzungsverfahren.

a) Rechtsstaatlich problematische Gesetzesänderungen in Ungarn

In der Debatte haben die Berichte der Kommission für Demokratie durch Recht (Venedig-Kommission) des Europarats eine besondere Bedeutung erlangt.[102] Dieser Kritik hat sich auch das Parlament in mehreren Resolutionen angeschlossen und entsprechende Änderungen der ungarischen Gesetze gefordert.[103] Nationale und internationale Kritik haben die ungarische Parlamentsmehrheit und Regierung aber regelmäßig nur zu kleineren Änderungen veranlasst.[104]

---

[100] Zur ungarischen Wahl 2010 *Bundeszentrale für politische Bildung*, Rechtsruck bei Parlamentswahl in Ungarn, 12.04.2010 (http://www.bpb.de/politik/hintergrund-aktuell/69129/parlamentswahl-in-ungarn-12-04-2010) (geprüft am 10.10.2020); zur ungarischen Wahl 2014 *M. Axmann*, Parlamentswahlen in Ungarn, 07.04.2014 (http://www2.hss.de/fileadmin/media/downloads/Berichte/140416_Ungarn_PHB.pdf).

[101] *W. Hummer*, EuR 50 (2015), S. 625 ff., 625 ff. Für einen Überblick über bedeutende Maßnahmen bis November 2016 etwa *FIDH: Mouvement Mondial des Droits Humains*, Hungary: Democracy under Threat – Six Years of Attacks against the Rule of Law – No. 684a, 11/2016.

[102] Der Ministerrat des Europarats gründete die Venedig-Kommission 1990 insbesondere zur Begleitung der demokratischen Transformation in Osteuropa. Über den Kreis der Mitgliedstaaten des Europarats hinausgehend umfasst sie mittlerweile 62 Staaten. Die Kommissionsmitglieder sind „unabhängige Sachverständige [mit] internationale[m] Ansehen“. Weitere Informationen, auch zu den aktuellen Sachverständigen, sind abrufbar unter *Council of Europe*, Präsentation (https://www.venice.coe.int/WebForms/pages/?p=01_Presentation&lang=DE) (geprüft am 10.10.2020). Zur Rolle der Venedig-Kommission in der Entwicklung des europäischen Verfassungsrechts *C. Grabenwarter*, in: S. Kadelbach (Hrsg.), Verfassungskrisen in der Europäischen Union, Baden-Baden 2018, S. 61 ff.

[103] *European Parliament*, Resolution of 17 May 2017 on the situation in Hungary – 2017/2656(RSP), 17.05.2017; *dass.*, Resolution of 16 December 2015 on the situation in Hungary – 2015/2935(RSP), 16.12.2015; *dass.*, Resolution of 10 June 2015 on the situation in Hungary – 2015/2700(RSP), 10.06.2015; *dass.*, Resolution of 3 July 2013 on the situation of fundamental rights: standards and practices in Hungary (pursuant to the European Parliament resolution of 16 February 2012) – 2012/2130(INI), 03.07.2013; *dass.*, Resolution of 16 February 2012 on the recent political developments in Hungary – 2012/2511(RSP), 16.02.2012.

[104] Deshalb sprechen Beobachter im Falle Ungarns auch von „Scheinbefolgung“. So etwa *M. Kneuer*, in: W. Hilz/A. Nötzold (Hrsg.), Die Zukunft Europas in einer Welt im Umbruch, Wiesbaden 2018, S. 207, 223 f. mit Verweis auf *F. Schimmelfennig/S. Engert/H. Knobel*, Österreichische Zeitschrift für Politikwissenschaft (ÖZP) 32 (2003), S. 321 ff., 323 f. Einen knappen Überblick über die Lage in Ungarn bietet etwa *N. Neuwahl/C. Kovacs*, Journal of European Integration 55 (2020), S. 1 ff., 2 ff.

Besondere Aufmerksamkeit erhielten dabei verschiedene Gesetze, die in die Organisation der Judikative eingriffen. So sah die Venedig-Kommission schon im Jahr 2011 Gesetze zum rechtlichen Status und zur Bezahlung von Richtern sowie zur Gerichtsorganisation als problematisch an.[105] Sie kritisierte unter anderem viele detailreiche Regelungen in Kardinalgesetzen, deren Änderung im Vergleich zu üblichen Gesetzen deutlich schwieriger ist, sowie allgemein die Gefährdung der Unabhängigkeit der Justitz. Dieses Gesetz wurde später teilweise geändert, es ist aber weiterhin – etwa mit Blick auf das Verfahren zur Wahl des Generalstaatsanwalts, die Organisation des nationalen Justizrats sowie die Verteilung der Gerichtsverfahren – rechtsstaatlich bedenklich.[106] Auch das ebenfalls 2011 verabschiedete Verfassungsgerichtsgesetz rief international Kritik hervor. Diese bezog sich insbesondere auf den parlamentarischen Einfluss auf die Ernennung der Richterinnen und Richter sowie die fehlende klare Festlegung der Unabhängigkeit des Verfassungsgerichts.[107] Bedenken äußerte die Venedig-Kommission auch im Hinblick auf das Gesetz zur Organisation der Staatsanwaltschaft von 2011. Dieses erlaubt ihrer Ansicht nach zu weitgehende Eingriffe in Grundrechte und weist an vielen Stellen ungenaue Formulierungen auf, die Raum für politische Einflussnahme lassen.[108]

Auch die Verfassungsänderungen ab dem Jahr 2011 wurden kritisiert. Durch diese werden bestimmte Rechtsgebiete durch Kardinalgesetze geregelt, deren Erlass und Änderung eine Zweidrittelmehrheit erfordern und damit auch künftigen (einfachen) Parlamentsmehrheiten die Hände binden.[109] Bedenken erzeug-

---

[105] *European Commission for Democracy through Law* (Venice Commission), Opinion on Act CLXII of 2011 on the Legal Status and Remuneration of Judges and Act CLXI of 2011 on the Organisation and Administration of Courts of Hungary – CDL-AD(2012)001, 19.03.2012, Rn. 16 ff. Hierzu auch *European Parliament*, Resolution of 16 February 2012 on the recent political developments in Hungary – 2012/2511(RSP), 16.02.2012.

[106] Zu dieser und weiterer Kritik *European Commission for Democracy through Law* (Venice Commission), Opinion on the Cardinal Acts on the Judiciary that were amended following the adoption of Opinion CDL-AD(2012)001 on Hungary – CDL-AD(2012)020, 15.10.2012, Rn. 13 ff. Hierzu *D. G. Szabó*, A Hungarian Judge Seeks Protection from the CJEU – Part I, 28.07.2019 (https://verfassungsblog.de/a-hungarian-judge-seeks-protection-from-the-cjeu-part-i/) (geprüft am 10.10.2020). In diesem Zusammenhang wurde auch die Abberufung des Präsidenten des Verfassungsgerichts kritisiert, die nach dem Urteil des EGMR gegen Art. 6 und 10 EMRK verstieß, European Court of Human Rights, Judgement v. 23.06.2016, Rs. 20261/12, *Baka/Hungary*.

[107] *European Commission for Democracy through Law* (Venice Commission), Opinion on Act CLI of 2011 on the Constitutional Court of Hungary adopted by the Venice Commission – CDL-AD(2012)009, 19.06.2012, Rn. 6 ff. Kritisch zur Reform des Verfassungsgerichts auch *C. Möllers/L. Schneider*, Demokratiesicherung in der Europäischen Union – Studie zu einem Dilemma, Tübingen 2018, S. 58 f.

[108] *European Commission for Democracy through Law* (Venice Commission), Opinion on Act CLXIII of 2011 on the Prosecution Service and Act CLXIV of 2011 on the Status of the Prosecutor General, Prosecutors and other Prosecution Employees and the Prosecution Career of Hungary – CDL-AD(2012)008, 19.06.2012, Rn. 5 ff.

[109] *Dass.*, Opinion on the new Constitution of Hungary – CDL-AD(2011)016, 20.06.2011,

te auch das neue Wahlgesetz von 2011/2012, insbesondere mit Blick auf die Festlegung der Wahlkreise und da es ohne eingehende Beratung mit der Opposition erlassen wurde.[110] Geplante Änderungen für die Verwaltungsgerichtsbarkeit verfolgte Ungarn auch nach entsprechender Kritik nicht weiter.[111]

Darüber hinaus kristisierte die Venedig-Kommission wegen Einschränkungen der Religionsfreiheit Teile des Gesetzes zur Bekenntnis- und Religionsfreiheit aus dem Jahr 2011.[112] Die Kritik an der Verfassungsänderung von 2013 betraf unter anderem die Einschränkung der Meinungsfreiheit (zum Schutz der „Würde der ungarischen Nation"), zur Unabhängigkeit von Bildungseinrichtungen sowie der Justiz.[113] Die neue Mediengesetzgebung erzeugte wegen befürchteter Einschränkungen der Pressefreiheit zum Schutz vor übler Nachrede und die dafür vorgesehenen schweren Sanktionen ebenfalls Kritik.[114] Auf ähn-

---

Rn. 18ff. Hierzu auch *European Parliament*, Resolution of 16 February 2012 on the recent political developments in Hungary – 2012/2511(RSP), 16.02.2012. Die Venedig-Kommission kritisierte die Verwendung solcher Kardinalgesetze unter anderem im Staatsbürgerschaftsgesetz von 2011, *European Commission for Democracy through Law* (Venice Commission), Opinion on the Act on the Rights of Nationalities of Hungary – CDL-AD(2012)011, 19.06.2012, Rn. 21ff. Kritisch auch *C. Möllers/L. Schneider*, Demokratiesicherung in der Europäischen Union – Studie zu einem Dilemma, Tübingen 2018, S. 57; *J. Seidl*, Beitrittsverfahren und Sanktionen als Sicherungsmechanismen für die Werte der Europäischen Union, Erfurt 2019, S. 286ff.

[110] *European Commission for Democracy through Law* (Venice Commission)/*OSCE Office for Democratic Institutions and Human Rights*, Joint Opinion on the Act on the Elections of Members of Parliament of Hungary – CDL-AD(2012)012, 18.06.2012, Rn. 8ff. Hierzu auch *European Parliament*, Resolution of 3 July 2013 on the situation of fundamental rights: standards and practices in Hungary (pursuant to the European Parliament resolution of 16 February 2012) – 2012/2130(INI), 03.07.2013, Rn. 39ff.

[111] *European Commission for Democracy through Law* (Venice Commission), Opinion on the Law on Administrative Courts and on the Law on the Entry Into Force of the Law on Administrative Courts and certain transitional rules – CDL-AD(2019)004, 19.03.2019; *K. Than*, Hungary abandons plan for administrative courts, justice minister says, 01.11.2019 (https://www.reuters.com/article/us-hungary-courts/hungary-abandons-plan-for-administrative-courts-justice-minister-says-idUSKBN1XB3KS) (geprüft am 10.10.2020).

[112] *European Commission for Democracy through Law* (Venice Commission), Opinion on Act CCVI of 2011 on the right to freedom of conscience and religion and the legal status of churches, denominations and religious communities of Hungary – CDL-AD(2012)004, 19.03.2012, Rn. 23ff. Hierzu auch *European Parliament*, Resolution of 3 July 2013 on the situation of fundamental rights: standards and practices in Hungary (pursuant to the European Parliament resolution of 16 February 2012) – 2012/2130(INI), 03.07.2013, Rn. 56.

[113] *European Commission for Democracy through Law* (Venice Commission), Opinion on the Fourth Amendment to the Fundamental Law of Hungary – CDL-AD(2013)012, 17.06.2013, Rn. 15ff.

[114] *Dass.*, Opinion on Media Legislation (Act CLXXXV on Media Services and on the Mass Media, Act CIV on the Freedom of the Press, and the Legislation on Taxation of Advertisement Revenues of Mass Media) of Hungary – CDL-AD(2015)015, 22.06.2015, Rn. 14ff.; *J. Seidl*, Beitrittsverfahren und Sanktionen als Sicherungsmechanismen für die Werte der Europäischen Union, Erfurt 2019, S. 270ff. Bereits 2011 äußerte sich das Parlament besorgt zur Mediengesetzgebung in Ungarn, *European Parliament*, Resolution of 10 March 2011 on media law in Hungary – P7_TA(2011)0094, 10.03.2011. Auch *dass.*, Resolution

liche Kritik stieß das Gesetz zur Transparenz aus dem Ausland unterstützter Nichtregierungsorganisationen von 2017. Dieses sieht unter Androhung schwerer Sanktionen für diese besondere Berichts- und Publikationspflichten vor und ist an vielen Stellen ungenau formuliert.[115] Auch Änderungen im ungarischen Hochschulgesetz von 2017 riefen besondere Aufmerksamkeit hervor, da sie eine Einschränkung der Wissenschaftsfreiheit befürchten lassen und schwere Sanktionen im Fall von Verstößen vorsehen.[116]

Für die europäische Zusammenarbeit relevant ist auch die Weigerung Ungarns, am durch den Rat per Mehrheitsbeschluss eingeführten Umverteilungsmechanismus als Antwort auf die Flüchtlingskrise teilzunehmen.[117] Der EuGH erkannte hierin eine Vertragsverletzung.[118] Im Vergleich zu anderen Vertragsverletzungsverfahren zeichnet sich dieses dadurch aus, dass Ungarn – politisch umstrittenes – Unionsrecht missachtete, obwohl der EuGH seine Rechtmäßigkeit bereits bestätigt hatte.[119]

---

of 3 July 2013 on the situation of fundamental rights: standards and practices in Hungary (pursuant to the European Parliament resolution of 16 February 2012) – 2012/2130(INI), 03.07.2013, Rn. 43 ff.

[115] *European Commission for Democracy through Law* (Venice Commission), Opinion on the Draft Law on the Transparency of Organisations receiving support from abroad – CDL-AD(2017)015, 20.06.2017, Rn. 29 ff. In diesem Zusammenhang interessant ist auch die Resolution des Parlaments, die unter anderem die Art und Weise der ungarischen öffentlichen Konsultation zu Migrationsfragen scharf kritisiert, *European Parliament*, Resolution of 10 June 2015 on the situation in Hungary – 2015/2700(RSP), 10.06.2015, Rn. 5; *dass.*, Resolution of 16 December 2015 on the situation in Hungary – 2015/2935(RSP), 16.12.2015, Rn. 1 ff. Die Rhetorik der ungarischen Regierung richtet sich dabei insbesondere gegen *George Soros*, der in Ungarn Nichtregierungsorganisationen sowie Bildungseinrichtungen finanziert. Hierzu *P. Krekó/Z. Enyedi*, Journal of Democracy 29 (2018), S. 39 ff., 45 ff. Die Kommission hat diesbezüglich auch ein Vertragsverletzungsverfahren gegen Ungarn eingeleitet. Siehe unten § 2 A. IV. 1. c).

[116] Diese Gesetzesänderung betraf unter anderem die *Central European University* und erhielt auch deshalb besondere internationale Aufmerksamkeit. *European Commission for Democracy through Law* (Venice Commission), Opinion on Article XXV of 4 April 2017 on the Amendment of Act CCIV of 2011 on National Tertiary Education – CDL-AD(2017)022, 09.10.2017, Rn. 52 ff. Hierzu auch die Kritik der Kommission, *Frans Timmermans*, Remarks of First Vice-President Frans Timmermans after the College discussion on legal issues relating to Hungary, SPEECH/17/966, 12.04.2017. Kritisch ebenfalls *C. Möllers/L. Schneider*, Demokratiesicherung in der Europäischen Union – Studie zu einem Dilemma, Tübingen 2018, S. 60 f.

[117] Beschluss (EU) 2015/1601 (vorläufige Maßnahmen internationaler Schutz von Italien und Griechenland), ABl. EU L 248 v. 22.09.2015, S. 80 ff.

[118] EuGH, Urteil v. 02.04.2020, Rs. C-715/17, C-718/17, C-719/17, *Kommission/Polen u. a. (Mécanisme temporaire de relocalisation de demandeurs de protection internationale)*, ECLI:EU:C:2020:257, Rn. 124 ff.

[119] EuGH, Urteil v. 06.09.2017, Rs. C-643/15 und C-647/15, *Slowakei und Ungarn/Rat*, ECLI:EU:C:2017:631; *Lili Bayer*, Hungary says refugee ruling „raped“ EU Law, 2017 (https://www.politico.eu/article/hungary-says-ecj-ruling-on-refugee-quotas-has-raped-eu-law-asylum-seekers-italy-greece-relocation-scheme/) (geprüft am 10.10.2020).

b) Art. 7-Verfahren gegen Ungarn

Weder Kommission noch Rat entschlossen sich, das Art. 7-Verfahren gegen Ungarn einzuleiten. Die Kommission wendete auch nicht ihren EU-Rahmen zur Stärkung des Rechtsstaatsprinzips auf Ungarn an.[120] Nachdem es diesen Schritt bereits zuvor angedroht hatte,[121] legte aber das Parlament im September 2018 dem Rat einen Beschluss zur Feststellung der eindeutigen Gefahr einer schwerwiegenden Verletzung der Rechtsstaatlichkeit in Ungarn vor.[122] Es kritisiert darin insbesondere das Verfassungs- und Wahlsystem, die mangelnde Unabhängigkeit der Justiz, Korruption und Interessenkonflikte, mangelnden Schutz von Privatsphäre und Daten, Bedrohungen für die Meinungs-, Wissenschafts-, Religions- sowie Vereinigungsfreiheit. Daneben kritisiert es Ungarn wegen der seiner Ansicht nach nicht umfassend gewährten Gleichheits- und Minderheitenrechte, Rechte der Flüchtlinge und Migranten sowie Wirtschafts- und Sozialrechten.[123]

Im Gegensatz zum Vorschlag für einen Beschluss Polen betreffend[124] enthält dieser Vorschlag noch keine konkreten Empfehlungen für Ungarn. Zudem fällt im Vergleich zum Verfahren gegen Polen auf, dass der Vorschlag bezüglich Ungarn breiter gefasst ist und neben den Justizreformen auch andere Bereiche umfasst. Der Rat hat dieses Verfahren bisher nur erörtert, ohne konkrete Beschlüsse zu fassen.[125] Grund hierfür dürfte sein, dass die für diese Feststellungen nötigen Mehrheiten im Rat derzeit unerreichbar scheinen.[126] Das Par-

---

[120] Zu diesem Verfahren siehe unten § 4 C. I. 1. a) aa). Kritisch zur nicht erfolgten Anwendung auf Ungarn etwa *D. Kochenov/L. Pech*, JCMS 54 (2016), S. 1062 ff., 1067 ff.

[121] *European Parliament*, Resolution of 17 May 2017 on the situation in Hungary – 2017/2656(RSP), 17.05.2017, Rn. 10.

[122] Art. 7 Abs. 1 EUV. Art. 1 *dass.*, European Parliament resolution of 12 September 2018 on a proposal calling on the Council to determine, pursuant to Article 7(1) of the Treaty on European Union, the existence of a clear risk of a serious breach by Hungary of the values on which the Union is founded – 2017/2131(INL) (Text and Annex), 12.09.2018, Rn. 1 ff. Dieser Vorschlag für einen Beschluss des Rates enthält auch eine gute Übersicht über die wichtigsten Rechtsstaatsverstöße in Ungarn. Siehe oben § 2 A. IV. 1. a). Das Parlament stützt sich dabei ausdrücklich auch auf Berichte von Institutionen außerhalb der EU, insbesondere der Venedig-Kommission. *Dass.*, European Parliament resolution of 12 September 2018 on a proposal calling on the Council to determine, pursuant to Article 7(1) of the Treaty on European Union, the existence of a clear risk of a serious breach by Hungary of the values on which the Union is founded – 2017/2131(INL) (Text and Annex), 12.09.2018, Rn. 7 ff.

[123] *European Parliament*, European Parliament resolution of 12 September 2018 on a proposal calling on the Council to determine, pursuant to Article 7(1) of the Treaty on European Union, the existence of a clear risk of a serious breach by Hungary of the values on which the Union is founded – 2017/2131(INL) (Text and Annex), 12.09.2018, Rn. 7 ff.

[124] Siehe hierzu unten § 2 A. IV. 2. b).

[125] *EUR-Lex*, Procedure 2018/0902/NLE, 25.09.2018 (https://eur-lex.europa.eu/procedure/DE/2018_902) (geprüft am 10.10.2020).

[126] Art. 7 Abs. 1 und 2 EUV. Deshalb dürfte die Kommission von der Einleitung dieses Verfahrens abgesehen haben. So auch *C. Closa*, Journal of European Public Policy 26 (2019), S. 696 ff., 706 ff. Zu diesem Problem siehe unten § 4 C. II. 1. a).

lament hat eine Fortführung dieses Verfahrens angemahnt und beklagt, dass „das Versäumnis des Rates, Artikel 7 EUV wirksam anzuwenden, die Integrität der europäischen Werte, das gegenseitige Vertrauen und die Glaubwürdigkeit der Union insgesamt nach wie vor untergräbt".[127]

c) Vertragsverletzungsverfahren wegen Rechtsstaatsdefiziten gegen Ungarn

Die Kommission griff die nationale und internationale Kritik auf und leitete mehrere Vertragsverletzungsverfahren gegen Ungarn ein. Damit möchte sie auch ihrer Prioritätensetzung gerecht werden, insbesondere gegen systemische Schwächen in den Rechtsordnungen der Mitgliedstaaten verstärkt vorzugehen.[128]

Wegen der Änderung des Pensionsalters für Richterinnen und Richter in Ungarn führte die Kommission ein Vertragsverletzungsverfahren gegen Ungarn durch und erzielte auch ein entsprechendes Urteil vor dem EuGH.[129] Der EuGH stützte sich in seiner Entscheidung aber vor allem auf einen Verstoß gegen die Richtlinie zur Gleichbehandlung in Beschäftigung[130] und nicht auf eine Verletzung rechtsstaatlicher Grundsätze. Die Rechtsfolgen wurden dementsprechend aus dem Arbeitsrecht gewährt – was faktisch zur Folge hatte, dass nur wenige Richter an ihre ursprünglichen Posten zurückkehrten.[131]

Auch wegen der vorzeitigen Beendigung des Mandats der Kontrollstelle für den Schutz personenbezogener Daten wurde Ungarn im Vertragsverletzungsverfahren verurteilt.[132] In einem weiteren Vertragsverletzungsverfahren stellte

---

[127] *Europäisches Parlament*, Entschließung des Europäischen Parlaments vom 16. Januar 2020 zu den laufenden Anhörungen gemäß Artikel 7 Absatz 1 EUV zu Polen und Ungarn – 2020/2513(RSP), 16.01.2020, Rn. 3.

[128] Hierzu etwa *Europäische Kommission*, Mitteilung der Kommission – EU-Recht: Bessere Ergebnisse durch bessere Anwendung – C/2016/8600, 19.01.2017 und *European Commission*, Report from the Commission – Monitoring the application of European Union law 2016 Annual Report – COM (2017) 370 final, 06.07.2017, S. 11 ff.

[129] EuGH, Urteil v. 06.11.2012, Rs. C-286/12, *Kommission/Ungarn*, ECLI:EU:C:2012:687, Rn. 48 ff.

[130] RL 2000/78/EG (Gleichbehandlung in Beschäftigung), ABl. EU L 303 v. 27.11.2000, S. 16 ff.

[131] Viele der betroffenen Richter wählten statt der ihnen arbeitsrechtlich gewährten Rückkehr in den Richterdienst einen Schadensersatz; zudem konnten die zuvor entlassenen Richter nicht in allen Fällen auf ihre vorherigen Leitungsfunktionen zurückkehren. Ihr mutmaßliches Ziel, eine Vielzahl älterer Richter aus dem Staatsdienst und von bestimmten Gerichten zu entfernen, hatte die gesetzliche Regelung also trotz des Urteils des EuGH erreicht. Hierzu *K. L. Scheppele*, in: C. Closa/D. Kochenov (Hrsg.), Reinforcing Rule of Law Oversight in the European Union, Cambridge 2016, S. 105, 109 f. In diesem Beitrag geht die Verfasserin zudem davon aus, dass nicht allen betroffenen Richtern ein Rückkehrrecht eingeräumt wurde. Hierzu auch *FIDH: Mouvement Mondial des Droits Humains*, Hungary: Democracy under Threat – Six Years of Attacks against the Rule of Law – No. 684a, 11/2016, S. 15 ff.

[132] Hier lag in der Verletzung der Unabhängigkeit der Kontrollstelle ein Verstoß gegen die RL 95/46/EG (Personenbezogene Daten und Datenverkehr), ABl. EU L 281 v. 24.10.1995,

der EuGH die Unionsrechtswidrigkeit des Transparenzgesetzes für Nichtregierungsorganisationen fest.[133] Zudem strengte die Kommission unter anderem wegen der ungarischen Asylgesetze[134] sowie wegen des Hochschulgesetzes (Verstoß gegen Bildungs- und Wissenschaftsfreiheit) Vertragsverletzungsverfahren gegen Ungarn an.[135]

Darüber hinaus leitete ein ungarisches Gericht ein Vorabentscheidungsverfahren ein, in dem es insbesondere Fragen zur Vereinbarkeit ungarischer Gerichtsorganisationsgesetze mit den unionalen Grundsätzen der richterlichen Unabhängigkeit stellte. Der EuGH hat hierüber noch nicht entschieden.[136]

2. Polen: Verstöße und Verfahren

Seit den Wahlen am 25. Oktober 2015 wird die Politik Polens (wieder) von der Partei *Prawo i Sprawiedliwość (PiS)* (Recht und Gerechtigkeit) dominiert.[137] Seitdem haben Regierung und Parlament verschiedene Gesetzesvorhaben umgesetzt, die wegen ihrer Relevanz für den polnischen Rechtsstaat kritisch aufgenommen werden.

a) Rechtsstaatlich problematische Gesetzesänderungen in Polen

Auch bezüglich Polen veröffentlichte insbesondere die Venedig-Kommission kritische Stellungnahmen. Das Parlament hat sich dieser Kritik angeschlossen

S. 31 ff. EuGH, Urteil v. 08.04.2014, Rs. C-288/12, *Kommission/Ungarn*, ECLI:EU:C:2014:237, Rn. 47 ff.

[133] Der EuGH sah in den darin festgelegten Registrierungs-, Melde- und Offenbarungspflichten einen Verstoß gegen Art. 63 AEUV (Kapitalverkehrsfreiheit) sowie Art. 7, 8 und 12 GRC (Achtung des Privat- und Familienlebens; Schutz personenbezogener Daten; Vereinigungsfreiheit). EuGH, Urteil v. 18.06.2020, Rs. C-78/18, *Kommission/Ungarn (Transparence associative)*, ECLI:EU:C:2020:476, Rn. 45 ff.

[134] Dieses Verfahren ist derzeit vor dem EuGH anhängig. EuGH, laufendes Verfahren C-808/18, *Kommission/Ungarn (Accueil des demandeurs de protection internationale)*.

[135] Dieses Verfahren ist derzeit vor dem EuGH anhängig. EuGH, laufendes Verfahren C-66/18, *Kommission/Ungarn (Enseignement supérieur)*. Nach Ansicht der Generalanwältin verstößt das ungarische Hochschulgesetz gegen Unionsrecht, insbesondere gegen Art. 13 und 14 GRC. GA Kokott, Schlussanträge v. 05.03.2020, Rs. C-66/18, *Kommission/Ungarn (Enseignement supérieur)*, ECLI:EU:C:2020:172, Rn. 70 ff.

[136] EuGH, laufendes Verfahren C-564/19, *IS*. Das Oberste Gericht Ungarns erklärte diese Vorlagefragen für rechtswidrig. Zu diesem Verfahren *P. Bárd*, Luxemburg as the Last Resort, 23.09.2019 (https://verfassungsblog.de/luxemburg-as-the-last-resort/) (geprüft am 10.10.2020); *D. G. Szabó*, A Hungarian Judge Seeks Protection from the CJEU – Part I, 28.07.2019 (https://verfassungsblog.de/a-hungarian-judge-seeks-protection-from-the-cjeu-part-i/) (geprüft am 10.10.2020).

[137] Zu den polnischen Wahlen 2015 siehe auch den Bericht von *R. Markowski*, Analyse: Wie viel „Budapest" liegt in Warschau, 10.11.2015 (http://www.bpb.de/internationales/europa/polen/215347/analyse-wie-viel-budapest-liegt-in-warschau) (geprüft am 10.10.2020); zu den Wahlen 2019 *A. Klein*, Polen hat gewählt, 15.10.2019 (https://www.kas.de/laenderberichte/detail/-/content/polen-hat-gewaehlt-1) (geprüft am 10.10.2020).

und Polen mehrfach zur Einhaltung rechtsstaatlicher Grundsätze aufgefordert;[138] die Kommission hat Empfehlungen verabschiedet.[139] Die parlamentarische Versammlung des Europarats hat für Polen – als einzigen EU-Mitgliedstaat – ein Beobachtungsverfahren über die Funktionstüchtigkeit der demokratischen Institutionen und der Rechtsstaatlichkeit beschlossen.[140] Trotz späterer Änderungen im Detail werden die Maßnahmen weiterhin insgesamt als sehr kritisch angesehen.[141]

Ebenso wie in Ungarn[142] stießen auch in Polen neue Gesetze zur Organisation der Judikative auf besondere nationale und internationale Kritik. Dies betraf etwa Änderungen für das Verfassungsgericht in den Jahren 2015 und 2016. Durch eine Änderung der Amtszeit wurde der amtierende Verfassungsgerichtspräsident entlassen; gleiches galt auch für drei noch vor der Parlamentswahl ordnungsgemäß gewählte Verfassungsrichter.[143] Durch neue gesetzlich vorgeschriebene Quoren für Entscheidungen der Versammlung des Verfassungs-

---

[138] *Europäisches Parlament*, Entschließung vom 13. April 2016 zur Lage in Polen – 2015/3031(RSP), 13.04.2016; *European Parliament*, Resolution of 14 September 2016 on the recent developments in Poland and their impact on fundamental rights as laid down in the Charter of Fundamental Rights of the European Union – 2016/2774(RSP), 15.09.2016; *dass.*, Resolution of 15 Novemer 2017 on the situation of the rule of law and democracy in Poland – 2017/2931(RSP), 15.11.2017.

[139] Diese Empfehlungen enthalten auch einen guten Überblick über die Entwicklung in Polen. *Europäische Kommission*, Empfehlung (EU) 2018/103 der Kommission vom 20. Dezember 2017 zur Rechtsstaatlichkeit in Polen in Ergänzung der Empfehlungen (EU) 2016/1374, (EU) 2017/146 und (EU) 2017/1520 – C/2017/9050, 20.12.2017; *dass.*, Empfehlung (EU) 2016/1374 der Kommission vom 27. Juli 2016 zur Rechtsstaatlichkeit in Polen – C/2016/5703, 27.07.2016; *dass.*, Empfehlung (EU) 2017/146 der Kommission vom 21. Dezember 2016 zur Rechtsstaatlichkeit in Polen in Ergänzung zur Empfehlung (EU) 2016/1374 – C/2016/8950, 21.12.2016; *dass.*, European Commission acts to preserve the rule of law in Poland, IP/17/2161, 26.07.2017. Zum Verhalten der Kommission in den Jahren 2016 und 2017 *K. Niklewicz*, EV 16 (2017), S. 281 ff., 282 ff. Zu den Empfehlungen der Kommission *J. Brauneck*, NVwZ 37 (2018), S. 1423 ff., 1425 f.

[140] Dies folgte auf der Grundlage eines Berichts, der die wesentlichen rechtsstaatlich bedenklichen Änderungen der letzten Jahre nachzeichnet. *Council of Europe*, The functioning of democractic institutions in Poland – Parliamentary Assembly Doc. 15025, 06.01.2020.

Die anderen Staaten unter derartiger Beobachtung sind Albanien, Armenien, Aserbaidschan, Bosnien und Herzegowina, Georgien, Moldawien, Russland, Serbien, Türkei und Ukraine. *Dass.*, PACE decides to open monitoring of Poland over rule of law – Parliamentary Assembly, 28.01.2020.

[141] So auch *T. de Vries*, WiRO 27 (2018), S. 129 ff., 132 f.; *T. Jaeger*, EuR 53 (2018), S. 611 ff., 612 f.; *D. Kochenov/P. Bárd*, The Four Elements of the Autocrats' Playbook, 18.09.2018 (https://verfassungsblog.de/the-four-elements-of-the-autocrats-playbook/) (geprüft am 10.10.2020).

[142] Siehe oben § 2 A. IV. 1. a).

[143] Vor den Parlamentswahlen 2015 hatte die damalige Parlamentsmehrheit fünf neue Verfassungsrichter gewählt, obwohl zu der Zeit nur drei Stellen nachzubesetzen waren. Die Wahl der drei für die vakanten Stellen vorgesehenen Verfassungsrichter war verfassungsgemäß, die vorgezogene Wahl der übrigen zwei Verfassungsrichter hingegen verfassungswidrig. *W. Sadurski*, Poland's constitutional breakdown, Oxford 2019, S. 62 f.

gerichts sowie das Verbot, seine Arbeit nach Bedeutung der Fälle zu priorisieren, wurde die Arbeit des Verfassungsgerichts weiter erschwert.[144] Urteile des polnischen Verfassungsgerichts,[145] die diese Änderungen für verfassungswidrig erklärten, haben Regierung und Präsident nicht anerkannt und diese Gesetzesänderungen dennoch angewendet.[146] Eine weitere Gesetzesänderung von Juli 2016 bezüglich der Zusammensetzung sowie weiterer Verfahrensregelungen des polnischen Verfassungsgerichts kritisierte die Venedig-Kommission ebenfalls.[147]

Darüber hinaus kritisierte die Venedig-Kommission gesetzliche Änderungen der Befugnisse und Besetzung der (General-) Staatsanwaltschaft in den Jahren 2016 und 2017, die diese faktisch unter die umfassende Aufsicht des Justizministers stellten und damit zu einer „Politisierung der Aufgaben der Generalstaatsanwaltschaft" führten.[148] Auch weitere Gesetze bezüglich des Gerichtssystems, des für die Ernennung von Richtern zuständigen nationalen Richterrats sowie des Verfassungsgerichts führten zu Kritik.[149] Neue Justizreformen im

---

[144] *European Commission for Democracy through Law* (Venice Commission), Opinion on amendments to the Act of 25 June 2015 on the Constitutional Tribunal of Poland – CDL-AD(2016)001, 11.03.2016, Rn. 49 ff. Zur Entwicklung des polnischen Verfassungsgerichts von 2015 bis 2018 umfassend *W. Sadurski*, Poland's constitutional breakdown, Oxford 2019, S. 58 ff.

[145] Etwa Trybunał Konstytucyjny, Urteil v. 09.12.2015, Rs. K 35/15, *The Act of 19 November 2015 amending the Constiutional Tribunal Act – 186/11/A/2015*. Dieses Urteil erließ das polnische Verfassungsgericht noch in seiner ursprünglichen Besetzung, also vor Entlassung des Präsidenten des Verfassungsgerichts sowie der drei weiteren Richter am Verfassungsgericht. Diese Urteile wurden erst später offiziell mit dem Zusatz „rechtswidrig" veröffentlicht. *European Parliamentary Research Service*, Protecting the rule of law in the EU – Existing mechanisms and possible improvements, November 2019, Fn. 16.

[146] Zum Ganzen auch *H. Hofmeister*, DVBl 131 (2016), S. 869 ff., 869 ff.; *Europäische Kommission*, Orientierungsaussprache des Kollegiums über die jüngsten Entwicklungen in Polen und den Rahmen zur Stärkung des Rechtsstaatsprinzips: Fragen und Antworten – Factsheet MEMO/16/62, 13.01.2016; *T. de Vries*, WiRO 27 (2018), S. 105 ff., 105 ff.; *C. Möllers/ L. Schneider*, Demokratiesicherung in der Europäischen Union – Studie zu einem Dilemma, 2018, S. 69 ff. Zur Entwicklung des polnischen Verfassungsgerichts *J. Seidl*, Beitrittsverfahren und Sanktionen als Sicherungsmechanismen für die Werte der Europäischen Union, Erfurt 2019, S. 309 ff. und insbesondere *W. Sadurski*, HJRL 11 (2018), S. 1 ff.; der Autor geht davon aus, dass das polnische Verfassungsgericht zu einem „Verteidiger und Beschützer der parlamentarischen Mehrheit" geworden ist, *ders.*, HJRL 11 (2018), S. 1 ff., 20.

[147] Zu diesen weiteren Gesetzesänderungen umfassend *European Commission for Democracy through Law* (Venice Commission), Opinion on the Act on the Constitutional Tribunal – CDL-AD(2016)026, 14.10.2016, Rn. 20 ff. Hierzu auch *J. Brauneck*, NVwZ 37 (2018), S. 1423 ff., 1424 f.

[148] *European Commission for Democracy through Law* (Venice Commission), Opinion on the Act on the Public Prosecutor's office, as amended – CDL-AD(2017)028, 11.12.2017, Rn. 24 ff. Hierzu *T. de Vries*, WiRO 27 (2018), S. 105 ff., 107.

[149] *European Commission for Democracy through Law* (Venice Commission), Opinion on the Draft Act amending the Act on the National Council of the Judiciary, on the Draft Act amending the Act on the Supreme Court, proposed by the President of Poland, and on the Act on the Organisation of Ordinary Courts – CDL-AD(2017)031, 11.12.2017, Rn. 15 ff. Hier-

Dezember 2019 und Februar 2020, die unter anderem durch ein Verbot politischer Aktivität für Richterinnen und Richter, neue Organisationsstrukturen sowie ein neues Disziplinarwesen die richterliche Unabhängigkeit weiter schwächen, führten ebenfalls zu starker Kritik der Venedig-Kommission.[150] Die polnische Regierung begründete ihre Justizreformen unter anderem mit einem mangelnden Vertrauen der Bevölkerung in die Justiz, langen Gerichtsverfahren, der Aufarbeitung der Rolle der Justiz vor 1989 und des „Gleichgewichts" der Gewalten.[151] All diese Reformen führten aber auch zu einer tiefen Krise der polnischen Justiz.[152]

Daneben stieß die Mediengesetzgebung aus dem Jahr 2015 auf Kritik, da hierdurch dem Finanzminister entscheidende Befugnisse in der Personalpolitik der öffentlich-rechtlichen Rundfunkanstalten übertragen wurden; dies führte zu Zweifeln an deren Unabhängigkeit.[153] Auch Änderungen im polnischen Polizeigesetz im Jahr 2016 überprüfte die Venedig-Kommission kritisch, ging insoweit aber nicht von grundlegenden und systemischen Risiken für die Rechtsstaatlichkeit aus.[154]

Für die europäische Zusammenarbeit besonders relevant ist die Missachtung von EU-Beschlüssen und Urteilen. So erlaubte die polnische Regierung im Jahr 2016 Forstwirtschaft im auch nach europäischen Recht[155] geschützten Nationalpark *Białowieża*, woraufhin die Kommission Polen in einem Vertragsverletzungsverfahren verklagte. Trotz des laufenden Hauptsacheverfahrens setzte die polnische Regierung die forstwirtschaftliche Nutzung fort und lenkte erst ein, als der EuGH ein Zwangsgeld von mindestens 100.000 Euro für jeden Tag der

---

zu *T. de Vries*, WiRO 27 (2018), S. 105 ff., 107 ff.; *dies.*, WiRO 27 (2018), S. 129 ff., 129 ff.; *J. Brauneck*, NVwZ 37 (2018), S. 1423 ff., 1425. Zur Anwendung neuen Disziplinarrechts in der polnischen Justiz etwa *E. Zechenter*, SSRN 2019, 3525993. Zur Änderung Entwicklung der polnischen Gerichtsbarkeit von 2015 bis 2018 umfassend *W. Sadurski*, Poland's constitutional breakdown, Oxford 2019, S. 96 ff.

[150] *European Commission for Democracy through Law* (Venice Commission), Joint urgent opinion on amendments to the Law on the Common Courts, the Law on the Supreme Court, and some other laws – CDL-PI(2020)002-e, 16.01.2020, Rn. 19 ff.

[151] *The Chancellery of the Prime Minister*, White Paper on the Reform of the Polish Judiciary, 07.03.2018, S. 7 ff.

[152] Zu den EuGH-Urteilen hierzu siehe unten § 2 A. IV. 2. c).

[153] *H. Hofmeister*, DVBl 131 (2016), S. 869 ff., 871; *W. Sadurski*, Poland's constitutional breakdown, Oxford 2019, S. 138 ff.; *C. Möllers/L. Schneider*, Demokratiesicherung in der Europäischen Union – Studie zu einem Dilemma, Tübingen 2018, S. 71 f.; *J. Seidl*, Beitrittsverfahren und Sanktionen als Sicherungsmechanismen für die Werte der Europäischen Union, Erfurt 2019, S. 305 ff.

[154] *European Commission for Democracy through Law* (Venice Commission), Opinion on the Act of 15 January 2016 amending the Police Act and certain other Acts – CDL-AD(2016)012, 13.06.2016, Rn. 32 ff. Hierzu auch *C. Möllers/L. Schneider*, Demokratiesicherung in der Europäischen Union – Studie zu einem Dilemma, Tübingen 2018, S. 72 f.

[155] Das Gebiet fällt unter die Bestimmungen der Fauna-Flora-Habitat-Richtlinie (RL 92/43/EWG (Habitat), ABl. EU L 206 v. 21.05.1992, S. 7 ff.) sowie der Vogelschutzrichtlinie (RL 2009/147/EG (Vogelschutz), ABl. EU L 20 v. 30.11.2009, S. 7 ff.).

Zuwiderhandlung androhte.[156] Darüber hinaus weigert sich neben Ungarn auch Polen, den Umverteilungsmechanismus für Flüchtlinge trotz einschlägiger Urteile umzusetzen.[157] Auch mit Blick auf die Jusitzreformen sprachen sich Mitglieder der polnischen Regierung dafür aus, entsprechende EuGH-Urteile nicht zu beachten.[158]

b) Art. 7-Verfahren gegen Polen

Aufgrund dieser Defizite leitete die Kommission zum ersten und bisher einzigen Mal den EU-Rahmen zur Stärkung des Rechtsstaatsprinzips[159] gegen Polen ein und gab vier Empfehlungen ab.[160] Mangels inhaltlicher Kooperationsbereitschaft legte sie im Dezember 2017 einen Vorschlag zur Feststellung der eindeutigen Gefahr einer schwerwiegenden Verletzung der Rechtsstaatlichkeit in Polen vor.[161]

In diesem Vorschlag stützt sich die Kommission maßgeblich auf die ihrer Ansicht nach mangelnde Unabhängigkeit der polnischen Justiz, insbesondere was den Verfassungsgerichtshof, das Oberste Gericht, die ordentlichen Gerichte

---

[156] Gemäß Art. 279 AEUV i. V. m. Art. 260 Abs. 2 EuGHVfO. EuGH, Beschluss v. 20.11.2017, Rs. C-441/17 R, *Kommission/Polen*, ECLI:EU:C:2017:877, Rn. 94 ff. Hierzu *U. Karpenstein*, EuZW 29 (2018), S. 97 f., 97 f.; *C. Möllers/L. Schneider*, Demokratiesicherung in der Europäischen Union – Studie zu einem Dilemma, Tübingen 2018, S. 148 f.; *J. Pallokat*, Polen stoppt Urwald-Abholzung, 21.11.2017 (https://www.tagesschau.de/ausland/polen-urwald-105.html) (geprüft am 17.01.2018). Im anschließenden Hauptsacheverfahren hat der EuGH die Vertragsverletzung durch Polen festgestellt, EuGH, Urteil v. 17.04.2018, Rs. C-441/17, *Kommission/Polen*, ECLI:EU:C:2018:255, Rn. 106 ff.

[157] Siehe oben § 2 A. IV. 1. a).

[158] *M. Broniatowski*, Polish deputy PM: Warsaw will ‚ignore' ECJ ruling on justice reform, 27.08.2018 (https://www.politico.eu/article/poland-warsaw-ignore-ecj-ruling-on-justice-reform/) (geprüft am 10.10.2020).

[159] Zu diesem Verfahren siehe unten § 4 C. I. 1. a) aa).

[160] *Europäische Kommission*, Empfehlung (EU) 2017/1520 der Kommission vom 26. Juli 2017 zur Rechtsstaatlichkeit in Polen in Ergänzung der Empfehlungen (EU) 2016/1374 und (EU) 2017/146 – C/2017/5320, 26.07.2017; *dass.*, Empfehlung (EU) 2016/1374 der Kommission vom 27. Juli 2016 zur Rechtsstaatlichkeit in Polen – C/2016/5703, 27.07.2016; *dass.*, Empfehlung (EU) 2017/146 der Kommission vom 21. Dezember 2016 zur Rechtsstaatlichkeit in Polen in Ergänzung zur Empfehlung (EU) 2016/1374 – C/2016/8950, 21.12.2016 und *dass.*, Empfehlung (EU) 2018/103 der Kommission vom 20. Dezember 2017 zur Rechtsstaatlichkeit in Polen in Ergänzung der Empfehlungen (EU) 2016/1374, (EU) 2017/146 und (EU) 2017/1520 – C/2017/9050, 20.12.2017. Zur Anwendung dieses Rahmens auf Polen *D. Nickel*, EuR 52 (2017), S. 663 ff., 669 ff.; *L. Pech/K. L. Scheppele*, CYELS 19 (2017), S. 3 ff., 14 ff.; *S. Labayle*, EP 1 (2016), S. 1283 ff.

[161] Art. 1 *European Commission*, Reasoned Proposal in accordance with article 7(1) of the Treaty on the European Union regarding the rule of law in Poland – COM (2017) 835 final, 20.12.2017. Dieser Vorschlag für einen entsprechenden Beschluss des Rates enthält auch einen guten Überblick über die aus Sicht der Kommission wichtigsten Rechtsstaatsverstöße in Polen. Auch das Parlament hatte diesen Schritt angedroht bzw. vorbereitet, *European Parliament*, Resolution of 15 Novemer 2017 on the situation of the rule of law and democracy in Poland – 2017/2931(RSP), 15.11.2017, Rn. 16.

sowie die Kontrolle und Ausbildung von Richtern betrifft.[162] Zudem enthält der Vorschlag eine Reihe von Empfehlungen, die der Rat an Polen richten soll. So soll Polen die Legitimität des Verfassungsgerichtshofs wiederherstellen und alle seine Urteile vollständig umsetzen, durch Gesetzesreformen die Unabhängigkeit der Justiz stärken und die Legitimität der Justiz weder durch Maßnahmen noch durch öffentliche Äußerungen schwächen.[163]

Im Vergleich zum Vorschlag des Parlaments in Bezug auf Ungarn[164] fällt auf, dass die Kommission vornehmlich auf die Lage der Judikative eingeht. Durch diese Fokussierung und gewisse Entpolitisierung erhofft sie sich (vermutlich) größere Zustimmung in Rat und Parlament; zudem wurden andere Bereiche im Vergleich zu Ungarn auch weniger stark reformiert. Das Parlament begrüßte diesen Beschluss der Kommission und forderte den Rat auf, das Verfahren nach Art. 7 EUV zu führen.[165] Der Rat hat dieses Verfahren bisher nur erörtert, aber keine Beschlüsse gefasst.[166] Es liegt die Vermutung nahe, dass dies auch an einer derzeit wohl nicht erreichbaren notwendigen Vier-Fünftel-Mehrheit liegt.[167] Das Parlament beklagte diese Passivität des Rates erst kürzlich.[168]

c) *Vertragsverletzungsverfahren wegen Rechtsstaatsdefiziten gegen Polen*

Die Kommission leitete auch Vertragsverletzungsverfahren wegen Rechtsstaatsdefiziten gegen Polen ein. So klagte sie gegen die Neuregelung zur Pensionierung von Richterinnen und Richtern am Obersten Gericht.[169] Dieses Gesetz

[162] *European Commission*, Reasoned Proposal in accordance with article 7(1) of the Treaty on the European Union regarding the rule of law in Poland – COM (2017) 835 final, 20.12.2017, Rn. 91 ff.

[163] Art. 2 lit. a) bis e) *dass.*, Reasoned Proposal in accordance with article 7(1) of the Treaty on the European Union regarding the rule of law in Poland – COM (2017) 835 final, 20.12.2017.

[164] Siehe oben § 2 A. IV. 1. b).

[165] *Europäisches Parlament*, Entschließung des Europäischen Parlaments vom 1. März 2018 zu dem Beschluss der Kommission, im Hinblick auf die Lage in Polen das Verfahren gemäß Artikel 7 Absatz 1 EUV einzuleiten – 2018/2541(RSP), 01.03.2018, Rn. 1 f.

[166] *EUR-Lex*, Procedure 2017/0360/NLE, 16.01.2019 (https://eur-lex.europa.eu/procedure/DE/2017_360) (geprüft am 10.10.2020).

[167] Art. 7 Abs. 1 UAbs. 1 S. 1 EUV. Zu diesem Problem siehe unten § 4 C. II. 1. a).

[168] *Europäisches Parlament*, Entschließung des Europäischen Parlaments vom 16. Januar 2020 zu den laufenden Anhörungen gemäß Artikel 7 Absatz 1 EUV zu Polen und Ungarn – 2020/2513(RSP), 16.01.2020, Rn. 3.

[169] Der EuGH entschied trotz zwischenzeitlicher Änderungen des Gesetzes in der Sache, da nach Ablauf in der mit Gründen versehenen Stellungnahme festgesetzten Frist eingetretene Änderungen keine Berücksichtigung mehr finden. EuGH, Urteil v. 24.06.2019, Rs. C-619/18, *Kommission/Polen (Indépendance de la Cour suprême)*, ECLI:EU:C:2019:531, Rn. 27 ff. Ein Vorabentscheidungsverfahren in dieser Sache erklärte der EuGH nach der Korrektur der Reform allerdings mangels fortbestehender Bedeutung aber für erledigt. EuGH, Beschluss v. 29.01.2020, Rs. C-522/18, *DŚ/Zakład Ubezpieczeń Społecznych Oddział w Jaśle*, ECLI:EU:C:2020:42, Rn. 21 ff.

betraf auch amtierende Richter[170] und erlaubte es dem polnischen Präsidenten über eine Weiterbeschäftigung zu entscheiden.[171] In beidem sah der EuGH einen Verstoß gegen die durch Art. 19 Abs. 1 UAbs. 2 EUV geschützte richterliche Unabhängigkeit.[172] Auch in einem weiteren Vertragsverletzungsverfahren standen Ruhestandsregelungen für Richterinnen und Richter im Zentrum: Diese Neuregelungen sahen eine nach Geschlecht unterschiedliche Ruhestandsregelung sowie eine Herabsetzung des Ruhestandsalters für Richterinnen und Richter mit gleichzeitiger Verlängerungsmöglichkeit durch den Justizminister vor.[173] Der EuGH sah in den unterschiedlichen Ruhestandsregelungen für Richterinnen und Richter einen Verstoß gegen das Gleichbehandlungsgebot[174] und in der Verlängerungsmöglichkeit eine Gefährdung der richterlichen Unabhängigkeit und des effektiven Rechtsschutzes.[175]

Ein weiteres Vertragsverletzungsverfahren leitete die Kommission wegen der Einführung einer neuen Disziplinarkammer für Richterinnen und Richter in Polen ein; hierdurch sieht sie die richterliche Unabhängigkeit gefährdet.[176] In der Hauptsache hat der EuGH hierzu noch nicht entschieden;[177] er erließ allerdings eine einstweilige Anordnung, mit der er Polen aufforderte, die Anwendung der Bestimmungen zur Disziplinarkammer unverzüglich auszusetzen.[178] Zuvor war unter anderem die Disziplinarkammer auch Gegenstand eines Vorabentscheidungsverfahrens, mit dem polnische Gerichte den EuGH befassten.[179] In seinem Urteil legte er allgemeine Anforderungen für die Unabhängigkeit und Unparteilichkeit der Gerichte fest und stellte insoweit auch auf den (objektiven) Eindruck auf die Rechtsunterworfenen und berechtigte Zweifel an der „Unemp-

---

170 Art. 111 Gesetz über das Oberste Gericht (Polen), Dz. U 2018 Pos. 5 v. 20.12.2017.

171 Art. 37 Gesetz über das Oberste Gericht (Polen), Dz. U 2018 Pos. 5 v. 20.12.2017.

172 EuGH, Urteil v. 24.06.2019, Rs. C-619/18, *Kommission/Polen (Indépendance de la Cour suprême)*, ECLI:EU:C:2019:531, Rn. 71 ff.

173 Art. 1 Nr. 26 lit. b) und c) sowie Art. 13 Nrn. 1 bis 3 Änderungsgesetz über den Aufbau der ordentlichen Gerichtsbarkeit (Polen), Dz. U 2017 Pos. 1452 v. 12.07.2017.

174 Art. 157 AEUV sowie Art. 5 lit. a) und Art. 9 Abs. 1 lit. f) RL 2006/54/EG (Chancengleichheit und Gleichbehandlung in Arbeitsverhältnissen), ABl. EU L 204 v. 05.07.2006, S. 23 ff.

175 EuGH, Urteil v. 05.11.2019, Rs. C-192/18, *Kommission/Polen (Indépendance des juridictions de droit commun)*, ECLI:EU:C:2019:924, Rn. 58 ff.

176 *Europäische Kommission*, Rechtsstaatlichkeit: Schutz von Richtern vor politischer Kontrolle: EU-Kommission verklagt Polen vor dem Europäischen Gerichtshof, 10.10.2019.

177 EuGH, laufendes Verfahren C-791/19, *Kommission/Polen*.

178 EuGH, Beschluss v. 08.04.2020, Rs. C-791/19 R, *Kommission/Polen*, ECLI:EU:C:2020:277, Rn. 50 ff.

179 EuGH, Urteil v. 19.11.2019, Rs. C-585/18, C-624/18 und C-625/18, *A. K. u. a./Sąd Najwyższy*, ECLI:EU:C:2019:982. Ein weiteres Vorabentscheidungsersuchen zur Disziplinarkammer wies der EuGH als unzulässig ab, da die dort genannten Fragen keine für die Entscheidungsfindung erforderliche Auslegung des Unionsrechts betreffen. Trotzdem betonte der EuGH auch in diesem Urteil die Bedeutung der richterlichen Unabhängigkeit. EuGH, Urteil v. 26.03.2020, Rs. C-558/18 und C-563/18, *Miasto Łowicz/Skarb Państwa – Wojewoda Łódzki*, ECLI:EU:C:2020:234, Rn. 38 ff.

fänglichkeit dieser Einrichtung für äußere Faktoren […] und an der Neutralität" ab.[180] Das zuständige polnische Gericht erklärte daraufhin, dass der Landesjustizrat und die Disziplinarkammer keine unabhängigen Gerichte sind.[181]

Wegen der Justizreform der Jahre 2019 und 2020 leitete die Kommission ein neues Vertragsverletzungsverfahren ein. Auch hier stehen die richterliche Unabhängigkeit sowie die Zusammenarbeit der polnischen Justiz mit dem EuGH im Fokus.[182]

3. Weitere Mitgliedstaaten

Auch andere Mitgliedstaaten sind in den letzten Jahren mit Reformen aufgefallen, die Bedenken hinsichtlich ihrer Rechtsstaatlichkeit auslösten, auch wenn diese nicht an die für Polen und Ungarn beschriebenen Problemkreise heranreichen. So wird etwa in Rumänien das Ausmaß der Korruption,[183] die (mangelhafte) Unabhängigkeit der Justiz,[184] der vielfache Gebrauch von Notverordnungen zur Änderung von Gesetzen und eine Justizreform kritisiert.[185] Die

[180] EuGH, Urteil v. 19.11.2019, Rs. C-585/18, C-624/18 und C-625/18, *A. K. u. a./Sąd Najwyższy*, ECLI:EU:C:2019:982, Rn. 127 ff. unter Verweis auf EGMR, Urteil v. 06.11.2018, Rs. 55391/13, 57728/13, 74041/13, *Ramos Nunes de Carvalho e Sá/Portugal*, Rn. 144.

[181] Das polnische Oberste Gericht erließ in der Folge drei Entscheidungen: Polish Supreme Court, Decision v. 15.01.2020, Rs. III PO 9/18, Legalis 22722431; Polish Supreme Court, Decision v. 05.12.2019, Rs. III PO 7/18, OSNAPiUS 2020/4/38; Polish Supreme Court, Decision v. 15.01.2020, Rs. III PO 8/18, Legalis 2272429. Eine Zusammenfassung dieser Entscheidungen des polnischen Obersten Gerichts enthält EuGH, Beschluss v. 08.04.2020, Rs. C-791/19 R, *Kommission/Polen*, ECLI:EU:C:2020:277, Rn. 19 ff.

[182] *European Commission*, Rule of Law: European Commission launches infringement procedure to safeguard the independence of judges in Poland, 29.04.2020. Zudem ist ein weiteres Vorabentscheidungsverfahren zur Meinungsfreiheit anhängig. EuGH, laufendes Verfahren C-55/20, *Ministerstwo Sprawiedliwości*. Hierzu *G. de Búrca/J. Morijn*, Repression of Freedom of Expression in Poland: Renewing support for Wojciech Sadurski, 03.06.2020 (https://verfassungsblog.de/repression-of-freedom-of-expression-in-poland-renewing-support-for-wojciech-sadurski/) (geprüft am 10.10.2020).

[183] *European Parliamentary Research Service*, Corruption in the European Union – Prevalence of corruption, and anti-corruption efforts in selected EU Member States PE 608.687, 09/2017, S. 65 ff. Hierunter fällt auch die Entlassung der Leiterin der Antikorruptionsbehörde, die der EGMR unter anderem mit Blick auf das Recht auf ein faires Verfahren und die freie Meinungsäußerung beanstandete. EGMR, Urteil v. 05.05.2020, Rs. 3594/19, *Kövesi/Romania*, Rn. 94 ff.

[184] *European Commission*, Joint Statement of European Commission President Juncker and First Vice-President Timmermans on the latest developments in Romania, 24.01.2018. Hierzu *B. S. Gutan*, Failing to Struggle or Struggling to Fail? On the New Judiciary Legislation Changes in Romania, 31.01.2018 (https://verfassungsblog.de/failing-to-struggle-or-struggling-to-fail-on-the-new-judiciary-legislation-changes-in-romania/) (geprüft am 10.10.2020).

[185] *European Commission for Democracy through Law* (Venice Commission), Romania Opinion on Emergency Ordinances GEO No. 7 and GEO No. 12 amending the Law of Justice – CDL-AD(2019)014, 24.06.2019; *dass.*, Romania Opinion on Amendments to the Criminal Code and the Criminal Procedure Code – CDL-AD(2018)021, 20.10.2018; *European Parliament*, The rule of la in Romania – 2018/2844(RSP), 13.11.2018. Hierzu auch *B. S. Gutan*, New Challenges against the Judiciary in Romania, 22.02.2019 (https://verfassungsblog.de/

Kommission überprüft die Lage der Rechtsstaatlichkeit in Rumänien regelmäßig im Rahmen des Kooperations- und Kontrollverfahrens.[186] Hierin hat sie 2018 „ernsthafte Gefahren von Rückschritten" festgestellt,[187] sah zuletzt jedoch auch verhalten positive Anzeichen.[188]

Auch für Bulgarien werden national und international rechtsstaatliche Defizite beklagt; problematisch ist unter anderem die Stellung und Macht der bulgarischen Generalstaatsanwaltschaft.[189] Die Kommission überprüft die Rechtsstaatlichkeit auch in Bulgarien regelmäßig im Rahmen des Kooperations- und Kontrollverfahrens und sah die rechtsstaatlichen Kriterien dort zuletzt als weitgehend erfüllt an.[190] Die bis Ende Oktober 2019 amtierende Kommission entschied sich aber, das Kooperations- und Kontrollverfahren gegen Bulgarien nicht zu beenden.[191] In jüngerer Zeit ist zudem Malta wegen rechtsstaatlicher Bedenken in den Fokus geraten, auch durch die weiter nicht vollständig aufgeklärte Ermordung der Journalistin *Daphne Caruana Galizia*. Das Parlament

---

new-challenges-against-the-judiciary-in-romania/) (geprüft am 10.10.2020); *A. Gurzu*, Romanian PM clashes with Commission over rule of law, 19.04.2019 (https://www.politico.eu/article/romanian-prime-minister-viorica-dancila-clashes-with-commission-over-rule-of-law/) (geprüft am 10.10.2020).

[186] Siehe hierzu unten § 3 C. V.

[187] *European Commission*, On Progress in Romania under the Cooperation and Verification Mechanism – COM (2018) 851 final, 13.11.2018, S. 12ff. Hierzu auch der Bericht von 2017, *dass.*, On progress in Romania under the Co-operation and verification mechanism – COM (2017) 751 final, 15.11.2017, S. 3ff.

[188] *European Commission*, On Progress in Romania under the Cooperation and Verification Mechanism – COM (2019) 499 final, 22.10.2019, S. 1ff. Zur Anwendung des Kooperations- und Kontrollverfahrens auf Rumänien *J. Seidl*, Beitrittsverfahren und Sanktionen als Sicherungsmechanismen für die Werte der Europäischen Union, Erfurt 2019, S. 132ff.

[189] *F. Marques*, MEDEL letter to the President of the EU Commission and to the EU Commissioner of Justice about the CVM report on Bulgaria and Romania, 18.12.2018 (https://medelnet.eu/index.php/news/europe/483-medel-letter-to-the-president-of-the-eu-commission-and-to-the-eu-commissioner-of-justice-about-the-cvm-report-on-bulgaria-and-romania) (geprüft am 10.10.2020); *European Commission for Democracy through Law* (Venice Commission), Bulgaria Opinion on the judicial system act – CDL-AD(2017)018, 07.10.2017, S. 7ff. Auch *R. Vassileva*, The Disheartening Speech by the President of Bulgaria's Supreme Court Which Nobody in Brussels Noticed, 11.07.2018 (https://verfassungsblog.de/the-disheartening-speech-by-the-president-of-bulgarias-supreme-court-which-nobody-in-brussels-noticed/) (geprüft am 10.10.2020); *dies.*, Capturing Bulgaria's Justice System: The Homestretch, 09.01.2019 (https://verfassungsblog.de/capturing-bulgarias-justice-system-the-homestretch/) (geprüft am 10.10.2020); *dies.*, Is Bulgaria's Rule of Law about to Die under the European Commission's Nose? The Country's Highest-Ranking Judge Fears So, 23.04.2019 (https://verfassungsblog.de/is-bulgarias-rule-of-law-about-to-die-under-the-european-commissions-nose-the-countrys-highest-ranking-judge-fears-so/) (geprüft am 10.10.2020).

[190] *European Commission*, On Progress in Bulgaria under the Cooperation and Verification Mechanism – COM (2019) 498 final, 22.10.2019, S. 2ff.; *dass.*, On Progress in Bulgaria under the Cooperation and Verification Mechanism – COM (2018) 850 final, 13.11.2018, S. 2ff.

[191] *B. Weppner*, EU-Kommission überwacht Bulgarien weiter, 28.04.2019 (https://www.tagesspiegel.de/politik/sofia-unter-beobachtung-eu-kommission-ueberwacht-bulgarien-weiter/24265500.html) (geprüft am 10.10.2020).

zeigte sich auch deshalb über die Lage der Pressefreiheit und das Ausmaß der Korruption in Malta besorgt.[192]

Daneben sind aber auch ältere Mitgliedstaaten durch rechtsstaatlich bedenkliche Regelungen und Entwicklungen aufgefallen. So hat die (erste) Regierungsbeteiligung der *Freiheitlichen Partei Österreichs (FPÖ)* im Jahr 2000 zu starken Zweifeln an der rechtsstaatlichen Einstellung der österreichischen Regierung geführt. Daraufhin erließen die anderen EU-Staaten Sanktionen gegen Österreich, die aber bald wieder aufgehoben wurden. In der Rückschau werden die Maßnahmen gegen Österreich kritisch und teilweise als überzogen bewertet.[193] In Griechenland und Italien haben zahlreiche im Rahmen der Euro- und Wirtschaftskrise erstellte Analysen teils eklatante Mängel im jeweiligen Rechtssystem festgestellt. Im Falle Griechenlands betraf dies etwa die Organisation und Länge der Gerichtsverfahren, die der Europäische Gerichtshof für Menschenrechte (EGMR) für unvereinbar mit dem Recht auf ein faires Verfahren gemäß Art. 6 EMRK erklärte.[194] Kritisiert werden auch systematische Verstöße griechischer Strafverfolgungsbehörden gegen rechtsstaatliche Grundsätze[195] sowie das Ausmaß der Korruption.[196] Im Falle Italiens bezieht sich die Kritik ebenfalls unter anderem auf die Ausgestaltung des Justizsystems.[197]

---

[192] *European Parliament*, European Parliament resolution of 18 December 2019 on the rule of law in Malta following the recent revelations surrounding the murder of Daphne Caruana Galizia – 2019/2954(RSP), 18.12.2019, F ff.

[193] Für einen Überblick zur Causa Österreich *A. Hau*, Sanktionen und Vorfeldmaßnahmen zur Absicherung der europäischen Grundwerte – Rechtsfragen zu Art. 7 EU, 2002, Rn. 225 ff.; *K. Serini*, Sanktionen der Europäischen Union bei Verstoß eines Mitgliedstaats gegen das Demokratie- oder Rechtsstaatsprinzip, 2009, S. 137 ff. Hierzu auch *D. Nickel*, EuR 52 (2017), S. 663 ff., 667 ff.; *P. Unruh*, EuR 37 (2002), S. 41 ff., 41 ff.

[194] In diesem Zusammenhang sprach der EGMR sogar von „Rechtsverweigerung", EGMR, Urteil v. 21.12.2010, Rs. 50973/08, *Vassilios Athanasiou/Greece*, Rn. 45 ff. Auch EGMR, Urteil v. 30.10.2012, Rs. 40150/09, *Glykantzi/Greece*, Rn. 45 ff. Knapp zusammenfassend *A. v. Bogdandy/M. Ioannidis*, CML Rev 51 (2014), S. 59, 77 ff.

[195] *N. Sitaropoulos*, Rule of law in Greece buckles under institutionalised ill-treatement by law enforcement agents, 15.03.2016 (https://verfassungsblog.de/rule-of-law-in-greece-buckles-under-institutionalised-ill-treatment-by-law-enforcement-agents/) (geprüft am 10.10.2020).

[196] Hierzu etwa der Bericht der Staatengruppe gegen Korruption, der 2015 noch schwerwiegende Probleme feststellte, daneben aber auch erste positive Schritte in der Korruptionsbekämpfung erkannte, *Group of States against Corruption* (Council of Europe), Evaluation Report Greece 2014 – Greco Eval IV Rep (2014) 9E, 22.10.2015. Auch: *European Commission*, EU Anti-Corruption Report Annex 8 Greece – COM (2014) 38 final, 03.02.2014. Zu weiteren Daten für Griechenland etwa *World Justice Project*, World Justice Project Rule of Law Index 2019 (https://worldjusticeproject.org/our-work/research-and-data/wjp-rule-law-index-2019), S. 78 (geprüft am 10.10.2020).

[197] *R. Caponi*, The Italian Law Journal 2 (2016), S. 15 ff. Zu Daten für Italien *World Justice Project*, World Justice Project Rule of Law Index 2019 (https://worldjusticeproject.org/our-work/research-and-data/wjp-rule-law-index-2019), S. 89 (geprüft am 10.10.2020). Für vergleichende Indikatoren zur Durchsetzung von Verträgen in einzelnen Mitgliedstaaten *World*

Auch einzelne Regelungen in Deutschland wurden oder werden beanstandet. So hat der EuGH etwa die mangelnde Unabhängigkeit der Datenschutzbehörden[198] sowie der Staatsanwaltschaften kritisiert.[199] Auch die Möglichkeit der Wiederwahl von Richterinnen und Richtern an einzelnen Landesverfassungsgerichten wird mit Blick auf ihre Unabhängigkeit kritisch gesehen.[200] Gleiches gilt für die gemäß Art. 253 Abs. 4 AEUV mögliche Wiederernennung ausscheidender Richter und Generalanwälte am EuGH. Mit Blick auf die geforderte richterliche Unabhängigkeit genügt dies nicht den Maßstäben, die die EU an ihre Mitgliedstaaten anlegt.[201] Zudem sind die Auswirkungen des Urteils des Bundesverfassungsgerichts zum Public Sector Purchase Programme (PSPP-Programm) der Europäischen Zentralbank (EZB), in dem es das im Vorabentscheidungsverfahren ergangene EuGH-Urteil als ultra vires und daher in Deutschland für nicht anwendbar erklärte, noch nicht vollständig absehbar.[202] Zwar ist dieses Urteil in keiner Weise mit den Entwicklungen des Rechtsstaats insbesondere in Polen und Ungarn vergleichbar. Seine mögliche Vorbildwirkung auf Diskussionen um die Rechtsstaatlichkeit in anderen Mitgliedstaaten und die Anerkennung entsprechender Urteile des EuGH ist aber bedenklich.[203]

Bank Group, Doing Business 2019 – Training for Reform – Regional Profile European Union (EU), S. 52 ff.

[198] EuGH, Urteil v. 09.03.2010, Rs. C-518/07, *Kommission/Deutschland (Datenschutzbehörde)*, ECLI:EU:C:2010:125; EuGH, Urteil v. 16.10.2012, Rs. C-614/10, *Kommission/Österreich (Datenschutzbehörde)*, ECLI:EU:C:2012:631.

[199] Wegen ihrer Weisungsabhängkgeit (§§ 146 f. GVG) seien letztere keine „ausstellende Justizbehörde" (Art. 6 Abs. 1 Rahmenbeschluss 2002/584/JI (Europäischer Haftbefehl), ABl. EU L 190 v. 13.06.2002, S. 1 ff.) und daher nicht befugt, einen Europäischen Haftbefehl auszustellen. EuGH, Urteil v. 27.05.2019, Rs. C-508/18 und C-82/19 PPU, *OG und PI*, ECLI:EU:C:2019:456, Rn. 75 ff. Hierzu eingehend *W. Kluth*, NVwZ 38 (2019), S. 1175 ff.

[200] Siehe für Bayern etwa Art. 4 Abs. 3 BayVfGHG, für Sachsen § 3 Abs. 3 S. 4 SächsVerfGHG. In Berlin zum Beispiel ist eine Wiederwahl hingegen nicht zulässig, § 2 Abs. 1 S. 2 BlnVerfGHG. Von der EU bzw. internationalen Organisationen ist dies aber – soweit ersichtlich – noch nicht aufgegriffen worden.

[201] So hat die Kommission neue Regelungen zur Verlängerung der Amtszeiten von Richtern in Polen kritisiert. Siehe oben § 2 A. IV. 2. Kritisch zu dieser Vorschrift auch *U. Karpenstein/K. Dingemann*, in: E. Grabitz/M. Hilf/M. Nettesheim (Hrsg.), Das Recht der Europäischen Union, [69]München 2020, Art. 253 AEUV, Rn. 25; *P. M. Huber*, in: R. Streinz (Hrsg.), EUV/AEUV, [3]München 2018, Art. 253 AEUV, Rn. 7; *B. W. Wegener*, in: C. Calliess/M. Ruffert (Hrsg.), EUV/AEUV, [5]München 2016, Art. 253 AEUV, Rn. 3.

[202] BVerfG, Urteil v. 05.05.2020, Rs. 2 BvR 859/15, 2 BvR 1651/15, 2 BvR 2006/15, 2 BvR 980/16, *PSPP*, ECLI:DE:BVerfG:2020:rs20200505.2bvr085915, Rn. 116 ff. betreffend EuGH, Urteil v. 11.12.2018, Rs. C-493/17, *Weiss*, ECLI:EU:C:2018:1000. Der EuGH teilte daraufhin nur knapp mit, dass er seine Urteile allgemein als bindend ansehe. EuGH, Pressemitteilung im Nachgang zum Urteil des deutschen Bundesverfassungsgerichts vom 5. Mai 2020, 08.05.2020.

[203] So auch *A. Thiele*, VB vom Blatt: Das BVerfG und die Büchse der ultra-vires-Pandora, 05.05.2020 (https://verfassungsblog.de/vb-vom-blatt-das-bverfg-und-die-buechse-der-ultra-vires-pandora/) (geprüft am 10.10.2020).

V. Bedürfnis für neue Sanktionsmöglichkeiten

Ohne dass diese Darstellung einen Anspruch auf Vollständigkeit hinsichtlich der Lage in allen Mitgliedstaaten erhebt, zeigt sie deutlich, dass in den letzten Jahren vermehrt rechtsstaatswidrige Entwicklungen zu beobachten sind. Dies gilt insbesondere für jüngere Mitgliedstaaten und hier vor allem für Ungarn und Polen. Die Gründe hierfür sind vielfältig, eine wichtige Rolle dürfte aber auch die geschichtliche Entwicklung spielen: Die osteuropäischen Gesellschaften konnten über Jahrzehnte keine demokratischen und rechtsstaatlichen Grundwerte praktizieren. Mit dem Fall des Eisernen Vorhangs folgten tiefgreifende gesellschaftliche und wirtschaftsstrukturelle Umbrüche, die in Teilen der Bevölkerung eine tiefe Verunsicherung hinterlassen haben.[204] In dieser Umbruchphase haben die Mitgliedstaaten den demokratischen Wandel unterschiedlich stark vollzogen, etwa im Bildungsbereich.[205] Hinzu kamen unterschiedliche nationale Entwicklungen, in Polen etwa Enttäuschung über die politische Elite und geringe Identifikation mit liberalen Werten.[206] Zudem muss auch kritisch hinterfragt werden, ob die EU den demokratischen und rechtsstaatlichen Wandel stark genug unterstützt und bei der Aufnahme dieser Mitgliedstaaten die Einhaltung der Aufnahmekriterien aus geopolitischen Gründen nicht streng genug überwacht hat.[207] Dies gilt es auch bei künftigen Erweiterungsrunden, etwa auf dem Westbalkan, zu berücksichtigen.

Diese Entwicklungen stellen in ihrer Intensität insbesondere in Polen und Ungarn eine Gefahr für die europäische Zusammenarbeit zwischen den Mitgliedstaaten dar, wie sich etwa an den Auseinandersetzungen zum Europäischen Haftbefehl bereits zeigt.[208] Durch die zahlreichen Verwaltungs- und Justizreformen steht zudem zu befürchten, dass auch der dezentrale Vollzug

---

[204] *A. L. Pap/A. Śledzińska-Simon*, The Rise of Illiberal Democracy and the Remedies of Multi-Level Constitutionalism – Jean Monnet Working Paper 12/17, 2017, S. 1 ff.; *M. Matczak*, HJRL 11 (2019), S. 407 ff.

[205] In der Studie von *Florian Fesnic* werden die Auswirkungen des Bildungssystems in Polen und Ungarn untersucht. Die darin 2016 getroffene Aussage, die polnische Demokratie sei „gefestigt" (S. 967), darf im Lichte der aktuellen Ereignisse (siehe oben § 2 A. IV. 2.) aber angezweifelt werden. *F. N. Fesnic*, Political Studies 64 (2016), S. 966 ff.

[206] *W. Sadurski*, Poland's constitutional breakdown, Oxford 2019, S. 167 ff.

[207] Zu dieser Kritik auch *F. Schorkopf*, EuR 51 (2016), S. 147 ff., 149. Zu den Effekten vor und nach dem Beitritt sowie der von der Autorin festgestellten Demokratieerosion, *M. Kneuer*, in: W. Hilz/A. Nötzold (Hrsg.), Die Zukunft Europas in einer Welt im Umbruch, Wiesbaden 2018, S. 207, 211 ff. So beklagen auch hochrangige Mitglieder der bulgarischen Justiz, dass Bulgarien zur Zeit der Aufnahme in die EU nicht alle Kriterien erfüllt hat (und seitdem auch weiterhin nicht erfüllt), *R. Vassileva*, Is Bulgaria's Rule of Law about to Die under the European Commission's Nose? The Country's Highest-Ranking Judge Fears So, 23.04.2019 (https://verfassungsblog.de/is-bulgarias-rule-of-law-about-to-die-under-the-european-commissions-nose-the-countrys-highest-ranking-judge-fears-so/) (geprüft am 10.10.2020).

[208] Zur Zusammenarbeit der Mitgliedstaaten siehe oben § 2 A. III. 3.

der Unionspolitiken durch diese Mitgliedstaaten Schaden nimmt.[209] Missachten mitgliedstaatliche Behörden und die sie kontrollierenden Organe der Justiz rechtsstaatliche Grundsätze, ist die ordnungsgemäße dezentrale Umsetzung der Unionspolitiken nicht gewährleistet.[210] Mit Blick auf Polen und Ungarn besonders problematisch ist auch, dass die mitgliedstaatlichen Regierungen und Parlamentsmehrheiten ihre Maßnahmen trotz entsprechender Mahnung etwa seitens der Kommission und in Kenntnis ihrer Unionsrechtswidrigkeit umsetzen. Dadurch nimmt das Vertrauen in die EU und das Vertrauen der Mitgliedstaaten untereinander Schaden.[211] In einer mittlerweile aus 27 heterogenen Mitgliedstaaten bestehenden EU besteht zudem eine Gefahr der Nachahmung durch andere Mitgliedstaaten.[212]

Das Ringen um die angemessene Reaktion der EU auf diese Entwicklungen in allen Mitgliedstaaten hat Defizite in den bestehenden Sanktionsmechanismen offenbart: Die Kommission führte mit den betroffenen Mitgliedstaaten einen teilweise sehr intensiven Dialog über die Bedeutung und Einhaltung rechtsstaatlicher Grundsätze. Insbesondere mit Polen und Ungarn war dieser notwendige politische Dialog jedoch in der Sache nicht erfolgreich.[213] Gleiches gilt für die Sanktionsmechanismen, die trotz ihrer Erfolge in bestimmten Fällen eine Schutzlücke offenbaren.[214] Dies wird in Anlehnung an die mit der Aufnahme in die EU regelmäßig[215] endende fortlaufende Überwachung der Einhaltung der Beitrittskriterien als „Kopenhagen-Dilemma" bezeichnet.[216]

Die Gründe hierfür liegen auch in den Verfahren und Zielsetzungen der Sanktionsmechanismen. So ist das in Art. 7 EUV vorgesehene Verfahren allein

---

209 Zum dezentralen Vollzug der Unionspolitiken siehe oben § 2 A. III. 2.

210 Siehe unten § 3 B. I. 4. c) cc).

211 Zur Bedeutung der Glaubwürdigkeit der EU siehe oben § 2 A. III. 4., zum gegenseitigen Vertrauen der Mitgliedstaaten siehe oben § 2 A. III. 3.

212 *P. Oliver/J. Stefanelli*, JCMS 54 (2016), S. 1075 ff., 1082; *A. Hatje/J. Schwarze*, EuR 54 (2019), S. 153 ff., 180 f.

213 So auch *C. Möllers/L. Schneider*, Demokratiesicherung in der Europäischen Union – Studie zu einem Dilemma, Tübingen 2018, 62 ff.; 79 ff.

214 So auch *H. Hofmeister*, DVBl 131 (2016), S. 869 ff., 872; *G. Halmai*, HJRL 11 (2019), S. 171 ff., 171 ff.; *M. Kneuer*, in: W. Hilz/A. Nötzold (Hrsg.), Die Zukunft Europas in einer Welt im Umbruch, Wiesbaden 2018, S. 207, 223.

215 Eine Ausnahme hierzu stellen die Überwachungsmechanismen für Bulgarien, Rumänien und Kroatien dar. Siehe unten § 3 C. V.

216 Die Anforderungen an Beitrittskandidaten wurden festgelegt in *Europäischer Rat*, Europäischer Rat Kopenhagen 22.–23. Juni 1993 – Schlussfolgerungen des Vorsitzes – SN 180/1/93, 23.06.1993, S. 13. Dieses „Kopenhagen-Dilemma" beklagt etwa das Europäische Parlament, *European Parliament*, Resolution of 3 July 2013 on the situation of fundamental rights: standards and practices in Hungary (pursuant to the European Parliament resolution of 16 February 2012) – 2012/2130(INI), 03.07.2013, Rn. 73. Eine aA hält den Begriff für irreführend, da die Aufnahmekriterien schon nicht immer strikt angewendet würden. So etwa *F. Schorkopf*, EuR 51 (2016), S. 147 ff., 149. Ebenfalls kritisch zur Anwendung der Beitrittskriterien *J. Seidl*, Beitrittsverfahren und Sanktionen als Sicherungsmechanismen für die Werte der Europäischen Union, Erfurt 2019, S. 158 ff.

zur Sicherung fundamentaler Grundwerte anwendbar;[217] es eignet sich nicht für weniger schwerwiegende Verstöße. Zudem setzt die Verfahrensdurchführung so hohe Hürden, dass dieses Verfahren in der Praxis nur schwer durchführbar ist. Das Vertragsverletzungsverfahren ist nach derzeitigem Stand hingegen als einziges Verfahren auch in der Praxis bei rechtsstaatlichen Verstößen anwendbar.[218] Es ist allerdings nur für die Verfolgung einzelner Verstöße von Mitgliedstaaten gegen das europäische Recht konzipiert.[219] Zudem scheint es, ebenso wie das Verfahren nach Art. 7 EUV, auch nicht genügend Abschreckungswirkung auf jene Mitgliedstaaten zu entfalten, die gegen europäische Grundwerte verstoßen.

Eine effektive Überwachung und Durchsetzung rechtsstaatlicher Grundsätze in allen Mitgliedstaaten ist der EU deshalb derzeit nicht möglich. Um diese Krise nachhaltig zu überwinden, besteht das dringende Bedürfnis nach einer neuen Sanktionsmöglichkeit. Abgesehen von Sanktionsmechanismen hat die EU in diesem Konflikt – anders als ein echter Bundesstaat – im Konfliktfall kaum andere wirksame Mittel, etwa einen echten Bundeszwang.[220] Auch ist ein europäisches Bewusstsein zwar zweifellos vorhanden, allerdings nicht mit einem starken Nationalbewusstsein vergleichbar. Nachhaltig erfolgreich können Sanktionsmechanismen aber nur sein, wenn ein entsprechender Grundkonsens in den Gesellschaften besteht; die Sanktion dient letztlich nur der Erinnerung daran.[221] Deshalb sind zusätzlich politische Initiativen und präventive Maßnahmen zur Stärkung der Rechtsstaatlichkeit in allen Mitgliedstaaten nötig.

B. Diskutierte Reformen bestehender Sanktionsmechanismen zum Schutz der Rechtsstaatlichkeit

Mit Blick auf diese Defizite ist eine Reform der bestehenden Sanktionsmechanismen naheliegend. Die Diskussion über die Effektivierung dieser Sanktionsmechanismen betrifft vor allem das Art. 7-Verfahren (I) sowie das Vertrags-

[217] *M. Pechstein*, in: R. Streinz (Hrsg.), EUV/AEUV, ^{3}München 2018, Art. 7 EUV, Rn. 2 f.

[218] Zu den Vertragsverletzungsverfahren gegen Ungarn siehe oben § 2 A. IV. 1. c), gegen Polen siehe oben § 2 A. IV. 2. c).

[219] Zur Diskussion über ein systemisches Vertragsverletzungsverfahren siehe unten § 2 B. II. 3.

[220] Ähnlich *A. v. Bogdandy*, ZaöRV 79 (2019), S. 503 ff., 511; *R. D. Kelemen*, CEP 17 (2019), S. 246 ff., 251 f. Dagegen verfügen etwa die Vereinigten Staaten von Amerika über solche Möglichkeiten; besonders deutlich wird dies an der im Insurrection Act of 1807, 10 U. S. C., S. 251 ff. vorgesehenen und im Jahr 2020 (wieder) diskutierten Möglichkeit eines Militäreinsatzes im Landesinneren.

[221] *I. Pernice*, in: J. Krüper/M. Payandeh/H. Sauer (Hrsg.), Konrad Hesses normative Kraft der Verfassung, Tübingen 2019, S. 165, 187 f.

verletzungsverfahren (II). Daneben werden auch andere Lösungsansätze ohne finanzielle Sanktion diskutiert (III).

I. Effektivere Anwendung und Reform des Art. 7-Verfahrens

Art. 7 EUV ermöglicht bei der Verletzung fundamentaler Grundsätze sehr weitreichende Sanktionen gegen Mitgliedstaaten, unter anderem die Aussetzung der Stimmrechte im Rat.[222] Dieser Sanktionsmechanismus ist in der Praxis jedoch nur schwer einsetzbar.

1. Art. 7-Verfahren gegen mehrere Mitgliedstaaten gleichzeitig?

Für die (fehlende) Anwendbarkeit in der Praxis entscheidend sind die in Art. 7 EUV festgelegten Quoren in den jeweiligen Verfahrensstufen.[223] Schon für die Vorfeldmaßnahmen nach Art. 7 Abs. 1 EUV ist mit einer Mehrheit von vier Fünfteln der (übrigen) Mitgliedstaaten – neben der Zustimmung des Parlaments mit qualifizierter Mehrheit[224] – eine sehr hohe Hürde gesetzt. Vor allem aber die für die Feststellung der Verletzung grundlegender Werte erforderliche Einstimmigkeit der übrigen Mitgliedstaaten ist – neben der Zustimmung des Parlaments mit qualifizierter Mehrheit – in der Praxis einer EU mit 27 Mitgliedstaaten wohl kaum erreichbar.[225] Erst wenn ein solcher Feststellungsbeschluss getroffen wurde, kann der Rat nach Art. 7 Abs. 3 S. 1 EUV mit qualifizierter Mehrheit[226] die Aussetzung bestimmter Rechte für den betroffenen Mitgliedstaat beschließen.[227] Als dieser Sanktionsmechanismus mit dem Vertrag von Amsterdam[228] eingeführt wurde, setzte man vor allem auf dessen Abschreckungseffekt. Man rechnete aber nicht damit, dass ein oder gar mehrere Mitgliedstaaten fundamentale Werte der EU tatsächlich so offen in Frage stellen

[222] Art. 7 Abs. 3 UAbs. 1 S. 1 EUV.

[223] So auch *K. L. Scheppele*, in: C. Closa/D. Kochenov (Hrsg.), Reinforcing Rule of Law Oversight in the European Union, Cambridge 2016, S. 105, 106 f.; *D. Kochenov/L. Pech*, JCMS 54 (2016), S. 1062 ff., 1065. Siehe auch unten § 4 C. II. 1. a).

[224] Nötig ist eine Zustimmung von (mindestens) zwei Dritteln der abgegebenen Stimmen sowie der Mehrheit der Mitglieder des Parlaments, Art. 7 Abs. 5 EUV i. V. m. Art. 354 Abs. 4 AEUV.

[225] So auch *H. Hofmeister*, DVBl 131 (2016), S. 869 ff., 872; *K. Niklewicz*, EV 16 (2017), S. 281 ff., 285 f.

[226] Gemäß Art. 238 Abs. 3 lit. b AEUV (doppelte qualifizierte Mehrheit), *P. Voet van Vormizeele*, in: H. v. Groeben/J. Schwarze/A. Hatje (Hrsg.), Europäisches Unionsrecht, [7]Baden-Baden 2015, Art. 354 AEUV, Rn. 6. Stimmenthaltungen können einer qualifizierten Mehrheit auf dieser Stufe des Verfahrens somit entgegenstehen, wie auch im Umkehrschluss aus Art. 354 Abs. 1 S. 2 AEUV folgt. *M. Ruffert*, in: C. Calliess/M. Ruffert (Hrsg.), EUV/AEUV, [5]München 2016, Art. 7 EUV, Rn. 21.

[227] Siehe unten § 4 C. II. 1. a).

[228] Art. 1 Nr. 9 des Vertrag von Amsterdam v. 02.10.1997.

würden.[229] Diese hohen Hürden werden damit begründet, dass das Verfahren nach Art. 7 EUV schwerwiegende Sanktionen erlaubt und potenziell einen über das Unionsrecht hinausgehenden Anwendungsbereich hat: Über dieses Verfahren können auch Verstöße gegen Werte der EU in Politikbereichen aufgegriffen werden, die der alleinigen Zuständigkeit der Mitgliedstaaten unterliegen.[230]

Gegenüber Polen und Ungarn haben die Kommission bzw. das Parlament das Verfahren nach Art. 7 EUV eingeleitet.[231] Die hohen Quoren führten jedoch dazu, dass diese Verfahren derzeit nicht aktiv fortgeführt werden: So hat beispielsweise der ungarische Regierungschef *Viktor Orbán* bereits angekündigt, einem solchen Feststellungsbeschluss über die Verletzung grundlegender Werte in Polen nicht zuzustimmen.[232] Denselben Schutz dürfte die polnische Regierung Ungarn gewähren; im Falle Ungarns spielen zudem parteipolitische Verbindungen eine Rolle.[233] Ferner dürften auch andere Mitgliedstaaten bei

---

[229] *D. Kochenov/L. Pech*, JCMS 54 (2016), S. 1062 ff., 1063 f.; *K. Niklewicz*, EV 16 (2017), S. 281 ff., 286.

Auch die Causa Österreich spielte in der Fortentwicklung dieses Sanktionsverfahrens eine Rolle: Die gemeinsame Reaktion der anderen (damals) 14 Mitgliedstaaten auf die Beteiligung der *Freiheitlichen Partei Österreichs (FPÖ)* an der österreichischen Bundesregierung ab dem Jahr 2000 bewegte sich außerhalb des Anwendungsbereichs dieses Verfahrens und wird (heute) deshalb als rechtswidrig angesehen. Auch aufgrund dieser Umstände wurde Art. 7 EUV reformiert und erhielt seine heutige Fassung. Hierzu *F. Schorkopf*, in: E. Grabitz/M. Hilf/M. Nettesheim (Hrsg.), Das Recht der Europäischen Union, [69]München 2020, Art. 7 EUV, Rn. 58 f.; *M. Ruffert*, in: C. Calliess/M. Ruffert (Hrsg.), EUV/AEUV, [5]München 2016, Art. 7 EUV, Rn. 34 mwN; *K. Serini*, Sanktionen der Europäischen Union bei Verstoß eines Mitgliedstaats gegen das Demokratie- oder Rechtsstaatsprinzip, Berlin 2009, S. 150 ff.

[230] Hierfür spricht schon der Wortlaut, der – im Gegensatz etwa zu Art. 258 AEUV – nicht auf die Umsetzung von Unionsrechts beschränkt. So auch *S. Mangiameli/G. Saputelli*, in: H.-J. Blanke/S. Mangiameli (Hrsg.), The Treaty on European Union (TEU), Heidelberg 2013, Art. 7 TEU, Rn. 2; *C. Hillion*, in: C. Closa/D. Kochenov (Hrsg.), Reinforcing Rule of Law Oversight in the European Union, Cambridge 2016, S. 59, 65 f.; *Council of the European Union*, Opinion of the Legal Service: Commission's Communication on a new EU Framework to strengthen the Rule of Law – Compatibility with the Treaties (10296/14), 27.05.2014, Rn. 17; *C. Closa/D. Kochenov/J. Weiler*, Reinforcing Rule of Law Oversight in the European Union – EUI Working Paper RSCAS 2014/25, 2014, S. 7; *Europäische Kommission*, Mitteilung der Kommission an den Rat und an das Europäische Parlament zu Artikel 7 des Vertrags über die Europäische Union – Wahrung und Förderung der Grundwerte der Europäischen Union – COM (2003) 606 final, 15.10.2003; *J. Brauneck*, NVwZ 37 (2018), S. 1423 ff., 1428; *S. Korte*, Standortfaktor Öffentliches Recht – Integration und Wettbewerb in föderalen Ordnungen am Beispiel der Gesetzgebung, Tübingen 2016, S. 167 f. AA noch im Hinblick auf Art. 6 EU Vertrag (konsolidierte Fassung von 2006), aus dem Art. 2 EUV hervorgegangen ist *C. Görisch*, Demokratische Verwaltung durch Unionsagenturen – Ein Beitrag zur Konkretisierung der europäischen Verfassungsstrukturprinzipien, Tübingen 2012, S. 47 ff.

[231] Siehe oben für Ungarn § 2 A. IV. 1. b), für Polen § 2 A. IV. 2. b).

[232] *Spiegel Online*, Orbán will Sanktionen gegen Polen blockieren, 22.12.2017 (http://www.spiegel.de/politik/ausland/ungarn-viktor-orban-will-eu-sanktionen-gegen-polen-blockieren-a-1184620.html) (geprüft am 10.10.2020).

[233] *U. Sedelmeier*, Journal of European Public Policy 24 (2017), S. 337 ff., 340 f.; *M. Michelot*, How can Europe repair breaches of the rule of law – Europe, a values-based power, 04.04.2018, S. 4; *H. Appel*, Critical Review 58 (2019), S. 1 ff., 8.

der Anwendung dieses Sanktionsmechanismus zurückhaltend sein, da er eines Tages auch auf sie angewendet werden könnte. Damit verliert dieser Sanktionsmechanismus einen großen Teil seiner Abschreckungswirkung.[234]

Aus diesem Grund wird diskutiert, die Quoren für das Verfahren nach Art. 7 EUV abzusenken und auch für die Feststellung der Verletzung grundlegender Werte eine qualifizierte Mehrheit ausreichen zu lassen.[235] Allerdings dürfte diese Diskussion auf absehbare Zeit eine theoretische bleiben: Eine solche Vertragsänderung bedürfte einer Zustimmung aller Mitgliedstaaten.[236] In der derzeitigen politischen Situation ist das ausgeschlossen.

Ein Ausweg aus dieser Situation wäre (nur) dann möglich, wenn das Verfahren gegen mehrere Mitgliedstaaten – in diesem Fall Polen und Ungarn – gleichzeitig eingeleitet würde und damit beide ihr Stimmrecht verlieren würden. Hierfür könnte etwa auf ein kollusives Zusammenwirken bei großer Ähnlichkeit der rechtsstaatlichen Mängel in den betroffenen Mitgliedstaaten abgestellt werden.[237] Dieses Vorgehen wäre aber vom eindeutigen Wortlaut nicht gedeckt: In Art. 7 EUV findet sich kein Hinweis auf ein mögliches Verfahren gegen zwei Mitgliedstaaten gleichzeitig. Auch in Art. 7 Abs. 5 EUV i. V. m. Art. 354 Abs. 1 S. 1 AEUV, der die Stimmberechtigung des von dem Verfahren nach Art. 7 EUV betroffenen Mitgliedstaats ausschließt, findet sich ein solcher Hinweis nicht: Vielmehr ist der Wortlaut eindeutig auf ein Verfahren gegen nur einen Mitgliedstaat ausgerichtet.[238] Es ist auch anzunehmen, dass die Mitgliedstaaten sich in vollem Bewusstsein der Kontroversen um die Causa Österreich[239] auf diese

---

[234] So auch *T. Jaeger*, EuR 53 (2018), S. 611 ff., 614.

[235] So fordert etwa der für Haushalt und Personal zuständige EU-Kommissar *Günther Öttinger*, dass eine qualifizierte Mehrheit auf allen Stufen des Verfahrens nach Art. 7 EUV ausreichen soll. *P. Müller*, Der Spiegel 04.08.2018, S. 32 ff., 33.

[236] Dies gilt unabhängig davon, ob das ordentliche (Art. 48 Abs. 2 bis 5 EUV) oder das vereinfachte (Art. 48 Abs. 6 bis 7 EUV) Vertragsänderungsverfahren durchgeführt würde.

[237] Unter den Voraussetzungen, dass ein Zusammenhang zwischen den den betroffenen Mitgliedstaaten vorgeworfenen Werteverstößen besteht und diesen ein kollusives Zusammenwirken vorzuwerfen ist, befürwortend etwa *A. Thiele*, Art. 7 EUV im Quadrat? Zur Möglichkeit von Rechtsstaatsverfahren gegen mehrere Mitgliedstaaten, 24.07.2017 (https://verfassungsblog.de/art-7-euv-im-quadrat-zur-moeglichkeit-von-rechtsstaats-verfahren-gegen-mehrere-mitgliedsstaaten/) (geprüft am 10.10.2020); *L. Pech/K. L. Scheppele*, CYELS 19 (2017), S. 3 ff., 29; *K. L. Scheppele*, Can Poland be Sanctioned by the EU? Not Unless Hungary is Sanctioned Too, 24.10.2016 (https://verfassungsblog.de/can-poland-be-sanctioned-by-the-eu-not-unless-hungary-is-sanctioned-too/) (geprüft am 10.10.2020); *C. Möllers/L. Schneider*, Demokratiesicherung in der Europäischen Union – Studie zu einem Dilemma, Tübingen 2018, S. 120 f.

[238] Instruktiv ist der Wortlaut des Art. 354 Abs. 1 S. 1 AEUV: „Für die Zwecke des Artikels 7 [EUV] über die Aussetzung bestimmter mit der Zugehörigkeit zur Union verbundener Rechte ist das Mitglied des Europäischen Rates oder des Rates, das *den betroffenen Mitgliedstaat* vertritt, nicht stimmberechtigt und *der betreffende Mitgliedstaat* wird bei der Berechnung des Drittels oder der vier Fünftel der Mitgliedstaaten nach den Absätzen 1 und 2 des genannten Artikels nicht berücksichtigt." [Hervorhebungen durch Verfasser]

[239] Siehe oben § 2 A. IV. 3.

hohen Quoren im Verfahren nach Art. 7 EUV geeinigt haben.[240] Deshalb ist es auch nicht möglich, Mitgliedstaaten, gegen die ebenfalls ein Verfahren nach Art. 7 EUV läuft, von der Beteiligung an anderen Verfahren nach Art. 7 EUV auszuschließen.[241]

2. Schwere der Sanktion und smart sanctions

Darüber hinaus werden die auf der Grundlage von Art. 7 EUV möglichen Sanktionen immer wieder diskutiert. Denn sie können so schwerwiegend sein, dass die Institutionen auch deshalb diesen Sanktionsmechanismus nicht anwenden möchten. Deutlich wird dies unter anderem daran, dass Art. 7 EUV vielfach als „nukleare Option" bezeichnet wurde.[242] Problematisch ist dabei vor allem, dass sich die öffentliche Debatte auf die Aussetzung von Stimmrechten konzentriert.

Über die Möglichkeit anderer Sanktionen wird im Rahmen von Art. 7 EUV kaum diskutiert – obwohl sie dem Wortlaut nach bestehen: Nach diesem ist die Aussetzung von „bestimmte[n] Rechte[n] […], die sich aus der Anwendung der Verträge auf den betroffenen Mitgliedstaat herleiten, einschließlich der Stimmrechte des Vertreters der Regierung dieser Mitgliedstaaten im Rat" möglich. Diese Formulierung ist denkbar weit gefasst, um dem Rat die Möglichkeit zu geben, auf die Umstände des Einzelfalls einzugehen, insbesondere die Schwere des Verstoßes, die Bedeutung der einzelnen Rechte für den Mitgliedstaat und die damit verbundene Zwangswirkung.[243] Hierbei muss er aber die möglichen (indirekten) Auswirkungen auf natürliche und juristische Personen[244] sowie all-

[240] *R. Grzeszczak/I. P. Karolewski*, Mind the Gap! Schwierigkeiten der Rechtsstaatlichkeit der EU, 26.09.2017 (https://verfassungsblog.de/mind-the-gap-schwierigkeiten-der-rechtsstaat lichkeit-in-der-eu/) (geprüft am 10.10.2020).

[241] Teilweise wird dies mit Blick auf den unionsrechtlichen Grundsatz des effet utile gefordert. So etwa *L. Pech/D. Kochenov*, Strengthening the Rule of Law Within the European Union: Diagnoses, Recommendations, and What to Avoid – Policy Brief June 2019, 13.06.2019, S. 7.

[242] So bezeichnete der damalige Kommissionspräsident José Manuel Durão Barroso das Verfahren nach Art. 7 EUV. *J. M. D. Barroso*, State of the Union address 2013, SPEECH/13/684, 11.09.2013. Kritisch zu diesem Begriff *K. L. Scheppele/L. Pech*, Is Article 7 Really the EU's „Nuclear Option"?, 06.03.2018 (https://verfassungsblog.de/is-article-7-really-the-eus-nuclear-option/) (geprüft am 10.10.2020); *T. Dumbrovsky*, Beyond Voting Rights Suspension – Tailored Sanctions as Democracy Catalyst under Article 7 TEU – EUI Working Paper RSCAS 2018/12, March 2018, S. 1 f.

[243] *M. Ruffert*, in: C. Calliess/M. Ruffert (Hrsg.), EUV/AEUV, [5]München 2016, Art. 7 EUV, Rn. 24.

Da nur „bestimmte Rechte" ausgesetzt werden dürfen, kommt der Ausschluss eines Mitgliedstaats aber nicht in Betracht. *F. Schorkopf*, in: E. Grabitz/M. Hilf/M. Nettesheim (Hrsg.), Das Recht der Europäischen Union, [69]München 2020, Art. 7 EUV, Rn. 47; *S. Mangiameli/G. Saputelli*, in: H.-J. Blanke/S. Mangiameli (Hrsg.), The Treaty on European Union (TEU), Heidelberg 2013, Art. 7 TEU, Rn. 40.

[244] Art. 7 Abs. 3 UAbs. 1 S. 2 EUV (Unionsbürgerschutzklausel). *P. Voet van Vormizeele*, in: H. v. Groeben/J. Schwarze/A. Hatje (Hrsg.), Europäisches Unionsrecht, [7]Baden-Baden 2015, Art. 7 EUV, Rn. 14; *F. Schorkopf*, in: E. Grabitz/M. Hilf/M. Nettesheim (Hrsg.), Das

gemeine Grundsätze wie das Verhältnismäßigkeitsprinzip berücksichtigen.[245] Nach diesen Maßstäben ist die Aussetzung von Finanztransfers an den betroffenen Mitgliedstaat auf Grundlage des Art. 7 Abs. 3 EUV möglich. Der Wortlaut widerspricht einer solchen Sanktion nicht.[246] Zudem sprechen Sinn und Zweck des Sanktionsmechanismus – mittels gegebenenfalls schwerwiegender Strafen eine Verhaltensänderung herbeizuführen – für eine solche Möglichkeit.[247]

Darüber hinaus wurde vorgeschlagen, über Art. 7 EUV die wirtschaftlichen und gesellschaftlichen Stützen der den Rechtsstaat missachtenden Regierungen gezielt zu treffen.[248] Die Kommission solle sich bei der Auswahl dieser Gruppen auf ihre Erfahrungen in völkerrechtlichen Sanktionen gegen Drittstaaten orientieren.[249] Problematisch an diesem Vorschlag für smart sanctions ist aber, dass nach dem Wortlaut und der Systematik nur Rechte von Mitgliedstaaten und nicht einzelner natürlicher oder juristischer Personen ausgesetzt werden können. Diese können über Art. 7 EUV allenfalls mittelbar getroffen werden – indem die Rechte des Mitgliedstaats, von dem diese Gruppen besonders profitieren, ausgesetzt werden.[250] Die direkte Sanktionierung einzelner juristischer oder natürlicher Personen käme in ihrer Wirkung aber einer in einem Verwaltungs- oder Strafverfahren ausgesprochenen Sanktion gleich. Hierfür fehlt es der EU schon

---

Recht der Europäischen Union, [69]München 2020, Art. 7 EUV, Rn. 44; *S. Mangiameli/G. Saputelli*, in: H.-J. Blanke/S. Mangiameli (Hrsg.), The Treaty on European Union (TEU), Heidelberg 2013, Art. 7 TEU, Rn. 38.

[245] *P. Voet van Vormizeele*, in: H. v. Groeben/J. Schwarze/A. Hatje (Hrsg.), Europäisches Unionsrecht, [7]Baden-Baden 2015, Art. 7 EUV, Rn. 14.

[246] Mit Verweis auf den Wortlaut ablehnend *F. Schorkopf*, in: E. Grabitz/M. Hilf/M. Nettesheim (Hrsg.), Das Recht der Europäischen Union, [69]München 2020, Art. 7 EUV, Rn. 43.

[247] Befürwortend auch *M. Ruffert*, in: C. Calliess/M. Ruffert (Hrsg.), EUV/AEUV, [5]München 2016, Art. 7 EUV, Rn. 25; *A. v. Bogdandy*, EuZW 27 (2016), S. 441 f., 442; *P. Oliver/J. Stefanelli*, JCMS 54 (2016), S. 1075 ff., 1080; *S. Korte*, Standortfaktor Öffentliches Recht – Integration und Wettbewerb in föderalen Ordnungen am Beispiel der Gesetzgebung, Tübingen 2016, S. 195. Wohl auch *I. Österdahl*, in: W. Heusel/J.-P. Rageade (Hrsg.), Authority of EU Law, Berlin 2019, S. 241, 244.

[248] *T. Dumbrovsky*, Beyond Voting Rights Suspension – Tailored Sanctions as Democracy Catalyst under Article 7 TEU – EUI Working Paper RSCAS 2018/12, March 2018.

[249] Der Vorschlag verweist insoweit auf die Erfahrungen des Diensts für außenpolitische Instrumente (FPI) der Kommission in Sanktionen gegen Drittstaaten. *Ders.*, Beyond Voting Rights Suspension – Tailored Sanctions as Democracy Catalyst under Article 7 TEU – EUI Working Paper RSCAS 2018/12, March 2018, S. 13 ff.

[250] In diesem Vorschlag wird unter anderem diskutiert, bestimmten juristischen Personen höhere Zölle aufzuerlegen, Kandidaten von Regierungsparteien von Wahlen zum Europäischen Parlament auszuschließen und Visumserfordernisse für bestimmte Personen einzuführen. An die Verbindung zwischen dem Mitgliedstaat und den sanktionierten Personen werden dabei keine allzu hohen Anforderungen gestellt. *Ders.*, Beyond Voting Rights Suspension – Tailored Sanctions as Democracy Catalyst under Article 7 TEU – EUI Working Paper RSCAS 2018/12, March 2018, S. 15 ff. Das ist – ohne den Umweg über die Sanktionierung des Mitgliedstaats und der dann allenfalls mittelbaren Betroffenheit der natürlichen oder juristischen Personen – weder mit dem Wortlaut noch mit der Systematik von Art. 7 EUV vereinbar.

an entsprechender Kompetenz.[251] Zudem müsste der betroffenen Person dann auch der Rechtsweg[252] offenstehen; dies sieht Art. 7 EUV aber nicht vor.

II. Vertragsverletzungsverfahren im Falle von Rechtsstaatsverstößen

Daneben bietet sich auch ein verstärkter Einsatz von Vertragsverletzungsverfahren im Fall von Verstößen gegen rechtsstaatliche Grundsätze an. Wegen seiner Konzeption – die Feststellung bzw. Ahndung einzelner Verstöße gegen konkrete europäische Rechtsvorschriften – hat die Kommission Vertragsverletzungsverfahren bisher nur bezüglich einzelner Maßnahmen, die (auch) die Rechtsstaatlichkeit betreffen, eingeleitet.[253] Die Kommission hat das Vertragsverletzungsverfahren aber bisher nicht dazu genutzt, um die durch viele Einzelmaßnahmen drohende bzw. hervorgerufene systematische Verletzung der Rechtsstaatlichkeit zu untersuchen und gegebenenfalls durch den EuGH feststellen zu lassen.[254]

1. Vertragsverletzungsverfahren wegen Verstoßes gegen das Rechtsstaatsgebot (Art. 2 S. 1 EUV)

Voraussetzung für ein Vertragsverletzungsverfahren wegen Verstoßes gegen des Rechtsstaatsgebots ist, dass es sich bei dem Gebot der Rechtsstaatlichkeit aus Art. 2 S. 1 EUV um eine „Verpflichtung“ der Mitgliedstaaten im Sinne der Art. 258 Abs. 1 bzw. Art. 259 Abs. 1 AEUV handelt. Dagegen spricht, dass für den Schutz der in Art. 2 EUV aufgeführten Werte das vor allem politisch ausgestaltete und gemäß Art. 269 AEUV nur der eingeschränkten gerichtlichen Überprüfung unterliegende Verfahren nach Art. 7 EUV eingeführt wurde; dieses Verfahren soll nicht umgangen werden. Deshalb und weil es sich bei „Werten“ nicht um spezifische Vorgaben des Europarechts handele, lehnen einige es auch ab, Art. 2 EUV als (alleinigen) Prüfungsmaßstab in einem Vertragsverletzungsverfahren anzuwenden.[255]

[251] Eine solche Kompetenz ergibt sich nicht aus den Art. 3 bis 6 AEUV. Nach Art. 67 Abs. 3 AEUV kann die EU nur auf die Koordinierung von Organen der Strafrechtspflege und erforderlichenfalls die Angleichung von Strafrechtsvorschriften hinwirken. Auch aus den Vorschriften zur justiziellen Zusammenarbeit in Strafsachen (Art. 82 bis 86 AEUV), die auf der gegenseitigen Anerkennung beruht, ergibt sich eine solche Kompetenz nicht. Nach dem Grundsatz der begrenzten Einzelermächtigung aus Art. 4 Abs. 1 und 5 Abs. 1 S. 1 EUV liegt diese Kompetenz daher ausschließlich bei den Mitgliedstaaten.

[252] Die unionale Rechtsweggarantie folgt aus Art. 6 und 13 EMRK, Art. 19 Abs. 1 UAbs. 2 EUV sowie Art. 47 GRC.

[253] Für Ungarn siehe oben § 2 A. IV. 1. c) und für Polen siehe oben § 2 A. IV. 2. c).

[254] Diese Fokussierung der Kommission auf „marginale, technische Aspekte der Rechtsetzung“ kritisiert auch das Parlament. Mit Blick auf die Situation in Ungarn etwa *European Parliament*, Resolution of 16 December 2015 on the situation in Hungary – 2015/2935(RSP), 16.12.2015.

[255] So etwa *D. Kochenov/L. Pech*, Upholding the Rule of Law in the EU: On the Com-

Für eine Anwendbarkeit des Art. 2 S. 1 EUV im Rahmen eines Vertragsverletzungsverfahrens spricht aber schon der Wortlaut: Denn die Mitgliedstaaten sind den in Art. 2 EUV genannten Werten – und damit der Rechtsstaatlichkeit – verpflichtet. Zwar spricht Art. 2 S. 1 EUV nur davon, dass sich die EU auf diese Werte „gründet". Aber nach Art. 2 S. 2 EUV „sind [diese Werte] allen Mitgliedstaaten […] gemeinsam". Hieraus und aus den Aufnahmekriterien für neue Mitgliedstaaten[256] folgt, dass die Einhaltung rechtsstaatlicher Grundsätze für alle Mitgliedstaaten verpflichtend ist.[257] Auch der EuGH weist ausdrücklich darauf hin, dass die Mitgliedstaaten über Art. 49 EUV der EU freiwillig beigetreten und damit auch freiwillig die Werte aus Art. 2 EUV übernommen haben. Zudem können die Mitgliedstaaten gemäß Art. 50 EUV aus der EU austreten und damit ihre Bindung an die Werte aus Art. 2 EUV beenden.[258]

Ferner ist es nach Art. 3 Abs. 1 EUV Ziel der Union, ihre Werte – und damit die Rechtsstaatlichkeit – zu fördern und gemäß Art. 13 Abs. 1 S. 1 EUV diesen mit ihrem institutionellen Gefüge Geltung zu verschaffen.[259] Aufgrund dieses Wortlauts und dieser Systematik steht auch die Bezeichnung als „Werte" einer rechtlichen Bindungswirkung nicht entgegen.[260]

---

mission's „Pre-Article 7 Procedure" as a Timid Step in the Right Direction – EUI Working Paper RSCAS 2015/24, 2015, S. 4; *S. Korte*, Standortfaktor Öffentliches Recht – Integration und Wettbewerb in föderalen Ordnungen am Beispiel der Gesetzgebung, Tübingen 2016, S. 190 f. Kritisch zum Begriff „Werte" ebenfalls *R. Grzeszczak/I. P. Karolewski*, Mind the Gap! Schwierigkeiten der Rechtsstaatlichkeit der EU, 26.09.2017 (https://verfassungsblog.de/mind-the-gap-schwierigkeiten-der-rechtsstaatlichkeit-in-der-eu/) (geprüft am 10.10.2020).

[256] Nach Art. 49 Abs. 1 UAbs. 1 S. 1 EUV kann „jeder europäische Staat, der die in Artikel 2 genannten Werte achtet und sich für ihre Förderung einsetzt", die Mitgliedschaft in der EU beantragen. Auch die Kriterien für die Aufnahme in die EU (Kopenhagen Kriterien) sehen Rechtsstaatlichkeit als zwingende Voraussetzung vor. *Europäischer Rat*, Europäischer Rat Kopenhagen 22.–23. Juni 1993 – Schlussfolgerungen des Vorsitzes – SN 180/1/93, 23.06.1993, S. 13. Hierzu *C. Ohler*, in: E. Grabitz/M. Hilf/M. Nettesheim (Hrsg.), Das Recht der Europäischen Union, [69]München 2020, Art. 49 EUV, Rn. 17 ff.; *C. Hillion*, in: C. Closa/D. Kochenov (Hrsg.), Reinforcing Rule of Law Oversight in the European Union, Cambridge 2016, S. 59, 60 f.; *A. v. Bogdandy/M. Ioannidis*, CML Rev 51 (2014), S. 59, 59 f.

[257] So auch *C. Calliess*, in: C. Calliess/M. Ruffert (Hrsg.), EUV/AEUV, [5]München 2016, Art. 2 EUV, Rn. 10; *A. Thiele*, Art. 7 EUV im Quadrat? Zur Möglichkeit von Rechtsstaatsverfahren gegen mehrere Mitgliedstaaten, 24.07.2017 (https://verfassungsblog.de/art-7-euv-im-quadrat-zur-moeglichkeit-von-rechtsstaats-verfahren-gegen-mehrere-mitgliedsstaaten/) (geprüft am 10.10.2020); *D. Kochenov*, in: A. Jakab/D. Kochenov (Hrsg.), The enforcement of EU law and values ensuring member states' compliance, Oxford 2016, S. 9, 10 ff.

[258] EuGH, Urteil v. 24.06.2019, Rs. C-619/18, *Kommission/Polen (Indépendance de la Cour suprême)*, ECLI:EU:C:2019:531, Rn. 42; EuGH, Urteil v. 10.12.2018, Rs. C-621/18, *Andy Wightman u. a./Secretary of State for Exiting the European Union*, ECLI:EU:C:2018:999, Rn. 63. Zu diesem Argument auch *J.-W. Müller*, ELJ 21 (2015), S. 141 ff., 144 ff.

[259] Hierzu etwa *C. Hillion*, in: C. Closa/D. Kochenov (Hrsg.), Reinforcing Rule of Law Oversight in the European Union, Cambridge 2016, S. 59, 61 ff.

[260] So auch *O. Mader*, HJRL 11 (2019), S. 133 ff., 137; *A. v. Bogdandy*, ZaöRV 79 (2019), S. 503 ff., 522 f.

Die Errichtung eines besonderen Sanktionsmechanismus zum Schutz dieser Werte in Art. 7 EUV widerspricht dem ebenfalls nicht: Denn weder aus Wortlaut noch aus Systematik der Verträge ergibt sich, dass dieses Verfahren das einzige zum Schutz der Werte aus Art. 2 EUV sein soll.[261] Auch aus Art. 7 EUV folgt eine solche Einschränkung der Jurisdiktion des EuGH nicht: Denn die besonderen – auch politischen – Hürden zur Durchführung dieses Sanktionsmechanismus erklären sich vor allem mit der Schwere der Sanktion(en), die im Rahmen dieses Verfahrens festgelegt werden können. Aus dieser besonderen Ausgestaltung des Verfahrens lässt sich hingegen nicht schlussfolgern, dass eine unterhalb der Schwelle des Art. 7 EUV liegende (also nicht schwerwiegende und anhaltende) Verletzung der Werte aus Art. 2 EUV überhaupt nicht sanktionierbar sein soll.

Die Anwendung der Werte aus Art. 2 EUV unterliegt folglich der Rechtsprechung des EuGH auch im Rahmen von Vertragsverletzungsverfahren.[262] Somit handelt es sich insoweit auch um eine „Verpflichtung aus den Verträgen" im Sinne der Art. 258 f. AEUV. Für ein solches Vorgehen spricht darüber hinaus ein weiteres systematisches Argument: Die Kommission ist als Hüterin der Verträge gemäß Art. 17 Abs. 1 EUV zum Schutz des gesamten Unionsrechts aufgerufen – und diesen Schutz kann sie insbesondere über das Vertragsverletzungsverfahren wahrnehmen. Im Rahmen eines Vertragsverletzungsverfahrens wegen Rechtsstaatsdefiziten können Kommission und EuGH zudem auf eine Verletzung der Unionstreue aus Art. 4 Abs. 3 EUV abstellen.[263] Denn danach sind die Mitgliedstaaten verpflichtet, „in ihrem Hoheitsgebiet für die Anwendung und Wahrung des Unionsrechts zu sorgen".[264] In der Missachtung der grundlegenden Werte aus Art. 2 EUV, insbesondere des Rechtsstaatsgebots, bei Anwendung des Unionsrechts liegt deshalb auch ein Verstoß gegen Art. 4 Abs. 3 EUV. Problematisch bleibt dabei aber, dass Art. 2 S. 1 EUV nur grobe Kriterien festlegt, deren genaue Ausgestaltung dem EuGH aufgebürdet würde. Entsprechende Rechtsprechung mit möglicherweise tiefgreifenden Folgen für die Mitgliedstaaten könnte die Wahrnehmung und Legitimität des EuGH negativ

---

[261] Siehe unten § 3 C. II.

[262] Ebenso *C. Hillion*, in: C. Closa/D. Kochenov (Hrsg.), Reinforcing Rule of Law Oversight in the European Union, Cambridge 2016, S. 59, 66; *D. Murswiek*, NVwZ 28 (2009), S. 481 ff., 482. So wohl auch *J. Brauneck*, NVwZ 37 (2018), S. 1423 ff., 1426 f.; *W. Skouris*, Demokratie und Rechtsstaat – Europäische Union in der Krise?, München 2018, S. 50 f. Ein solches Vorgehen grundsätzlich unterstützend *A. Moberg*, in: A. Bakardjieva Engelbrekt/K. Leijon/A. Michalski (Hrsg.), The European Union and the return of the nation state, New York 2020, S. 59, 78 ff.

[263] *K. L. Scheppele*, in: C. Closa/D. Kochenov (Hrsg.), Reinforcing Rule of Law Oversight in the European Union, Cambridge 2016, S. 105, 118 f.

[264] EuGH, Urteil v. 03.10.2013, Rs. C-583/11 P, *Inuit Tapiriit Kanatami*, ECLI:EU:C:2013:625, Rn. 34; EuGH, Gutachten v. 08.03.2011, Rs. 1/09, *Schaffung eines einheitlichen Patentgerichtssystems*, ECLI:EU:C:2011:123, Rn. 68.

beeinflussen.[265] Deshalb wäre es wünschenswert, diese Kriterien bei einer Änderung der Verträge genauer auszugestalten.

2. Vertragsverletzungsverfahren wegen Verstoßes gegen das Recht auf effektiven Rechtsschutz (Art. 19 Abs. 1 S. 2 EUV)

In der Praxis stellen Kommission und EuGH auch deshalb in der Regel nicht (allein) auf Art. 2 EUV ab, sondern primär auf Art. 19 Abs. 1 S. 2 EUV (regelmäßig in Verbindung mit Art. 47 GRC): Danach sind die Mitgliedstaaten verpflichtet, auf nationaler Ebene die erforderlichen Rechtsbehelfe zu schaffen, „damit ein wirksamer Rechtsschutz in den vom Unionsrecht erfassten Bereichen gewährleistet ist".[266] Vorteil dieser Norm ist, dass sie (etwas) konkreter als das allgemeine Gebot der Rechtsstaatlichkeit ist:[267] Sie erfordert allein einen effektiven Rechtsschutz. In der Praxis fasst der EuGH hierunter Grundsätze, die auch Teil des allgemeinen Rechtsstaatsgebots sind.[268] Zudem umgeht der EuGH damit die Diskussion, ob das Vertragsverletzungsverfahren bei Verstößen gegen Art. 2 EUV überhaupt anwendbar ist.[269]

Aus dem Wortlaut von Art. 19 Abs. 1 EUV ergibt sich zudem eine klare Beschränkung auf die unionsrechtlich geprägten Rechtsgebiete. Durch die Anwendung dieses Artikels stellen Kommission und EuGH somit klar, dass sie die Kompetenz der EU nicht über den Umweg allgemeiner rechtsstaatlicher Vorgaben ausweiten möchten. Allerdings durchdringt das Unionsrecht mittlerweile fast alle Rechtsgebiete und die mitgliedstaatlichen Gerichte sind auch nicht nach allein mitgliedstaatlich und unionsrechtlich geregelten Rechtsgebieten aufgeteilt. Somit können Kommission und EuGH über Art. 19 Abs. 1 S. 2 EUV die Einhaltung rechtsstaatlicher Grundsätze faktisch doch an (fast) allen mitgliedstaatlichen Gerichten überprüfen.[270]

---

[265] Ähnlich *C. Möllers/L. Schneider*, Demokratiesicherung in der Europäischen Union – Studie zu einem Dilemma, Tübingen 2018, S. 147 ff.

[266] Der Grundsatz des effektiven Rechtsschutzes ist ein allgemeiner Grundsatz des Unionsrechts und beruht auf den Verfassungstraditionen der Mitgliedstaaten. EuGH, Urteil v. 05.11.2019, Rs. C-192/18, *Kommission/Polen (Indépendance des juridictions de droit commun)*, ECLI:EU:C:2019:924, Rn. 100; EuGH, Urteil v. 24.06.2019, Rs. C-619/18, *Kommission/Polen (Indépendance de la Cour suprême)*, ECLI:EU:C:2019:531, Rn. 49; EuGH, Urteil v. 27.02.2018, Rs. C-64/16, *Associação Sindical dos Juízes Portugueses/Tribunal de Contas*, ECLI:EU:C:2018:117, Rn. 35.

[267] Auch der EuGH weist darauf hin, dass Art. 19 Abs. 1 S. 2 EUV den in Art. 2 EUV festgelegten Wert der Rechtsstaatlichkeit „konkretisiert". EuGH, Urteil v. 24.06.2019, Rs. C-619/18, *Kommission/Polen (Indépendance de la Cour suprême)*, ECLI:EU:C:2019:531, Rn. 47; EuGH, Urteil v. 05.11.2019, Rs. C-192/18, *Kommission/Polen (Indépendance des juridictions de droit commun)*, ECLI:EU:C:2019:924, Rn. 98.

[268] Zur Bedeutung des effektiven Rechtsschutzes für die Rechtsstaatlichkeit insgesamt siehe oben § 2 A. II.

[269] Siehe oben § 2 B. II. 1.

[270] Der EuGH urteilte, dass es für den Anwendungsbereich des Art. 19 Abs. 1 S. 2 EUV nicht darauf ankommt, „in welchem Kontext die Mitgliedstaaten Unionsrecht im Sinne

Die Kommission nutzte diese Möglichkeit, um gegen einzelne Maßnahmen vorzugehen. Sie hat aber weder mit Verweis auf Art. 2 noch auf Art. 19 Abs. 1 S. 2 EUV den Stand der Rechtsstaatlichkeit in einem Mitgliedstaat insgesamt angegriffen.[271] Dies dürfte auch daran liegen, dass die umfassende Gefährdung oder Beeinträchtigung der Rechtsstaatlichkeit in einem Mitgliedstaat ohne genauere Festlegungen im Primär- oder Sekundärrecht nur schwer gerichtsfest handhabbar ist. Denn diese lässt sich regelmäßig nicht an einzelnen Maßnahmen messen. Vielmehr beruht das Rechtsstaatssystem der einzelnen Mitgliedstaaten auf einer Fülle von Institutionen und Mechanismen, die nur in ihrer Gesamtheit bewertet werden können.[272] Eine ganzheitliche Bewertung der Rechtsstaatlichkeit eines Mitgliedstaats ist zudem auch politischer Natur. Dies ist einer der Gründe dafür, dass das Verfahren nach Art. 7 EUV insbesondere durch die Einbeziehung des Parlaments, des Rates und des Europäischen Rates als politisches Verfahren ausgestaltet ist.[273]

3. Zusammenfassung verschiedener Verstöße in einem systemischen Vertragsverletzungsverfahren

Darüber hinaus wird auch die Möglichkeit eines systemischen Vertragsverletzungsverfahrens, das mehrere rechtsstaatliche Mängel gleichzeitig in den Blick nimmt, diskutiert:[274] Dies hätte den Vorteil, dass die verschiedenen angegriffenen nationalen Maßnahmen – gerade auch was ihre Wirkung betrifft – gemeinsam im Rahmen eines Vertragsverletzungsverfahrens untersucht würden. Dadurch würde auch der politische Druck auf den betreffenden Mitgliedstaat erhöht, da der Öffentlichkeit der Umfang der potenziell rechtsstaatsgefährdenden Maßnahmen deutlicher würde. Mittelbar könnte zudem größerer finanziel-

von Art. 51 [GRC] durchführen". EuGH, Urteil v. 24.06.2019, Rs. C-619/18, *Kommission/Polen (Indépendance de la Cour suprême)*, ECLI:EU:C:2019:531, Rn. 50; EuGH, Urteil v. 27.02.2018, Rs. C-64/16, *Associação Sindical dos Juízes Portugueses/Tribunal de Contas*, ECLI:EU:C:2018:117, Rn. 29. Eine Ausnahme wäre allenfalls möglich für einzelne Gerichte mit nicht durch das Unionsrecht geregelten Sonderzuständigkeiten wie beispielsweise Militärgerichte. So auch *T. Jaeger*, EuR 53 (2018), S. 611 ff., 623.

[271] Zu den Verfahren etwa gegen Ungarn siehe oben § 2 A. IV. 1. c), gegen Polen siehe oben § 2 A. IV. 2. c).

[272] Siehe hierzu oben § 2 A. II.

[273] Nur die Einhaltung der Verfahrensregeln ist gerichtlich überprüfbar, Art. 269 AEUV.

[274] Zu diesem Vorschlag näher *K. L. Scheppele*, in: C. Closa/D. Kochenov (Hrsg.), Reinforcing Rule of Law Oversight in the European Union, Cambridge 2016, S. 105 ff.; befürwortend *D. Kochenov/L. Pech*, JCMS 54 (2016), S. 1062 ff., 1065 f.; *D. Kochenov*, in: A. Jakab/D. Kochenov (Hrsg.), The enforcement of EU law and values ensuring member states' compliance, Oxford 2016, S. 9, 18 ff.; *J. Seidl*, Beitrittsverfahren und Sanktionen als Sicherungsmechanismen für die Werte der Europäischen Union, Erfurt 2019, S. 259 ff.; *E. M. Kullak*, Vertrauen in Europa – Entwicklung und Funktion als Verfassungsgrundsatz des Unionsrechts, Tübingen 2020, , S. 193 f.; *I. Pernice*, in: J. Krüper/M. Payandeh/H. Sauer (Hrsg.), Konrad Hesses normative Kraft der Verfassung, Tübingen 2019, S. 165, 218 ff. Vorsichtig befürwortend wohl *W. Sadurski*, Poland's constitutional breakdown, Oxford 2019, S. 228 f.

ler Druck ausgeübt werden: Im Falle der Nichtbeachtung eines entsprechenden Vertragsverletzungsurteils könnte der Mitgliedstaat zu höheren Zwangsgeldern und Pauschalbeträgen verurteilt werden als üblich.[275]

Ob eine Zusammenfassung verschiedener formal nicht zusammenhängender nationaler und potenziell europarechtswidriger Maßnahmen in einem Vertragsverletzungsverfahren überhaupt möglich wäre, ergibt sich nicht eindeutig aus den Art. 258 ff. AEUV. Nach dem Wortlaut kann das Vertragsverletzungsverfahren eingeleitet werden, wenn Mitgliedstaaten gegen „eine Verpflichtung" aus den Verträgen verstoßen. Der unbestimmte Artikel „eine" scheint dafür zu sprechen, dass vor allem singuläre Verstöße gegen europäisches Recht hierunter zu fassen sind.[276] Für diese enge Auslegung spricht im Falle potenziell rechtsstaatswidriger nationaler Maßnahmen auch die Systematik im Zusammenhang mit dem Verfahren nach Art. 7 EUV: Dieses Verfahren wurde gerade für Fälle geschaffen, in denen eine systemische Verletzung der in Art. 2 EUV genannten Werte droht bzw. eingetreten ist.[277]

Der EuGH hat aber in anderen Fällen bereits in einigen Urteilen mehrere von der Kommission behauptete Unionsrechtsverstöße gemeinsam behandelt: In diesen Fällen handelte es sich um mehrere vergleichbare Verstöße gegen jeweils dieselbe bzw. sehr ähnliche Materien regelnde unionsrechtliche Vorschriften.[278] Der EuGH schloss hierbei aus einer Vielzahl von Verstößen auf eine allgemeinere unionsrechtswidrige Praxis der Behörden:[279] Nach dieser

---

[275] Die Verurteilung zu Zwangsgeld und/oder Pauschalbetrag ist gemäß Art. 260 Abs. 2 und 3 AEUV möglich. Siehe unten § 4 D. II. 1. a).

Gerade aus diesem Grund ein solches Vorgehen befürwortend *K. L. Scheppele/L. Pech*, Is There a Better Way Forward?, 10.03.2018 (https://verfassungsblog.de/is-there-a-better-way-forward/) (geprüft am 10.10.2020). Ebenfalls befürwortend *L. Pech/D. Kochenov*, Strengthening the Rule of Law Within the European Union: Diagnoses, Recommendations, and What to Avoid – Policy Brief June 2019, 13.06.2019, S. 5 f.; vorsichtig befürwortend *C. Möllers/L. Schneider*, Demokratiesicherung in der Europäischen Union – Studie zu einem Dilemma, Tübingen 2018, S. 106 f.; *O. Dimitriu*, CKS 2019, S. 543 ff., 546.

[276] Dies gilt auch für die englische („an obligation"), französische („une des obligations"), spanische („una de las obligaciones") und dänische Sprachfassung („en forpligtelse").

[277] Siehe hierzu oben § 2 B. II. 1. Deshalb ein systemisches Vertragsverletzungsverfahren ablehnend *O. Mader*, HJRL 11 (2019), S. 133 ff., 159.

[278] Etwa betreffend der nicht ordnungsgemäßen Umsetzung der (mittlerweile außer Kraft getretenen) RL 75/442/EWG (Abfälle), ABl. EU L 194 v. 1975, S. 47 ff. in Irland EuGH, Urteil v. 26.04.2005, Rs. C-494/01, *Kommission/Irland*, ECLI:EU:C:2005:250. Auch Italien wurde wegen vielfältiger Verstöße gegen die (mittlerweile außer Kraft getretene) RL 75/442/EWG (Abfälle), ABl. EU L 194 v. 1975, S. 47 ff., die (mittlerweile außer Kraft getretene) RL 91/689/EWG (gefährliche Abfälle), ABl. EU L 377 v. 12.12.1991, S. 20 ff. sowie die RL 1991/31/EG (Abfalldeponien), ABl. EU L 182 v. 26.04.1999, S. 1 ff. in einem Vertragsverletzungsverfahren verurteilt: EuGH, Urteil v. 26.04.2007, Rs. C-135/05, *Kommission/Italien*, ECLI:EU:C:2007:250.

[279] EuGH, Urteil v. 26.04.2005, Rs. C-494/01, *Kommission/Irland*, ECLI:EU:C:2005:250, Rn. 133. Ähnlich auch EuGH, Urteil v. 26.04.2007, Rs. C-135/05, *Kommission/Italien*, ECLI:EU:C:2007:250, Rn. 10 ff.

Rechtsprechung kann eine Verwaltungspraxis folglich dann Gegenstand eines Vertragsverletzungsverfahrens sein, wenn es sich um eine „verfestigte und allgemeine Praxis“ handelt.[280] Dies kommt dem Konzept einer systematischen Verletzung sehr nahe. Zur Feststellung einer solchen systematischen Verletzung kann auf die Anzahl, den zeitlichen Umfang sowie die Schwere der einzelnen Verstöße abgestellt werden.[281]

In diesem Zusammenhang ist ferner zu berücksichtigen, dass die Unionsrechtswidrigkeit einer Maßnahme in einem Vertragsverletzungsverfahren erst recht dann festgestellt wird, wenn diese Maßnahme gegen mehrere unionsrechtliche Vorschriften verstößt.[282] Auch in diesem Fall liegt streng genommen nicht *eine* Verletzung, sondern liegen eben *mehrere* Verletzungen vor. Zusätzlich stützt der Verweis auf die in Art. 4 Abs. 3 EUV statuierte Unionstreue eine solche weitere Auslegung. Darüber hinaus wäre es verfahrenseffizient, sachlich zusammenhängende Maßnahmen in einem Vertragsverletzungsverfahren zu behandeln. Die bisherigen Vertragsverletzungsverfahren, die Aspekte der Rechtsstaatlichkeit behandelten, wurden regelmäßig ebenfalls auf unterschiedliche unionsrechtliche Vorschriften gestützt.[283]

In den bisherigen Fällen, in denen der EuGH eine Verwaltungspraxis im Rahmen eines Vertragsverletzungsverfahrens überprüft hat, waren die Verstöße aber allesamt gegen eine bestimmte Richtlinie oder sachlich eng zusammenhängende Richtlinien gerichtet.[284] Aus dieser Rechtsprechung folgt, dass ein sachlicher Zusammenhang zwischen den beanstandeten Maßnahmen einerseits und zwischen den (potenziell) verletzten unionsrechtlichen Vorschriften andererseits bestehen muss. Andernfalls ist die Durchführung eines systemischen Vertragsverletzungsverfahrens wegen mehrerer (potenzieller) Unionsrechtsverstöße nicht möglich.

Denn sonst wäre auch der Wortlaut der Art. 258 ff. AEUV überschritten: Bei verschiedenen, sachlich nicht zusammenhängenden Verstößen gegen un-

---

[280] EuGH, Urteil v. 05.03.2009, Rs. C-88/07, *Kommission/Spanien*, ECLI:EU:C:2009:123, Rn. 54; EuGH, Urteil v. 26.04.2007, Rs. C-135/05, *Kommission/Italien*, ECLI:EU:C:2007:250, Rn. 21.

[281] So auch GA Geelhoed, Schlussanträge v. 23.09.2004, Rs. C-494/01, *Kommission/Irland*, ECLI:EU:C:2004:546, Rn. 44 ff. Der Generalanwalt stellt hierbei für die Feststellung eines „strukturellen Verstoßes“ auf „Skalendimension, […] Zeitdimension und […] Schweredimension“ ab.

[282] Dies ergibt sich schon daraus, dass der EuGH für die Feststellung eines Verstoßes das gesamte Unionsrecht prüft. Zum weit auszulegenden Prüfungsmaßstab *W. Cremer*, in: C. Calliess/M. Ruffert (Hrsg.), EUV/AEUV, [5]München 2016, Art. 258 AEUV, Rn. 33; *U. Karpenstein*, in: E. Grabitz/M. Hilf/M. Nettesheim (Hrsg.), Das Recht der Europäischen Union, [69]München 2020, Art. 258 AEUV, Rn. 29 f.

[283] Für die Verfahren gegen Ungarn siehe oben § 2 A. IV. 1. c), gegen Polen siehe oben § 2 A. IV. 2. c).

[284] Siehe hierzu oben Fn. 278. In diesen Fällen erfolgten die Verstöße gegen dieselbe Richtlinie oder gegen Richtlinien, die alle einen bestimmten und eng definierten Politikbereich betrafen (wie etwa die Abfallbeseitigung).

terschiedliche unionsrechtliche Vorschriften liegt kein Verstoß gegen *eine* Verpflichtung aus den Verträgen vor. Ebenso spricht die Systematik des Vertragsverletzungsverfahrens – nur einzelne (gegebenenfalls auch zusammenhängende) Verstöße gegen das Unionsrecht zu ahnden – gegen ein solches Vorgehen. Zudem können nach Art. 54 Abs. 1 EuGHVfO nur „mehrere gleichartige Rechtssachen, die den gleichen Gegenstand haben" verbunden werden. Aus diesen Erfordernissen folgt, dass, unter anderem zur Sicherung der Prozessökonomie, in einem Gerichtsverfahren nur zusammenhängende Sachverhalte behandelt werden sollen.

Somit ist ein solches Vorgehen im Fall von systematischen Verstößen gegen die Rechtsstaatlichkeit nur eingeschränkt möglich. Nach derzeitiger Rechtslage ist es insbesondere nicht möglich, mehrere unabhängige Sachzusammenhänge miteinander zu verbinden.[285]

III. Weitere diskutierte Lösungsansätze

Darüber hinaus werden auch andere Lösungsansätze diskutiert. Hierzu gehört etwa der Vorschlag des „umgekehrten Solange". Hiernach wird zunächst vermutet, dass die Mitgliedstaaten die Werte des Art. 2 EUV im Wesentlichen beachten. Im Falle von systematischen Menschenrechtsverstößen, die in ihrer Gesamtheit den Kern des Art. 2 EUV verletzen, würde diese Vermutung nicht mehr gelten. In diesem Fall sollten mitgliedstaatliche Gerichte den EuGH über das Vorabentscheidungsverfahren anrufen.[286] Ein Nachteil dieses Vorschlags besteht aber unter anderem darin, dass mitgliedstaatliche Gerichte mit systemischen rechtsstaatlichen Defiziten den EuGH wohl nicht mehr damit befassen würden.[287] Zudem lässt sich die Schwelle, ab der die aufgestellte Vermutung der Beachtung von Art. 2 EUV widerlegt sein soll, nur schwer bestimmen. Ferner mangelt es diesem Vorschlag auch an einer entsprechenden Rechtsgrundlage.[288] Folglich erscheint dieser Vorschlag nicht praktikabel.

[285] Vor diesem Hintergrund ist es auch unwahrscheinlich, dass die Kommission oder gar Mitgliedstaaten ein solches Vorgehen versuchen werden. Denn bei auch nur aus formalen Gründen erfolgter Klageabweisung durch den EuGH droht ein politischer Schaden. Der EuGH könnte die Verfahren auch nicht gemäß Art. 54 Abs. 3 EuGHVfO auftrennen, da dies allein für zuvor gemäß Art. 54 Abs. 2 EuGHVfO verbundene Verfahren möglich ist. Es käme allenfalls eine Trennung nach Art. 54 Abs. 2 EuGHVfO analog in Betracht; eine solche analoge Anwendbarkeit dieser Vorschrift hat der EuGH, soweit ersichtlich, bisher aber nicht angenommen.

[286] *A. v. Bogdandy/M. Kottmann/C. Antpöhler u. a.*, CML Rev 49 (2012), 508 ff.

[287] Zu dieser und weiterer Kritik *D. Kochenov*, in: A. Jakab/D. Kochenov (Hrsg.), The enforcement of EU law and values ensuring member states' compliance, Oxford 2016, S. 9, 21 f.; *W. Sadurski*, Poland's constitutional breakdown, Oxford 2019, S. 229 f.; *C. Möllers/L. Schneider*, Demokratiesicherung in der Europäischen Union – Studie zu einem Dilemma, Tübingen 2018, S. 107 f.; *J. Seidl*, Beitrittsverfahren und Sanktionen als Sicherungsmechanismen für die Werte der Europäischen Union, Erfurt 2019, S. 247 ff.

[288] *M. Blauberger/R. D. Kelemen*, Journal of European Public Policy 24 (2017), S. 321 ff., 330.

Nach einem anderen Vorschlag sollen im Fall von fundamentalen Rechtsstaatsverstößen das gegenseitige Vertrauen bzw. die darauf aufbauende gegenseitige Anerkennung von Entscheidungen ausgesetzt werden. So könnten nationale Gerichte, etwa beim Vollzug des Europäischen Haftbefehls, ihre Entscheidung aussetzen und die Kommission bzw. ein anderes damit beauftragtes Organ anrufen. Dieses würde dann darüber entscheiden, ob auf dem gegenseitigen Vertrauen beruhende Entscheidungen weiter durchgeführt werden müssen.[289]

Vorteilhaft an diesem Vorschlag ist, dass dadurch Bürger anderer Mitgliedstaaten vor Entscheidungen von die Rechtsstaatlichkeit fundamental missachtenden Mitgliedstaaten im konkreten Fall geschützt würden. Problematisch ist aber auch hier die fehlende Rechtsgrundlage. Zudem würde dies nicht genug Druck auf die betroffene Regierung bzw. Parlamentsmehrheit ausüben: Denn für sie hat die Aussetzung dieser justiziellen oder verwaltungstechnischen Zusammenarbeit nur geringe Nachteile. Aus diesem Grund würde auch der Vorschlag eines „horizontalen Solange",[290] wonach die mitgliedstaatlichen Gerichte im Fall von Rechtsstaatsverstößen die europäische Zusammenarbeit aussetzen können, zur effektiven Sanktionierung nicht ausreichen.

Es könnte aber auch die dezentrale Durchsetzung der Rechtsstaatlichkeit verstärkt gefordert und gefördert werden. Dies wäre etwa dann der Fall, wenn einzelne Bürger oder Unternehmen vor mitgliedstaatlichen Gerichten gegen rechtsstaatswidrige Maßnahmen der Regierung bzw. der Parlamentsmehrheit klagen. Diese Gerichte könnten dann gegebenenfalls eine entsprechende Frage zur Vorabentscheidung an den EuGH richten.[291] Häufig wird es den Klägern beim Abbau der Rechtsstaatlichkeit aber an individueller Betroffenheit fehlen.[292] Somit kann dieser Weg allenfalls einen Teilaspekt im Vorgehen gegen rechtsstaatswidrige Maßnahmen darstellen.

Ferner ist es sinnvoll, auch die gesellschaftspolitischen Strukturen in den Mitgliedstaaten, etwa durch entsprechende Förder- und Austauschprogramme, zu stärken.[293] Die Kommission schlägt hierfür einen neuen Fonds mit zwei

---

[289] *P. Bárd/W. van Ballegooij*, Judicial Independence as a Precondition for Mutual Trust, 10.04.2018 (https://verfassungsblog.de/judicial-independence-as-a-precondition-for-mutual-trust/) (geprüft am 10.10.2020).

[290] *I. Canor*, CML Rev 50 (2013), S. 383 ff.

[291] Das Vorabentscheidungsverfahren richtet sich nach Art. 267 AEUV.

[292] Art. 263 UAbs. 4 AEUV. *M. Blauberger/R. D. Kelemen*, Journal of European Public Policy 24 (2017), S. 321 ff., 327 f. Weitergehend zur individuellen Betroffenheit *H. Hofmann/G. C. Rowe/A. Türk*, Administrative law and policy of the European Union, 2011, S. 825 ff.

[293] So auch *C. Möllers/L. Schneider*, Demokratiesicherung in der Europäischen Union – Studie zu einem Dilemma, Tübingen 2018, S. 139 ff.; *F. Brantner/J. J. Chromiec*, Europäische Werte verteidigen sich nicht von selbst, 2018 (https://www.faz.net/aktuell/politik/ausland/gastbeitrag-europaeische-werte-verteidigen-sich-nicht-von-selbst-15949489.html) (geprüft am 10.10.2020).

Bedeutsam ist in diesem Zusammenhang auch die Bildungspolitik, *F. N. Fesnic*, Political

Programmen zur Stärkung rechtsstaatlicher Strukturen vor:[294] Das Programm „Rechte und Werte“ soll die Basis für „eine offene, demokratische und inklusive Gesellschaft“ fördern und findet seine Rechtsgrundlage außerhalb der ESIF.[295] Das Programm „Justiz“ soll die „Weiterentwicklung eines europäischen Rechtsraums“ fördern, insbesondere durch „die Erleichterung des Zugangs zur Justiz, durch die Förderung der justiziellen Zusammenarbeit in Zivil- und Strafsachen und durch die Wirksamkeit der nationalen Justizsysteme“.[296] Auch dieses soll seine Rechtsgrundlage außerhalb der ESIF in den Art. 81 Abs. 1 und 2 sowie Art. 82 Abs. 1 AEUV finden.[297]

Art. 9 S. 1 Nr. 11 der ESIF-Dachverordnung 2013[298] bezeichnete zudem die „Verbesserung der institutionellen Kapazitäten von öffentlichen Behörden [...]

Studies 64 (2016), S. 966 ff. Siehe hierzu oben Fn. 205. Auch der Rat empfiehlt die Förderung europäischer Werte, einschließlich der Rechtsstaatlichkeit, in den mitgliedstaatlichen Bildungspolitiken, Empfehlung 2018/C 195/01 (Bildungspolitik), ABl. EU C 195 v. 22.05.2018, S. 1 ff.

[294] Dies greift zumindest teilweise die Forderung des Parlaments zur Einrichtung eines Demokratiefonds zur Unterstützung lokaler Akteure auf. *Europäisches Parlament*, Entschließung des Europäischen Parlaments vom 25. Oktober 2016 mit Empfehlungen an die Kommission zur Einrichtung eines EU-Mechanismus für Demokratie, Rechtsstaatlichkeit und die Grundrechte – 2015/2254(INL), 25.10.2016, Rn. 17.

Der deutsche Europa-Staatsminister *Michael Roth* hat einen ähnlichen Vorschlag gemacht, *G. Appenzeller/A. Meier*, „Wir beschäftigen uns viel zu wenig mit Mittel- und Osteuropa“, 28.02.2018 (https://www.tagesspiegel.de/politik/europa-staatsminister-michael-roth-wir-beschaeftigen-uns-viel-zu-wenig-mit-mittel-und-osteuropa/21009626.html) (geprüft am 10.10.2020).

[295] Vorschlag COM (2018) 383 final (Programm Rechte und Werte) v. 30.05.2018. Rechtsgrundlagen sind Art. 16 Abs. 2 (Datenschutz), Art. 19 Abs. 2 (Antidiskriminierungsmaßnahmen), Art. 21 Abs. 2 (Freizügigkeit), Art. 24 (Petitionsrecht), Art. 167 Abs. 5 (Beitrag der Union unter Wahrung und Förderung der Kulturvielfalt) sowie Art. 168 AEUV (Beitrag der Union zur Sicherstellung eines hohen Gesundheitsschutzniveaus).

Art. 175 Abs. 3 AEUV ermöglicht als Auffangkompetenz spezifische Aktionen außerhalb der Fonds, sofern diese im Interesse der Ziele des Art. 174 AEUV in eng umgrenzten Bereichen erforderlich sind und die bestehenden Förder- und Unionskompetenzen nicht ausreichen, *A. Puttler*, in: C. Calliess/M. Ruffert (Hrsg.), EUV/AEUV, [5]München 2016, Art. 174 AEUV, Rn. 7. Gestützt hierauf wurde etwa der Europäische Verbund für territoriale Zusammenarbeit VO (EG) Nr. 1082/2006 (Europäischer Verbund für territoriale Zusammenarbeit), ABl. EU L 210 v. 05.07.2006, S. 19 ff. Auch wenn die Rechtsstaatlichkeit für die nachhaltige wirtschaftliche Entwicklung eine besondere Bedeutung hat (siehe oben § 2 A. III. 5.), reicht diese Kompetenzgrundlage mit Blick auf den Grundsatz der begrenzten Einzelermächtigung aus Art. 4 Abs. 1 und 5 Abs. 1 S. 1 EUV (siehe unten § 4 A. I. 1.) nicht aus. Die umfassende Förderung der mitgliedstaatlichen Rechtsstaatlichkeit ist nicht eng genug mit den übrigen Zielen der ESIF, insbesondere der Stärkung des wirtschaftlichen, sozialen und territorialen Zusammenhalts (Art. 174 Abs. 1 AEUV), verknüpft. Nicht ausgeschlossen sind aber gezielte Programme zur Stärkung der institutionellen Kapazitäten von Behörden, was der Rechtsstaatlichkeit zumindest teilweise dienlich sein kann.

[296] Vorschlag COM (2018) 384 final (Programm Justiz) v. 30.05.2018.

[297] Auf der Grundlage dieser Vorschriften fördert die EU eine justizielle Zusammenarbeit in Zivilsachen (Art. 81 AEUV) und Strafsachen (Art. 82 AEUV).

[298] VO (EU) Nr. 1303/2013 (ESIF-Dachverordnung 2013), ABl. EU L 347 v. 17.12.2013, S. 320 ff.

und der effizienten öffentlichen Verwaltung“ als eines der thematischen Ziele der ESIF. Hierunter könnte auch die Förderung der Rechtsstaatlichkeit in der Exekutive fallen.[299] Im Vorschlag für die neue ESIF-Dachverordnung 2021 fehlt dieses Politikziel allerdings.[300] Auch solche Fördermechanismen werden aber kurz- und mittelfristig allein nicht ausreichen, um offen gegen rechtsstaatliche Grundsätze verstoßende Regierungen bzw. Parlamentsmehrheiten zu beeinflussen.[301] Sie könnten jedoch langfristig einen wichtigen Beitrag zur Förderung rechtsstaatlicher Strukturen und der justiziellen Zusammenarbeit bieten. Insoweit begrüßenswert wäre zudem ein zusätzlicher Schwerpunkt auf für die Rechtsstaatlichkeit besonders wichtige Bereiche in bestehenden Verfahren und Programmen, etwa im Rahmen des Europäischen Semesters,[302] in der Unterstützung von Strukturreformen[303] und in der Untersuchung der Korruptionsbekämpfung.[304] Ferner könnte die Beteiligung an der Europäischen Staatsanwaltschaft (EUStA) zur Bedingung für die Teilnahme an den ESIF gemacht werden.[305] Schließlich forderte das Parlament auch einen „EU-Pakt […] für Demokratie, Rechtsstaatlichkeit und die Grundrechte“ mit Möglichkeiten zur Überwachung der Rechtsstaatlichkeit.[306]

---

[299] Zur Bedeutung der Rechtsstaatlichkeit für die nachhaltige wirtschaftliche Entwicklung siehe oben § 2 A. III. 5. Zur Bedeutung der Rechtsstaatlichkeit für die Wirkung der ESIF *F. Heinemann*, Intereconomics 53 (2018), S. 297 ff., 300.

[300] Die neuen politischen Ziele der ESIF orientieren sich vor allem an umwelt- und digitalpolitischen Zielen. Art. 4 Abs. 1 Geänderter Vorschlag COM (2020) 23 final (Vorschlag ESIF-Dachverordnung 2021) v. 14.01.2020.

[301] Das zeigt sich schon an den jeweiligen Zielen der Förderprogramme, wie etwa die „Erleichterung und Unterstützung der justiziellen Zusammenarbeit“, „Verbesserung der Leistungsfähigkeit der nationalen Justizsysteme“, „Förderung der justiziellen Aus- und Weiterbildung“ sowie „Erleichterung des Zugangs zur Justiz“ in Art. 3 Vorschlag COM (2018) 384 final (Programm Justiz) v. 30.05.2018. Aktionsbereiche des Programms „Rechte und Werte“ sind insbesondere „Förderung von Gleichstellung und Rechten“, „Förderung der Bürgerbeteiligung und der Teilhabe am demokratischen Leben der Union“ und „Bekämpfung von Gewalt“, Art. 2 Vorschlag COM (2018) 383 final (Programm Rechte und Werte) v. 30.05.2018.

[302] Zum Europäischen Semester siehe unten Fn. 401.

[303] Das Programm zur Unterstützung von Strukturreformen wurde eingeführt mit VO (EU) Nr. 2017/825 (Unterstützung Strukturreformen), ABl. EU L 129 v. 17.05.2017, S. 1 ff.

[304] Die Kommission veröffentlicht etwa regelmäßig Berichte zum Stand der Korruptionsbekämpfung. *European Commission*, Anti-Corruption report, 04.12.2018 (https://ec.europa.eu/home-affairs/what-we-do/policies/organized-crime-and-human-trafficking/corruption/anti-corruption-report_en) (geprüft am 10.10.2020).

[305] Dies wurde bereits von der Kommissarin *Věra Jourová* vorgeschlagen. *H. Cooper*, EU's Jourová wants funds linked to new prosecutor's office, 06.08.2017 (https://www.politico.eu/article/eus-jourova-wants-funds-linked-to-new-prosecutors-office/) (geprüft am 10.10.2020).

[306] *Europäisches Parlament*, Entschließung des Europäischen Parlaments vom 25. Oktober 2016 mit Empfehlungen an die Kommission zur Einrichtung eines EU-Mechanismus für Demokratie, Rechtsstaatlichkeit und die Grundrechte – 2015/2254(INL), 25.10.2016, Rn. 1 ff. Das Parlament hat dies im Januar 2020 erneut aufgegriffen und gefordert, *dass.*, Entschließung des Europäischen Parlaments vom 16. Januar 2020 zu den laufenden Anhörungen gemäß Artikel 7 Absatz 1 EUV zu Polen und Ungarn – 2020/2513(RSP), 16.01.2020, Rn. 5. Hierzu

C. Die ESIF als Teil eines Sanktionsmechanismus zum Schutz der Rechtsstaatlichkeit

Die vorgeschlagenen Lösungsansätze ohne finanzielle Sanktionen sowie der effektivere Einsatz bestehender Sanktionsmechanismen dürften aber nicht ausreichen, um die Rechtsstaatlichkeit in allen Mitgliedstaaten zu schützen: Einige dieser Vorschläge entfalten nicht genügend Abschreckungseffekt, andere sind auf der Basis des derzeitigen Unionsverfassungsrechts nicht ohne weiteres umsetzbar. Deshalb diskutieren Politik und Rechtswissenschaft über einen neuen Sanktionsmechanismus unter Einbezug der ESIF. Die ESIF dienen der Stärkung des wirtschaftlichen, sozialen und territorialen Zusammenhalts in der EU. Sie und ihre Umsetzung sind in den europäischen Verträgen, entsprechenden Ausführungsverordnungen und Partnerschaftsvereinbarungen sowie der Europäischen Haushaltsordnung (EHO) geregelt (I). Sie bestehen aus insgesamt fünf Fonds, die aufgrund der durch sie ausgezahlten Mittel eine für die Mitgliedstaaten sehr hohe volkswirtschaftliche Bedeutung haben (II). Nach derzeitigem Recht ist die Auszahlung von Mitteln aus den ESIF aber nicht von der umfassenden mitgliedstaatlichen Rechtsstaatlichkeit bzw. umfassend gewährleisteter rechtsstaatlicher Verfahren abhängig. Ihr Einbezug in einen neuen Sanktionsmechanismus hätte deshalb eine besondere politische und finanzielle Bedeutung für die Mitgliedstaaten (III).

I. Die derzeitige Ausgestaltung der ESIF

Die ESIF finden ihre rechtliche Grundlage in EUV und AEUV; sie wird durch entsprechende Verordnungen und Partnerschaftsvereinbarungen konkretisiert. Diese Bestimmungen enthalten bereits jetzt eine Reihe von Konditionalitäten, Maßnahmen zur wirtschaftspolitischen Steuerung und allgemeine Grundsätze für die Verwendung der durch sie ausgezahlten Gelder.[307] Sie sehen bisher aber, ebenso wie die EHO, keinen umfassenden Schutz der Rechtsstaatlichkeit und einen allenfalls ansatzweisen Schutz rechtsstaatlicher Verfahren vor.

1. Grundlagen der ESIF in EUV und AEUV

Der wirtschaftliche, soziale und territoriale Zusammenhalt ist nach Art. 3 Abs. 3 UAbs. 3 EUV eines der grundlegenden Ziele der EU. Die ESIF sollen maßgeblich dazu beitragen, dieses Ziel durch stärkere Bindungen zwischen den Mitgliedstaaten zu erreichen.[308] Hierzu sollen insbesondere durch die Regional-

C. Möllers/L. Schneider, Demokratiesicherung in der Europäischen Union – Studie zu einem Dilemma, Tübingen 2018, S. 78 f.

[307] Hierzu auch *F. Heinemann*, Intereconomics 53 (2018), S. 297 ff., 298 f.

[308] Das ergibt sich schon aus dem Wortlaut der strukturpolitischen Generalklausel in

politik die Unterschiede im Entwicklungsstand der verschiedenen Regionen verringert und benachteiligten ländlichen Gebieten besondere Aufmerksamkeit gewidmet werden.[309] Zudem verpflichtet Art. 175 Abs. 1 S. 1 AEUV die Mitgliedstaaten dazu, durch ihre Wirtschaftspolitik zur Stärkung des wirtschaftlichen, sozialen und territorialen Zusammenhalts beizutragen. Die Art. 174 bis 178 AEUV sowie die Art. 162 bis 164 AEUV enthalten weitere spezifischere Regelungen zu den einzelnen ESIF. Bestimmungen zur Rechtsstaatlichkeit bzw. zu rechtsstaatlichen Verfahren bei der Umsetzung der ESIF enthalten EUV und AEUV aber nicht.

2. ESIF-Dachverordnung und Verordnungen der jeweiligen ESIF

Für die Anwendung der ESIF gilt die jeweilige ESIF-Dachverordnung: Für alle Projekte im Zeitraum 2013 bis 2020 die ESIF-Dachverordnung 2013, für die Projekte ab 2021 die ESIF-Dachverordnung 2021.[310] Diese Verordnung führt gemeinsame Bestimmungen zur Inanspruchnahme der Fonds ein und legt die übergeordneten thematischen bzw. politischen Ziele der ESIF[311] sowie Regelungen zur Verwaltung und Kontrolle der ESIF fest.[312] Weder die ESIF-Dachverordnung 2013 noch der Vorschlag für die ESIF-Dachverordnung 2021 enthalten jedoch besondere Vorkehrungen zum Schutz der mitgliedstaatlichen Rechtsstaatlichkeit. Die in ihnen enthaltenen Ansätze zum Schutz rechtsstaatlicher Verfahren sowie die Charakteristika der finanziellen Sanktionen können aber als Vorbild bzw. Ansatzpunkt für einen neuen Sanktionsmechanismus dienen.

a) Schutzziele der ESIF-Dachverordnung und der einzelnen ESIF-Verordnungen

Die ESIF-Dachverordnung verlangt, dass die geförderten Vorhaben dem Unionsrecht entsprechen und hierbei auch generell geltende Ex-ante-Konditionali-

---

Art. 174 Abs. 1 AEUV. So auch *B. Kern/C. Eggers*, in: E. Grabitz/M. Hilf/M. Nettesheim (Hrsg.), Das Recht der Europäischen Union, [69]München 2020, Art. 174 AEUV, S. 22 ff.; *A. Puttler*, in: C. Calliess/M. Ruffert (Hrsg.), EUV/AEUV, [5]München 2016, Art. 174 AEUV, Rn. 8.

[309] *A. Puttler*, in: C. Calliess/M. Ruffert (Hrsg.), EUV/AEUV, [5]München 2016, Art. 174 AEUV, Rn. 10.

[310] VO (EU) Nr. 1303/2013 (ESIF-Dachverordnung 2013), ABl. EU L 347 v. 17.12.2013, S. 320 ff. und Geänderter Vorschlag COM (2020) 23 final (Vorschlag ESIF-Dachverordnung 2021) v. 14.01.2020.

[311] Die in Art. 9 VO (EU) Nr. 1303/2013 (ESIF-Dachverordnung 2013), ABl. EU L 347 v. 17.12.2013, S. 320 ff. enthaltenen thematischen Ziele sollen auf fünf politische Ziele (intelligentes, grünes, stärker vernetztes, soziales und bürgernahes Europa) fokussiert werden, Art. 4 Abs. 1 Geänderter Vorschlag COM (2020) 23 final (Vorschlag ESIF-Dachverordnung 2021) v. 14.01.2020.

[312] Art. 122 ff. VO (EU) Nr. 1303/2013 (ESIF-Dachverordnung 2013), ABl. EU L 347 v. 17.12.2013, S. 320 ff.; Art. 63 ff. Geänderter Vorschlag COM (2020) 23 final (Vorschlag ESIF-Dachverordnung 2021) v. 14.01.2020.

täten beachtet werden. Zudem sieht die ESIF-Dachverordnung Maßnahmen zur wirtschaftspolitischen Steuerung vor.

aa) Einhaltung Unionsrecht nach ESIF-Dachverordnung

Die durch die ESIF geförderten Vorhaben müssen dem Unionsrecht sowie den nationalen Rechtsvorschriften entsprechen. Art. 6 ESIF-Dachverordnung 2013 legte dies ausdrücklich fest, im Vorschlag für die ESIF-Dachverordnung 2021 wird dieser selbstverständliche Grundsatz nur mittelbar erwähnt.[313] Hieraus folgt jedoch nicht, dass die Rechtsstaatlichkeit der Mitgliedstaaten eine allgemeine Konditionalität für die Auszahlung der Gelder aus den ESIF ist.[314] Denn sie ist zwar Teil des Unionsrechts, da sie elementarer Teil des verpflichtenden Wertekanons aus Art. 2 EUV und auch im übrigen Unionsrecht zwingend vorausgesetzt ist.[315] Eine ausdrückliche Klarstellung wäre insofern wünschenswert, ist aber nicht zwingend.[316]

Allerdings folgt aus dem Wortlaut der Vorschriften sowie ihren Erwägungsgründen nur, dass die geförderten Vorhaben dem Unions- und nationalen Recht entsprechen müssen.[317] Diese Regelungen treffen aber keine Aussage darüber, ob Mitgliedstaaten auch im Übrigen rechtsstaatliche Grundsätze und Verfahrenssicherungen beachten müssen, um Auszahlungen aus den ESIF zu erhalten. Eine extensive Auslegung würde über diesen Wortlaut hinausgehen: So hat der EuGH zu Vorschriften mit ähnlicher Zielsetzung in der vorherigen Verordnung[318] entschieden, dass für eine Aussetzung von Zahlungen ein ausreichender direkter Zusammenhang zwischen der Beanstandung bzw. dem Unionsrechtsverstoß und der finanzierten Maßnahme bestehen muss.[319] Folglich kann diese

[313] Etwa ErwG. 45 und Art. 2 Abs. 2 und 29 Geänderter Vorschlag COM (2020) 23 final (Vorschlag ESIF-Dachverordnung 2021) v. 14.01.2020.

[314] Für die ESIF-Dachverordnung aA (wohl) *G. Halmai*, HJRL 11 (2019), S. 171 ff., 185.

[315] Siehe oben § 2 B. II. 1.

[316] So auch *G. Halmai*, HJRL 11 (2019), S. 171 ff., 185.

[317] Für Art. 6 VO (EU) Nr. 1303/2013 (ESIF-Dachverordnung 2013), ABl. EU L 347 v. 17.12.2013, S. 320 ff. folgt dies auch aus der englischen („Operations supported […]"), französischen („Les opération soutenues […]"), spanischen („Las operaciones apoyadas […]") und dänischen („Operationer, der støttes af ESI-fondene, […]") Fassungen. Siehe auch die ErwG. 12 und 72 VO (EU) Nr. 1303/2013 (ESIF-Dachverordnung 2013), ABl. EU L 347 v. 17.12.2013, S. 320 ff. Gleiches gilt für ErwG. 45 und Art. 2 Abs. 2 und 29, Art. 67 Abs. 3 lit. f) und Art. 68 Abs. 1 lit. a) Geänderter Vorschlag COM (2020) 23 final (Vorschlag ESIF-Dachverordnung 2021) v. 14.01.2020. So im Ergebnis zur früheren ESIF-Dachverordnung auch *B. Schöndorf-Haubold*, Die Strukturfonds der Europäischen Gemeinschaft – Rechtsformen und Verfahren europäischer Verbundverwaltung, München 2005, S. 337.

[318] VO (EG) Nr. 1260/1999 (ESIF-Dachverordnung 1999), ABl. EU L 161 v. 21.06.1999, S. 1 ff.

[319] EuGH, Urteil v. 06.11.2014, Rs. C-385/13 P, *Italien/Kommission*, ECLI:EU:C:2014:2350, Rn. 84. Hierzu auch ErwG. 21 VO (EU) Nr. 1303/2013 (ESIF-Dachverordnung 2013), ABl. EU L 347 v. 17.12.2013, S. 320 ff.: So „sollte eine Ex-ante-Konditionalität nur dann auf die Priorität eines bestimmten Programms angewendet werden, wenn sie einen un-

Vorschrift auch nicht als Grundlage für eine Sanktionierung wegen Verstößen gegen Grundsätze der Rechtstaatlichkeit herangezogen werden.

bb) Ex-ante-Konditionalitäten bzw. grundlegende Voraussetzungen

Zudem enthalten die ESIF-Dachverordnungen generell geltende Ex-ante-Konditionalitäten (ESIF-Dachverordnung 2013) bzw. grundlegende Voraussetzungen (ESIF-Dachverordnung 2021); gleiches gilt für die jeweiligen ESIF-Verordnungen.[320] Sie dienen der Sicherstellung der Umsetzung der allgemeinen unionalen und jeweiligen fondspolitischen Ziele. Der EuGH hat ihre Rechtmäßigkeit grundsätzlich bestätigt,[321] ihre Wirksamkeit ist aber umstritten.[322] Ihre Umsetzung erfolgt regelmäßig in Partnerschaftsvereinbarungen und ihre Einhaltung ist sanktionsbewehrt.[323]

Mit Blick auf Art. 142 lit. a) ESIF-Dachverordnung 2013 wird diskutiert, dass Zahlungen auch bei fundamentalen Rechtsstaatsverstößen ausgesetzt werden können. Denn bei solchen fundamentalen Rechtsstaatsverstößen seien die

---

mittelbaren und echten Bezug zur wirksamen und effizienten Verwirklichung eines spezifischen Ziels einer Investitionspriorität oder einer Unionspriorität aufweist oder sich hierauf unmittelbar auswirkt […]".

320 Art. 19 und Anhang XI VO (EU) Nr. 1303/2013 (ESIF-Dachverordnung 2013), ABl. EU L 347 v. 17.12.2013, S. 320 ff.; Art. 11 und Anhang III und IV Geänderter Vorschlag COM (2020) 23 final (Vorschlag ESIF-Dachverordnung 2021) v. 14.01.2020.

321 Die operationellen Programme und die Konditionalitäten müssen aber effektivem Rechtsschutz offen stehen (Art. 47 GRC; EuGH, Urteil v. 17.09.2014, Rs. C-562/12, *Liivimaa Lihaveis MTÜ/Eesti-Läti programmi 2007-2013 Seirekomitee*, ECLI:EU:C:2014:2229, Rn. 71 ff.), die Grundsätze der Gleichbehandlung und Nichtdiskriminierung (Art. 20, 21 und 23 GRC; EuGH, Urteil v. 11.04.2013, Rs. C-401/11, *Blanka Soukupová/Ministerstvo zemědělství*, ECLI:EU:C:2013:223, Rn. 27 f.) und die Grundsätze zur Achtung des Privat- und Familienlebens (Art. 7 und 8 GRC; EuGH, Urteil v. 09.11.2010, Rs. C-92/09 und C-93/09, *Volker und Markus Schecke GbR und Hartmut Eifert/Land Hessen*, ECLI:EU:C:2010:662, Rn. 56 ff.) beachten. Zu dieser Rechtsprechung *V. Viţă*, CYELS 19 (2017), S. 116 ff., 138.

322 Teilweise kritisch zur Wirksamkeit der Konditionalitäten *V. Viţă*, CYELS 19 (2017), S. 116 ff., 127 f.; *F. Meinel*, Die Verwaltung 51 (2018), S. 153 ff., 177 ff.; *B. Schöndorf-Haubold*, Die Strukturfonds der Europäischen Gemeinschaft – Rechtsformen und Verfahren europäischer Verbundverwaltung, München 2005, S. 114 ff.

323 Die Kommission überwacht hierbei die entsprechenden eigenen Bewertungen der Mitgliedstaaten, Art. 19 Abs. 1, 3 bis 5 und Art. 142 Abs. 1 lit. e) VO (EU) Nr. 1303/2013 (ESIF-Dachverordnung 2013), ABl. EU L 347 v. 17.12.2013, S. 320 ff.; näher zum Verfahren *European Commission*, Internal Guidance on Ex-Ante Conditionalities for the European Structural and Investment Funds: Part I, 29.08.2014, S. 3 ff. Art. 11 Abs. 5 und 6 sowie Art. 90 Abs. 1 lit. b) und Art. 91 Abs. 1 lit. c) Geänderter Vorschlag COM (2020) 23 final (Vorschlag ESIF-Dachverordnung 2021) v. 14.01.2020. Zur Bedeutung dieser Konditionalitäten bzw. Voraussetzungen *European Commission*, The Value Added of Ex ante Conditionalities in the European Structural and Investment Funds – SWD (2017) 127 final, 31.03.2017; *dass.*, Internal Guidance on Ex-Ante Conditionalities for the European Structural and Investment Funds: Part II, 13.02.2014, S. 327 ff.; *V. Viţă*, CYELS 19 (2017), S. 116 ff., 125 ff.

Zu finanziellen Sanktionen siehe unten § 2 C. I. 2. b).; zu Partnerschaftsvereinbarungen siehe unten § 2 C. I. 3.

auf der Grundlage dieser Verordnung geforderte effiziente Nutzung und Kontrolle nicht sichergestellt.[324] Vielmehr sei eine solche finanzielle Sanktion bei Verstößen „erst recht" möglich, „wenn trotz mehrmaliger Aufforderung der Union ein Mitgliedstaat die Einhaltung der in Art. 2 EUV genannten Werte verweigert".[325] Nach dem Wortlaut der Vorschrift muss aber das „Verwaltungs- und Kontrollsystem für das operationelle Programm" betroffen sein. Letztlich gehören auch Gerichte zum (erweiterten) Kontrollsystem der Programme.[326] Allerdings reicht ein allgemeiner rechtsstaatlicher Mangel nicht aus – vielmehr muss ein operationelles Programm konkret betroffen sein. Hierfür müsste nachgewiesen werden, dass die jeweils zuständigen Gerichte diese Kontrolle nicht mehr wahrnehmen (können) bzw. diese einem „gravierenden Mangel" unterliegt. Eine aus der allgemeinen rechtsstaatlichen Lage abgeleitete bloße Vermutung ohne konkretere Verdachtsmomente bzw. Nachweise genügt hierfür nicht. Ein solcher Nachweis ist zwar nicht ausgeschlossen, bisher ist er aber nicht erbracht worden. Aufgrund der ähnlichen Regelungstechnik gilt dies auch für Art. 90 Abs. 1 lit. a) Vorschlag ESIF-Dachverordnung 2021.

cc) Maßnahmen zur wirtschaftspolitischen Steuerung

Darüber hinaus ermöglichen Art. 23 ESIF-Dachverordnung 2013 bzw. Art. 15 Vorschlag ESIF-Dachverordnung 2021 Maßnahmen zur ordnungsgemäßen wirtschaftlichen Steuerung. Dies dient dazu, die Umsetzung länderspezifischer wirtschaftspolitischer Empfehlungen des Rates sowie die Einhaltung der Defizitkriterien zu unterstützen.[327] Diese teilweise als Konditionalität aufgefasste[328] wirtschaftspolitische Steuerung ist rechtspolitisch umstritten.[329] Sie dient

---

[324] *R. D. Kelemen/K. L. Scheppele*, How to Stop Funding Autocracy in the EU, 10.09.2018 (https://verfassungsblog.de/how-to-stop-funding-autocracy-in-the-eu/) (geprüft am 10.10. 2020).

[325] Mit Blick auf finanzielle Berichtigungen *C. Möllers/L. Schneider*, Demokratiesicherung in der Europäischen Union – Studie zu einem Dilemma, München 2018, S. 116. Zur Möglichkeit der finanziellen Berichtigung siehe unten § 2 C. I. 2. b).

[326] Siehe unten § 3 B. I. 4. c) cc).

[327] Insbesondere Art. 121 Abs. 2, Art. 126 Abs. 8 und 11, Art. 136 Abs. 1 und Art. 148 Abs. 4 AEUV sowie Art. 7, 8, 10 VO (EU) Nr. 1176/2011 (MIP-Verordnung), ABl. EU L 306 v. 16.11.2011, S. 25 ff., VO (EG) Nr. 332/2002 (Stützung Zahlungsbilanzen Mitgliedstaaten), ABl. EU L 53 v. 18.02.2002, S. 1 ff., VO (EU) Nr. 407/2010 (Europäischer Finanzstabilisierungsmechanismus), ABl. EU L 118 v. 11.05.2010, S. 1 ff. und Art. 7 VO (EU) Nr. 472/2013 (Ausbau wirtschafts- und haushaltspolitische Überwachung), ABl. EU L 140 v. 21.05.2013, S. 1 ff.

[328] So etwa *V. Viță*, CYELS 19 (2017), S. 116 ff., 128 ff. Da diese Maßnahmen aber allein auf die Anpassung bereits bestehender Programme ausgerichtet sind, handelt es sich aber nicht um Ex-ante-Konditionalitäten i. S. d. Art. 2 Nr. 33 VO (EU) Nr. 1303/2013 (ESIF-Dachverordnung 2013), ABl. EU L 347 v. 17.12.2013, S. 320 ff. bzw. Art. 11 Abs. 1 Geänderter Vorschlag COM (2020) 23 final (Vorschlag ESIF-Dachverordnung 2021) v. 14.01.2020.

[329] Die Sanktion nach Art. 23 Abs. 9 UAbs. 1 lit. a) VO (EU) Nr. 1303/2013 (ESIF-Dachverordnung 2013), ABl. EU L 347 v. 17.12.2013, S. 320 ff. bzw. in Zukunft Art. 15 Abs. 7

aber jedenfalls allein der Unterstützung der Wirtschaftspolitik der EU bzw. der Durchsetzung der Defizitkriterien. In Bezug auf die Einhaltung rechtsstaatlicher Grundsätze enthält sie keine sanktionsbewehrten Vorgaben.

b) Derzeitige Ausgestaltung der finanziellen Sanktionen

Die ESIF-Dachverordnung sieht zum Schutz der effizienten Nutzung und Kontrolle der ESIF sowie der oben genannten Konditionalitäten und Maßnahmen gestaffelte Sanktionsmöglichkeiten vor.[330] Dabei ist zu berücksichtigen, dass die Unionsbeiträge nur zu einem sehr geringen Teil als Vorschuss bzw. Vorfinanzierung geleistet werden;[331] im Übrigen erstattet die Kommission von den Mitgliedstaaten getätigte Aufwendungen. Dies erleichtert den Einsatz finanzieller Sanktionen, da so Rückforderungen nur selten nötig sind.

Als niedrigste Stufe der finanziellen Sanktion ermöglicht Art. 83 ESIF-Dachverordnung 2013 bzw. Art. 90 Vorschlag ESIF-Dachverordnung 2021 die Zahlungsunterbrechung. Sie ist dann möglich, wenn die ordnungsgemäße Kon-

UAbs. 1 lit. a) Geänderter Vorschlag COM (2020) 23 final (Vorschlag ESIF-Dachverordnung 2021) v. 14.01.2020 ist wegen der abschließenden Regelung in Art. 126 Abs. 11 UAbs. 1 AEUV nicht mit den Verträgen vereinbar. So auch *U. Häde*, in: C. Calliess/M. Ruffert (Hrsg.), EUV/AEUV, [5]München 2016, Art. 126 AEUV, Rn. 58; *R. Bandilla*, in: E. Grabitz/M. Hilf/M. Nettesheim (Hrsg.), Das Recht der Europäischen Union, [69]München 2020, Art. 126 AEUV, Rn. 99.

Der EuGH hatte diese Frage bisher noch nicht zu entscheiden. 2012 beschloss der Rat auf Vorschlag der Kommission die Aussetzung von Zahlungen aus den ESIF für Ungarn (Beschluss 2012/139/EU (Übermäßiges Defizit Ungarn), ABl. EU L 66 v. 24.01.2012, S. 6 ff.; Durchführungsbeschluss 2012/156/EU (Aussetzung Mittelbindung Kohäsionsfonds Ungarn), ABl. EU L 78 v. 13.03.2012, S. 19 f.). Nach entsprechender Änderung der ungarischen Haushaltsplanung hob der Rat diesen Beschluss wieder auf (Durchführungsbeschluss 2012/323/EU (Aufhebung Aussetzung Mittelbindung Ungarn), ABl. EU L 165 v. 22.06.2012, S. 46 f.).

2016 stellte der Rat bezüglich Spanien und Portugal eine nicht ausreichende Korrektur des übermäßigen Defizits fest (Beschluss (EU) 2016/1222 (Übermäßiges Defizit Spanien), ABl. EU L 201 v. 11.07.2016, S. 19 ff.; Beschluss (EU) 2016/1230 (Übermäßiges Defizit Portugal), ABl. EU L 202 v. 11.07.2016, S. 21 ff.). Der Rat verhängte mit Blick auf eine Änderung der Haushaltsentwürfe auf Vorschlag der Kommission aber keine Sanktionen (Durchführungsbeschluss (EU) 2017/2351 (Geldbuße Spanien übermäßiges Defizit), ABl. EU L 336 v. 09.08.2016, S. 27 ff.; Durchführungsbeschluss (EU) 2017/2350 (Geldbuße Portugal übermäßiges Defizit), ABl. EU L 336 v. 09.08.2016, S. 24 ff.).

[330] Daneben sehen andere Finanzierungsinstrumente der EU andere Sanktionsmöglichkeiten vor. Hierunter fällt etwa das Rechnungsabschlussverfahren in der Gemeinsamen Agrarpolitik (GAP), mit dem nicht mit den entsprechenden Bestimmungen übereinstimmende getätigte Ausgaben der Mitgliedstaaten von der Unionserstattung (nachträglich) ausgeschlossen werden können. Art. 51 ff. VO (EU) Nr. 1306/2013 (Finanzierung GAP), ABl. EU L 347 v. 17.12.2013, S. 549 ff. Dieses Verfahren ist aber nicht auf die übrigen ESIF anwendbar; es ist den übrigen finanziellen Sanktionen im Rahmen der ESIF aber ähnlich. Hierzu etwa *B. Schöndorf-Haubold*, Die Strukturfonds der Europäischen Gemeinschaft – Rechtsformen und Verfahren europäischer Verbundverwaltung, München 2005, S. 343 ff.; *F. Meinel*, Die Verwaltung 51 (2018), S. 153 ff., 163.

[331] Art. 77 Abs. 3, 81 f. VO (EU) Nr. 1303/2013 (ESIF-Dachverordnung 2013), ABl. EU L 347 v. 17.12.2013, S. 320 ff.; Art. 83 f. Geänderter Vorschlag COM (2020) 23 final (Vorschlag ESIF-Dachverordnung 2021) v. 14.01.2020.

trolle der Mittel durch den Mitgliedstaat nicht gewährleistet ist. Dies kann der bevollmächtigte Anweisungsbefugte für sechs, mit Zustimmung des Mitgliedstaats maximal neun Monate anordnen.[332]

Als weitere Stufe sieht die ESIF-Dachverordnung die teilweise oder vollständige Aussetzung von Zahlungen durch die Kommission vor.[333] Dies ist, neben der mangelnden Reaktion des Mitgliedstaats auf die Zahlungsunterbrechung, etwa auch bei gravierenden Mängeln, nicht korrigierten Unregelmäßigkeiten oder Nichterfüllung der Ex-ante-Konditionalitäten möglich.[334] Sie dient dem Schutz der finanziellen Interessen der EU, der Umsetzung des Programms sowie seiner ausreichenden Kontrolle. Bei der Höhe der Aussetzung muss sich die Kommission an Art, Schwere, Dauer und Häufigkeit der Verletzung sowie dem Verhältnismäßigkeitsprinzip orientieren.[335] Sobald der Mitgliedstaat die für die Aufhebung der Aussetzung erforderlichen Maßnahmen getroffen hat, muss die Kommission die Aussetzung der Zahlungen aufheben.[336] Ein besonderer Anwendungsfall für die Aussetzung von Zahlungen ist die wirtschaftspolitische Steuerung.[337]

Als schärfste Sanktionsform ermöglicht die ESIF-Dachverordnung finanzielle Berichtigungen bzw. Finanzkorrekturen.[338] Dies ist möglich bei gravierenden Verstößen, die etwa zu unrichtigen Angaben in der Rechnungslegung

---

[332] Art. 83 Abs. 1 VO (EU) Nr. 1303/2013 (ESIF-Dachverordnung 2013), ABl. EU L 347 v. 17.12.2013, S. 320 ff.; Art. 90 Abs. 1 und Abs. 2 Geänderter Vorschlag COM (2020) 23 final (Vorschlag ESIF-Dachverordnung 2021) v. 14.01.2020.

[333] Art. 142 Abs. 1 lit. a) VO (EU) Nr. 1303/2013 (ESIF-Dachverordnung 2013), ABl. EU L 347 v. 17.12.2013, S. 320 ff.; Art. 91 Abs. 1 lit. a) Geänderter Vorschlag COM (2020) 23 final (Vorschlag ESIF-Dachverordnung 2021) v. 14.01.2020.

Hierbei handelt es sich um ein eigenständiges und von anderen Sanktionsmöglichkeiten unabhängiges Verfahren. So entschied der EuGH schon für ähnliche Verfahren u. a. zum Rechnungsabschluss nach früheren ESIF-Verordnungen. EuGH, Beschluss v. 11.07.1996, Rs. C-325/94 P, *An Taisce und WWF UK/Kommission*, ECLI:EU:C:1996:293, Rn. 24 ff.; EuGH, Urteil v. 07.02.1979, Rs. 15/76 und 16/76, *Frankreich/Kommission*, ECLI:EU:C:1979:29, Rn. 25 ff.

[334] Art. 142 Abs. 1 UAbs. 1 lit. a) bis f) VO (EU) Nr. 1303/2013 (ESIF-Dachverordnung 2013), ABl. EU L 347 v. 17.12.2013, S. 320 ff. Art. 91 Abs. 1 lit. a) bis e) Geänderter Vorschlag COM (2020) 23 final (Vorschlag ESIF-Dachverordnung 2021) v. 14.01.2020.

[335] ErwG. 120 VO (EU) Nr. 1303/2013 (ESIF-Dachverordnung 2013), ABl. EU L 347 v. 17.12.2013, S. 320 ff.; ErwG. 57 Geänderter Vorschlag COM (2020) 23 final (Vorschlag ESIF-Dachverordnung 2021) v. 14.01.2020.

[336] Art. 142 Abs. 3 VO (EU) Nr. 1303/2013 (ESIF-Dachverordnung 2013), ABl. EU L 347 v. 17.12.2013, S. 320 ff.; Art. 91 Abs. 2 Geänderter Vorschlag COM (2020) 23 final (Vorschlag ESIF-Dachverordnung 2021) v. 14.01.2020.

[337] Art. 23 Abs. 9 bis 12 VO (EU) Nr. 1303/2013 (ESIF-Dachverordnung 2013), ABl. EU L 347 v. 17.12.2013, S. 320 ff.; Art. 91 Abs. 1 lit. e) und Art. 15 Abs. 6 Geänderter Vorschlag COM (2020) 23 final (Vorschlag ESIF-Dachverordnung 2021) v. 14.01.2020. Siehe oben § 2 C. I. 2. a) cc).

[338] Art. 85 und 144 VO (EU) Nr. 1303/2013 (ESIF-Dachverordnung 2013), ABl. EU L 347 v. 17.12.2013, S. 320 ff.; Art. 98 Geänderter Vorschlag COM (2020) 23 final (Vorschlag ESIF-Dachverordnung 2021) v. 14.01.2020.

führten oder wenn der Mitgliedstaat die Umstände, die zur Aussetzung geführt haben, nicht korrigiert.[339] Parallel zur Aussetzung von Zahlungen wird bei rechtsstaatlichen Mängeln auch eine finanzielle Berichtigung für möglich erachtet. Mit Blick auf den Wortlaut ist dies aber abzulehnen.[340] Vor ihrer Entscheidung muss die Kommission den Mitgliedstaat anhören und zudem den Verhältnismäßigkeitsgrundsatz beachten.[341]

Daneben besteht auch die Möglichkeit der Aufhebung der Mittelbindung. Diese betrifft allerdings vor allem Beträge, die nicht fristgerecht abgerufen werden.[342] Insoweit ist die Aufhebung nicht mit den anderen finanziellen Sanktionen vergleichbar.

3. Partnerschaftsvereinbarungen

Aufbauend auf der ESIF-Dachverordnung und den Verordnungen zu den einzelnen ESIF erarbeiten die Mitgliedstaaten für den gesamten Programmzeitraum Partnerschaftsvereinbarungen.[343] Diese obliegen der Genehmigungspflicht der Kommission.[344] Zur wirksamen und effizienten Umsetzung der einzelnen Programme und Projekte decken sie alle Unterstützungsleistungen aus den ESIF

[339] Art. 85 Abs. 2, Art. 144 VO (EU) Nr. 1303/2013 (ESIF-Dachverordnung 2013), ABl. EU L 347 v. 17.12.2013, S. 320 ff.; Art. 98 Abs. 1 Geänderter Vorschlag COM (2020) 23 final (Vorschlag ESIF-Dachverordnung 2021) v. 14.01.2020. Auch Mitgliedstaaten können gemäß Art. 143 VO (EU) Nr. 1303/2013 (ESIF-Dachverordnung 2013), ABl. EU L 347 v. 17.12.2013, S. 320 ff. bzw. Art. 97 Geänderter Vorschlag COM (2020) 23 final (Vorschlag ESIF-Dachverordnung 2021) v. 14.01.2020 finanzielle Berichtigungen bzw. Finanzkorrekturen vornehmen. Für den hier untersuchten Fall der Sanktionen der EU bzw. Kommission gegenüber Mitgliedstaaten ist dies aber nicht relevant.

[340] Art. 85 und 144 VO (EU) Nr. 1303/2013 (ESIF-Dachverordnung 2013), ABl. EU L 347 v. 17.12.2013, S. 320 ff. bzw. Art. 98 Geänderter Vorschlag COM (2020) 23 final (Vorschlag ESIF-Dachverordnung 2021) v. 14.01.2020. Zur Diskussion im Rahmen der Aussetzung von Mittelbindungen und Zahlungen siehe oben § 2 C. I. 2. a).

[341] Zum Verfahren Art. 145 ff. und zum Verhältnismäßigkeitsgrundsatz Art. 85 Abs. 3 VO (EU) Nr. 1303/2013 (ESIF-Dachverordnung 2013), ABl. EU L 347 v. 17.12.2013, S. 320 ff.

[342] Art. 86 ff. und 136 VO (EU) Nr. 1303/2013 (ESIF-Dachverordnung 2013), ABl. EU L 347 v. 17.12.2013, S. 320 ff.; Art. 99 ff. Geänderter Vorschlag COM (2020) 23 final (Vorschlag ESIF-Dachverordnung 2021) v. 14.01.2020.

[343] Diese erstellen sie gemeinsam mit den zuständigen Behörden, Wirtschafts- und Sozialpartnern sowie relevanten zivilgesellschaftlichen Stellen. Art. 14 Abs. 2 S. 1 i. V. m. Art. 5 Abs. 1 VO (EU) Nr. 1303/2013 (ESIF-Dachverordnung 2013), ABl. EU L 347 v. 17.12.2013, S. 320 ff.; Art. 6 Abs. 1 und 2 Geänderter Vorschlag COM (2020) 23 final (Vorschlag ESIF-Dachverordnung 2021) v. 14.01.2020. Weitere Vorgaben zur Auswahl der relevanten Partner sowie zur Aufstellung der Partnerschaftsvereinbarungen enthält Del. VO (EU) 240/2014 (Verhaltenskodex für Partnerschaften ESIF), ABl. EU L 74 v. 07.01.2014, S. 1 ff.

[344] Art. 16 VO (EU) Nr. 1303/2013 (ESIF-Dachverordnung 2013), ABl. EU L 347 v. 17.12.2013, S. 320 ff.; Art. 9 Geänderter Vorschlag COM (2020) 23 final (Vorschlag ESIF-Dachverordnung 2021) v. 14.01.2020. Zum Verhältnis von Mitgliedstaaten und Kommission bei der Konkretisierung der Zielvorgaben und Projektauswahl *F. Meinel*, Die Verwaltung 51 (2018), S. 153 ff., 164 ff.

im betreffenden Mitgliedstaat ab.[345] In ihrer bisherigen Konzeption wird in den Partnerschaftsvereinbarungen allein die Umsetzung vor allem fonds- und wirtschaftspolitischer Ziele aufgenommen und entsprechend durch die Kommission überwacht. Eine Berücksichtigung darüber hinausgehender anderer Ziele, beispielsweise die Beachtung der Rechtsstaatlichkeit, ist nicht vorgesehen.

4. Europäische Haushaltsordnung (EHO)

Die Ausführung des Haushaltsplans – und damit auch der ESIF – erfolgt gemäß der EHO.[346] Sie unterscheidet zwischen direkter Mittelverwaltung durch die Kommission, indirekter Mittelverwaltung mit Übertragung von Haushaltsvollzugsaufgaben auf andere Organisationen sowie geteilter Mittelverwaltung mit Übertragung von Haushaltsvollzugsaufgaben auf Mitgliedstaaten.[347] Die ESIF unterliegen größtenteils der geteilten Mittelverwaltung,[348] was Kapazitätsgrenzen der Kommission berücksichtigt sowie den Mitgliedstaaten auch gewissen Einfluss auf die Umsetzung der Programme erlaubt und damit Ausfluss der Subsidiarität ist.[349]

Die EHO enthält in ihrer bisherigen Konzeption keinen ausdrücklichen Schutz der Rechtsstaatlichkeit in allen Mitgliedstaaten. So verpflichtet sie die Mitgliedstaaten in Art. 63 Abs. 2 UAbs. 1 bei geteilter Mittelverwaltung zwar dazu, „sämtliche zum Schutz der finanziellen Interessen der Union erforderlichen Maßnahmen, einschließlich Rechts- und Verwaltungsvorschriften" zu ergreifen. Dies betrifft u. a. die Umsetzung der finanzierten Maßnahmen, die Überwachung der für die Verwaltung und Kontrolle zuständigen Einrichtungen, die Verhinderung von Unregelmäßigkeiten und Betrug sowie die Zusammenarbeit mit europäischen Institutionen.[350] Hierzu sind die Mitgliedstaaten auch zu Kontrollen verpflichtet; zudem müssen sie gegebenenfalls „wirksame, ab-

---

[345] Art. 14 Abs. 3 VO (EU) Nr. 1303/2013 (ESIF-Dachverordnung 2013), ABl. EU L 347 v. 17.12.2013, S. 320 ff.; Art. 8 Geänderter Vorschlag COM (2020) 23 final (Vorschlag ESIF-Dachverordnung 2021) v. 14.01.2020. Die einzelnen Partnerschaftsvereinbarungen sind abrufbar unter *European Commission*, Partnership Agreements on the European Structural and Investment Funds, 2014 (https://ec.europa.eu/info/publications/partnership-agreements-european-structural-and-investment-funds_de) (geprüft am 10.10.2020). Zur Bedeutung der Partnerschaftsvereinbarungen *K. Pantazatou*, in: H. C. Hofmann/G. C. Rowe/A. H. Türk (Hrsg.), Specialized Administrative Law of the European Union, Oxford 2018, S. 532, 535 ff.

[346] Art. 310 Abs. 2 AEUV. Diese wird gemäß Art. 322 Abs. 1 AEUV erlassen und ist derzeit VO (EU, Euratom) Nr. 2018/1046 (EHO), ABl. EU L 193 v. 30.07.2018, S. 1 ff.

[347] Art. 62 Abs. 1 lit. a) bis c) VO (EU, Euratom) Nr. 2018/1046 (EHO), ABl. EU L 193 v. 30.07.2018, S. 1 ff.

[348] Im MFR 2013–2020 unterlagen im Schnitt 74 % der EU-Mittel der geteilten Mittelverwaltung. Nur 18 % der EU-Mittel wurden in direkter und 8 % in indirekter Mittelverwaltung vergeben. *European Commission*, The EU budget at a glance, May 2019, S. 22.

[349] *P. Craig*, in: H. Hofmann/A. Türk (Hrsg.), Legal challenges in EU administrative law, Cheltenham 2009, S. 34, 35.

[350] Art. 63 Abs. 2 UAbs. 1 lit. a) bis d) VO (EU, Euratom) Nr. 2018/1046 (EHO), ABl. EU L 193 v. 30.07.2018, S. 1 ff.

schreckende und verhältnismäßige Strafen" verhängen.[351] Diese Verwaltungs- und Kontrollsysteme unterliegen der Überwachung durch die Kommission.[352]

Die Rechtsstaatlichkeit insgesamt bzw. die die mitgliedstaatlichen Verwaltungs- und Kontrollsysteme überwachenden Gerichte sind nicht ausdrücklich genannt. Der Wortlaut „Verwaltungs- und Kontrollsysteme" schließt diese – jedenfalls wenn man der Auslegung den effet utile zugrunde legt – aber nicht aus. Jedoch werden hierfür keine konkreten und einem Sanktionsmechanismus in der Praxis zugänglichen Vorgaben der Rechtsstaatlichkeit festgelegt. Auch deshalb wurden auf dieser Grundlage noch keine Sanktionen wegen rechtsstaatlicher Mängel in den Mitgliedstaaten erlassen.

Art. 63 Abs. 8 EHO sieht die Möglichkeit finanzieller Sanktionen vor, „damit die Mittel der Union unter Einhaltung der geltenden Regeln und Grundsätze verwendet werden": Diese sind aber nur möglich, wenn die Zahlungen „nicht gemäß dem anwendbaren Recht getätigt wurden" bzw. wenn dies in „sektorspezifischen Vorschriften vorgesehen ist".[353] Beides greift insbesondere dann nicht ein, wenn Mitgliedstaaten ihre Rechts- und Verwaltungsvorschriften (diese sind dann Teil des „anwendbaren Rechts") ändern bzw. ihre verwaltungsinterne und/oder gerichtliche Kontrollinstitutionen systematisch schwächen. Diese finanziellen Sanktionen sind deshalb in der Praxis nur möglich bei Verstößen bei einzelnen Mittelbindungen und -auszahlungen.[354]

Zudem richtet die EU zum Schutz ihrer finanziellen Interessen ein Früherkennungs- und Ausschlusssystem ein, im Rahmen dessen auch finanzielle Sanktionen verhängt werden können.[355] Dieses findet aber nur Anwendung auf mögliche Unregelmäßigkeiten und Betrügereien durch einzelne Personen, Stellen oder Unternehmen – nicht aber auf die mitgliedstaatliche Rechtsstaatlichkeit bzw. die Einhaltung rechtsstaatlicher Verfahren insgesamt.[356] Als einzige Vorschrift der EHO ermöglicht Art. 236 Abs. 4 lit. b) die Aussetzung einer Finanzierungsvereinbarung unter anderem bei Verstößen gegen demokratische Grundsätze und Rechtsstaatlichkeit. Die Anwendbarkeit dieser Vorschrift ist

---

351 Art. 63 Abs. 2 UAbs. 3 VO (EU, Euratom) Nr. 2018/1046 (EHO), ABl. EU L 193 v. 30.07.2018, S. 1 ff.

352 Art. 63 Abs. 2 UAbs. 4 VO (EU, Euratom) Nr. 2018/1046 (EHO), ABl. EU L 193 v. 30.07.2018, S. 1 ff.

353 Art. 63 Abs. 8 lit. b) und c) VO (EU, Euratom) Nr. 2018/1046 (EHO), ABl. EU L 193 v. 30.07.2018, S. 1 ff.

354 Der EuGH hat sich allerdings bisher noch nicht mit der Auslegung dieser Norm befasst. Gleiches gilt auch für die Vorgängernorm Art. 59 Abs. 6 VO (EU, Euratom) Nr. 966/2012 (EHO alt), ABl. EU L 298 v. 25.10.2012, S. 1 ff.

355 Art. 135 bis 145 VO (EU, Euratom) Nr. 2018/1046 (EHO), ABl. EU L 193 v. 30.07.2018, S. 1 ff.

356 Art. 135 Abs. 2 VO (EU, Euratom) Nr. 2018/1046 (EHO), ABl. EU L 193 v. 30.07.2018, S. 1 ff.

aber ausdrücklich auf den Einsatz von Budgethilfen zugunsten von Drittländern begrenzt.[357]

Auch die EHO enthält somit nur Ansätze eines sanktionsbewehrten rechtsstaatlichen Minimums, insbesondere mit Blick auf die Einhaltung rechtsstaatlicher Verfahren bei der Umsetzung der ESIF. Diese sind jedoch für einen umfassenden Schutz rechtsstaatlicher Verfahren – insbesondere auch was mitgliedstaatliche Kontrollsysteme anbelangt – zu unkonkret. Trotzdem zeigt dies, dass die EHO für die Einführung eines solchen Sanktionsmechanismus einen Ansatz bieten könnte.[358]

II. Die einzelnen ESIF und ihre wirtschaftliche Bedeutung

Die ESIF bestehen aus insgesamt fünf verschiedenen Fonds, die unterschiedliche wirtschafts-, infrastruktur- und sozialpolitische Ziele verfolgen. Die durch sie ausgezahlten Mittel haben für die EU und die einzelnen Mitgliedstaaten eine enorme volkswirtschaftliche Bedeutung: Der Mehrjährige Finanzrahmen (MFR) 2014 bis 2020 hielt für die ESIF EU-Mittel in Höhe von über 460,9 Mrd. Euro bereit, was über die Hälfte der EU-Mittel insgesamt ausmacht.[359] Diese werden ergänzt durch eine mitgliedstaatliche Kofinanzierung in Höhe von 181,8 Mrd. Euro, was die Bedeutung der ESIF weiter erhöht.[360] Insgesamt wurden über die ESIF über 642,7 Mrd. Euro investiert, die sich auf die einzelnen ESIF wie folgt aufteilen:[361]

- Europäischer Fonds für regionale Entwicklung (EFRE):[362] Dieser Fonds soll insbesondere die Ungleichheiten im Entwicklungsstand und den Rückstand der am stärksten benachteiligten Regionen verringern.[363] Das Budget hierfür lag 2014 bis 2020 bei insgesamt 278,4 Mrd. Euro, wovon 199 Mrd. Euro

[357] Dies folgt aus dem Wortlaut („Budgethilfe für ein Drittland“) in Art. 236 VO (EU, Euratom) Nr. 2018/1046 (EHO), ABl. EU L 193 v. 30.07.2018, S. 1 ff.

[358] Siehe unten § 3 B. I. 4. c).

[359] Für den MFR 2014–2020, berechnet zu Preisen von 2011: Anhang zu VO (EU, Euratom) Nr. 1311/2013 (MFR 2014–2020), ABl. EU L 347 v. 02.12.2013, S. 884 ff. Weitere Daten zum EU-Haushalt sind abrufbar unter *European Commission*, EU expenditure and revenue 2014–2020 (https://ec.europa.eu/budget/graphs/revenue_expediture.html) (geprüft am 10.10.2020).

[360] Diese wird im Kommissionsbeschluss über die Genehmigung eines Programms gemäß der fondsspezifischen Regelungen festgelegt. Art. 60 Abs. 1, Art. 121 VO (EU) Nr. 1303/2013 (ESIF-Dachverordnung 2013), ABl. EU L 347 v. 17.12.2013, S. 320 ff.; Art. 106 Geänderter Vorschlag COM (2020) 23 final (Vorschlag ESIF-Dachverordnung 2021) v. 14.01.2020. Hierdurch soll das mitgliedstaatliche Interesse an den geförderten Projekten sichergestellt werden.

[361] Zahlen zu den jeweiligen ESIF zu aktuellen Preisen sind abrufbar unter *European Commission*, European Structural and Investment Funds (Overview), 28.05.2020 (https://cohesiondata.ec.europa.eu/overview) (geprüft am 28.05.2020).

[362] VO (EU) Nr. 1301/2013 (EFRE), ABl. EU L 347 v. 17.12.2013, S. 289 ff. Dieser Fonds fußt auf Art. 176 AEUV.

[363] ErwG. 1 VO (EU) Nr. 1301/2013 (EFRE), ABl. EU L 347 v. 17.12.2013, S. 289 ff.

(71 %) auf die EU und 79,4 Mrd. Euro (29 %) auf die Mitgliedstaaten entfielen.[364]

- Europäischer Landwirtschaftsfonds für die Entwicklung des ländlichen Raums (ELER):[365] Der ELER dient der nachhaltigen Entwicklung des ländlichen Raums durch Wissenstransfer und Innovation, Erhöhung der Wettbewerbsfähigkeit aller Arten von Land- und Forstwirtschaft, Tier- und Naturschutz sowie sozialer Inklusion.[366] Dieser Fonds umfasste insgesamt 150,3 Mrd. Euro, die EU trug hiervon 100 Mrd. Euro (66 %) und die Mitgliedstaaten 50,3 Mrd. Euro (33 %).[367]
- Europäischer Sozialfonds (ESF):[368] Ziel dieses Fonds ist es, die Beschäftigungsmöglichkeiten der Arbeitnehmer zu verbessern und zur Hebung der Lebenshaltung beizutragen.[369] Der ESF enthielt 120,7 Mrd. Euro bei einer unionalen Finanzierung von 83,9 Mrd. Euro (69,5 %) und einer mitgliedstaatlichen Finanzierung von 36,8 Mrd. Euro (30,5 %).[370]
- Kohäsionsfonds:[371] Dieser Fonds soll einen finanziellen Beitrag zu Projekten im Umweltbereich und zu transnationalen Netzen auf dem Gebiet der Verkehrsinfrastruktur leisten.[372] Dieser Fonds nutzte 74,8 Mrd. Euro, wozu

---

[364] Aktuelle Zahlen und Daten zum EFRE sind abrufbar unter *European Commission*, European Structural and Investment Funds (EFRE), 28.05.2020 (https://cohesiondata.ec.europa.eu/funds/erdf) (geprüft am 28.05.2020).

[365] Art. 3 Abs. 1 lit. b), Art. 5 und 30 ff. VO (EU) Nr. 1306/2013 (Finanzierung GAP), ABl. EU L 347 v. 17.12.2013, S. 549 ff. sowie VO (EU) Nr. 1305/2013 (ELER), ABl. EU L 347 v. 17.12.2013, S. 487 ff. Dieser Fonds beruht auf Art. 178 AEUV.

[366] ErwG. 4 VO (EU) Nr. 1305/2013 (ELER), ABl. EU L 347 v. 17.12.2013, S. 487 ff. Hiervon zu unterscheiden ist der Europäische Garantiefonds für die Landwirtschaft (EGFL), der ebenfalls der Umsetzung der GAP dient. Dieser enthält unter anderem die Maßnahmen zur Regulierung der Agrarmärkte sowie die Direktzahlungen an Betriebsinhaber. Art. 3 Abs. 1 lit. a), Art. 4 und 16 ff. VO (EU) Nr. 1306/2013 (Finanzierung GAP), ABl. EU L 347 v. 17.12.2013, S. 549 ff. sowie VO (EU) Nr. 1307/2013 (Direktzahlungen GAP), ABl. EU L 347 v. 17.12.2013, S. 608 ff. Der EGFL dient allenfalls mittelbar der unionalen Kohäsionspolitik sowie der unionalen Politik zur Stärkung des ländlichen Raums. Er ist deshalb nicht Teil der ESIF, ErwG. 2 und Art. 1 UAbs. 1 VO (EU) Nr. 1303/2013 (ESIF-Dachverordnung 2013), ABl. EU L 347 v. 17.12.2013, S. 320 ff.; Art. 1 Abs. 1 Geänderter Vorschlag COM (2020) 23 final (Vorschlag ESIF-Dachverordnung 2021) v. 14.01.2020.

[367] Aktuelle Zahlen und Daten zum ELER sind abrufbar unter *European Commission*, European Structural and Investment Funds (EAFRD), 28.05.2020 (https://cohesiondata.ec.europa.eu/funds/eafrd) (geprüft am 28.05.2020).

[368] VO (EU) Nr. 1304/2013 (ESF), ABl. EU L 347 v. 17.12.2013, S. 470 ff. Der ESF beruht auf Art. 162 bis 164 AEUV.

[369] ErwG. 1 und 2 VO (EU) Nr. 1304/2013 (ESF), ABl. EU L 347 v. 17.12.2013, S. 470 ff.

[370] Diese und weitere aktuelle Daten zum ESF sind abrufbar unter *European Commission*, European Structural and Investment Funds (ESF), 28.05.2020 (https://cohesiondata.ec.europa.eu/funds/esf) (geprüft am 28.05.2020).

[371] VO (EU) Nr. 1300/2013 (Kohäsionsfonds), ABl. EU L 347 v. 17.12.2013, S. 281 ff. Grundlage ist Art. 177 Abs. 2 AEUV.

[372] ErwG. 1 VO (EU) Nr. 1300/2013 (Kohäsionsfonds), ABl. EU L 347 v. 17.12.2013, S. 281 ff.

die EU 63,3 Mrd. Euro (84,6 %) und die Mitgliedstaaten 11,5 Mrd. Euro (15,4 %) beitrugen.[373]

– Europäischer Meeres- und Fischereifonds (EMFF):[374] Der EMFF dient der Unterstützung der Gemeinsamen Fischereipolitik (GFP) für die Erhaltung der lebenden Meeresresourcen, für die Bewirtschaftung von Fischereien und Fischereiflotten sowie lebene Süßwasserressourcen und Aquakulturen.[375] Dieser Fonds umfasste 7,9 Mrd. Euro; die EU finanzierte 5,7 Mrd. Euro (72 %) und die Mitgliedstaaten 2,2 Mrd. Euro (28 %).[376]

In ihrer Gesamtheit sollen die ESIF dazu beitragen, die Lebensverhältnisse in der EU anzugleichen und damit der Zielsetzung der Verträge Geltung zu verschaffen.[377] Zugleich dien(t)en die ESIF auch dazu, die Akzeptanz für ordnungspolitische Reformen zur Schaffung des Binnenmarkts zu erhöhen.[378] Die Ausgestaltung der ESIF ist in ihren Einzelheiten umstritten[379] und wurde mehrfach reformiert.[380] Insgesamt haben sie jedoch zu einer erheblichen wirtschaftlichen Entwicklung in vielen Regionen der EU beigetragen und sind deshalb für viele Regionen, und damit für die Mitgliedstaaten von besonderer volkswirtschaftlicher Bedeutung.[381] Dies ist auch darin begründet, dass die Mittel der ESIF regelmäßig investiv und langfristig vergeben werden, wohingegen der

---

373 Aktuelle Daten zum Kohäsionsfonds sind abrufbar unter *European Commission*, European Structural and Investment Funds (CF) (https://cohesiondata.ec.europa.eu/funds/cf) (geprüft am 10.10.2020).

374 VO (EU) Nr. 508/2014 (EMFF), ABl. EU L 149 v. 15.05.2014, S. 1 ff.

375 ErwG. 2 VO (EU) Nr. 508/2014 (EMFF), ABl. EU L 149 v. 15.05.2014, S. 1 ff.

376 Aktuelle Daten zum EMFF sind abrufbar unter *European Commission*, European Structural and Investment Funds (EMFF), 28.05.2020 (https://cohesiondata.ec.europa.eu/funds/emff) (geprüft am 28.05.2020).

377 Siehe oben § 2 C.I.1.

378 *P. Craig*, EU Administrative Law, ³Oxford 2018, S. 93.

379 Verschiedene Studien vergleichend *S. Dall'Erba/F. Fang*, Regional Studies 51 (2017), S. 822 ff. Kritisch zu den erhofften Effekten zur Angleichung der Wirtschaftskraft in den Regionen *C. Pinho/C. Varum/M. Antunes*, Journal of Economic Issues 49 (2015), S. 749 ff. Auch *G. Stahl*, in: R. Caesar (Hrsg.), Zur Reform der Finanzverfassung und Strukturpolitik der EU, Baden-Baden 1997, 193; *G. Funkschmidt*, in: R. Caesar (Hrsg.), Zur Reform der Finanzverfassung und Strukturpolitik der EU, Baden-Baden 1997, 209; *F. Heinemann*, ZfW 62 (2013), S. 58 ff., 58 ff. Positiv etwa *J. Ferrer/M. Katarivas*, What are the effects of the EU Budget: Driving force or drop in the ocean, 04.2014, S. 5 ff. Kritisch zum ELER etwa *F. Heinemann/S. Weiss*, The EU Budget and Common Agricultural Policy Beyond 2020: Seven More Years of Money for Nothing?, 2018, S. 7 ff.

380 Einen Überblick über die Reformen bietet *P. Craig*, EU Administrative Law, ³Oxford 2018, S. 92 ff.

381 *W. Frenz*, Handbuch Europarecht – Band 6: Institutionen und Politiken, Heidelberg 2011, Rn. 4424 ff. Für eine Übersicht über die Bedeutung und Prioritäten der Förderung durch die ESIF *Europäische Kommission*, Mitteilung der Kommission – Investitionen in Beschäftigung und Wachstum – Maximierung des Beitrags der europäischen Struktur- und Investitionsfonds, 14.12.2015.

Großteil der ungleich größeren mitgliedstaatlichen Haushalte nicht für Investitionen, sondern beispielsweise für die soziale Sicherung, vorgesehen ist.[382]

Insbesondere in jüngeren Mitgliedstaaten machen die ESIF einen Großteil der öffentlichen Gesamtinvestitionen aus;[383] nach Schätzungen entfällt in Ungarn etwa die Hälfte aller öffentlichen Investitionen auf die ESIF.[384] Die Bedeutung der ESIF für die Mitgliedstaaten spiegeln sich auch in den Ausgaben pro Kopf, die je nach Entwicklungsstand unterschiedlich hoch ausfallen: So wurden im MFR 2014–2020 in Deutschland durchschnittlich 77 Euro pro Kopf und Jahr durch die ESIF ausgegeben, wovon 48 Euro durch die EU finanziert wurden. Niedriger lagen diese Mittel etwa im westlichen Nachbarland Niederlande mit 31 Euro pro Kopf und Jahr (EU-Anteil: 16 Euro). Im östlichen Mitgliedstaat Polen lag die Förderung mit 394 Euro pro Kopf und Jahr (EU-Anteil: 323 Euro) bereits deutlich höher; auch Ungarn erhielt eine hohe Förderung von 433 Euro pro Kopf und Jahr, wovon 365 Euro durch die EU finanziert wurden. Noch höher lagen die Ausgaben in Portugal mit 459 Euro pro Kopf und Jahr (EU-Anteil: 401 Euro) sowie Estland mit 621 Euro pro Kopf und Jahr (EU-Anteil: 475 Euro).[385]

Entgegen ursprünglicher Planungen dürfte das Volumen des EU-Haushalts – und damit auch der ESIF – in Zukunft insbesondere zur Bekämpfung der wirtschaftlichen Folgen von Covid-19 spürbar steigen. Parallel dazu wird auch die volkswirtschaftliche Bedeutung der ESIF und anderer europäischer Programme für die Mitgliedstaaten weiter anwachsen.

III. Perspektiven der ESIF als Sanktionsmechanismus

Der ESIF-Sanktionsmechanismus soll durch eine Stärkung der supranationalen Ebene sowie finanzielle Sanktionen die Rechtsstaatlichkeit in den Mitgliedstaaten besonders wirksam schützen. Allerdings gehen diese erstrebten Vorteile mit damit abzuwägenden Nachteilen einher.

---

382 *V. Viță*, CYELS 19 (2017), S. 116 ff., 120. Zur volkswirtschaftlichen Bedeutung auch *J. Ferrer/M. Katarivas*, What are the effects of the EU Budget: Driving force or drop in the ocean, 04.2014, S. 5 ff.

383 Für 2015 bis 2017 *European Commission*, Reflection paper on the future of EU finances, 28.06.2017, S. 7 f.

384 *European Parliament Committee on Budgetary Control*, Opinion of the Committee on Budgetary Control for the Committee on Civil Liberties, Justice and Home Affairs on the situation in Hungary – Pursuant to the European Parliament resolution of 17 May 2017 (2017/2131 (INL)), 26.04.2018, A.

385 Diese und weitere Statistiken zu den einzelnen Ländern sind abrufbar unter *European Commission*, European Structural and Investment Funds (Countries), 28.05.2020 (https://cohesiondata.ec.europa.eu/countries) (geprüft am 28.05.2020).

1. Das Schutzziel des neuen Sanktionsmechanismus

In der politischen und juristischen Debatte wird vor allem ein stärkerer Schutz der Rechtsstaatlichkeit diskutiert. Daneben ist aber auch die Verknüpfung weiterer Ziele mit diesem Sanktionsmechanismus Gegenstand von Diskussionen.

a) Schutz rechtsstaatlicher Verfahren als Ziel

Insbesondere mit Blick auf die rechtsstaatlichen Mängel in Polen und Ungarn fordern Politiker verschiedener Mitgliedstaaten seit einiger Zeit die Einführung eines finanziellen Sanktionsmechanismus zum Schutz der Rechtsstaatlichkeit.[386] Auch in der Rechtswissenschaft gibt es zu dem Einsatz der ESIF als Sanktionsmechanismus Diskussionen.[387] Denn es besteht insbesondere bei der Verletzung rechtsstaatlicher Grundsätze eine Schutzlücke im derzeitigen Sanktionsregime.[388] Ein neuer finanzieller Sanktionsmechanismus könnte diese Verfahren deshalb ergänzen und insbesondere zum Schutz rechtsstaatlicher Verfahren beitragen.

Der Schutz rechtsstaatlicher Verfahren durch einen finanziellen Sanktionsmechanismus unter Einbezug der ESIF kann zudem mit der Verschränkung der unionalen und mitgliedstaatlichen Politiken begründet werden: Diese sind vor allem in ihrer praktischen Umsetzung stark miteinander verwoben, wie sich unter anderem an der mitgliedstaatlichen Durchführung unionaler Politiken

[386] Zu der politischen Diskussion *Tagesschau*, Ohne Rechtsstaatlichkeit keine EU-Hilfen?, 31.05.2017 (https://www.tagesschau.de/ausland/eu-rechtsstaatlichkeit-101.html) (geprüft am 10.10.2020); *F. Eder*, Juncker: German plan to link funds and rules would be „poison", 06.01.2017 (https://www.politico.eu/article/juncker-german-plan-to-link-funds-and-rules-would-be-poison/) (geprüft am 10.10.2020); *C. Ducourtieux*, Pologne: la France suggère de conditionner l'accès aux fonds européens au respect de l'Etat de droit, 15.11.2017 (http://www.lemonde.fr/europe/article/2017/11/15/pologne-la-france-suggere-de-conditionner-l-acces-aux-fonds-europeens-au-respect-de-l-etat-de-droit_5215408_3214.html) (geprüft am 10.10.2020); *C. Paun*, Romanian president: EU can't link funding to rule of law, 20.04.2018 (https://www.politico.eu/article/romanian-president-eu-cant-link-funding-to-rule-of-law/) (geprüft am 10.10.2020); *A. Kondzińska/B. T. Wieliński/T. Bielecki*, French foreign minister: We no longer want to pay for Poland and Hungary, 05.09.2018 (https://www.euractiv.com/section/future-eu/news/french-foreign-minister-we-no-longer-want-to-pay-for-poland-and-hungary/) (geprüft am 10.10.2020); *W. Mussler*, FAZ 07.05.2019, S. 16f.

[387] Etwa *A. v. Bogdandy/C. Calliess/H. Enderlein u. a.*, ZRP 46 (2013), S. 225ff., 249f.; *A. L. Pap/A. Śledzińska-Simon*, The Rise of Illiberal Democracy and the Remedies of Multi-Level Constitutionalism – Jean Monnet Working Paper 12/17, 2017, S. 13; *Policy Department for Citizens' Rights and Constitutional Affairs* (European Parliament), The EU framework for enforcing the respect of the rule of law and the Union's fundamental principles and values – Study for the AFCO Committee PE 608.856 January 2019, 2019, S. 38f.; *O. Dimitriu*, CKS 2019, S. 543ff., 549; *N. Neuwahl/C. Kovacs*, Journal of European Integration 55 (2020), S. 1ff., 9f.; *G. Halmai*, HJRL 11 (2019), S. 171ff., 187; *E. M. Kullak*, Vertrauen in Europa – Entwicklung und Funktion als Verfassungsgrundsatz des Unionsrechts, Tübingen 2020, S. 194f.

[388] Siehe oben § 2 A. V.

zeigt.[389] So vereinbaren EU und Mitgliedstaaten Partnerschaftsvereinbarungen zur Durchführung der Programme und die EU-Mittel für die ESIF werden regelmäßig in geteilter Mittelverwaltung durch die Mitgliedstaaten ausgezahlt.[390] Die korrekte Umsetzung unionaler Politiken durch die Mitgliedstaaten kann allerdings nur dann gewährleistet werden, wenn diese bei ihrer Umsetzung und Überwachung rechtsstaatliche Verfahren einsetzen.[391] Andernfalls besteht die Gefahr des Missbrauchs der eingesetzten EU-Mittel, an deren korrekter Verwendung die einzelnen Mitgliedstaaten möglicherweise ein geringeres Interesse haben als bei der Ausgabe eigener Mittel.

Diese Begründung greift aber nicht für die übrigen Aspekte einer umfassenden Rechtsstaatlichkeit, etwa zur umfassenden Gewährung von Grundrechten.[392] Insoweit besteht kein gleichfalls enger Bezug zur Umsetzung der ESIF-Politiken. Die Kommission hat diese Debatte aufgenommen und einen konkreten, mittlerweile durch das Parlament abgeänderten Vorschlag hierzu vorgelegt.[393]

b) Weitere diskutierte Schutzziele

Über den Schutz der Rechtsstaatlichkeit hinaus werden finanzielle Sanktionen auch zur Durchsetzung anderer Unionspolitiken diskutiert. Dies betrifft etwa die Durchsetzung der wirtschaftspolitischen Koordinierung und eines allgemein solidarischeren Verhaltens zwischen den Mitgliedstaaten.[394]

aa) Durchsetzung der wirtschaftspolitischen Koordinierung

Seit dem Ausbruch der Wirtschafts- und Eurokrise im Jahr 2008 hat die EU diese insbesondere für die Euro-Staaten ausgebaut: 2011 hat die EU mit dem Six pack die haushaltspolitische Überwachung der Mitgliedstaaten ge-

---

389 Die mitgliedstaatliche Durchführung unionaler Politiken folgt aus Art. 291 Abs. 1 sowie 197 Abs. 1 AEUV.

390 Zu den Partnerschaftsvereinbarungen siehe oben § 2 C. I. 3.

391 Siehe unten § 3 B. I. 4. c) cc).

392 Zu den unterschiedlichen Aspekten der Rechtsstaatlichkeit siehe oben § 2 A. II.

393 Vorschlag COM (2018) 324 final (finanzielle Sanktionen) – Abänderungen Parlament (P8_TA-PROV(2019)0349) v. 04.04.2019. Auch die neue Kommissionspräsidentin möchte den Schutz der Rechtsstaatlichkeit mit dem neuen MFR verknüpfen. *U. v. d. Leyen*, Eine Union, die mehr erreichen will – Meine Agenda für Europa – Politische Leitlinien für die künftige Europäische Kommission 2019–2024, S. 18. Auch für den Wiederaufbaufonds in Reaktion auf die durch Covid-19 ausgelöste wirtschaftliche Krise hat die Kommission die Bedeutung dieses Instruments betont. *European Commission*, Communication from the Commission to the European Parliament, the European Council, the Council, the European Economic and Social Committee and the Committee of the Regions – The EU budget powering the recovery plan for Europe – COM (2020) 442 final, 27.05.2020, S. 12. Der Vorschlag von Kommission und Parlament wird in seinen Einzelheiten in § 3 und § 4 näher besprochen.

394 Für eine Übersicht über die politische Diskussion *G. Halmai*, HJRL 11 (2019), S. 171 ff., 180 ff.

stärkt,[395] Minimalanforderungen an den haushaltspolitischen Rahmen der Mitgliedstaaten aufgestellt[396] und ein Überwachungsverfahren zur Vermeidung makroökonomischer Ungleichgewichte eingeführt.[397] Zudem hat sie 2013 mit dem Twopack die wirtschafts- und haushaltspolitische Überwachung der Mitgliedstaaten in der Eurozone noch einmal verstärkt.[398] Hinzu kamen weitere Maßnahmen wie der Euro-Plus-Pakt,[399] der Europäische Stabilitätsmechanismus[400] und das Europäische Semester zur wirtschaftspolitischen Koordinierung mittels länderspezifischer Empfehlungen.[401]

In der politischen Diskussion wurde wiederholt gefordert, die Auszahlung von Mitteln aus den ESIF über die bisherigen Möglichkeiten[402] hinaus noch stärker an der Einhaltung der wirtschaftspolitischen Koordinierung und insbesondere der Empfehlungen aus dem Europäischen Semester auszurichten.[403] Die

---

[395] Hierzu zählen drei Verordnungen: VO (EU) Nr. 1173/2011 (haushaltspolitische Überwachung), ABl. EU L 306 v. 16.11.2011, S. 1 ff.; VO (EU) Nr. 1175/2011 (haushaltspolitische Überwachung und Überwachung Wirtschaftspolitik), ABl. EU L 306 v. 16.11.2011, S. 12 ff.; VO (EU) Nr. 1177/2011 (Beschleunigung Verfahren bei übermäßigen Defizit), ABl. EU L 306 v. 08.11.2011, S. 33 ff.

[396] RL 2011/85/EU (Anforderungen haushaltspolitische Rahmen), ABl. EU L 306 v. 08.11.2011, S. 41 ff.

[397] Hierzu zählen zwei Verordnungen: VO (EU) Nr. 1174/2011 (Korrektur makroökonomischer Ungleichgewichte), ABl. EU L 306 v. 16.11.2011, S. 8 ff.; VO (EU) Nr. 1176/2011 (MIP-Verordnung), ABl. EU L 306 v. 16.11.2011, S. 25 ff. Eine gute Übersicht über den Ablauf dieses Verfahrens ist dargestellt in *EuRH*, Prüfung des Verfahrens bei einem makroökonomischen Ungleichgewicht (MIP) – Sonderbericht Nr. 03/2018, 23.01.2018, S. 1 ff.

[398] Hierzu zählen ebenfalls zwei Verordnungen: VO (EU) Nr. 472/2013 (Ausbau wirtschafts- und haushaltspolitische Überwachung), ABl. EU L 140 v. 21.05.2013, S. 1 ff.; VO (EU) Nr. 473/2013 (Überwachung und Bewertung Haushaltsplanung), ABl. EU L 140 v. 21.05.2013, S. 11 ff.

[399] Dieser wurde von den Mitgliedstaaten der Eurozone und weiteren Mitgliedstaaten abgeschlossen. *Europäischer Rat*, Europäischer Rat vom 24./25. März 2011 Schlussfolgerungen, 20.04.2011, Rn. 11 und Anlage 1.

[400] Dieser wurde auf Grundlage von Art. 136 Abs. 3 AEUV errichtet. Beschluss (EU) 2011/199/EU (Art. 136 AEUV – ESM), ABl. EU L 93 v. 25.03.2011, S. 1 f. sowie ESM-Vertrag Gesetz, BGBl. II v. 13.09.2012, S. 981 ff. Zum Ganzen *W. Obwexer*, ZÖR 67 (2012), S. 209 ff.

[401] Eingeführt durch Art. 1 Nr. 3 der VO (EU) Nr. 1175/2011 (haushaltspolitische Überwachung und Überwachung Wirtschaftspolitik), ABl. EU L 306 v. 16.11.2011, S. 12 ff. Das Europäische Semester für die wirtschaftspolitische Koordinierung (Europäisches Semester) umfasst Grundzüge der Wirtschaftspolitik, beschäftigungspolitische Leitlinien, Stabilitäts- oder Konvergenzprogramme, nationale Reformprogramme sowie die Überwachung zur Vermeidung und Korrektur makroökonomischer Ungleichgewichte. Art. 2a Abs. 2 lit. a) bis e) VO (EG) Nr. 1466/97 (haushaltspolitische Überwachung und Koordinierung Wirtschaftspolitiken), ABl. EU L 209 v. 07.07.1997, S. 1 ff.

Eine Übersicht über den Ablauf des Europäischen Semesters sowie die einzelnen länderspezifischen Empfehlungen ist abrufbar unter *Rat*, Europäisches Semester, 06.03.2020 (http://www.consilium.europa.eu/de/policies/european-semester/) (geprüft am 28.05.2020). Hierzu *D. Curtin*, in: F. Fabbrini (Hrsg.), What form of government for the European Union and the Eurozone?, Oxford 2015, S. 171, 179 f.; *W. Obwexer*, ZÖR 67 (2012), S. 209 ff., 229 ff.

[402] Siehe oben § 2 C. I. 2.

[403] *Europäische Kommission*, Der Bericht der fünf Präsidenten: Die Wirtschafts- und

Kommission hat diese Forderung in ihrem Reflexionspapieren zur Zukunft der Wirtschafts- und Währungsunion sowie zur Zukunft der EU-Finanzen aufgegriffen und hierin vorgeschlagen, die Auszahlung von Fördermitteln in Zukunft von der Umsetzung wirtschaftspolitischer Empfehlungen abhängig zu machen.[404]

Diese Forderung begegnet allerdings kompetenzrechtlichen Bedenken: Eine weitgehend zentralisierte Wirtschaftspolitik ist der EU aufgrund der Kompetenzaufteilung in den europäischen Verträgen, insbesondere in Art. 2 Abs. 3, 5 Abs. 1 und 119 Abs. 1 AEUV, nicht möglich.[405] Die Mitgliedstaaten sind weiter (haupt-)verantwortlich für die eigene Wirtschaftspolitik; der EU ist es grundsätzlich nur möglich, Regelungen zur Koordination der nationalen Wirtschaftspolitiken zu treffen.[406] Auch durch einen solchen Sanktionsmechanismus dürfen diese Kompetenzregelungen nicht umgangen werden. Darüber hinaus bestehen politische Vorbehalte, da sich die wirtschaftspolitischen Traditionen der Mitgliedstaaten teilweise spürbar unterscheiden und die Frage der politischen Legitimation bzw. Kontrolle geklärt werden müsste.[407]

bb) Solidarisches Verhalten im weiteren Sinne

Daneben wurde vorgeschlagen, die Auszahlung von ESIF-Mitteln mit der Aufnahme von Flüchtlingen zu verknüpfen.[408] Mit Blick auf die besondere po-

---

Währungsunion Europas vollenden – vorgelegt von: Jean-Claude Juncker in enger Zusammenarbeit mit Donald Tusk, Jeroen Dijsselbloem, Mario Draghi und Martin Schulz, 22.06.2015, S. 17; *Bundesregierung*, Gemeinsame Stellungnahme der Bundesregierung und der Länder zur Kohäsionspolitik der EU nach 2020, 20.06.2017, S. 3 ff.; *En Marche!*, Une Europe qui protège les Européens, 2017 (https://en-marche.fr/emmanuel-macron/le-programme/europe) (geprüft am 10.10.2020).

404 *Europäische Kommission*, Reflexionspapier zur Vertiefung der Wirtschafts- und Währungsunion, 31.05.2017, S. 24 ff.; *dass.*, Reflexionspapier über die Zukunft der EU-Finanzen, 28.06.2017, S. 22 ff.

405 *U. Häde*, in: C. Calliess/M. Ruffert (Hrsg.), EUV/AEUV, [5]München 2016, Art. 119 AEUV, Rn. 3 ff.; EuGH, Urteil v. 27.11.2012, Rs. C-370/12, *Thomas Pringle/Government of Ireland*, ECLI:EU:C:2012:756, Rn. 64.

406 *P. Leino/T. Saarenheimo*, E. L.Rev. 42 (2017), S. 166 ff., 167; *C. Calliess*, in: F. Fabbrini (Hrsg.), What form of government for the European Union and the Eurozone?, Oxford 2015, 37 ff.

R. Schütze, European constitutional law, [2]Cambridge 2018, S. 241 f. Die EU hat deshalb bisher vor allem auf Verhandlung und Überzeugung – und somit soft power – im Bereich der Wirtschaftspolitik gesetzt. So auch *P. Leino/T. Saarenheimo*, E. L.Rev. 42 (2017), S. 166 ff., 183 ff.

407 Zu einzelnen Vorschlägen *C. Calliess*, in: F. Fabbrini (Hrsg.), What form of government for the European Union and the Eurozone?, Oxford 2015, S. 37 ff.; *A. de Streel*, in: F. Fabbrini (Hrsg.), What form of government for the European Union and the Eurozone?, Oxford 2015, S. 79 ff.; *A. v. Bogdandy/C. Calliess/H. Enderlein u. a.*, ZRP 46 (2013), S. 225 ff., 250 f.

408 Hierzu etwa *Tagesschau*, EU lehnt Sanktionen gegen Länder ab, 15.09.2015 (https://www.tagesschau.de/inland/sanktionen-eu-fleuchtlinge-101.html) (geprüft am 10.10.2020); *Tagesspiegel*, Polnischer Ministerpräsident im EU-Haushaltsstreit versöhnlich, 23.02.2018 (https://www.tagesspiegel.de/politik/sondergipfel-in-bruessel-polnischer-ministerpraesident-im-eu-haushaltsstreit-versoehnlich/20996176.html) (geprüft am 10.10.2020); *G. Halmai*,

litische Bedeutung dieses Themas wird stattdessen nun aber eine zusätzliche Förderung der Regionen und Kommunen, die besonders viele Schutzsuchende aufgenommen haben, angestrebt.[409] Zudem gab es Forderungen, die Einhaltung von Sozial- und Steuerstandards mit den Auszahlungen aus den ESIF zu verknüpfen.[410] Aufgrund der mitgliedstaatlichen Kompetenzen in diesen Bereichen begegnet dies ebenfalls starken Bedenken.[411]

2. Stärkung der supranationalen Ebene unter Wahrung des unionalen Gleichgewichts

Ein weiteres Ziel ist es, das neue Sanktionsverfahren insbesondere im Vergleich zum Art. 7-Verfahren zu entpolitisieren und insoweit an die Vorteile des stärker verrechtlichten Vertragsverletzungsverfahrens anzuknüpfen. Ein solches stärker verrechtlichtes Verfahren könnte die Sanktionierung wahrscheinlicher und den Sanktionsmechanismus damit insgesamt wirkungsvoller machen. Insbesondere das stark politisch ausgestaltete Art. 7-Verfahren hat bisher noch nicht zur Konfliktlösung beitragen können.[412] Hierfür bedarf der neue ESIF-Sanktionsmechanismus entsprechend detaillierter Regelungen, wodurch Anforderungen an die sanktionsbewehrten Standards, das Sanktionsverfahren und die Sanktionen selbst aufgestellt würden.[413]

HJRL 11 (2019), S. 171 ff., 180 f. Kritisch zu diesem Vorschlag *A. Hatje/J. Schwarze*, EuR 54 (2019), S. 153 ff., 187. Mit Blick auf die Durchsetzung eines neuen Migrationsrechts ebenfalls ablehnend *F. Heinemann*, Intereconomics 53 (2018), S. 297 ff., 301.

409 Hierzu würde der Asyl-, Migrations- und Integrationsfonds finanziell besser ausgestattet. Dieser wurde errichtet auf Grundlage von VO (EU) Nr. 516/2014 (Asyl-, Migrations- und Integrationsfonds), ABl. EU L 150 v. 16.04.2014, S. 168 ff.

410 So etwa ein weiterer Vorschlag des französischen Präsidenten Emanuel Macron. *Le Figaro*, UE: Des critères sociaux pour les fonds d'aides (Macron), 17.11.2017 (http://www.lefigaro.fr/flash-eco/2017/11/17/97002-20171117FILWWW00157-ue-des-criteres-sociaux-pour-les-fonds-d-aides-macron.php) (geprüft am 10.10.2020).

411 Gemäß Art. 4 Abs. 1 und 5 Abs. 1 S. 1 EUV sind die Kompetenzen der EU im Bereich der Steuerpolitik eng begrenzt. Zudem verlangen die wenigen möglichen Maßnahmen in diesem Bereich Einstimmigkeit (Harmonisierung der Rechtsvorschriften über indirekte Steuern gem. Art. 113 AEUV; Umwelt- und Energiesteuern gem. Art. 192 Abs. 2 lit. a) und Art. 194 Abs. 3 AEUV). Im Bereich der Steuerpolitik ist eine Rechtsangleichung im Binnenmarkt gem. Art. 114 Abs. 2 AEUV ausdrücklich nicht vorgesehen.

In der Sozialpolitik sind die Kompetenzen der EU weiter als in der Steuerpolitik, aber ebenfalls begrenzt. Gemäß Art. 4 Abs. 2 lit. b) AEUV unterfällt sie hinsichtlich der im AEUV genannten Aspekte der geteilten Zuständigkeit. Dies betrifft etwa Aspekte der Freizügigkeit (Art. 48 Abs. 1 AEUV) sowie der allgemeinen Sozialpolitik (Art. 151 bis 161 AEUV). Gemäß Art. 5 Abs. 3 AEUV kann die EU zudem Initiativen zur Koordinierung der Sozialpolitik ergreifen. Die Mitgliedstaaten behalten jedoch die alleinige Zuständigkeit zur Festlegung der Grundprinzipien ihres Systems der sozialen Sicherheit (etwa Art. 153 Abs. 4 AEUV).

412 Zum Verfahren gegen Ungarn siehe oben § 2 A. IV. 1. b), zum Verfahren gegen Polen siehe oben § 2 A. IV. 2. b) und zu den Verfahrenshürden im Art. 7-Verfahren siehe unten § 4 C. II. 1. a).

413 Siehe unten § 4.

Eine solche Entpolitisierung würde insbesondere erreicht durch eine schwächere Rolle des Rates und/oder des Europäischen Rates im Rahmen dieses Sanktionsmechanismus. Dadurch würden die Lösung der diesem Sanktionsmechanismus unterfallenden Konflikte – insbesondere im Vergleich zum Art. 7-Verfahren – dem intergouvernementalen Bereich (teilweise) entzogen und der supranationalen Ebene der EU zugeführt.[414] Diese weitere Stärkung der supranationalen Ebene kann politischen Widerstand auslösen. Sofern der ESIF-Sanktionsmechanismus aber einen engen Zusammenhang mit den bereits bestehenden supranationalen Aufgaben aufweist und deren Schutz dient, sprechen gute Gründe für diesen Schritt.

Bei den Entscheidungen über Einführung, Ausgestaltung und Anwendung des EISF-Sanktionsmechanismus muss aber die Grundstruktur der EU ausreichend Berücksichtigung finden. Diese zeichnet sich vor allem dadurch aus, dass sie in ihrer derzeitigen Ausgestaltung weder ein loser Bund von Staaten noch ein Bundesstaat ist. Sie wird daher regelmäßig als „Staatenverbund"[415] oder „Staaten- und Verfassungsverbund"[416] bezeichnet. Hierdurch wird schon sprachlich deutlich, dass die Verträge als Ausfluss des derzeitigen politischen Willens zur Zusammenarbeit bzw. Vergemeinschaftung ein austariertes Verhältnis zwischen der EU und den Mitgliedstaaten vorsehen. In Abgrenzung zum institutionellen Gleichgewicht, das das Verhältnis der unionalen Institutionen untereinander betrifft,[417] kann dieses als unionales Gleichgewicht bezeichnet werden.

Dieses wird rechtlich geschützt durch die Kompetenzordnung, die eine vertikale Gewaltenteilung vorsieht.[418] Neben dem Zweck der Begrenzung staatlicher Macht[419] ist diese auch für die Demokratie in der EU und den Mitgliedstaaten von Bedeutung: Eine für das Wahlvolk nachvollziehbare Zuweisung von

[414] Zu diesem Problem allgemeiner *A. Moberg*, in: A. Bakardjieva Engelbrekt/K. Leijon/A. Michalski (Hrsg.), The European Union and the return of the nation state, New York 2020, S. 59, 61 f.

[415] *P. Kirchhof*, in: A. von Bogdandy/J. Bast (Hrsg.), Europäisches Verfassungsrecht, ²Heidelberg 2009, S. 1009 ff.; BVerfG, Urteil v. 30.06.2009, Rs. 2 BvE 2/08, 2 BvE 5/08, 2 BvR 1010/08, 2 BvR 1022/08, 2 BvR 1259/08, 2 BvR 182/09, *Lissabon*, ECLI:DE:BVerfG:2009:es20090630.2bve000208, BVerfGE 123, 267 ff., Rn. 229 und Leitsatz 1.

[416] *C. Calliess*, Die neue Europäische Union nach dem Vertrag von Lissabon – Ein Überblick über die Reformen unter Berücksichtigung ihrer Implikationen für das deutsche Recht, Tübingen 2010, S. 70 ff. Ähnlich bzw. weitergehend das BVerfG später, das die EU nunmehr als „Staaten-, Verfassungs-, Verwaltungs- und Rechtsprechungsverbund" bezeichnet, BVerfG, Urteil v. 05.05.2020, Rs. 2 BvR 859/15, 2 BvR 1651/15, 2 BvR 2006/15, 2 BvR 980/16, *PSPP*, ECLI:DE:BVerfG:2020:rs20200505.2bvr085915, Rn. 111; BVerfG, Beschluss v. 15.12.2015, Rs. 2 BvR 2735/14, ECLI:DE:BVerfG:2015:rs20151215.2bvr273514, Rn. 44. Zu diesen und weiteren Begriffen sowie zur Rechtsnatur auch *J. Seidl*, Beitrittsverfahren und Sanktionen als Sicherungsmechanismen für die Werte der Europäischen Union, Erfurt 2019, S. 10 ff.

[417] Hierzu siehe unten § 3 B. I. 4. c) bb).

[418] *C. Kamm*, in: M. Hein/F. Petersen/S. von Steinsdorff (Hrsg.), Die Grenzen der Verfassung, Baden-Baden 2018, S. 233, 242 ff. Zur Kompetenzgrundlage für einen neuen Sanktionsmechanismus siehe unten § 3 B.

[419] Siehe oben § 2 A. II. 1. a).

Zuständigkeiten ist Voraussetzung dafür, dass Wahlen der Legitimation politischen Handelns und der Rechenschaftspflicht dienen können. Bereits jetzt lassen sich Zuständigkeiten für politische Projekte für das Wahlvolk nicht immer klar erkennbar voneinander abgrenzen,[420] es besteht vielmehr ein unionales Zuständigkeitsgeflecht. Schon aus diesen Gründen ist die Beachtung der unionalen Kompetenzverteilung bei der Einführung eines neuen Sanktionsmechanismus zwingend.

Über diesen Kern des unionalen Gleichgewichts hinaus sind aber auch politische Aspekte zu beachten: Im Laufe ihrer Entwicklung sind die Aufgaben der EU erheblich erweitert worden, was auch darauf zurückzuführen ist, dass die EU in verschiedenen Bereichen an die Grenzen ihrer Kompetenzen gegangen ist. Unabhängig von der inhaltlichen Bewertung dieses Aufgabenzuwachses trug auch dies zu einem immer mächtigeren Erscheinungsbild der EU bei. Um eine Überdehnung dieses Bildes zu verhindern, muss deshalb politisch entschieden werden, ob die EU in allen Fällen auch etwa implied powers[421] zulasten der Mitgliedstaaten voll ausnutzt. Das Subsidiaritätsprinzip bildet insoweit einen rechtlichen Ansatzpunkt im Bereich der nicht ausschließlichen Zuständigkeiten,[422] der eine solche politische Entscheidung aber nicht gänzlich ersetzen kann.

Besonders relevant wird dies bei Eingriffen in politische Kernbereiche der Mitgliedstaaten und in Kernbereiche der Staatlichkeit. So verhält es sich auch bei einem Sanktionsmechanismus zum Schutz rechtsstaatlicher Strukturen, da hiervon zwangsläufig auch die Organisation der Judikative als Kernelement der Mitgliedstaaten betroffen ist.[423] Deshalb kann sich die Einführung, Ausgestaltung und Umsetzung eines neuen Sanktionsmechanismus nicht allein an rechtlichen Möglichkeiten orientieren, sondern muss auch politische Erwägungen berücksichtigen. So ist etwa die erhöhte politische Legitimation bei der Einführung eines solchen Sanktionsmechanismus im Wege der Vertragsänderung abzuwägen mit den besonderen Interessen einer schnellen Einführung eines solchen Sanktionsmechanismus.

3. *Die angestrebte Bedeutung der finanziellen Sanktionen als Mittel*

Die finanzielle Sanktion soll diesem Sanktionsmechanismus zu besonderer Wirksamkeit verhelfen. Sie ist zugleich Teil der in der EU an Bedeutung gewinnenden bedingten Solidarität.

---

420 So forderte der Europäische Rat schon 2001 eine klarere Kompetenzzuweisung, *European Council*, Laeken Declaration on the future of the European Union – Annexe I to the Presidency conclusions, 15.12.2001, S. 21. Der Vertrag von Lissabon hat insoweit mit Art. 3 bis 6 AEUV schon zu Verbesserungen geführt. *H. Hofmann/G. C. Rowe/A. Türk*, Administrative law and policy of the European Union, Oxford 2011, S. 119 ff.

421 Siehe unten § 3 B. I. 1.

422 Art. 5 Abs. 1 S. 2 und Abs. 3 EUV.

423 Siehe oben § 2 A. I.

a) Der ESIF-Sanktionsmechanismus als Ausfluss bedingter Solidarität

Neben der Stärkung der supranationalen Ebene[424] wäre der ESIF-Sanktionsmechanismus auch Ausfluss einer weiteren in der EU zu beobachtenden Entwicklung: Vormals regelmäßig (zumindest formell) bedingungslose finanzielle Solidarität wird ersetzt durch eine an Bedingungen geknüpfte Solidarität. Einer der ursprünglichen Kerngedanken der EU war die Solidarität der Mitgliedstaaten untereinander.[425] Diese zunächst maßgeblich uneingeschränkte Solidarität hat sich über die Jahre zu einer immer stärker nur gegen die Erfüllung von Bedingungen gewährten Solidarität gewandelt.[426] Besonders zeigt sich dies an der gestiegenen Bedeutung der Konditionalitäten im Rahmen der ESIF.[427] Treiber dieser Entwicklung waren zum einen die verschiedenen Erweiterungsrunden, insbesondere die große Erweiterungsrunde im Jahr 2004, wodurch die ursprünglich stärkere Homogenität der Mitgliedstaaten abnahm. Zum anderen ist auch das finanzielle Ausmaß der mittels der EU gewährten Solidarität unter den Mitgliedstaaten über die Jahre spürbar gestiegen. Deutlich wird dies an der Entwicklung des EU-Haushalts und insbesondere der im Rahmen der Wirtschafts- und Eurokrise ab dem Jahr 2008 gewährten finanziellen Unterstützungsleistungen an einzelne Mitgliedstaaten.

Hierdurch werden unionale Politiken stärker miteinander verknüpft,[428] der Zusammenhang der mit der EU-Mitgliedschaft einhergehenden Rechte und Pflichten deutlicher. Dies ist von politischer Bedeutung nicht nur für die sanktionierten, sondern auch für die übrigen Mitgliedstaaten: Denn in den übrigen Mitgliedstaaten – insbesondere in denen, die Netto-Zahler[429] sind – wird wie-

---

424 Siehe oben § 2 C. III. 2.

425 Robert Schuman forderte eine „de facto Solidarität" der Mitgliedstaaten. *Fondation Robert Schuman*, Declaration of 9th May 1950 delivered by Robert Schuman – European Issue No. 204, 11.05.2011, S. 1.

Deutlich wird dies etwa in der Präambel zum EUV, nachdem die Hohen Vertragsparteien (also Mitgliedstaaten) in dem Wunsch handeln, „die Solidarität zwischen ihren Völkern […] zu stärken". Zudem fördert die EU gemäß Art. 3 Abs. 3 UAbs. 3 EUV die Solidarität zwischen den Mitgliedstaaten. Auch für einzelne Politikbereiche verweisen EUV und AEUV ausdrücklich auf die Bedeutung der Solidarität zwischen den Mitgliedstaaten: Für die Gemeinsame Außen- und Sicherheitspolitik Art. 24 Abs. 2 und 3 UAbs. 1 und S. 1, Art. 31 Abs. 1 UAbs. 2 S. 3, Art. 32 UAbs. 1 S. 3; für den Raum der Freiheit, der Sicherheit und des Rechts Art. 67 Abs. 2 S. 1 und Art. 80 S. 1 AEUV; für die Wirtschaftspolitik Art. 122 Abs. 1 AEUV; für die Energiepolitik Art. 194 Abs. 1 AEUV sowie insbesondere die Solidaritätsklausel in Art. 122 AEUV, nach der die Mitgliedstaaten bei außergewöhnlichen Ereignissen bzw. Katastrophen „gemeinsam im Geiste der Solidarität" handeln.

426 Diese wird deshalb auch teilweise als „conditional solidarity" bezeichnet. So etwa *V. Viță*, CYELS 19 (2017), S. 116 ff., 137.

427 Siehe hierzu oben § 2 C. I. 2. a).

428 Eine solche stärkere Verknüpfung europäischer Politikfelder fordern auch *A. Hatje/ J. Schwarze*, EuR 54 (2019), S. 153 ff., 189.

429 Als Netto-Zahler werden die Mitgliedstaaten bezeichnet, die mehr zum Haushalt der EU beitragen als sie durch Zahlungen der EU (beispielsweise in der Form der ESIF) erhalten.

derholt gefordert, die Rechtsstaatlichkeit missachtende Mitgliedstaaten finanziell zu sanktionieren.[430] Auch diese politischen Erwägungen müssen in die Entscheidungen über den ESIF-Sanktionsmechanismus mit einbezogen werden. Andernfalls besteht die Gefahr, dass das Vertrauen in die europäischen Institutionen auch in anderen Mitgliedstaaten sinkt.

b) Beeinflussung der politischen Opportunitätskosten

Der finanziellen Sanktion im Rahmen des ESIF-Sanktionsmechanismus wird eine besondere Bedeutung für dessen Wirksamkeit zugemessen. Denn für die jeweilige Regierung bzw. Parlamentsmehrheit ist die Entscheidung über die Befolgung unionaler Vorgaben wie der Rechtsstaatlichkeit – sofern sie diese nicht als in jedem Fall vorzugswürdig erachtet – Ausfluss einer politischen Kosten-Nutzen-Analyse.[431] Diese politische Bewertung fußt neben ideologischen und wirtschaftlichen Faktoren auch auf machtpolitischen Erwägungen, insbesondere dem Rückhalt in den politisch besonders einflussreichen Bevölkerungsteilen bzw. der Bevölkerung insgesamt. Ein finanzieller Sanktionsmechanismus könnte die Kosten der fortwährenden Missachtung der Grundwerte der Rechtsstaatlichkeit so erhöhen, dass alle mitgliedstaatlichen Regierungen und Parlamentsmehrheiten an einer Achtung dieser Werte ein Interesse haben.

Die ESIF erscheinen als Anknüpfungspunkt für diesen Sanktionsmechanismus besonders geeignet, da die durch sie angeschobenen öffentlichen Investitionen für die wirtschaftliche Entwicklung vieler Mitgliedstaaten von herausragender Bedeutung sind.[432] Eine solche Sanktion kann damit neben der mitgliedstaatlichen Regierung mittelbar auch die Bevölkerung sensibilisieren, was insbesondere bei fehlender Dialogbereitschaft der Regierung bzw. Parlamentsmehrheit vorteilhaft sein kann. Ein Beispiel hierfür ist die Situation in der Slowakei in den 1990er Jahren: Die EU konnte durch ihre Maßnahmen (vor allem: Nichteinladung der Slowakei zu Beitrittsverhandlungen) die Bevölkerung für demokratische Reformen sensibilisieren, obwohl die damalige Re-

---

Die aktuellen Haushaltszahlen der EU sind abrufbar unter *European Commission*, EU expenditure and revenue 2014–2020 (https://ec.europa.eu/budget/graphs/revenue_expediture.html) (geprüft am 10.10.2020).

[430] Hierzu etwa die Äußerungen des französischen Außenministers Le Drian: „Wir sind nicht bereit für dieses Europa weiter zu zahlen, das muss deutlich gesagt werden." *A. Kondzińska/B. T. Wieliński/T. Bielecki*, French foreign minister: We no longer want to pay for Poland and Hungary, 05.09.2018 (https://www.euractiv.com/section/future-eu/news/french-foreign-minister-we-no-longer-want-to-pay-for-poland-and-hungary/) (geprüft am 10.10.2020). Zu diesem Argument auch *F. Heinemann*, Intereconomics 53 (2018), S. 297 ff., 299.

[431] Zur Kosten-Nutzen-Analyse bei der Befolgung von Beitrittskonditionalitäten *M. Kneuer*, in: W. Hilz/A. Nötzold (Hrsg.), Die Zukunft Europas in einer Welt im Umbruch, Wiesbaden 2018, S. 207, 218 f.; *F. Schimmelfennig/S. Engert/H. Knobel*, Österreichische Zeitschrift für Politikwissenschaft (ÖZP) 32 (2003), S. 321 ff., 324 ff.

[432] Siehe hierzu oben § 2 C. II.

gierung nicht auf Forderungen der EU eingehen wollte. Dies führte nach Wahlen letztlich zu einem Politikwechsel.[433] Auch im Vertragsverletzungsverfahren hat sich die Androhung und gegebenenfalls Verhängung finanzieller Sanktionen als effektiv erwiesen.[434] Dies zeigte etwa der Streit um den polnischen Nationalpark *Białowieża*: Trotz zunächst gegenteiliger Äußerungen reagierte die polnische Regierung umgehend auf eine entsprechende Androhung von Zwangsgeld durch den EuGH.[435] Auch die übrigen Urteile in Vertragsverletzungsverfahren wegen rechtsstaatlich bedenklicher Maßnahmen haben Ungarn und Polen beachtet;[436] dies dürfte auch an den sonst gegebenenfalls drohenden Strafzahlungen liegen.

Somit können solche politischen und volkswirtschaftlichen Folgen in dem betroffenen Mitgliedstaat entsprechenden politischen Druck auf die Regierung bzw. Parlamentsmehrheit entfalten.[437] Dies gilt insbesondere dann, wenn dieser durch die Opposition und breitere Bevölkerungsschichten aufgegriffen wird. Auch in den besonders unter Beobachtung stehenden Mitgliedstaaten der EU gibt es hierfür erste Anzeichen.[438]

c) Stärkung der präventiven Komponente durch größeren Abschreckungseffekt

Ziel des ESIF-Sanktionsmechanismus ist auch die Stärkung der präventiven Komponente durch einen größeren Abschreckungseffekt. Erreicht werden kann dies durch eine Entpolitisierung des Verfahrens, die die Sanktionsverhängung

---

433 *M. Kneuer*, in: W. Hilz/A. Nötzold (Hrsg.), Die Zukunft Europas in einer Welt im Umbruch, Wiesbaden 2018, S. 207, 219.

434 *W. Cremer*, in: C. Calliess/M. Ruffert (Hrsg.), EUV/AEUV, ⁵München 2016, Art. 260 AEUV, Rn. 16; *U. Karpenstein*, in: E. Grabitz/M. Hilf/M. Nettesheim (Hrsg.), Das Recht der Europäischen Union, ⁶⁹München 2020, Art. 260 AEUV, Rn. 1. Verschiedene Verfahren vergleichend *B. Jack*, ELJ 19 (2013), S. 404 ff., 411 ff. Zum Sanktionsverständnis unter Art. 228 Abs. 2 EG bzw. jetzt Art. 260 Abs. 2 AEUV *S. Bitter*, Die Sanktion im Recht der Europäischen Union – Der Begriff und seine Funktion im europäischen Rechtsschutzsystem, New York 2011, S. 231 ff.

Art. 260 Abs. 2 und 3 AEUV wurden entsprechend reformiert, um durch schnellere Verfahren die Effektivität zu erhöhen. *W. Cremer*, in: C. Calliess/M. Ruffert (Hrsg.), EUV/AEUV, ⁵München 2016, Art. 260 AEUV, Rn. 9 f. Siehe unten § 4 D. II. 1. a).

435 Siehe hierzu oben § 2 A. IV. 2. a).

436 Zu Vertragsverletzungsverfahren wegen Rechtsstaatsdefiziten gegen Ungarn siehe oben § 2 A. IV. 1. c), gegen Polen siehe oben § 2 A. IV. 2. c).

437 So (wohl) auch *G. Halmai*, HJRL 11 (2019), S. 171 ff., 184 f.; *N. Neuwahl/C. Kovacs*, Journal of European Integration 55 (2020), S. 1 ff., 9 f.; *M. Blauberger/V. van Hüllen*, Journal of European Integration 6 (2020), S. 1 ff., 6 f.

438 *H. Appel*, Critical Review 58 (2019), S. 1 ff., 9 f. Laut Umfragen ist die Unterstützung für demokratische Werte wie Meinungs- und Pressefreiheit, Rechtsstaatlichkeit sowie freie und faire Wahlen etwa in der ungarischen und polnischen Bevölkerung (sehr) hoch. *Pew Research Center*, Democratic Rights Popular Globally but Commitment to Them Not Always Strong, 27.02.2020, S. 5 ff.

im Fall von Verstößen wahrscheinlicher macht, sowie durch die finanzielle Sanktion selbst, die gegebenenfalls besonders schwer wiegt.[439]

Dabei kann auf die Erfahrungen in der Europäischen Gemeinschaft für Kohle und Stahl (EGKS) zurückgegriffen werden: Schon damals gab es mit Art. 88 Abs. 3 lit. a) und b) Vertrag über die Gründung der Europäischen Gemeinschaft für Kohle und Stahl (EGKSV) einen ähnlichen Sanktionsmechanismus: Art. 88 Abs. 3 lit. a) EGKSV sah die Möglichkeit vor, bei Vertragsverletzungen Zahlungen der Hohen Behörde[440] an die Mitgliedstaaten auszusetzen. Alternativ oder zusätzlich konnte die Hohe Behörde gemäß Art. 88 Abs. 3 lit. b) EGKSV „Maßnahmen ergreifen oder die anderen Mitgliedstaaten ermächtigen, Maßnahmen zu ergreifen, um die Wirkungen der festgestellten Verletzung auszugleichen". Sinn und Zweck insbesondere des Art. 88 Abs. 3 lit. a) EGKSV war es, den Mitgliedstaaten die möglichen Kosten einer Verletzung der Verpflichtungen aus den Verträgen zu verdeutlichen.[441] Dieser Sanktionsmechanismus wurde allerdings nie angewendet, was – neben anderen möglichen Gründen – für einen gewissen Abschreckungseffekt dieses Sanktionsmechanismus spricht.[442]

Die Hoffnung auf einen solchen Abschreckungseffekt stand auch hinter der Einführung des Art. 228 Abs. 2 EGV (jetzt Art. 260 Abs. 2 AEUV) zur Verhängung von Strafzahlungen bei Nichtbeachtung von Urteilen im Vertragsverletzungsverfahren. Allerdings ist die Zahl nicht umgesetzter Urteile im Vertragsverletzungsverfahren trotz dieser Sanktionsmöglichkeit weiter gestiegen.[443] Gründe hierfür dürften insbesondere die immer stärkere Regelungsdichte und eine strengere Durchsetzung des Unionsrechts sein. Dabei ist aber zu berücksichtigen, dass die Zahl der Verurteilungen zu Pauschalbeträgen oder Zwangsgeldern auf der Grundlage von Art. 260 Abs. 2 AEUV im Vergleich zur Gesamtzahl der eingeleiteten Vertragsverletzungsverfahren und im Vergleich zu

---

[439] Zum Abschreckungseffekt finanzieller Sanktionen im Fall von Rechtsstaatsverstößen *G. Halmai*, HJRL 11 (2019), S. 171 ff., 184 f. Die abschreckende Wirkung ist, neben der strafenden Wirkung, vom unionsrechtlichen Sanktionsbegriff umfasst, *S. Bitter*, Die Sanktion im Recht der Europäischen Union – Der Begriff und seine Funktion im europäischen Rechtsschutzsystem, New York 2011, S. 243.

[440] Die Hohe Behörde war das Vorgängerorgan der Kommission.

[441] *K. Träbert*, Sanktionen der Europäischen Union gegen ihre Mitgliedstaaten, Frankfurt am Main 2010, S. 28.

[442] Hierzu *dies.*, Sanktionen der Europäischen Union gegen ihre Mitgliedstaaten, Frankfurt am Main 2010, S. 29.

[443] Zum Ende des Jahres 2011 führte die Kommission insgesamt 77 Verfahren gegen Mitgliedstaaten unter Art. 260 Abs. 2 AEUV, da diese ihrer Ansicht nach Urteile aus Vertragsverletzungsverfahren nicht vollständig umgesetzt hatten. Zum Ende des Jahres 2018 lag diese Zahl bei 99 Fällen. Dies umfasst auch die vorgerichtlichen Verfahren. Die Zahl der nach Art. 260 Abs. 2 AEUV ergangenen Urteile stieg in diesem Zeitraum von zwei auf fünf. *European Commission*, 29th Annual Report on monitoring the application of EU law – Report from the Commission, 29.11.2012, S. 12; *dass.*, Monitoring the Application of European Union Law – 2018 Annual Report – Part I: general statistical overview, 04.07.2019, S. 22. Siehe auch *K. Träbert*, Sanktionen der Europäischen Union gegen ihre Mitgliedstaaten, Frankfurt am Main 2010, S. 215 f.; *R. Wägenbaur*, EuZW 17 (2006), S. 705.

EuGH-Urteilen in Vertragsverletzungsverfahren sehr gering ist.[444] Dies lässt auf einen gewissen Abschreckungseffekt schließen: Spätestens dann, wenn eine finanzielle Sanktion konkret droht, beachten die Mitgliedstaaten ihre Verpflichtungen aus den Vertragsverletzungsurteilen.[445] Voraussetzung für einen solchen Abschreckungseffekt ist aber, dass die finanziellen Sanktionen ernsthaft und spürbar drohen.[446]

4. Mögliche Nachteile des ESIF-Sanktionsmechanismus

Diese erhofften Vorteile gehen allerdings mit möglichen Gefahren des ESIF-Sanktionsmechanismus einher. So sind die Wirksamkeit finanzieller Sanktionen sowie die wirtschaftlichen und politischen Auswirkungen umstritten.

a) Eingeschränkte Wirksamkeit finanzieller Sanktionen

Im Völkerrecht erreichen wirtschaftliche Sanktionen gegen Staaten nicht immer ihr Ziel, wofür es verschiedene Erklärungsansätze gibt: So können Sanktionen einen Wagenburgeffekt in der Bevölkerung auslösen, was bei Druck von außen zur Stärkung der Regierung führt.[447] Darüber hinaus haben Sanktionen auch dann häufig keine oder nur geringe Wirkung, wenn die sanktionierten Staaten von mehr oder minder fest entschlossenen Gruppen regiert werden. Denn diese werden im Zweifel eher dazu bereit sein, finanzielle Einbußen in Kauf zu nehmen als die von ihnen möglicherweise aus ideologischen Gründen verfolgte Politik aufzugeben.[448]

Auch wenn es mit Blick auf ihre Intensität Unterschiede zwischen Sanktionen im Völkerrecht – insbesondere als Vorstufe oder Alternative zu militärischen Mitteln – und Sanktionen gegenüber Mitgliedstaaten gibt, so sind die

[444] 2018 leitete die Kommission insgesamt 644 Vertragsverletzungsverfahren ein. Der EuGH erließ 27 Urteile nach Art. 258 AEUV. In (nur) fünf Fällen erließ er ein Urteil nach Art. 260 Abs. 2 AEUV. *European Commission*, Monitoring the Application of European Union Law – 2018 Annual Report – Part I: general statistical overview, 04.07.2019, S. 18 ff.

[445] Problematisch bleibt aber die Verzögerung der Umsetzung *B. Jack*, ELJ 19 (2013), S. 404 ff., 406 ff.

[446] So, mit Blick auf Beitrittskonditionalitäten, auch *M. Kneuer*, in: W. Hilz/A. Nötzold (Hrsg.), Die Zukunft Europas in einer Welt im Umbruch, Wiesbaden 2018, S. 207, 219 f. Ähnlich *F. Schimmelfennig/U. Sedelmeier*, Journal of European Public Policy 11 (2014), S. 669 ff., 672. Zu diesem Problem im Rahmen des Verfahrens nach Art. 7 EUV oben § 2 B. I.

[447] Zur (schwer messbaren) Wirksamkeit von Sanktionen im Völkerrecht etwa *G. Hafner*, ZaöRV 76 (2016), S. 391 ff., 410 ff.; *O. Poeschke*, Politische Steuerung durch Sanktionen? – Effektivität, Humanität, völkerrechtliche Aspekte, Wiesbaden 2003, S. 101 ff.

[448] So auch *C. Closa/D. Kochenov/J. Weiler*, Reinforcing Rule of Law Oversight in the European Union – EUI Working Paper RSCAS 2014/25, 2014, S. 11 f.; *U. Sedelmeier*, Journal of European Public Policy 24 (2017), S. 337 ff., 342 f.; *B. Jack*, ELJ 19 (2013), S. 404 ff., 413 f.; *C. Möllers/L. Schneider*, Demokratiesicherung in der Europäischen Union – Studie zu einem Dilemma, Tübingen 2018, S. 119. Zur Effektivität von Sanktionen im Völkerrecht unter Bezugnahme auf die jeweils damit verfolgten politischen Ziele *G. C. Hufbauer/J. J. Schott/K. A. Elliott u. a.*, Economic sanctions reconsidered, [3]Washington D. C. 2007, S. 155 ff.

möglichen Effekte doch vergleichbar. Wenn es der mitgliedstaatlichen Regierung bzw. Parlamentsmehrheit gelingt, sich und ihre Politik als legitim darzustellen, können finanzielle Sanktionen auch gegenüber Mitgliedstaaten ihren Effekt verfehlen. Deshalb können finanzielle Sanktionen nur dann erfolgreich sein, wenn die betroffene mitgliedstaatliche Regierung und Parlamentsmehrheit zumindest ein Mindestmaß an Dialogbereitschaft und Interesse an der Einhaltung von rechtsstaatlichen Grundwerten haben.[449] Andernfalls können finanzielle Sanktionen wohl nur mittelfristig zu einer Sensibilisierung der Bevölkerung und angepassten Prioritäten künftiger Regierungen und Parlamentsmehrheiten führen. Darüber hinaus können Sanktionen allein nicht die grundlegenden gesellschaftlichen Probleme, auf deren Grundlage das rechtsstaatlich problematische Verhalten erst gedeihen kann, lösen. Hierzu bedarf es vielmehr eines langfristigen Ansatzes.

b) Auswirkungen auf Wirtschaftslage und Akzeptanz der EU

Nach der politik- und sozialwissenschaftlichen Forschung neigen wirtschaftlich stabile Gruppen bzw. Staaten weniger zu Radikalisierung. Verschlechtert sich allerdings die wirtschaftliche Lage spürbar, so können auch vormals stabile demokratische Staaten instabiler werden.[450] Die Bedeutung dieser Radikalisierungstendenzen hängt von verschiedenen Faktoren ab, unter anderem der Verfasstheit der Gesellschaft und dem Ausmaß der wirtschaftlichen Konsequenzen.

Die ESIF haben für die Mitgliedstaaten eine hohe volkswirtschaftliche Bedeutung[451] und zur Sicherstellung der Wirksamkeit des ESIF-Sanktionsmechanismus sind spürbare finanzielle Sanktionen nötig.[452] Dies könnte insbesondere in den Fällen problematisch sein, in denen das zu sanktionierende rechtsstaatswidrige Verhalten (auch) auf eine Radikalisierung zurückzuführen ist, die ihre Ursachen in der negativen volkswirtschaftlichen Entwicklung hat. In diesen Fällen könnte durch finanzielle Sanktionen die wirtschaftliche Lage weiter verschlechtert werden, so dass diese wiederum populistischen Tendenzen in der Bevölkerung weiter Vorschub leistet.[453] Somit kann der Einsatz der ESIF als

---

[449] In Bezug auf die Erweiterungspolitik so auch *M. Kneuer*, in: W. Hilz/A. Nötzold (Hrsg.), Die Zukunft Europas in einer Welt im Umbruch, Wiesbaden 2018, S. 207, 228.

[450] So ist in Folge der Eurokrise der Einfluss populistischer Parteien in Westeuropa gestiegen. *S. B. Hobolt/J. Tilley*, West European Politics 39 (2016), S. 971 ff., 973 ff. Hierfür gibt es neben ökonomischen auch andere Gründe, etwa die geringere Unterscheidbarkeit etablierter Parteien und die Migrations- und Flüchtlingskrise. Zu rechtspopulistischen Parteien etwa *M. Rooduijn*, EV 14 (2015), S. 3 ff., 3 ff.

[451] Siehe oben § 2 C. II.

[452] Siehe oben § 2 C. III. 3. b) und § 2 C. III. 3. c).

[453] Nach statistischen Analysen korrelieren Veränderungen der Arbeitslosenquote (und wohl nicht das absolute Level) mit der Zustimmungsrate für Parteien am Rande des politischen Spektrums bzw. populistische Parteien. Zudem haben negative Veränderungen der Arbeitslosenquote auch negative Auswirkungen auf das Vertrauen in die öffentlichen Institutio-

Sanktionsmechanismus zum Schutz rechtsstaatlicher Grundsätze unter Umständen auch kontraproduktiv sein. Dagegen kann allerdings eingewendet werden, dass für eine nachhaltige mittel- und langfristige wirtschaftliche Entwicklung die Rechtsstaatlichkeit eine wichtige Rolle spielt.[454] In nicht nach rechtsstaatlichen Maßstäben arbeitenden Mitgliedstaaten können die ESIF ihre Wirkung deshalb nicht im vollen Umfang entfalten.[455] Zudem hat auch das Ausmaß an Korruption, das bei Einhaltung rechtsstaatlicher Vorgaben geringer ist, große Bedeutung für das Wahlverhalten.[456]

Diese wirtschaftlichen Folgen bergen zudem die Gefahr negativer Auswirkungen auf die Akzeptanz der EU in der Bevölkerung. Denn eine direkte Betroffenheit der Bevölkerung bei finanziellen Sanktionen gegen Mitgliedstaaten lässt sich nicht immer ausschließen bzw. ist zur Sensibilisierung der Bevölkerung (in Maßen) sogar gewollt.[457] Die politische Entwicklung in dem jeweiligen Mitgliedstaat ist aber regelmäßig nicht allen Teilen der von den finanziellen Sanktionen betroffenen Bevölkerung zuzurechnen.[458] Zudem ist der Grund der finanziellen Sanktionen regelmäßig nicht für alle Teile der Bevölkerung klar erkennbar; vielmehr könnte das Vertrauen in die EU nachlassen. Dadurch könnten bereits bestehende politische Divergenzen zwischen neuen und älteren Mitgliedstaaten weiter verschärft werden.[459]

c) Diskriminierung bestimmter Mitgliedstaaten und Bevölkerungsgruppen

Die volkswirtschaftliche Bedeutung der ESIF variiert je nach Wirtschaftskraft, besonders profitieren ärmere Mitgliedstaaten.[460] Pauschale Kürzungen der Mit-

---

nen. Eingehend hierzu *Y. Algan/S. Guriev/E. Papaioannou u. a.*, BPEA 2017 (2017), S. 309 ff., 327 ff.

[454] Siehe oben § 2 A. III. 5.

[455] *F. Heinemann*, Intereconomics 53 (2018), S. 297 ff., 300.

[456] Nach einer Studie ist für den Wahlerfolg „Anti-Establishment Reform-Parteien“, die allerdings moderater als populistische Parteien sind, weniger die wirtschaftliche Situation, sondern das Ausmaß an Korruption ausschlaggebend. *S. Hanley/A. Sikk*, Party Politics 22 (2016), S. 522 ff., 529 f.

[457] *C. Closa/D. Kochenov/J. Weiler*, Reinforcing Rule of Law Oversight in the European Union – EUI Working Paper RSCAS 2014/25, 2014, S. 19 f. Siehe hierzu oben § 2 C. III. 3. b), § 2 C. III. 3. c) und § 2 C. III. 4. c).

[458] *C. Möllers/L. Schneider*, Demokratiesicherung in der Europäischen Union – Studie zu einem Dilemma, Tübingen 2018, S. 120.

[459] Zu diesen Gefahren *F. Heinemann*, Intereconomics 53 (2018), S. 297 ff., 297 f.; *M. Michelot*, How can Europe repair breaches of the rule of law – Europe, a values-based power, 04.04.2018, S. 6. Dies hat auch in der politischen Debatte Widerhall gefunden. *F. Eder*, Juncker: German plan to link funds and rules would be „poison“, 06.01.2017 (https://www.politico.eu/article/juncker-german-plan-to-link-funds-and-rules-would-be-poison/) (geprüft am 10.10.2020); *A. Gurzu*, Romanian prime minister accuses EU of double standards, 04.02.2019 (https://www.politico.eu/article/viorica-dancila-romania-prime-minister-accuses-eu-of-double-standards/) (geprüft am 10.10.2020).

[460] Siehe oben § 2 C. II.

tel aus den ESIF in für alle Mitgliedstaaten gleich hohen absoluten Zahlen würden ärmere Mitgliedstaaten daher wesentlich stärker treffen. Dieses Problem muss politisch und rechtlich unter Beachtung der Gleichheit der Mitgliedstaaten gelöst werden.[461]

Neben den Unterschieden zwischen den Mitgliedstaaten profitieren aber auch bestimmte Bevölkerungsgruppen – etwa in ländlichen im Vergleich zu städtischen Regionen – unterschiedlich stark.[462] Es besteht die Gefahr, dass im Rahmen des Sanktionsmechanismus diese Bevölkerungsgruppen überproportional stark betroffen sind. Politisch besonders problematisch kann dies dann sein, wenn es sich hierbei um jene Bevölkerungsgruppen handelt, die die jeweilige sanktionierte Regierung weder unterstützen noch von ihr profitieren.[463] Dieses Problem könnte, ebenso wie Gefahren für die Wirtschaftslage, dadurch umgangen oder abgemildert werden, dass die Mitgliedstaaten weiter zur Auszahlung der Mittel aus den ESIF verpflichtet werden, sie hierfür aber keine Erstattung durch die EU erhalten.[464] Hierdurch obläge den Mitgliedstaaten die Entscheidung über entsprechende Einsparungen an anderer Stelle. Zudem können finanzielle Sanktionen nicht alleine stehen, sondern müssen durch eine umfassende politische Strategie zur Stärkung der Überzeugungskraft europäischer Werte ergänzt werden.[465]

D. Maßstäbe für den neuen ESIF-Sanktionsmechanismus

Die EU befindet sich in einer Krise der Rechtsstaatlichkeit, die bereits jetzt schwerwiegende Folgen für die Bevölkerung einiger Mitgliedstaaten und auch die EU insgesamt zeitigt. Dauert diese Krise an und bleibt die Missachtung rechtsstaatlicher Grundsätze langfristig unsanktioniert, droht eine weitere Erosion der Rechtsstaatlichkeit auch in derzeit nicht betroffenen Mitgliedstaaten. Bisher hat die EU hierauf keine überzeugende und wirksame Antwort gefunden. Vielmehr sind die bisherigen Versuche, die Krise der Rechtsstaatlichkeit vor allem über politischen Dialog zu lösen, nicht erfolgreich gewesen. Auch die diskutierten Reformen bestehender Sanktionsmechanismen bieten zwar unter-

---

461 Art. 4 Abs. 2 S. 1 EUV. Dieses Problem ebenfalls aufgreifend *L. Pech/K. L. Scheppele*, CYELS 19 (2017), S. 3 ff., 45; *M. Steinbeis*, The Hand on the Faucet, 03.06.2017 (https://verfassungsblog.de/the-hand-on-the-faucet/) (geprüft am 10.10.2020). Siehe unten § 4 D. II. 3. a).

462 Dies folgt schon aus den Zielen der ESIF. Siehe hierzu oben § 2 C. II.

463 Zu diskutierten smart sanctions siehe oben § 2 B. I. 2. Zur Auswahl der ESIF siehe unten § 4 D. II. 3. b). In Polen und Ungarn ist die Unterstützung für die jeweilige Regierung in den ländlichen Gebieten besonders groß, insoweit wären ESIF-Sanktionen hier gegebenenfalls zielgerichteter als in anderen Fällen. *F. Heinemann*, Intereconomics 53 (2018), S. 297 ff., 299 f.

464 Zu dieser Möglichkeit siehe unten § 4 D. III.

465 Ähnlich *W. Rech*, Journal of Contemporary European Studies 26 (2018), S. 334 ff., 337.

stützenswerte Ansätze, reichen aber – sofern rechtlich und politisch umsetzbar – zur Lösung dieser Krise nicht aus. Neben weiteren Maßnahmen ist ein neuer Sanktionsmechanismus erforderlich, um die Rechtsstaatlichkeit und insbesondere rechtsstaatliche Verfahrenssicherungen in allen Mitgliedstaaten zu schützen. Auch wenn die Diskussion hierüber mit verschiedenen politischen und rechtlichen Unwägbarkeiten einhergeht, ist sie vor dem Hintergrund der Bedeutung des Schutzguts – der Rechtsstaatlichkeit – notwendig. Bei der Ausgestaltung dieses Sanktionsmechanismus müssen die besonderen mitgliedstaatlichen Problemlagen sowie die politischen Auswirkungen jedoch sorgfältig berücksichtigt und abgewogen werden.

Die ESIF machen die mitgliedstaatliche Rechtsstaatlichkeit bzw. rechtsstaatliche Verfahrenssicherungen bei der Umsetzung ihrer Politiken bisher nicht bzw. nur ansatzweise zur Bedingung. Dabei sind sie, insbesondere durch die Umsetzung durch mitgliedstaatliche Behörden, auf solche rechtsstaatlichen Verfahrenssicherungen angewiesen.[466] Somit ist es schon mit Blick auf den Schutz rechtsstaatlicher Verfahrenssicherungen sinnvoll, die ESIF in einen solchen Sanktionsmechanismus miteinzubeziehen. Ferner haben die ESIF eine besondere volkswirtschaftliche Bedeutung für alle Mitgliedstaaten – und sind somit auch mit Blick auf die möglichen Sanktionsfolgen geeignet.

Bei der Definition des sanktionsbewehrten rechtsstaatlichen Minimums als Schutzgut muss die EU aber sicherstellen, dass sie die grundlegenden Strukturbestimmungen ihrer Mitgliedstaaten achtet. Denn rechtsstaatliche Minima wie etwa Verfahrenssicherungen betreffen die Organisation der Judikative und damit Kernelemente des mitgliedstaatlichen Staatsaufbaus. Daher sollten nur solche grundlegenden Bestimmungen getroffen werden, deren Einhaltung für die Rechtsstaatlichkeit der EU als Ganzes sowie die europäische Zusammenarbeit, insbesondere mit Bezug auf die ESIF, unerlässlich ist. Strukturbestimmungen etwa zur Organisation der Judikative im Einzelnen sollten mit Blick auf die mitgliedstaatliche Identität nicht getroffen werden. In diesem Zusammenhang ist auch die Verfolgung weiterer, insbesondere gesellschaftspolitischer Ziele mit diesem Sanktionsmechanismus, wie etwa Solidarität in der Migrationskrise, abzulehnen. Diese politischen Debatten unter den Mitgliedstaaten müssen den dafür vorgesehenen legislativen Gremien, insbesondere Parlament, Rat und Europäischer Rat, vorbehalten bleiben. Hierzu bietet sich allenfalls eine stärkere Verknüpfung von Politikfeldern an, um Leistungen und Gegenleistungen im Rahmen der EU-Mitgliedschaft auch der Öffentlichkeit verständlicher zu machen.[467]

Die Verfahrensbestimmungen eines neuen Sanktionsmechanismus müssen so ausgestaltet sein, dass seine Anwendung im Fall von Verstößen alle Mit-

---

[466] Genauer hierzu siehe unten § 3 B. I. 4. c) cc).

[467] So auch *A. Hatje/J. Schwarze*, EuR 54 (2019), S. 153 ff., 189.

gliedstaaten gleichermaßen treffen kann und für die Öffentlichkeit nachvollziehbar ist. Diese müssen dabei auch Raum für einen zeitlich begrenzten politischen Dialog mit dem betroffenen Mitgliedstaat lassen. Nach Abschluss dieses Dialogs weiterhin bestehende rechtsstaatliche Defizite sollten ernsthafte, für die Mitgliedstaaten politisch und volkswirtschaftlich spürbare Sanktionen nach sich ziehen. Nur dies sichert einen ausreichenden Abschreckungseffekt. Dieser Abschreckungseffekt würde durch zu hohe Verfahrenshürden gefährdet. Ferner muss der Sanktionsmechanismus zur entsprechenden Sensibilisierung der mitgliedstaatlichen und europäischen Öffentlichkeit in seiner Anwendung transparent und verständlich sein.

Die Auswahl des von der Sanktion betroffenen ESIF sollte sich an den jeweiligen mitgliedstaatlichen Gegebenheiten orientieren, da die volkswirtschaftliche und politische Bedeutung der einzelnen ESIF je nach Mitgliedstaat unterschiedlich ist. Zudem bietet es sich an, ESIF bzw. einzelne Programme, die wie der ESF besonders benachteiligten Bevölkerungsgruppen zugutekommen, von diesem Sanktionsmechanismus auszunehmen. Die Sanktionen sollten ferner vor allem jene ESIF treffen, deren Umsetzung von den rechtsstaatlichen Defiziten besonders betroffen ist.

Die Höhe der Sanktion sollte in einem angemessenen Verhältnis zu den jeweiligen rechtsstaatlichen Defiziten stehen. Diese Berechnung muss dabei die mitgliedstaatliche Wirtschaftskraft berücksichtigen, um die Gleichheit der Mitgliedstaaten in der Anwendung dieses Sanktionsmechanismus zu gewährleisten. Um diese Berechnung auch für die Öffentlichkeit nachvollziehbar zu machen und gleichzeitig den Abschreckungseffekt zu erhöhen, sollten die Berechnungsmethoden vorab festgelegt und veröffentlicht werden. Zur Vermeidung großer und langfristiger volkswirtschaftlicher Schäden ist es ebenfalls ratsam, eine Höchstgrenze festzulegen. Daneben sollten die Mitgliedstaaten auch bei entsprechenden finanziellen Sanktionen zur weiteren Auszahlung an die Endbegünstigten und -empfänger verpflichtet werden. Hierdurch würden möglicherweise ungerechtfertigte Betroffenheiten in der mitgliedstaatlichen Bevölkerung vermieden. Zugleich würde der Mitgliedstaat dazu verpflichtet sein, deshalb möglicherweise nötige andere und politisch umstrittene Haushaltsentscheidungen selbst zu treffen.

Ein solcher Sanktionsmechanismus kann aber nur Teil einer Gesamtstrategie der EU zum Schutz der Rechtsstaatlichkeit sein. Denn so erfasst schon sein Anwendungsbereich aus rechtlichen Gründen nicht alle rechtsstaatlichen Defizite.[468] Zudem bedarf es neben Sanktionen präventiver, auch finanzieller, Förderung rechtsstaatspolitischer Grundbildung in allen Mitgliedstaaten.[469]

---

[468] Siehe unten § 4 A. und insbesondere § 4 A. III. 5.

[469] So auch *C. Closa/D. Kochenov/J. Weiler*, Reinforcing Rule of Law Oversight in the European Union – EUI Working Paper RSCAS 2014/25, 2014, S. 15.

§ 3 Der ESIF-Sanktionsmechanismus im Kompetenz- und Sanktionssystem der EU

Auch aufgrund ihrer politischen Bedeutung haben die Mitgliedstaaten die besonders wichtigen Sanktionsmechanismen in den Verträgen festgelegt. Dies spricht neben rechtlichen Erwägungen dafür, auch den neuen Sanktionsmechanismus im europäischen Primärrecht zu verankern. Allerdings ist hierfür die Zustimmung aller Mitgliedstaaten erforderlich, was derzeit wenig realistisch erscheint (A). Politisch realistischer ist damit eine Umsetzung auf der Grundlage der bestehenden Kompetenzen der EU.[1] Hierdurch unterliegt ein neuer Sanktionsmechanismus aber den im Primärrecht festgelegten Kompetenzgrenzen der EU, was Auswirkungen auf seine Ausgestaltung hat (B). Ein solcher im Sekundärrecht verankerter neuer Sanktionsmechanismus müsste sich zudem in das bestehende Sanktionssystem der EU einfügen und mit den bereits in den Verträgen festgelegten Sanktionsmechanismen vereinbar sein (C). Zusammenfassend legt dieser Teil der Untersuchung dar, dass ein neuer Sanktionsmechanismus auf der Grundlage des bestehenden Primärrechts möglich und mit den bestehenden Sanktionsmechanismen vereinbar ist (D).

A. Umsetzung des neuen ESIF-Sanktionsmechanismus im Primärrecht

Entschließen sich die Mitgliedstaaten für die Einführung eines solchen finanziellen Sanktionsmechanismus zum Schutz der Rechtsstaatlichkeit, so könnten sie diesen im Primärrecht verankern. Dadurch hätte dieser Sanktionsmechanismus auch in der politischen Wahrnehmung einen mit den bereits in den Verträgen festgelegten Sanktionsmechanismen vergleichbaren Rang. Hierfür wäre eine Änderung der Verträge nötig, die der Zustimmung aller Mitgliedstaaten bedarf (I). Vorteil eines solchen Vorgehens ist, dass die Mitgliedstaaten bei der inhaltlichen Ausgestaltung dieses Sanktionsmechanismus frei wären und diese nicht durch bestehende Kompetenznormen begrenzt wäre (II). In der derzeiti-

[1] Zum Vorschlag, einen Sanktionsmechanismus auf dem bestehenden Primär- und Sekundärrecht einzuführen aus politikwissenschaftlicher Sicht *J. Šelih/I. Bond/C. Dolan*, Can EU funds promote the rule of law in Europe?, 11.2017, S. 10 f.

gen politischen Realität hat ein solches Vorgehen allerdings nur geringe Chancen (III).

I. Einschlägiges Vertragsänderungsverfahren

Die Verträge unterscheiden zwischen dem ordentlichen und dem vereinfachten Vertragsänderungsverfahren. Das ordentliche Vertragsänderungsverfahren nach Art. 48 Abs. 2 bis 5 EUV ist auf alle Vertragsänderungen anwendbar.[2] Dieses mit der Einberufung eines Konvents[3] und einer Konferenz der Mitgliedstaaten verbundene dreistufige Verfahren[4] könnte somit gewählt werden, um den neuen finanziellen Sanktionsmechanismus zum Schutz des EU-Haushalts im Primärrecht zu etablieren.

Daneben ermöglicht das vereinfachte Verfahren schnellere Vertragsänderungen, erfordert aber ebenfalls die Zustimmung aller Mitgliedstaaten.[5] Zudem ist es auf den Bereich der internen Politiken der EU[6] begrenzt und eine hierdurch

---

[2] *W. Cremer*, in: C. Calliess/M. Ruffert (Hrsg.), EUV/AEUV, [5]München 2016, Art. 48 EUV, Rn. 3; *C. Ohler*, in: E. Grabitz/M. Hilf/M. Nettesheim (Hrsg.), Das Recht der Europäischen Union, [69]München 2020, Art. 48 EUV, Rn. 28.

[3] Dieser Konvent besteht gemäß Art. 48 Abs. 3 UAbs. 1 S. 1 EUV aus Vertretern der nationalen Parlamente, der Staats- und Regierungschefs der Mitgliedstaaten, des Parlaments und der Kommission.

[4] *C. Ohler*, in: E. Grabitz/M. Hilf/M. Nettesheim (Hrsg.), Das Recht der Europäischen Union, [69]München 2020, Art. 48 EUV, Rn. 28 ff.; *W. Meng*, in: H. v. Groeben/J. Schwarze/A. Hatje (Hrsg.), Europäisches Unionsrecht, [7]Baden-Baden 2015, Art. 48 EUV, Rn. 13 ff. Die Vertragsänderungen treten in Kraft, sobald sie von allen Mitgliedstaaten nach Maßgabe ihrer verfassungsrechtlichen Vorschriften ratifiziert worden sind (Art. 48 Abs. 4 UAbs. 2 EUV).

[5] Art. 48 Abs. 6 AEUV. Die clause passerelle des Art. 48 Abs. 7 EUV ist für die Einführung des neuen Sanktionsmechanismus hingegen nicht anwendbar. Diese ermöglicht im vereinfachten Änderungsverfahren den Übergang zur Beschlussfassung mit qualifizierter Mehrheit und zum ordentlichen Gesetzgebungsverfahren für bestimmte Politikbereiche. Hierzu *C. Blumann/L. Dubouis*, Droit institutionnel de l'Union européenne, Paris 2013, Rn. 584; *C. Ohler*, in: E. Grabitz/M. Hilf/M. Nettesheim (Hrsg.), Das Recht der Europäischen Union, [69]München 2020, Art. 48 EUV, Rn. 46 ff.; *W. Cremer*, in: C. Calliess/M. Ruffert (Hrsg.), EUV/AEUV, [5]München 2016, Art. 48 EUV, Rn. 12 ff.

[6] Hierzu zählen: Binnenmarkt; freier Warenverkehr; Landwirtschaft und Fischerei; Freizügigkeit; freier Dienstleistungs- und Kapitalverkehr; Raum der Freiheit, der Sicherheit und des Rechts; Verkehr; gemeinsame Regeln betreffend Wettbewerb, Steuerfragen und Angleichung der Rechtsvorschriften; Wirtschafts- und Währungspolitik; Beschäftigung; Sozialpolitik; Europäischer Sozialfonds; allgemeine und berufliche Bildung, Jugend und Sport; Kultur; Gesundheitswesen; Verbraucherschutz; transeuropäische Netze; Industrie; wirtschaftlicher, sozialer und territorialer Zusammenhalt; Forschung technologische Entwicklung und Raumfahrt; Umwelt; Energie; Tourismus; Katastrophenschutz; Verwaltungszusammenarbeit.

Die Bestimmungen hierzu unterliegen einem stärkeren politischen Wandel und sollen daher vereinfacht geändert werden können. *W. Meng*, in: H. v. Groeben/J. Schwarze/A. Hatje (Hrsg.), Europäisches Unionsrecht, [7]Baden-Baden 2015, Art. 48 EUV, Rn. 17; *C. Ohler*, in: E. Grabitz/M. Hilf/M. Nettesheim (Hrsg.), Das Recht der Europäischen Union, [69]München 2020, Art. 48 EUV, Rn. 43; *W. Cremer*, in: C. Calliess/M. Ruffert (Hrsg.), EUV/AEUV, [5]München 2016, Art. 48 EUV, Rn. 10 f.

beschlossene Vertragsänderung darf nicht zu einer Ausdehnung der unionalen Zuständigkeiten führen.[7] Daraus folgt, dass Änderungen mit inhaltlichen Auswirkungen auf Bereiche außerhalb der internen Politiken der EU das ordentliche Änderungsverfahren durchlaufen müssen.[8]

Für die Anwendbarkeit des vereinfachten Änderungsverfahrens ist es entscheidend, ob ein solcher Sanktionsmechanismus bereits bisher im grundsätzlichen Kompetenzbereich der EU läge. Hierfür ist insbesondere die Definition des sanktionsbewehrten rechtsstaatlichen Minimums ausschlaggebend: Eine gemäß den bestehenden unionsrechtlichen rechtsstaatlichen Vorgaben eng gefasste und mit den internen Politiken der EU eng verbundene Definition wäre insoweit möglich. Darüber hinausgehende Anforderungen unterlägen – insbesondere wegen ihrer Relevanz für die mitgliedstaatliche Staatsorganisation[9] – dem ordentlichen Vertragsänderungsverfahren.

Die ESIF sind Teil der internen Politiken der EU.[10] Somit wäre es denkbar, rechtsstaatliche Grundsätze für die Ausgestaltung und Durchführung der ESIF hierüber und unter Beachtung der bestehenden Kompetenzordnung festzulegen. Auch eine entsprechende Sanktion der ausgezahlten ESIF-Mittel bei Missachtung dieser Grundsätze wäre insoweit grundsätzlich möglich. Zudem ist der Raum der Freiheit, der Sicherheit und des Rechts Teil der internen Politiken der EU.[11] Über ein vereinfachtes Änderungsverfahren könnte somit eine stärkere Verknüpfung der ESIF etwa mit Mindestvorgaben zur justiziellen Zusammenarbeit in Zivil- und Strafsachen sowie der polizeilichen Zusammenarbeit etabliert werden.[12]

Nicht Teil der internen Politiken der EU ist aber insbesondere das unionale Haushaltsrecht. In der politischen und rechtswissenschaftlichen Diskussion wird auch der Schutz der finanziellen Interessen der EU als Ziel eines solchen

---

Bisher einziger Anwendungsfall dieser Vorschrift war die Einführung des Art. 136 Abs. 3 AEUV, mit dem der Europäische Stabilitätsmechanismus installiert wurde. Beschluss (EU) 2011/199/EU (Art. 136 AEUV – ESM), ABl. EU L 93 v. 25.03.2011, S. 1 f. Hierzu *C. Blumann/ L. Dubouis*, Droit institutionnel de l'Union européenne, Paris 2013, Rn. 582.

[7] Art. 48 Abs. 6 UAbs. 3 EUV. Änderungen der Kompetenzordnung bleiben dem ordentlichen Änderungsverfahren vorbehalten. EuGH, Urteil v. 27.11.2012, Rs. C-370/12, *Thomas Pringle/Government of Ireland*, ECLI:EU:C:2012:756, Rn. 71 ff.; *C. Ohler*, in: E. Grabitz/ M. Hilf/M. Nettesheim (Hrsg.), Das Recht der Europäischen Union, [69]München 2020, Art. 48 EUV, Rn. 44; *W. Cremer*, in: C. Calliess/M. Ruffert (Hrsg.), EUV/AEUV, [5]München 2016, Art. 48 EUV, Rn. 11.

[8] EuGH, Urteil v. 27.11.2012, Rs. C-370/12, *Thomas Pringle/Government of Ireland*, ECLI:EU:C:2012:756, Rn. 46 ff.; *W. Cremer*, in: C. Calliess/M. Ruffert (Hrsg.), EUV/AEUV, [5]München 2016, Art. 48 EUV, Rn. 11.

[9] Siehe oben § 2 A. I.

[10] Die Regelungen zu den ESIF finden sich in Art. 174 bis 178 AEUV. Siehe oben § 2 C. I. 1.

[11] Art. 67 bis 89 AEUV.

[12] Die justizielle Zusammenarbeit in Zivilsachen ist geregelt in Art. 81 AEUV, die justizielle Zusammenarbeit in Strafsachen regeln die Art. 82 bis 86 AEUV und die polizeiliche Zusammenarbeit regeln die Art. 87 bis 89 AEUV.

Sanktionsmechanismus angesehen.[13] Dieser Schutz der finanziellen Interessen der EU erfolgt maßgeblich über das unionale Haushaltsrecht. Ein hierauf fokussierter Sanktionsmechanismus könnte nicht über das vereinfachte Vertragsänderungsverfahren eingeführt werden.

II. Inhaltliche Ausgestaltung

Änderungen im vereinfachten Vertragsänderungsverfahren sind nur unter Beachtung der bestehenden Kompetenzordnung möglich;[14] dies hat Auswirkungen auf die inhaltliche Ausgestaltung, die sich eng an den bestehenden Kompetenzen für die internen Politiken der EU orientieren muss. Bei der Durchführung eines ordentlichen Vertragsänderungsverfahrens bestehen hingegen aus unionaler Sicht keine inhaltlichen Beschränkungen für diesen Sanktionsmechanismus. Denn die europäischen Verträge enthalten – entgegen etwa dem deutschen Verfassungsrecht mit Art. 79 Abs. 3 GG – ihrem Wortlaut nach keinen unantastbaren Kernbereich.[15] Auch die Rechtsprechung des EuGH stellt einen solchen nicht auf, da dies in die den Mitgliedstaaten als Herren der Verträge[16] garantierte Dispositionsbefugnis eingreifen würde.[17]

Somit sind aus unionaler Sicht auch nicht bestimmte Rechtsgebiete zwingend den Mitgliedstaaten vorbehalten; diese sind vielmehr durch ihr Zustimmungserfordernis zu Vertragsänderungen geschützt. Allerdings erlauben

---

[13] Die Vorschläge hierzu basieren auf Art. 322 Abs. 1 AEUV. Siehe oben § 2 C. III. 1 und insbesondere unten § 3 B. I. 4. c) cc).

[14] Siehe oben § 3 A. I.

[15] So auch *M. Pechstein*, in: R. Streinz (Hrsg.), EUV/AEUV, [3]München 2018, Art. 48 EUV, Rn. 6; *W. Cremer*, in: C. Calliess/M. Ruffert (Hrsg.), EUV/AEUV, [5]München 2016, Art. 48 EUV, Rn. 19; *C. Ohler*, in: E. Grabitz/M. Hilf/M. Nettesheim (Hrsg.), Das Recht der Europäischen Union, [69]München 2020, Art. 48 EUV, Rn. 24 f.

[16] Dieser Begriff folgt u. a. aus Art. 1 Abs. 1 EUV. Zu diesem Begriff etwa BVerfG, Urteil v. 12.10.1993, Rs. 2 BvR 2134/92 und 2 BvR 2159/92, *Maastricht – Europäische Union und Grundgesetz*, NJW 46, 1993, 3047 ff., S. 3052; BVerfG, Urteil v. 30.06.2009, Rs. 2 BvE 2/08, 2 BvE 5/08, 2 BvR 1010/08, 2 BvR 1022/08, 2 BvR 1259/08, 2 BvR 182/09, *Lissabon*, ECLI:DE:BVerfG:2009:es20090630.2bve000208, BVerfGE 123, 267 ff., Rn. 231 ff. Hierzu etwa *W. Cremer*, in: C. Calliess/M. Ruffert (Hrsg.), EUV/AEUV, [5]München 2016, Art. 48 EUV, Rn. 19 ff.

[17] Dies folgt auch nicht aus dem ersten Gutachten des EuGH zur Europäischen Wirtschaftsgemeinschaft, in dem er auf den Rang des unionalen Gerichtssystems verweist. EuGH, Gutachten v. 14.12.1991, Rs. 1/91, *Entwurf eines Abkommens zwischen der Gemeinschaft einerseits und den Ländern der Europäischen Freihandelsassoziation andererseits über die Schaffung des Europäischen Wirtschaftsraums (EWR I)*, ECLI:EU:C:1991:490, Rn. 71 f. Denn in seinem zweiten Gutachten zur Europäischen Wirtschaftsgemeinschaft hat der EuGH festgestellt, dass eine Änderung auch des unionalen Gerichtssystems durch eine Vertragsänderung möglich ist. EuGH, Gutachten v. 10.04.1992, Rs. 1/92, *Entwurf eines Abkommens zwischen der Gemeinschaft einerseits und den Ländern der Europäischen Freihandelsassoziation andererseits über die Schaffung des Europäischen Wirtschaftsraums (EWR II)*, ECLI:EU:C:1992:189, Rn. 32. So auch *H.-H. Herrnfeld*, in: U. Becker/A. Hatje/J. Schoo u. a. (Hrsg.), EU-Kommentar, [4]Baden-Baden 2019, Art. 48 EUV, Rn. 15 f.

mitgliedstaatliche Verfassungen die Zustimmung zu Vertragsänderungen in formeller wie materieller Hinsicht nur unter bestimmten Bedingungen.[18] Insoweit können aus mitgliedstaatlicher Sicht auch einem im Primärrecht festgelegten neuen Sanktionsmechanismus Grenzen gesetzt sein. Dies kann etwa der Fall sein, wenn der Sanktionsmechanismus die Ausgestaltung des mitgliedstaatlichen Rechtsschutzsystems zu stark beeinflusst.

Bei der Einführung eines neuen Sanktionsmechanismus im Primärrecht bietet es sich zudem an, diesen auf die bereits bestehenden Sanktionsmechanismen abzustimmen. Insofern können – je nach Ausgestaltung des neuen Sanktionsmechanismus – auch Änderungen bestehender Sanktionsmechanismen geboten sein. Dies betrifft etwa die Frage der parallelen Anwendbarkeit von Sanktionsmechanismen.[19]

III. Politische Realität und Umsetzbarkeit

Die Einführung eines neuen finanziellen Sanktionsmechanismus zum Schutz der Rechtsstaatlichkeit im Primärrecht bietet viele Vorteile, insbesondere sein politisch erhöhtes Gewicht und die inhaltlich weitgehend freie Ausgestaltung bei Umsetzung im ordentlichen Vertragsänderungsverfahren. In der derzeitigen politischen Lage ist diese Umsetzung allerdings unwahrscheinlich: Von einem solchen Sanktionsmechanismus möglicherweise betroffene Mitgliedstaaten, insbesondere Polen und Ungarn,[20] stünden einer solchen Vertragsänderung wohl ablehnend gegenüber. Die folgenden Abschnitte befassen sich deshalb mit der Möglichkeit der Umsetzung eines solchen Sanktionsmechanismus im Sekundärrecht.

B. Umsetzung des neuen ESIF-Sanktionsmechanismus im Sekundärrecht

Das Primärrecht stellt „Grundlage, Rahmen und Grenzen" für das Sekundärrecht dar.[21] Ein neuer sekundärrechtlicher Sanktionsmechanismus ist deshalb nur auf Grundlage und innerhalb der Grenzen der kompetenzrechtlichen Vorschriften in EUV und AEUV möglich (I). Nach dem Vorschlag von Kommis-

[18] Für Deutschland legt Art. 79 Abs. 3 GG der Zustimmung zu Vertragsänderungen Grenzen auf. Zur Identitätskontrolle des BVerfG siehe unten § 4 A. I. 1. b) cc).

[19] Zum Problem der parallelen Anwendung von Sanktionsmechanismen gegen Mitgliedstaaten siehe unten § 4 D. IV.

[20] Zu den Rechtsstaatsdefiziten insbesondere in Ungarn und Polen siehe oben § 2 A. IV.

[21] Dies folgt aus Art. 5 Abs. 2 EUV und Art. 263 Abs. 2 AEUV. EuGH, Urteil v. 05.10.1978, Rs. 26/78, *Institut national d'assurance maladie-invalidité u. a./Antonio Viola*, ECLI:EU:C:1978:172, Rn. 9; *J. Bast*, in: E. Grabitz/M. Hilf/M. Nettesheim (Hrsg.), Das Recht der Europäischen Union, [69]München 2020, Art. 5 EUV, Rn. 10 ff.

sion und Parlament soll der Sanktionsmechanismus als Haushaltsvorschrift und damit auf der Grundlage von Art. 322 AEUV geschaffen werden (II). Dies ist grundsätzlich möglich (III).

I. Kompetenzgrundlagen für den ESIF-Sanktionsmechanismus im Sekundärrecht

Die Mitgliedstaaten haben der EU durch begrenzte Einzelermächtigung Kompetenzen übertragen. Bei der Auslegung dieser unionalen Kompetenzen spielt das angestrebte Schutzziel des Sanktionsmechanismus – die Rechtsstaatlichkeit – eine besondere Rolle. Diskutiert wird eine Kompetenz zur Einführung eines solchen Sanktionsmechanismus auf der Grundlage des Rechtsstaatsgebots sowie der Regelungen zu den ESIF. Geeignet ist aber allein das Haushaltsrecht der EU: Die gemäß Art. 322 AEUV zu erlassenden Haushaltsvorschriften könnten einen solchen Sanktionsmechanismus enthalten, andere Kompetenzgrundlagen bestehen nicht. Hieraus ergeben sich Maßstäbe für die kompetenzrechtliche Basis eines neuen Sanktionsmechanismus.

1. Bedeutung des Schutzziels Rechtsstaatlichkeit für die Auslegung unionaler Kompetenzen

Nach dem Grundsatz der begrenzten Einzelermächtigung[22] fällt den Mitgliedstaaten als Herren der Verträge die Kompetenz-Kompetenz zu.[23] Deshalb und wegen der (negativen) Kompetenzzuweisung an die Mitgliedstaaten in allen der EU nicht explizit übertragenen Politiken ist im Zweifelsfall eher von einer mitgliedstaatlichen Kompetenz auszugehen.[24] Bei seiner Kontrolle überprüft der EuGH, ob sich aus objektiven und gerichtlich nachprüfbaren Umständen ergibt, dass „insbesondere Ziel und Inhalt des Rechtsakts" der Kompetenzgrundlage entsprechen.[25]

---

[22] Art. 5 Abs. 1 S. 1, Abs. 2 EUV.

[23] Hierdurch unterscheidet sich die EU von einem Staat. *C. Calliess*, in: C. Calliess/M. Ruffert (Hrsg.), EUV/AEUV, ^{5}München 2016, Art. 5 EUV, Rn. 6; *D. Kiekebusch*, Der Grundsatz der begrenzten Einzelermächtigung, Tübingen 2015, S. 22 ff.

C. Calliess, in: C. Calliess/M. Ruffert (Hrsg.), EUV/AEUV, ^{5}München 2016, Art. 5 EUV, Rn. 6.; *J. Bast*, in: E. Grabitz/M. Hilf/M. Nettesheim (Hrsg.), Das Recht der Europäischen Union, ^{69}München 2020, Art. 5 EUV, Rn. 14b; *S. Kadelbach*, in: H. v. Groeben/J. Schwarze/A. Hatje (Hrsg.), Europäisches Unionsrecht, ^{7}Baden-Baden 2015, Art. 5 EUV, Rn. 4 f. Zum Vertragsänderungsverfahren siehe oben § 3 A. I.

[24] Art. 4 Abs. 1 und Art. 5 Abs. 2 S. 2 EUV. So auch *D. Kiekebusch*, Der Grundsatz der begrenzten Einzelermächtigung, Tübingen 2015, S. 16; *C. Calliess*, in: C. Calliess/M. Ruffert (Hrsg.), EUV/AEUV, ^{5}München 2016, Art. 5 EUV, Rn. 7.

[25] EuGH, Urteil v. 12.02.2015, Rs. C-48/14, *Parlament/Rat*, ECLI:EU:C:2015:91, Rn. 29; EuGH, Urteil v. 04.10.1991, Rs. C-70/88, *Parlament/Rat*, ECLI:EU:C:1991:373, Rn. 9.

Folglich darf die EU auch durch im Übrigen kompetenzmäßige Handlungen nicht in die ihr nicht übertragenen – und daher bei den Mitgliedstaaten verbliebenen – Politikbereiche eingreifen. Eine Ausnahme gilt soweit nur für rein periphere Auswirkungen, die sich regelmäßig nicht ausschließen lassen.[26] Der Staatsaufbau unterfällt dem Kernbereich der mitgliedstaatlichen Souveränität: Dies gilt insbesondere für die Judikative, die in rechtsstaatlich organisierten Staaten eine besondere Entscheidungskompetenz gegenüber anderen staatlichen Organen hat.[27] Eingriffe in diesen Kernbereich staatlicher Organisation sind deshalb regelmäßig nicht nur rein peripher, sondern bedürfen vielmehr einer besonderen kompetenzrechtlichen Begründung.

Bei der teleologischen Auslegung von Kompetenzvorschriften ist aber auch der Grundsatz der praktischen Wirksamkeit (effet utile) zu berücksichtigen.[28] Demnach muss es der EU möglich sein, ihre Aufgaben auch aus kompetenzrechtlicher Sicht möglichst wirksam umsetzen zu können. Die rechtsstaatliche Organisation und Arbeitsweise mitgliedstaatlicher Behörden und der sie kontrollierenden Organe ist für den ordnungsgemäßen dezentralen Vollzug unionaler Politiken entscheidend.[29] Dies hat Bedeutung für die Rechtsstaatlichkeit der EU sowie das Gelingen der europäischen Integration insgesamt.[30] Unter dem Gesichtspunkt des effet utile sind der EU deshalb Maßnahmen zur Sicherung des rechtsstaatlichen Vollzugs der unionalen Politiken möglich, sofern dies – im Bereich der geteilten Zuständigkeiten auch unter Wahrung des Subsidiaritätsprinzips[31] – nötig ist.

Über eine strenge Wortlautgrenze hinaus können den in den Verträgen vorgesehenen Kompetenzen der EU auch implied powers entnommen werden.[32] Diese zeichnen sich dadurch aus, dass eine der EU ausdrücklich zugewiesene Befugnis anders nicht zweckmäßig wahrgenommen werden kann. Sie müs-

---

[26] *D. Kiekebusch*, Der Grundsatz der begrenzten Einzelermächtigung, Tübingen 2015, S. 14 f.

[27] Siehe oben § 2 A. I.

[28] *D. Kiekebusch*, Der Grundsatz der begrenzten Einzelermächtigung, Tübingen 2015, S. 284 ff.; EuGH, Urteil v. 24.02.2000, Rs. C-434/97, *Kommission/Frankreich*, ECLI:EU:C:2000:98, Rn. 21. Deshalb lehnen es einige auch ab, die Kompetenznormen in jedem Fall eng auszulegen. So etwa *J. Bast*, in: E. Grabitz/M. Hilf/M. Nettesheim (Hrsg.), Das Recht der Europäischen Union, [69]München 2020, Art. 5 EUV, Rn. 14b.

[29] Siehe oben § 2 A. III. 2.

[30] Siehe oben § 2 A. III.

[31] Art. 5 Abs. 1 S. 2, Abs. 3 EUV.

[32] *C. Calliess*, in: C. Calliess/M. Ruffert (Hrsg.), EUV/AEUV, [5]München 2016, Art. 5 EUV, Rn. 15 f.; EuGH, Urteil v. 29.11.1956, Rs. C-8/55, *Fédération charbonnière de Belgique/Hohe Behörde*, ECLI:EU:C:1956:11, Rn. 312.

Diese sind mit dem vom Bundesverfassungsgericht angewandten Grundsatz der Kompetenz kraft Sachzusammenhang vergleichbar. *D. Kiekebusch*, Der Grundsatz der begrenzten Einzelermächtigung, Tübingen 2015, S. 263 ff. Zur Kompetenz kraft Sachzusammenhang nach der Rechtsprechung des Bundesverfassungsgerichts *A. Uhle*, in: T. Maunz/G. Dürig (Hrsg.), Grundgesetz, [90]München 2020, Art. 70 GG, Rn. 67 ff.

sen also zur Wahrnehmung der (übrigen) unionalen Kompetenzen erforderlich sein.[33] So kann etwa aus einer Sachkompetenz die Kompetenz zur Regelung der damit verbunden Verwaltungsfragen folgen.[34] Auch Vorschriften zur Rechtsstaatlichkeit von Verfahren im dezentralen Vollzug unionaler Politiken können hierunter fallen. Aus dem Merkmal der Erforderlichkeit folgt aber, dass dies nur dann kompetenzrechtlich möglich ist, wenn nur so der einheitliche und ordnungsgemäße Vollzug gewährleistet ist.

Gleiches gilt in ähnlicher Form auch für auf implied powers gestütze Sanktionen bei mitgliedstaatlichen Verstößen gegen diese unionalen Verfahrensvorschriften:[35] Auch diese müssen zur Umsetzung der unionalen Politiken erforderlich sein. Aufgrund der bereits bestehenden Möglichkeiten zur Durchsetzung des Unionsrechts, insbesondere im Rahmen des Vertragsverletzungsverfahrens,[36] sind die Hürden hierfür hoch. Ein solcher auf implied powers beruhender und auf die Umsetzung der jeweiligen Unionspolitik beschränkter Sanktionsmechanismus ist aber dann erforderlich, wenn bestehende Sanktionsmechanismen nicht ausreichen. Denkbar ist dies, wenn bestehende Sanktionsmechanismen etwa keinen ausreichend zeitnahen Schutz für besonders wichtige Schutzgüter bieten. Hierunter fällt die ernstzunehmende Gefahr endgültiger und nicht behebbarer Schäden für wichtige unionale Schutzgüter. Zudem ist es denkbar, dass bestehende Sanktionsmechanismen wie das Vertragsverletzungsverfahren aufgrund der hohen Anzahl kleinteiliger Fälle in der Praxis nicht handhabbar sind bzw. sie mit einer Fülle von Verfahren überfrachten würden. Auch in diesen Fällen kann der angestrebte Schutzzweck der Rechtsstaatlichkeit folglich besondere Bedeutung für die Auslegung der entsprechenden Kompetenzgrundlagen haben.

2. Sanktionsmechanismus auf der Grundlage des Rechtsstaatsgebots

Ziel eines neuen Sanktionsmechanismus ist (auch) der Schutz der Rechtsstaatlichkeit. Sie sowie die aus ihr folgenden Grundsätze, insbesondere des effektiven Rechtsschutzes, sind in Art. 2, Art. 19 Abs. 1 S. 2 EUV sowie Art. 47 GRC festgelegt.[37] Aus ihnen ergeben sich verbindliche Vorgaben für die Ausgestal-

---

[33] EuGH, Urteil v. 13.09.2005, Rs. C-176/03, *Kommission/Rat*, ECLI:EU:C:2005:542, Rn. 48; *S. Kadelbach*, in: H. v. Groeben/J. Schwarze/A. Hatje (Hrsg.), Europäisches Unionsrecht, [7]Baden-Baden 2015, Art. 5 EUV, Rn. 11; *R. Streinz*, in: ders. (Hrsg.), EUV/AEUV, [3]München 2018, Art. 5 EUV, Rn. 13; *D. Kiekebusch*, Der Grundsatz der begrenzten Einzelermächtigung, Tübingen 2015, S. 267.

[34] *G. Sydow*, Verwaltungskoopeation in der Europäischen Union – Zur horizontalen und vertikalen Zusammenarbeit der europäischen Verwaltungen am Beispiel des Produktzulassungsrechts, 2004, S. 43 f.; *S. Kadelbach*, Allgemeines Verwaltungsrecht unter europäischem Einfluß, Tübingen 1999, S. 112.

[35] Auch *R. Streinz*, in: ders. (Hrsg.), EUV/AEUV, [3]München 2018, Art. 5 EUV, Rn. 13 deutet diese Möglichkeit an.

[36] Art. 258 ff. AEUV. Zu diesem Verfahren siehe oben § 2 B. II. und unten § 4 C. I. 1. b), § 4 C. II. 1. b), § 4 C. III. 1. und § 4 D. II. 1. a).

[37] Siehe oben § 2 A. II.

tung der mitgliedstaatlichen Gerichtsbarkeit.[38] Diese können auch in anderen Sanktionsverfahren fruchtbar gemacht werden, etwa im Vertragsverletzungsverfahren.[39]

Allerdings lässt sich aus dem Wortlaut des Art. 2 EUV selbst keine Befugnis zur Errichtung eines Sanktionsmechanismus ableiten. Vielmehr entspricht es der Systematik der Verträge, dass mögliche Sanktionen in den Verträgen angelegt sind.[40] Implied powers können nur dann angenommen werden, wenn sie zur Kompetenzwahrnehmung erforderlich sind.[41] Dies ist hier ebenfalls nicht erfüllt, da Art. 2 EUV der EU schon keine bestimmte Befugnis zuweist. Zudem bestehen insbesondere mit Art. 7 EUV sowie dem Vertragsverletzungsverfahren bereits andere Überwachungs- und Sanktionsverfahren.[42] Deshalb kann auch nicht aus der Bedeutung des Rechtsstaats für die unionale Zusammenarbeit – auch nicht unter Berücksichtigung des effet utile – eine entsprechende Kompetenz der EU abgeleitet werden.

Gleiches gilt für das Gebot des effektiven Rechtsschutzes aus Art. 19 Abs. 1 UAbs. 1 EUV sowie Art. 47 GRC. Auch aus diesen sowie weiteren Vorschriften insbesondere der GRC lassen sich äußere Grenzen für die Ausgestaltung des mitgliedstaatlichen Rechtsschutzsystems ziehen.[43] Sie enthalten jedoch weder explizit noch implizit Kompetenzgrundlagen für die Begründung eines finanziellen Sanktionsmechanismus. Ferner können ebenso wenig die Zielbestimmungen der EU als Kompetenzgrundlage herangezogen werden.[44] Deshalb kann die Errichtung eines „Raum[s] der Freiheit, der Sicherheit und des Rechts"[45] nicht als Kompetenzgrundlage für einen neuen Sanktionsmechanismus zum Schutz der Rechtsstaatlichkeit dienen.

---

[38] EuGH, Urteil v. 27.02.2018, Rs. C-64/16, *Associação Sindical dos Juízes Portugueses/Tribunal de Contas*, ECLI:EU:C:2018:117, Rn. 27 ff.; EuGH, Urteil v. 24.06.2019, Rs. C-619/18, *Kommission/Polen (Indépendance de la Cour suprême)*, ECLI:EU:C:2019:531, Rn. 42 ff.; EuGH, Urteil v. 05.11.2019, Rs. C-192/18, *Kommission/Polen (Indépendance des juridictions de droit commun)*, ECLI:EU:C:2019:924, Rn. 102 ff. Siehe oben § 2 A. II. und § 2 B. II.

[39] Zu den Vertragsverletzungsverfahren wegen Rechtsstaatsdefiziten gegen Ungarn siehe oben § 2 A. IV. 1. c), gegen Polen siehe oben § 2 A. IV. 2. c).

[40] Wie etwa das Verfahren nach Art. 7 EUV sowie das Vertragsverletzungsverfahren nach Art. 258 ff. AEUV. Dies ist auch Ausfluss des Prinzips der begrenzten Einzelermächtigung.

[41] Siehe oben § 3 B. I. 1.

[42] Zur möglichen Anwendung des Rechtsstaatsprinzips aus Art. 2 EUV im Rahmen des Vertragsverletzungsverfahrens siehe oben § 2 B. II. 1.

[43] Siehe oben § 2 A. II.

[44] Dies folgt aus dem Wortlaut von Art. 3 Abs. 6 EUV: „Die Union verfolgt ihre Ziele mit geeigneten Mitteln entsprechend den Zuständigkeiten, die ihr in den Verträgen übertragen sind." *C. Calliess*, in: C. Calliess/M. Ruffert (Hrsg.), EUV/AEUV, [5]München 2016, Art. 5 EUV, Rn. 8; *S. Kadelbach*, in: H. v. Groeben/J. Schwarze/A. Hatje (Hrsg.), Europäisches Unionsrecht, [7]Baden-Baden 2015, Art. 5 EUV, Rn. 8; *D. Kiekebusch*, Der Grundsatz der begrenzten Einzelermächtigung, Tübingen 2015, S. 267. Zu den rechtlichen Funktionen der Unionszielbestimmungen *F. Reimer*, EuR 38 (2003), S. 992 ff., 1000 ff.

[45] Art. 3 Abs. 2 EUV.

3. Sanktionsmechanismus auf der Grundlage der Bestimmungen zu den ESIF in EUV und AEUV

Die ESIF finden ihre kompetenzrechtliche Grundlage in EUV und AEUV. Auch hierauf lässt sich die Einführung eines solchen Sanktionsmechanismus aber nicht stützen. Gleiches gilt für die Loyalitätspflicht in Zusammenschau mit den ESIF.

a) Sanktionsmechanismus auf der Grundlage von EFRE, Kohäsionsfonds, ESF, EMFF und ELER

Die ESIF, bestehend aus EFRE, Kohäsionsfonds, ESF, EMFF und ELER, finden ihre primärrechtlichen Grundlagen in den Art. 3 Abs. 3 UAbs. 3 EUV, 162 bis 164 sowie Art. 174 bis 178 AEUV.[46] Für die kompetenzrechtliche Untersuchung kommt es darauf an, ob das Schutzziel des Sanktionsmechanismus mit der Kompetenzgrundlage vereinbar ist.[47]

aa) Schutzziel (umfassende) Rechtsstaatlichkeit

Art. 3 Abs. 3 UAbs. 3 EUV kann als reine Zielbestimmung nicht Kompetenzgrundlage für einen solchen Sanktionsmechanismus sein.[48] Auch auf den Wortlaut der übrigen Vorschriften lässt sich die Einführung eines Sanktionsmechanismus zum (umfassenden) Schutz der Rechtsstaatlichkeit nicht stützen: Nach den Art. 174 bis 176 AEUV sollen die strukturpolitischen Ziele durch finanzielle Förderung entsprechender Regionen und Vorhaben erreicht werden.[49] Der Kohäsionsfonds eröffnet gemäß Art. 177 Abs. 2 AEUV ebenso allein entsprechende Fördermöglichkeiten; gleiches gilt für die finanziellen Förderungen zur Umsetzung der sozialpolitischen Ziele des ESF sowie die wirtschafts- und regionalpolitischen Ziele des EMFF und ELER.[50] Finanzielle Sanktionen sind nicht vorgesehen.

Auch die Systematik spricht dagegen, in diesen Vorschriften eine Kompetenzgrundlage für einen Sanktionsmechanismus zum (umfassenden) Schutz der Rechtsstaatlichkeit zu sehen. Zur Erreichung der Ziele der ESIF kann es zwar nötig sein, die Förderung an bestimmte und für das jeweilige politische Ziel bzw. für die Umsetzung der jeweiligen Förderpolitiken notwendige Bedingungen zu knüpfen.[51] Zweck der ESIF ist es aber nicht, über die mit ihnen

---

[46] Siehe oben § 2 C. I. 1. Auf dieser Grundlage werden die zur Mittelbindung und -auszahlung gemäß Art. 310 Abs. 3 AEUV nötigen Basisrechtsakte erlassen. Daneben sind die nach Art. 322 AEUV erlassenen Haushaltsvorschriften für die Mittelbindung und -auszahlung maßgeblich. Siehe unten § 3 B. I. 4. c).

[47] Siehe oben § 3 B. I. 1.

[48] Siehe oben Fn. 44.

[49] *A. Puttler*, in: C. Calliess/M. Ruffert (Hrsg.), EUV/AEUV, [5]München 2016, Art. 176 AEUV, Rn. 1.

[50] Zu den einzelnen ESIF siehe oben § 2 C. II.

[51] Zu den Konditionalitäten siehe oben § 2 C. I. 2. a).

direkt verbundenen Politikfelder hinaus mitgliedstaatliche Politiken zu beeinflussen bzw. zu harmonisieren. Ein solches Vorgehen würde dem Grundsatz der begrenzten Einzelermächtigung widersprechen.[52] Dies gilt umso mehr für den aus mitgliedstaatlicher Sicht besonders sensiblen Bereich der Staatsorganisation bzw. der Organisation der Judikative.[53] Die Festlegung bestimmter Kriterien[54] zum (umfassenden) Schutz der Rechtsstaatlichkeit als Voraussetzung für einen Sanktionsmechanismus ginge über die zur Umsetzung der Förderpolitiken der ESIF notwendigen Regelungen hinaus. Entsprechend sehen auch die bisherigen Verordnungen zu den ESIF keinen besonderen Sanktionsmechanismus bzw. Konditionalitäten zum Schutz der Rechtsstaatlichkeit vor.[55]

In diesem Punkt würde sich ein neuer Sanktionsmechanismus zum (umfassenden) Schutz der Rechtsstaatlichkeit auch von der Verknüpfung der wirtschaftspolitischen Steuerung mit den ESIF unterscheiden.[56] Zwar liegt die Überprüfung der Vertragsrechtskonformität dieser Verknüpfung außerhalb dieser Untersuchung. Die EU hat zur Koordinierung der Wirtschaftspolitik aber immerhin gewisse Kompetenzen aus Art. 121 AEUV. Zudem ist eine ordnungsgemäße Wirtschaftspolitik eng mit den Zielen der ESIF – nachhaltiges Wachstum in allen Regionen der EU – verbunden. Bei beidem – der Förderung durch die ESIF sowie der Wirtschaftspolitik – handelt es sich ferner um sachlichrechtliche Regelungen, die grundsätzlich in einem Basisrechtsakt[57] geregelt werden können.

Für die Rechtsstaatlichkeit gilt dieser Zusammenhang hingegen nur eingeschränkt. Zwar wird ihr besondere Bedeutung für die nachhaltige wirtschaftliche Entwicklung zugemessen.[58] Dieser Zusammenhang ist allerdings wesentlich schwächer als bei wirtschaftspolitischen Maßnahmen. Zudem verfügt die EU über keine vergleichbaren Kompetenzen zur Beeinflussung der mitgliedstaatlichen Rechtspolitik. Art. 81 und 82 AEUV genügen hierfür ebenfalls nicht, da sie im Wesentlichen den Grundsatz der gegenseitigen Anerkennung und die Voraussetzungen hierfür festschreiben; eine darüberhinausgehende Koordinierung bzw. Vereinheitlichung ist nicht vorgesehen. Folglich könnten entsprechende Regelungen auch nicht in einem Basisrechtsakt festgelegt werden.[59]

---

[52] Siehe oben § 3 B. I. 1.

[53] Siehe oben § 2 A. I.

[54] Siehe unten § 4 A.

[55] Siehe oben § 2 C. I. 2. a).

[56] Art. 23 VO (EU) Nr. 1303/2013 (ESIF-Dachverordnung 2013), ABl. EU L 347 v. 17.12.2013, S. 320 ff.; Art. 15 Geänderter Vorschlag COM (2020) 23 final (Vorschlag ESIF-Dachverordnung 2021) v. 14.01.2020. Zur Verknüpfung der ESIF mit der wirtschaftspolitischen Steuerung siehe oben § 2 C. I. 2. a) cc).

[57] Ein solcher ist – neben Haushaltsvorschriften – für die Mittelbindung und -auszahlung nötig, Art. 310 Abs. 3 AEUV. Siehe unten § 3 B. I. 4. c).

[58] Siehe oben § 2 A. III. 5.

[59] Zum Basisrechtsakt siehe unten § 3 B. I. 4. c).

bb) Umsetzung der ESIF als Schutzziel

Statt eines umfassenden Schutzes der mitgliedstaatlichen Rechtsstaatlichkeit könnte der Sanktionsmechanismus nur die ordnungsgemäße Umsetzung der ESIF als Ziel verfolgen. Die Rechtsstaatlichkeit würde insoweit nur mittelbar geschützt.[60] Bereits jetzt enthalten ESIF-Dachverordnung 2013 und der Vorschlag für die ESIF-Dachverordnung 2021 Vorschriften zur Rechnungsprüfung, Aussetzung von Zahlungen und finanziellen Berichtigungen.[61] Dies spricht dafür, dass auch der Verordnungsgeber von entsprechenden implied powers etwa in Art. 177 AEUV zur Umsetzung der ESIF ausgeht.[62]

Allerdings dienen diese bestehenden Regelungen primär dem Schutz des EU-Haushalts bzw. den finanziellen Interessen der EU.[63] Auch das Ziel, eine möglichst gesetzesmäßige Umsetzung der ESIF zu erreichen, verfolgt vornehmlich den Schutz der finanziellen Interessen der EU als Zweck.[64] Wegen dieses primären Schutzzwecks liegt die kompetenzrechtliche Grundlage hierfür in Art. 322 Abs. 1 AEUV, auf dessen Grundlage die Haushaltsvorschriften zum Schutz der finanziellen Interessen der EU erlassen werden.[65] Diese Kompetenzgrundlage ist spezieller, so dass ein Rückgriff auf andere Kompetenzgrundlagen für die ESIF und ihre implied powers ausscheidet.[66] Zudem ist es rechtstechnisch sinnvoller, Regelungen zur finanziellen Sanktionierung – die gegebenenfalls mehrere verschiedene ESIF betrifft – in allgemeingültigen Vorschriften zu treffen und nicht in den Vorschriften zu den einzelnen ESIF.

b) Sanktionsmechanismus als Ausfluss der Loyalitätspflicht

Die ESIF sollen den wirtschaftlichen, sozialen und territorialen Zusammenhalt stärken;[67] die Mitgliedstaaten tragen durch ihre Politik hierzu bei.[68] Diese Ziel-

---

[60] Siehe oben § 2 C. III. 1.

[61] Siehe oben § 2 C. I. 2. b).

[62] Zu implied powers siehe oben § 3 B. I. 1.

[63] Dies folgt auch aus den ErwG. 71, 72 und 119 VO (EU) Nr. 1303/2013 (ESIF-Dachverordnung 2013), ABl. EU L 347 v. 17.12.2013, S. 320 ff.; ErwG. 57 f. Geänderter Vorschlag COM (2020) 23 final (Vorschlag ESIF-Dachverordnung 2021) v. 14.01.2020.

[64] Siehe oben § 2 C. III. 1. und unten § 3 B. I. 4. c) cc).

[65] Dies ergibt sich schon aus dem Wortlaut von Art. 322 Abs. 1 lit. a) AEUV, nach dem die Haushaltsvorschriften neben der Aufstellung und Ausführung des Haushaltsplans „die Rechnungslegung und Rechnungsprüfung im Einzelnen" regeln. Siehe unten § 3 B. I. 4. c).

[66] Insbesondere die Regelungen in Art. 137 bis 147 VO (EU) Nr. 1303/2013 (ESIF-Dachverordnung 2013), ABl. EU L 347 v. 17.12.2013, S. 320 ff. sollten deshalb in den Haushaltsvorschriften getroffen werden. Die Wahl der falschen Rechtsgrundlage ist auch relevant: Zwar werden sowohl die ESIF-Dachverordnung als auch die Haushaltsvorschriften nach dem ordentlichen Gesetzgebungsverfahren erlassen. Es bestehen jedoch unterschiedliche Anhörungsrechte im Rahmen des Gesetzgebungsverfahrens. Siehe hierzu unten § 3 B. I. 4. c) bb). Die ESIF-Dachverordnung ist auch ausdrücklich auf Art. 322 AEUV gestützt, Geänderter Vorschlag COM (2020) 23 final (Vorschlag ESIF-Dachverordnung 2021) v. 14.01.2020.

[67] Insbesondere Art. 3 Abs. 3 UAbs. 3 EUV sowie Art. 174 ff. AEUV.

[68] Art. 175 Abs. 1 S. 1 AEUV.

bestimmungen haben neben ihrer politischen Informations- und Integrationsfunktion[69] eine wichtige praktische Bedeutung: Die Mitgliedstaaten müssen im Rahmen der loyalen Zusammenarbeit Maßnahmen unterlassen, „die die Verwirklichung der Ziele der Verträge der Union gefährden könnten".[70] Dies bedeutet für die Mitgliedstaaten die Unterlassungspflicht, die Ziele und die Arbeit der ESIF weder zu gefährden noch tatsächlich zu erschweren. Vielmehr müssen die Mitgliedstaaten zur Umsetzung dieser Ziele positiv beitragen.[71]

Ihr maßgebliches Ziel, die Stärkung des Zusammenhalts in der EU, sollen die ESIF durch nachhaltige wirtschaftliche Entwicklung insbesondere in benachteiligten Regionen erreichen. Für die nachhaltige wirtschaftliche Entwicklung besitzt die Rechtsstaatlichkeit eine besondere Bedeutung.[72] Für die Feststellung eines Verstoßes gegen die Pflicht zur loyalen Zusammenarbeit müsste aber ein Zusammenhang zwischen der Missachtung der Rechtsstaatlichkeit, der Verschlechterung der wirtschaftlichen Lage sowie der daraus folgenden nicht möglichen Zielerreichung der ESIF dargelegt werden. Der Nachweis dieser Kausalkette ist regelmäßig nur schwer zu führen. Zudem könnte ein solcher Verstoß gegen die Loyalitätspflicht zwar, sofern deren Voraussetzungen erfüllt sind, mögliche Sanktionen etwa im Rahmen des Vertragsverletzungsverfahrens nach sich ziehen.[73] Trotzdem ergibt sich daraus aber schon dem Wortlaut nach keine Kompetenz für einen neuen Sanktionsmechanismus.

4. Das Haushaltsrecht als Kompetenzgrundlage

Eine Kompetenzgrundlage für den finanziellen Sanktionsmechanismus liegt aber im unionalen Haushaltsrecht. Dieses ist auf Ebene der EU mehrschichtig aufgebaut und besteht aus dem MFR, dem jährlichen Haushaltsplan sowie hierzu erlassenen Haushaltsvorschriften.[74] Nur letztere ermöglichen der EU die Einführung eines solchen Sanktionsmechanismus.

---

[69] *F. Reimer*, EuR 38 (2003), S. 992 ff., 999 f.

[70] Die Vorschriften zu den ESIF enthalten keine abschließenden und spezielleren Unterlassensvorschriften für die Mitgliedstaaten, so dass auf die allgemeine Regel in Art. 4 Abs. 3 UAbs. 3 Alt. 2 EUV zurückgegriffen werden muss. Zur Subsidiarität dieser allgemeinen Regel *R. Streinz*, in: ders. (Hrsg.), EUV/AEUV, ³München 2018, Art. 4 EUV, Rn. 73.

[71] EuGH, Urteil v. 23.01.1975, Rs. 31-74, *Pretura di Roma/Italien*, ECLI:EU:C:1975:8, Rn. 14; *M. Ruffert*, in: C. Calliess/M. Ruffert (Hrsg.), EUV/AEUV, ⁵München 2016, Art. 3 EUV, Rn. 7; *F. Reimer*, EuR 38 (2003), S. 992 ff., 1000 ff.

[72] Siehe oben § 2 A. III. 5.

[73] Art. 258 ff. AEUV. So auch *C. Calliess/W. Kahl/A. Puttler*, in: C. Calliess/M. Ruffert (Hrsg.), EUV/AEUV, ⁵München 2016, Art. 4 EUV, Rn. 42.

[74] Die Finanzvorschriften der EU wurden durch den Vertrag von Lissabon maßgeblich verändert. Zu den Auswirkungen dieser Veränderungen auf das jeweilige politische Gewicht der Organe sowie das Finanzverhalten der EU etwa *G. Benedetto*, J. Pub. Pol. 33 (2013), S. 345 ff.

a) Mehrjähriger Finanzrahmen (MFR)

Der nach Zustimmung des Parlaments vom Rat einstimmig erlassene MFR dient der geordneten Entwicklung der EU-Finanzen und ist Basis für die Erstellung der jährlichen Haushaltspläne.[75] Diese Verordnung enthält die jährlichen Obergrenzen der Mittel für Verpflichtungen je Ausgabenkategorie nach „Hauptätigkeitsbereichen" der EU sowie die jährliche Obergrenze der Mittel für Zahlungen.[76] Hierdurch legen die Organe der EU die finanzwirtschaftlichen Prioritäten für den mehrjährigen Zeitraum fest;[77] Detailbestimmungen sind dem jährlichen Haushaltsplan vorbehalten.[78] Daneben enthält der MFR „sonstige [...] für den reibungslosen Ablauf des jährlichen Haushaltsverfahrens sachdienliche[...] Bestimmungen", insbesondere zur Umsetzung des MFR.[79]

Zwar verfügen die Organe hinsichtlich der sachdienlichen Bestimmungen über ein weites Ermessen,[80] alle Regelungen des MFR müssen aber einen engen

---

[75] Art. 312 Abs. 1 UAbs. 1 und 3 AEUV. Der Finanzrahmen der EU muss mindestens fünf Jahre umfassen, Art. 312 Abs. 1 UAbs. 2 AEUV. Der derzeit laufende Finanzrahmen wurde für eine Dauer von 7 Jahren (2014 bis 2020) beschlossen, Art. 1 VO (EU, Euratom) Nr. 1311/2013 (MFR 2014–2020), ABl. EU L 347 v. 02.12.2013, S. 884 ff. Für den neuen Finanzrahmen ab 2021 ist ebenfalls eine Dauer von 7 Jahren vorgesehen. Art. 1 Vorschlag COM (2018) 322 final/2 (MFR 2021–2027) v. 15.05.2018.

Die Aufstellung des als Verordnung erlassenen MFR ist in Art. 312 Abs. 2 AEUV geregelt. Von der Passerelle-Klausel in Art. 312 Abs. 2 UAbs. 2 AEUV hat der Europäische Rat bisher keinen Gebrauch gemacht.

[76] Art. 312 Abs. 3 UAbs. 1 AEUV. Im MFR 2014–2020 sind es folgende Ausgabenkategorien: 1. Intelligentes und integratives Wachstum (unterteilt in Wettbewerbsfähigkeit für Wachstum und Beschäftigung sowie wirtschaftlicher, sozialer und territorialer Zusammenhalt), 2. Nachhaltiges Wachstum – natürliche Ressourcen (darunter marktbezogene Ausgaben und Direktzahlungen), 3. Sicherheit und Unionsbürgerschaft, 4. Europa in der Welt, 5. Verwaltung und 6. Ausgleichszahlungen. Anhang zu VO (EU, Euratom) Nr. 1311/2013 (MFR 2014–2020), ABl. EU L 347 v. 02.12.2013, S. 884 ff. Darüber hinaus werden noch für besondere Instrumente (Reserve für Soforthilfe; Solidaritätsfonds der EU; Flexibilitätsinstrument; Europäischer Fonds für Anpassung an die Globalisierung; Spielraum für unvorhergesehene Ausgaben; Gesamtspielraum für Mittel für Verpflichtungen für Wachstum und Beschäftigung, insbesondere Jugendbeschäftigung; spezielle Flexibilität zur Bekämpfung der Jugendarbeitslosigkeit und zur Stärkung der Forschung; Beitrag zur Finanzierung von Großprojekten) spezielle Regelungen und Obergrenzen festgelegt, Art. 9 bis 16 VO (EU, Euratom) Nr. 1311/2013 (MFR 2014–2020), ABl. EU L 347 v. 02.12.2013, S. 884 ff.

[77] *C. Waldhoff*, in: C. Calliess/M. Ruffert (Hrsg.), EUV/AEUV, [5]München 2016, Art. 312 AEUV, Rn. 2.

[78] Der MFR stellt nicht den Haushalt der EU dar. *G. Benedetto*, J. Pub. Pol. 33 (2013), S. 345 ff., 354 ff. Der jährliche Haushaltsplan wird gemäß Art. 314 AEUV aufgestellt. Siehe hierzu unten § 3 B. I. 4. b). Die Ermöglichung von Detailregelungen in den jährlichen Haushaltsplanungen dient der Flexibilität, *R. Bieber*, in: H. v. Groeben/J. Schwarze/A. Hatje (Hrsg.), Europäisches Unionsrecht, [7]Baden-Baden 2015, Art. 312 AEUV, Rn. 4.

[79] Art. 312 Abs. 3 UAbs. 2 AEUV. *C. Waldhoff*, in: C. Calliess/M. Ruffert (Hrsg.), EUV/AEUV, [5]München 2016, Art. 312 AEUV, Rn. 5.

[80] *M. Niedobitek*, in: R. Streinz (Hrsg.), EUV/AEUV, [3]München 2018, Art. 312 AEUV, Rn. 22.

Bezug zum Haushaltsverfahren aufweisen.[81] Dies ist bei sanktionsbewehrten allgemeinen oder auf den Schutz der EU-Finanzen fokussierten Vorschriften zur mitgliedstaatlichen Rechtsstaatlichkeit nicht gegeben. Zudem richtet sich der MFR primär an die unionalen Haushaltsgesetzgeber[82] sowie die Kommission zur Durchführung des Haushalts. Die MFR-Verordnungsgeber können einzelne Regelungen zur Umsetzung eines Sanktionsmechanismus treffen, etwa für die Übertragung von Mittelbindungen auf Folgejahre mit entsprechender Erhöhung der jährlichen Obergrenze.[83] Diese Möglichkeit könnte auf die Umsetzung dieses Sanktionsmechanismus beschränkt werden; eine solche Festlegung ist aber wegen der erforderlichen Einstimmigkeit nur schwer zu erreichen.[84] Stattdessen könnte der MFR auch eine allgemein größere Flexibilisierung zur überjährigen Übertragung von Mitteln mit entsprechender Erhöhung der jährlichen Obergrenzen vorsehen, von der dann auch dieser Sanktionsmechanismus profitieren würde. Eine solche generelle Flexibilisierung, die etwa die Zustimmung von Parlament mit Mehrheit und Rat mit qualifizierter Mehrheit erfordern könnte, ist politisch womöglich leichter erreichbar.

b) Jährlicher Haushaltsplan

Der auf Basis des MFR aufgestellte[85] und durch entsprechende Feststellung des Präsidenten des Parlaments erlassene[86] jährliche Haushaltsplan muss die in Art. 310 AEUV aufgeführten Grundsätze einhalten: Dies betrifft insbesondere den Ausgleich von Einnahmen und Ausgaben, Haushaltsdisziplin, Wirtschaftlichkeit der Haushaltsführung sowie Schutz der finanziellen Interessen der EU gegen rechtswidrige Handlungen.[87] Diese Grundsätze beziehen sich vor allem

---

[81] *S. Magiera*, in: E. Grabitz/M. Hilf/M. Nettesheim (Hrsg.), Das Recht der Europäischen Union, [69]München 2020, Art. 312 AEUV, Rn. 13. Dies folgt auch aus dem Prinzip der begrenzten Einzelermächtigung, siehe oben § 3 B. I.

[82] Art. 312 Abs. 1 UAbs. 3 und Art. 310 Abs. 4 Hs. 2 AEUV. *C. Waldhoff*, in: C. Calliess/M. Ruffert (Hrsg.), EUV/AEUV, [5]München 2016, Art. 312 AEUV, Rn. 3.

[83] Eine solche Regelung ist für die Verbindung zwischen Wirksamkeit der ESIF und der ordnungsgemäßen Steuerung in Art. 8 VO (EU, Euratom) Nr. 1311/2013 (MFR 2014–2020), ABl. EU L 347 v. 02.12.2013, S. 884 ff. getroffen worden. Dies betrifft aber nur die Umsetzung, für die weiteren Voraussetzungen und Modalitäten verweist diese Vorschrift aber auf den entsprechenden Basisrechtsakt. Siehe oben § 2 C. I. 2. a) cc).

Für den MFR 2021–2027 schlägt die Kommission eine solche Regelung in Art. 7 Vorschlag COM (2018) 322 final/2 (MFR 2021–2027) v. 15.05.2018 vor.

[84] Siehe oben § 3 A. III.

[85] Art. 312 Abs. 1 UAbs. 3 AEUV. Den jährlichen Haushaltsplan stellen Parlament und Rat gemäß der Vorgaben aus Art. 310 Abs. 1 UAbs. 2 und Art. 314 AEUV auf.

[86] Art. 314 Abs. 9 AEUV. Hierbei handelt es sich um einen Rechtsakt sui generis, *M. Niedobitek*, in: R. Streinz (Hrsg.), EUV/AEUV, [3]München 2018, Art. 314 AEUV, Rn. 41. Nach aA handelt es sich bei dem Haushaltsplan rechtstechnisch um den Anhang zu einer Verordnung zur Festlegung des Haushaltsplans, so etwa *C. Waldhoff*, in: C. Calliess/M. Ruffert (Hrsg.), EUV/AEUV, [5]München 2016, Art. 310 AEUV, Rn. 17.

[87] Art. 310 Abs. 1 UAbs. 3, Abs. 4, Abs. 5 und Abs. 6 AEUV. Zu den Haushaltsgrundsät-

auf die Aspekte der Haushaltsplanung bzw. genauer der *Aufstellung* des Haushalts; der Haushaltsplan selbst ist letztlich vor allem ein Zahlenwerk.[88]

Die materiellen Vorgaben zur Umsetzung des Haushaltsplans sind in der EHO sowie in Basisrechtsakten geregelt: Die Bewilligung der im Haushaltsplan eingesetzten Ausgaben erfolgt gemäß der EHO.[89] Zudem bedarf es für die Ausführung dieser Ausgaben eines verbindlichen Basisrechtsakts, mit dem die jeweiligen finanzierten Maßnahmen eine der EHO entsprechende Rechtsgrundlage erhalten.[90] Dieses zusätzliche Erfordernis eines Basisrechtsakts folgt aus den unterschiedlichen Verfahren und Kompetenzen sowie zum Schutz des institutionellen Gleichgewichts.[91] Der Haushaltsplan stellt für die Ausführung des Haushalts also eine notwendige, nicht aber hinreichende Bedingung dar.[92] Die Organe der EU sind durch den Haushaltsplan allein zur Ausführung des Haushalts weder ermächtigt noch verpflichtet.[93] Nach Art. 317 Abs. 1 S. 1 AEUV verpflichtet der Haushaltsplan die Kommission auch (nur) „grundsätzlich" zur Ausführung des Haushaltsplans gemäß der EHO.[94]

Deshalb kann ein finanzieller Sanktionsmechanismus zum Schutz der Rechtsstaatlichkeit nicht im Haushaltsplan festgelegt werden. Denn ein solcher lässt sich nicht unter die Grundsätze zur *Aufstellung* des Haushalts fassen, er ist vielmehr erst bei der Bewilligung bzw. *Ausführung* des Haushalts relevant. In den jährlichen Haushaltsplänen könnten aber Regelungen für die Ausgestaltung des Sanktionsmechanismus getroffen werden, etwa zur Übertragung von Mit-

---

zen *C. Waldhoff*, in: C. Calliess/M. Ruffert (Hrsg.), EUV/AEUV, [5]München 2016, Art. 310 AEUV, Rn. 20 ff. Für den Schutz der finanziellen Interessen der EU gegen Betrügereien und andere rechtswidrige Handlungen stellt Art. 325 AEUV Spezialvorschriften auf. Siehe unten § 3 B. I. 4. d).

[88] Siehe etwa den Haushaltsplan 2019: Erlass 2019/333 (EU, Euratom) (Gesamthaushaltsplan 2019), ABl. EU L 67 v. 12.12.2018, S. 1 ff.

[89] Art. 310 Abs. 2 und Art. 322 Abs. 1 AEUV. Siehe unten § 3 B. I. 4. c) aa).

[90] Art. 310 Abs. 3 AEUV und Art. 58 Abs. 1 bis 5 VO (EU, Euratom) Nr. 2018/1046 (EHO), ABl. EU L 193 v. 30.07.2018, S. 1 ff. Hierzu und zu den eng begrenzten Ausnahmen in Art. 58 Abs. 2 VO (EU, Euratom) Nr. 2018/1046 (EHO), ABl. EU L 193 v. 30.07.2018, S. 1 ff. *C. Waldhoff*, in: C. Calliess/M. Ruffert (Hrsg.), EUV/AEUV, [5]München 2016, Art. 310 AEUV, Rn. 30 f.; *M. Niedobitek*, in: R. Streinz (Hrsg.), EUV/AEUV, [3]München 2018, Art. 310 AEUV, Rn. 46 ff. Für die kompetenzrechtliche Grundlage für die Basisrechtsakte zu den ESIF siehe oben § 3 B. I. 3.

[91] Der Basisrechtsakt wird regelmäßig nach dem ordentlichen Gesetzgebungsverfahren gemäß Art. 294 AEUV erlassen. Der jährliche Haushaltsplan wird nach dem besonderen Gesetzgebungsverfahren gemäß Art. 310 Abs. 1 UAbs. 2 und Art. 314 AEUV aufgestellt. Hierzu EuGH, Urteil v. 12.05.1998, Rs. C-106/96, *Vereinigtes Königreich/Kommission*, ECLI:EU:C:1998:218, Rn. 28; *F. Meinel*, Die Verwaltung 51 (2018), S. 153 ff., 157.

[92] *M. Niedobitek*, in: R. Streinz (Hrsg.), EUV/AEUV, [3]München 2018, Art. 310 AEUV, Rn. 46; *C. Waldhoff*, in: C. Calliess/M. Ruffert (Hrsg.), EUV/AEUV, [5]München 2016, Art. 310 AEUV, Rn. 30.

[93] *C. Waldhoff*, in: C. Calliess/M. Ruffert (Hrsg.), EUV/AEUV, [5]München 2016, Art. 310 AEUV, Rn. 17.

[94] *M. Niedobitek*, in: R. Streinz (Hrsg.), EUV/AEUV, [3]München 2018, Art. 314 AEUV, Rn. 40.

telbindungen auf Folgejahre. Legt der Sanktionsmechanismus statt der Aussetzung von Mittelzahlungen bzw. -bindungen Geldbußen fest, müssten diese als Einnahmen im Haushaltsplan verbucht werden.[95]

c) Haushaltsvorschriften

Ein solcher Sanktionsmechanismus lässt sich aber auf die von Parlament und Rat erlassenen Haushaltsvorschriften stützen.[96] Hierüber lässt sich jedoch nur ein Sanktionsmechanismus begründen, dessen Ziel der Schutz der finanziellen Interessen der EU ist. Ein umfassender Schutz der mitgliedstaatlichen Rechtsstaatlichkeit ist so nicht möglich.

aa) Systematik der Haushaltsvorschriften

Nach Art. 322 Abs. 1 lit. a) und b) AEUV regeln sie „insbesondere die Aufstellung und Ausführung des Haushaltsplans sowie die Rechnungslegung und Rechnungsprüfung" und „die Kontrolle der Verantwortung der Finanzakteure und insbesondere der Anweisungsbefugten und der Rechnungsführer".[97] Die EHO ist Teil dieser Haushaltsvorschriften.[98] Zudem enthalten die Art. 310 Abs. 2 und 3, Art. 315 Abs. 1 und 2, Art. 316 Abs. 1 und 2 sowie Art. 317 AEUV Vorgaben für den Inhalt der EHO.[99]

---

[95] Auch Geldbußen fallen unter die Einnahmen, *C. Waldhoff*, in: C. Calliess/M. Ruffert (Hrsg.), EUV/AEUV, [5]München 2016, Art. 311 AEUV, Rn. 12. Diese werden zusammen mit den Zwangsgeldern im Haushaltsplan ausgewiesen, hierunter fallen etwa Zwangsgelder und Pauschalbeträge wegen Nichtbefolgen eines Urteils des EuGH (Art. 260 AEUV; siehe unten § 4 D. II. 1. a)), Geldbußen zur Ahndung von Betrügereien und Unregelmäßigkeiten sowie Geldbußen im Rahmen der wirtschaftspolitischen Steuerung. Titel 7, Kapitel 7.1 Erlass 2019/333 (EU, Euratom) (Gesamthaushaltsplan 2019), ABl. EU L 67 v. 12.12.2018, S. 1 ff.

[96] Diese Haushaltsvorschriften werden gemäß dem ordentlichen Gesetzgebungsverfahren durch Verordnungen nach Anhörung des EuRH erlassen (Art. 294 AEUV). Aus politischer Sicht hat dies den Vorteil, dass das Parlament mit Mehrheit und der Rat mit qualifizierter Mehrheit beschließen. Für das Parlament ergibt sich dies aus Art. 294 Abs. 3, Abs. 7, Abs. 13 S. 1 AEUV. Für den Rat folgt dies aus Art. 294 Abs. 4, 5, 8 und 13 AEUV und Art. 16 Abs. 3 EUV. Nur sofern der Rat einen Vorschlag der Kommission abändert, bedarf es der Einstimmigkeit, Art. 293 Abs. 1 Hs. 1 AEUV. Hierzu *M. Krajewski/U. Rösslein*, in: E. Grabitz/M. Hilf/M. Nettesheim (Hrsg.), Das Recht der Europäischen Union, [69]München 2020, Art. 294 AEUV, Rn. 36; *M. Gellermann*, in: R. Streinz (Hrsg.), EUV/AEUV, [3]München 2018, Art. 294 AEUV, Rn. 20. Zum für den MFR 2021–2027 vorgeschlagenen und einstimmig zu beschließenden Verknüpfung mit diesem Sanktionsmechanismus siehe unten § 3 B. II.

[97] Art. 322 Abs. 2 AEUV enthält Regelungen zur Aufstellung der Durchführungsbestimmungen für die Eigenmittel der Kommission.

[98] Die derzeit gültige EHO ist die VO (EU, Euratom) Nr. 2018/1046 (EHO), ABl. EU L 193 v. 30.07.2018, S. 1 ff. Sie enthält unter anderem Regelungen zum Haushaltsplan und zu Haushaltsgrundsätzen (Art. 6 bis 38), zur Aufstellung und Gliederung des Haushaltsplans (Art. 39 bis 55), zum Haushaltsvollzug (Art. 56 bis 123) sowie gemeinsame Vorschriften zur Mittelverwaltung (Art. 124 bis 153) und zur indirekten Mittelverwaltung (Art. 154 bis 159). Die EHO konkretisiert somit die Finanzvorschriften aus Art. 310 bis 325 AEUV.

[99] Hierunter fallen Regelungen zur Bewilligung der Ausgaben aus dem jährlichen Haus-

Der Wortlaut dieser Vorschriften verhält sich zu der Möglichkeit der Einführung eines finanziellen Sanktionsmechanismus zum Schutz der Rechtsstaatlichkeit im Rahmen der Haushaltsvorschriften nicht ausdrücklich. Hierfür kommt es entscheidend auf die dahinterliegende Systematik des Rechts der Haushaltsvorschriften an: Schon aus dem Begriff der „Haushaltsvorschrift[en]“[100] wird deutlich, dass nur solche Regelungen in den Haushaltsvorschriften getroffen werden können, die einen Bezug zum Haushalt der EU haben. Ferner dienen die Haushaltsvorschriften zusammen mit den Basisrechtsakten nur der Ausführung des Haushaltsplans.[101] Folglich können die Haushaltsvorschriften im Haushaltsplan getroffene Grundentscheidungen, insbesondere Schwerpunkte und maximale Höhe der finanziellen Mittel je ESIF, nicht ändern.

Dies spiegelt sich im Gesetzgebungsverfahren zur Aufstellung der Haushaltsvorschriften wider: Vor Erlass dieser ist allein der Europäische Rechnungshof (EuRH) anzuhören, der die (externe) Finanzkontrolle zum Schutz der finanziellen Interessen der EU übernimmt.[102] Die Überprüfung inhaltlicher Wertungen oder Schwerpunktsetzungen des Haushalts obliegt ihm aber nicht. Im Gegensatz dazu sind vor Erlass der Verordnungen zu den ESIF der Wirtschafts- und Sozialausschuss sowie der Ausschuss der Regionen anzuhören. Ihre Aufgabe besteht darin, insbesondere zur inhaltlichen Ausgestaltung dieser Verordnungen und damit Schwerpunktsetzung des Haushalts Stellung nehmen.[103]

Daraus folgt, dass in den Haushaltsvorschriften Bestimmungen zur Mittelbindung und -auszahlung zum Schutz der finanziellen Interessen der EU sowie zur ordnungsgemäßen Umsetzung nötig und möglich sind.[104] Nur so können die Haushaltsvorschriften ihren Zweck – die Regelung der Haushaltsausführung sowie der Rechnungslegung und -prüfung – erfüllen. Dies folgt etwa aus den in den Haushaltsvorschriften zwingend vorzusehenden Regelungen zur

---

haltsplan (siehe oben § 3 B. I. 4. b)), Regelungen für einen Nothaushalt (Art. 315 Abs. 1 und 2 AEUV), zur Übertragbarkeit und Gliederung der Mittel (Art. 316 Abs. 1 und 2 AEUV) sowie zur Ausführung des Haushaltsplans und entsprechende Kontroll- und Wirtschaftsprüfungspflichten (Art. 317 AEUV).

[100] Art. 322 Abs. 1 lit. a) AEUV. Gleiches gilt für die englische („financial rules“), französische („règles financières“), spanische („normas financieras“) und dänische („finansielle regler“) Sprachfassung.

[101] *J. Brauneck*, EuR 54 (2019), S. 37 ff., 44.

[102] Art. 322 Abs. 1 AEUV. Zur Aufgabe des EuRH Art. 285 Abs. 1 AEUV und *S. Magiera*, in: E. Grabitz/M. Hilf/M. Nettesheim (Hrsg.), Das Recht der Europäischen Union, [69]München 2020, Art. 285 AEUV, Rn. 5; *M. Niedobitek*, in: R. Streinz (Hrsg.), EUV/AEUV, [3]München 2018, Art. 285 AEUV, Rn. 10 f. Die Rechnungsprüfung durch den EuRH ist in Art. 287 AEUV geregelt. Siehe auch unten § 4 B. I. 3.

[103] Art. 164, Art. 175 UAbs. 3, Art. 177 UAbs. 1 S. 1 und UAbs. 2 sowie Art. 178 UAbs. 1 AEUV. Zum Wirtschafts- und Sozialausschuss siehe Art. 300 ff. AEUV; zum Ausschuss der Regionen siehe Art. 300 sowie Art. 305 ff. AEUV.

[104] Diese sind in der EHO für die geteilte Mittelverwaltung festgelegt in Art. 63 sowie Art. 125 bis 129 VO (EU, Euratom) Nr. 2018/1046 (EHO), ABl. EU L 193 v. 30.07.2018, S. 1 ff. Siehe hierzu oben § 2 C. I. 4.

Ausgabenkontrolle.[105] Wegen dieses zwingend zu erfüllenden Zwecks greifen solche Bestimmungen auch nicht unverhältnismäßig in die Wertungen der übrigen Haushaltsgesetze, insbesondere Haushaltsplan und Basisrechtsakte, ein.

Ein solcher unverhältnismäßiger Eingriff in Wertungen bzw. Schwerpunkte der materiellen Haushaltsgesetze wäre erst dann gegeben, wenn diese mittels der Haushaltsvorschriften systematisch geändert würden. Dies wäre etwa der Fall, wenn die Haushaltsvorschriften für die Mittelbindung und -auszahlung in einzelnen Kategorien im Vergleich zu übrigen Kategorien besonders hohe Anforderungen stellen würden bzw. den Mittelabfluss in bestimmten Bereichen erheblich erschweren würden. Somit muss sichergestellt werden, dass die Anforderungen der Haushaltsvorschriften die einzelnen Kategorien grundsätzlich gleichbehandeln.

bb) Keine Verschiebung des institutionellen Gleichgewichts

Mit einem solchen finanziellen Sanktionsmechanismus in den Haushaltsvorschriften dürfte auch das institutionelle Gleichgewicht nicht verschoben bzw. Kompetenz- und Zustimmungserfordernisse umgangen werden. Dieses durch EUV und AEUV vorgegebene Prinzip regelt als Ausprägung des Konzepts der Gewaltenteilung die Kompetenzaufteilung zwischen den Organen.[106] Der EuGH überwacht dessen Einhaltung durch die Kontrolle der Beachtung der Befugnisse der einzelnen Organe.[107]

Der im Rat einstimmig zu verabschiedende MFR stellt nur verpflichtende Vorgaben für die unionalen Haushaltsgesetzgeber insbesondere mit Blick auf jährliche Obergrenzen je Kategorie auf. Er selbst verpflichtet die Organe aber nicht zur Mittelbindung bzw. -auszahlung. Gleiches gilt für den Haushaltsplan, der die EU nur zur Mittelbindung und -auszahlung gemäß des jeweiligen Basisrechtsakts und der EHO ermächtigt. Die in MFR und Haushaltsplan festgelegten Grundsätze betreffen insbesondere die (maximale) Ausgabenhöhe je Ausgabenkategorien; sie enthalten im Übrigen aber keine konkreteren Vorgaben.[108] Diese werden durch einen in den Haushaltsvorschriften festgelegten Sanktionsmechanismus, der der ordnungsgemäßen Umsetzung sowie dem Schutz der finanziellen Interessen der EU dient, nicht verändert.[109] Das institutionelle Gleichgewicht ist insoweit deshalb nicht berührt.

---

[105] Art. 322 Abs. 1 lit. a) und b) AEUV.

[106] *C. Kamm*, in: M. Hein/F. Petersen/S. von Steinsdorff (Hrsg.), Die Grenzen der Verfassung, Baden-Baden 2018, S. 233, 240 f.

[107] EuGH, Urteil v. 24.06.2014, Rs. C-658/11, *Parlament/Rat*, ECLI:EU:C:2014:2025, Rn. 56; EuGH, Urteil v. 04.10.1991, Rs. C-70/88, *Parlament/Rat*, ECLI:EU:C:1991:373, Rn. 7 ff.; EuGH, Urteil v. 29.10.1980, Rs. 138/79, *Roquette Frères/Rat*, ECLI:EU:C:1980:249, Rn. 33. Knapp zum institutionellen Gleichgewicht und zur Abgrenzung zum Gesetzesvorbehalt *H. Rieckhoff*, Der Vorbehalt des Gesetzes im Europarecht, Tübingen 2012, S. 131 f.

[108] Zum MFR siehe oben § 3 B. I. 4. a); zum Jahreshaushaltsplan siehe oben § 3 B. I. 4. b).

[109] AA *J. Brauneck*, EuR 54 (2019), S. 37 ff., 47 f. Nach dieser Ansicht liegt hierin eine

Für die Mittelbindung und -auszahlung bedarf es neben der EHO eines Basisrechtsakts. Diese Basisrechtsakte werden regelmäßig, ebenso wie die EHO, nach dem ordentlichen Gesetzgebungsverfahren gemäß Art. 294 AEUV erlassen.[110] Allerdings unterscheiden sich die beiden Verfahren in den Anhörungsrechten: Vor Erlass der Haushaltsvorschriften – und damit auch der EHO – muss der EuRH angehört werden.[111] Für die einzelnen Verordnungen zu den ESIF als Basisrechtsakte muss hingegen jeweils der Wirtschafts- und Sozialausschuss sowie der Ausschuss der Regionen angehört werden.[112] Dieses Anhörungsrecht ist zwingend, im Falle einer unterbliebenen Anhörung ist die entsprechende Verordnung anfechtbar.[113] Es darf auch nicht durch Regelungen in der EHO umgangen werden.

Neben der Systematik der Haushaltsvorschriften erfordert somit auch der Schutz des institutionellen Gleichgewichts, dass Regelungen in Haushaltsvorschriften materielle Wertungen der Basisrechtsakte nicht systematisch verändern dürfen. Dies gilt auch für einen Sanktionsmechanismus zum Schutz der finanziellen Interessen der EU bzw. zur ordnungsgemäßen Umsetzung des EU-Haushalts. Eine solche isolierte Regelung zum Schutz des EU-Haushalts ohne Veränderung der in den Basisrechtsakten getroffenen Wertungen ist möglich, wie schon die bereits bestehenden Konditionalitäten in der EHO sowie in der ESIF-Dachverordnung zeigen.[114] Daraus folgt zudem, dass für einen solchen in der EHO verankerten Sanktionsmechanismus zum Schutz der finanziellen Interessen der EU zusätzliche Regelungen in den Basisrechtsakten entbehrlich (wenn auch möglich) sind.

Die Wahrung des institutionellen Gleichgewichts ist darüber hinaus auch bedeutsam für die Bestimmung der Institution(en), die über die Sanktion entscheiden.[115]

cc) Bedeutung der mitgliedstaatlichen Rechtsstaatlichkeit für den EU-Haushalt

Die Beachtung rechtsstaatlicher Grundsätze in allen Mitgliedstaaten hat – sofern sie die Ausführung des EU-Haushalts in geteilter Mittelverwaltung betref-

---

„Umgehung des Sanktionsregimes des Art. 7 Abs. 2 AEUV und des Verfahrens für das Zustandekommen des [MFR] (Art. 312 Abs. 2 S. 2 AEUV)“.

[110] Für die EHO folgt dies aus Art. 322 Abs. 1 AEUV. Siehe oben § 3 B. I. 4. c) aa). Für die ESIF-Dachverordnung sowie übrigen ESIF-Verordnungen folgt dies aus Art. 164, Art. 175 UAbs. 3, Art. 177 UAbs. 1 S. 1 und UAbs. 2 sowie Art. 178 UAbs. 1 AEUV. Siehe oben § 2 C. I. 1.

[111] Art. 322 Abs. 1 AEUV.

[112] Art. 164, Art. 175 UAbs. 3, Art. 177 UAbs. 1 S. 1 und UAbs. 2 sowie Art. 178 UAbs. 1 AEUV. Siehe oben § 3 B. I. 4. c) aa).

[113] Einschlägig wäre die Nichtigkeitsklage, Art. 263 AEUV. EuGH, Urteil v. 29.10.1980, Rs. 138/79, *Roquette Frères/Rat*, ECLI:EU:C:1980:249, Rn. 32 ff.

[114] Zur EHO siehe oben § 2 C. I. 4., zur ESIF-Dachverordnung siehe oben § 2 C. I. 2. a).

[115] Siehe unten § 4 C. II.

fen – entscheidende Bedeutung für den Schutz der finanziellen Interessen der EU.[116] Dies gilt insbesondere vor dem Hintergrund der Korruptionsanfälligkeit der Mittelvergabe im Rahmen der ESIF.[117] Nach rechtsstaatlichen Grundsätzen organisierte Verfahren garantieren im Idealfall, dass bei seiner Ausführung die legislativ vorgegebenen Bedingungen und Schwerpunkte des EU-Haushalts eingehalten werden.[118] Hierzu ist nicht nur die verwaltungstechnische Umsetzung bedeutend, sondern auch die Möglichkeit einer gerichtlichen Kontrolle. Nur diese kann gewährleisten, dass Verstöße gegen Haushaltsvorschriften bzw. zweckwidrige Mittelvergaben geahndet und durch entsprechende Abschreckung verhindert werden können.

Durch ein rechtsstaatlich organisiertes System wird auch die Gewaltenteilung geschützt: Das Haushaltsrecht ist eines der Kernbereiche der demokratisch direkt (Parlament) bzw. indirekt (Rat) legitimierten Legislative der EU. Da sich die EU nicht über selbst festgelegte Steuern, sondern über Eigenmittel finanziert,[119] betrifft dies vor allem die Ausgabenseite des EU-Haushalts. Die Exekutive darf die hierin festgelegten Schwerpunkte und Bedingungen nicht umgehen. Für diesen Schutz des Haushalts bzw. allgemein der finanziellen Interessen der EU ist die mitgliedstaatliche Ebene entscheidend, da sie im Rahmen der geteilten Mittelverwaltung regelmäßig über die Bewilligung von Mitteln aus dem EU-Haushalt entscheidet.[120] Deshalb folgt auch aus dem Grundsatz der loyalen Zusammenarbeit eine Pflicht der Mitgliedstaaten, den EU-Haushalt gemäß der darin enthaltenen Vorgaben auszuführen.[121]

Für eine entsprechende Pflicht der Mitgliedstaaten zur Achtung rechtsstaatlicher Vorgaben im Zusammenhang mit der Ausführung des Haushalts sprechen zudem weitere Argumente: Die EU bzw. die Kommission kann schon aus

---

[116] So auch *EuRH*, Stellungnahme Nr. 1/2018 (2018/C 291/01) – Zu dem Vorschlag vom 2. Mai 2018 für eine Verordnung des Europäischen Parlaments und des Rates über den Schutz des Haushalts der Union im Falle von generellen Mängeln in Bezug auf das Rechtsstaatsprinzip in den Mitgliedstaaten, 17.08.2019, Rn. 10f.

[117] Nach *M. Fazekas/L. P. King*, Regulation & Governance 13 (2019), S. 405ff. erhöht sich durch die ESIF das Korruptionsrisiko signifikant.

[118] Siehe oben § 2 A. III. 2.

[119] Art. 311 UAbs. 2 AEUV und Beschluss 2014/335/EU (Eigenmittelsystem EU), ABl. EU L 168 v. 26.05.2014, S. 105ff. Zu den Eigenmitteln gehören Agrarabschöpfungen, Zölle, nach dem mitgliedstaatlichen Mehrwertsteueraufkommen berechnete Eigenmittel sowie nach den mitgliedstaatlichen Bruttoinlandsprodukten berechnete Eigenmittel, *C. Waldhoff*, in: C. Calliess/M. Ruffert (Hrsg.), EUV/AEUV, [5]München 2016, Art. 311 AEUV, Rn. 8ff. Von der EU festgelegte Steuern etwa für ihre Bediensteten fallen nur unter die sonstigen Einnahmen und stellen nur einen sehr geringen Teil der Einnahmen der EU dar. Für Zahlen zum EU-Haushalt *European Commission*, EU expenditure and revenue 2014–2020 (https://ec.europa.eu/budget/graphs/revenue_expediture.html) (geprüft am 10.10.2020).

[120] Für die Umsetzung und Anwendung des Unionsrechts ist der indirekte Vollzug der Regelfall, Art. 197 Abs. 1 und Art. 291 Abs. 1 AEUV. Für den Bereich der ESIF werden hierfür Partnerschaftsvereinbarungen geschlossen, siehe oben § 2 C. I. 3.

[121] Art. 5 Abs. 3 EUV. Zum Grundsatz der loyalen Zusammenarbeit siehe oben § 3 B. I. 3. b).

Kapazitätsgründen keine Kontrolle aller über unterschiedliche mitgliedstaatliche Stellen abgewickelten Zahlungen aus dem EU-Haushalt gewährleisten.[122] Deshalb nehmen die Haushaltsvorschriften die Mitgliedstaaten in die Pflicht: Neben der EU selbst sind die Mitgliedstaaten verpflichtet, nach Art. 325 AEUV „Betrügereien und sonstige gegen die finanziellen Interessen der Union gerichtete rechtswidrige Handlungen" zu bekämpfen.[123] Auch die in Art. 322 Abs. 1 lit. a) und b) AEUV aufgeführten Regelungen etwa zur Rechnungsprüfung und Kontrolle der Finanzakteure richtet sich neben der EU insbesondere an die Mitgliedstaaten. Diese sind deshalb für die Einzelfallkontrollen im Rahmen der ESIF zuständig und müssen entsprechende Kontrollsysteme einrichten.[124] Die Kommission überprüft hingegen regelmäßig nur die Kontrollsysteme der Mitgliedstaaten, nicht aber alle Einzelfallentscheidungen.[125]

Die mitgliedstaatlichen Kontrollsysteme sind daher von besonderer Bedeutung für das gesamte Kontrollsystem zum Schutz des EU-Haushalts. Ihre Wirksamkeit hängt wiederum maßgeblich von der Beachtung rechtsstaatlicher Grundsätze ab; dies muss auch durch mitgliedstaatliche Überwachung der Kontrollsysteme – insbesondere durch rechtsstaatlich arbeitende Ermittlungsbehörden und Gerichte – gewährleistet werden. Denn ebenso wenig wie eine Kontrolle aller mit den ESIF befassten mitgliedstaatlichen Behörden kann die Kommission eine ständige und umfassende Überwachung der mitgliedstaatli-

---

[122] So auch *B. Schöndorf-Haubold*, Die Strukturfonds der Europäischen Gemeinschaft – Rechtsformen und Verfahren europäischer Verbundverwaltung, München 2005, S. 299; ähnlich (wohl) *H. Hofmann/G. C. Rowe/A. Türk*, Administrative law and policy of the European Union, Oxford 2011, S. 347 ff.

[123] Siehe unten § 3 B. I. 4. d).

[124] Art. 74, 122 ff. und 143 VO (EU) Nr. 1303/2013 (ESIF-Dachverordnung 2013), ABl. EU L 347 v. 17.12.2013, S. 320 ff.; Art. 63, 71 ff., 77 ff. Geänderter Vorschlag COM (2020) 23 final (Vorschlag ESIF-Dachverordnung 2021) v. 14.01.2020 und Art. 63 VO (EU, Euratom) Nr. 2018/1046 (EHO), ABl. EU L 193 v. 30.07.2018, S. 1 ff. Auch die fondsspezifischen Verordnungen enthalten solche Verpflichtungen, etwa Art. 58 VO (EU) Nr. 1306/2013 (Finanzierung GAP), ABl. EU L 347 v. 17.12.2013, S. 549 ff., Art. 99 VO (EU) Nr. 508/2014 (EMFF), ABl. EU L 149 v. 15.05.2014, S. 1 ff.

Die Kontrollen durch die Mitgliedstaaten werden auch als „First-Line-Kontrollen" bezeichnet. *B. Schöndorf-Haubold*, Die Strukturfonds der Europäischen Gemeinschaft – Rechtsformen und Verfahren europäischer Verbundverwaltung, München 2005, S. 307 ff.

[125] Art. 63 Abs. 2 UAbs. 4 VO (EU, Euratom) Nr. 2018/1046 (EHO), ABl. EU L 193 v. 30.07.2018, S. 1 ff.; Art. 75 VO (EU) Nr. 1303/2013 (ESIF-Dachverordnung 2013), ABl. EU L 347 v. 17.12.2013, S. 320 ff.; Art. 64 Geänderter Vorschlag COM (2020) 23 final (Vorschlag ESIF-Dachverordnung 2021) v. 14.01.2020. Die Kriterien für ihre „Second-Line-Kontrollen" hat die Kommission gemäß Art. 144 Abs. 6 VO (EU) Nr. 1303/2013 (ESIF-Dachverordnung 2013), ABl. EU L 347 v. 17.12.2013, S. 320 ff. in Art. 30 f. und Anhang IV Delegierte VO (EU) Nr. 480/2014 (Ergänzung VO 1303/2013), ABl. EU L 138 v. 03.03.2014, S. 5 ff., festgelegt.

Zu diesen „Second-Line-Kontrollen" *B. Schöndorf-Haubold*, Die Strukturfonds der Europäischen Gemeinschaft – Rechtsformen und Verfahren europäischer Verbundverwaltung, München 2005, S. 317 ff.; *F. Meinel*, Die Verwaltung 51 (2018), S. 153 ff., 166; *H. Hofmann/G. C. Rowe/A. Türk*, Administrative law and policy of the European Union, Oxford 2011, S. 358 f.

chen Kontrollsysteme gewährleisten. Vielmehr ist die Überwachung der mitgliedstaatlichen Kontrollsysteme durch die Kommission einerseits und mitgliedstaatliche Ermittlungsbehörden und Gerichte andererseits komplementär: Nur dieses Zusammenspiel aus rechtsstaatlichen Kontrollsystemen der Mitgliedstaaten und Systemkontrolle durch die EU kann die korrekte Umsetzung der ESIF sicherstellen.

Vorgaben zur Rechtsstaatlichkeit, die dieses der Haushaltsumsetzung dienende Kontrollsystem betreffen, sind deshalb nicht dem materiellen Haushaltsrecht zuzurechnen. Sie können vielmehr in den Haushaltsvorschriften geregelt werden;[126] es handelt sich insoweit um für die Sicherstellung der ordnungsgemäßen Umsetzung des EU-Haushalts erforderliche implied powers.[127] Hierfür ist es allerdings erforderlich, dass zu ahndende rechtsstaatliche Defizite kausal für eine Beeinträchtigung bzw. Gefährdung der finanziellen Interessen der EU sind.

Der Juristische Dienst des Rates lehnt dies mit der Begründung ab, auch andere Umstände könnten zu einer Schädigung der finanziellen Interessen der EU führen. Er hat sein Gutachten hierzu aber nicht veröffentlicht.[128] Gegen diese Argumentation spricht allerdings, dass allein die Möglichkeit anderer Gründe diese Kausalität nicht ausschließt.[129] Der Nachweis der Kausalität kann im Einzelfall jedoch schwer zu führen sein. So sind derzeit keine Fälle nachgewiesen, in denen generelle rechtsstaatliche Defizite in den Mitgliedstaaten zu einer (signifikanten) Beeinträchtigung der finanziellen Interessen der EU geführt haben.[130] Eine bloße Vermutung ohne ausreichende Verdachtsmomente und Nachweise dürfte insoweit nicht ausreichen.[131]

---

126 Mit Verweis auf materielle Regelungen zur Definition von rechtsstaatlichen Defiziten und den zu ergreifenden Maßnahmen aA *J. Brauneck*, EuR 54 (2019), S. 37 ff., 44.

127 Zu implied powers siehe oben § 3 B. I. 1.

128 *Council of the European Union*, Opinion of the Legal Service: Proposal for a Regulation of the European Parliament and of the Council on the protection of the Union's budget in case of generalised deficiencies as regards the rule of law in the Member States – Compatibility with the EU Treaties – 2018/0136 (COD); 13593/18, 25.10.2018. Der Juristische Dienst lehnt die Veröffentlichung wesentlicher Teile des Gutachtens mit Blick auf das laufende Gesetzgebungsverfahren, den Schutz des öffentlichen Interesses und des Rechtsrats ab, *asktheEU.org*, CLS Opinion re proposed general rule of law deficiencies mechanism, 12.02.2019 (https://www.asktheeu.org/en/request/cls_opinion_re_proposed_general) (geprüft am 10.10.2020). Es wird diskutiert bei *K. L. Scheppele/L. Pech/R. D. Kelemen*, Never Missing an Opportunity to Miss an Opportunity: The Council Legal Service Opinion on the Commission's EU budget-related rule of law mechanism, 12.11.2018 (https://verfassungsblog.de/never-missing-an-opportunity-to-miss-an-opportunity-the-council-legal-service-opinion-on-the-commissions-eu-budget-related-rule-of-law-mechanism/) (geprüft am 10.10.2020).

129 So auch *K. L. Scheppele/L. Pech/R. D. Kelemen*, Never Missing an Opportunity to Miss an Opportunity: The Council Legal Service Opinion on the Commission's EU budget-related rule of law mechanism, 12.11.2018 (https://verfassungsblog.de/never-missing-an-opportunity-to-miss-an-opportunity-the-council-legal-service-opinion-on-the-commissions-eu-budget-related-rule-of-law-mechanism/) (geprüft am 10.10.2020).

130 So auch *J. Brauneck*, EuR 54 (2019), S. 37 ff., 53 ff.

131 Siehe oben § 2 C. I. 2. a) bb). Nach aA kann aber bei generellen rechtsstaatlichen Män-

Sofern allerdings die mitgliedstaatlichen Systeme zur Kontrolle der Umsetzung des EU-Haushalts von den rechtsstaatlichen Problemen betroffen sind, ist zumindest eine Gefährdung der finanziellen Interessen der EU regelmäßig anzunehmen. So hat der EuGH in den strukturell ähnlich gelagerten Fällen der Mehrwertsteuererhebung durch die Mitgliedstaaten entschieden, dass bei deren nicht ordnungsgemäßen Erhebung aufgrund des Eigenmittelsystems regelmäßig Auswirkungen auf die finanziellen Interessen der EU gegeben sind. Gleiches gilt für die Erhebung von Zöllen. In diesen Fällen stand die Frage im Mittelpunkt, welche Auswirkungen mitgliedstaatliche Regelungen und Entscheidungen auf die finanziellen Interessen der EU haben.[132] Solche Verdachtsmomente könnten zudem zu einer Änderung der Beweislastverteilung führen.[133]

Art. 322 Abs. 1 lit. a) AEUV ermöglicht folglich Vorgaben zur Rechtsstaatlichkeit für mitgliedstaatliche Behörden und deren Kontrollorgane, soweit sie mit der Umsetzung des EU-Haushalts befasst sind. Insoweit sichern diese Vorgaben auch den nach Art. 19 Abs. 1 UAbs. 2 EUV erforderlichen effektiven Rechtsschutz in diesem Bereich.[134]

dd) Sanktion bei Gefährdung des EU-Haushalts

Für die Einführung eines Sanktionsmechanismus müsste diese Vorschrift darüber hinaus auch Sanktionen im Fall von Verstößen erlauben. Allerdings ermöglicht nicht jede Kompetenzzuweisung der EU zugleich die Einführung spezieller Sanktionsmechanismen zum Schutz der auf der jeweiligen Kompetenzgrundlage beschlossenen Politiken. Vielmehr sehen die Verträge mit dem Vertragsverletzungsverfahren ein auf alle Verstöße gegen Unionsrecht anwendbares Sanktionsverfahren vor. Dieses schließt andere Sanktionsmechanismen aber weder seinem Wortlaut noch seinem Sinn und Zweck nach aus.[135] Seine Existenz macht die Einführung spezieller sekundärrechtlicher Sanktionsmecha-

---

geln eine Gefahr für die finanziellen Interessen der EU vermutet werden. So *K. L. Scheppele/L. Pech/R. D. Kelemen*, Never Missing an Opportunity to Miss an Opportunity: The Council Legal Service Opinion on the Commission's EU budget-related rule of law mechanism, 12.11.2018 (https://verfassungsblog.de/never-missing-an-opportunity-to-miss-an-opportunity-the-council-legal-service-opinion-on-the-commissions-eu-budget-related-rule-of-law-mechanism/) (geprüft am 10.10.2020).

[132] Teil der Eigenmittel der EU sind auch Anteile an den mitgliedstaatlich erhobenen Mehrwertsteuern sowie Zölle, siehe oben Fn. 119. Mindereinnahmen hieraus haben somit Relevanz für die finanziellen Interessen der EU. Zur Mehrwertsteuererhebung EuGH, Urteil v. C-617/10, Rs. EU:C:2013:105, *Åkerberg Fransson*, Rn. 25 f.; EuGH, Urteil v. 08.09.2015, Rs. C-105/14, *Taricco*, ECLI:EU:C:2015:555, Rn. 38; EuGH, Urteil v. 05.12.2017, Rs. C-42/17, *M. A. S. und M. B.*, ECLI:EU:C:2017:936, Rn. 31 ff. Zur Erhebung von Zöllen EuGH, Urteil v. 05.06.2018, Rs. C-612/15, *Nikolay Kolev et al.*, ECLI:EU:C:2018:392, Rn. 50 ff.

[133] Siehe unten § 4 A. III. 2. c).

[134] Zur Ausprägung des Gebots des effektiven Rechtsschutzes in Vertragsverletzungsverfahren siehe oben § 2 B. II. 2.

[135] Siehe unten § 3 C. III.

nismen auf der Grundlage anderer Kompetenztitel, insbesondere unter Bezugnahme auf implied powers, allerdings besonders begründungsbedürftig.[136] Diese müssen im Wortlaut sowie im Telos der jeweiligen Kompetenzvorschrift angelegt sein.

Dies ist für Art. 322 Abs. 1 lit. a) AEUV zu bejahen: Schon dem Wortlaut nach sind die Haushaltsvorschriften umfassend auszugestalten und sollen auf verschiedene Eventualitäten bei der Aufstellung und Ausführung des Hausplans eingehen. Dies ergibt sich etwa daraus, dass auch technische Details der Rechnungslegung und Rechnungsprüfung zu regeln sind.[137] Entscheidender ist aber der Regelungszweck dieser Vorschrift: Hierdurch soll der Schutz der finanziellen Interessen der EU sichergestellt werden. Dieses ist für die Funktionsfähigkeit der EU ein bedeutendes Schutzgut, wie sich auch aus den Regelungen in Art. 310 Abs. 6 i. V. m. Art. 325 AEUV ergibt.[138] Bei rechtswidrigem Mittelabfluss sind diese finanziellen Interessen unmittelbar und nachhaltig gefährdet: So ist eine Rückforderung zwar grundsätzlich möglich. In der Praxis ist diese aber regelmäßig langwierig und nicht immer erfolgversprechend, etwa wenn die Rückforderungsschuldner insolvent oder nicht auffindbar sind. Deshalb sind eine schnelle Reaktion und bei entsprechend konkreter Verdachtslage gegebenenfalls auch eine präventive Aussetzung des Mittelabflusses zum effektiven Schutz der EU-Finanzen nötig.

Aus diesem Grund wäre es auch nicht ausreichend, die EU bei Verstößen mitgliedstaatlicher Behörden gegen unionale Vorschriften bei der Ausführung des EU-Haushalts allein auf das Vertragsverletzungsverfahren zu verweisen. Dieses Sanktionsverfahren würde unter anderem wegen seiner vergleichsweise langen Dauer zur Sicherung der finanziellen Interessen der EU nicht genügen. Deshalb sieht auch das derzeitige europäische Haushaltsrecht schon Sanktionen bei Verstößen mitgliedstaatlicher Behörden gegen unionale Vorgaben vor.[139] Zudem besteht zwischen der Gefährdung der finanziellen Interessen der EU bei der Ausführung des EU-Haushalts und der Sanktionierung der Auszahlungen aus dem EU-Haushalt ein innerer Zusammenhang.

d) Schutz der finanziellen Interessen der EU gemäß Art. 325 AEUV

Art. 310 Abs. 6 i. V. m. Art. 325 Abs. 1 AEUV verpflichten die EU und ihre Mitgliedstaaten zur Bekämpfung von „Betrügereien und sonstige[n] gegen die fi-

[136] Siehe oben § 3 B. I. 1.

[137] In der deutschen Version des Art. 322 Abs. 1 lit. a) AEUV wird der hohe Detailgrad der Haushaltsvorschriften zudem dadurch gefordert, dass diese „die Aufstellung und Ausführung des Haushaltsplans sowie die Rechnungslegung und Rechnungsprüfung im Einzelnen" regeln. In der englischen, französischen, spanischen und dänischen Fassung findet sich dieser Zusatz der Regelungen „im Einzelnen" hingegen nicht.

[138] Hierzu sogleich § 3 B. I. 4. d).

[139] Siehe oben § 2 C. I. 2. b).

nanziellen Interessen der Union gerichtete[n] rechtswidrige[n] Handlungen". Diese Vorschrift ist Ausfluss der Loyalitätspflicht der Mitgliedstaaten.[140] Sie bietet jedoch keine ausreichende Kompetenzgrundlage für einen Sanktionsmechanismus zum Schutz rechtsstaatlicher Vorgaben.

So lassen sich systemische rechtsstaatliche Defizite, die durch einen solchen Mechanismus sanktioniert werden sollen, schon nicht unter den Begriff der Betrügereien und sonstigen gegen die finanziellen Interessen der EU gerichteten rechtswidrigen Handlungen subsumieren.[141] Zwar ist dieser Begriff europarechtlich weit zu verstehen.[142] Auch bei einer solchen weiten Auslegung können hierunter aber nur Verhaltensweisen Einzelner bzw. natürlicher oder juristischer Personen verstanden werden.[143]

Zudem lässt sich aus Art. 325 Abs. 1 AEUV keine Kompetenz für einen Sanktionsmechanismus ableiten: Diese Vorschrift verpflichtet EU und Mitgliedstaaten zum Schutz der finanziellen Interessen der EU „nach diesem Artikel", enthält selbst aber keine weiteren Ermächtigungen für die EU. Art. 325 Abs. 2 und 3 AEUV verpflichten die Mitgliedstaaten zur Bekämpfung von Betrügereien[144] und zur Koordinierung ihrer Maßnahmen. Eine eigenständige Sanktionskompetenz der EU folgt hieraus nicht.

Eine Kompetenz der EU kann allein auf Art. 325 Abs. 4 AEUV gegründet werden, wonach die EU die „erforderlichen Maßnahmen zur Verhütung und Bekämpfung von Betrügereien, die sich gegen die finanziellen Interessen der Union richten", beschließt. Hierunter fallen mögliche der Betrugsbekämpfung dienende Präventions-, Kontroll- und Sanktionsmaßnahmen.[145] Insoweit kann

[140] Die Loyalitätspflicht folgt aus Art. 4 Abs. 3 EUV, siehe hierzu oben § 3 B. I. 3. b). So auch *S. Magiera*, in: E. Grabitz/M. Hilf/M. Nettesheim (Hrsg.), Das Recht der Europäischen Union, [69]München 2020, Art. 325 AEUV, Rn. 7.

[141] AA wohl *J. Brauneck*, EuR 54 (2019), S. 37 ff., 53 ff.

[142] EuGH, Urteil v. 02.05.2018, Rs. C-574/15, *Scialdone*, ECLI:EU:C:2018:295, Rn. 45; *C. Waldhoff*, in: C. Calliess/M. Ruffert (Hrsg.), EUV/AEUV, [5]München 2016, Art. 325 AEUV, Rn. 4; *H. Satzger*, in: R. Streinz (Hrsg.), EUV/AEUV, [3]München 2018, Art. 325 AEUV, Rn. 9.

[143] Dies folgt aus dem Wortlaut „Handlungen", der sich auf einzelnes Verhalten und nicht systemische Defizite bezieht. Auch andere Sprachfassungen stützen diese Auffassung, etwa „activities" (Englisch), „activité" (Französisch), „actividad" (Spanisch) und „aktivitet" (Dänisch).

[144] Der Wortlaut bezieht sich nur auf die Bekämpfung von Betrügereien, nicht auf die Art. 325 Abs. 1 AEUV auch erwähnten „sonstige[n] gegen die finanziellen Interessen der Union gerichtete[n] rechtswidrige[n] Handlungen". Auch deshalb sehen einige „Betrügereien" als engeren Begriff im Vergleich zu den „rechtswidrige[n] Handlungen" an, so etwa *H. Satzger*, in: R. Streinz (Hrsg.), EUV/AEUV, [3]München 2018, Art. 325 AEUV, Rn. 9. Mit Blick auf den Zweck der Norm, der möglichst umfassende Schutz der finanziellen Interessen der EU, und den insoweit nicht widersprechenden Wortlaut ist es aber richtig „Betrügereien" als Oberbegriff zu sehen. Diese umfassen auch die sonstigen „rechtswidrige[n] Handlungen". So auch *S. Magiera*, in: E. Grabitz/M. Hilf/M. Nettesheim (Hrsg.), Das Recht der Europäischen Union, [69]München 2020, Art. 325 AEUV, Rn. 15.

[145] Hierzu eingehend *S. Magiera*, in: E. Grabitz/M. Hilf/M. Nettesheim (Hrsg.), Das Recht der Europäischen Union, [69]München 2020, Art. 325 AEUV, Rn. 36 ff.; *H. Satzger*, in:

die EU auf dieser Kompetenzgrundlage entsprechende Vorgaben für die Verfahren bei mitgliedstaatlichen Behörden festlegen, sofern sie für die finanziellen Interessen der EU relevant sind. Dies betrifft zum einen Behörden, die mit der Ausführung des EU-Haushalts betraut sind.[146] In geringem Umfang gilt dies aber auch für mitgliedstaatliche Behörden, die mit der Steuer- und Zollerhebung befasst sind. Denn insoweit besteht über das System der Eigenmittelfinanzierung der EU ein Zusammenhang mit den finanziellen Interessen der EU.[147] Für die Missachtung dieser Vorgaben kann die EU aber kein eigenes sekundärrechtliches Sanktionssystem schaffen; sie ist vielmehr auf das Vertragsverletzungsverfahren zu verweisen.[148] Weder aus Wortlaut noch aus Telos von Art. 325 Abs. 4 AEUV ergibt sich eine mit Art. 322 Abs. 1 lit. a) AEUV vergleichbare Kompetenz zur Schaffung eines solchen. Denn soweit der Schutz der finanziellen Interessen der EU bei der Ausführung des Haushalts betroffen ist, ist Art. 322 Abs. 1 lit. a) AEUV spezieller und zudem klarer gefasst.

Auch mit Blick auf den Schutz der finanziellen Interessen der EU bei der Steuer- und Zollerhebung ermöglicht Art. 325 Abs. 4 AEUV keinen eigenständigen Sanktionsmechanismus: Der Schutz der finanziellen Interessen der EU ist in diesem Fall zwar ebenfalls relevant, allerdings sind diese finanziellen Interessen nicht im gleichen Maße wie bei der Ausführung des Haushalts unmittelbar und nachhaltig gefährdet. Ferner besteht der Zusammenhang zur Auszahlung von Mitteln aus den ESIF nicht im selben Maße wie bei der Gefährdung der finanziellen Interessen der EU bei rechtswidriger Mittelvergabe. Ein eigener sekundärrechtlicher Sanktionsmechanismus ist deshalb auf der Grundlage von Art. 325 Abs. 4 AEUV nicht möglich.

5. Kompetenzergänzungsklausel und weitere Kompetenzgrundlagen

Andere Kompetenzgrundlagen für einen solchen Sanktionsmechanismus bestehen nicht. Dies gilt auch für die Kompetenzvorschriften zur wirtschaftspolitischen Steuerung:[149] So hat die Rechtsstaatlichkeit zwar Bedeutung für die nachhaltige wirtschaftliche Entwicklung.[150] Allerdings enthalten diese Vorschriften weder eine ausdrückliche noch den implied powers[151] zu entnehmende Kompetenzgrundlage für einen Sanktionsmechanismus zum Schutz rechtsstaatlicher Vorgaben und unter Einbezug der ESIF. Auch die Kompetenzen der EU im Bereich der indirekten Steuern und Zölle sind für die Errichtung die-

R. Streinz (Hrsg.), EUV/AEUV, 3München 2018, Art. 325 AEUV, Rn. 28 f.; *C. Waldhoff*, in: C. Calliess/M. Ruffert (Hrsg.), EUV/AEUV, 5München 2016, Art. 325 AEUV, Rn. 18 f.

[146] Siehe oben § 3 B. I. 4. c) cc) und unten § 4 A. III. 1. b).

[147] Siehe oben § 3 B. I. 4. c) cc), insbesondere Fn. 132.

[148] Siehe unten § 3 C. III.

[149] Art. 120 bis 126 AEUV.

[150] Siehe oben § 2 A. III. 5.

[151] Siehe oben § 3 B. I. 1.

ses Sanktionsmechanismus nicht ausreichend.[152] Zwar hat die rechtsstaatliche mitgliedstaatliche Erhebung indirekter Steuern und Zölle über das Eigenmittelsystem der EU[153] Bedeutung für die Einnahmen der EU und damit den Schutz der EU-Finanzen.[154] Insoweit wären folglich Vorgaben für die Rechtsstaatlichkeit der damit betrauten mitgliedstaatlichen Behörden und ihrer Kontrollorgane denkbar.[155] Die mögliche Verknüpfung rechtsstaatlicher Vorgaben mit Sanktionswirkung im Bereich der ESIF ist allerdings maßgeblich dadurch begründet, dass hierdurch ein Schutz der Umsetzung der ESIF erreicht werden kann.[156] Dies folgt insbesondere daraus, dass die rechtsstaatlichen Vorgaben zum Schutz der EU-Finanzen sowie die Auszahlung der ESIF die Ausgabenseite betreffen. Rechtsstaatliche Vorgaben im Bereich der Erhebung indirekter Steuern sowie von Zöllen beträfen hingegen die Einnahmenseite – insoweit besteht kein innerer Zusammenhang mit den ESIF als Ausgaben der EU. So verbleibt der EU allein die Möglichkeit des Vertragsverletzungsverfahrens.

Ebenso wenig ist ein Rückgriff auf die Kompetenzergänzungsklausel in Art. 352 AEUV möglich für einen auf den Schutz des EU-Haushalts beschränkten Sanktionsmechanismus. Die ESIF sind in EUV und AEUV als Politikbereiche der EU festgelegt[157] und die Sicherung ihrer ordnungsgemäßen Umsetzung dient den Zielen der Verträge.[158] Allerdings sieht Art. 322 Abs. 1 AEUV ausreichend Befugnisse zur Einführung eines solchen Sanktionsmechanismus vor.[159] Die Anwendung der Kompetenzergänzungsklausel ist deshalb nicht nötig – und wegen der in Art. 352 Abs. 1 S. 1 AEUV festgelegten Innensubsidiarität auch nicht möglich.[160]

---

[152] Für indirekte Steuern insbesondere Art. 113 AEUV, für Zölle insbesondere Art. 33, 114 und 207 AEUV.

[153] Siehe oben § 3 B. I. 4. c) cc), insbesondere Fn. 119.

[154] Zur Mehrwertsteuererhebung EuGH, Urteil v. C-617/10, Rs. EU:C:2013:105, *Åkerberg Fransson*, Rn. 25 f.; EuGH, Urteil v. 08.09.2015, Rs. C-105/14, *Taricco*, ECLI:EU:C:2015:555, Rn. 38; EuGH, Urteil v. 05.12.2017, Rs. C-42/17, *M. A. S. und M. B.*, ECLI:EU:C:2017:936, Rn. 31 ff. Zur Erhebung von Zöllen EuGH, Urteil v. 05.06.2018, Rs. C-612/15, *Nikolay Kolev et al.*, ECLI:EU:C:2018:392, Rn. 50 ff.

[155] In Betracht kommt insoweit Regelungen zur Mehrwertsteuererhebung, RL 2006/112/EG (gemeinsames Mehrwertsteuersystem), ABl. EU L 347 v. 28.11.2006, S. 1 ff., und Zollerhebung, VO (EU) Nr. 952/2013 (Zollkodex), ABl. EU L 269 v. 09.10.2013, S. 1 ff.

[156] Siehe oben § 3 B. I. 4. c) cc).

[157] Siehe oben § 2 C. I. 1.

[158] Insbesondere Art. 3 Abs. 3 UAbs. 3 EUV.

[159] Siehe oben § 3 B. I. 4. c).

[160] EuGH, Urteil v. 02.05.2006, Rs. C-436/03, *Parlament/Rat*, ECLI:EU:C:2006:277, Rn. 36; EuGH, Urteil v. 18.06.1992, Rs. C-350/92, *Spanien/Kommission*, ECLI:EU:C:1995:237, Rn. 26. Die Bezeichnung als Innensubsidiarität dient der Abgrenzung zur Subsidiarität gemäß Art. 5 Abs. 3 EUV. *M. Schröder*, in: H. v. Groeben/J. Schwarze/A. Hatje (Hrsg.), Europäisches Unionsrecht, 7Baden-Baden 2015, Art. 352 AEUV, Rn. 14; *M. Rossi*, in: C. Calliess/M. Ruffert (Hrsg.), EUV/AEUV, 5München 2016, Art. 352 AEUV, Rn. 58.

Auch ein darüber hinausgehender Sanktionsmechanismus zum umfassenden Schutz der Rechtsstaatlichkeit – also ohne den primären Schutzzweck des Schutzes der EU-Finanzen – kann nicht auf Art. 352 AEUV gestützt werden: Damit korrelieren (je nach Ausgestaltung: umfassende) Vorgaben zur Organisation und Arbeitsweise insbesondere der Judikative. Diese ist jedoch ein Kernelement der mitgliedstaatlichen Staatlichkeit[161] und unterliegt daher – insbesondere mit Blick auf die Achtung der nationalen Identität gemäß Art. 4 Abs. 2 S. 1 EUV[162] – einem besonderen Schutz. Flächendeckende und nicht auf die Umsetzung einzelner EU-Politiken beschränkte unionale Regelungen gingen über das in den Verträgen bisher nach dem Prinzip der begrenzten Einzelermächtigung[163] vorgesehene Maß hinaus: So sehen etwa die Art. 81 bis 86 AEUV nur Regelungen zur Erleichterung der justiziellen Zusammenarbeit zwischen den Mitgliedstaaten vor, nicht aber allgemeingültige Bestimmungen zur Organisation der Judikative.[164] Solche hätten daher vielmehr eine grundlegende Änderung der europäischen Zusammenarbeit zur Folge. Maßnahmen, die „gemessen an ihren Folgen, auf eine Vertragsänderung [...] hinausliefen", können aber nicht auf die Kompetenzergänzungsklausel gestützt werden.[165] Sie bleiben vielmehr dem Vertragsänderungsverfahren vorbehalten.[166] Zudem ist für die Anwendung der Kompetenzergänzungsklausel ein einstimmiger Ratsbeschluss erforderlich.[167] Ein solcher ist in dieser Frage derzeit unwahrscheinlich.[168]

6. *Maßstäbe für die Kompetenzgrundlage*

Die nach Art. 322 Abs. 1 lit. a) AEUV zu erlassenden Haushaltsvorschriften bieten die einzige in den Verträgen vorgesehene Möglichkeit, einen neuen finanziellen Sanktionsmechanismus unter Einbezug der ESIF zum Schutz der Rechtsstaatlichkeit einzuführen. Andere Vorschriften in EUV und AEUV ermöglichen die Einführung eines solchen neuen Sanktionsmechanismus derzeit

---

161 Siehe oben § 2 A. I.

162 Zur Achtung der nationalen Identität siehe unten § 4 A. I. 1. b) aa).

163 Zum Prinzip der begrenzten Einzelermächtigung gemäß Art. 5 Abs. 1 S. 1 EUV siehe oben § 3 B. I. 1.

164 Siehe hierzu oben § 2 A. III. 3. a).

165 EuGH, Gutachten v. 28.03.1996, Rs. 2/94, *Beitritt der Gemeinschaft zur EMRK*, ECLI: EU:C:1996:140, Rn. 30.

166 Zum Vertragsänderungsverfahren siehe oben § 3 A. I. Insoweit wird von einem „immanenten negativen Tatbestandsmerkmal" gesprochen. *R. Streinz*, in: ders. (Hrsg.), EUV/AEUV, [3]München 2018, Art. 352 AEUV, Rn. 13; *M. Rossi*, in: C. Calliess/M. Ruffert (Hrsg.), EUV/AEUV, [5]München 2016, Art. 352 AEUV, Rn. 74.

167 Art. 352 Abs. 1 S. 1 und 2 AEUV.

168 Zu den Problemen der Rechtsstaatlichkeit in von einem solchen Sanktionsmechanismus vermutlich betroffenen Mitgliedstaaten, insbesondere Polen und Ungarn, siehe oben § 2 A. IV.

nicht, können aber – insbesondere etwa das Rechtsstaatsgebot und die unionale Loyalitätspflicht – als zusätzliche Begründung hierfür herangezogen werden. Sofern durch die finanziellen Sanktionen Mittelübertragungen auf künftige Jahre nötig sind, bedarf es für die Überschreitung der festgelegten jährlichen Obergrenzen einer entsprechenden Festlegung im MFR durch einstimmigen Ratsbeschluss.

Ein auf den Haushaltsvorschriften fußender Sanktionsmechanismus muss die besondere Zielsetzung dieser Haushaltsvorschriften beachten. Deshalb muss dieser Sanktionsmechanismus dem Schutz der finanziellen Interessen der EU dienen und kann nur in den Bereichen seine Wirkung entfalten, die mit der Ausführung bzw. ihrer Kontrolle des EU-Haushalts befasst sind. Sanktionsbewehrte rechtsstaatliche Kriterien dürfen folglich nur für die Organe und Bereiche aufgestellt werden, die mit der Ausführung des EU-Haushalts betraut sind. Der genaue Umfang der sanktionsbewehrten Vorgaben für mitgliedstaatliche Behörden und Organe muss einen ausreichenden Bezug zum Schutz der EU-Finanzen haben und entsprechend begründet werden. Darüberhinausgehende und nicht mit dem Schutz des EU-Haushalts zusammenhängende allgemeine Vorgaben der Rechtsstaatlichkeit sind hingegen nicht möglich.[169] Diese können nur über andere Sanktionsmechanismen, etwa das Art. 7-Verfahren oder das Vertragsverletzungsverfahren erreicht werden.[170]

II. Der Vorschlag von Kommission und Parlament

Im Mai 2018 hat die Kommission einen Vorschlag für einen solchen Sanktionsmechanismus veröffentlicht.[171] Dieser Vorschlag sieht den Erlass einer Verordnung als Haushaltsvorschrift vor. Im Januar 2019 hat das Parlament Abänderungsvorschläge zu diesem Vorschlag beschlossen, die den Vorschlag der Kommission an vielen Stellen konkretisieren.[172] Der Rat hat diesen Vorschlag

---

[169] Siehe näher unten § 4 A. I. 1. a) aa).

[170] Siehe zur Diskussion hierüber oben § 2 B.

[171] Vorschlag COM (2018) 324 final (finanzielle Sanktionen) v. 02.05.2018. Grundsätzlich positiv zum Vorschlag *A. Hatje/J. Schwarze*, EuR 54 (2019), S. 153 ff., 181 f. Kritisch *J. Brauneck*, EuR 54 (2019), S. 37 ff.

[172] Vorschlag COM (2018) 324 final (finanzielle Sanktionen) – Abänderungen Parlament (P8_TA-PROV(2019)0349) v. 04.04.2019. Gemäß Art. 59 Abs. 4 UAbs. 4 GO Parlament wurde der Vorschlag zu interinstitutionellen Verhandlungen an die zuständigen Ausschüsse zurücküberwiesen. Die Europaabgeordneten aus Polen, Ungarn, Rumänien, Slowakei und Slowenien stimmten mehrheitlich gegen diesen Vorschlag, *F. d. Falco*, Linking EU funds to compliance with the Rule of Law: An analysis of the proposal, 27.02.2019 (https://eulogos.blogactiv.eu/2019/02/27/linking-eu-funds-to-compliance-with-the-rule-of-law-an-analysis-of-the-proposal/) (geprüft am 10.10.2020). Im November 2019 entschied das Parlament, interinstitutionelle Verhandlungen über diesen Vorschlag zu beginnen. *European Parliament*, Legislative Observatory 2018/0136(COD), 13.11.2019 (https://oeil.secure.europarl.europa.eu/oeil/popups/ficheprocedure.do?lang=en&reference=2018/0136(COD)) (geprüft am 10.10.2020).

im Mai 2020 beraten[173] und im September 2020 einen eigenen Vorschlag vorgelegt.[174]

Der Debatte um diese Vorschläge kommt zudem eine symbolische Bedeutung in den Haushaltsverhandlungen zu, insbesondere mit Blick auf Polen und Ungarn.[175] Dies wird auch daran deutlich, dass der Rat die Bewertung seines juristischen Dienstes unter anderem mit Verweis auf den laufenden Gesetzgebungsprozess sowie den Schutz des öffentlichen Interesses nicht veröffentlichen möchte.[176] Berücksichtigung findet die mögliche Einführung dieses neuen Sanktionsmechanismus im Vorschlag für die ESIF-Dachverordnung 2021 sowie zur möglichen Mittelübertragung auf folgende Haushaltsjahre auch im Vorschlag zum MFR 2021–2028.[177]

1. Haushaltsvorschriften als Kompetenzgrundlage

Die Kommission und das Parlament stützen ihren Vorschlag auf Art. 322 Abs. 1 lit. a) AEUV.[178] Mit Blick auf die gewählte Kompetenzgrundlage geht der Vorschlag an mehreren Stellen auf die Bedeutung der Rechtsstaatlichkeit für die Umsetzung der europäischen Haushaltspolitik ein. So verweisen die Vorschlag-

---

[173] *EUR-Lex*, Procedure 2018/0136/COD, 30.09.2020 (https://eur-lex.europa.eu/legal-content/EN/HIS/?uri=CELEX:52018PC0324&qid=1568889705966) (geprüft am 10.10.2020); *European Parliamentary Research Service*, Protecting the rule of law in the EU – Existing mechanisms and possible improvements, November 2019, S. 10 f.

[174] Proposal 11322/20 (conditionality EU budget) – Proposal of the Council (Interinstitutional File 2018/0136(COD)) v. 30.09.2020. Da dieser Vorschlag erst kurz vor Veröffentlichung dieser Untersuchung öffentlich gemacht wurde, konnte er nicht mehr eingehend berücksichtigt werden. Er deckt sich jedoch in weiten Teilen mit den in dieser Arbeit dargestellten Ergebnissen.

[175] *P. Becker*, Ein neuer Haushalt für die EU: Die Verhandlungen über den mehrjährigen Finanzrahmen 2021–2027 – SWP-Studie 14/2019, 2019, S. 26 f.

[176] Im veröffentlichten Dokument ist die Analyse des Juristischen Dienstes des Rates geschwärzt. *Council of the European Union*, Opinion of the Legal Service: Proposal for a Regulation of the European Parliament and of the Council on the protection of the Union's budget in case of generalised deficiencies as regards the rule of law in the Member States – Compatibility with the EU Treaties – 2018/0136 (COD); 13593/18, 25.10.2018. Zur Begründung der Ablehnung der vollständigen Veröffentlichung siehe Fn. 128. Die Analyse des Juristischen Dienstes des Rates wird diskutiert bei *K. L. Scheppele/L. Pech/R. D. Kelemen*, Never Missing an Opportunity to Miss an Opportunity: The Council Legal Service Opinion on the Commission's EU budget-related rule of law mechanism, 12.11.2018 (https://verfassungsblog.de/never-missing-an-opportunity-to-miss-an-opportunity-the-council-legal-service-opinion-on-the-commissions-eu-budget-related-rule-of-law-mechanism/) (geprüft am 10.10.2020).

[177] Art. 7 und ErwG. 9 Vorschlag COM (2018) 322 final/2 (MFR 2021–2027) v. 15.05.2018; ErwG. 6 Geänderter Vorschlag COM (2020) 23 final (Vorschlag ESIF-Dachverordnung 2021) v. 14.01.2020.

[178] Daneben stützt die Kommission die Unionskompetenz auch auf Art. 106a Abs. 1 Atomenergievertrag, der u. a. Art. 322 AEUV für den Geltungsbereich des Atomenergievertrags für anwendbar erklärt.

geber in mehreren Erwägungsgründen darauf, dass die Rechtsstaatlichkeit für die wirtschaftliche Verwaltung der EU-Mittel erforderlich ist.[179] Nach Erwägungsgrund 10 des Vorschlags besteht ein „eindeutiger Zusammenhang zwischen der Wahrung des Rechtsstaatsprinzips und einer wirksamen Ausführung des Haushaltsplans". Begründet wird dies damit, dass die Rechtsstaatlichkeit für die Entwicklung des Binnenmarkts entscheidend sei.[180] Zudem verpflichte Art. 19 EUV die Mitgliedstaaten auf die Gewährleistung eines wirksamen Rechtsschutzes in den vom Unionsrecht erfassten Bereichen, wozu die Ausführung des Haushaltsplans gehöre.[181]

Art. 3 Abs. 1 des Vorschlags legt fest, dass Sanktionen (nur dann) verhängt werden sollen, wenn ein „genereller Mangel in Bezug auf das Rechtsstaatsprinzip in einem Mitgliedstaat [...] die Grundvoraussetzungen für eine wirtschaftliche Haushaltsführung oder den Schutz der finanziellen Interessen der EU [...] beeinträchtigt oder zu beeinträchtigen droht".[182]

2. Harmonisierung der Steuerpolitik und weitere Ziele

Daneben nimmt der Vorschlag auf andere politische Ziele Bezug. So hebt das Parlament in seinem Abänderungsvorschlag auffallend oft die Bedeutung der Steuerpolitik, insbesondere die Bekämpfung von Steuerbetrug, hervor.[183] Die Kommission und das Parlament gehen in ihrem Vorschlag ferner auf die Bedeutung der Rechtsstaatlichkeit für die nachhaltige wirtschaftliche Entwicklung ein.[184] Zudem möchte das Parlament durch diesen Sanktionsmechanismus die Glaubwürdigkeit der EU insgesamt stärken. Denn nach seinem Änderungsvorschlag liegt „in der Kohärenz und Konsistenz der inneren und äußeren Demo-

[179] ErwG. 4, 5 und 10 Vorschlag COM (2018) 324 final (finanzielle Sanktionen) v. 02.05.2018. Der Europäische Ausschuss der Regionen stützt dieses Argument, *Europäischer Ausschuss der Regionen*, Stellungnahme des Europäischen Ausschusses der Regionen – Das Paket für den Mehrjährigen Finanzrahmen für die Jahre 2021–2027 (2018/C 461/10), 21.12.2018, Rn. 17.

[180] ErwG. 8 Vorschlag COM (2018) 324 final (finanzielle Sanktionen) v. 02.05.2018.

[181] ErwG. 9 Vorschlag COM (2018) 324 final (finanzielle Sanktionen) v. 02.05.2018.

[182] Art. 3 Abs. 1 Vorschlag COM (2018) 324 final (finanzielle Sanktionen) v. 02.05.2018.

[183] Das Parlament führt verschiedene negative Auswirkungen „schädlicher Steuerpraktiken" sowie von „Steuerhinterziehung und Steuervermeidung" auf. Zudem mahnt es die Einhaltung des Grundsatzes der loyalen Zusammenarbeit „in Fragen des Steuerwettbewerbs" an. Es hofft durch eine „Bewertung und Überwachung der Steuerpolitik der Mitgliedstaaten" neue „schädliche [...] Steuermaßnahmen" verhindern zu können. ErwG. 8b, 11a, 11b, 11c und 11e Vorschlag COM (2018) 324 final (finanzielle Sanktionen) – Abänderungen Parlament (P8_TA-PROV(2019)0349) v. 04.04.2019. Im regelnden Teil hebt der Vorschlag die Bekämpfung von Steuerbetrug und Steuerhinterziehung hervor. Art. 3 Abs. 1 lit. b), d) und ea) Vorschlag COM (2018) 324 final (finanzielle Sanktionen) – Abänderungen Parlament (P8_TA-PROV(2019)0349) v. 04.04.2019.

[184] ErwG. 8 Vorschlag COM (2018) 324 final (finanzielle Sanktionen) – Abänderungen Parlament (P8_TA-PROV(2019)0349) v. 04.04.2019.

kratie, der Rechtsstaatlichkeit und der Grundrechtepolitik [...] der Schlüssel zur Glaubwürdigkeit der [EU]".[185]

III. Eigene Bewertung des Vorschlags von Kommission und Parlament

Gemessen an den oben dargestellten Maßstäben ist der Vorschlag von Kommission und Parlament hinsichtlich der Kompetenzverteilung in der EU grundsätzlich unionsrechtskonform. Allerdings muss der darin vorgeschlagene Sanktionsmechanismus in seiner Zielrichtung auf den Schutz des EU-Haushalts fokussiert werden. Deshalb bedarf dieser Vorschlag einiger Reformen im Detail.

So sind insbesondere die erstrebten Ziele in der Steuerpolitik mit der Kompetenzgrundlage in Art. 322 Abs. 1 lit. a) AEUV nicht vereinbar. Denn das Gebot der Rechtsstaatlichkeit ist insoweit nur dann verletzt, wenn die Steuerpolitik offensichtlich willkürlich und zur Erreichung rechtsstaatswidriger Ziele eingesetzt wird. Darüber hinaus ist zu berücksichtigen, dass die Kompetenzen der EU in Steuerfragen eng begrenzt sind und entsprechende Harmonisierungen der Einstimmigkeit bedürfen.[186] Im Bereich der Steuerpolitik ist eine Rechtsangleichung im Binnenmarkt gemäß Art. 114 Abs. 2 AEUV zudem ausdrücklich nicht vorgesehen. Ferner könnte ein derart ausgestalteter Sanktionsmechanismus auch nicht auf die Kompetenz der EU zur Bekämpfung von Steuerbetrug zulasten der zur Eigenmittelfinanzierung der EU herangezogenen Umsatzsteuer gestützt werden. Denn hieraus folgt keine unionale Kompetenz zur Errichtung eines neuen sekundärrechtlichen Sanktionsmechanismus.[187] Die Verknüpfung von Steuerpolitik mit diesem Sanktionsmechanismus ist deshalb abzulehnen; dies gilt insbesondere für die angestrebte „Verhütung und Ahndung von [...] Steuerwettbewerb".[188]

Hervorzuheben ist zudem die Verknüpfung dieses Vorschlags für einen Sanktionsmechanismus mit dem Vorschlag zum MFR 2021–2027: Denn Art. 7 des Vorschlags zum MFR 2021–2027 ermöglicht eine Übertragung der im Rahmen des vorgeschlagenen Sanktionsmechanismus einbehaltenen Mittel auf folgende Haushaltsjahre.[189] Diese Möglichkeit der Übertragung ermöglicht die von Haushaltsjahren unabhängige Anwendung dieses Sanktionsmechanismus und dient damit dessen praktischer Anwendbarkeit. Allerdings bedürfte diese

---

[185] ErwG. 3 Vorschlag COM (2018) 324 final (finanzielle Sanktionen) – Abänderungen Parlament (P8_TA-PROV(2019)0349) v. 04.04.2019.

[186] Für indirekte Steuern Art. 113 AEUV, für den Bereich der Umwelt- und Energiesteuern Art. 192 Abs. 2 lit. a) und Art. 194 Abs. 3 AEUV.

[187] Siehe oben § 3 B. I. 6.

[188] Art. 3 Abs. 1 lit. ea) Vorschlag COM (2018) 324 final (finanzielle Sanktionen) – Abänderungen Parlament (P8_TA-PROV(2019)0349) v. 04.04.2019.

[189] Hierzu auch ErwG. 9 Vorschlag COM (2018) 322 final/2 (MFR 2021–2027) v. 15.05.2018.

Festlegung im MFR der Zustimmung aller Mitgliedstaaten und unterliegt daher besonderen politischen Hürden. Um diese abzumildern, sollten die MFR-Obergrenzen generell flexibler ausgestaltet werden.[190]

C. Vereinbarkeit des neuen ESIF-Sanktionsmechanismus mit bestehenden Sanktionsmechanismen

Ein solcher neuer Sanktionsmechanismus muss, insbesondere da er im Sekundärrecht verankert würde, mit den übrigen im Primärrecht bestehenden Sanktionsmechanismen vereinbar sein.[191] Die primärrechtlichen Sanktionsmechanismen stellen keinen numerus clausus der Sanktionsmechanismen auf (I). Grundsätzlich ist also Raum für sekundärrechtliche Sanktionsmechanismen. Ein solcher sekundärrechtlicher Sanktionsmechanismus wäre auch mit dem Art. 7-Verfahren (II), dem Vertragsverletzungsverfahren (III) sowie den Wirtschaftspolitik- und Defizitverfahren (IV) vereinbar. Gleiches gilt für die Kooperations- und Kontrollverfahren für Bulgarien, Rumänien und Kroatien (V).

I. Numerus clausus der primärrechtlichen Sanktionsmechanismen

Die Verträge sehen derzeit vier Sanktionsmechanismen vor: Das Art. 7-Verfahren, das Verfahren zur Koordinierung der Wirtschaftspolitik (Art. 121 AEUV), das Defizitverfahren (Art. 126 AEUV) sowie das Vertragsverletzungsverfahren (Art. 258 ff. AEUV). Der Einsatz dieser Sanktionsmechanismen stellt für die Beziehungen der EU zu ihren Mitgliedstaaten sowie der Mitgliedstaaten aber einen Ausnahmefall da. Denn Sanktionen, zumal finanzielle, greifen besonders stark in die mitgliedstaatliche Souveränität ein. Deshalb sehen alle Konfliktlösungsmechanismen der EU vornehmlich politische Lösungen vor. So lassen alle in EUV und AEUV geregelten Sanktionsmechanismen in zwingenden Vorverfahren Raum für politische Kompromisse zur Abwendung von Sanktionen.[192] Gerade wegen ihrer besonderen Bedeutung für das Gesamtgefüge der EU zwischen einem Bund von Staaten und Bundesstaat sind die Sanktionsmechanismen auch nur behutsam fortentwickelt worden.[193]

---

[190] Siehe oben § 3 B. I. 4. a).

[191] Der Vorrang des Primärrechts folgt schon aus Art. 5 Abs. 2 EUV und Art. 263 Abs. 2 AEUV. EuGH, Urteil v. 05.10.1978, Rs. 26/78, *Institut national d'assurance maladie-invalidité u. a./Antonio Viola*, ECLI:EU:C:1978:172, Rn. 9. Für den Fall, dass der Sanktionsmechanismus im Primärrecht etabliert würde, siehe oben § 3 A. II.

[192] Für das Art. 7-Verfahren siehe unten § 4 C. I. 1. a). Zu den Vorverfahren in den Sanktionsmechanismen der Defizit- und Wirtschaftspolitik sowie im Vertragsverletzungsverfahren siehe unten § 4 C. I. 1. b).

[193] Zur Entwicklung von Art. 7 EUV *F. Schorkopf*, in: E. Grabitz/M. Hilf/M. Nettesheim

Aus den Verträgen ergibt sich allerdings nicht, dass neben den dort festgelegten Sanktionsmechanismen keine sekundärrechtlichen Regelungen zur Sicherung von Unionspolitiken möglich sein sollen. Die über die Zeit starke Zunahme der Unionspolitiken sowie ihrer Regelungsdichte machen vielmehr weitere, gegebenenfalls kleinteiligere Sicherungsmechanismen erforderlich. Deshalb erfordert es auch der effet utile,[194] dass die EU zum Schutz ihrer Politiken entsprechende Maßnahmen erlassen können muss. Ein Rückgriff allein auf die primärrechtlichen Sanktionsmechanismen ist zur effektiven Durchführung der Unionspolitiken nicht ausreichend. Deshalb ist es folgerichtig, dass die Mitgliedstaaten als Herren der Verträge bereits bestehende sekundärrechtliche Durchsetzungsmechanismen, etwa zum Schutz des EU-Haushalts,[195] bei Gelegenheit etwa des Vertrags von Lissabon nicht durch eine entsprechende Vertragsänderung unterbunden haben. Auch aus der Rechtsprechung des EuGH ist nicht ersichtlich, dass das Primärrecht keinen Raum für sekundärrechtliche Durchsetzungsmechanismen ließe.[196]

II. Vereinbarkeit mit Art. 7-Verfahren

Über das Verfahren nach Art. 7 EUV kann die EU Verstöße gegen die Werte des Art. 2 EUV, wozu die Rechtsstaatlichkeit zählt, sanktionieren. Ungeachtet der Schwerfälligkeit dieses Verfahrens[197] ist der Juristische Dienst des Rates der Ansicht, dass diese Regelung zur Überwachung der mitgliedstaatlichen Rechtsstaatlichkeit abschließend sei.[198] Art. 2 EUV übertrage der Kommission keine weiteren Kompetenzen und das in Art. 7 EUV vorgesehene Verfahren, insbesondere die dort festgelegten Quoren dürften durch andere Regelungen, etwa im Haushaltsrecht, nicht umgangen werden. Deshalb ist seiner Ansicht nach ein neuer finanzieller Sanktionsmechanismus unter Einbezug der ESIF nicht mit Art. 7 EUV vereinbar.[199]

(Hrsg.), Das Recht der Europäischen Union, [69]München 2020, Art. 7 EUV, Rn. 1 ff.; *M. Ruffert*, in: C. Calliess/M. Ruffert (Hrsg.), EUV/AEUV, [5]München 2016, Art. 7 EUV, Rn. 1 ff.

[194] Zur Bedeutung des effet utile siehe oben § 3 B. I. 1.

[195] Hierfür sieht Art. 63 Abs. 8 VO (EU, Euratom) Nr. 2018/1046 (EHO), ABl. EU L 193 v. 30.07.2018, S. 1 ff. Sanktionen vor. Siehe oben § 2 C. I. 2. b) und unten § 4 C. II. 1. d).

[196] EuGH, Urteil v. 07.02.1979, Rs. 11/76, *Niederlande/Kommission*, ECLI:EU:C:1979:28, Rn. 6 ff.

[197] Zum Art. 7-Verfahren gegen Ungarn siehe oben § 2 A. IV. 1. b); zum Verfahren gegen Polen siehe oben § 2 A. IV. 2. b). Zu diskutierten Verbesserungsmöglichkeiten siehe oben § 2 B. I.

[198] *Council of the European Union*, Opinion of the Legal Service: Commission's Communication on a new EU Framework to strengthen the Rule of Law – Compatibility with the Treaties (10296/14), 27.05.2014, Rn. 17 ff.

[199] *Dass.*, Opinion of the Legal Service: Proposal for a Regulation of the European Parliament and of the Council on the protection of the Union's budget in case of generalised deficiencies as regards the rule of law in the Member States – Compatibility with the EU Treaties – 2018/0136 (COD); 13593/18, 25.10.2018. Das Gutachten des Juristischen Dienstes des Rates ist

Zur Überwindung dieses rechtlichen Hindernisses wird eine Verknüpfung der finanziellen Sanktion mit dem Art. 7-Verfahren vorgeschlagen. Dadurch würde die in Art. 7 EUV vorgesehene Kompetenzverteilung zwischen Kommission, Rat, Parlament und Europäischem Rat geachtet.[200] Ein solches Vorgehen würde sich an den finanziellen Sanktionen im Defizitverfahren orientieren: Die Kommission schlägt hier eine Aussetzung von Mittelbindungen oder Zahlungen aus den ESIF dann vor, wenn der Rat nach Art. 126 Abs. 8 oder 11 AEUV unzureichende Defizitkorrekturmaßnahmen im betroffenen Mitgliedstaat festgestellt hat.[201] Letztlich wäre für eine finanzielle Sanktion wegen Rechtsstaatsverstößen also eine (im Parlament mehrheitlich und im Europäischen Rat einstimmig zu treffende) Feststellung der schwerwiegenden und anhaltenden Verletzung der Werte nach Art. 2 EUV nötig.[202]

Allerdings trägt dieser Vergleich mit dem Defizitverfahren nicht: Denn zur Verbindung der ESIF mit der ordnungsgemäßen wirtschaftspolitischen Steuerung ist eine Aussetzung von Mittelbindungen und -auszahlungen auch in anderen Fällen und ohne eine Entscheidung des Rates nach Art. 126 Abs. 8 oder 11 AEUV möglich.[203] Ferner ist gerade die Verknüpfung zwischen Aussetzung der Mittelbindung und -auszahlung nach Art. 23 Abs. 9 lit. a) ESIF-Dachverordnung 2013 und der entsprechenden Entscheidung des Rates nach Art. 126 Abs. 8 oder 11 AEUV nicht mit dem Wortlaut der Verträge vereinbar. Denn die in Art. 126 AEUV für den Fall einer solchen Entscheidung vorgesehenen Sanktionen sind abschließend.[204]

Eine solche Verknüpfung finanzieller Sanktionen mit dem Verfahren nach Art. 7 EUV ist aber gar nicht erforderlich: Weder aus dem Wortlaut noch aus der Systematik des Art. 7 EUV folgt, dass dieses das einzige zum Schutz der Werte des Art. 2 EUV und insbesondere der Rechtsstaatlichkeit mögliche Verfahren

nicht öffentlich (siehe oben Fn. 128). Es wird diskutiert bei *K. L. Scheppele/L. Pech/R. D. Kelemen*, Never Missing an Opportunity to Miss an Opportunity: The Council Legal Service Opinion on the Commission's EU budget-related rule of law mechanism, 12.11.2018 (https://verfassungsblog.de/never-missing-an-opportunity-to-miss-an-opportunity-the-council-legal-service-opinion-on-the-commissions-eu-budget-related-rule-of-law-mechanism/) (geprüft am 10.10.2020). Ablehnend ebenfalls *J. Brauneck*, EuR 54 (2019), S. 37 ff., 48. So (wohl) auch *P. Oliver/J. Stefanelli*, JCMS 54 (2016), S. 1075 ff., 1076.

[200] *M. J. Rangel de Mesquita*, ERA Forum 19 (2018), S. 287 ff., 291 f.

[201] Art. 23 Abs. 9 lit. a) VO (EU) Nr. 1303/2013 (ESIF-Dachverordnung 2013), ABl. EU L 347 v. 17.12.2013, S. 320 ff.; Art. 15 Abs. 7 lit. a) Geänderter Vorschlag COM (2020) 23 final (Vorschlag ESIF-Dachverordnung 2021) v. 14.01.2020. Siehe unten § 4 C. II. 1. c).

[202] Art. 7 Abs. 2 EUV. Die Einleitung der ersten Phase nach Art. 7 Abs. 1 EUV dürfte dann nicht genügen, da hier noch keine Verletzung der Werte festgestellt wurde, sondern nur eine entsprechende Gefahr. So aber *M. J. Rangel de Mesquita*, ERA Forum 19 (2018), S. 287 ff., 292.

[203] Art. 23 Abs. 9 lit. b) bis e) VO (EU) Nr. 1303/2013 (ESIF-Dachverordnung 2013), ABl. EU L 347 v. 17.12.2013, S. 320 ff.; Art. 15 Abs. 7 lit. b) bis e) Geänderter Vorschlag COM (2020) 23 final (Vorschlag ESIF-Dachverordnung 2021) v. 14.01.2020.

[204] Siehe oben § 2 C. I. 2. a) cc).

sein soll.[205] So ist die Jurisdiktion des EuGH im Falle des Art. 2 EUV – im Unterschied etwa zur Beschränkung bei der Suspendierung von Mitgliedschaftsrechten gemäß Art. 269 AEUV – nicht ausdrücklich beschränkt.[206] Auch aus den hohen Quoren im Verfahren nach Art. 7 EUV folgt nichts anderes:[207] Denn diese haben ihren Grund in der Schwere der nach Art. 7 EUV möglichen Sanktionen, die etwa zu einem Stimmrechtsentzug im Rat führen können.[208] Da dies für den betroffenen Mitgliedstaat sowie das Gesamtgefüge der EU, insbesondere ihrem Gesetzgebungsverfahren, schwerwiegende Folgen hat, sind diese besonders hohen Quoren – bzw. letztlich die Einstimmigkeit der übrigen Mitgliedstaaten – begründet.

Aus der Systematik der Verträge ergibt sich nicht, dass Sanktionen wegen Verstößen gegen rechtsstaatliche Grundsätze immer nur unter diesen besonders hohen Voraussetzungen möglich sind. Denn Ziel der Einführung des Art. 7 EUV war die Errichtung eines zusätzlichen Mechanismus zum Schutz der Rechtsstaatlichkeit[209] – nicht die Erschwerung anderer Schutzmaßnahmen mit schwächeren Sanktionsmöglichkeiten. Dabei ist zudem zu berücksichtigen, dass sich die (primären) Schutzzwecke des Rechtsstaatsverfahrens nach Art. 7 EUV und eines neuen finanziellen Sanktionsmechanismus unterscheiden würden: Der Schutzzweck des Verfahrens nach Art. 7 EUV sind die Werte aus Art. 2 EUV, insbesondere die Rechtsstaatlichkeit, in einem umfassenden Sinn. Der Schutzzweck eines neuen finanziellen Sanktionsmechanismus wäre wegen der gewählten Rechtsgrundlage im Haushaltsrecht hingegen primär der Schutz der finanziellen Interessen der EU bzw. des EU-Haushalts.[210] Die Rechtsstaatlichkeit wäre hierbei nur Mittel zum Zweck.

Im Übrigen ist auch der EuGH nicht der Ansicht, dass rechtsstaatliche Defizite nur im Verfahren nach Art. 7 EUV aufgegriffen werden können. So hat er fest-

---

[205] So auch *K. L. Scheppele/L. Pech/R. D. Kelemen*, Never Missing an Opportunity to Miss an Opportunity: The Council Legal Service Opinion on the Commission's EU budget-related rule of law mechanism, 12.11.2018 (https://verfassungsblog.de/never-missing-an-opportunity-to-miss-an-opportunity-the-council-legal-service-opinion-on-the-commissions-eu-budget-related-rule-of-law-mechanism/) (geprüft am 10.10.2020); *O. Mader*, HJRL 11 (2019), S. 133 ff., 162; ähnlich *E. M. Kullak*, Vertrauen in Europa – Entwicklung und Funktion als Verfassungsgrundsatz des Unionsrechts, Tübingen 2020, S. 171 f.

[206] So auch *Editorial Comments*, CML Rev 52 (2015), S. 619 ff., 622; *C. Hillion*, in: C. Closa/D. Kochenov (Hrsg.), Reinforcing Rule of Law Oversight in the European Union, Cambridge 2016, S. 59, 66 ff. Der Ansicht, dass das Vertragsverletzungsverfahren und das Verfahren nach Art. 7 EUV nebeneinander anwendbar sein soll, ist auch der Rat. *Rat der Europäischen Union*, 3362. Tagung des Rates – Allgemeine Angelegenheiten, 16.12.2014, S. 22.

[207] Zu den Quoren im Verfahren nach Art. 7 EUV und den daraus folgenden Problemen siehe unten § 4 C. II. 1. a).

[208] Art. 7 Abs. 3 UAbs. 1 AEUV.

[209] Zur Entstehungsgeschichte von Art. 7 EUV *P. Voet van Vormizeele*, in: H. v. Groeben/ J. Schwarze/A. Hatje (Hrsg.), Europäisches Unionsrecht, [7]Baden-Baden 2015, Art. 7 EUV, Rn. 1 ff.

[210] Siehe oben § 3 B. I. 4. c).

gestellt, dass das Gebot effektiven Rechtsschutzes gemäß Art. 19 Abs. 1 UAbs. 2 EUV vom Rechtsstaatsgebot aus Art. 2 EUV abgeleitet wird und dieses Gebot effektiven Rechtsschutzes von allen unionalen und mitgliedstaatlichen Gerichten zu beachten ist.[211] Auf der Grundlage dieser Rechtsprechung – die letztlich den Schutz des Rechtsstaatsgebots aus Art. 2 EUV zum Ziel hat – sind Polen und Ungarn in Vertragsverletzungsverfahren verurteilt worden.[212] Somit können Rechtsstaatsdefizite auch im Zentrum anderer Sanktionsmechanismen stehen.[213]

III. Vereinbarkeit mit Vertragsverletzungsverfahren

Mit dem Vertragsverletzungsverfahren kann die EU Mitgliedstaaten sanktionieren, die „Verpflichtungen aus den Verträgen" verletzen.[214] Hierunter fällt das gesamte europäische Primär- und Sekundärrecht einschließlich ungeschriebener allgemeiner Rechtsgrundsätze.[215] Auch rechtsstaatliche Defizite in Mitgliedstaaten können Gegenstand dieses Verfahrens sein.[216]

Schon die Existenz des Art. 7 EUV zeigt, dass die mitgliedstaatliche Rechtsstaatlichkeit neben dem Vertragsverletzungsverfahren ebenso in anderen Sanktionsverfahren aufgegriffen werden kann. Auch aus Wortlaut und Systematik der Art. 258 ff. AEUV folgt nicht, dass neben dem Vertragsverletzungsverfahren keine weiteren sekundärrechtlichen Mechanismen zur Durchsetzung und zum Schutz unionaler Politiken möglich sind. Vielmehr erfordert der effet utile auch mit Blick auf das Vertragsverletzungsverfahren die Möglichkeit entsprechender sekundärrechtlicher Mechanismen.[217]

Hierunter fällt die Möglichkeit von finanziellen Sanktionen. Weder aus den Regelungen zu finanziellen Sanktionen im Vertragsverletzungsverfahren[218] noch den entsprechenden Regelungen im Defizit-[219] und Art. 7-Verfahren[220]

---

[211] EuGH, Urteil v. 27.02.2018, Rs. C-64/16, *Associação Sindical dos Juízes Portugueses/ Tribunal de Contas*, ECLI:EU:C:2018:117, Rn. 32.

[212] Siehe zu den Vertragsverletzungsverfahren wegen Rechtsstaatsdefiziten gegen Ungarn oben § 2 A. IV. 1. c). Für Polen siehe oben § 2 A. IV. 2. c).

[213] Siehe hierzu oben § 2 B. II. *C. Closa/D. Kochenov/J. Weiler*, Reinforcing Rule of Law Oversight in the European Union – EUI Working Paper RSCAS 2014/25, 2014, S. 9.

[214] Art. 258 ff. AEUV. Auch Mitgliedstaaten können dieses Verfahren gegen andere Mitgliedstaaten einleiten, Art. 259 AEUV. Zur Häufigkeit der Einleitung dieses Verfahrens durch Mitgliedstaaten und Kommission siehe unten § 4 B. I. 1., Fn. 222.

[215] *W. Cremer*, in: C. Calliess/M. Ruffert (Hrsg.), EUV/AEUV, [5]München 2016, Art. 258 AEUV, Rn. 33; *U. Karpenstein*, in: E. Grabitz/M. Hilf/M. Nettesheim (Hrsg.), Das Recht der Europäischen Union, [69]München 2020, Art. 258 AEUV, Rn. 29 f.

[216] Siehe oben § 2 B. II. Zu den entsprechenden Vertragsverletzungsverfahren gegen Ungarn siehe oben § 2 A. IV. 1. c), gegen Polen siehe oben § 2 A. IV. 2. c).

[217] Siehe oben § 3 C. II.

[218] Art. 260 Abs. 2 und 3 AEUV ermöglicht die Verhängung von Zwangsgeldern und Pauschalbeträgen. Siehe oben § 2 B. II. 3.

[219] Art. 126 Abs. 11 AEUV.

[220] Zur Diskussion hierüber siehe oben § 2 B. I. 2.

folgt, dass nur hierüber finanzielle Sanktionen gegen Mitgliedstaaten verhängt werden können. Entsprechend hat der EuGH für die bereits bestehenden Sanktionsmechanismen zum Schutz des EU-Haushalts festgestellt, dass diese vom Vertragsverletzungsverfahren unabhängig[221] und damit grundsätzlich rechtmäßig sind. Auch ein weiterer Sanktionsmechanismus zum Schutz des EU-Haushalts wäre deshalb neben dem Vertragsverletzungsverfahren möglich.

IV. Vereinbarkeit mit Wirtschaftspolitik- und Defizitverfahren

Auch die in Art. 121 und Art. 126 AEUV vorgesehenen Sanktionsmöglichkeiten sperren einen neuen Sanktionsmechanismus zum Schutz der Rechtsstaatlichkeit nicht. Denn sie verfolgen mit der Koordinierung der Wirtschaftspolitik (Art. 121 AEUV) bzw. Haushaltsdisziplin (Art. 126 AEUV) andere Ziele. Ein finanzieller Sanktionsmechanismus zum Schutz des EU-Haushalts konfligiert hiermit nicht.

V. Vereinbarkeit mit Kooperations- und Kontrollverfahren

Bei der Osterweiterung Teil II um Bulgarien und Rumänien (2007) sowie um Kroatien (2013) bestand eine größere Sorge hinsichtlich des Stands der Rechtsstaatlichkeit und Korruptionsbekämpfung in diesen Ländern. Deshalb führte die EU aufgrund einer entsprechenden Ermächtigung in den Beitrittsverträgen ein Kooperations- und Kontrollverfahren zur Überwachung bestimmter Vorgaben in den Bereichen Justizreform und Korruptionsbekämpfung für Bulgarien und Rumänien ein.[222] Ähnliches galt für Kroatien.[223]

Die Kommission machte den neuen Mitgliedstaaten für die Zeit nach dem Beitritt bestimmte Vorgaben zur Gewährleistung transparenter und leistungsfähiger Gerichtsverfahren, Korruptionsbekämpfung sowie (im Falle Bulga-

---

[221] Siehe oben § 2 C. I. 2. b), Fn. 333. *F. Meinel*, Die Verwaltung 51 (2018), S. 153 ff., 167.

[222] Für Rumänien Entscheidung 2006/928/EG (Überprüfung Rumänien), ABl. EU L 354 v. 13.12.2006, S. 56 f.; für Bulgarien Entscheidung 2006/929/EG (Überprüfung Bulgarien), ABl. EU L 354 v. 13.12.2006, S. 58 ff. Hierzu *F. Schorkopf*, in: E. Grabitz/M. Hilf/M. Nettesheim (Hrsg.), Das Recht der Europäischen Union, [69]München 2020, Art. 7 EUV, Rn. 56 f.

In Anbetracht der weiter bestehenden rechtsstaatlichen Defizite in Bulgarien und Rumänien muss die Wirksamkeit des Kooperations- und Kontrollverfahrens kritisch hinterfragt werden. So auch *F. Marques*, MEDEL letter to the President of the EU Commission and to the EU Commissioner of Justice about the CVM report on Bulgaria and Romania, 18.12.2018 (https://medelnet.eu/index.php/news/europe/483-medel-letter-to-the-president-of-the-eu-commission-and-to-the-eu-commissioner-of-justice-about-the-cvm-report-on-bulgaria-and-romania) (geprüft am 10.10.2020). Zu den rechtsstaatlichen Defiziten in Bulgarien und Rumänien siehe oben § 2 A. IV. 3.

[223] Art. 36 Abs. 1 UAbs. 2 und Anhang VII Beitrittsakte Kroatien, ABl. EU L 112 v. 24.04.2012, S. 6 ff. Das Programm Kroatien betreffend ist aber weniger umfassend als für Bulgarien und Rumänien.

riens) Bekämpfung der organisierten Kriminalität.[224] Die Ergebnisse dieser Überwachung veröffentlicht die Kommission jährlich.[225] Zur Durchsetzung der Vorgaben sind auch Sanktionen gegen die betroffenen Mitgliedstaaten möglich.[226]

Auch diese Kooperations- und Kontrollverfahren stehen einem neuen finanziellen Sanktionsmechanismus zum Schutz der Rechtsstaatlichkeit aber nicht entgegen. Denn ihrem Zweck nach sollen diese Kooperations- und Kontrollverfahren nur einen zusätzlichen Mechanismus zum Schutz der Rechtsstaatlichkeit in den betroffenen neuen Mitgliedstaaten schaffen. Hierfür sollen identifizierte rechtsstaatliche Mängel in den betroffenen Mitgliedstaaten vor und nach Aufnahme in die EU nachhaltig behoben werden. Übrige Instrumente der EU zur Durchsetzung des Unionsrechts sollen dadurch aber nicht geschwächt werden. Dies gilt auch für einen Sanktionsmechanismus zum Schutz des EU-Haushalts.[227] Mit diesem Schutzziel überschneiden sich die Kooperations- und Kontrollverfahren allenfalls peripher.

D. Vereinbarkeit mit dem Primärrecht: Zwischenfazit

Die Einführung eines neuen Sanktionsmechanismus im Primärrecht hätte verschiedene Vorteile – insbesondere für seine politische Bedeutung und inhaltliche Ausgestaltung. Eine entsprechende und von den Mitgliedstaaten einstimmig zu beschließende Vertragsänderung ist allerdings unwahrscheinlich.

Der derzeit politisch einzig mögliche Weg ist die Einführung eines Sanktionsmechanismus auf der Ebene des Sekundärrechts. Dies wäre nur möglich

[224] Zu den Einzelheiten der Vorgaben für Rumänien Anhang zu Entscheidung 2006/928/EG (Überprüfung Rumänien), ABl. EU L354 v. 13.12.2006, S. 56f.; für Bulgarien Anhang zu Entscheidung 2006/929/EG (Überprüfung Bulgarien), ABl. EU L354 v. 13.12.2006, S. 58ff. Zur Funktionsweise dieses Verfahrens *European Parliament*, The Triangular relationship between Fundamental Rights, Democracy and Rule of Law in the EU – Towards an EU Copenhagen Mechanism, October 2013, S. 15ff.

[225] Für die Berichte 2018 *European Commission*, On Progress in Romania under the Cooperation and Verification Mechanism – COM (2018) 851 final, 13.11.2018; *European Commission*, On Progress in Bulgaria under the Cooperation and Verification Mechanism – COM (2018) 850 final, 13.11.2018. Diese und weitere Berichte sind abrufbar unter *European Commission*, The reports on progress in Bulgaria and Romania, 22.10.2019 (https://ec.europa.eu/info/policies/justice-and-fundamental-rights/upholding-rule-law/rule-law/assistance-bulgaria-and-romania-under-cvm/reports-progress-bulgaria-and-romania_en) (geprüft am 10.10.2020).

[226] Art. 38 Abs. 1 Beitrittsakte Bulgarien und Rumänien sieht für den Fall, dass bei der europäischen Zusammenarbeit im Bereich des Straf- und/oder Zivilrechts ernste Mängel auftreten bzw. die Gefahr ernster Mängel besteht, für die Kommission für einen Zeitraum von bis zu drei Jahren nach dem Beitritt die Möglichkeit vor, „angemessene Maßnahmen“ zu erlassen. Nach Art. 38 Abs. 2 S. 1 Beitrittsakte Bulgarien und Rumänien können diese Maßnahmen insbesondere die „Aussetzung der Anwendung einschlägiger Bestimmungen und Beschlüsse“ erfolgen.

[227] Siehe oben §3 B. I. 4. c).

als Haushaltsvorschrift auf der Grundlage von Art. 322 Abs. 1 lit. a) AEUV. Ein auf der Grundlage dieser Vorschrift erlassener Sanktionsmechanismus kann allerdings nur den Schutz der finanziellen Interessen der EU zum Ziel haben. Damit kann ein solcher Sanktionsmechanismus nur mittelbar dem Schutz der mitgliedstaatlichen Rechtsstaatlichkeit dienen: Denn diese ist Voraussetzung für die ordnungsgemäße Umsetzung des EU-Haushalts in geteilter Mittelverwaltung. Hieraus folgt allerdings auch, dass ein Sanktionsmechanismus zum umfassenden Schutz der mitgliedstaatlichen Rechtsstaatlichkeit auf rein sekundärrechtlicher Basis nicht möglich ist.

Unter diesen Voraussetzungen würde ein solcher Sanktionsmechanismus auch nicht mit den bereits bestehenden Sanktionsmechanismen konfligieren. Die gewählte Kompetenzgrundlage hat aber verschiedene, teilweise bedeutende Folgen für die Ausgestaltung des Sanktionsmechanismus.

§ 4 Die Ausgestaltung des ESIF-Sanktionsmechanismus im Sekundärrecht

Die Ausgestaltung des neuen Sanktionsmechanismus entscheidet maßgeblich darüber, ob der Sanktionsmechanismus die an ihn gestellten Erwartungen erfüllen kann. Elementarer Kern des neuen Sanktionsmechanismus ist die Definition des sanktionsbewehrten rechtsstaatlichen Minimums. Denn dieses entscheidet über die Schwelle, ab der der Sanktionsmechanismus eingreifen kann (A). Auch die Frage der Überwachung der Einhaltung dieses Minimums wird in Politik und Rechtswissenschaft diskutiert. Hier stellt sich insbesondere die Frage, ob zur Überwachung der mitgliedstaatlichen Rechtsstaatlichkeit die Gründung eines neuen Organs geboten ist (B). Das Verfahren nach Art. 7 EUV zeigt, dass die Ausgestaltung des Sanktionsverfahrens für die praktische Handhabbarkeit dieses Sanktionsmechanismus von besonderer Bedeutung ist. Bei dem neuen Sanktionsmechanismus muss daher darauf geachtet werden, dass das Sanktionsverfahren eine zeitnahe Reaktion auf Verstöße ermöglicht; gleichzeitig sind die Rechte des betroffenen Mitgliedstaats damit in Ausgleich zu bringen (C).

Zudem muss der Sanktionsmechanismus auch seine Rechtsfolgen festlegen. Hierbei kann der Sanktionsbeschluss nur feststellenden Charakter bezüglich des mitgliedstaatlichen Rechts haben; finanzielle Sanktionen sollen aber ausreichend Anreize zur Einhaltung der unionalen Vorgaben bieten (D). Sobald der Mitgliedstaat die sanktionierten Verstöße abstellt, sollten die Sanktionen wieder aufgehoben werden. Auch hierfür müssen Regelungen getroffen werden (E). Um den Anforderungen des Rechtsstaatsgebots sowie der Verträge zu genügen, muss die Anwendung des Sanktionsmechanismus der Kontrolle durch den EuGH unterliegen. Einschlägig hierfür wäre die Nichtigkeitsklage (F).

A. Definition der sanktionsbewehrten Mindeststandards und Anforderungen an ihre Verletzung

Der neue Sanktionsmechanismus muss die rechtsstaatlichen Mindeststandards, deren Einhaltung er überwachen und deren Verletzung er sanktionieren soll, definieren. Diese Definition sollte sich einerseits an den Vorgaben zur Rechtsstaatlichkeit in EUV und AEUV sowie insbesondere deren Auslegung durch den EuGH orientieren. Andererseits muss diese Definition aber auch die kompetenzrechtlichen Grenzen insbesondere aus Art. 4 und 5 EUV berücksichtigen (I).

Der Vorschlag von Kommission und Parlament enthält hierzu bereits eine konkrete Definition des Rechtsstaatsprinzips. Der Sanktionsmechanismus soll dann ausgelöst werden, wenn ein genereller Mangel in Bezug auf dieses Rechtsstaatsprinzip festgestellt wird (II). Mit Blick auf die durch die Kompetenzgrundlage aufgestellten Grenzen sowie die gebildeten Maßstäbe ist dieser Vorschlag aber reformbedürftig (III).

I. Primärrechtliche Grenzen und Lehren aus Sanktionsmechanismen

Der Sanktionsmechanismus könnte in absehbarer Zeit realistischerweise nur im Sekundärrecht umgesetzt werden.[1] Hierbei müsste er jedoch die primärrechtlichen Grenzen, neben der Kompetenzgrundlage insbesondere Art. 4 und 5 EUV, beachten. Auf dieser Grundlage sowie unter Berücksichtigung der Lehren aus dem Art. 7-Verfahren, dem Vertragsverletzungsverfahren und weiterer Rechtsprechung des EuGH lassen sich Maßstäbe für die Definition der sanktionsbewehrten Mindeststandards sowie die Anforderungen an ihre Verletzung bilden.

1. Primärrechtliche Grenzen aus Art. 4 und 5 EUV

Die Definition des sanktionsbewehrten rechtsstaatlichen Minimums muss sich insbesondere an der gewählten Kompetenzgrundlage orientieren. Darüber hinaus ist bei der Definition dieses Minimums auch das Spannungsverhältnis von nationaler Identität und loyaler Zusammenarbeit bedeutsam. All diese Grundsätze müssen in Ausgleich gebracht werden.

a) Die Anforderungen der gewählten Kompetenzgrundlage

Der neue finanzielle Sanktionsmechanismus zum Schutz der Rechtsstaatlichkeit kann (nur) als Haushaltsvorschrift gemäß Art. 322 Abs. 1 lit. a) AEUV erlassen werden.[2] Aus dieser gewählten Kompetenzgrundlage ergeben sich Folgen für die Ausgestaltung des Sanktionsmechanismus, insbesondere für die Definition der sanktionsbewehrten rechtsstaatlichen Mindeststandards.

aa) Schutz der finanziellen Interessen der EU als Ziel

Die auf der Grundlage von Art. 322 Abs. 1 AEUV erlassenen Haushaltsvorschriften dienen der Umsetzung des EU-Haushalts und insbesondere dem

[1] Siehe oben § 3 A. III.
[2] Siehe oben § 3 B. I. 4. c).

Schutz der finanziellen Interessen der EU.[3] Mit Blick auf das Prinzip der begrenzten Einzelermächtigung in Art. 5 Abs. 1 S. 1 EUV müssen die in dem Sanktionsmechanismus definierten rechtsstaatlichen Mindeststandards deshalb objektiv und nachprüfbar dem Schutz der finanziellen Interessen der EU dienen: Die Verletzung dieser rechtsstaatlichen Mindeststandards muss die ordnungsgemäße Umsetzung des EU-Haushalts gefährden oder beeinträchtigen. Allgemeingültige Vorgaben zur Ausgestaltung der Judikative, die nicht mit der Ausführung des EU-Haushalts und insbesondere der ESIF zusammenhängen, sind deshalb nicht möglich.[4] Hierbei handelte es sich vielmehr um kompetenzrechtlich unzulässige „budgetary rider".[5]

Diese sind Teil eines in föderativen Gebilden immer wieder zu beobachtenden Phänomens, in denen finanzielle und inhaltliche bzw. verwaltungstechnische Verantwortung auseinanderfallen: Divergiert die Interessenlage zwischen diesen unterschiedlichen, aber aufeinander angewiesenen Ebenen, hat dies regelmäßig Kompetenzkonflikte zur Folge. Die (regelmäßig höhere) Ebene mit Finanzverantwortung versucht ihre inhaltlichen und/oder verwaltungstechnischen Interessen regelmäßig durch besondere Finanzierungsbedingungen durchzusetzen oder Kompetenzregelungen in ihrem Sinne zu ändern.[6] Über die Kompetenzgrundlage hinausgehende Finanzierungsbedingungen können die Verwaltungspraxis nachhaltig beeinflussen, wodurch die demokratische Verantwortlichkeit und Kontrolle der unterschiedlichen Ebenen erschwert werden kann. Aber auch mit einer entsprechenden Änderung der Kompetenzen können diese Probleme entstehen, sofern sie kleinteilig und die Kompetenzzuweisungen der Öffentlichkeit daher nur noch schwer vermittelbar sind. Deshalb muss auch ein neuer Sanktionsmechanismus – so wichtig seine Ziele sein mögen – die unionale Kompetenzaufteilung achten.

Rechtsstaatliche Mindeststandards können somit nur für solche Organe und Stellen aufgestellt werden, die mit der Ausführung des EU-Haushalts unmittelbar oder mittelbar betraut sind. Hierunter fallen Organe der mitgliedstaatlichen Verwaltung, die im Rahmen der geteilten Mittelverwaltung den EU-Haushalt ausführen.[7] Darüber hinaus können hierunter aber auch solche Organe zu fassen sein, die für die Überwachung der mit der Ausführung des EU-Haushalts

---

[3] Siehe oben § 3 B. I. 4. c). Zur kompetenzrechtlichen Prüfung durch den EuGH siehe oben § 3 B. I. 1.

[4] Siehe oben § 3 B. I. 6.

[5] So treffend bezeichnet von *C. Möllers/L. Schneider*, Demokratiesicherung in der Europäischen Union – Studie zu einem Dilemma, Tübingen 2018, S. 118 f.

[6] Auch in Deutschland ist eine solche Diskussion immer wieder zu beobachten, zuletzt Rahmen des „Digitalpakts Schule". Hierzu *H. Träger*, in: G. Abels/J. von Bernstorff/H. Förster u. a. (Hrsg.), Jahrbuch des Föderalismus 2019, Baden-Baden 2019, S. 233 ff.

[7] Bei der geteilten Mittelverwaltung haben die Mitgliedstaaten Haushaltsvollzugsaufgaben, Art. 63 und Art. 125 bis 129 VO (EU, Euratom) Nr. 2018/1046 (EHO), ABl. EU L 193 v. 30.07.2018, S. 1 ff. Siehe auch oben § 2 C. I. 4.

betrauten mitgliedstaatlichen Verwaltung zuständig sind. Dies betrifft insbesondere Gerichte, die die Rechtmäßigkeit der Handlungen dieser Organe gegebenenfalls auf entsprechenden Antrag hin überprüfen würden. Denn diese sind für eine entsprechend dezentrale Kontrolle der mit Umsetzung des EU-Haushalts betrauten mitgliedstaatlichen Organe nötig.[8]

Neben dieser Einschränkung in organisatorischer Hinsicht begrenzt die Kompetenzgrundlage den Sanktionsmechanismus auch inhaltlich: Zum Schutz der EU-Finanzen sind wegen der Verschränkung unionaler und mitgliedstaatlicher Politiken nur rechtsstaatliche Verfahrenssicherungen in den mit der Umsetzung des EU-Haushalts betrauten Behörden und ihren Kontrollorganen möglich. Hierunter fallen insbesondere die fundamentalen Grundsätze der Gewaltenteilung, Legalitätsprinzip, Rechtssicherheit, Gleichbehandlung sowie die Gewährung elementarer Justizgrundrechte.[9] Darüber hinausgehende Grundsätze sind – auch wenn sie je nach Definition Teil einer umfassenden Rechtsstaatlichkeit sein können – für den Schutz der EU-Finanzen nicht oder nur peripher von Bedeutung. Dies gilt etwa für elementare Grundrechte der persönlichen Integrität und Freiheit.[10] Weitere Grundrechte etwa im Bereich der Versammlungs-, Presse- und Medienfreiheit spielen, auch wenn sie für einen demokratischen EU-Mitgliedstaat prägend sein sollten, für den Schutz des EU-Haushalts allenfalls eine untergeordnete Rolle. Zwar können Aspekte dieser Grundrechte zum Schutz des EU-Haushalts beitragen, etwa durch investigativen Journalismus; dies reicht für eine entsprechende Regelung in den unionalen Haushaltsvorschriften jedoch nicht aus.[11] Andernfalls würde das Prinzip der begrenzten Einzelermächtigung verletzt.

Aus dem Ziel des Schutzes der finanziellen Interessen der EU folgt auch, dass nur qualifizierte Verstöße gegen sanktionsbewehrte Mindeststandards den Sanktionsmechanismus auslösen können: Denn nur in diesem Fall ist eine nachhaltige Gefahr für die finanziellen Interessen der EU – sowie letztlich die gesamte Zusammenarbeit der EU mit den Mitgliedstaaten – anzunehmen. Gestützt wird dies auch dadurch, dass es für das Vertrauen der EU in den betroffenen Mitgliedstaaten sowie das Vertrauen der Mitgliedstaaten untereinander entscheidend auf Dauer bzw. Häufigkeit und die Schwere des Verstoßes bzw. der Gefährdung ankommt. Gleiches gilt auch allgemein für das Vertrauen der Bevölkerung in das Rechtssystem.[12]

---

[8] Siehe oben § 3 B. I. 4. c) cc).

[9] Siehe oben § 2 A. II. 1.

[10] Siehe oben § 2 A. II. 2.

[11] AA (wohl) *M. Waelbroeck/P. Oliver*, Enforcing the Rule of Law in the EU: What can be done about Hungary and Poland? Part II, 09.02.2018 (https://blogdroiteuropeen.com/2018/02/09/enforcing-the-rule-of-law-in-the-eu-what-can-be-done-about-hungary-and-poland-part-ii-michel-waelbroeck-and-peter-oliver/) (geprüft am 10.10.2020).

[12] So auch *A. v. Bogdandy/M. Ioannidis*, CML Rev 51 (2014), S. 59, 71 ff. Ähnlich *P. Lavelle*, Trinity College Law Review 22 (2019), S. 35 ff., 37 f.

bb) Definition in Verordnung

Die Kompetenzgrundlage in Art. 322 Abs. 1 AEUV legt fest, dass die Einzelheiten des Sanktionsmechanismus – und damit insbesondere die sanktionsbewehrten Mindeststandards – als Teil der Haushaltsvorschriften in einer Verordnung festgelegt werden müssen. Die Definition dieser Mindeststandards darf nicht anderen Organen, etwa der Kommission, überlassen werden.

Dies folgt auch aus Art. 17 Abs. 1 S. 3 EUV und Art. 317 Abs. 1 S. 1 AEUV, die die Kommission (nur) zur Ausführung des Haushaltsplans und Verwaltung der Programme ermächtigen. Die Definition dieser sanktionsbewehrten Mindeststandards ist – insbesondere wegen ihrer grundlegenden Bedeutung[13] – aber nicht bloßer Teil der Ausführung des Haushaltsplans. Vielmehr handelt es sich hier um Vorgaben, deren wesentlicher Kern in der Verordnung selbst festgelegt werden muss. Hierdurch wird auch das institutionelle Gleichgewicht gewahrt,[14] das für den Erlass von Haushaltsvorschriften neben dem Parlament über den Rat auch eine Beteiligung der Mitgliedstaaten vorsieht.[15]

b) Das Spannungsverhältnis von nationaler Identität und loyaler Zusammenarbeit

Art. 4 EUV schützt einerseits die nationale Identität, verpflichtet die Mitgliedstaaten andererseits zu einer loyalen Zusammenarbeit. Dieses Spannungsverhältnis wird auch bei der Einführung eines finanziellen Sanktionsmechanismus zum Schutz der Rechtsstaatlichkeit relevant.

aa) Die nationale Identität als Kompetenzgrenze

Neben dem Prinzip der begrenzten Einzelermächtigung schützen insbesondere das Subsidiaritätsprinzip (Art. 5 Abs. 1 S. 2 und Abs. 3 EUV) sowie der Schutz der nationalen Identität (Art. 4 Abs. 2 EUV) die mitgliedstaatliche Souveränität.[16] Für die sanktionsbewehrten Mindeststandards des hier diskutierten Sanktionsmechanismus folgt die Begrenzung der Reichweite allerdings maßgeblich aus dem Schutz der nationalen Identität. Das Subsidiaritätsprinzip ist insoweit nicht anwendbar.

Denn zwar fallen die ESIF gemäß Art. 4 Abs. 2 lit. c) AEUV unter die zwischen EU und Mitgliedstaaten geteilte Zuständigkeit. Alle auf der Grundlage dieser Vorschriften zu den ESIF, insbesondere Art. 174 bis 178 AEUV, getroffenen Regelungen sind deshalb gemäß dem Subsidiaritätsprinzip begründungs-

---

[13] Siehe oben § 2 A. I.

[14] Siehe oben § 3 B. I. 4. c) bb).

[15] Art. 322 Abs. 1 i. V. m. Art. 294 AEUV. Zu diesem Argument auch *H. Rieckhoff*, Der Vorbehalt des Gesetzes im Europarecht, Tübingen 2012, S. 21 ff.

[16] Zum Prinzip der begrenzten Einzelermächtigung siehe oben § 3 B. I. 1. Daneben spielt auch das Verhältnismäßigkeitsprinzip eine Rolle, siehe unten § 4 A. I. 1. c).

bedürftig, inwieweit sie auf Ebene der EU besser durchgeführt werden können als auf Ebene der Mitgliedstaaten.[17] Dies betrifft etwa Regelungen in der ESIF-Dachverordnung.[18] Die Haushaltsvorschriften fallen jedoch in die alleinige Zuständigkeit der EU: Für sie ist eine solche Regelung zwar nicht in den Verträgen festgelegt worden,[19] die ausschließliche Unionszuständigkeit folgt aber aus der Natur der Sache. Dies ist der Fall, wenn die zu regelnde Materie ausschließlich auf unionaler Ebene sinnvoll getroffen werden kann.[20] So verhält es sich auch mit den unionalen Haushaltsvorschriften; eine unterschiedliche Regelung dieser Vorschriften durch die Mitgliedstaaten ist nicht denkbar. Für die ausschließlich im Kompetenzbereich der EU liegenden Haushaltsvorschriften findet das Subsidiaritätsprinzip keine Anwendung.[21] Dies gilt auch für den neuen Sanktionsmechanismus, der allein den Schutz der EU-Finanzen zum Ziel hat und deshalb eine Haushaltsvorschrift ist. Dass sich der Sanktionsmechanismus auf dieses Ziel beschränkt, stellt der Grundsatz der begrenzten Einzelermächtigung sicher.[22] Die Sicherstellung mitgliedstaatlicher Interessen innerhalb dieses Kompetenzbereichs erfolgt allein über den Schutz der nationalen Identität.

Diese schützt die Verfassungsidentität der Mitgliedstaaten, deren Schutz auch das Bundesverfassungsgericht in seinen Urteilen verfolgt.[23] Danach achtet die EU die „jeweilige nationale Identität, die in ihren grundlegenden politischen und verfassungsmäßigen Strukturen […] zum Ausdruck kommt“, sowie die „grundlegenden Funktionen des Staates“.[24] Dieser Schutz der grundlegenden Staatsorganisationen der Mitgliedstaaten dient der Gewährleistung der historisch gewachsenen nationalen Vielfalt Europas, die sich in den unterschied-

---

[17] Art. 5 Abs. 1 S. 2 und Abs. 3 EUV.

[18] Deshalb für die Anwendung des Subsidiaritätsprinzips auch im Rahmen der Kontrolle der ESIF-Umsetzung *B. Schöndorf-Haubold*, Die Strukturfonds der Europäischen Gemeinschaft – Rechtsformen und Verfahren europäischer Verbundverwaltung, München 2005, S. 329 ff.

[19] Art. 2 bis 6 AEUV.

[20] *M. Nettesheim*, in: E. Grabitz/M. Hilf/M. Nettesheim (Hrsg.), Das Recht der Europäischen Union, [69]München 2020, Art. 3 AEUV, Rn. 7.

[21] Art. 5 Abs. 1 S. 2 und Abs. 3 EUV. Selbst wenn man den Sanktionsmechanismus auf die Regelungen zu den ESIF, etwa Art. 174 bis 178 AEUV, stützen und das Subsidiaritätsprinzip somit für anwendbar erklären würde, könnten dessen Bedingungen durch entsprechende Regelungen erfüllt werden. Denn die EU hat ein elementares Interesse am Schutz der EU-Finanzen, das nur durch entsprechende einheitliche sanktionsbewehrte Mindeststandards befriedigt werden kann. Unterschiedliche Regelungen der Mitgliedstaaten erfüllen nicht dasselbe erforderliche, hohe Schutzniveau. Siehe oben § 3 B. I. 4. c) cc).

[22] Siehe oben § 4 A. I. 1. a) aa).

[23] Siehe unten § 4 A. I. 1. b) cc).

[24] Das BVerfG sieht seine Identitätskontrolle auch hierin europarechtlich angelegt, BVerfG, Urteil v. 21.06.2016, Rs. 2 BvR 2728/13, 2 BvR 2729/13, 2 BvR 2730/13, 2 BvR 2731/13, 2 BvE 13/13, *OMT*, ECLI:DE:BVerfG:2016:rs20160621.2bvr272813, BVerfGE 142, 123 ff., Rn. 140. Somit stimmt der vom BVerfG aufgestellte und auf Art. 79 Abs. 3 GG beruhende Begriff der Verfassungsidentität mit dem Begriff der verfassungsmäßigen Strukturen aus Art. 4 Abs. 2 S. 1 EUV überein, so auch *C. Calliess/W. Kahl/A. Puttler*, in: C. Calliess/M. Ruffert (Hrsg.), EUV/AEUV, [5]München 2016, Art. 4 EUV, Rn. 17.

lichen verfassungsrechtlichen Traditionen – von Republik bis konstitutionelle Monarchie – ausdrückt.[25] Diese ist „Bindeglied und Träger“ der EU.[26]

Legt man dem Schutz der nationalen Identität ein weites Verständnis zugrunde, so steht dieser Grundsatz der Abwägung mit anderen hochrangigen unionalen Rechtsgütern offen.[27] Denn ein weit ausgelegter und zugleich unbeschränkt geltender Schutz der nationalen Identität würde die europäische Zusammenarbeit, die zwangsläufig zumindest mit einem gewissen Maß an Vereinheitlichung einhergeht, und damit die Verwirklichung der Verträge praktisch unmöglich machen. Trotzdem enthält auch ein der Abwägung grundsätzlich offen stehender weiter Begriff des Schutzes der nationalen Identität einen abwägungsfesten Kern: Dieser von dem jeweiligen Mitgliedstaat selbst als für seine Verfassungsidentität konstitutiv zu bestimmende Kern[28] ist eine absolute Grenze für das Handeln der EU.[29] Dies folgt auch aus der Rechtsprechung der Mitgliedstaaten.[30] Und nur durch die unionale Anerkennung dieser Abwägungsfestigkeit eines Kerns nationaler Identität kann die EU ihrerseits verhindern, dass mitgliedstaatliche Gerichte sich zum Eingreifen gezwungen sehen.

Die grundlegende Organisation der Judikative, etwa die Frage der Einrichtung eines Verfassungsgerichts, unterfällt diesem engen Kern-Schutzbereich.[31] Gleiches gilt auch für die Entscheidung, ob die Verwaltung bundes- oder zentralstaatlich organisiert wird.[32] Deshalb ist es nicht möglich, den einzelnen Mitgliedstaaten ihre Verwaltungs- und Gerichtsorganisation én detail durch Unionsrecht vorzuschreiben[33] – auch nicht über einen Sanktionsmechanismus. Schon aus der Formulierung zum Schutz der „grundlegenden politischen und

---

[25] Zur verfassungsrechtlichen Vielfalt der Mitgliedstaaten *A. v. Bogdandy*, Tyrannei der Werte? – Probleme und Wege europäischen Schutzes nationaler Rechtsstaatlichkeit, S. 7.

[26] So *A. Hatje/J. Schwarze*, EuR 54 (2019), S. 153 ff., 162. Zum Schutz der grundlegenden Staatsstruktur auch *C. Calliess/W. Kahl/A. Puttler*, in: C. Calliess/M. Ruffert (Hrsg.), EUV/AEUV, [5]München 2016, Art. 4 EUV, Rn. 22; *R. Streinz*, in: ders. (Hrsg.), EUV/AEUV, [3]München 2018, Art. 4 EUV, Rn. 14 ff.

[27] Zum eher weiten Verständnis der nationalen Identität durch den EuGH *S. Schill/C. Krenn*, in: E. Grabitz/M. Hilf/M. Nettesheim (Hrsg.), Das Recht der Europäischen Union, [69]München 2020, Art. 4 EUV, Rn. 21 ff.

[28] *R. Streinz*, in: ders. (Hrsg.), EUV/AEUV, [3]München 2018, Art. 4 EUV, Rn. 14 ff.; *S. Schill/C. Krenn*, in: E. Grabitz/M. Hilf/M. Nettesheim (Hrsg.), Das Recht der Europäischen Union, [69]München 2020, Art. 4 EUV, Rn. 24 ff.

[29] *C. Calliess/W. Kahl/A. Puttler*, in: C. Calliess/M. Ruffert (Hrsg.), EUV/AEUV, [5]München 2016, Art. 4 EUV, Rn. 22. AA *S. Schill/C. Krenn*, in: E. Grabitz/M. Hilf/M. Nettesheim (Hrsg.), Das Recht der Europäischen Union, [69]München 2020, Art. 4 EUV, Rn. 43.

[30] Zur deutschen Perspektive siehe unten § 4 A. I. 1. b) cc).

[31] Siehe oben § 2 A. I.

[32] Hierunter fällt auch die Bundesstaatlichkeit Deutschlands. So auch *C. Calliess/W. Kahl/A. Puttler*, in: C. Calliess/M. Ruffert (Hrsg.), EUV/AEUV, [5]München 2016, Art. 4 EUV, Rn. 22.

[33] Dies folgt mangels entsprechender Kompetenzübertragung aus Art. 4 Abs. 1 und Art. 5 Abs. 2 S. 1 EUV. So auch *A. v. Bogdandy*, in: S. Kadelbach (Hrsg.), Verfassungskrisen in der Europäischen Union, Baden-Baden 2018, S. 23, 34. So wohl auch *W. Obwexer*, in: H. v. Groe-

verfassungsmäßigen Strukturen" folgt aber, dass Vorgaben, die nicht in die grundlegenden Strukturen eingreifen, vorbehaltlich einer entsprechenden Kompetenzgrundlage möglich sind.[34] Diese nicht-grundlegenden Vorgaben, etwa zur Zusammenarbeit der mitgliedstaatlichen Gerichte,[35] bleiben – sofern sie im Rahmen der Rechtsgüterabwägung nicht unverhältnismäßig in die nationale Identität eingreifen – möglich.

Die Regelung des Art. 4 Abs. 2 S. 1 EUV darf aber nicht nur negativ als Grenze der Handlungsmöglichkeiten aufgefasst werden. Positiv gewendet sollte die nationale Identität (auch) dadurch Geltung erlangen, dass bei der Definition der Rechtsstaatlichkeit bzw. des rechtsstaatlichen Minimums die (gemeinsamen) verfassungsrechtlichen Traditionen der Mitgliedstaaten ausdrücklich Berücksichtigung finden.[36] Schon bisher lässt sich der EuGH von diesen bei der Anwendung allgemeiner Rechtsgrundsätze leiten.[37] Ferner sollen grundlegende unionsrechtswidrige Rechtsstaatsdefizite auch nicht durch diese Vorschrift unter Schutz gestellt werden.[38]

bb) Der Grundsatz der loyalen Zusammenarbeit als Grenze der mitgliedstaatlichen Entscheidungsfreiheit

Art. 4 EUV schützt nicht nur die nationale Identität, in seinem Abs. 3 verpflichtet er die Mitgliedstaaten und die EU auch zu einer loyalen Zusammenarbeit. Nach diesem Grundsatz sind die Mitgliedstaaten dazu verpflichtet, alle geeigneten Maßnahmen zur Erfüllung ihrer sich aus den Verträgen bzw. den Handlungen der EU ergebenden Verpflichtungen zu ergreifen.[39] Zudem haben die

---

ben/J. Schwarze/A. Hatje (Hrsg.), Europäisches Unionsrecht, [7]Baden-Baden 2015, Art. 4 EUV, Rn. 33.

[34] So auch *J. Schwarze*, Das Verhältnis von nationalem Recht und Europarecht im Wandel der Zeit – Band II, Baden-Baden, 2013, S. 39; *C. Calliess/W. Kahl/A. Puttler*, in: C. Calliess/M. Ruffert (Hrsg.), EUV/AEUV, [5]München 2016, Art. 4 EUV, Rn. 22; *R. Streinz*, in: ders. (Hrsg.), EUV/AEUV, [3]München 2018, Art. 4 EUV, Rn. 14 ff.

[35] Zur justiziellen Zusammenarbeit siehe oben § 2 A. III. 3. a). Auch auf Richterinnen und Richter anwendbare unionale Regelungen zur Arbeitszeit verletzen die nationale Identität ebenfalls nicht. EuGH, Urteil v. 01.03.2012, Rs. C-393/10, *O'Brien*, ECLI:EU:C:2012:110, Rn. 10.

[36] So (ohne Bezug auf Art. 4 Abs. 2 EUV) im Ergebnis (wohl) auch *O. Mader*, HJRL 11 (2019), S. 133 ff., 153.

[37] Vor allem mit Bezug zum Grundrechtsschutz EuGH, Urteil v. 14.05.1974, Rs. 4/73, *Nold KG/Kommission*, ECLI:EU:C:1974:51, Rn. 13; EuGH, Gutachten v. 28.03.1996, Rs. 2/94, *Beitritt der Gemeinschaft zur EMRK*, ECLI:EU:C:1996:140, Rn. 33; EuGH, Urteil v. 03.09.2008, Rs. C-402/05 P und C-415/05 P, *Kadi u. a./Rat und Kommission*, ECLI:EU:C:2008:461, Rn. 283.

[38] *O. Mader*, HJRL 11 (2019), S. 133 ff., 165 f.; *J. P. Jacqué*, in: J. Schwarze (Hrsg.), Das Verhältnis von nationalem Recht und Europarecht im Wandel der Zeit, Baden-Baden 2012, S. 33, 36.

[39] Art. 4 Abs. 3 UAbs. 2 EUV.

Mitgliedstaaten die Pflicht, alle die Verwirklichung der Ziele der EU gefährdenden Maßnahmen zu unterlassen.[40]

Dieser allgemeine Rechtsgrundsatz des Unionsrechts ist für die Mitgliedstaaten rechtlich verbindlich.[41] Für konkrete rechtliche Pflichten bedarf er jedoch regelmäßig der Konkretisierung in weiteren Normen,[42] es sei denn, es verbleibt auch ohne speziellere Vorschrift für die Mitgliedstaaten kein Entscheidungsspielraum.[43] Zwar hat der EuGH auch aus der Loyalitätspflicht schon Vorgaben für die Organisation der mitgliedstaatlichen Judikative zur Gewährung effektiven Rechtsschutzes und Durchsetzung des Unionsrechts abgeleitet.[44] Für den angestrebten Sanktionsmechanismus lassen sich jedoch aus der Loyalitätspflicht allein noch keine sanktionsbewehrten Mindeststandards ableiten.[45] Die Loyalitätspflicht ermöglicht es aber, bei der Auslegung der Kompetenzen aus Art. 322 Abs. 1 lit. a) AEUV auf die besondere Verschränkung unionaler und mitgliedstaatlicher Politiken einzugehen. Dies stützt also die Möglichkeiten der EU, insbesondere sanktionsbewehrte Verfahrensvorschriften im Interesse der EU-Finanzen festzulegen.[46]

cc) Die deutsche Perspektive

Das Bundesverfassungsgericht hat im Rahmen der Kontrolle der Kompetenzabgrenzung zwischen der EU und ihren Mitgliedstaaten die Ultra-vires-Rechtsprechung entwickelt[47] und diese um eine Identitätskontrolle erweitert.[48] Im

---

[40] Art. 4 Abs. 3 UAbs. 3 EUV.

[41] *H. Hofmann/G. C. Rowe/A. Türk*, Administrative law and policy of the European Union, Oxford 2011, S. 134 ff.; *C. Calliess/W. Kahl/A. Puttler*, in: C. Calliess/M. Ruffert (Hrsg.), EUV/AEUV, [5]München 2016, Art. 4 EUV, Rn. 42; *S. Schill/C. Krenn*, in: E. Grabitz/M. Hilf/M. Nettesheim (Hrsg.), Das Recht der Europäischen Union, [69]München 2020, Art. 4 EUV, Rn. 59 ff.

[42] *C. Calliess/W. Kahl/A. Puttler*, in: C. Calliess/M. Ruffert (Hrsg.), EUV/AEUV, [5]München 2016, Art. 4 EUV, Rn. 44; EuGH, Urteil v. 08.06.1971, Rs. 78/70, *Deutsche Grammophon/Metro-SB-Großmärkte*, ECLI:EU:C:1971:59, Rn. 5.

[43] *R. Streinz*, in: ders. (Hrsg.), EUV/AEUV, [3]München 2018, Art. 4 EUV, Rn. 27; *C. Calliess/W. Kahl/A. Puttler*, in: C. Calliess/M. Ruffert (Hrsg.), EUV/AEUV, [5]München 2016, Art. 4 EUV, Rn. 43 ff.

[44] EuGH, Urteil v. 27.02.2018, Rs. C-64/16, *Associação Sindical dos Juízes Portugueses/Tribunal de Contas*, ECLI:EU:C:2018:117, Rn. 34; EuGH, Urteil v. 25.07.2002, Rs. C-50/00 P, *Unión de Pequeños Agricultores/Rat*, ECLI:EU:C:2002:462, Rn. 41 f.; EuGH, Urteil v. 19.06.1990, Rs. C-213/89, *The Queen/Secretary of State for Transport (Factortame)*, ECLI:EU:C:1990:257, Rn. 19 f. Zur justiziellen Zusammenarbeit siehe oben § 2 A. III. 3. a).

[45] Siehe oben § 3 B. I. 3. b).

[46] Zu dieser Bedeutung siehe oben § 3 B. I. 4. c) cc).

[47] BVerfG, Urteil v. 21.06.2016, Rs. 2 BvR 2728/13, 2 BvR 2729/13, 2 BvR 2730/13, 2 BvR 2731/13, 2 BvE 13/13, *OMT*, ECLI:DE:BVerfG:2016:rs20160621.2bvr272813, BVerfGE 142, 123 ff., Rn. 143 ff.; BVerfG, Urteil v. 30.06.2009, Rs. 2 BvE 2/08, 2 BvE 5/08, 2 BvR 1010/08, 2 BvR 1022/08, 2 BvR 1259/08, 2 BvR 182/09, *Lissabon*, ECLI:DE:BVerfG:2009:es20090630.2bve000208, BVerfGE 123, 267 ff., Rn. 240 ff. Im Maastricht-Urteil prüfte das BVerfG, ob Rechtsakte „ausbrechen", BVerfG, Urteil v. 12.10.1993, Rs. 2 BvR 2134/92 und 2 BvR 2159/92, *Maastricht – Europäische Union und Grundgesetz*, NJW 46, 1993, S. 3047 ff.,

Rahmen[48] der Ultra-vires-Rechtsprechung stellt das Bundesverfassungsgericht darauf ab, ob ein hinreichend qualifizierter Verstoß gegen das Prinzip der begrenzten Einzelermächtigung vorliegt.[49] Hierbei ist entscheidend, ob „strukturelle Verschiebungen im System konstitutioneller Macht- und Einflussverteilung stattfinden".[50] Dabei wiegen Kompetenzüberschreitungen in Bereichen, die zur „verfassungsrechtlichen Identität der Mitgliedstaaten" zählen, „besonders schwer".[51] Die danebenstehende Identitätskontrolle soll sicherstellen, dass zur Verfassungsidentität gehörende Bereiche nicht auf die EU übertragen werden.[52] Hierzu zählt die grundlegende Ausgestaltung der Judikative zur verfassungsrechtlichen Identität der Mitgliedstaaten.[53] Allerdings übt das Bundesverfassungsgericht seine Ultra-vires- und Identitätskontrolle „zurückhaltend und europarechtsfreundlich" aus.[54]

3052. Für einen Überblick über die Entwicklung der Ultra-Vires-Rechtsprechung *P. M. Huber*, in: R. Streinz (Hrsg.), EUV/AEUV, ³München 2018, Art. 19 EUV, Rn. 79 ff.

[48] BVerfG, Urteil v. 21.06.2016, Rs. 2 BvR 2728/13, 2 BvR 2729/13, 2 BvR 2730/13, 2 BvR 2731/13, 2 BvE 13/13, *OMT*, ECLI:DE:BVerfG:2016:rs20160621.2bvr272813, BVerfGE 142, 123 ff., Rn. 121 ff.; BVerfG, Urteil v. 30.06.2009, Rs. 2 BvE 2/08, 2 BvE 5/08, 2 BvR 1010/08, 2 BvR 1022/08, 2 BvR 1259/08, 2 BvR 182/09, *Lissabon*, ECLI:DE:BVerfG:2009:es20090630.2bve000208, BVerfGE 123, 267 ff., Rn. 208 ff. Zur Bedeutung und Europarechtsfreundlichkeit des Lissabon-Urteils etwa *J. Ziller*, ZÖR 65 (2010), S. 157 ff., 161 ff. Kritisch zum Lissabon-Urteil *H. Sauer*, ZRP 42 (2009), S. 195 ff., 196 f.

[49] BVerfG, Urteil v. 05.05.2020, Rs. 2 BvR 859/15, 2 BvR 1651/15, 2 BvR 2006/15, 2 BvR 980/16, *PSPP*, ECLI:DE:BVerfG:2020:rs20200505.2bvr085915, S. 110 ff.; BVerfG, Urteil v. 21.06.2016, Rs. 2 BvR 2728/13, 2 BvR 2729/13, 2 BvR 2730/13, 2 BvR 2731/13, 2 BvE 13/13, *OMT*, ECLI:DE:BVerfG:2016:rs20160621.2bvr272813, BVerfGE 142, 123 ff., Rn. 147 ff.; BVerfG, Beschluss v. 06.07.2010, Rs. 2 BvR 2661/06, *Honeywell*, ECLI:DE:BVerfG:2010:rs20100706.2bvr266106, BVerfGE 126, 286 ff., Rn. 61. Für eine (positiv bewertete) Zusammenfassung des Prüfungsmaßstabs nach Honeywell *S. Pötters/J. Traut*, EuR 46 (2011), S. 580 ff., 583 ff.; *P. M. Huber*, in: R. Streinz (Hrsg.), EUV/AEUV, ³München 2018, Art. 19 EUV, S. 82 f. Wegen der Auswirkung auf den Individualrechtsschutz kritisch zu dieser Entscheidung *H.-P. Folz*, EuZA 4 (2011), S. 308 ff., 316 ff.

[50] BVerfG, Beschluss v. 06.07.2010, Rs. 2 BvR 2661/06, *Honeywell*, ECLI:DE:BVerfG:2010:rs20100706.2bvr266106, BVerfGE 126, 286 ff., Rn. 64.

[51] BVerfG, Beschluss v. 06.07.2010, Rs. 2 BvR 2661/06, *Honeywell*, ECLI:DE:BVerfG:2010:rs20100706.2bvr266106, BVerfGE 126, 286 ff., Rn. 65.

[52] BVerfG, Urteil v. 21.06.2016, Rs. 2 BvR 2728/13, 2 BvR 2729/13, 2 BvR 2730/13, 2 BvR 2731/13, 2 BvE 13/13, *OMT*, ECLI:DE:BVerfG:2016:rs20160621.2bvr272813, BVerfGE 142, 123 ff., Rn. 153.

Auch das polnische Verfassungsgericht anerkennt eine solche Verfassungsidentität, die mögliche Kompetenzübertragungen begrenzt. *A. Wróbel*, ERA Forum 13 (2013), S. 491 ff., 501 ff.

[53] Zur Bedeutung der Judikative im Staatsaufbau siehe oben § 2 A. I.

[54] BVerfG, Urteil v. 05.05.2020, Rs. 2 BvR 859/15, 2 BvR 1651/15, 2 BvR 2006/15, 2 BvR 980/16, *PSPP*, ECLI:DE:BVerfG:2020:rs20200505.2bvr085915, Rn. 112; BVerfG, Urteil v. 21.06.2016, Rs. 2 BvR 2728/13, 2 BvR 2729/13, 2 BvR 2730/13, 2 BvR 2731/13, 2 BvE 13/13, *OMT*, ECLI:DE:BVerfG:2016:rs20160621.2bvr272813, BVerfGE 142, 123 ff., Rn. 154 ff.; BVerfG, Urteil v. 30.06.2009, Rs. 2 BvE 2/08, 2 BvE 5/08, 2 BvR 1010/08, 2 BvR 1022/08, 2 BvR 1259/08, 2 BvR 182/09, *Lissabon*, ECLI:DE:BVerfG:2009:es20090630.2bve000208, BVerfGE 123, 267 ff., Rn. 240 f.

Trotzdem rückt die Frage der kompetenziellen Grundlage eines solchen Sanktionsmechanismus umso mehr in den Vordergrund, je stärker er in die grundlegende Ausgestaltung der deutschen Verwaltung und Gerichtsbarkeit eingreifen würde. Somit sind auch trotz der Europarechtsfreundlichkeit des Grundgesetzes[55] unionale Vorgaben zur Grundstruktur der Judikative sowie ihres grundlegenden Verhältnisses zu den anderen Gewalten nicht möglich. Die sanktionsbewehrten Mindeststandards dürfen deshalb diesen – letztlich eng umgrenzten – Kernbereich nicht verletzen. Dies ist aber, sofern der Sanktionsmechanismus auf die für den Schutz der finanziellen Interessen der EU nötigen Regelungen beschränkt ist, nicht zu erwarten.[56] Gleiches dürfte für die anderen Mitgliedstaaten gelten.[57]

c) Rechtsstaatliche Mindeststandards im Lichte von Verhältnismäßigkeit und praktischer Konkordanz

Das Spannungsverhältnis zwischen Schutz der nationalen Identität und der geforderten loyalen Zusammenarbeit ist im Wege der Verhältnismäßigkeit aufzulösen. Dieser Grundsatz der Verhältnismäßigkeit beruht auf der gemeinsamen Rechtstraditionen der Mitgliedstaaten[58] und ist in Art. 5 Abs. 1 S 2 und Abs. 4 EUV festgelegt: Maßnahmen der Union dürfen „inhaltlich wie formal nicht über das zur Erreichung der Ziele der Verträge erforderliche Maß“ hinausgehen.

aa) Wahrung der Verhältnismäßigkeit auch gegenüber Mitgliedstaaten

Im besonders wichtigen Anwendungsfall des Grundrechtsschutzes stellt der Grundsatz der Verhältnismäßigkeit sicher, dass hoheitliches Handeln nicht stärker als unbedingt nötig in die Freiheit des Einzelnen eingreift. Dieser individualschützende Verhältnismäßigkeitsgrundsatz wird vom EuGH als allgemeiner Grundsatz des Unionsrechts anerkannt[59] und ist für die unionalen Grundrechte in Art. 6 Abs. 1 UAbs. 1 EUV i. V. m. Art. 52 Abs. 1 S. 2 GRC festgelegt.[60]

---

[55] Diese folgt insbesondere aus der Staatszielbestimmung des Art. 23 Abs. 1 S. 1 GG. Hierzu etwa *R. Scholz*, in: T. Maunz/G. Dürig (Hrsg.), Grundgesetz, [90]München 2020, Art. 23 GG, Rn. 50 ff.

[56] Siehe oben § 4 A. I. 1. a) aa).

[57] Zu den Grenzen der europäischen Integration in Frankreich, Großbritannien, Italien, Spanien, Österreich, Griechenland, Polen und Ungarn *J. Schwarze*, Das Verhältnis von nationalem Recht und Europarecht im Wandel der Zeit – Band II, Baden-Baden, 2013, S. 54 ff.

[58] Zum Verhältnismäßigkeitsgrundsatz in der europäischen Rechtstradition *A. Nußberger*, NVwZ-Beilage 32 (2013), S. 36 ff.; *U. Kischel*, EuR 35 (2000), S. 380 ff.

[59] EuGH, Urteil v. 08.02.2018, Rs. C-380/16, *Kommission/Deutschland*, ECLI:EU:C:2018:76, Rn. 65; EuGH, Urteil v. 09.11.2010, Rs. C-92/09 und C-93/09, *Voker und Markus Schecke GbR und Hartmut Eifert/Land Hessen*, ECLI:EU:C:2010:662, Rn. 74.

[60] Hierzu *H. Jarass*, in: ders. (Hrsg.), Charta der Grundrechte der Europäischen Union, [3]München 2016, Art. 52 GRC, Rn. 34 ff.

Für das deutsche Recht lehnt das Bundesverfassungsgericht eine darüber hinausgehende Anwendung des Verhältnismäßigkeitsgrundsatzes, etwa im Bund-Länder-Verhältnis, ab.[61] Der unionsrechtliche Grundsatz der Verhältnismäßigkeit hingegen ist nicht nur im Grundrechtsschutz relevant, sondern soll zusammen mit dem Subsidiaritätsprinzip zudem die föderale Grundordnung der EU schützen: Er dient dem Schutz der Mitgliedstaaten vor zu weit gehenden unionalen Maßnahmen auch in den Bereichen, in denen die EU unter Subsidiaritätsgesichtspunkten grundsätzlich tätig werden darf.[62] Entsprechend hat auch das Bundesverfassungsgericht die Bedeutung dieses Grundsatzes für das Verhältnis der EU zu ihren Mitgliedstaaten anerkannt.[63]

Für eine solche Bedeutung im Verhältnis der EU zu ihren Mitgliedstaaten spricht schon, dass dieser Grundsatz im Wortlaut von Art. 5 Abs. 1 S. 2 und Abs. 4 EUV nicht auf einen individualschützenden Kern beschränkt ist. Vielmehr bezieht Art. 5 S. 5 Subsidiaritäts-Protokoll auch die Mitgliedstaaten in den Schutz der Verhältnismäßigkeit ausdrücklich ein.[64] Entsprechend ist die EU auch im Rahmen der bestehenden Sanktionsmechanismen zur Verhältnismäßigkeit verpflichtet: So muss die im Art. 7-Verfahren ausgesprochene Sanktion gegenüber dem Mitgliedstaat und davon mittelbar betroffenen Dritten verhältnismäßig sein.[65] Auch die im Vertragsverletzungsverfahren gemäß Art. 260

[61] Dem Grundsatz der Verhältnismäßigkeit kommt nach der Rechtsprechung des BVerfG nur „eine die individuelle Rechts- und Freiheitssphäre verteidigende Funktion" zu. BVerfG, Urteil v. 22.05.1990, Rs. 2 BvG 1/88, *Weisung des Bundes im Bereich der Auftragsverwaltung – Kalkar*, NVwZ 9, 1990, 955 ff., S. 959; *F. Kirchhof*, in: T. Maunz/G. Dürig (Hrsg.), Grundgesetz, [90]München 2020, Art. 85 GG, Rn. 72 f.

[62] *J. Bast*, in: E. Grabitz/M. Hilf/M. Nettesheim (Hrsg.), Das Recht der Europäischen Union, [69]München 2020, Art. 5 EUV, Rn. 66 ff.; *C. Calliess*, in: C. Calliess/M. Ruffert (Hrsg.), EUV/AEUV, [5]München 2016, Art. 5 EUV, Rn. 45; *A. Weber*, in: H.-J. Blanke/S. Mangiameli (Hrsg.), The Treaty on European Union (TEU), Heidelberg 2013, Art. 5 TEU, Rn. 12. Zur Entwicklung des Verhältnismäßigkeitsgrundsatzes in kompetenzrechtlicher Sicht *J. Saurer*, JZ 69 (2004), S. 281 ff., 281 ff.

[63] BVerfG, Urteil v. 05.05.2020, Rs. 2 BvR 859/15, 2 BvR 1651/15, 2 BvR 2006/15, 2 BvR 980/16, *PSPP*, ECLI:DE:BVerfG:2020:rs20200505.2bvr085915, Rn. 133; BVerfG, Urteil v. 12.10.1993, Rs. 2 BvR 2134/92 und 2 BvR 2159/92, *Maastricht – Europäische Union und Grundgesetz*, NJW 46, 1993, S. 3047 ff., 3057.

[64] Danach müssen auch die „finanzielle Belastung und der Verwaltungsaufwand [...] der nationalen Regierungen, der regionalen und lokalen Behörden" so gering wie möglich und angemessen sein. Art. 5 S. 5 Protokoll Nr. 2 (Subsidiarität und Verhältnismäßigkeit), ABl. EU C 306 v. 13.12.2007, S. 150 ff.

Die Kommission wendet bei der (internen) Überprüfung und Darlegung der Verhältnismäßigkeit verschiedene Parameter wie Folgenabschätzungen, Evaluierungen und Fitness-Checks an. *Europäische Kommission*, Bericht der Kommission – Jahresbericht 2016 über die Anwendung der Grundsätze der Subsidiarität und der Verhältnismäßigkeit – COM (2017) 600 final, 30.06.2017, S. 4 ff. Darauf aufbauend hat sie auch verschiedene Kriterien für die Anwendung des Grundsatzes der Verhältnismäßigkeit in der Praxis entwickelt: *European Commission*, Better Regulation Toolbox – Complementing the Better Regulation Guideline presented in SWD(2017) 350, S. 30 f.

[65] *M. Pechstein*, in: R. Streinz (Hrsg.), EUV/AEUV, [3]München 2018, Art. 7 EUV, Rn. 19;

Abs. 2 UAbs. 2 und Abs. 3 UAbs. 2 S. 1 AEUV möglichen finanziellen Sanktionen gegen Mitgliedstaaten müssen verhältnismäßig sein.[66] Gleiches gilt für Sanktionen im Defizitverfahren[67] sowie die bereits jetzt in der ESIF-Dachverordnung vorgesehenen finanziellen Sanktionen.[68] Für einen neuen Sanktionsmechanismus folgt daraus ebenfalls eine Pflicht zur Verhältnismäßigkeit.

bb) Verhältnismäßigkeit der Einführung des Sanktionsmechanismus

Der Grundsatz der Verhältnismäßigkeit enthält im Wesentlichen vier Anforderungen: Die Maßnahme muss ein legitimes Ziel verfolgen[69] und zur Erreichung des Ziels geeignet sein. Geeignet ist eine Maßnahme dann, wenn sie

---

P. Voet van Vormizeele, in: H. v. Groeben/J. Schwarze/A. Hatje (Hrsg.), Europäisches Unionsrecht, [7]Baden-Baden 2015, Art. 7 EUV, Rn. 14.

Die Verhältnismäßigkeit gegenüber Dritten erfordert die Unionsbürgerschutzklausel in Art. 7 Abs. 3 UAbs. 2 S. 2 EUV. *M. Ruffert*, in: C. Calliess/M. Ruffert (Hrsg.), EUV/AEUV, [5]München 2016, Art. 7 EUV, Rn. 26.

[66] Dies folgt aus dem allgemeinen unionsrechtlichen Grundsatz der Verhältnismäßigkeit und daraus, dass die Kommission auch nur solche finanziellen Sanktionen vorschlagen darf, „die sie den Umständen nach für angemessen hält". Art. 260 Abs. 2 UAbs. 2 S. 2 und Abs. 3 UAbs. 1 AEUV. *W. Cremer*, in: C. Calliess/M. Ruffert (Hrsg.), EUV/AEUV, [5]München 2016, Art. 260 AEUV, Rn. 17; EuGH, Urteil v. 12.07.2005, Rs. C-304/02, *Kommission/Frankreich*, ECLI:EU:C:2005:444, Rn. 103.

[67] Dies folgt schon aus dem Wortlaut von Art. 126 Abs. 11 UAbs. 1 „[...] Einlage in angemessener Höhe [...]" bzw. „[...] Geldbußen in angemessener Höhe [...]". Siehe unten § 4 D. II. 1. a).

[68] Für finanzielle Sanktionen im Rahmen der wirtschaftspolitischen Steuerung folgt dies aus Art. 23 Abs. 7 UAbs. 1 und Abs. 11 und ErwG. 24 VO (EU) Nr. 1303/2013 (ESIF-Dachverordnung 2013), ABl. EU L 347 v. 17.12.2013, S. 320 ff.; Art. 15 Abs. 9 Geänderter Vorschlag COM (2020) 23 final (Vorschlag ESIF-Dachverordnung 2021) v. 14.01.2020. Zu Höhe und Anwendungsbereich der Aussetzung von Mittelbindungen oder Zahlungen nach Art. 23 Abs. 11 siehe Anhang III VO (EU) Nr. 1303/2013 (ESIF-Dachverordnung 2013), ABl. EU L 347 v. 17.12.2013, S. 320 ff. Für finanzielle Berichtigungen bzw. Finanzkorrekturen folgt dies aus Art. 85 Abs. 3, Art. 144 Abs. 2 und ErwG. 120 VO (EU) Nr. 1303/2013 (ESIF-Dachverordnung 2013), ABl. EU L 347 v. 17.12.2013, S. 320 ff. bzw. ErwG. 57 sowie ansatzweise in Art. 98 Anhang XXI Geänderter Vorschlag COM (2020) 23 final (Vorschlag ESIF-Dachverordnung 2021) v. 14.01.2020. Zu den finanziellen Sanktionen im Rahmen der ESIF-Dachverordnung siehe oben § 2 C. I. 2. b).

[69] Der EuGH prüft dies – soweit ersichtlich – in aller Regel nicht ausdrücklich. Er weist in seinen Urteilen aber regelmäßig mehr oder weniger explizit darauf hin, dass dies erfüllt sein muss: Dies ergibt sich schon aus seiner Formulierung, mit der er auf die „mit der fraglichen Regelung zulässigerweise verfolgten Ziele" hinweist. EuGH, Urteil v. 20.05.2010, Rs. C-365/08, *Agrana Zucker GmbH/Bundesminister für Land- und Forstwirtschaft, Umwelt und Wasserwirtschaft*, ECLI:EU:C:2010:283, Rn. 28. Identische oder ähnliche Formulierungen finden sich etwa in EuGH, Urteil v. 11.07.1989, Rs. 265/87, *Hermann Schräder HS Kraftfutter GmbH & Co. KG/Hauptzollamt Gronau*, ECLI:EU:C:1989:303, Rn. 21; EuGH, Urteil v. 04.05.2016, Rs. C-358/14, *Polen/Parlament und Rat*, ECLI:EU:C:2016:323, Rn. 78; EuGH, Urteil v. 06.09.2017, Rs. C-643/15 und C-647/15, *Slowakei und Ungarn/Rat*, ECLI:EU:C:2017:631, Rn. 206. In der Praxis spielt die Prüfung des legitimen Ziels allerdings keine große Rolle, so dass dieser Prüfungsschritt in der Literatur häufig nicht genauer diskutiert wird. *C. Blumann/L. Dubouis*, Droit institutionnel de l'Union européenne, Paris 2013, Rn. 622; *J. Bast*,

„tatsächlich dem Anliegen gerecht wird, [das Ziel] in kohärenter und systematischer Weise zu erreichen".[70] Zudem muss die Maßnahme auch erforderlich sein, es darf also keine gleichermaßen effektive aber (in diesem Fall: die Mitgliedstaaten) weniger beeinträchtigende Alternative möglich sein.[71] Schließlich muss eine Maßnahme „in einem angemessenen Verhältnis zu dem angestrebten Ziel" stehen.[72]

Der EuGH wendet die vier Anforderungen der Verhältnismäßigkeit nicht in allen Fragen gleich streng an.[73] Vielmehr übt er sich bei Entscheidungen in besonderem Kontext in Zurückhaltung und erkennt den anderen Unionsorganen insoweit ein weites Ermessen zu. Dies gilt sowohl für den Inhalt der Maßnahme als auch die Wahl der juristischen Form.[74] In diesen Fällen verstößt eine Maßnahme nur dann gegen den Verhältnismäßigkeitsgrundsatz, wenn sie „zur Erreichung des [von den Unionsorganen verfolgten] Ziels […] offensichtlich ungeeignet" ist.[75]

---

in: E. Grabitz/M. Hilf/M. Nettesheim (Hrsg.), Das Recht der Europäischen Union, [69]München 2020, Art. 5 EUV, Rn. 70 ff.

[70] EuGH, Urteil v. 16.12.2010, Rs. C-137/09, *Marc Michel Josemans/Burgemeester van Maastricht*, ECLI:EU:C:2010:774, Rn. 70; EuGH, Urteil v. 10.03.2009, Rs. C-169/07, *Hartlauer Handelsgesellschaft mbH/Wiener Landesregierung*, ECLI:EU:C:2009:141, Rn. 55. Diese Rechtsprechung setzt sich mit der Verhältnismäßigkeit von nationalen Maßnahmen auseinander. Es sind jedoch keine Gründe ersichtlich, wieso diese Kriterien nicht auch auf die Verhältnismäßigkeit von Maßnahmen der EU angewendet werden sollten. So auch *V. Trstenjak/E. Beysen*, EuR 47 (2012), S. 265 ff., 271.

[71] EuGH, Urteil v. 06.09.2017, Rs. C-643/15 und C-647/15, *Slowakei und Ungarn/Rat*, ECLI:EU:C:2017:631, Rn. 206; EuGH, Urteil v. 04.05.2016, Rs. C-358/14, *Polen/Parlament und Rat*, ECLI:EU:C:2016:323, Rn. 78; GA Kokott, Schlussanträge v. 08.09.2005, Rs. C-66/04, *Vereinigtes Königreich/Parlament und Rat*, ECLI:EU:C:2005:520, Rn. 45; *J. Bast*, in: E. Grabitz/M. Hilf/M. Nettesheim (Hrsg.), Das Recht der Europäischen Union, [69]München 2020, Art. 5 EUV, Rn. 70 ff.

[72] Art. 5 Abs. 4 UAbs. 2 EUV i. V. m. Art. 5 S. 5 Protokoll Nr. 2 (Subsidiarität und Verhältnismäßigkeit), ABl. EU C 306 v. 13.12.2007, S. 150 ff. Der EuGH hat dies zumindest in seiner jüngeren Rechtsprechung auch immer wieder bestätigt. EuGH, Urteil v. 06.09.2017, Rs. C-643/15 und C-647/15, *Slowakei und Ungarn/Rat*, ECLI:EU:C:2017:631, Rn. 206; EuGH, Urteil v. 04.05.2016, Rs. C-358/14, *Polen/Parlament und Rat*, ECLI:EU:C:2016:323, Rn. 78; EuGH, Urteil v. 16.06.2015, Rs. C-62/14, *Gauweiler u. a./Bundestag*, ECLI:EU:C:2015:400, Rn. 91.

[73] Der EuGH unterscheidet dabei auch nicht immer streng zwischen diesen Prüfungsschritten. EuGH, Urteil v. 11.07.1989, Rs. 265/87, *Hermann Schräder HS Kraftfutter GmbH & Co. KG/Hauptzollamt Gronau*, ECLI:EU:C:1989:303, Rn. 21; EuGH, Urteil v. 20.05.2010, Rs. C-365/08, *Agrana Zucker GmbH/Bundesminister für Land- und Forstwirtschaft, Umwelt und Wasserwirtschaft*, ECLI:EU:C:2010:283, Rn. 29; *S. Kadelbach*, in: H. v. Groeben/J. Schwarze/A. Hatje (Hrsg.), Europäisches Unionsrecht, [7]Baden-Baden 2015, Art. 5 EUV, Rn. 49 ff.; *C. Calliess*, in: C. Calliess/M. Ruffert (Hrsg.), EUV/AEUV, [5]München 2016, Art. 5 EUV, Rn. 44 f.; *V. Trstenjak/E. Beysen*, EuR 47 (2012), S. 265 ff., 269 ff.

[74] *J. Bast*, in: E. Grabitz/M. Hilf/M. Nettesheim (Hrsg.), Das Recht der Europäischen Union, [69]München 2020, Art. 5 EUV, Rn. 73; EuGH, Urteil v. 12.12.2006, Rs. C-380/03, *Deutschland/Parlament und Rat*, ECLI:EU:C:2006:772, Rn. 144 ff.

[75] EuGH, Urteil v. 06.09.2017, Rs. C-643/15 und C-647/15, *Slowakei und Ungarn/Rat*,

Einen solchen besonderen Kontext hat der EuGH bisher etwa in der Frage der EU-weiten Quoten zur Flüchtlingsverteilung,[76] der Festlegung der Inhaltsstoffe und Kennzeichnung von Tabakerzeugnissen,[77] der gemeinsamen Agrarpolitik,[78] der Einlagensicherungssysteme für Banken[79] und Regelungen zur Arbeitszeitgestaltung[80] gesehen.

Hieraus lassen sich zwei Fallgruppen bilden: Zum einen vermeidet der EuGH, wie in den Urteilen zur Richtlinie für Tabakerzeugnisse[81] und der Einlagensicherungssysteme für Banken,[82] die detaillierte Überprüfung der Bewer-

---

ECLI:EU:C:2017:631, Rn. 207; EuGH, Urteil v. 04.05.2016, Rs. C-358/14, *Polen/Parlament und Rat*, ECLI:EU:C:2016:323, Rn. 79.

Ähnlich EuGH, Urteil v. 07.02.1973, Rs. 40-72, *I. Schroeder KG/Deutschland*, ECLI:EU:C:1973:14; EuGH, Urteil v. 11.07.1989, Rs. 265/87, *Hermann Schräder HS Kraftfutter GmbH & Co. KG/Hauptzollamt Gronau*, ECLI:EU:C:1989:303, Rn. 22; EuGH, Urteil v. 20.05.2010, Rs. C-365/08, *Agrana Zucker GmbH/Bundesminister für Land- und Forstwirtschaft, Umwelt und Wasserwirtschaft*, ECLI:EU:C:2010:283, Rn. 30.

[76] Dieses Urteil betrifft den (mittlerweile außer Kraft getretenen) Beschluss (EU) 2015/1601 (Flüchtlingsverteilung), ABl. EU L 248 v. 22.09.2015, S. 80 ff., mit der die Verteilung von Flüchtlingen innerhalb der EU festgelegt wurde. Hier begründet der EuGH das weite Ermessen der anderen Unionsorgane mit der „ernste[n] Notlage, die damals in Griechenland und in Italien aufgrund eines plötzlichen massiven Zustroms von Drittstaatsangehörigen in den Monaten Juli und August 2015" bestand. EuGH, Urteil v. 06.09.2017, Rs. C-643/15 und C-647/15, *Slowakei und Ungarn/Rat*, ECLI:EU:C:2017:631, Rn. 235 f.

[77] Dieses Urteil betrifft die RL 2014/40/EU (Tabakerzeugnisse), ABl. EU L 127 v. 03.04.2014, S. 1 ff., mit der bestimmte Vorgaben für die Herstellung, die Aufmachung und den Verkauf von Tabakerzeugnissen gemacht werden. Der EuGH verweist eher allgemein auf das weite Ermessen des Unionsgesetzgebers bei „politische[n], wirtschaftliche[n] und soziale[n] Entscheidungen" sowie bei diesen Entscheidungen zugrundeliegenden „komplexe[n] Prüfungen". EuGH, Urteil v. 04.05.2016, Rs. C-358/14, *Polen/Parlament und Rat*, ECLI:EU:C:2016:323, Rn. 79; EuGH, Urteil v. 10.12.2002, Rs. C-491/01, *The Queen/Secretary of State for Health (British American Tobacco und Imperial Tobacco)*, ECLI:EU:C:2002:741, Rn. 123.

[78] Dieses Urteil betrifft die Entscheidung 96/239/EG (BSE), ABl. EU L 78 v. 27.03.1996, S. 47 f., mit der die Kommission Dringlichkeitsmaßnahmen zum Schutz gegen die Bovine Spongiforme Enzephalopathie (BSE) traf. Bei der Überprüfung dieser Entscheidung verweist der EuGH auf den Spielraum des Unionsgesetzgebers, der seiner durch die Verträge übertragenen politischen Verantwortung entspreche. EuGH, Urteil v. 05.05.1998, Rs. C-157/96, *The Queen/Ministry of Agriculture, Fisheries and Food und Commissioners of Customs & Excise (National Farmers' Union et al)*, ECLI:EU:C:1998:191, Rn. 61.

[79] Dieses Urteil betrifft die RL 94/19/EG (Einlagensicherungssysteme), ABl. EU L 135 v. 30.05.1994, S. 5 ff., mit der bestimmte Anforderungen an Einlagensicherungssysteme für Banken aufgestellt wurden. Nach dem Urteil des EuGH handelt es sich hierbei um einen wirtschaftlich komplexen Sachverhalt, der im Rahmen der Verhältnismäßigkeitsprüfung nur der eingeschränkten richterlichen Kontrolle unterliegt. EuGH, Urteil v. 13.05.1997, Rs. C-233/94, *Deutschland/Parlament und Rat (Einlagensicherungssysteme-RL)*, ECLI:EU:C:1997:231, Rn. 55 f.

[80] Dieses Urteil betrifft die (mittlerweile aufgehobene) RL 93/104/EG (Arbeitszeitgestaltung) ABl. EU L 307 v. 23.11.1993, S. 18 ff. Der EuGH nimmt mit Verweis auf die sozialpolitischen Fragen mit komplexen Abwägungen nur eine eingeschränkte Prüfung des Verhältnismäßigkeitsgrundsatzes vor. EuGH, Urteil v. 12.11.1996, Rs. C-84/94, *Vereinigtes Königreich/Rat*, ECLI:EU:C:1996:431, Rn. 58.

[81] Siehe oben Fn. 77.

[82] Siehe oben Fn. 79.

tung wissenschaftlich komplexer Sachverhalte durch die Unionsorgane. In beiden Fällen hatte der EuGH die Rechtmäßigkeit von Richtlinien zu überprüfen, die jeweils unter Zuhilfenahme wissenschaftlicher Erkenntnisse erlassen wurden und einen entsprechend hohen Detailgrad aufweisen. Der EuGH sieht es nicht als seine Aufgabe an, die wissenschaftlichen Erkenntnisse und die daraus im Detail gezogenen Schlussfolgerungen zu bewerten.

Zum anderen überprüft der EuGH durch von den anderen Unionsorganen getroffene wirtschafts- und sozialpolitische Entscheidungen sowie solche, die Grundfragen des gesellschaftlichen Zusammenlebens betreffen, nicht bzw. nur eingeschränkt. Dies ergibt sich beispielsweise aus den Urteilen zur Flüchtlingsverteilung[83] sowie zu den Regelungen der Arbeitszeitgestaltung.[84] Bei der Frage der Flüchtlingsverteilung handelt es sich um eine politische Entscheidung, die nicht (allein) an objektiven Kriterien ausgerichtet ist, sondern auf eine Problemlage reagiert und zugleich Grundfragen des gesellschaftlichen Zusammenlebens betrifft. Die Regelung der Arbeitszeitgestaltung ist eine sozial- und wirtschaftspolitische Grundentscheidung. Entscheidungen in diesen Feldern wirken sich immer gesellschaftlich aus und können regelmäßig nicht nur rein juristisch bewertet werden. Vielmehr ist es Wesen der Demokratie, dass gerade diese gesellschaftlich sehr relevanten Entscheidungen durch vom Volk direkt oder indirekt (ab-)wählbare Entscheidungsträger getroffen werden. Mit seiner Zurückhaltung in diesen beschriebenen Fällen trägt der EuGH somit auch dem Prinzip der Gewaltenteilung[85] Rechnung.

Die Einführung eines neuen Sanktionsmechanismus unter Einbeziehung der ESIF hätte bedeutende politische Auswirkungen auf die europäische Zusammenarbeit und erhebliche finanzielle und politische Auswirkungen für die betroffenen Mitgliedstaaten.[86] Die Frage, ob in der derzeitigen Situation ein solcher Sanktionsmechanismus eingeführt werden soll, ist zunächst eine rein politische Entscheidung. Denn sie basiert auf der – ebenfalls politischen – Beurteilung des Stands der europäischen Integration und wie diese fortentwickelt werden kann. Schon die Debatte über die Einführung eines solchen Sanktionsmechanismus innerhalb und zwischen den mitgliedstaatlichen Parlamenten und Regierungen sowie den Unionsorganen zeigt zudem die besondere politische Brisanz dieses Themas:[87] Ein solcher Sanktionsmechanismus würde den Kern der europäischen Zusammenarbeit betreffen. Somit handelt es sich hierbei

[83] Siehe oben Fn. 76.

[84] Siehe oben Fn. 80.

[85] Zum Grundsatz der Gewaltenteilung in der EU *R. Schütze*, European constitutional law, ²Cambridge 2018, S. 150 ff. Zum Grundsatz der Gewaltenteilung als Teil der in Art. 2 S. 1 EUV festgelegten Rechtsstaatlichkeit siehe oben § 2 A. II. 1. a).

[86] Zur Verhältnismäßigkeit der finanziellen Sanktion siehe unten § 4 D. II. 3. a).

[87] *Spiegel Online*, Bundesregierung will Osteuropäern Gelder entziehen, 30.05.2017 (http://www.spiegel.de/politik/ausland/eu-haushalt-bundesregierung-droht-polen-und-ungarn-a-1149942.html) (geprüft am 10.10.2020); *Financial Times*, Brussels faces clash with Poland

um eine Maßnahme, die sich der rein juristischen Diskussion über die Verhältnismäßigkeit teilweise ebenso entzieht wie die Bereiche, in denen der EuGH wegen ihrer politischen Implikationen von einer vertieften Prüfung der Verhältnismäßigkeit Abstand genommen hat.

Die Voraussetzungen der mithin eingeschränkten gerichtlichen Verhältnismäßigkeitskontrolle wären für die Einführung des neuen Sanktionsmechanismus erfüllt. Der Sanktionsmechanismus würde mit dem Schutz der EU-Finanzen ein legitimes Ziel verfolgen und wäre hierfür auch nicht offensichtlich ungeeignet. Denn durch die finanziellen Sanktionen[88] kann die Einhaltung der zur ordnungsgemäßen Umsetzung des EU-Haushalts nötigen rechtsstaatlichen Grundsätze besonders geschützt werden.

Zudem erfüllt die Einführung des Sanktionsmechanismus die übrigen Voraussetzungen der Verhältnismäßigkeit und wäre auch erforderlich: Die Rechtsstaatlichkeit der mit der Umsetzung des EU-Haushalts betrauten mitgliedstaatlichen Behörden und Kontrollorganen hat für den Schutz des EU-Haushalts eine besondere Bedeutung.[89] Die derzeitige rechtsstaatliche Lage in einigen Mitgliedstaaten birgt konkrete Gefahren für die ordnungsgemäße Umsetzung des EU-Haushalts. Insbesondere in einigen jüngeren Mitgliedstaaten sind negative Auswirkungen auf den EU-Haushalt zu befürchten.[90] Zur Abwendung dieser Gefahren sind die bestehenden Sanktionsmechanismen nicht ausreichend und gleichwirksame Alternativen ebenfalls nicht ersichtlich: Ein Dialog mit den Mitgliedstaaten oder bloße Empfehlungen haben sich etwa im EU-Rahmen zur Stärkung des Rechtsstaatsprinzips sowie im strukturierten Dialog des Rates als nicht effektiv erwiesen.[91] Zudem haben auch mehrere Vertragsverletzungsverfahren zu keiner (nachhaltigen) Politikänderung in den betreffenden Mitgliedstaaten geführt.[92] Zwar hat ein Vertragsverletzungsverfahren gegen Polen gezeigt, dass finanzielle Sanktionen erfolgversprechend sein können.[93] Dennoch sind strukturelle Probleme dadurch nicht verändert worden, vielmehr haben sie sich über die Jahre trotz dieser Maßnahmen insgesamt verschärft. Deshalb steht die Einführung dieses Sanktionsmechanismus auch nicht außer Verhältnis zum erstrebten Ziel, dem Schutz des EU-Haushalts.

---

over budget link to rule of law, 22.01.2018 (https://www.ft.com/content/223b1e26-fead-11e7-9650-9c0ad2d7c5b5) (geprüft am 10.10.2020).

[88] Siehe oben § 2 C. III. 3. b).

[89] Siehe oben § 3 B. I. 4. c) cc).

[90] Zur Lage der Rechtsstaatlichkeit in einigen Mitgliedstaaten, insbesondere Polen und Ungarn, siehe oben § 2 A. IV.

[91] Siehe unten § 4 C. I. 1. a).

[92] Zu den Vertragsverletzungsverfahren gegen Ungarn siehe oben § 2 A. IV. 1. c), gegen Polen siehe oben § 2 A. IV. 2. c).

[93] So lenkte die polnische Regierung im Rechtsstreit um den Białowieża-Urwald ein, als der EuGH Zwangsgelder zu verhängen drohte. Siehe oben § 2 A. IV. 2. a).

cc) Praktische Konkordanz bei der Ausgestaltung der rechtsstaatlichen Mindeststandards

Neben der Einführung des Sanktionsmechanismus muss auch die Ausgestaltung der sanktionsbewehrten Mindeststandards den Anforderungen an die Verhältnismäßigkeit genügen: Diese müssen einen verhältnismäßigen Ausgleich zwischen dem Schutz der mitgliedstaatlichen Identität und dem Grundsatz der loyalen Zusammenarbeit finden. Zudem müssen sie sich an den aus dem Rechtsstaatsgebot entwickelten Grundsätzen orientieren.[94]

Mit Ausnahme des abwägungsfesten Kerns nationaler Identität handelt es sich um zwei gleichrangige und teilweise widerstreitende unionsrechtliche Grundsätze. Die praktische Konkordanz[95] ermöglicht den am Verhältnismäßigkeitsprinzip orientierten und einzelfallbezogenen, schonenden Ausgleich dieser gleichrangigen Grundsätze.[96] Hierbei ist weder dem Grundsatz der loyalen Zusammenarbeit noch dem Schutz der mitgliedstaatlichen Identität ein grundsätzlicher Vorrang zu geben.[97] Vielmehr müssen beide Grundsätze zu einer bestmöglichen Entfaltung gebracht werden. Eine Ausnahme besteht nur in dem Fall, dass der abwägungsfeste Kern mitgliedstaatlicher Verfassungsidentität betroffen ist.[98]

Zum Schutz der mitgliedstaatlichen Identität unterliegt die Definition der rechtsstaatlichen Mindeststandards deshalb besonderen Anforderungen. Neben dem Prinzip der begrenzten Einzelermächtigung[99] ermöglicht auch die praktische Konkordanz zum Schutz der nationalen Identität allein solche sanktionsbewehrten Mindeststandards, die für den Schutz der finanziellen Interessen der EU überhaupt bedeutsam sind. Darüber hinausgehende Mindeststandards sind

---

94 Zum Schutz der nationalen Identität siehe oben §4 A.I.1.b)aa); zum Grundsatz der loyalen Zusammenarbeit siehe oben §4 A.I.1.b)bb); zu den aus dem Rechtsstaatsgebot entwickelten Grundsätzen siehe oben §2 A.II.

95 *C. Calliess/W. Kahl/A. Puttler*, in: C. Calliess/M. Ruffert (Hrsg.), EUV/AEUV, 5München 2016, Art. 4 EUV, Rn. 128. Der Grundsatz der praktischen Konkordanz ist im deutschen Recht für den Ausgleich von kollidierender bzw. widerstreitender Grundrechte entwickelt worden. *K. Hesse*, Grundzüge des Verfassungsrechts der Bundesrepublik Deutschland, 20Heidelberg 1999, Rn. 317ff. Zum verhältnismäßigen Ausgleich unionsrechtlicher Grundsätze *J. Schwarze*, Das Verhältnis von nationalem Recht und Europarecht im Wandel der Zeit – Band II, Baden-Baden, 2013, S. 40.

96 Der EuGH wendet dieses Vorgehen, allerdings ohne Nennung des Prinzips der praktischen Konkordanz, etwa zum Ausgleich der Grundsätze der Rechtmäßigkeit und der Rechtssicherheit an. EuGH, Urteil v. 20.12.2017, Rs. C-492/16, *Incyte Corporation/Szellemi Tulajdon Nemzeti Hivatala*, ECLI:EU:C:2017:995, Rn. 48f.; EuGH, Urteil v. 04.10.2012, Rs. C-249/11, *Hristo Byankov/Glaven sekretar na Ministerstvo na vatreshnite raboti*, ECLI:EU:C:2012:608, Rn. 77. Für die Anwendung des Prinzips bei widerstreitenden Grundrechten *K. Hesse*, Grundzüge des Verfassungsrechts der Bundesrepublik Deutschland, 20Heidelberg 1999, S. 317ff.

97 So (wohl) auch *C. Calliess/W. Kahl/A. Puttler*, in: C. Calliess/M. Ruffert (Hrsg.), EUV/AEUV, 5München 2016, Art. 4 EUV, Rn. 127f.

98 Siehe oben §4 A.I.1.b)aa).

99 Siehe oben §4 A.I.1.a)aa).

nicht erforderlich und damit, selbst wenn sie einer verbesserten Zusammenarbeit grundsätzlich dienlich sind, nicht gerechtfertigt.

Zudem ist graduell einerseits danach zu unterscheiden, wie sehr einzelne Mindeststandards in die mitgliedstaatliche Organisation der Exekutive und Judikative eingreifen. Andererseits muss auch danach unterschieden werden, wie wichtig einzelne Mindeststandards für den Schutz der EU-Finanzen sind. Dies bedeutet, dass für den Schutz der EU-Finanzen besonders bedeutende Mindeststandards stärker in die mitgliedstaatliche Organisation der Exekutive und Judikative eingreifen dürfen als weniger bedeutende Mindeststandards. Mindeststandards, deren Beachtung für den Schutz des EU-Haushalts geringere Bedeutung hat und die zugleich stark in die Organisation der mitgliedstaatlichen Exekutive und Judikative eingreifen, sind hingegen nicht möglich. Darüber hinaus erlaubt es der Schutz des unionalen Rechtsschutzsystems unter Beachtung dieser Vorgaben der EU regelmäßig nur, äußere Grenzen für die Organisation des mitgliedstaatlichen Rechtsschutzsystems zu ziehen. Vorgaben zu einer bestimmten Organisation der mitgliedstaatlichen Gerichte sind regelmäßig nicht möglich.[100] Gleiches gilt für die Organisation der mitgliedstaatlichen Exekutive, die ebenfalls dem Schutz der nationalen Identität unterliegt.

Eine die nationale Identität schonende Definition der sanktionsbewehrten Mindeststandards beschränkt sich daher maßgeblich auf bestimmte und in den Rechtstraditionen der Mitgliedstaaten allgemein anerkannte Grundsätze. Anstatt diese für die einzelnen Verfahren und beteiligten Behörden bzw. Kontrollorgane genauer zu definieren, könnte den Mitgliedstaaten eine entsprechende Beweislast zur Einhaltung auferlegt werden: Bei begründetem Verdacht obläge es den Mitgliedstaaten darzulegen, dass ihre Verfahren und Organisationsstruktur die unionsrechtlichen Grundsätze zum Schutz der EU-Finanzen erfüllen. Ein solcher stärker auf die Beweislast der Mitgliedstaaten zurückgreifender Sanktionsmechanismus würde den Mitgliedstaaten Raum für ihren jeweiligen Gegebenheiten angepasste Lösungen lassen. Dies würde einer zu weitgehenden Vereinheitlichung dieser Strukturen entgegenwirken.

Verhältnismäßigkeit und praktische Konkordanz stellen aber nicht nur Anforderungen an die Definition der sanktionsbewehrten Mindeststandards, son-

[100] In diesem Sinne machen auch die entsprechenden Urteile des EuGH keine genauen Vorgaben für die Organisationsstruktur der nationalen Gerichtsbarkeit. Sie stellen vielmehr nur allgemeine Grundsätze auf, an denen sich der nationale Gesetzgeber zu orientieren hat. EuGH, Urteil v. 27.02.2018, Rs. C-64/16, *Associação Sindical dos Juízes Portugueses/Tribunal de Contas*, ECLI:EU:C:2018:117, Rn. 27 ff.; EuGH, Urteil v. 24.06.2019, Rs. C-619/18, *Kommission/Polen (Indépendance de la Cour suprême)*, ECLI:EU:C:2019:531, Rn. 42 ff. Hierzu *T. Jaeger*, EuR 53 (2018), S. 611 ff., 625 ff. In diesem Sinne auch *K. L. Scheppele/L. Pech*, Is the Organisation of National Judiciaries a Purely Internal Competence?, 04.03.2018 (https://verfassungsblog.de/is-the-organisation-of-national-judiciaries-a-purely-internal-competence/) (geprüft am 10.10.2020); *A. v. Bogdandy*, AöR 144 (2019), S. 321 ff., 351 ff. spricht mit Blick auf Art. 2 EUV von „rote[n] Linien statt Optimierungsgebote[n]“. Siehe hierzu auch oben § 2 A. II.

dern auch an die Qualifikation der Verletzung dieser Mindeststandards: Vor dem Hintergrund der Kompetenzgrundlage und der politischen sowie finanziellen Bedeutung der Sanktion können nur qualifizierte Verstöße, die die finanziellen Interessen der EU bzw. den EU-Haushalt erheblich gefährden bzw. beeinträchtigen, relevant sein. Diese Erheblichkeitsschwelle kann entweder durch einen einzelnen qualifizierten Verstoß oder durch die Kumulation verschiedener Verstöße erreicht werden. Dabei ist es ebenso möglich, dass der Verordnungsgeber die Erheblichkeitsschwelle selbst definiert, wie dass er deren genaue Definition der Praxis und insbesondere den Gerichten überlässt. Zur besseren praktischen Anwendbarkeit würde es sich anbieten, zumindest in den Erwägungsgründen Anhaltspunkte für die Erheblichkeit zu geben.

2. Lehren aus Art. 7- und Vertragsverletzungsverfahren

Diesem Ansatz über die Beweislast widersprechen die Erfahrungen mit dem Art. 7- und Vertragsverletzungsverfahren jedoch zumindest teilweise: Diese Sanktionsmechanismen enthalten keine konkrete Definition rechtsstaatlicher Mindeststandards. So sind die durch das Verfahren gemäß Art. 7 EUV geschützten Werte in Art. 2 S. 1 EUV sehr weit gefasst und mehr Programmsätze bzw. Zielbestimmungen denn konkrete – und damit einfacher justiziable – Normen.[101] Dies gilt auch für den Grundsatz der Rechtsstaatlichkeit.

Zwar liefern die gemeinsamen Verfassungstraditionen der Mitgliedstaaten und die Rechtsprechung des EuGH Hinweise zur Auslegung dieser Vorschrift.[102] Dennoch lassen sich auf dieser Grundlage rechtsstaatliche Defizite nicht immer einfach identifizieren.[103] Vielmehr lässt sich die Rechtsstaatlichkeit zwar als Konzept allgemein definieren; ihre konkrete Umsetzung ist aber von zahlreichen einzelnen und ineinandergreifenden Vorschriften abhängig.[104] Dies erschwert die Anwendung des Verfahrens nach Art. 7 EUV neben der schwierigen Tatsachenermittlung zusätzlich. Bei ihrer Bewertung müssen die

---

[101] Dies drückt sich auch schon in der Wortwahl „Wert“ aus, die eher vage ist. So (wohl) auch *A. v. Bogdandy*, Tyrannei der Werte? – Probleme und Wege europäischen Schutzes nationaler Rechtsstaatlichkeit, S. 3 ff. Kritisch zu dieser Wortwahl auch *L. Pech*, The Rule of Law as a Constitutional Principle of the European Union – Jean Monnet Working Paper 04/09, 2009, S. 20 f.

[102] Zu dem Begriff der Rechtsstaatlichkeit *K. Träbert*, Sanktionen der Europäischen Union gegen ihre Mitgliedstaaten, Frankfurt am Main 2010, S. 244 ff. Zu den Urteilen des EuGH zu Teilaspekten der Rechtsstaatlichkeit siehe oben § 2 A. II.

[103] Nach Auffassung der Kommission hingegen handelt es sich bei der Rechtsstaatlichkeit um einen „im Kern klar definierten und objektiv überprüfbaren Grundsatz“, auf dessen Grundlage „Defizite einwandfrei und nachhaltig identifiziert“ werden können. *Europäische Kommission*, Mitteilung der Kommission – Die weitere Stärkung der Rechtsstaatlichkeit in der Union – Aktuelle Lage und mögliche nächste Schritte – COM (2019) 163 final, 03.04.2019, S. 1.

[104] So auch *A. L. Pap/A. Śledzińska-Simon*, The Rise of Illiberal Democracy and the Remedies of Multi-Level Constitutionalism – Jean Monnet Working Paper 12/17, 2017, S. 15 ff.

Institutionen Ziel, Intensität und Auswirkungen der beanstandeten Maßnahme(n) berücksichtigen.[105] Ihr insoweit bestehendes politisches Ermessen ist gerichtlich aber nicht überprüfbar.[106] Folglich ist aus dem Art. 7-Verfahren auch keine Rechtsprechung zum Inhalt des Rechtsstaatsgebots aus Art. 2 S. 1 EUV zu erwarten.

Diese entwickelt der EuGH derzeit aber im Rahmen der verschiedenen Vertragsverletzungsverfahren.[107] Seine diesbezügliche Rechtsprechung ist für die Weiterentwicklung eines unional geprägten Rechtsstaatsprinzips und seiner praktischen Auswirkungen für alle Mitgliedstaaten sehr bedeutend.[108] Insofern sollten die in dem Sanktionsmechanismus vorgesehenen rechtsstaatlichen Mindeststandards hierauf aufbauen. Vertragsverletzungsverfahren wegen Rechtsstaatsverstößen wurden anfangs jedoch nur zögerlich eingesetzt und erst im Laufe der Zeit auch mit unionalen Vorschriften zur Rechtsstaatlichkeit begründet.[109] Eine weitere Entwicklung dieser Rechtsprechung ist zu erwarten.

Diese Erfahrungen sprechen dafür, die sanktionsbewehrten Mindeststandards für ihre praktische Anwendbarkeit möglichst konkret auszugestalten.[110] Hierfür streitet auch die Erfahrung mit Konditionalitäten im Beitrittsverfahren für neue Mitgliedstaaten: Diese sind umso erfolgreicher, je klarer sie definiert sind.[111] Denn die stärker der Sanktionspraxis überlassene Definition von

---

[105] So unter Verweis auf den acquis communautaire *S. Mangiameli/G. Saputelli*, in: H.-J. Blanke/S. Mangiameli (Hrsg.), The Treaty on European Union (TEU), Heidelberg 2013, Art. 7 TEU, Rn. 26. Nach weitergehender Ansicht ist das Ermessen, wegen der politischen Bedeutung des Verfahrens, inhaltlich nicht begrenzt. *F. Schorkopf*, in: E. Grabitz/M. Hilf/M. Nettesheim (Hrsg.), Das Recht der Europäischen Union, [69]München 2020, Art. 7 EUV, Rn. 39.

[106] Art. 269 AEUV. *M. Ruffert*, in: C. Calliess/M. Ruffert (Hrsg.), EUV/AEUV, [5]München 2016, Art. 7 EUV, Rn. 14; *Europäische Kommission*, Mitteilung der Kommission an den Rat und an das Europäische Parlament zu Artikel 7 des Vertrags über die Europäische Union – Wahrung und Förderung der Grundwerte der Europäischen Union – COM (2003) 606 final, 15.10.2003, S. 6. Eine inhaltliche Kontrollkompetenz fordert etwa *A. Hatje/J. Schwarze*, EuR 54 (2019), S. 153 ff., 182 f.

[107] Zu den Vertragsverletzungsverfahren gegen Ungarn siehe oben § 2 A. IV. 1. c), gegen Polen siehe oben § 2 A. IV. 2. c).

[108] Zu den Ausformungen – des auch durch den EuGH geprägten – unionalen Rechtsstaatsprinzips siehe oben § 2 A. II.

[109] So wurden Änderungen des Pensionsalters für Richterinnen und Richter in Ungarn noch mit Verstößen gegen die RL 2000/78/EG (Gleichbehandlung in Beschäftigung), ABl. EU L 303 v. 27.11.2000, S. 16 ff. begründet. EuGH, Urteil v. 06.11.2012, Rs. C-286/12, *Kommission/Ungarn*, ECLI:EU:C:2012:687, Rn. 48 ff. Siehe oben § 2 A. IV. 1. c). Erst später sah der EuGH in einem vergleichbaren Fall in Polen einen Verstoß gegen das Rechtsstaatsgebot. EuGH, Urteil v. 24.06.2019, Rs. C-619/18, *Kommission/Polen (Indépendance de la Cour suprême)*, ECLI:EU:C:2019:531, Rn. 71 ff. Siehe oben § 2 A. IV. 2. c).

[110] So auch *M. Blauberger/R. D. Kelemen*, Journal of European Public Policy 24 (2017), S. 321 ff., 325. Je komplexer die Rechtslage hingegen ist, desto länger dauern die Verfahren, *U. Karpenstein*, in: E. Grabitz/M. Hilf/M. Nettesheim (Hrsg.), Das Recht der Europäischen Union, [69]München 2020, Art. 258 AEUV, Rn. 13.

[111] *M. Blauberger/V. van Hüllen*, Journal of European Integration 6 (2020), S. 1 ff., 4; *U. Sedelmeier*, Living Rev. Euro. Gov. 6 (2011), 12 f.

Mindeststandards nimmt zur Herausbildung einheitlicher Grundsätze mehr Zeit in Anspruch. Dies widerspricht dem Ziel des Sanktionsmechanismus, Gefahren für den EU-Haushalt möglichst zeitnah zu bannen. Zudem können genauere Definitionen und der damit einhergehende engere Ermessensspielraum der Kommission[112] bei Einleitung des Sanktionsmechanismus sicherstellen, dass der Sanktionsmechanismus nur dem Ziel des Schutzes des EU-Haushalts und nicht anderen politischen Erwägungen dient. Eine solche Überdehnung des Anwendungsbereichs des Sanktionsmechanismus hätte auch negative Folgen für seine Akzeptanz.

3. Lehren aus weiterer EuGH-Rechtsprechung

Neben der Definition der sanktionsbewehrten Mindeststandards sind auch die Anforderungen an die Art der Verletzung dieser Mindeststandards von entscheidender Bedeutung. Mit Blick auf die Kompetenzgrundlage sowie die Verhältnismäßigkeit sollten nur qualifizierte Verstöße zu einer Sanktion führen.[113] Zur Feststellung, wann ein solcher qualifizierter Verstoß vorliegt, kann auf die Rechtsprechung des EuGH in ähnlich gelagerten Fällen zurückgegriffen werden. So sind nach seiner Rechtsprechung zur unionsrechtswidrigen Verwaltungspraxis vor allem Anzahl, zeitlicher Umfang und Schwere der Verstöße für die Feststellung einer solchen verfestigten und allgemeinen Verwaltungspraxis entscheidend.[114] Zur Feststellung eines solchen qualifizierten Verstoßes müssen die dafür zuständigen Institutionen auf der Grundlage einer wertenden Gesamtbetrachtung gelangen.[115]

Zudem bietet die Rechtsprechung zur außervertraglichen Haftung der Mitgliedstaaten bei Unionsrechtsverstößen weitere Anhaltspunkte:[116] In diesen Fällen ist der Mitgliedstaat gegenüber Privaten nur dann außervertraglich haftbar, wenn es sich hierbei um einen hinreichend qualifizierten Unionsrechtsverstoß handelt.[117] Ist dem Mitgliedstaat etwa Ermessen bei der Anwendung bzw.

---

[112] Zum Verfahrensablauf siehe unten § 4 C.

[113] Siehe oben § 4 A. I. 1. a) aa) und § 4 A. I. 1. c).

[114] Siehe oben § 2 B. II. 3.

[115] So (für die Feststellung systemischer Defizite bei der Beachtung europäischer Werte) auch *A. v. Bogdandy*, Tyrannei der Werte? – Probleme und Wege europäischen Schutzes nationaler Rechtsstaatlichkeit, S. 8 ff.

[116] Zur außervertraglichen Haftung von Mitgliedstaaten wegen Unionsrechtsverstößen etwa *J. A. Gutierrez-Fons*, Penn St Int'l L Rev 28 (2009), S. 199 ff., 224 ff.; *R. Stettner*, in: M. Dauses/M. Ludwigs (Hrsg.), Handbuch des EU-Wirtschaftsrechts, 49München 2019, A.IV. Unionsrecht und nationales Recht, Rn. 45 ff.

[117] EuGH, Urteil v. 05.03.1996, Rs. C-46/93 und C-48/93, *Brasserie du Pêcheur SA/Deutschland und The Queen/Secretary of State for Transport*, ECLI:EU:C:1996:79, Rn. 51 ff.; EuGH, Urteil v. 23.05.1996, Rs. C-5/94, *The Queen/Ministry of Agriculture, Fisheries and Food*, ECLI:EU:C:1996:205, Rn. 28; EuGH, Urteil v. 24.03.2009, Rs. C-445/06, *Danske Slagterier/Deutschland*, ECLI:EU:C:2009:178, Rn. 20; EuGH, Urteil v. 28.07.2016, Rs. C-168/15, *Milena Tomášová/Slowenien*, ECLI:EU:C:2016:602, Rn. 22 ff.; *J. A. Gutierrez-Fons*, Penn St Int'l

Umsetzung von Unionsrecht eingeräumt, so muss der Mitgliedstaat dies für eine außervertragliche Haftung offenkundig und erheblich überschreiten.[118] Je größer das mitgliedstaatliche Ermessen, desto höher sind die Anforderungen an eine hinreichende Qualifizierung des Verstoßes.[119] Ist dem Mitgliedstaat hingegen kein Ermessen eingeräumt, so ist ein Verstoß regelmäßig als hinreichend qualifiziert anzusehen.[120]

Ferner ist nach der Rechtsprechung des EuGH auch die Klarheit und Genauigkeit der verletzten EU-Vorschrift sowie eine mögliche Entschuldbarkeit eines Rechtsirrtums zu berücksichtigen.[121] Zudem ist es bedeutend, ob ein Unionsorgan durch sein Verhalten dazu beigetragen hat, dass unionsrechtswidrige Maßnahmen eines Mitgliedstaats eingeführt oder aufrechterhalten wurden.[122] Verstößt der Mitgliedstaat auch trotz Erlass eines entsprechenden Urteils bzw. einer gefestigten einschlägigen Rechtsprechung des EuGH gegen eine EU-Vorschrift, so liegt in jedem Fall ein hinreichend qualifizierter Verstoß vor.[123]

4. Maßstäbe für die Definition der rechtsstaatlichen Mindeststandards

Das Prinzip der begrenzten Einzelermächtigung und der Schutz der nationalen Identität erfordern es, dass die sanktionsbewehrten Mindeststandards auf den Schutz der finanziellen Interessen der EU beschränkt sind. Weitergehende Mindeststandards in anderen Bereichen, etwa zum allgemeinen Grundrechtsschutz, sind im Rahmen dieses sekundärrechtlichen Sanktionsmechanismus nicht mög-

---

L Rev 28 (2009), S. 199 ff., 236 ff.; *R. Stettner*, in: M. Dauses/M. Ludwigs (Hrsg.), Handbuch des EU-Wirtschaftsrechts, [49]München 2019, A.IV. Unionsrecht und nationales Recht, Rn. 63 ff.

[118] EuGH, Urteil v. 05.03.1996, Rs. C-46/93 und C-48/93, *Brasserie du Pêcheur SA/Deutschland und The Queen/Secretary of State for Transport*, ECLI:EU:C:1996:79, Rn. 55 f.; EuGH, Urteil v. 28.07.2016, Rs. C-168/15, *Milena Tomášová/Slowenien*, ECLI:EU:C:2016:602, Rn. 25.

[119] *J. A. Gutierrez-Fons*, Penn St Int'l L Rev 28 (2009), S. 199 ff., 237; *M. Ruffert*, in: C. Calliess/M. Ruffert (Hrsg.), EUV/AEUV, [5]München 2016, Art. 340 AEUV, Rn. 58 ff.; ähnlich für die außervertragliche Haftung der EU *H. Hofmann/G. C. Rowe/A. Türk*, Administrative law and policy of the European Union, Oxford 2011, S. 884 ff.

[120] EuGH, Urteil v. 08.10.1996, Rs. C-178/94, C-179/94, C-188/94, C-189/94 und C-190/94, *Erich Dillenkofer u. a./Deutschland*, ECLI:EU:C:1996:375, Rn. 26.

[121] EuGH, Urteil v. 26.03.1996, Rs. C-392/93, *The Queen/H. M. Treasury (British Telecommunications)*, ECLI:EU:C:1996:131, Rn. 41 ff.; EuGH, Urteil v. 05.03.1996, Rs. C-46/93 und C-48/93, *Brasserie du Pêcheur SA/Deutschland und The Queen/Secretary of State for Transport*. EU:C:1996:79, Rn. 56.; EuGH, Urteil v. 28.07.2016, Rs. C-168/15, *Milena Tomášová/Slowenien*, ECLI:EU:C:2016:602, Rn. 25. Auch deshalb ist eine klare Definition des rechtsstaatlichen Minimums nötig, siehe oben § 4 A. I. 1. a) bb).

[122] EuGH, Urteil v. 28.07.2016, Rs. C-168/15, *Milena Tomášová/Slowenien*, ECLI:EU:C:2016:602, Rn. 25.

[123] EuGH, Urteil v. 05.03.1996, Rs. C-46/93 und C-48/93, *Brasserie du Pêcheur SA/Deutschland und The Queen/Secretary of State for Transport*, ECLI:EU:C:1996:79, Rn. 57; EuGH, Urteil v. 30.09.2003, Rs. C-224/01, *Gehard Köbler/Österreich*, ECLI:EU:C:2003:513, Rn. 56; EuGH, Urteil v. 28.07.2016, Rs. C-168/15, *Milena Tomášová/Slowenien*, ECLI:EU:C:2016:602, Rn. 26.

lich. Auch kann die Definition dieser Mindeststandards nicht einzelnen Organen, etwa der Kommission, überlassen werden, sondern muss in einer im ordentlichen Gesetzgebungsverfahren erlassenen Verordnung erfolgen.

Der Inhalt der Definition sollte klare und damit auch in der Sanktionspraxis anwendbare Mindeststandards aufstellen und sich an den durch den EuGH entwickelten Maßstäben orientieren. Zum Schutz des EU-Haushalts müssen diese Mindeststandards auf alle mitgliedstaatlichen Behörden und Kontrollorgane Anwendung finden, die mit der Umsetzung des EU-Haushalts befasst sein können. Auch insoweit bieten sich Klarstellungen in der Verordnung und ihren Erwägungsgründen an, um die nationalen Gesetzgeber hierfür zu sensibilisieren. Zum Schutz der unterschiedlichen nationalen Identitäten bietet es sich an, den Mitgliedstaaten die Beweislast über die Erfüllung dieser Mindeststandards durch ihre Behörden, Kontrollorgane und Verfahren aufzuerlegen. Diese können dadurch in der Organisation der mit der Umsetzung des EU-Haushalts befassten Organe und Verfahren gewisse Freiheiten behalten. Ein solches Design der Verordnung kann einer zu weitgehenden – und zum Schutz des EU-Haushalts letztlich nicht erforderlichen – Vereinheitlichung der mitgliedstaatlichen Institutionen entgegenwirken.

Dieser Sanktionsmechanismus sollte Sanktionen nur bei einem qualifizierten Verstoß gegen die sanktionsbewehrten Mindeststandards vorsehen. Für die Frage, wann ein Verstoß als qualifiziert anzusehen ist, kann insbesondere auf Dauer, Art und Schwere des Verstoßes abgestellt werden. Daneben spielt auch eine Rolle, wie klar die sanktionsbewehrten Mindeststandards definiert sind und ob sich für den Mitgliedstaat Alternativen geboten haben. Diese qualifizierte Verletzung der Mindeststandards muss zudem konkrete Gefährdungen und/oder Beeinträchtigungen für den EU-Haushalt kausal zur Folge haben. Eine solche Beeinträchtigung liegt vor, wenn die finanziellen Interessen der EU bzw. der EU-Haushalt nachprüfbar einen Schaden erlitten haben. Eine Gefährdung ist dann gegeben, wenn ein solcher Schaden mit gewisser Wahrscheinlichkeit droht. Mit Blick auf das Verhältnismäßigkeitsprinzip sollte eine solche Gefährdung aber nur dann zu einer Sanktion führen, wenn sie hinreichend konkret ist, der Schaden also mit hoher Wahrscheinlichkeit bevorsteht. Zudem müssen die Verstöße auch eine Erheblichkeitsschwelle überschreiten, es müssen also finanzielle Interessen der EU in erheblichen Umfang gefährdet sein.

II. Definition der rechtsstaatlichen Mindeststandards im Vorschlag von Kommission und Parlament

Nach dem Vorschlag von Kommission und Parlament[124] sind finanzielle Sanktionen dann möglich, wenn ein „genereller Mangel in Bezug auf das Rechts-

[124] Vorschlag COM (2018) 324 final (finanzielle Sanktionen) – Abänderungen Parlament (P8_TA-PROV(2019)0349) v. 04.04.2019.

staatsprinzip“ vorliegt und dieser (potenziell) Auswirkungen auf die Ausführung des EU-Haushalts bzw. dessen Schutz hat. Sie begründen dies mit dem „eindeutige[n] Zusammenhang zwischen der Wahrung des Rechtsstaatsprinzips und einer wirksamen Ausführung des Haushaltsplans der Union im Einklang mit den Grundsätzen der wirtschaftlichen Haushaltsführung“.[125] Hierfür legaldefiniert der Vorschlag das Rechtsstaatsprinzip in Art. 2 Abs. 1 lit. a) sowie den generellen Mangel in Bezug auf das Rechtsstaatsprinzip in Art. 2 Abs. 1 lit. b). In Art. 3 des Vorschlags wird festgelegt, welche Auswirkungen dieser Mangel (potenziell) haben muss, um Sanktionen auslösen zu können.

1. Die Definition des Rechtsstaatsprinzips in Art. 2 lit. a) des Vorschlags

Nach Art. 2 lit. a) des Vorschlags bezeichnet das Rechtsstaatsprinzip die in „Art. 2 EUV und in den Kriterien für die Mitgliedschaft in der Union gemäß Art. 49 EUV verankerten Werte“. Hierunter fallen insbesondere die Grundsätze der Rechtsstaatlichkeit[126] und der rechtsstaatlichen Ordnung,[127] die allerdings weder in den Verträgen noch in den Kopenhagener Beitrittskriterien genauer legaldefiniert sind.[128]

Neben diesem eher allgemein gehaltenen Verweis enthält der Vorschlag genauere Bestimmungen zum Umfang des Rechtsstaatsprinzips: Demnach umfasse das Rechtsstaatsprinzip die Rechtmäßigkeit, die mit einem transparenten, rechenschaftspflichtigen, demokratischen und pluralistischen Gesetzgebungsprozess „gleichbedeutend“ sei. Darüber hinaus umfasse es Rechtssicherheit, Willkürverbot, Zugang zur Justiz, effektiven Rechtsschutz vor unabhängigen und unparteiischen Gerichten, Gewaltenteilung, Nichtdiskriminierung und Gleichheit vor dem Gesetz.[129] Der Vorschlag verweist ausdrücklich darauf, dass auch der Grundrechtsschutz Teil des effektiven Rechtsschutzes und damit des so definierten Rechtsstaatsprinzips ist.[130]

---

[125] ErwG. 10 Vorschlag COM (2018) 324 final (finanzielle Sanktionen) – Abänderungen Parlament (P8_TA-PROV(2019)0349) v. 04.04.2019. Auch der EuRH ist dieser Ansicht, *EuRH*, Stellungnahme Nr. 1/2018 (2018/C 291/01) – Zu dem Vorschlag vom 2. Mai 2018 für eine Verordnung des Europäischen Parlaments und des Rates über den Schutz des Haushalts der Union im Falle von generellen Mängeln in Bezug auf das Rechtsstaatsprinzip in den Mitgliedstaaten, 17.08.2019, Rn. 10.

[126] Art. 2 S. 1 EUV.

[127] Als Teil des politischen Kriteriums der Kopenhagener Beitrittskriterien. *Europäischer Rat*, Europäischer Rat Kopenhagen 22.–23. Juni 1993 – Schlussfolgerungen des Vorsitzes – SN 180/1/93, 23.06.1993, S. 13.

[128] Rechtsprechung und Literatur haben hierzu aber einige Grundsätze entwickelt, siehe oben § 2 A. II.

[129] Insoweit ist auch der ErwG. 2 Vorschlag COM (2018) 324 final (finanzielle Sanktionen) v. 02.05.2018 interessant, der die Grundsätze der Rechtssicherheit unter Verweis auf Rechtsprechung des EuGH näher erläutert.

[130] Hierfür verweist der Vorschlag auf die GRC sowie internationale Menschenrechtsübereinkommen wie etwa die EMRK.

2. Genereller Mangel in Bezug auf das Rechtsstaatsprinzip

Voraussetzung für eine Sanktion ist die Feststellung eines „generelle[n] Mangel[s] in Bezug auf das Rechtsstaatsprinzip". Das Parlament hat in seinem Abänderungsvorschlag die ursprüngliche Definition der Kommission genauer gefasst und mit Regelbeispielen präzisiert.[131]

a) Beeinträchtigende Handlungsformen oder systemische Bedrohung

In Art. 2 lit. b) Hs. 1 des Vorschlags wird der generelle Mangel in Bezug auf das Rechtsstaatsprinzip definiert als „weit verbreitete oder wiederholt auftretende Praxis, Unterlassung oder Maßnahme des Staates, die das Rechtsstaatsprinzip beeinträchtigt, sofern sie die Grundsätze der wirtschaftlichen Haushaltsführung oder den Schutz der finanziellen Interessen der Union beeinträchtigt oder zu beeinträchtigen droht". Diese Definition stellt klar, dass nicht schon jede einzelne Verletzung rechtsstaatlicher Grundsätze ausreicht. Vielmehr muss eine solche Praxis, Unterlassung oder Maßnahme durch unterschiedliche Entscheidungsträger und/oder mehrfach angewendet werden. Die weite Wortwahl umfasst zudem sowohl Handlungsformen mit konkreten Rechtsfolgen (Unterlassungen und Maßnahmen) als auch solche ohne (Praxis).[132]

Nach Art. 2 lit. b) Hs. 2 des Vorschlags kann ein solcher „genereller Mangel in Bezug auf das Rechtsstaatsprinzip [...] auch die Folge einer systemischen Bedrohung der in Art. 2 EUV verankerten Werte der Union sein". Dadurch, dass schon eine „Bedrohung" genügt, sollen Sanktionen bereits im Vorfeld ermöglicht werden.

Nach beiden Varianten ist ein solcher genereller Mangel für diesen Sanktionsmechanismus aber nur dann relevant, wenn er „die Grundsätze der wirtschaftlichen Haushaltsführung oder den Schutz der finanziellen Interessen der Union beeinträchtigt oder zu beeinträchtigen droht". Dadurch wird schon in der Definition des generellen Mangels der Bezug zum Haushaltsrecht – und damit der Kompetenzgrundlage – hergestellt.

---

[131] Damit geht es auch auf entsprechende Kritik, etwa des EuRH und des Europäischen Ausschusses der Regionen, ein. *EuRH*, Stellungnahme Nr. 1/2018 (2018/C 291/01) – Zu dem Vorschlag vom 2. Mai 2018 für eine Verordnung des Europäischen Parlaments und des Rates über den Schutz des Haushalts der Union im Falle von generellen Mängeln in Bezug auf das Rechtsstaatsprinzip in den Mitgliedstaaten, 17.08.2019, Rn. 19 ff.; *Europäischer Ausschuss der Regionen*, Stellungnahme des Europäischen Ausschusses der Regionen – Das Paket für den Mehrjährigen Finanzrahmen für die Jahre 2021–2027 (2018/C 461/10), 21.12.2018, Rn. 21.

[132] Da sich das Rechtsstaatsprinzip nur an staatliche Akteure wendet, ist der Zusatz „des Staates" redundant.

b) Die Regelbeispiele aus Art. 2a des Vorschlags

In Art. 2a legen die Vorschlaggeber Regelbeispiele fest. Auch diese sind im Rahmen dieses Sanktionsmechanismus aber nur relevant, sofern sie Auswirkungen auf die wirtschaftliche Haushaltsführung oder den Schutz der finanziellen Interessen der EU haben (können).

Die Regelbeispiele in Art. 2a lit. a), c) und e) des Vorschlags sehen einen rechtsstaatlichen Mangel insbesondere bei bestimmten Gefährdungen des Rechtsschutzsystems als gegeben an. Hierunter fällt die „Gefährdung der Unabhängigkeit der Gerichte“, wozu etwa „willkürliche Änderungen der Vorschriften über die Ernennung oder Amtsdauer der Mitarbeiter des Justizwesens“, ihre Unparteilichkeit beeinträchtigende Beeinflussungen sowie die Unabhängigkeit der Anwaltschaft beeinträchtigenden Maßnahmen zählen.[133] Auch eine Beschränkung der „Zugänglichkeit und Wirksamkeit des Rechtswegs“ ist regelmäßig ein solcher Mangel.[134] Dieser ist etwa erfüllt bei „Maßnahmen, die den Schutz der vertraulichen Kommunikation zwischen Rechtsanwalt und Mandant beeinträchtigen“.[135]

Daneben legen die Regelbeispiele in Art. 2a lit. b) und d) des Vorschlags ihren Fokus insbesondere auf die ordnungsgemäße Verwaltung und die allgemeine Verwaltungskapazität. So ist es regelmäßig ein genereller rechtsstaatlicher Mangel, wenn willkürliche oder unrechtmäßige Entscheidungen von Behörden (einschließlich Strafverfolgungsbehörden) nicht verhütet, korrigiert oder geahndet werden. Zudem darf die Arbeit der öffentlichen Verwaltung nicht durch Ressourcenverknappung beeinträchtigt werden und sind Interessenkonflikte zu vermeiden.[136] Auch „die Gefährdung der Verwaltungskapazität eines

---

[133] Art. 2a lit. a) Vorschlag COM (2018) 324 final (finanzielle Sanktionen) – Abänderungen Parlament (P8_TA-PROV(2019)0349) v. 04.04.2019. Zudem wird in ErwG. 7 des Vorschlags die Unabhängigkeit der Justiz genauer dargelegt: Danach muss die Justiz in der Lage sein, Entscheidungen „völlig autonom“ zu treffen und zugleich muss sie gegen „Eingriffe oder Druck von außen“ geschützt sein. Vermutlich aufgrund der Erfahrungen in Polen und Ungarn gehen Kommission und Parlament in ihrem Vorschlag dabei auch explizit auf die Ernennungs- und Entlassungsvorschriften für Richter ein. ErwG. 7 Vorschlag COM (2018) 324 final (finanzielle Sanktionen) v. 02.05.2018. Insoweit bedient sich der Vorschlag der Definition des EuGH. EuGH, Urteil v. 27.02.2018, Rs. C-64/16, *Associação Sindical dos Juízes Portugueses/ Tribunal de Contas*, ECLI:EU:C:2018:117, Rn. 44; EuGH, Urteil v. 16.02.2017, Rs. C-503/15, *Ramón Margarit Panicello*, ECLI:EU:C:2017:126, Rn. 37; EuGH, Urteil v. 19.09.2006, Rs. C-506/04, *Graham J. Wilson*, ECLI:EU:C:2006:587, Rn. 51.

[134] Art. 2a lit. c) Vorschlag COM (2018) 324 final (finanzielle Sanktionen) – Abänderungen Parlament (P8_TA-PROV(2019)0349) v. 04.04.2019. Hierunter fallen restriktive Verfahrensvorschriften, die Nichtumsetzung von Gerichtsentscheidungen und die Einschränkung einer wirksamen Untersuchung, Verfolgung oder Sanktion von Rechtsverstößen. Art. 2a lit. c) Vorschlag COM (2018) 324 final (finanzielle Sanktionen) – Abänderungen Parlament (P8_TA-PROV(2019)0349) v. 04.04.2019.

[135] Art. 2a lit. e) Vorschlag COM (2018) 324 final (finanzielle Sanktionen) – Abänderungen Parlament (P8_TA-PROV(2019)0349) v. 04.04.2019.

[136] Art. 2a lit. b) Vorschlag COM (2018) 324 final (finanzielle Sanktionen) – Abänderungen Parlament (P8_TA-PROV(2019)0349) v. 04.04.2019.

Mitgliedstaats im Hinblick darauf, die mit der Mitgliedschaft in der Union einhergehenden Verpflichtungen zu erfüllen“ ist ein Beispiel für einen generellen rechtsstaatlichen Mangel.[137]

3. Daraus folgende Risiken für die finanziellen Interessen der EU

Für die Feststellung des oben definierten generellen Mangels in Bezug auf das Rechtsstaatsprinzip sind darüber hinaus Risiken für die finanziellen Interessen der EU relevant. Somit „kann“ ein solcher genereller Mangel insbesondere dann festgestellt werden, wenn die in Art. 3 Abs. 1 des Vorschlags aufgeführten Grundsätze beeinträchtigt werden bzw. ihre Beeinträchtigung droht.

Hierzu zählt die „ordnungsgemäße Arbeit der Behörden des Mitgliedstaats, die den Haushaltsplan der Union ausführen“ insbesondere mit Blick auf öffentliche Auftragsvergabe und Finanzhilfeverfahren.[138] Auch „das ordnungsgemäße Funktionieren der Marktwirtschaft […] sowie die wirksame Umsetzung der […] Verpflichtungen, darunter die Verfolgung des Ziels der politischen Union und der Wirtschafts- und Währungsunion“ gehören zu diesen Grundsätzen.[139] Daneben ist die Arbeit der Finanzkontrollbehörden sowie die Funktionsfähigkeit der Finanzverwaltungs- und Rechenschaftssysteme Teil hiervon.[140]

Darüber hinaus wiegen (drohende) Beeinträchtigungen der „Arbeit von Ermittlungs- und Strafverfolgungsinstanzen bei der Verfolgung von Betrugs- und Korruptionsdelikten und anderen Verstößen gegen Unionsrecht im Zusammenhang mit der Ausführung des [EU-]Haushaltsplans“ besonders schwer.[141] Gleiches gilt für die wirksame und unabhängige gerichtliche Kontrolle relevanter behördlicher Handlungen.[142]

Relevant für die Feststellung eines solchen generellen Mangels ist zudem, ob eine (drohende) Beeinträchtigung der „Verhütung und Ahndung von Betrugsdelikten […] und anderen Verstößen gegen Unionsrecht im Zusammenhang mit der Ausführung des Haushaltsplans der Union und [der] Verhängung wirksamer und abschreckender Sanktionen“ gegeben ist.[143] Zu berücksichtigen sind ferner,

---

[137] Art. 2a lit. d) Vorschlag COM (2018) 324 final (finanzielle Sanktionen) – Abänderungen Parlament (P8_TA-PROV(2019)0349) v. 04.04.2019.

[138] Art. 3 Abs. 1 lit. a) Vorschlag COM (2018) 324 final (finanzielle Sanktionen) – Abänderungen Parlament (P8_TA-PROV(2019)0349) v. 04.04.2019.

[139] Art. 3 Abs. 1 lit. aa) Vorschlag COM (2018) 324 final (finanzielle Sanktionen) – Abänderungen Parlament (P8_TA-PROV(2019)0349) v. 04.04.2019.

[140] Art. 3 Abs. 1 lit. ab) Vorschlag COM (2018) 324 final (finanzielle Sanktionen) – Abänderungen Parlament (P8_TA-PROV(2019)0349) v. 04.04.2019.

[141] Art. 3 Abs. 1 lit. b) Vorschlag COM (2018) 324 final (finanzielle Sanktionen) – Abänderungen Parlament (P8_TA-PROV(2019)0349) v. 04.04.2019.

[142] Art. 3 Abs. 1 lit. c) Vorschlag COM (2018) 324 final (finanzielle Sanktionen) – Abänderungen Parlament (P8_TA-PROV(2019)0349) v. 04.04.2019.

[143] Art. 3 Abs. 1 lit. d) Vorschlag COM (2018) 324 final (finanzielle Sanktionen) – Abänderungen Parlament (P8_TA-PROV(2019)0349) v. 04.04.2019.

ob die „Wiedereinziehung rechtsgrundlos gezahlter Beträge“[144] sowie die „Verhütung und Ahnung von Steuerhinterziehung und Steuerwettbewerb“ und die Arbeit der unional zusammenarbeitenden Steuerbehörden gewährleistet sind.[145]

Außerdem ist eine (drohende) Beeinträchtigung der Zusammenarbeit mit dem Europäischen Amt für Betrugsbekämpfung (Organisation Européen de Lutte Anti-Fraude/OLAF)[146] und EUStA[147] relevant.[148] Schließlich kann die Feststellung des generellen Mangels in Bezug auf das Rechtsstaatsprinzip insbesondere dann erfolgen, wenn „eine ordnungsgemäße Ausführung des Haushaltsplans der Union infolge einer systemischen Verletzung der Grundrechte“ beeinträchtigt ist oder dies droht.[149]

III. Eigener Reformvorschlag: Begrenzung auf Schutz des EU-Haushalts

Der im Vorschlag gewählte dreistufige Aufbau zur Definition des sanktionsbewehrten rechtsstaatlichen Minimums (Rechtsstaatsprinzip – genereller Mangel in Bezug auf das Rechtsstaatsprinzip – Risiken für EU-Haushalt) ist in seiner Grundstruktur zu begrüßen. Inhaltlich gehen die gewählten Definitionen und Bedingungen jedoch teilweise über die Möglichkeiten der Kompetenzgrundlage hinaus oder sind für die praktische Anwendbarkeit des Sanktionsmechanismus konkretisierungsbedürftig. Zudem sollten die Definitionen und Bedingungen auch rechtstechnisch klarer strukturiert werden. Mit Blick auf die oben entwickelten Maßstäbe sollten die sanktionsbewehrten rechtsstaatlichen Mindeststandards daher enger gefasst werden und allein dem Schutz der finanziellen Interessen der EU dienen. Nur objektiv feststellbare und qualifizierte Verstöße hiergegen sollten zu einer Anwendung des Sanktionsmechanismus führen. Sie sollten zudem konkrete Gefährdungen oder Beeinträchtigungen für den EU-Haushalt hervorrufen müssen. Für diesen als Haushaltsvorschrift erlassenen Sanktionsmechanismus bietet sich insbesondere eine Reform von Art. 63

---

[144] Art. 3 Abs. 1 lit. e) Vorschlag COM (2018) 324 final (finanzielle Sanktionen) – Abänderungen Parlament (P8_TA-PROV(2019)0349) v. 04.04.2019.

[145] Art. 3 Abs. 1 lit. ea) Vorschlag COM (2018) 324 final (finanzielle Sanktionen) – Abänderungen Parlament (P8_TA-PROV(2019)0349) v. 04.04.2019.

[146] Zur Errichtung und Funktionsweise von OLAF Beschluss 1999/352/EG, EGKS, Euratom (OLAF), ABl. EU L 136 v. 28.04.1999, S. 20 ff. und VO (EU, Euratom) Nr. 883/2013 (OLAF Untersuchungen), ABl. EU L 248 v. 11.09.2013, S. 1 ff. Siehe unten § 4 B. I. 4.

[147] Dies betrifft nur die Mitgliedstaaten, die sich an dieser verstärkten Zusammenarbeit zur EUStA beteiligen, ErwG. 8 VO (EU) 2017/1939 (EUStA), ABl. EU L 283 v. 12.10.2017, S. 1 ff. Dies sind derzeit 22 Mitgliedstaaten: Belgien, Bulgarien, Deutschland, Estland, Griechenland, Finnland, Frankreich, Italien, Kroatien, Lettland, Litauen, Luxemburg, Malta, Niederlande, Österreich, Portugal, Rumänien, Slowenien, Slowakei, Spanien, Tschechien und Zypern.

[148] Art. 3 Abs. 1 lit. f) Vorschlag COM (2018) 324 final (finanzielle Sanktionen) – Abänderungen Parlament (P8_TA-PROV(2019)0349) v. 04.04.2019.

[149] Art. 3 Abs. 1 lit. fa) Vorschlag COM (2018) 324 final (finanzielle Sanktionen) – Abänderungen Parlament (P8_TA-PROV(2019)0349) v. 04.04.2019.

EHO an. Die aufgrund der (einzig möglichen) Kompetenzgrundlage notwendig engere und auf den Schutz der finanziellen Interessen der EU fokussierte Definition der sanktionsbewehrten rechtsstaatlichen Minima bedeutet jedoch, dass dieser Sanktionsmechanismus nicht alle derzeit bestehenden rechtsstaatlichen Problemlagen adressieren kann.

1. Engere Fassung der sanktionsbewehrten Mindeststandards

Die Definition der sanktionsbewehrten Mindeststandards muss stärker auf das Ziel des Sanktionsmechanismus – den Schutz des EU-Haushalts – fokussiert werden. Zudem bietet es sich an, die mitgliedstaatlichen exekutiven und judikativen Organe, die diesen Mindeststandards unterliegen, zu definieren.

a) Schutz des EU-Haushalts als Ziel

Der Vorschlag von Kommission und Parlament definiert die sanktionsbewehrten Mindeststandards schon jetzt relativ weit.[150] Auch diese Definition wird aber teilweise als zu eng verstanden: So fordert etwa der Europäische Wirtschafts- und Sozialausschuss den ausdrücklichen Schutz der Grundrechte sowie des Demokratieprinzips durch diesen Sanktionsmechanismus. Beide Grundsätze seien eng mit dem Rechtsstaatsprinzip verknüpft.[151] Dieser Analyse der engen und sich gegenseitig bedingenden Beziehung von Rechtsstaatlichkeit, Demokratie und Grundrechtsschutz ist grundsätzlich zuzustimmen.[152]

Die daraus abgeleitete Folge – ein Schutz auch dieser Grundsätze über Haushaltsvorschriften – ist mit der Kompetenzgrundlage zum Schutz der finanziellen Interessen der EU jedoch nicht vereinbar.[153] Der Schutz der Grundrechte sowie der Demokratie stehen hierzu in einem weit weniger engen Verhältnis als die Einhaltung rechtsstaatlicher Grundsätze bei der Ausführung des EU-Haushalts. Deshalb ist auch die allgemeine Definition der Rechtsstaatlichkeit in Art. 2 lit. a) des Vorschlags kritikwürdig – nicht wegen ihres Inhalts, sondern weil sie im Rahmen dieses Sanktionsmechanismus definiert wird. Mit Blick auf seine Zielsetzung sollten im Rahmen dieses Sanktionsmechanismus nur die Aspekte der Rechtsstaatlichkeit definiert werden, deren Beachtung für den Schutz des EU-Haushalts nötig ist. Eine darüber hinausgehende allgemeine Definition des

---

[150] Siehe oben § 4 A. II.

[151] Deshalb fordert etwa der Europäische Wirtschafts- und Sozialausschuss auch den Schutz dieser Prinzipien durch den neuen Sanktionsmechanismus, *Europäischer Wirtschafts- und Sozialausschuss*, Stellungnahme des Europäischen Wirtschafts- und Sozialausschusses zu dem „Vorschlag für eine Verordnung des Europäischen Parlaments und des Rates über den Schutz des Haushalts der Union im Falle von generellen Mängeln in Bezug auf das Rechtsstaatsprinzip in den Mitgliedstaaten" (2019/C 62/28) – COM (2018) 324 final – 2018/0136 (COD), 15.02.2019, 1.2–1.4.

[152] Siehe oben § 4 A. II.

[153] Siehe oben § 4 A. I. 1. a) aa).

Rechtsstaatsprinzips sollte den Sanktionsmechanismen, in denen sie relevant wird – etwa dem Art. 7-Verfahren sowie dem Vertragsverletzungsverfahren – vorbehalten bleiben. Hierfür bieten sich zudem Verordnungen und Richtlinien in anderen Rechtsbereichen, etwa zur justiziellen Zusammenarbeit in Zivil- und Strafsachen,[154] an.

Kritisiert wird ferner, dass die Definition im Vorschlag für ihre praktische Anwendbarkeit in einem Sanktionsmechanismus noch zu ungenau sei und der Kommission einen zu großen Ermessensspielraum überlasse.[155] Die Anforderungen der Kompetenzgrundlage, die auch eine ausreichend genaue Definition in der Verordnung erfordert,[156] sind aber jedenfalls erfüllt. Zudem übersieht diese Kritik auch, dass eine kleinteilige Definition der Rechtsstaatlichkeit in ihren unterschiedlichen Ausprägungen und insbesondere ihrer Bedeutung im Gesamtzusammenhang der jeweiligen mitgliedstaatlichen Systeme an Grenzen stoßen kann. Insoweit sollte deshalb auch die Beweislastverteilung eine Rolle spielen.[157] Ferner erhöhen die durch das Parlament vorgeschlagenen Regelbeispiele, die in anderen Stellungnahmen teilweise noch nicht berücksichtigt werden konnten, allgemein die Rechtsklarheit. Sie sind jedoch teilweise ebenfalls recht weitgehend[158] oder lassen einen konkreten Bezug zum Schutz des EU-Haushalts vermissen.[159]

---

[154] Art. 81 und 82 AEUV.

[155] *M. Blauberger/V. van Hüllen*, Journal of European Integration 6 (2020), S. 1 ff., 9 f. Der Europäische Ausschuss der Regionen fordert mit Blick auf den ursprünglichen Vorschlag der Kommission eine genauere Definition. *Europäischer Ausschuss der Regionen*, Stellungnahme des Europäischen Ausschusses der Regionen – Das Paket für den Mehrjährigen Finanzrahmen für die Jahre 2021–2027 (2018/C 461/10), 21.12.2018, Rn. 21. Auch der EuRH sieht (zumindest in Bezug auf den ursprünglichen Vorschlag der Kommission) „viel Ermessensspielraum" für die Kommission. *EuRH*, Stellungnahme Nr. 1/2018 (2018/C 291/01) – Zu dem Vorschlag vom 2. Mai 2018 für eine Verordnung des Europäischen Parlaments und des Rates über den Schutz des Haushalts der Union im Falle von generellen Mängeln in Bezug auf das Rechtsstaatsprinzip in den Mitgliedstaaten, 17.08.2019, Rn. 12 ff. Der Europäische Wirtschafts- und Sozialausschuss befürwortet detaillierte Kriterien, damit „die Legitimität des Kommissionsbeschlusses nicht durch den Vorwurf der Befangenheit oder der fehlenden Objektivität infrage gestellt wird", *Europäischer Wirtschafts- und Sozialausschuss*, Stellungnahme des Europäischen Wirtschafts- und Sozialausschusses zu dem „Vorschlag für eine Verordnung des Europäischen Parlaments und des Rates über den Schutz des Haushalts der Union im Falle von generellen Mängeln in Bezug auf das Rechtsstaatsprinzip in den Mitgliedstaaten" (2019/C 62/28) – COM (2018) 324 final – 2018/0136 (COD), 15.02.2019, 4.3.

[156] Siehe oben § 4 A. I. 1. a) bb).

[157] Siehe unten § 4 A. III. 2. c).

[158] So etwa Art. 2a lit. d) Vorschlag COM (2018) 324 final (finanzielle Sanktionen) – Abänderungen Parlament (P8_TA-PROV(2019)0349) v. 04.04.2019, der eine „Gefährdung der Verwaltungskapazität eines Mitgliedstaats im Hinblick darauf, die mit der Mitgliedschaft in der Union einhergehenden Verpflichtungen zu erfüllen" für grundsätzlich sanktionswürdig erklärt.

[159] So etwa Art. 2a lit. e) Vorschlag COM (2018) 324 final (finanzielle Sanktionen) – Abänderungen Parlament (P8_TA-PROV(2019)0349) v. 04.04.2019, nachdem auch die Beein-

Mit Blick auf diese Kritik und die oben entwickelten Maßstäbe[160] sollte die Definition der sanktionsbewehrten rechtsstaatlichen Mindeststandards folgende Grundsätze umfassen:

- Verwaltungskapazität: Die mit der Ausführung des EU-Haushalts betrauten mitgliedstaatlichen Behörden müssen über eine ausreichende Verwaltungskapazität verfügen, die eine Ausführung entsprechend der anwendbaren unionalen und mitgliedstaatlichen Vorgaben sowie unter Vermeidung von Interessenkonflikten sicherstellt. Diese Behörden müssen insbesondere gewährleisten können, dass die Mittelbindungen und -auszahlungen mit den Vorgaben aus den anwendbaren Verordnungen und Partnerschaftsvereinbarungen in Einklang stehen.[161] Die vorgenommenen Mittelbindungen und -auszahlungen müssen auch einer ex-post-Kontrolle durch Rechnungslegung und -prüfung unterzogen werden.
- Ermittlungsbehörden: Ermittlungsbehörden, die strafrechtlich relevante Verfehlungen im Zusammenhang mit der Ausführung des EU-Haushalts untersuchen, müssen in ihrer Arbeit unabhängig agieren können.[162] Zudem müssen sie zu entsprechenden Ermittlungen, jedenfalls sofern der Verdacht und die möglichen Folgen für den EU-Haushalt schwer wiegen, auch verpflichtet sein.[163]
- Gerichte: Die Gerichte, die mit der Kontrolle dieser mitgliedstaatlichen Behörden befasst sein können, müssen den Anforderungen des EuGH an die Rechtsstaatlichkeit genügen. Dies bedeutet insbesondere, dass sie zur Gewährung effektiven Rechtsschutzes unabhängig und unparteiisch sein müssen sowie der Zugang zu ihnen gewährleistet sein muss.[164] Dies betrifft sowohl die Gerichte, die mit der verwaltungsrechtlichen Kontrolle befasst sind, als auch jene, denen die strafrechtliche Kontrolle obliegt. Die konkrete Formulierung sollte sich an den entsprechenden Urteilen des EuGH orientieren, der diese Vorgaben gegebenenfalls weiter präzisieren kann.[165]

---

trächtigung der vertraulichen Kommunikation zwischen Rechtsanwalt und Mandant prinzipiell sanktionswürdig ist.

[160] Siehe oben § 4 A. I. 4.

[161] Siehe hierzu oben § 2 A. III. 2. und § 3 B. I. 4. c) cc).

[162] Zur Unabhängigkeit von Staatsanwaltschaften in Deutschland EuGH, Urteil v. 27.05.2019, Rs. C-508/18 und C-82/19 PPU, *OG und PI*, ECLI:EU:C:2019:456, Rn. 75 ff. und oben § 2 A. IV. 3.

[163] Dies beträfe in Deutschland etwa auch die Frage, unter welchen Voraussetzungen Ermittlungsverfahren eingestellt werden können.

[164] Zur Rechtsprechung des EuGH zum effektiven Rechtsschutz siehe oben § 2 A. II.

[165] Zu detaillierte Vorgaben, wie etwa in Art. 2a Vorschlag COM (2018) 324 final (finanzielle Sanktionen) – Abänderungen Parlament (P8_TA-PROV(2019)0349) v. 04.04.2019, sind hingegen abzulehnen. Sie umfassen regelmäßig nicht alle Eventualitäten und sind mit Blick auf die entwickelte Rechtsprechungspraxis des EuGH auch nicht nötig. Zu den im Vorschlag gemachten Vorgaben siehe oben § 4 A. II.

- Zusammenarbeit mit Kommission, OLAF und EUStA: Wie auch im Vorschlag vorgesehen, müssen die mitgliedstaatlichen Organe zur umfassenden und rechtzeitigen Kooperation zum Schutz des EU-Haushalts mit den relevanten Dienststellen der Kommission, dem EuRH,[166] OLAF[167] sowie der EUStA[168] verpflichtet werden.
- Wirksame und abschreckende Strafen: Wie im Vorschlag gefordert, müssen die Mitgliedstaaten ferner dazu verpflichtet sein, die finanziellen Interessen der EU durch wirksame und abschreckende Strafen zu schützen. Dies bedeutet insbesondere, dass die finanziellen Interessen der EU einen den mitgliedstaatlichen finanziellen Interessen vergleichbaren, angemessenen strafrechtlichen Schutz erfahren.[169]

b) *Betroffene Organe der mitgliedstaatlichen Exekutive und Judikative*

Die Rechtsklarheit würde zudem durch eine Bestimmung der Organe, die die sanktionsbewehrten Mindeststandards erfüllen müssen, erhöht. Mit Blick auf die Kompetenzgrundlage darf der Sanktionsmechanismus nur Vorgaben für mitgliedstaatliche Organe enthalten, die unmittelbar oder mittelbar potenziell mit der Ausführung bzw. der Kontrolle der Ausführung des EU-Haushalts befasst sind.[170] Dies sind insbesondere:

- Verwaltungsorgane, die Mittelbindungen und -auszahlungen aus dem EU-Haushalt veranlassen können;
- Verwaltungsinterne Kontrollorgane zur Überwachung der unmittelbar mit Mittelbindungen und -auszahlungen aus dem EU-Haushalt betrauten Verwaltungsorgane;[171]

---

[166] Eine entsprechende Verpflichtung besteht nach Art. 287 Abs. 3 UAbs. 1 und 2 AEUV. Diese Verpflichtung ist derzeit nur über das Vertragsverletzungsverfahren gemäß Art. 258 ff. AEUV sanktionsbewehrt. Für eine Verknüpfung mit einem die ESIF einbeziehenden Sanktionsmechanismus muss diese Verpflichtung auch in diesen Sanktionsmechanismus aufgenommen werden.

[167] Zur Errichtung und Funktionsweise von OLAF Beschluss 1999/352/EG, EGKS, Euratom (OLAF), ABl. EU L 136 v. 28.04.1999, S. 20 ff. und VO (EU, Euratom) Nr. 883/2013 (OLAF Untersuchungen), ABl. EU L 248 v. 11.09.2013, S. 1 ff. Hier vorgeschlagen wird eine Reform von OLAF, so dass die Zusammenarbeit entsprechend angepasst werden müsste. Siehe unten § 4 B. III. 1.

[168] Dies betrifft nur die Mitgliedstaaten, die sich an der EUStA beteiligen. Siehe oben Fn. 147.

[169] Eine entsprechende Verpflichtung der Mitgliedstaaten besteht nach Art. 325 Abs. 1 AEUV. Um neben dem Vertragsverletzungsverfahren auch eine Verknüpfung mit diesem Sanktionsmechanismus zu ermöglichen, muss diese auch hier aufgenommen werden. Siehe oben Fn. 166.

[170] Dies folgt aus der gewählten Kompetenzgrundlage (Art. 322 Abs. 1 lit. a) AEUV), siehe oben § 4 A. I. 1. a) aa).

[171] Hierunter fielen in Deutschland etwa Widerspruchsbehörden, sofern ein Widerspruchsverfahren statthaft ist § 68 VwGO.

- Gerichte, die zur Entscheidung über die Rechtmäßigkeit von EU-haushaltsrelevanten Handlungen dieser Verwaltungsorgane angerufen werden können;[172]
- Ermittlungsbehörden, die die strafrechtliche Kontrolle von EU-haushaltsrelevanten Handlungen der Vertreter dieser Verwaltungsorgane sowie Dritter übernehmen können;[173]
- Gerichte, die über die Strafbarkeit von EU-haushaltsrelevanten Handlungen der Vertreter dieser Verwaltungsorgane sowie Dritter entscheiden können.

Dies zeigt, dass letztlich sehr viele Behörden und Gerichte von diesen Vorgaben umfasst werden: Die (un)mittelbare Ausführung des EU-Haushalts mit seinen unterschiedlichen Programmen erfolgt auf mitgliedstaatlicher Ebene durch unterschiedliche Behörden auf verschiedenen mitgliedstaatlichen Verwaltungsebenen. Gleiches gilt für die diese kontrollierenden Ermittlungsbehörden sowie Gerichte. Hierdurch erhalten die Vorgaben zum Schutz des EU-Haushalts (nur) mittelbar eine gewisse Breitenwirkung in anderen Bereichen.

Diese Breitenwirkung verstößt jedoch nicht gegen kompetenzrechtliche Grundsätze wie die begrenzte Einzelermächtigung. Denn die von den Mitgliedstaaten in den Verträgen so beschlossene Funktionsweise der EU bringt es mit sich, dass die Unionspolitiken regelmäßig durch mitgliedstaatliche Organe umgesetzt werden. Die Verwirklichung der unionalen Politiken muss die EU deshalb maßgeblich durch entsprechende Verfahrensregelungen sicherstellen können. Da in vielen Bereichen dieselben mitgliedstaatlichen Organe sowohl mitgliedstaatliche als auch unionale Politiken umsetzen, ist eine solche Breitenwirkung der unionalen Verfahrensregelungen unumgänglich.

2. Objektiv feststellbare qualifizierte Verletzung der Mindeststandards und Beweislastverteilung

Dieser Sanktionsmechanismus sollte schon mit Blick auf seine möglichen finanziellen und politischen Folgen[174] nur bei einer qualifizierten Verletzung dieser Mindeststandards eingreifen. Diese muss auch objektiv festgestellt werden. Mit Blick auf die Schwierigkeit, die Mindeststandards für alle Einzelfälle vorab exakt zu definieren, kann der Beweislastverteilung bei der Feststellung der Verletzung eine wichtige Rolle zukommen.

a) Qualifizierte Verletzung der Mindeststandards

Nach den entwickelten Maßstäben sollte nur eine qualifizierte Verletzung der Mindeststandards zu einer Sanktion führen. Im Hinblick auf diese Qualifikation

---

172 In Deutschland wären dies die Verwaltungsgerichte, § 40 VwGO.
173 In Deutschland wären dies die Staatsanwaltschaften.
174 Siehe unten § 4 D.

ist der Vorschlag von Kommission und Parlament noch konkretisierungsbedürftig: So sollten, zumindest in den Erwägungsgründen, Hinweise dafür gegeben werden, unter welchen Umständen eine solche qualifizierte Verletzung regelmäßig anzunehmen ist. Eine Rolle hierfür spielen insbesondere Art, Dauer und Schwere des Verstoßes. Daneben ist es aber auch relevant, wie sehr sich der Verstoß potenziell auf die ordnungsgemäße Umsetzung des EU-Haushalts auswirken kann. Eine solch relevante Gefährdung oder Beeinträchtigung des EU-Haushalts dürfte regelmäßig nur bei strukturellen bzw. systemischen Verstößen anzunehmen sein.[175]

Aus den Maßstäben ergibt sich ferner, dass regelmäßig nur tatsächliche Verstöße eine Sanktion nach sich ziehen sollten. Die bloße Intention reicht hierfür grundsätzlich nicht aus – auch wenn die hinter einer Maßnahme stehende Intention etwa bei der außervertraglichen Haftung der Mitgliedstaaten eine Rolle spielt.[176] Denn zum einen ist es in der Praxis wohl schwierig, einer mitgliedstaatlichen Regierung bzw. Parlamentsmehrheit gerichtsfest eine rechtsstaatswidrige und den EU-Haushalt schädigende Intention nachzuweisen. In offiziellen Dokumenten wird sie diese jedenfalls nicht veröffentlichen.[177] Zum anderen kommt es für die praktischen Auswirkungen auf die Intention nur wenig an: Es ist – abgesehen von politischen Aspekten – für die skizzierte Bedeutung der rechtsstaatlichen Mindeststandards für den Schutz des EU-Haushalts[178] entscheidend, wie sich die rechtsstaatliche Situation tatsächlich darstellt. Deshalb können umgekehrt auch nur beiläufig herbeigeführte grundlegende Defizite nicht akzeptiert werden. Schließlich würde die Berücksichtigung solcher subjektiver Elemente über das bestehende Haushaltsrecht hinausgehen, das in seinen Überprüfungen auf eine objektive Rechtskontrolle angelegt ist.[179] Deshalb ist die Regelung im Vorschlag, nach der ein genereller Mangel in Bezug auf das Rechtsstaatsprinzip auch Folge „einer systemischen Bedrohung der in Artikel 2 EUV verankerten Werte"[180] sein kann, in dieser Form abzulehnen. Es ist nicht klar, ob schon entsprechende Äußerungen von (Regierungs-)Politikern für eine „systemische Bedrohung" genügen oder etwa konkrete vorbereitende Handlungen erforderlich sind.

---

[175] Zum Begriff „systemisch" *A. v. Bogdandy*, ZaöRV 79 (2019), S. 503 ff., 524 ff.

[176] EuGH, Urteil v. 05.03.1996, Rs. C-46/93 und C-48/93, *Brasserie du Pêcheur SA/Deutschland und The Queen/Secretary of State for Transport*, ECLI:EU:C:1996:79, Rn. 55 f.; EuGH, Urteil v. 28.07.2016, Rs. C-168/15, *Milena Tomášová/Slowenien*, ECLI:EU:C:2016:602, Rn. 25.

[177] Deshalb ebenfalls ablehnend *O. Mader*, HJRL 11 (2019), S. 133 ff., 156 f.

[178] Siehe oben § 4 A. III. 1.

[179] EuGH, Urteil v. 07.02.1979, Rs. 11/76, *Niederlande/Kommission*, ECLI:EU:C:1979:28, Rn. 8 f.; *F. Meinel*, Die Verwaltung 51 (2018), S. 153 ff., 167.

[180] Art. 2 lit. b Hs. 2 Vorschlag COM (2018) 324 final (finanzielle Sanktionen) – Abänderungen Parlament (P8_TA-PROV(2019)0349) v. 04.04.2019.

b) Mögliche Objektivierung der Einordnung als qualifizierte Verletzung

Besondere Schwierigkeiten bereitet die – idealiter zumindest die Mehrheit der europäischen und betroffenen mitgliedstaatlichen Bevölkerung überzeugende – Feststellung des Verstoßes gegen die aufgestellten Mindeststandards. Dies ist bereits im Rahmen der derzeitigen Sanktionsmechanismen nicht einfach.[181] In der rechtswissenschaftlichen Diskussion gibt es hierzu einige Vorschläge, unter anderem die Einführung eines „Stress-Tests der Rechtsstaatlichkeit".[182] Auch statistische Daten und Indikatoren könnten neben rechtlichen Analysen zu einer Objektivierung der Feststellung eines qualifizierten Verstoßes beitragen.[183]

Hierzu zählen vor allem die Indikatoren der EU, etwa die regelmäßigen Berichte über den Stand der Korruptionsbekämpfung in den Mitgliedstaaten,[184] das EU-Justizbarometer,[185] die Berichte über die Anwendung der GRC[186] sowie Berichte der Grundrechteagentur.[187] Auch der EuGH veröffentlicht Statistiken, etwa über Vorabentscheidungsverfahren, deren Gegenstand häufig die Vereinbarkeit von mitgliedstaatlichem Recht mit Unionsrecht ist.[188] Insbesondere aus

---

[181] Siehe hierzu oben § 4 A. I. 2.

[182] *A. Sanders*, ZRP 50 (2017), S. 230 ff.

[183] Für die Berücksichtigung solcher Indikatoren auch *O. Mader*, HJRL 11 (2019), S. 133 ff., 154 ff.

[184] Beispielsweise über Berichte des Europäischen Amts für Betrugsbekämpfung (OLAF), abrufbar unter *European Anti-Fraud Office*, Reports, 25.09.2018 (https://ec.europa.eu/anti-fraud/about-us/reports_en) (geprüft am 10.10.2020). Die Kommission selbst hat in letzter Zeit keine Berichte über den Stand der Korruptionsbekämpfung herausgegeben, *European Commission*, Anti-Corruption report, 04.12.2018 (https://ec.europa.eu/home-affairs/what-we-do/policies/organized-crime-and-human-trafficking/corruption/anti-corruption-report_en) (geprüft am 10.10.2020).

[185] Die Berichte des EU-Justizbarometers sind abrufbar unter *European Commission*, EU Justice Scoreboard, 31.07.2020 (https://ec.europa.eu/info/policies/justice-and-fundamental-rights/upholding-rule-law/eu-justice-scoreboard_en) (geprüft am 10.10.2020).

[186] Die jährlichen Berichte zur Anwendung der GRC sind abrufbar unter *dass.*, Annual reports on the application of the Charter, 05.06.2019 (https://ec.europa.eu/info/aid-development-cooperation-fundamental-rights/your-rights-eu/eu-charter-fundamental-rights/application-charter/annual-reports-application-charter_en) (geprüft am 28.05.2020). Zur Bedeutung dieser Berichte *European Parliament*, The Triangular relationship between Fundamental Rights, Democracy and Rule of Law in the EU – Towards an EU Copenhagen Mechanism, October 2013, S. 20 ff.

[187] Diese Berichte sind abrufbar unter *European Union Agency for Fundamental Rights*, Publications & resources, 06.10.2020 (https://fra.europa.eu/en/publications-and-resources) (geprüft am 10.10.2020). Zudem befürwortet die Grundrechteagentur grundsätzlich auch den Einsatz von verschiedenen Indikatoren für Berichte zum Stand der Rechtsstaatlichkeit, *dass.*, Opinion of the European Union Agency for Fundamental Rights on the development of an integrated tool of objective fundamental rights indicators able to measure compliance with the shared values listed in Article 2 TEU based on existing sources of information – FRA Opinion 2/2016, 08.04.2016. Zur Rolle der Grundrechteagentur beim Schutz der Werte der EU etwa *G. N. Toggenburg/J. Grimheden*, JCMS 54 (2016), S. 1093 ff.

[188] *C. Gaitanides*, in: H. v. Groeben/J. Schwarze/A. Hatje (Hrsg.), Europäisches Unionsrecht, [7]Baden-Baden 2015, Art. 267 AEUV, Rn. 12.

diesen EuGH-Statistiken lassen sich in ihrer derzeitigen Form aber keine allgemeingültigen Rückschlüsse auf den Stand der Rechtsstaatlichkeit ziehen.[189] Zudem gibt der Europarat Berichte über verschiedene Aspekte der Rechtsstaatlichkeit heraus.[190] Ferner untersuchen auch andere internationale Organisationen den Stand der Rechtsstaatlichkeit anhand von Indikatoren, wie etwa das World Justice Project[191] und die Weltbank.[192]

Diese Indikatoren sollten als zusätzliche Informationsquelle dienen; vertiefte rechts- und politikwissenschaftliche Analysen können sie aber, zumindest in ihrer derzeitigen Ausgestaltung, nicht ersetzen.[193] Denn in Anbetracht der ganz unterschiedlichen verfassungsrechtlichen Traditionen in den Mitgliedstaaten ist

---

[189] Ein solches Argument erwähnend *M. Blauberger/R. D. Kelemen*, Journal of European Public Policy 24 (2017), S. 321 ff., 327. Die Autoren stellen hierbei aber nur auf die absolute Zahl ab und gehen auf andere mögliche statistische Auswertungen nicht ein. So ist die Zahl der Vertragsverletzungsverfahren in Relation zur Bevölkerung eine ganz andere: In den Jahren 2014 bis 2018 kamen aus Ungarn 10,53 Verfahren auf eine Million Einwohner, aus Polen 2,5 je eine Million Einwohner. Der EU-Durschnitt liegt bei 4,75 je eine Million Einwohner. Für Tschechien liegt diese Zahl bei 3,3, für Rumänien bei 5,07, für Deutschland bei 5,74. Eine besonders hohe Zahl solcher Verfahren weisen Belgien mit 12,44 und Österreich mit 14,39 auf. *EuGH*, Jahresbericht 2018 Rechtsprechungstätigkeit, 2018, S. 133. Den Stand der Rechtsstaatlichkeit in den einzelnen Mitgliedstaaten spiegelt das nicht wider, siehe oben § 2 A. IV.

[190] Länderberichte der Europäischen Kommission für die Wirksamkeit der Justiz (CEPEJ): *European Commission for the Efficiency of Justice* (Council of Europe), Country profiles, 2020 (https://www.coe.int/en/web/cepej/country-profiles) (geprüft am 10.10.2020). Die Staatengruppe gegen Korruption (GRECO) veröffentlicht auch regelmäßig Berichte, *Group of States against Corruption* (Council of Europe), Evaluations, 2020 (https://www.coe.int/en/web/greco/evaluations) (geprüft am 10.10.2020). Auch die Länderberichte des EGMR sind aufschlussreich, *European Court of Human Rights*, Country profiles (https://echr.coe.int/Pages/home.aspx?p=press/country&c=) (geprüft am 10.10.2020).

Auch die begründeten Vorschläge zur Einleitung dieses Verfahrens gegen Polen und Ungarn berufen sich ausdrücklich auf solche Berichte des Europarats bzw. der Venedig-Kommission sowie auf Urteile des EGMR. Zu Polen *European Commission*, Reasoned Proposal in accordance with article 7(1) of the Treaty on the European Union regarding the rule of law in Poland – COM (2017) 835 final, 20.12.2017, Rn. 12 ff. Zu Ungarn *European Parliament*, European Parliament resolution of 12 September 2018 on a proposal calling on the Council to determine, pursuant to Article 7(1) of the Treaty on European Union, the existence of a clear risk of a serious breach by Hungary of the values on which the Union is founded – 2017/2131(INL) (Text and Annex), 12.09.2018, Rn. 7 ff. Siehe oben § 2 A. IV. 1. b) (Ungarn) und § 2 A. IV. 2. b) (Polen).

[191] Der World Justice Project Rule of Law Index 2019 ist abrufbar unter *World Justice Project*, World Justice Project Rule of Law Index 2019 (https://worldjusticeproject.org/our-work/research-and-data/wjp-rule-law-index-2019) (geprüft am 10.10.2020). Zu diesen Kriterien auch *A. v. Bogdandy/M. Ioannidis*, CML Rev 51 (2014), S. 59, 73 ff.

[192] Die Governance Indikatoren sind abrufbar unter *The World Bank*, Worldwide Governance Indicators, 04.10.2018 (https://datacatalog.worldbank.org/dataset/worldwide-gover nance-indicators) (geprüft am 10.10.2020).

[193] Die Kommission sieht einen solchen quantitativen Ansatz deshalb wohl kritisch. *EuRH*, Stellungnahme Nr. 1/2018 (2018/C 291/01) – Zu dem Vorschlag vom 2. Mai 2018 für eine Verordnung des Europäischen Parlaments und des Rates über den Schutz des Haushalts der Union im Falle von generellen Mängeln in Bezug auf das Rechtsstaatsprinzip in den Mitgliedstaaten, 17.08.2019, Rn. 22.

es schwierig, anhand festgelegter Checklisten die Einhaltung der rechtsstaatlichen Mindeststandards zum Schutz des EU-Haushalts bzw. der Rechtsstaatlichkeit insgesamt zu bewerten.[194] Zudem treffen diese Statistiken nur allgemeine Aussagen über die Lage in den einzelnen Mitgliedstaaten – nicht aber konkret zu jenen Verstößen gegen rechtsstaatliche Grundsätze, die potenziell die finanziellen Interessen der EU beeinträchtigen.[195]

c) Bedeutung der Beweislastverteilung

Über die hier vorgeschlagenen Mindeststandards hinaus sollte der Sanktionsmechanismus aber keine konkreteren Vorgaben enthalten: Vor dem Hintergrund der Pluralität der mitgliedstaatlichen Verwaltungen ließen sich solche Detailregelungen nur schwer allgemeingültig definieren, ohne zugleich zu stark in die nationale Identität einzugreifen. Trotzdem kann ein Bedürfnis für die Überprüfung mitgliedstaatlicher Regelungen und Verhaltensweisen im Detail bestehen, sofern Anhaltspunkte für ernste Gefahren für die finanziellen Interessen der EU gegeben sind.

In diesen Fällen kommt der Beweislast eine entscheidende Bedeutung zu: Bei ernsten Anhaltspunkten für eine Gefährdung des EU-Haushalts obläge es den Mitgliedstaaten nachzuweisen, dass ihre Regelungen, Handlungen und/oder Unterlassungen auch in der praktischen Umsetzung den unionalen Anforderungen zum Schutz des EU-Haushalts genügen. Dieser Nachweis unterliegt der Bewertung durch die weiteren am Sanktionsverfahren beteiligten Organe, in letzter Konsequenz auch dem EuGH.[196] Dieser ist in der Lage, mit seiner sich weiter entwickelnden Rechtsprechung zu den Grundsätzen der Rechtsstaatlichkeit und ihren Ausprägungen im Detail hierauf umfassend einzugehen. Eine Rolle kann insoweit auch die Bewertung eines neuen unionalen Überwachungsorgans spielen.[197] Diese Beweislastverteilung entspricht in seiner Grundstruktur dem Verfahren bei anderen finanziellen Sanktionen der EU:[198] Danach obliegt es regelmäßig den Mitgliedstaaten, die Unionsrechtskonformität der durch den EU-Haushalt zu erstattenden Ausgaben zu beweisen.[199]

Hierdurch bleibt den Mitgliedstaaten die Möglichkeit, ihre Organe entsprechend ihrer jeweiligen Tradition oder Identität unter Beachtung unionaler Vorgaben zu organisieren. Im Vergleich zu noch weitergehenden unionalen Detailregelungen ist dies für die nationale Identität die schonendste Alternative. Sie

---

194 *J.-W. Müller*, ELJ 21 (2015), S. 141 ff., 151 ff.

195 Siehe oben § 4 A. III. 1.

196 Zur Ausgestaltung des Verfahrens und den beteiligten Organen siehe unten § 4 C.

197 Siehe unten § 4 B.

198 Siehe oben § 2 C. I. 2. b).

199 EuGH, Urteil v. 04.03.2004, Rs. C-344/01, *Deutschland/Kommission*, ECLI:EU:C:2004:121, Rn. 56 ff.; EuGH, Urteil v. 16.10.2014, Rs. C-273/13 P, *Polen/Kommission*, ECLI:EU:C:2014:2295, Rn. 60; *F. Meinel*, Die Verwaltung 51 (2018), S. 153 ff., 168 f.

setzt allerdings voraus, dass die am Sanktionsverfahren beteiligten Organe bereit sind, sich einerseits auf die jeweiligen mitgliedstaatlichen Gegebenheiten einzulassen und andererseits die dann nötigen Diskurse um die Bedeutung der Mindeststandards zum Schutz des EU-Haushalts in konkreten Fällen zu führen.

3. Konkrete Gefährdungen oder Beeinträchtigungen des EU-Haushalts als Folge

Den nach den entwickelten Maßstäben nötigen Anforderungen an die konkrete Gefährdung oder Beeinträchtigung der finanziellen Interessen wird der Vorschlag von Parlament und Rat nur teilweise gerecht. So ist zwar bei einigen der dort aufgeführten Grundsätze eine konkrete Gefährdung oder Beeinträchtigung der finanziellen Interessen der EU möglich. Dies betrifft etwa die ordnungsgemäße Arbeit der mit der Ausführung des EU-Haushalts betrauten Behörden[200] und die ordnungsgemäße Arbeit der Ermittlungs- und Strafverfolgungsinstanzen zur Aufklärung von Unregelmäßigkeiten im Zusammenhang mit dem EU-Haushalt sowie der diese Organe überwachenden Gerichte.[201] Auch bei der Pflicht zur Verhängung wirksamer und abschreckender Sanktionen[202] sowie der Zusammenarbeit mit OLAF und EUStA[203] ist ein solcher Zusammenhang gegeben.

Bei den übrigen in Art. 3 Abs. 1 des Vorschlags – der immerhin mit der Überschrift „Risiken für die finanziellen Interessen der Union“ versehen ist – aufgestellten Grundsätzen ist ein solcher Zusammenhang zum Schutz des EU-Haushalts hingegen nicht klar ersichtlich. Dies gilt etwa für das „ordnungsgemäße [...] Funktionieren der Marktwirtschaft“ und die „Umsetzung der [unionalen] Verpflichtungen, darunter die Verfolgung des Ziels der politischen Union und der Wirtschafts- und Währungsunion“.[204] Vielmehr ist die konkrete Ausgestaltung der EU, insbesondere der Wirtschafts- und Währungsunion, politisch umstritten und sollte deshalb auch der politischen Debatte vorbehalten bleiben. Auch die „Verhütung und Ahndung von Steuerhinterziehung und Steuerwettbewerb“[205] ist ein solches politisches Ziel. Dieses Ziel, insbesondere die Ver-

[200] Art. 3 Abs. 1 lit. a) und ab) Vorschlag COM (2018) 324 final (finanzielle Sanktionen) – Abänderungen Parlament (P8_TA-PROV(2019)0349) v. 04.04.2019.

[201] Art. 3 Abs. 1 lit. b) und c) Vorschlag COM (2018) 324 final (finanzielle Sanktionen) – Abänderungen Parlament (P8_TA-PROV(2019)0349) v. 04.04.2019.

[202] Art. 3 Abs. 1 lit. d) Vorschlag COM (2018) 324 final (finanzielle Sanktionen) – Abänderungen Parlament (P8_TA-PROV(2019)0349) v. 04.04.2019.

[203] Art. 3 Abs. 1 lit. f) Vorschlag COM (2018) 324 final (finanzielle Sanktionen) – Abänderungen Parlament (P8_TA-PROV(2019)0349) v. 04.04.2019.

[204] Art. 3 Abs. 1 lit. aa) Vorschlag COM (2018) 324 final (finanzielle Sanktionen) – Abänderungen Parlament (P8_TA-PROV(2019)0349) v. 04.04.2019.

[205] Art. 3 Abs. 1 lit. ea) Vorschlag COM (2018) 324 final (finanzielle Sanktionen) – Abänderungen Parlament (P8_TA-PROV(2019)0349) v. 04.04.2019. Die dort ebenfalls erwähnte „ordnungsgemäße Arbeit der Behörden, die einen Beitrag zur Verwaltungszusammenarbeit in

hütung von Steuerwettbewerb, kann schon aufgrund der entsprechenden Kompetenzaufteilung nicht über einen sekundärrechtlichen Sanktionsmechanismus erreicht werden.[206] Ebenso kritikwürdig ist die Regelung, dass keine Beeinträchtigung der Ausführung des EU-Haushalts „infolge einer systematischen Verletzung der Grundrechte" drohen darf.[207] Zwar spielen die Grundrechte eine besondere Bedeutung für die Rechtsstaatlichkeit,[208] ihre Bedeutung für den Schutz des EU-Haushalts ist allerdings wesentlich geringer.[209]

Statt dieser teilweise zu weitgehenden Festlegungen sollte der Sanktionsmechanismus die für eine Sanktion nötigen Folgen einer qualifizierten Verletzung der Mindeststandards klarer und enger definieren: Nötig ist allein, dass die qualifizierte Verletzung der Mindeststandards konkrete Gefährdungen oder Beeinträchtigungen der finanziellen Interessen der EU hervorruft. Während bei der Beeinträchtigung der Schaden schon messbar ist, ist für eine konkrete Gefährdung eine hohe Wahrscheinlichkeit des Schadenseintritts erforderlich. Zudem sollte der (potenzielle) Schaden für den EU-Haushalt erheblich sein. Zur Bestimmung der Erheblichkeit bieten sich Anhaltspunkte in den Erwägungsgründen an. Diese können auf der Basis eines Prozentsatzes zur Summe der EU-Mittel in einem Förderprogramm sowie durch absolute Zahlen festgelegt werden. Die im Vorschlag bisher vorgesehenen weiteren Festlegungen über die Gründe der konkreten Gefährdung oder Beeinträchtigung sind auf Ebene der qualifizierten Verletzung zu prüfen; sie sind keine Frage der Folge der qualifizierten Verletzung.

4. Reform von Art. 63 EHO

Art. 63 Abs. 2 EHO verpflichtet die Mitgliedstaaten bereits jetzt „sämtliche zum Schutz der finanziellen Interessen der Union erforderlichen Maßnahmen" zu ergreifen, „wenn [sie] Haushaltsvollzugaufgaben wahrnehmen".[210] Hierzu enthält diese Vorschrift auch bereits verschiedene zwingende Vorgaben zur Sicherstellung der mitgliedstaatlichen Einzelfallkontrollen.[211] Diese dort auf-

---

Steuersachen leisten" ist zumindest mit Blick auf die für die Erhebung der Umsatzsteuern zur Bemessung der Eigenmittelfinanzierung der EU und damit für ihre finanziellen Interessen relevant. Siehe oben § 3 B. I. 4. c) cc), Fn. 132.

[206] Siehe oben § 3 B. II. 2.

[207] Art. 3 Abs. 1 lit. fa) Vorschlag COM (2018) 324 final (finanzielle Sanktionen) – Abänderungen Parlament (P8_TA-PROV(2019)0349) v. 04.04.2019.

[208] Siehe oben § 2 A. II.

[209] Siehe oben § 4 A. I. 1. a) aa).

[210] Hierzu sind die Mitgliedstaaten bei Ausführung der ESIF in geteilter Mittelverwaltung auch gemäß Art. 74 Abs. 1 VO (EU) Nr. 1303/2013 (ESIF-Dachverordnung 2013), ABl. EU L 347 v. 17.12.2013, S. 320 ff. bzw. Art. 63 Abs. 2 Geänderter Vorschlag COM (2020) 23 final (Vorschlag ESIF-Dachverordnung 2021) v. 14.01.2020 verpflichtet. Siehe oben § 3 B. I. 4. c) cc).

[211] Insbesondere Art. 63 Abs. 4 VO (EU, Euratom) Nr. 2018/1046 (EHO), ABl. EU L 193 v. 30.07.2018, S. 1 ff.

geführten Verpflichtungen sind zur Gewährleistung von Rechtsstaatlichkeit und Effizienz der verwaltungsinternen und gerichtlichen mitgliedstaatlichen Kontrollmechanismen zwar nicht ausreichend.[212] Sie hängen aber mit den hier definierten rechtsstaatlichen Mindeststandards zum Schutz des EU-Haushalts eng zusammen. Deshalb bietet es sich an, diese in einen entsprechend reformierten Art. 63 oder Art. 63a EHO aufzunehmen. Dadurch würden diese Vorschriften auch auf die Umsetzung aller ESIF und sonstigen in geteilter Mittelverwaltung ausgezahlten EU-Mittel Anwendung finden.

5. Bedeutung für aktuelle Situation

Die kompetenzrechtlich gebotene Fokussierung der sanktionsbewehrten Mindeststandards auf den Schutz des EU-Haushalts hat allerdings zur Folge, dass dieser Sanktionsmechanismus die unterschiedlichen rechtsstaatlichen Problemlagen in den einzelnen Mitgliedstaaten nur teilweise adressieren kann. Dies hängt jedoch maßgeblich von der genauen Ausgestaltung ab und kann deshalb hier nur eingeschränkt bewertet werden.

Mit Blick auf Ungarn bedeutet dies etwa, dass die Verfassungsänderung 2011 mit der Einführung von Kardinalgesetzen, das Wahlgesetz 2011/2012, das Gesetz zur Bekenntnis- und Religionsfreiheit 2011, die Mediengesetzgebung 2011, das Gesetz über Nichtregierungsorganisationen 2017 und Änderungen des Hochschulgesetzes 2017 nicht oder allenfalls peripher über einen solchen Sanktionsmechanismus aufgegriffen werden können. Der Sanktionsmechanismus könnte allerdings – mit Einschränkungen – eine Bedeutung erlangen bei einer Überprüfung der Gesetze zur Gerichtsorganisation 2011, des Verfassungsgerichtsgesetzes 2011, der Organisation der Staatsanwaltschaft 2011, der Verfassungsänderung 2013 sowie bei der Nicht-Umsetzung von EU-Beschlüssen.[213]

Bezüglich Polen hätte der neue Sanktionsmechanismus keine oder nur periphere Relevanz für die Mediengesetzgebung 2015 und das Polizeigesetz 2016. Mit Einschränkung Bedeutung hätte er für die Gesetzgebung zum Verfassungsgericht 2015/2016, die Gesetze zur Organisation der Staatsanwaltschaften und Gerichte 2016/2017 sowie die Nichtumsetzung von EU-Beschlüssen.[214]

B. Die Überwachung der rechtsstaatlichen Mindeststandards

Neben der Definition der sanktionsbewehrten rechtsstaatlichen Mindeststandards ist auch ihre Überwachung für die praktische Handhabbarkeit des Sanktionsmechanismus von besonderer Bedeutung. Denn für die Frage, ob rechts-

[212] Siehe oben § 2 C. I. 4.
[213] Siehe oben § 2 A. IV. 1. a).
[214] Siehe oben § 2 A. IV. 2. a).

staatliche Werte verletzt wurden bzw. eine Gefährdung des EU-Haushalts vorliegt, muss eine Vielzahl einzelner nationaler Vorschriften samt ihrer Umsetzung in der Praxis bewertet werden. Diese Überwachung ist sehr umfangreich und auch für die grundsätzlich gut ausgestatteten europäischen Institutionen nicht einfach zu bewältigen.[215]

Die EU verfügt über verschiedene Organe, die mit der Überwachung der rechtsstaatlichen Mindeststandards betraut werden können; gegebenenfalls bietet sich auch die Gründung eines neuen Organs an (I). Der Vorschlag von Kommission und Parlament sieht die Einberufung eines neuen unabhängigen Gremiums von Sachverständigen vor, das diese Überwachungsaufgaben übernehmen soll (II). Geeigneter wäre es aber, die Kommission mit der Überwachung der Mindeststandards zu betrauen. Hierbei sollte sie von der zur European Agency for Administrative Efficiency and Rule of Law (EAER)[216] reformierten OLAF unterstützt werden (III).

I. Optionen zur Überwachung rechtsstaatlicher Mindeststandards

Für die kontinuierliche Überwachung der Einhaltung der für die Ausführung des EU-Haushalts notwendigen rechtsstaatlichen Mindeststandards bestehen verschiedene Optionen.

1. Kommission

Schon wegen ihrer Stellung als Hüterin der Verträge gemäß Art. 17 Abs. 1 S. 3 EUV würde es sich anbieten, die Kommission mit einer solchen Überwachungsaufgabe zu betrauen. Sie hat, unter anderem über die durch sie geführten Beitrittsgespräche, durch ihre Vertretungen in den Mitgliedstaaten sowie mittels von ihr erhobenen Indikatoren etwa zum EU-Justizbarometer[217] auch in Fragen der Rechtsstaatlichkeit eine besonders gute Kenntnis der Situation in den einzelnen Mitgliedstaaten. Zudem unterliegt sie dadurch, dass Europäischer Rat, Rat und Parlament an ihrer Ernennung mitwirken, indirekter demokratischer und periodisch zu erneuernder Legitimation.[218] Ihre Tätigkeit untersteht auch der fortlaufenden Überwachung durch das Parlament.[219]

---

[215] Zu diesem Problem auch *K. Träbert*, Sanktionen der Europäischen Union gegen ihre Mitgliedstaaten, Frankfurt am Main 2010, S. 255 f.

[216] Europäische Agentur für Verwaltungseffizienz und Rechtsstaatlichkeit. Siehe unten § 4 B. III. 1.

[217] Siehe oben § 4 A. III. 2. b).

[218] Der Präsident der Kommission wird vom Europäischen Rat mit qualifizierter Mehrheit vorgeschlagen und muss vom Parlament gewählt werden, Art. 17 Abs. 7 UAbs. 1 EUV. Die übrigen Mitglieder der Kommission werden vom Rat vorgeschlagen und das Parlament muss der Kommission als Kollegium zustimmen, Art. 17 Abs. 7 UAbs. 2 und 3 EUV.

[219] Art. 17 Abs. 8 EUV.

In den bereits bestehenden Sanktionsmechanismen verfügt die Kommission deshalb über eine herausgehobene Stellung zur Überwachung der Einhaltung des Unionsrechts. So kann sie im Art. 7-Verfahren – neben einem Drittel der Mitgliedstaaten und dem Parlament – die Feststellung der eindeutigen Gefahr bzw. einer schwerwiegenden und anhaltenden Verletzung der Werte aus Art. 2 EUV vorschlagen.[220] Ihre insoweit besondere Rolle zeigt sich zudem an der Bedeutung ihrer zahlreichen Berichte.[221] Auch im Vertragsverletzungsverfahren nimmt die Kommission eine besondere Rolle ein; sie leitet dieses häufig auf der Grundlage von Informationen von Bürgern, Unternehmen und anderen Mitgliedstaaten ein.[222] Diese Informationsmöglichkeiten sind für die Kommission essenziell und führen dazu, dass dieses Verfahren einen gewissen Individualschutz entfaltet.[223] Ebenso in den anderen Sanktionsmechanismen kommt der Kommission eine entscheidende Rolle bei der Überwachung des Unionsrechts zu. Dies betrifft insbesondere die Koordinierung der Wirtschaftspolitik,[224] das Defizitverfahren[225] sowie das Kooperations- und Kontrollverfahren.[226]

---

[220] Art. 7 Abs. 1 S. 1 und Abs. 2 S. 1 EUV.

[221] Dies betrifft insbesondere das durch die Kommission eingeleitete Art. 7-Verfahren gegen Polen, siehe oben § 2 A. IV. 2. b). Aber auch im durch das Parlament eingeleiteten Art. 7-Verfahren gegen Ungarn spielen die Berichte der Kommission eine bedeutende Rolle, siehe oben § 2 A. IV. 1. b).

[222] Für detaillierte Zahlen zum Jahr 2016 *European Commission*, Report from the Commission – Monitoring the application of European Union law 2016 Annual Report – COM (2017) 370 final, 06.07.2017, S. 18 ff. Mitgliedstaaten leiten dieses Verfahren wohl aus politischen Gründen dahingegen so gut wie nie ein. Soweit ersichtlich, hat der EuGH nur vier von Mitgliedstaaten eingeleitete Vertragsverletzungsverfahren entschieden: EuGH, Urteil v. 04.10.1979, Rs. 141/78, *Frankreich/Vereinigtes Königreich*, ECLI:EU:C:1979:225; EuGH, Urteil v. 16.05.2000, Rs. C-388/95, *Belgien/Spanien*, ECLI:EU:C:2000:244; EuGH, Urteil v. 12.09.2006, Rs. C-145/04, *Spanien/Vereinigtes Königreich*, ECLI:EU:C:2006:543; EuGH, Urteil v. 16.10.2012, Rs. C-364/10, *Ungarn/Slowakei*, ECLI:EU:C:2012:630. Hierzu *U. Karpenstein*, in: E. Grabitz/M. Hilf/M. Nettesheim (Hrsg.), Das Recht der Europäischen Union, [69]München 2020, Art. 259 AEUV, Rn. 6 f.; *W. Cremer*, in: C. Calliess/M. Ruffert (Hrsg.), EUV/AEUV, [5]München 2016, Art. 259 AEUV, Rn. 1.

[223] Hinsichtlich der Beschwerden von Bürgern hat sich die Kommission auch zur Einhaltung eines gewissen Verfahrens verpflichtet. *Europäische Kommission*, Mitteilung der Kommission an den Rat und das Europäische Parlament – Aktualisierung der Mitteilung über die Beziehungen zu Beschwerdeführern in Fällen der Anwendung von Unionsrecht – COM (2012) 154 final, 02.04.2012; *N. Wunderlich*, in: H. v. Groeben/J. Schwarze/A. Hatje (Hrsg.), Europäisches Unionsrecht, [7]Baden-Baden 2015, Art. 258 AEUV, Rn. 2; *U. Karpenstein*, in: E. Grabitz/M. Hilf/M. Nettesheim (Hrsg.), Das Recht der Europäischen Union, [69]München 2020, Art. 258 AEUV, Rn. 14 ff.

[224] Gemäß Art. 121 Abs. 3 UAbs. 1 AEUV überwacht der Rat „die wirtschaftliche Entwicklung in jedem Mitgliedstaat [...] anhand von Berichten der Kommission". Auf dieser Grundlage kann die Kommission Verwarnungen (Art. 121 Abs. 4 UAbs. 1 S. 1 AEUV) und der Rat Empfehlungen erteilen (Art. 121 UAbs. 1 S. 2 und 3 AEUV). Weitere Vorgaben, insbesondere für das Verfahren, enthält VO (EG) Nr. 1466/97 (haushaltspolitische Überwachung und Koordinierung Wirtschaftspolitiken), ABl. EU L 209 v. 07.07.1997, S. 1 ff. Dieses Verfahren wurde bisher nur in wenigen Fällen angewendet. *M. Schulte*, in: H. v. Groeben/J. Schwarze/A. Hatje (Hrsg.), Europäisches Unionsrecht, [7]Baden-Baden 2015, Art. 121 AEUV,

Darüber hinaus ist die Kommission gemäß Art. 317 Abs. 1 S. 1 AEUV zusammen mit den Mitgliedstaaten mit der Ausführung des Haushaltsplans beauftragt. Hierzu sind die Mitgliedstaaten zur Zusammenarbeit mit der Kommission verpflichtet.[227] So obliegt auch die Überwachung der Ex-Ante-Konditionalitäten in den ESIF bereits jetzt der Kommission.[228] Zudem sehen die Regelungen zur wirtschaftspolitischen Steuerung eine entsprechend starke Stellung und Überwachungstätigkeit der Kommission vor.[229] Dies spricht vor dem Hintergrund des Schutzzwecks des Sanktionsmechanismus – finanzielle Interessen der EU – für entsprechende Überwachungsfunktionen der Kommission.

Allerdings wurde die Arbeit der Kommission in den letzten Jahren zunehmend politisiert: Besonders deutlich wurde dies durch das zur Europawahl 2014 angewandte Spitzenkandidaten-System,[230] woraus die Kommission eine erhöhte demokratische Legitimität zog. Auch wenn dieses System bei der Europawahl 2019 nicht befolgt wurde, möchte die Kommission ihre Arbeit künftig vermehrt an politischen Prioritäten ausrichten.[231] Mit Blick auf die breite Aufgabenbeschreibung in Art. 17 Abs. 1 S. 1 EUV, die zunehmende Aufgabenfülle sowie das gewachsene institutionelle Zusammenspiel ist diese Angleichung an die Arbeitsweise der Regierungen der Mitgliedstaaten nachvollziehbar.

Im Rahmen der Überwachung europäischen Rechts kann diese Politisierung jedoch problematisch sein: Handelt die Kommission in diesen Fällen nach politischen Erwägungen, kann dies ihre Glaubwürdigkeit in diesen Fragen be-

---

Rn. 49 ff. Erster Anwendungsfall war die an Irland gerichtete Empfehlung vom 12.02.2001, *Rat*, Empfehlung des Rates vom 12. Februar 2001 mit dem Ziel, in Irland die mangelnde Übereinstimmung mit den Grundzügen der Wirtschaftspolitik zu beenden – 2001/191/EG, 12.02.2001.

[225] Im Rahmen dieses Verfahrens zur Vermeidung übermäßiger Defizite überwacht die Kommission die Haushaltslage und den Schuldenstand der öffentlichen Hand und erstellt gegebenenfalls Berichte und Stellungnahmen (Art. 126 Abs. 2 bis 5 AEUV). Auf dieser Grundlage sind in einem mehrstufigen Verfahren auch Sanktionen, verhängt durch den Rat, möglich, Art. 126 Abs. 11 AEUV. Weitere Vorgaben hierzu enthält VO (EG) Nr. 1467/97 (DefizitverfahrensVO), ABl. EU L 209 v. 07.07.1997, S. 6 ff. Das Defizitverfahren wurde bereits mehrfach eingeleitet; Sanktionen nach dieser Vorschrift wurden bisher aber nicht verhängt. *R. Bandilla*, in: E. Grabitz/M. Hilf/M. Nettesheim (Hrsg.), Das Recht der Europäischen Union, [69]München 2020, Art. 126 AEUV, Rn. 98.

[226] Dieses wurde im Rahmen der Osterweiterung II für Bulgarien, Rumänien und Kroatien eingeführt. Im Rahmen dessen überwacht die Kommission die Einhaltung rechtsstaatlicher Grundsätze und veröffentlicht entsprechende Berichte siehe oben § 3 C. V.

[227] Art. 317 Abs. 1 S. 2 AEUV.

[228] Siehe oben § 2 C. I. 2. a) bb).

[229] Siehe oben § 2 C. I. 2. a) cc).

[230] Hierzu etwa *T. Holzner*, EuR 50 (2015), S. 525 ff.; *D. Nickel*, EuR 51 (2016), S. 28 ff.

[231] Kritisch zum Argument der verbesserten demokratischen Legitimation *T. Holzner*, EuR 50 (2015), S. 525 ff., 535 ff. Zu der veränderten Arbeitsweise der von Kommissionspräsident Jean-Claude Juncker angekündigten stärker politisch arbeitenden Kommission *M. Borchardt*, A political European Commission through a new organisation – „This time it's different". Really?, 19.12.2016.

einträchtigen.[232] Auch deshalb wird gelegentlich die Neuorganisation des institutionellen Gefüges der EU und insbesondere die Gründung unabhängiger Agenturen, beispielsweise im Bereich der Wettbewerbspolitik, gefordert.[233] Bisher blieben diese Forderungen allerdings weitgehend ungehört.

2. *Grundrechteagentur*

Die Grundrechteagentur soll einen zum gerichtlichen Grundrechtsschutz komplementären Schutz sicherstellen[234] und hat zum Ziel, allen Organen der EU sowie ihrer Mitgliedstaaten „bei der Durchführung des [Unionsrechts] in Bezug auf die Grundrechte Unterstützung zu gewähren [...], um ihnen die uneingeschränkte Achtung der Grundrechte zu erleichtern".[235] Ihre allein unterstützende Tätigkeit[236] führt sie „in völliger Unabhängigkeit" und mit dem „größtmögliche[n] Maß an Transparenz" aus.[237] Sie wird hierbei von einem wissenschaftlichen Ausschuss beraten.[238]

Das Aufgabenprofil der Grundrechteagentur legt der Rat auf Vorschlag der Kommission in einem Mehrjahresrahmen fest; es betrifft vor allem Grundrechte.[239] Deshalb kann sie in ihrer derzeitigen Ausgestaltung nicht mit Über-

---

[232] Instruktiv ist etwa die Diskussion über die Anwendung der Kriterien der Defizitkriterien auf Frankreich. Kommissionspräsident *Jean-Claude Juncker* begründete eine nach Ansicht anderer Mitgliedstaaten zu nachsichtige Anwendung dieser Regelungen auf Frankreich mit den Worten „weil es Frankreich ist". *W. Mussler*, Dijsselbloem verschärft Kritik an Juncker, 14.06.2016 (http://www.faz.net/aktuell/wirtschaft/wirtschaftspolitik/jeroen-dijsselbloem-verschaerft-kritik-an-jean-claude-juncker-14287318.html) (geprüft am 10.10.2020). Zu diesem Problem (im Rahmen von Vertragsverletzungsverfahren) *M. Blauberger/R. D. Kelemen*, Journal of European Public Policy 24 (2017), S. 321 ff., 323. Kritisch auch *C. Möllers/ L. Schneider*, Demokratiesicherung in der Europäischen Union – Studie zu einem Dilemma, Tübingen 2018, S. 83 ff.; *W. Skouris*, Demokratie und Rechtsstaat – Europäische Union in der Krise?, München 2018, S. 99 f.

Dabei ist aber zu berücksichtigen, dass auch die Mitgliedstaaten selbst die strikte Durchsetzung europäischer Regelungen verhindern. Ein Beispiel hierfür ist die Aussetzung des Defizitverfahrens im Rahmen des Stabilitäts- und Wachstumspakts durch den Rat im Jahr 2003. Für die Glaubwürdigkeit dieser Regelungen ist dies ebenso schädlich. So auch *U. Palm*, EuZW 15 (2004), S. 71 ff.

[233] Dies war etwa die Forderung des damaligen deutschen Bundesfinanzministers *Wolfgang Schäuble*. *S. Wernicke*, EuZW 26 (2015), S. 649 f.

[234] *A. v. Bogdandy/J. v. Bernstorff*, EuR 45 (2010), S. 141 ff., 142.

[235] Art. 2 VO (EG) Nr. 168/2007 (Europäische Grundrechteagentur), ABl. EU L 53 v. 15.02.2007, S. 1 ff. Ihre Gründung ging auf entsprechende Empfehlungen der Vereinten Nationen zurück, ErwG. 20 VO (EG) Nr. 168/2007 (Europäische Grundrechteagentur), ABl. EU L 53 v. 15.02.2007, S. 1 ff. Zu den Pariser Grundsätzen für nationale Menschenrechtsinstitutionen: The Paris Principles GA resolution 48/134 v. 20.12.1993.

[236] *A. v. Bogdandy/J. v. Bernstorff*, EuR 45 (2010), S. 141 ff., 151 f.

[237] Art. 16 Abs. 1 und 17 Abs. 1 VO (EG) Nr. 168/2007 (Europäische Grundrechteagentur), ABl. EU L 53 v. 15.02.2007, S. 1 ff.

[238] Art. 14 VO (EG) Nr. 168/2007 (Europäische Grundrechteagentur), ABl. EU L 53 v. 15.02.2007, S. 1 ff.

[239] Das Parlament hat insoweit nur ein Anhörungsrecht, die Grundrechteagentur wird nur

wachungsaufgaben im Rahmen dieses Sanktionsmechanismus betraut werden. Einzelne Berichte können aber gegebenenfalls Berücksichtigung finden.[240] Hierzu könnte die Grundrechteagentur vermehrt solche Aspekte untersuchen, die auch im Rahmen dieses Sanktionsmechanismus von Relevanz sein können – etwa zum effektiven Rechtsschutz gemäß Art. 47 GRC und seinen Anforderungen an die mitgliedstaatliche Gerichtsorganisation.

3. Europäischer Rechnungshof (EuRH)

Der in den Verträgen festgelegte, unabhängige EuRH verfolgt den Schutz der finanziellen Interessen der EU durch externe ex-post Finanzkontrolle.[241] Aufgrund der maßgeblichen Bedeutung der Mitgliedstaaten bei der Ausführung des EU-Haushalts[242] umfasst diese Prüfung auch die insoweit zur Kooperation verpflichteten mitgliedstaatlichen Behörden.[243] Nach der Aufgabenbeschreibung[244] sowie den dem EuRH zur Verfügung gestellten Prüfungsmöglichkeiten[245] handelt es sich hierbei vor allem um eine Kontrolle der Finanzströme bzw. der finanzwirksamen Handlungen.[246]

Teilaspekte dieser Prüfungen sind gegebenenfalls im Rahmen der Überwachung der rechtsstaatlichen Mindeststandards relevant, etwa zur Verwaltungskapazität bei der Ausführung des EU-Haushalts.[247] Zudem kann der EuRH Sonderberichte zur Haushaltsführung sowie Stellungnahmen zu Rechts-

---

„konsultiert“, Art. 5 Abs. 1 VO (EG) Nr. 168/2007 (Europäische Grundrechteagentur), ABl. EU L 53 v. 15.02.2007, S. 1 ff. Deshalb kritisch zur Unabhängigkeit der Grundrechteagentur *A. v. Bogdandy/J. v. Bernstorff*, EuR 45 (2010), S. 141 ff., 157 f.

Die Themenbereiche der Grundrechteagentur im Mehrjahresrahmen 2018–2022 sind festgelegt in Art. 2 Beschluss (EU) 2017/2269 (Mehrjahresrahmen Grundrechteagentur), ABl. EU L 326 v. 07.12.2017, S. 1 ff. Die Berichte der Grundrechteagentur sind abrufbar unter *Agentur der Europäischen Union für Grundrechte*, Publikationen, 2019 (https://fra.europa.eu/en/publications-and-resources/publications) (geprüft am 10.10.2020).

[240] Siehe oben § 4 A. III. 2. b).

[241] Art. 285 bis 287 AEUV. *C. Waldhoff*, in: C. Calliess/M. Ruffert (Hrsg.), EUV/AEUV, [5]München 2016, Art. 285 AEUV, Rn. 2.

[242] Siehe oben § 3 B. I. 4. c) cc).

[243] Art. 287 Abs. 3 UAbs. 1 und 2 AEUV. *M. Niedobitek*, in: R. Streinz (Hrsg.), EUV/AEUV, [3]München 2018, Art. 287 AEUV, Rn. 16.

[244] Nach Art. 285 Abs. 1 AEUV nimmt der EuRH „die Rechnungsprüfung der Union“ wahr. Gemäß Art. 287 Abs. 1 UAbs. 1 S. 1 und 2 AEUV „prüft“ der EuRH „die Rechnung über alle Einnahmen und Ausgaben“ der EU. Hierzu prüft der insbesondere „die Rechtmäßigkeit und Ordnungsmäßigkeit der Einnahmen und Ausgaben und überzeugt sich von der Wirtschaftlichkeit der Haushaltsführung“ (Art. 287 Abs. 2 UAbs. 1 S. 1 AEUV).

[245] Art. 287 Abs. 3 UAbs. 1 AEUV sieht die Prüfung der Rechnungsunterlagen sowie die Vor-Ort-Prüfung vor. *M. Niedobitek*, in: R. Streinz (Hrsg.), EUV/AEUV, [3]München 2018, Art. 287 AEUV, Rn. 15 ff.

[246] *C. Waldhoff*, in: C. Calliess/M. Ruffert (Hrsg.), EUV/AEUV, [5]München 2016, Art. 287 AEUV, Rn. 2.

[247] Siehe oben § 4 A. III. 1. b).

aktsinitiativen abgeben.[248] Umfassende Überwachungsaufgaben im Rahmen dieses Sanktionsmechanismus können dem EuRH wegen der in Art. 285 bis 287 AEUV festgelegten Aufgabenbeschreibung aber nicht übertragen werden.

4. Europäisches Amt für Betrugsbekämpfung (OLAF)

OLAF[249] bekämpft „Betrug, Korruption und alle anderen rechtswidrigen Handlungen zum Nachteil der finanziellen Interessen"[250] und trägt dadurch entscheidend zur Betrugsbekämpfung in der EU bei.[251] OLAF untersucht vornehmlich Verfehlungen einzelner Beamter und Bediensteter. Zudem unterstützt das Amt auch die „Planung und Entwicklung von Methoden zur Bekämpfung von Betrug, Korruption und sonstigen rechtswidrigen Handlungen zum Nachteil der finanziellen Interessen der Union".[252]

Somit kann OLAF in seiner derzeitigen Ausgestaltung keine umfassenden Überwachungstätigkeiten im Rahmen dieses Sanktionsmechanismus übernehmen. Eine Übertragung solcher Aufgaben durch Änderung der entsprechenden Bestimmungen bietet sich aber aufgrund der Nähe zu den bereits jetzt von OLAF ausgeführten Aufgaben an.[253] Auch ohne eine solche Überwachungsfunktion können die Berichte und Untersuchungen von OLAF aber wichtige Hinweise liefern.[254]

5. Neue Kopenhagen-Kommission

Darüber hinaus wird diskutiert, eine neue unabhängige Kopenhagen-Kommission[255] ins Leben zu rufen.[256] Dies ähnelt der in der alten Fassung von Art. 7

---

[248] Art. 287 Abs. 4 UAbs. 2 AEUV. Diese veröffentlicht der EuRH: *EuRH*, Prüfungsberichte und Stellungnahmen, 06.10.2020 (https://www.eca.europa.eu/de/Pages/AuditReportsOpinions.aspx) (geprüft am 10.10.2020).

[249] Zur Errichtung und Funktionsweise von OLAF Beschluss 1999/352/EG, EGKS, Euratom (OLAF), ABl. EU L 136 v. 28.04.1999, S. 20 ff. und VO (EU, Euratom) Nr. 883/2013 (OLAF Untersuchungen), ABl. EU L 248 v. 11.09.2013, S. 1 ff.

[250] Art. 2 Abs. 1 lit. a) und b) Beschluss 1999/352/EG, EGKS, Euratom (OLAF), ABl. EU L 136 v. 28.04.1999, S. 20 ff.

[251] Die Jahresberichte von OLAF sind abrufbar unter *European Anti-Fraud Office* (OLAF), Annual OLAF Reports, 18.02.2020 (https://ec.europa.eu/anti-fraud/about-us/reports/olaf-report_en) (geprüft am 10.10.2020).

[252] Art. 1 Abs. 2 S. 2 VO (EU, Euratom) Nr. 883/2013 (OLAF Untersuchungen), ABl. EU L 248 v. 11.09.2013, S. 1 ff.

[253] Siehe unten § 4 B. III. 1.

[254] Siehe oben § 4 A. III. 2. b).

[255] Diese Bezeichnung rekurriert auf die in Kopenhagen beschlossenen Aufnahmekriterien für neue Mitgliedstaaten. Siehe oben § 2 A. V., Fn. 216.

[256] *C. Closa/D. Kochenov/J. Weiler*, Reinforcing Rule of Law Oversight in the European Union – EUI Working Paper RSCAS 2014/25, 2014, S. 22; *J.-W. Müller*, ELJ 21 (2015), S. 141 ff., 149 ff.; *ders.*, in: C. Closa/D. Kochenov (Hrsg.), Reinforcing Rule of Law Oversight in the European Union, Cambridge 2016, S. 206, 211. Hierzu auch *W. Sadurski*, Pol-

EUV vorgesehenen Möglichkeit, dass der Rat „unabhängige Persönlichkeiten" mit der Untersuchung der Lage in einem Mitgliedstaat betraut. Ein solches Vorgehen wurde auch in der Causa Österreich angewendet.[257]

Je nach Vorschlag soll sie aus Rechtsexperten sowie erfahrenen, aber nicht mehr aktiven, hochrangingen Politikern bestehen;[258] teilweise sollen zusätzlich Sachverständige aus anderen Gremien benannt werden.[259] Die durch einen entsprechenden Nominierungsprozess[260] gewährleistete Unabhängigkeit soll es der Kommission ermöglichen, eigene Schwerpunkte zu setzen. Hierbei wird eine kontinuierliche und umfassende Überwachung der Rechtsstaatlichkeit in allen Mitgliedstaaten vorgeschlagen;[261] schon die Veröffentlichung dieser Berichte könnte besonderen politischen Druck erzeugen.[262] Zudem sollen Mitgliedstaaten die Kopenhagen-Kommission um ihre Einschätzung zu grundlegenden nationalen Gesetzesakten bitten können.[263] Teilweise wird auch gefordert, dass die Bewertungen der Kopenhagen-Kommission bindend sein sollen.[264] Für die

---

and's constitutional breakdown, Oxford 2019, S. 230 f. Auch das Parlament forderte dies im Rahmen seines Vorschlags für einen Pakt der Europäischen Union für Demokratie, Rechtsstaatlichkeit und die Grundrechte, Anlage, Art. 8 *Europäisches Parlament*, Entschließung des Europäischen Parlaments vom 25. Oktober 2016 mit Empfehlungen an die Kommission zur Einrichtung eines EU-Mechanismus für Demokratie, Rechtsstaatlichkeit und die Grundrechte – 2015/2254(INL), 25.10.2016.

257 Hier hatten die als drei Weisen bezeichneten Verfasser die Lage in Österreich zum damaligen Zeitpunkt umfassend begutachtet und entsprechende Schlussfolgerungen gezogen. *M. Ahtisaari/J. Frowein/M. Oreja*, ILM 40 (2001), S. 102 ff. Kritisch *K. Träbert*, Sanktionen der Europäischen Union gegen ihre Mitgliedstaaten, Frankfurt am Main 2010, S. 411 ff. Zur Causa Österreich siehe oben § 2 A. IV. 3.

258 Ein Vorschlag sieht auch nur die Ernennung von (ehemaligen) Verfassungs- und EuGH-Richtern vor. *U. Fabio Di/M. Weber*, Wie Rechtsstaatlichkeit besser verteidigt werden kann, 2019 (https://www.faz.net/aktuell/politik/ausland/eu-polen-und-ungarn-wie-rechtsstaatlichkeit-besser-verteidigt-werden-kann-16093459.html) (geprüft am 10.10.2020).

259 Anlage Art. 8 *Europäisches Parlament*, Entschließung des Europäischen Parlaments vom 25. Oktober 2016 mit Empfehlungen an die Kommission zur Einrichtung eines EU-Mechanismus für Demokratie, Rechtsstaatlichkeit und die Grundrechte – 2015/2254(INL), 25.10.2016.

260 *J.-W. Müller*, in: C. Closa/D. Kochenov (Hrsg.), Reinforcing Rule of Law Oversight in the European Union, Cambridge 2016, S. 206, 213 f.

261 *U. Fabio Di/M. Weber*, Wie Rechtsstaatlichkeit besser verteidigt werden kann, 2019 (https://www.faz.net/aktuell/politik/ausland/eu-polen-und-ungarn-wie-rechtsstaatlichkeit-besser-verteidigt-werden-kann-16093459.html) (geprüft am 10.10.2020); Anlage Art. 7 ff. *Europäisches Parlament*, Entschließung des Europäischen Parlaments vom 25. Oktober 2016 mit Empfehlungen an die Kommission zur Einrichtung eines EU-Mechanismus für Demokratie, Rechtsstaatlichkeit und die Grundrechte – 2015/2254(INL), 25.10.2016.

262 *J.-W. Müller*, in: C. Closa/D. Kochenov (Hrsg.), Reinforcing Rule of Law Oversight in the European Union, Cambridge 2016, S. 206, 213.

263 So auch *ders.*, in: C. Closa/D. Kochenov (Hrsg.), Reinforcing Rule of Law Oversight in the European Union, Cambridge 2016, S. 206, 213 ff.

264 Auf den Punkt gebracht von *ders.*, in: C. Closa/D. Kochenov (Hrsg.), Reinforcing Rule of Law Oversight in the European Union, Cambridge 2016, S. 206, 217: „Once Copenhagen has spoken, Brussels needs to act."

rechtliche Ausgestaltung kommen die Gründung einer eigenen Agentur oder eines rein beratenden Gremiums in Betracht.[265]

Die vorgeschlagene umfassende Bewertung der Rechtsstaatlichkeit in den Mitgliedstaaten ist mit der auf den Schutz des EU-Haushalts fokussierten Zielrichtung des Sanktionsmechanismus nicht vereinbar.[266] Ein entsprechend der Kompetenzgrundlage des Sanktionsmechanismus angepasstes Aufgabenprofil der Kopenhagen-Kommission wäre aber möglich. Problematisch an der Gründung eines neuen Organs ist allerdings, dass sich dieses das Vertrauen anderer Organe, der Mitgliedstaaten und nicht zuletzt der Bevölkerung erst erarbeiten muss.[267]

6. Europäische Gerichte

Die europäischen Gerichte verfügen insbesondere im Bereich der Rechtsstaatlichkeit über eigene Expertise.[268] Gerade durch ihre Tätigkeit haben sie auch einen sehr wertvollen Blick auf die Auswirkungen einzelner Gesetzesänderungen auf die richterliche Arbeit in der Praxis.

Nach dem in der EU und ihren Mitgliedstaaten vorherrschenden Konzept der Gewaltenteilung ist es allerdings Aufgabe allein der Exekutive, Gesetze anzuwenden. Aufgabe der Judikative ist es dahingegen, diese Gesetzesanwendung durch die Exekutive zu überwachen.[269] Die Umsetzung des als Verordnung[270] erlassenen Sanktionsmechanismus unterfiele der Gesetzesanwendung. Wäre ein europäisches Gericht hierbei eingebunden, wäre der Grundsatz der Gewaltenteilung durchbrochen; zudem wäre bei einer späteren gerichtlichen Überprüfung durch dasselbe Gericht auch der Grundsatz der Unparteilichkeit berührt.[271]

---

[265] *Ders.*, in: C. Closa/D. Kochenov (Hrsg.), Reinforcing Rule of Law Oversight in the European Union, Cambridge 2016, S. 206, 213.

[266] Siehe oben § 4 A. I. 1. a) aa).

[267] *M. Blauberger/R. D. Kelemen*, Journal of European Public Policy 24 (2017), S. 321 ff., 325.

[268] Zu den Verfahren zur Rechtsstaatlichkeit gegen Ungarn siehe oben § 2 A. IV. 1. c), gegen Polen siehe oben § 2 A. IV. 2. c).

[269] Siehe oben § 2 A. II. 1. a).

[270] Siehe oben § 4 A. I. 1. a) bb).

[271] Für die GRC *H.-J. Blanke*, in: C. Calliess/M. Ruffert (Hrsg.), EUV/AEUV, [5]München 2016, Art. 47 GRC, Rn. 12; *H. Jarass*, in: ders. (Hrsg.), Charta der Grundrechte der Europäischen Union, [3]München 2016, Art. 47 GRC, Rn. 22 f. Nach der Rechtsprechung des EGMR ist ein (Straf-)Gericht beispielsweise dann nicht unparteiisch, wenn der (Straf-)Richter zuvor in derselben Sache als Staatsanwalt oder Ermittlungsrichter tätig war, EGMR, Urteil v. 01.10.1982, Rs. 8692/79, *Piersack/Belgium*, Rn. 30. Zur Verletzung des Grundsatzes der Unparteilichkeit bei einem Richter, der zuvor als Verwaltungsbeamter in dem Verfahren tätig war, *H.-J. Blanke*, in: C. Calliess/M. Ruffert (Hrsg.), EUV/AEUV, [5]München 2016, Art. 47 GRC, Rn. 12. Dieser allgemeine Grundsatz sollte auch im Rahmen dieses Sanktionsmechanismus gegenüber Mitgliedstaaten Anwendung finden.

Somit sollten europäische Gerichte nur bei der gerichtlichen Überwachung der Anwendung des Sanktionsmechanismus zum Zuge kommen.[272]

7. Institutionen außerhalb der EU

Möglich wäre es auch, Institutionen außerhalb der EU, etwa die Venedig-Kommission des Europarats,[273] hiermit zu betrauen. Ihr wird gerade wegen ihrer Unionsferne eine größere Neutralität zugesprochen.[274]

Allerdings würde sich die EU damit von einem externen Akteur abhängig machen.[275] Stattdessen sollte die EU im Rahmen unionaler Sanktionsverfahren alle relevanten Entscheidungen durch unionale Organe bzw. Institutionen selbst treffen.[276] Dies gilt umso mehr vor dem Hintergrund der Bedeutung dieses Sanktionsmechanismus zum Schutz der finanziellen Interessener EU. Dies spricht aber nicht dagegen, Stellungnahmen und Berichte anderer außerunionaler Institutionen zu berücksichtigen.[277]

8. Maßstäbe für die Überwachung der sanktionsbewehrten Mindeststandards

Diese Diskussion zeigt, dass die Beratung der Institutionen durch ein unabhängiges Gremium sinnvoll ist. Die Überwachung der Einhaltung der zum Schutz des EU-Haushalts notwendigen rechtsstaatlichen Mindeststandards in allen Mitgliedstaaten ist eine komplexe Aufgabe, die Kenntnisse der mitgliedstaatlichen Rechtssysteme und praktischen Gegebenheiten voraussetzt.[278] Dies erfordert eine gefestigte und auf diese Überwachungstätigkeit spezialisierte Struktur. Zudem ist eine kontinuierliche Überwachung nötig. Das Gremium sollte, ähnlich wie die Kommission im Vertragsverletzungsverfahren,[279] Berichte na-

---

[272] Siehe unten § 4 F.

[273] Zu den Berichten der Venedig-Kommission über die Situation in Ungarn und Polen siehe oben § 2 A. IV. 1. a) und § 2 A. IV. 2. a).

[274] *C. Möllers/L. Schneider*, Demokratiesicherung in der Europäischen Union – Studie zu einem Dilemma, Tübingen 2018, S. 154.

[275] Im Falle des Europarats kommt hinzu, dass hier auch Staaten Mitglied sind, an deren Demokratie- und Rechtsstaatstreue teilweise erhebliche Zweifel bestehen. Dies betrifft beispielsweise Algerien, Aserbaidschan, Kasachstan, Kirgisien, Kosovo, Marokko, Moldau, Russland und die Türkei. Für eine volle Liste der Mitgliedstaaten *Council of Europe*, Members of the Venice Commission, 2014 (https://www.venice.coe.int/WebForms/members/countries.aspx?lang=DE) (geprüft am 10.10.2020). So auch *C. Closa/D. Kochenov/J. Weiler*, Reinforcing Rule of Law Oversight in the European Union – EUI Working Paper RSCAS 2014/25, 2014, S. 23; *J.-W. Müller*, ELJ 21 (2015), S. 141 ff., 157.

[276] Deshalb ebenfalls ablehnend *J.-W. Müller*, in: C. Closa/D. Kochenov (Hrsg.), Reinforcing Rule of Law Oversight in the European Union, Cambridge 2016, S. 206, 220 f. (Wohl) auch ablehnend *M. Blauberger/V. van Hüllen*, Journal of European Integration 6 (2020), S. 1 ff., 12.

[277] Siehe oben § 4 A. III. 2. b).

[278] Zu den rechtsstaatlichen Mindeststandards siehe oben § 4 A. III.

[279] Siehe oben § 4 B. I. 1.

türlicher und juristischer Personen berücksichtigen und anlassbezogen Untersuchungen vornehmen. Zwar birgt eine solche fortlaufende Überwachung die Gefahr, dass sie über wiederholte Berichte und Empfehlungen einen gegebenenfalls zu weitgehenden Harmonisierungsdruck entfalten. Allerdings kann der Schutz der finanziellen Interessen der EU ohne diese Kontinuität in der Überwachung nicht effektiv gewährleistet werden. Durch eine solche turnusgemäße Überwachung[280] aller Mitgliedstaaten können Probleme, die in der öffentlichen Wahrnehmung bzw. in der Wahrnehmung der Fachwelt keine prominente Rolle spielen, aufgedeckt werden. Auch politisch ist dies wichtig, um Vorwürfe der Einseitigkeit zulasten bestimmter Mitgliedstaaten zu entkräften.

Die Bewertungen dieses Gremiums können eine besondere politische Relevanz entfalten: Sie beziehen sich zum einen auf Teile der Organisation von Exekutive und Judikative, die in die mitgliedstaatliche Organisationshoheit fallen.[281] Zum anderen hat diese Bewertung entscheidenden Einfluss auf die Einleitung eines Sanktionsverfahrens mit potenziell bedeutenden finanziellen Konsequenzen.[282] Auch deshalb sollte dieses Gremium transparent und unabhängig von tagespolitischen Erwägungen agieren können. Dies ist entscheidend für die Glaubwürdigkeit und Akzeptanz des Gremiums; darin liegt auch der Grund für die Unabhängigkeit insbesondere von OLAF und EuRH.[283] Für diese Akzeptanz und das notwendige Vertrauen in das Gremium ist es außerdem vorteilhaft, wenn dieses Gremium auf eine bereits bestehende Struktur aufsetzen kann. Dies ermöglicht zudem seine schnellere Arbeitsfähigkeit. Sinnvoll ist ferner ein fachlicher Austausch mit anderen Institutionen und internationalen Organisationen, wie etwa der Venedig-Kommission.[284] Zur besseren Transparenz sollte das Gremium seine Berichte und Stellungnahmen veröffentlichen.

---

[280] So auch *U. Fabio Di/M. Weber*, Wie Rechtsstaatlichkeit besser verteidigt werden kann, 2019 (https://www.faz.net/aktuell/politik/ausland/eu-polen-und-ungarn-wie-rechtsstaatlichkeit-besser-verteidigt-werden-kann-16093459.html) (geprüft am 10.10.2020).

[281] Siehe oben § 4 A. III. 1. b).

[282] Siehe unten § 4 D.

[283] Für OLAF ErwG. 5 Beschluss 1999/352/EG, EGKS, Euratom (OLAF), ABl. EU L 136 v. 28.04.1999, S. 20 ff.; ErwG. 17 ff. VO (EU, Euratom) Nr. 883/2013 (OLAF Untersuchungen), ABl. EU L 248 v. 11.09.2013, S. 1 ff. Zur Unabhängigkeit der Mitglieder des EuRH etwa *M. Niedobitek*, in: R. Streinz (Hrsg.), EUV/AEUV, ³München 2018, Art. 286 AEUV, Rn. 6 ff.; *C. Waldhoff*, in: C. Calliess/M. Ruffert (Hrsg.), EUV/AEUV, ⁵München 2016, Art. 286 AEUV, Rn. 8 ff.

[284] Die Berücksichtigung von Berichten und Stellungnahmen internationaler Organisationen sowie von Nichtregierungsorganisationen fordert auch der EuRH, *EuRH*, Stellungnahme Nr. 1/2018 (2018/C 291/01) – Zu dem Vorschlag vom 2. Mai 2018 für eine Verordnung des Europäischen Parlaments und des Rates über den Schutz des Haushalts der Union im Falle von generellen Mängeln in Bezug auf das Rechtsstaatsprinzip in den Mitgliedstaaten, 17.08.2019, Rn. 19 ff. Der Europäische Wirtschafts- und Sozialausschuss schlägt vor, dass er ebenfalls gehört wird, *Europäischer Wirtschafts- und Sozialausschuss*, Stellungnahme des Europäischen Wirtschafts- und Sozialausschusses zu dem „Vorschlag für eine Verordnung des Europäischen

Entgegen der teilweise erhobenen Forderung zur Verbindlichkeit von Entscheidungen dieses Gremiums ist aber eine rein beratende Funktion vorzugswürdig: Zur Sicherung seiner Unabhängigkeit von der Tagespolitik wird der Nominierungsprozess für dieses Gremium einem besonderen Verfahren folgen müssen. Es unterliegt dadurch keiner fortlaufenden oder periodischen Kontrolle durch das Parlament oder anderer demokratisch direkt oder indirekt legitimierter Institutionen. Entscheidungen in diesem Sanktionsmechanismus müssen wegen ihrer möglichen erheblichen politischen und finanziellen Implikationen aber durch demokratisch direkt oder indirekt legitimierte Institutionen getroffen werden.[285] Andernfalls enthielte ein solches Gremium, so wichtig seine Ziele sein mögen, Ansatzpunkte einer Technokratie.

II. Vorschlag von Kommission und Parlament: Gremium unabhängiger Sachverständiger

In seinem Abänderungsvorschlag schlägt das Parlament, entgegen der ursprünglichen Intention der Kommission, die Bildung eines Gremiums unabhängiger Sachverständiger zur Beratung der Kommission vor.[286] Es soll für die Überwachung der Einhaltung der rechtsstaatlichen Mindeststandards hauptverantwortlich sein.[287]

1. Zusammensetzung des Gremiums

Das Gremium soll aus „unabhängigen Sachverständigen für Verfassungsrecht und Finanz- und Haushaltsangelegenheiten“ bestehen; jedes mitgliedstaatliche Parlament soll einen, das Parlament fünf Sachverständige benennen.[288] Weitere Vorgaben zum Benennungsverfahren enthält der Vorschlag nicht. Der kombiniert größere Einfluss der mitgliedstaatlichen Parlamente kann dazu beitragen, die Pluralität der Verfassungen und Staatsorganisationen innerhalb der EU ausreichend widerzuspiegeln.

Parlaments und des Rates über den Schutz des Haushalts der Union im Falle von generellen Mängeln in Bezug auf das Rechtsstaatsprinzip in den Mitgliedstaaten“ (2019/C 62/28) – COM (2018) 324 final – 2018/0136 (COD), 15.02.2019, 4.8.

[285] Dieser Ansicht ist auch die Kommission, *Europäische Kommission*, Mitteilung der Kommission – Die weitere Stärkung der Rechtsstaatlichkeit in der Union – Aktuelle Lage und mögliche nächste Schritte – COM (2019) 163 final, 03.04.2019, S. 14.

[286] Art. 3a Vorschlag COM (2018) 324 final (finanzielle Sanktionen) – Abänderungen Parlament (P8_TA-PROV(2019)0349) v. 04.04.2019.

[287] Art. 3a Abs. 2a Vorschlag COM (2018) 324 final (finanzielle Sanktionen) – Abänderungen Parlament (P8_TA-PROV(2019)0349) v. 04.04.2019.

[288] Art. 3a Abs. 1 Vorschlag COM (2018) 324 final (finanzielle Sanktionen) – Abänderungen Parlament (P8_TA-PROV(2019)0349) v. 04.04.2019.

2. Beratende Funktion des Gremiums

Das Gremium soll die Kommission bei der Feststellung genereller Mängel in Bezug auf das Rechtsstaatsprinzip in einem Mitgliedstaat beraten.[289] Dafür bewertet das Gremium jährlich die Situation in allen Mitgliedstaaten auf der Grundlage quantitativer und qualitativer Kriterien und Informationen; es wird nicht nur anlassbezogen tätig.[290] Dabei soll das Gremium insbesondere die in Art. 5 Abs. 2 des Vorschlags aufgeführten Kriterien berücksichtigen: Diese umfassen sämtliche sachdienliche Informationen wie Entscheidungen des EuGH, Entschließungen des Parlaments, Berichte des EuRH, Schlussfolgerungen und Empfehlungen internationaler Organisationen[291] sowie die Beitrittskriterien. Das Gremium veröffentlicht jährlich eine Zusammenfassung seiner Ergebnisse.[292] Zudem kann es auch Stellungnahmen zu einem generellen Mangel in Bezug auf das Rechtsstaatsprinzip in einem Mitgliedstaat abgeben.[293] Dabei „bemüht" es sich „zu einem Einvernehmen zu gelangen", kann notfalls aber mit einfacher Mehrheit entscheiden.[294] Die Kommission muss bei ihren Entscheidungen zum Erlass von Sanktionen deren Stellungnahme berücksichtigen.[295]

III. Eigener Reformvorschlag: Kommission unterstützt durch reformierte EAER (ehemals OLAF)

Die im Vorschlag von Kommission und Parlament geplante Einbeziehung eines unabhängigen Gremiums ist mit Blick auf die oben entwickelten Maßstäbe zu begrüßen. Dies gilt insbesondere für die geplanten beratenden Aufgaben des

---

[289] Art. 3a Abs. 2 UAbs. 1 Vorschlag COM (2018) 324 final (finanzielle Sanktionen) – Abänderungen Parlament (P8_TA-PROV(2019)0349) v. 04.04.2019.

[290] Art. 3a Abs. 2 UAbs. 2 Vorschlag COM (2018) 324 final (finanzielle Sanktionen) – Abänderungen Parlament (P8_TA-PROV(2019)0349) v. 04.04.2019. Für eine solche fortlaufende Kontrolle spricht sich auch die Kommission aus. *Europäische Kommission*, Mitteilung der Kommission – Die weitere Stärkung der Rechtsstaatlichkeit in der Union – Aktuelle Lage und mögliche nächste Schritte – COM (2019) 163 final, 03.04.2019, S. 10 ff.

[291] Europäischer Verband der Akademien der Natur- und Geisteswissenschaften, Europäisches Netzwerk nationaler Menschenrechtsinstitutionen, Organe des Europarats, Europäische Kommission für die Wirksamkeit der Justiz, Rat der Anwaltschaften der Europäischen Union, Netz für Steuergerechtigkeit, Vereinte Nationen, Organisation für Sicherheit und Zusammenarbeit in Europa und Organisation für wirtschaftliche Zusammenarbeit und Entwicklung. Art. 3a Abs. 1 UAbs. 2 Vorschlag COM (2018) 324 final (finanzielle Sanktionen) – Abänderungen Parlament (P8_TA-PROV(2019)0349) v. 04.04.2019.

[292] Art. 3a Abs. 3 Vorschlag COM (2018) 324 final (finanzielle Sanktionen) – Abänderungen Parlament (P8_TA-PROV(2019)0349) v. 04.04.2019.

[293] Art. 3a Abs. 4 UAbs. 1 Vorschlag COM (2018) 324 final (finanzielle Sanktionen) – Abänderungen Parlament (P8_TA-PROV(2019)0349) v. 04.04.2019.

[294] Art. 3a Abs. 4 UAbs. 2 Vorschlag COM (2018) 324 final (finanzielle Sanktionen) – Abänderungen Parlament (P8_TA-PROV(2019)0349) v. 04.04.2019.

[295] Art. 3a Abs. 5 Vorschlag COM (2018) 324 final (finanzielle Sanktionen) – Abänderungen Parlament (P8_TA-PROV(2019)0349) v. 04.04.2019.

Gremiums, die allerdings entsprechend der engeren Fassung der sanktionsbewehrten Mindeststandards[296] ebenfalls enger gefasst sein müssen. Jedoch ist seine Organisation in administrativer, finanzieller und personeller Hinsicht weitgehend unklar. Dies würde – ebenso wie die Erarbeitung von Vertrauen in den Institutionen und der Bevölkerung – viel Zeit in Anspruch nehmen. Deshalb bietet es sich über die bisher diskutierten Vorschläge hinausgehend an, die OLAF zu einer Europäischen Agentur für Verwaltungseffizienz und Rechtsstaatlichkeit/European Agency for Administrative Efficiency and Rule of Law (EAER)[297] fortzuentwickeln.

1. Zur EAER reformierte OLAF als beratendes Expertengremium

Ein neues Gremium müsste sich, auch wenn es durchgehend mit angesehenen Experten besetzt würde, sein Vertrauen bei anderen Institutionen und nicht zuletzt der Bevölkerung erst erarbeiten. Dies gilt insbesondere für diesen Fall, in dem Berichte dieses Gremiums weitreichende Bedeutung erlangen können. Zudem müsste die finanzielle, administrative und personelle Organisation eines neuen Gremiums erst geklärt und funktionsfähig werden.

Um Synergieeffekte zu nutzen und Kompetenzkonflikte mit bestehenden Organen zu vermeiden, sollte die OLAF mit den diskutierten Überwachungsaufgaben betraut und entsprechend reformiert werden: Die OLAF ist bereits bisher zum Schutz der finanziellen Interessen der EU tätig und verfügt über eine rechtliche, finanzielle und organisatorische Infrastruktur. Im Rahmen seiner Tätigkeit unterstützt das Amt auch die „Planung und Entwicklung von Methoden zur Bekämpfung von Betrug, Korruption und sonstigen rechtswidrigen Handlungen zum Nachteil der finanziellen Interessen der Union".[298] Diese rechtswidrigen Handlungen zum Nachteil der finanziellen Interessen der EU sollen auch durch die neuen Mindeststandards verhindert werden.[299] Insoweit bestehen folglich Überschneidungen und OLAF verfügt bereits über Erfahrungen, die es zu nutzen gilt. Zur Überwachung der neuen Mindeststandards könnte OLAF auf seine bereits bestehenden sowie entsprechend reformierten Untersuchungsmöglichkeiten zurückgreifen. Zudem sollte es – wie bereits bisher[300] – auch ausdrücklich Hinweise von Unionsbürgern und Organisationen aus den Mitgliedstaaten berücksichtigen.

---

[296] Siehe oben § 4 A. III. 1.

[297] Französisch: Agence Européene pour l'Efficience Administrative et l'État de Droit; Spanisch: Agencia Europea para la Eficiencia Administrativa y el Estado de Derecho; Dänisch: Europæiske Agentur for Effektiv Forvaltning og Retssikkerhed.

[298] Art. 1 Abs. 2 S. 2 VO (EU, Euratom) Nr. 883/2013 (OLAF Untersuchungen), ABl. EU L 248 v. 11.09.2013, S. 1 ff.

[299] Siehe oben § 4 A. III. 1.

[300] Art. 5 Abs. 1 VO (EU, Euratom) Nr. 883/2013 (OLAF Untersuchungen), ABl. EU L 248 v. 11.09.2013, S. 1 ff. sieht die Einleitung von Untersuchungen auch aufgrund von anonymen Hinweisen vor.

Für die Überwachung der neuen Mindeststandards müssten die Rechtsgrundlagen der OLAF angepasst werden; hierfür wären ein entsprechender Beschluss der Kommission sowie eine Reform im ordentlichen Gesetzgebungsverfahren ausreichend.[301] Dies ist in Teilen ohnehin geplant:[302] Die EU hat für die Mehrzahl ihrer Mitgliedstaaten nunmehr die EUStA geschaffen, die ebenfalls die finanziellen Interessen der EU gegen Betrug und weitere rechtswidrige Handlungen schützen soll und – im Gegensatz zur OLAF – strafrechtliche Ermittlungsbefugnisse hat.[303] Da sich diese Tätigkeit mit der von OLAF überschneidet, soll sich die OLAF in Zukunft auf die Untersuchung von Verwaltungsstrukturen konzentrieren.[304] Diese könnte um eine entsprechende Überwachung der die mitgliedstaatlichen Verwaltung kontrollierenden Strukturen bzw. der zum Schutz des EU-Haushalts notwendigen Mindeststandards erweitert werden. Entsprechend der neuen Aufgabenbeschreibung bietet sich eine Umbenennung der OLAF in European Agency for Administrative Efficiency and Rule of Law (EAER) an.

Neben den Mitgliedstaaten sollte die EAER auch die Strukturen der EU, die ebenfalls Verbesserungspotenzial zur Stärkung rechtsstaatlicher Elemente bieten, untersuchen.[305] Darüber hinaus sollte die EAER bei der Aufnahme neuer Mitgliedstaaten bewerten, ob die Beitrittskandidaten die zum Schutz des EU-

---

[301] Den Beschluss 1999/352/EG, EGKS, Euratom (OLAF), ABl. EU L 136 v. 28.04.1999, S. 20 ff. zur Errichtung von OLAF hat die Kommission u. a. auf der Grundlage von Art. 178 AEUV (ex-Art. 162 EGV) getroffen. Die Anwendung des ordentlichen Gesetzgebungsverfahrens für VO (EU, Euratom) Nr. 883/2013 (OLAF Untersuchungen), ABl. EU L 248 v. 11.09.2013, S. 1 ff. folgt aus Art. 325 Abs. 4 AEUV.

[302] Die Vorschläge von Kommission und Parlament sehen derzeit aber vor allem Änderungen in Bezug auf die Zusammenarbeit mit der EUStA, aber keine grundlegenden Reformen vor. *European Commission*, Proposal for a Regulation of the European Parliament and of the Council amending Regulation (EU, Euratom) No 883/2013 concerning investigations conducted by the European Anti-Fraud Office (OLAF) as regards cooperation with the European Public Prosecutor's Office and the effectiveness of OLAF investigations – 2018/0170(COD), 23.05.2018; *European Parliament*, European Parliament legislative resolution of 16 April 2019 on the proposal for a regulation of the European Parliament and the Council amending Regulation (EU, Euratom) No 883/2013 concerning investigations conducted by the European Anti-Fraud Office (OLAF) as regards cooperation with the European Public Prosecutor's Office and the effectiveness of OLAF investigations – COM (2018) 0338 – C8-0214/2018 – 2018/0170(COD), 16.04.2019.

[303] Art. 26 ff. VO (EU) 2017/1939 (EUStA), ABl. EU L 283 v. 12.10.2017, S. 1 ff.

[304] Dies gilt zumindest für die Mitgliedstaaten, die an der EUStA beteiligt sind, siehe Fn. 147.

Europäische Kommission, Mitteilung der Kommission an das Europäische Parlament, den Rat, den Europäischen Wirtschafts- und Sozialausschuss und den Ausschuss der Regionen – Verbesserung der OLAF-Governance und Stärkung der Verfahrensgarantien bei OLAF-Untersuchungen: Ein schrittweiser Ansatz zur Begleitung der Einrichtung der Europäischen Staatsanwaltschaft – COM(2013) 533 final, 17.07.2013, S. 3; *H. Satzger*, in: R. Streinz (Hrsg.), EUV/AEUV, [3]München 2018, Art. 325 AEUV, Rn. 38.

[305] Dies könnte auch zu einer Stärkung demokratischer und rechtsstaatlicher Elemente auch auf EU-Ebene beitragen. Auch *J. Weiler*, in: C. Closa/D. Kochenov (Hrsg.), Reinforcing

Haushalts notwendigen rechtsstaatlichen Mindeststandards einhalten können. In der Entscheidung über den Beitritt sollten Rat und Parlament diese Bewertungen gemäß Art. 49 UAbs. 1 S. 4 EUV berücksichtigen.[306] Zudem könnte die EAER auch jene Drittstaaten überwachen, mit denen ein Stabilisierungs- und Assoziierungsabkommen geschlossen wurde und die ebenfalls von Mitteln aus dem EU-Haushalt profitieren.[307]

Hinsichtlich seiner inneren Organisation könnte die OLAF bzw. die EAER verbessert und in ihrer Arbeit – ähnlich der Grundrechteagentur[308] – durch einen wissenschaftlichen Ausschuss beraten werden. Die Besetzung dieses wissenschaftlichen Ausschusses könnte sich am Vorschlag von Kommission und Parlament für das unabhängige Expertengremium orientieren.[309] In diesem Gremium könnte die EAER auch den Sachverstand einschlägiger internationaler Organisationen und anderer unionaler Organe einbeziehen.

2. Die Rolle der Kommission

Da die EAER nur beratende Funktionen übernehmen würde, wäre die Kommission wie auch im übrigen Unionsrecht weiter zur Überwachung der Mitgliedstaaten berufen. Sie verfügt durch ihre Tätigkeit als Hüterin der Verträge ohnehin über die umfassendste Kenntnis der Lage in den einzelnen Mitgliedstaaten.[310] Zudem ist sie demokratisch zumindest indirekt legitimiert und dem

---

Rule of Law Oversight in the European Union, Cambridge 2016, S. 313, 319 ff. hält dies für nötig. Finanzielle Sanktionen gegen die EU wären aber nicht möglich bzw. sinnvoll.

[306] Das Beschlussverfahren und das Anhörungsrecht der Kommission ist in Art. 49 UAbs. 1 S. 3 EUV festgelegt. Hierzu *C. Ohler*, in: E. Grabitz/M. Hilf/M. Nettesheim (Hrsg.), Das Recht der Europäischen Union, [69]München 2020, Art. 49 EUV, Rn. 23 ff.; *M. Pechstein*, in: R. Streinz (Hrsg.), EUV/AEUV, [3]München 2018, Art. 49 EUV, Rn. 7 ff.

[307] Die Stabilisierungs- und Assoziierungsabkommen werden auf Grundlage von Art. 37 i. V. m. Art. 31 Abs. 1 sowie Art. 217 i. V. m. Art. 218 Abs. 6 lit. a) Ziff. I) und Art. 218 Abs. 8 UAbs. 2 AEUV geschlossen. Solche Stabilisierungs- und Assoziierungsabkommen bestehen derzeit mit dem Kosovo (Beschluss (EU) 2016/342 (Stabilisierungs- und Assoziierungsabkommen Kosovo), ABl. EU L 71 v. 12.02.2016, S. 1 f.), Bosnien und Herzegowina (Beschluss (EU) 2015/998 (Stabilisierungs- und Assoziierungsabkommen Bosnien und Herzegowina), ABl. EU L 164 v. 21.04.2015, S. 548 f.), Nordmazedonien (Beschluss (EG, Euratom) 2004/239 (Stabilisierungs- und Assoziierungsabkommen Nordmazedonien), ABl. EU L 84 v. 23.02.2004, S. 1 f.), Montenegro (Beschluss (EU, Euratom) 2010/224 (Stabilisierungs- und Assoziierungsabkommen Montenegro), ABl. EU L 108 v. 29.03.2010, S. 1 f.), Albanien (Beschluss (EG, Euratom) 2009/332 (Stabilisierungs- und Assoziierungsabkommen Albanien), ABl. EU L 107 v. 29.02.2009, S. 165.) und Serbien (Beschluss (EU, Euratom) 2013/490 (Stabilisierungs- und Assoziierungsabkommen Serbien), ABl. EU L 278 v. 22.07.2013, S. 14 f.). Eine Beteiligung von Ländern, mit denen ein Stabilisierungs- und Assoziierungsabkommen besteht, ist auch für die Grundrechteagentur vorgesehen, Art. 28 VO (EG) Nr. 168/2007 (Europäische Grundrechteagentur), ABl. EU L 53 v. 15.02.2007, S. 1 ff.

[308] Siehe oben § 4 B. I. 2.

[309] Siehe oben § 4 B. II. 1.

[310] Siehe oben § 4 B. I. 1.

Parlament verantwortlich;[311] ihre Einbeziehung spiegelt deshalb die politische Bedeutung des Sanktionsmechanismus wider.

Mit Blick auf Kompetenzgrundlage und Zweck des Sanktionsmechanismus – Schutz der finanziellen Interessen der EU – ergibt sich eine solche starke Stellung der Kommission auch aus Art. 317 Abs. 1 S. 1 AEUV.[312] Denn hiernach obliegen Entscheidungen im Rahmen der Ausführung des EU-Haushalts auf unionaler Ebene maßgeblich der Kommission. Dieser Verantwortung und Verpflichtung kann sie sich nicht durch Übertragung auf andere Organe oder Gremien entziehen – und so übernimmt sie auch nach derzeitigem Recht Kontroll- und Überwachungsaufgaben bei der Ausführung des EU-Haushalts.[313] Sie sollte daher alle Berichte insbesondere des EAER bewerten und über das weitere Vorgehen zeitnah entscheiden.

C. Die Ausgestaltung des Sanktionsverfahrens und beteiligte EU-Organe

Der Blick auf die bestehenden Sanktionsmechanismen zeigt, dass die Ausgestaltung des Sanktionsverfahrens für die praktische Handhabbarkeit – und damit die Wirksamkeit – des Sanktionsmechanismus entscheidend ist. Zudem ist die Ausgestaltung des Sanktionsverfahrens wichtig für die Akzeptanz möglicher Sanktionen. Nur ein – trotz der politischen Implikationen – möglichst objektiv und transparent ausgestaltetes Verfahren ist der europäischen Öffentlichkeit vermittelbar und kann politisches Konfliktpotenzial verringern. Hierbei spielt auch das institutionelle Design eine wichtige Rolle: Die Beteiligung möglichst vieler Institutionen kann diesem Verfahren, und insbesondere daraus folgenden Sanktionen, eine besondere Legitimität verleihen.[314] Allerdings muss hierbei sichergestellt werden, dass die dadurch nötige interinstitutionelle Abstimmung die Effektivität dieses Sanktionsmechanismus nicht über Gebühr beeinträchtigt. Das Ziel besteht somit darin, die verschiedenen Institutionen möglichst effizient an den für sie jeweils besonders relevanten Verfahrensschritten zu beteiligen.

Parallel zu den bereits bestehenden Sanktionsmechanismen lässt sich das Sanktionsverfahren in zwei große Verfahrensabschnitte aufteilen: In einem Vorverfahren kann der Sachverhalt näher aufgeklärt und politischer Dialog ermöglicht werden. Zudem kann schon dieses Vorverfahren den betroffenen Mitglied-

---

[311] Art. 17 Abs. 7 und 8 EUV. Siehe oben § 4 B. I. 1.

[312] Art. 317 Abs. 1 S. 2 AEUV.

[313] Siehe oben § 2 C. I. 2.

[314] Dies sieht auch die Kommission so. *Europäische Kommission*, Mitteilung der Kommission – Die weitere Stärkung der Rechtsstaatlichkeit in der Union – Aktuelle Lage und mögliche nächste Schritte – COM (2019) 163 final, 03.04.2019, S. 11.

staat dazu motivieren, mögliche Verstöße bereits frühzeitig zu beheben (I). Im darauf folgenden Hauptsacheverfahren entscheiden die hierzu berufenen Institutionen über das Bestehen eines nach diesem Verfahren sanktionswürdigen Verstoßes. Dies schließt auch die Frage nach der daraus folgenden finanziellen Sanktion mit ein (II). Nach der in dieser Untersuchung vorgeschlagenen Ausgestaltung ist die Einführung eines darüber hinaus beschleunigten Sanktionsverfahrens nicht erforderlich (III).

I. Das Vorverfahren: Sachverhaltsaufklärung und politischer Dialog

Die der Entscheidung über die Feststellung eines sanktionswürdigen Verstoßes vorgelagerten Vorverfahren erfüllen regelmäßig drei Ziele: Die im Rahmen von Sanktionsverfahren teilweise komplexe Sachverhaltsaufklärung kann hierdurch, insbesondere durch einen Austausch mit dem betroffenen Mitgliedstaat, entscheidend gefördert werden. Dieser Austausch mit dem betroffenen Mitgliedstaat eröffnet zugleich Möglichkeiten für einen gegebenenfalls vertraulichen politischen Dialog zur Konfliktlösung sowie zur Gewähr rechtlichen Gehörs. Veröffentlichte Aspekte eines solchen Vorverfahrens können zugleich eine Warnfunktion erfüllen und zu einer Sensibilisierung auch innerhalb des betroffenen Mitgliedstaats führen.

1. Vorverfahren in bestehenden Sanktionsmechanismen

Aus diesen Gründen verfügen die bestehenden Sanktionsmechanismen regelmäßig über Vorverfahren, die jedoch unterschiedlich ausgestaltet sind. Aus den Erfahrungen hiermit lassen sich Maßstäbe für einen neuen Sanktionsmechanismus ableiten.

a) Unterschiedliche Vorverfahren im Art. 7-Verfahren

Sowohl die Kommission als auch der Rat haben niederschwellige Verfahren zur Stärkung des Rechtsstaatsprinzips eingeführt, die im Vorfeld der Anwendung des Art. 7 EUV Gefahren für die Rechtsstaatlichkeit erkennen und verhindern sollen. Hierzu setzen sie im Wesentlichen auf den Dialog mit dem betroffenen Mitgliedstaat.

aa) Kommission: EU-Rahmen zur Stärkung des Rechtsstaatsprinzips

Der von der Kommission eingeführte EU-Rahmen zur Stärkung des Rechtsstaatsprinzips findet bei einer „systemimmanenten Gefährdung" der Rechtsstaatlichkeit Anwendung.[315] Dieses Verfahren, im Rahmen dessen die Kom-

---

[315] *Dass.*, Mitteilung der Kommission an das Europäische Parlament und den Rat – Ein

mission auf externes Fachwissen zurückgreifen kann,[316] sieht einen Dialog mit drei Phasen vor, über dessen Fortgang Parlament und Rat regelmäßig informiert werden: In der ersten Phase nimmt die Kommission eine Sachstandsanalyse vor, innerhalb derer sie auch einen vertraulichen Dialog mit dem Mitgliedstaat pflegt. Führt dies zu keiner zufriedenstellenden Lösung, gibt die Kommission in einer zweiten Phase eine, in den wesentlichen Teilen öffentliche, Empfehlung zur Rechtsstaatlichkeit ab. Daran schließt sich als dritte Phase ein Follow-Up zur Überwachung der Umsetzung der Empfehlung an.[317] Kommt der betroffene Mitgliedstaat dieser Empfehlung nicht rechtzeitig nach, prüft die Kommission die Einleitung des Verfahrens nach Art. 7 EUV,[318] ohne dass es insoweit einen Automatismus gäbe.[319] Die Kommission hat dieses Verfahren bisher nur gegen Polen eingeleitet, mangels inhaltlicher Kooperationsbereitschaft war es in der Sache aber letztlich nicht erfolgreich.[320] Trotzdem hat es nach Ansicht der Kommission seine Funktion als Zwischenschritt zur Tatsachenfeststellung und zum politischen Dialog erfüllt.[321]

---

neuer EU-Rahmen zur Stärkung des Rechtsstaatsprinzips – COM (2014) 158 final, 11.03.2014. Hierzu ausführlicher *L. Pech/K. L. Scheppele*, CYELS 19 (2017), S. 3 ff., 12 ff.

Um „systemimmanent" zu sein, muss sich die Gefährdung gegen die „politische, institutionelle und/oder rechtliche Ordnung eines Mitgliedstaats als solche, die verfassungsmäßige Struktur, die Gewaltenteilung, die Unabhängigkeit oder Unparteilichkeit der Justiz oder das System der richterlichen Kontrolle einschließlich der Verfassungsjustiz" richten. *Europäische Kommission*, Mitteilung der Kommission an das Europäische Parlament und den Rat – Ein neuer EU-Rahmen zur Stärkung des Rechtsstaatsprinzips – COM (2014) 158 final, 11.03.2014, S. 7. Wegen des insoweit großen Beurteilungsspielraums kritisch *D. Kochenov/L. Pech*, Upholding the Rule of Law in the EU: On the Commission's „Pre-Article 7 Procedure" as a Timid Step in the Right Direction – EUI Working Paper RSCAS 2015/24, 2015, S. 5 ff.; *H. Hofmeister*, DVBl 131 (2016), S. 869 ff., 875.

[316] Zum externen Fachwissen zählen etwa Berichte der Grundrechteagentur. *Europäische Kommission*, Mitteilung der Kommission an das Europäische Parlament und den Rat – Ein neuer EU-Rahmen zur Stärkung des Rechtsstaatsprinzips – COM (2014) 158 final, 11.03.2014, S. 9 f. Hierzu *D. Kochenov/L. Pech*, Upholding the Rule of Law in the EU: On the Commission's „Pre-Article 7 Procedure" as a Timid Step in the Right Direction – EUI Working Paper RSCAS 2015/24, 2015, S. 11.

[317] *Europäische Kommission*, Mitteilung der Kommission an das Europäische Parlament und den Rat – Ein neuer EU-Rahmen zur Stärkung des Rechtsstaatsprinzips – COM (2014) 158 final, 11.03.2014, S. 8 f. Hierzu auch *C. Hillion*, in: C. Closa/D. Kochenov (Hrsg.), Reinforcing Rule of Law Oversight in the European Union, Cambridge 2016, S. 59, 78 f.; *D. Kochenov/L. Pech*, JCMS 54 (2016), S. 1062 ff., 1066 f.; *H. Hofmeister*, DVBl 131 (2016), S. 869 ff., 872 ff.; *D. Kochenov/L. Pech*, Upholding the Rule of Law in the EU: On the Commission's „Pre-Article 7 Procedure" as a Timid Step in the Right Direction – EUI Working Paper RSCAS 2015/24, 2015, S. 7 ff.

[318] *Europäische Kommission*, Mitteilung der Kommission an das Europäische Parlament und den Rat – Ein neuer EU-Rahmen zur Stärkung des Rechtsstaatsprinzips – COM (2014) 158 final, 11.03.2014, S. 9.

[319] So auch *F. Schorkopf*, EuR 51 (2016), S. 147 ff., 153.

[320] Siehe oben § 2 A. IV. 2. b).

[321] *Europäische Kommission*, Mitteilung der Kommission – Die weitere Stärkung der

Nach Auffassung des Rechtsdiensts des Rates überschreitet die Kommission mit diesem Verfahren ihre Kompetenz:[322] Art. 2 EUV übertrage ihr keine weiteren Kompetenzen, die Regelung zur Überwachung der Rechtsstaatlichkeit in Art. 7 EUV sei insoweit abschließend. Dem ist allerdings entgegenzuhalten, dass Art. 7 EUV nur hinsichtlich der dort vorgesehenen bindenden Verfahren und Entscheidungen abschließend ist. Ein nicht-bindendes Vorverfahren ist insoweit aber nicht ausgeschlossen.[323] Ferner fordert Art. 13 Abs. 1 und 2 EUV, dass die Organe loyal zusammenarbeiten und gemeinsam den Werten der EU Geltung verschaffen. Hierfür muss es der Kommission auch möglich sein, den Rahmen für ihr Vorgehen selbst festzulegen. Art. 292 S. 4 AEUV schafft zudem die Rechtsgrundlage für (nicht bindende) Empfehlungen der Kommission in den in ihrer Kompetenz stehenden Bereichen.[324] Somit ist der EU-Rahmen zur Stärkung des Rechtsstaatsprinzips nicht unionsrechtswidrig.

bb) Rat: Strukturierter Dialog

Zusätzlich hat der Rat einen strukturierten Dialog zur Stärkung der Rechtsstaatlichkeit eingeführt.[325] Hiernach verpflichten sich alle Mitgliedstaaten zur Einrichtung eines „Dialog[s] zur Förderung und zur Wahrung der Rechtsstaatlichkeit im Rahmen der Verträge".[326] Dieser Dialog soll auf den „Grundsätzen der Objektivität, der Nichtdiskriminierung und der Gleichbehandlung aller Mitgliedstaaten" sowie einem „unparteilichen und evidenzbasierten Ansatz" beruhen.[327] Darüber hinaus soll der Dialog auch die „nationalen Identitäten der

Rechtsstaatlichkeit in der Union – Aktuelle Lage und mögliche nächste Schritte – COM (2019) 163 final, 03.04.2019, S. 15 f.

[322] *Council of the European Union*, Opinion of the Legal Service: Commission's Communication on a new EU Framework to strengthen the Rule of Law – Compatibility with the Treaties (10296/14), 27.05.2014, Rn. 18. Im Ergebnis zustimmend *J. Brauneck*, NVwZ 37 (2018), S. 1423 ff., 1428 f.

[323] So auch *P. Oliver/J. Stefanelli*, JCMS 54 (2016), S. 1075 ff., 1076 ff.; *D. Kochenov/L. Pech*, Upholding the Rule of Law in the EU: On the Commission's „Pre-Article 7 Procedure" as a Timid Step in the Right Direction – EUI Working Paper RSCAS 2015/24, 2015, S. 10 f. Ähnlich *J. Seidl*, Beitrittsverfahren und Sanktionen als Sicherungsmechanismen für die Werte der Europäischen Union, Erfurt 2019, S. 226 ff.; *A. Moberg*, in: A. Bakardjieva Engelbrekt/K. Leijon/A. Michalski (Hrsg.), The European Union and the return of the nation state, New York 2020, S. 59, 67 ff.

[324] *M. Nettesheim*, in: E. Grabitz/M. Hilf/M. Nettesheim (Hrsg.), Das Recht der Europäischen Union, [69]München 2020, Art. 292 AEUV, Rn. 13. Für ein sogar nicht auf ihre Kompetenzbereiche beschränktes Empfehlungsrecht der Kommission *M. Geismann*, in: H. v. Groeben/J. Schwarze/A. Hatje (Hrsg.), Europäisches Unionsrecht, [7]Baden-Baden 2015, Art. 292 AEUV, Rn. 3.

[325] *Rat der Europäischen Union*, 3362. Tagung des Rates – Allgemeine Angelegenheiten, 16.12.2014, S. 20 ff.

[326] *Dass.*, 3362. Tagung des Rates – Allgemeine Angelegenheiten, 16.12.2014, S. 21.

[327] *Dass.*, 3362. Tagung des Rates – Allgemeine Angelegenheiten, 16.12.2014, S. 21. Hierzu *C. Hillion*, in: C. Closa/D. Kochenov (Hrsg.), Reinforcing Rule of Law Oversight in the European Union, Cambridge 2016, S. 59, 79 ff.

Mitgliedstaaten" berücksichtigen und bestehenden Instrumenten anderer EU-Organe und internationaler Organisationen Rechnung tragen.[328] Dieser Dialog findet einmal jährlich im Rat in seiner Zusammensetzung Allgemeine Angelegenheiten statt.[329]

Dieser Ratsdialog sieht, ähnlich wie der EU-Rahmen der Kommission, keine Sanktionen vor.[330] Der Rat beschäftigte sich bisher auch nicht eingehend mit der Situation in einzelnen Mitgliedstaaten, sondern mit eher allgemeinen Fragen der Entwicklung der Rechtsstaatlichkeit.[331]

cc) Problematische Verfahrensverzögerungen durch Vorverfahren

Die Konfliktlösung durch politischen Dialog hat entscheidend zur europäischen Integration zwischen weiterhin souveränitätsbewussten Mitgliedstaaten beigetragen. In einigen Politikbereichen stößt dieser Dialog jedoch an Grenzen; dies gilt insbesondere bei schwerwiegenden Defiziten der Rechtsstaatlichkeit. Diese konnten mit Blick auf Polen und Ungarn bisher nicht durch Dialog gelöst werden,[332] weshalb auch die Vorverfahren von Kommission und Rat ihre Zwecke nicht erfüllen konnten. Problematisch waren deshalb insbesondere die durch sie hervorgerufenen Verzögerungen bei der Anwendung des Art. 7-Verfahrens: Diese ermöglichten es den Mitgliedstaaten, kritische Maßnahmen umzusetzen

---

[328] *Rat der Europäischen Union*, 3362. Tagung des Rates – Allgemeine Angelegenheiten, 16.12.2014, S. 21.

[329] *Dass.*, 3362. Tagung des Rates – Allgemeine Angelegenheiten, 16.12.2014, S. 21. Zum Ablauf des Dialogs knapp *P. Oliver/J. Stefanelli*, JCMS 54 (2016), S. 1075 ff., 1078 f.

[330] Deshalb kritisch auch *C. Closa*, in: C. Closa/D. Kochenov (Hrsg.), Reinforcing Rule of Law Oversight in the European Union, Cambridge 2016, S. 15, 32 ff.; *P. Oliver/J. Stefanelli*, JCMS 54 (2016), S. 1075 ff., 1079; *L. Pech/K. L. Scheppele*, CYELS 19 (2017), S. 3 ff., 29 ff.; *D. Kochenov/L. Pech*, Upholding the Rule of Law in the EU: On the Commission's „Pre-Article 7 Procedure" as a Timid Step in the Right Direction – EUI Working Paper RSCAS 2015/24, 2015, S. 13 f.

Deshalb wird teilweise auch die Abschaffung dieses Instruments gefordert, so etwa *dies.*, Strengthening the Rule of Law Within the European Union: Diagnoses, Recommendations, and What to Avoid – Policy Brief June 2019, 13.06.2019, S. 4.

[331] Bisher fand der strukturierte Dialog (soweit ersichtlich) dreimal in der Sitzung des Rates Allgemeine Angelegenheiten statt: Im November 2015 zu den Themen „Tolerance and respect: prevention and fight against anti-Semitism and the anti-Islam hate in Europe", *Council of the European Union*, Outcome of the Council Meeting, 14185/15, 17./18.11.2015, S. 3, und *dass.*, Ensuring the respect for the rule of law – Dialogue and exchange of views, 09.11.2015; im Mai 2016 zu den Auswirkungen der Migrationskrise auf die Rechtsstaatlichkeit, *dass.*, Outcome of the Council Meeting, 9340/16, 24.05.2016, S. 4, und im Oktober 2017 zum Thema „media pluralism and the rule of law in the digital age", *dass.*, Outcome of the Council Meeting, 13257/17, 17.10.2017, S. 4.

[332] Deshalb kritisch auch *H. Hofmeister*, DVBl 131 (2016), S. 869 ff., 874 f.; *D. Kochenov/L. Pech*, Upholding the Rule of Law in the EU: On the Commission's „Pre-Article 7 Procedure" as a Timid Step in the Right Direction – EUI Working Paper RSCAS 2015/24, 2015, S. 12; *R. Uitz*, European Constitutional Law Review 15 (2019), S. 1 ff.

und wirken zu lassen, noch bevor die Kommission bzw. das Parlament ernsthafte Schritte einleitete.[333]

b) Defizit-, Wirtschaftspolitik- und Vertragsverletzungsverfahren

Auch die Defizit-, Wirtschaftspolitik- und Vertragsverletzungsverfahren sehen vor Festlegung der eigentlichen Sanktion ein Vorverfahren vor. Im Defizitverfahren wird dieses durch die Kommission geleitet: Sie überwacht die Haushaltslage und den Schuldenstand der Mitgliedstaaten fortlaufend und kann Berichte hierzu erstellen, zu denen der Wirtschafts- und Finanzausschuss eine Stellungnahme abgibt.[334] Besteht nach Auffassung der Kommission ein übermäßiges Defizit bzw. droht ein solches, gibt sie dem betroffenen Mitgliedstaat Möglichkeit zur Stellungnahme und unterrichtet den Rat.[335] Im Verfahren zur Koordinierung der Wirtschaftspolitik überliegt die Überwachung der Mitgliedstaaten dem Rat, allerdings stützt er sich insoweit auf Berichte der Kommission.[336] Auf dieser Grundlage kann die Kommission eine Verwarnung, der Rat Empfehlungen an den betroffenen Mitgliedstaat richten.[337] Rat, Kommission und Mitgliedstaaten stehen insoweit im Austausch,[338] ein formelles Anhörungsrecht des betroffenen Mitgliedstaats ist aber nicht vorgesehen.

Im regelmäßig durch die Kommission eingeleiteten Vertragsverletzungsverfahren findet in der Regel zunächst ein – rechtlich nicht zwingender – informel-

---

333 Zum Art. 7-Verfahren gegen Ungarn siehe oben § 2 A. IV. 1. b), gegen Polen siehe oben § 2 A. IV. 2. b). Deshalb ebenfalls kritisch *L. Pech/K. L. Scheppele*, CYELS 19 (2017), S. 3 ff., 27 ff.; *K. Niklewicz*, EV 16 (2017), S. 281 ff., 287. Zur Lösung dieses Problems wird die Einführung von Fristen für die jeweiligen Verfahrensstufen gefordert, *L. Pech/D. Kochenov*, Strengthening the Rule of Law Within the European Union: Diagnoses, Recommendations, and What to Avoid – Policy Brief June 2019, 13.06.2019, S. 3.

334 Art. 126 Abs. 2 bis 4 AEUV. Die relevanten Referenzwerte sind festgelegt im Protokoll Nr. 12 (Defizitverfahren-Protokoll), ABl. EU C 191 v. 07.02.1992, S. 84. Durch die Einbeziehung auch der Mitgliedstaaten auf den verschiedenen Stufen der Entscheidungsfindung hat dieses Verfahren eine starke politische Dimension. So auch *J. Hamer*, in: H. v. Groeben/J. Schwarze/A. Hatje (Hrsg.), Europäisches Unionsrecht, [7]Baden-Baden 2015, Art. 126 AEUV, Rn. 99.

335 Art. 126 Abs. 5 AEUV; Art. 3 VO (EG) Nr. 1467/97 (DefizitverfahrensVO), ABl. EU L 209 v. 07.07.1997, S. 6 ff.

336 Art. 121 Abs. 3 UAbs. 1 AEUV. Diese Berichte, das Scoreboard und die Überprüfung der Mitgliedstaaten ist näher geregelt in den Art. 3 bis 5 VO (EU) Nr. 1176/2011 (MIP-Verordnung), ABl. EU L 306 v. 16.11.2011, S. 25 ff.

337 Art. 121 Abs. 4 UAbs. 1 AEUV; Art. 6 und 7 VO (EU) Nr. 1176/2011 (MIP-Verordnung), ABl. EU L 306 v. 16.11.2011, S. 25 ff. Allerdings können diese nur politisch-disziplinierende Wirkung entfalten, da sie nicht mit harten, also insbesondere haushaltswirksamen, Folgen verknüpft sind. So auch *U. Häde*, in: C. Calliess/M. Ruffert (Hrsg.), EUV/AEUV, [5]München 2016, Art. 121 AEUV, Rn. 14; *R. Bandilla*, in: E. Grabitz/M. Hilf/M. Nettesheim (Hrsg.), Das Recht der Europäischen Union, [69]München 2020, Art. 121 AEUV, Rn. 30.

338 Hierunter fällt auch die Pflicht der Mitgliedstaaten gemäß Art. 121 Abs. 3 UAbs. 2 AEUV, die Kommission auf wichtige Aspekte ihrer Wirtschaftspolitik hinzuweisen.

ler Austausch, auch als „informelles (Vor-)Vorverfahren" bezeichnet, statt.[339] Darauf aufbauend kann die Kommission das formelle Vorverfahren einleiten, bestehend aus Mahnschreiben der Kommission,[340] Äußerung des Mitgliedstaats hierzu[341] sowie mit Gründen versehener Stellungnahme der Kommission.[342] Im Falle eines durch einen Mitgliedstaat eingeleiteten Vertragsverletzungsverfahrens sind eine entsprechende Befassung der Kommission sowie ein kontradiktorisches Vorverfahren zwischen den Mitgliedstaaten nötig.[343]

Die Vorverfahren im Vertragsverletzungsverfahren dienen, ebenso wie in den Defizitverfahren und im Verfahren zur Koordinierung der Wirtschaftspolitik, verschiedenen Funktionen: Sie unterstützen die Sachverhaltsaufklärung,[344] bieten rechtliches Gehör[345] und erleichtern die politische Lösungsfindung.[346] So werden die meisten Vertragsverletzungsverfahren bereits im Vorverfahren

---

[339] *W. Cremer*, in: C. Calliess/M. Ruffert (Hrsg.), EUV/AEUV, [5]München 2016, Art. 258 AEUV, Rn. 1; *N. Wunderlich*, in: H. v. Groeben/J. Schwarze/A. Hatje (Hrsg.), Europäisches Unionsrecht, [7]Baden-Baden 2015, Art. 258 AEUV, Rn. 14 f.

[340] Dieses enthält eine erste knappe Zusammenfassung der Rügen. EuGH, Urteil v. 08.04.2008, Rs. C-337/05, *Kommission/Italien*, ECLI:EU:C:2008:203, Rn. 23; EuGH, Urteil v. 05.06.2003, Rs. C-145/01, *Kommission/Italien*, ECLI:EU:C:2003:324, Rn. 17.

[341] Art. 258 UAbs. 1 Hs. 2 AEUV.

[342] Art. 258 UAbs. 2 AEUV. Die mit Gründen versehene Stellungnahme muss eine „zusammenhängende Darstellung der Gründe" enthalten. EuGH, Urteil v. 04.09.2014, Rs. C-211/13, *Kommission/Deutschland*, ECLI:EU:C:2014:2148, Rn. 23; EuGH, Urteil v. 11.09.2008, Rs. C-274/07, *Kommission/Litauen*, ECLI:EU:C:2008:497, Rn. 23.

Bei ihrer Entscheidung, ein Vertragsverletzungsverfahren einzuleiten, verfügt die Kommission schon nach dem Wortlaut des Art. 258 UAbs. 2 AEUV über Ermessen. EuGH, Urteil v. 06.07.2000, Rs. C-236/99, *Kommission/Belgien*, ECLI:EU:C:2000:374, Rn. 28; *N. Wunderlich*, in: H. v. Groeben/J. Schwarze/A. Hatje (Hrsg.), Europäisches Unionsrecht, [7]Baden-Baden 2015, Art. 258 AEUV, Rn. 34.

[343] Art. 259 UAbs. 3 AEUV. Dadurch nimmt die Kommission die Rolle als Schiedsrichter und Puffer zwischen den Mitgliedstaaten ein. *N. Wunderlich*, in: H. v. Groeben/J. Schwarze/A. Hatje (Hrsg.), Europäisches Unionsrecht, [7]Baden-Baden 2015, Art. 259 AEUV, Rn. 8; *U. Karpenstein*, in: E. Grabitz/M. Hilf/M. Nettesheim (Hrsg.), Das Recht der Europäischen Union, [69]München 2020, Art. 259 AEUV, Rn. 6.

Der andere Mitgliedstaat kann erst nach Durchführung dieses Vorverfahrens bzw. frühestens drei Monate nach der Befassung der Kommission gemäß Art. 259 UAbs. 1 und 4 AEUV Klage vor dem EuGH einreichen.

[344] Insoweit besteht eine auf Art. 4 Abs. 3 EUV beruhende Mitwirkungspflicht des betroffenen Mitgliedstaats. Diese kann in einem (separaten) Vertragsverletzungsverfahren geltend gemacht werden. EuGH, Urteil v. 13.07.2004, Rs. C-82/03, *Kommission/Italien*, ECLI:EU:C:2004:433, Rn. 13; *W. Cremer*, in: C. Calliess/M. Ruffert (Hrsg.), EUV/AEUV, [5]München 2016, Art. 258 AEUV, Rn. 14.

[345] *U. Karpenstein*, in: E. Grabitz/M. Hilf/M. Nettesheim (Hrsg.), Das Recht der Europäischen Union, [69]München 2020, Art. 258 AEUV, Rn. 32. Der EuGH spricht insoweit von einer „wesentlichen Verfahrensgarantie". EuGH, Urteil v. 14.06.2007, Rs. C-422/05, *Kommission/Belgien*, ECLI:EU:C:2007:342, Rn. 25.

[346] *U. Karpenstein*, in: E. Grabitz/M. Hilf/M. Nettesheim (Hrsg.), Das Recht der Europäischen Union, [69]München 2020, Art. 259 AEUV, Rn. 6; *N. Wunderlich*, in: H. v. Groeben/J. Schwarze/A. Hatje (Hrsg.), Europäisches Unionsrecht, [7]Baden-Baden 2015, Art. 259 AEUV, Rn. 4.

gelöst.[347] Auch für das Vertragsverletzungsverfahren sieht die Kommission aber das Problem, dass eine schnelle Reaktion auf Verstöße gegen EU-Recht durch zu langwierige Vorverfahren verhindert wird.[348]

c) Finanzielle Sanktionen gemäß EHO

Vor der Ergreifung finanzieller Sanktionen gegenüber Mitgliedstaaten nach Art. 63 Abs. 8 EHO[349] ist die Kommission nicht zur Durchführung eines Vorverfahrens oder Anhörung des betroffenen Mitgliedstaats verpflichtet. Vielmehr sieht diese Regelung eine nachträgliche Anhörung der Mitgliedstaaten vor: Danach und sofern er die notwendigen Maßnahmen getroffen hat, ist die Kommission zur Beendigung ihrer Maßnahmen verpflichtet. Auch für die in Art. 236 Abs. 4 lit. b) EHO vorgesehene Möglichkeit finanzieller Sanktionen bei Auszahlungen an Drittländer[350] ist ein Vorverfahren nicht ausdrücklich vorgesehen.

Sofern die finanziellen Sanktionen Mittelempfänger (und nicht Mitglied- bzw. Drittstaaten) direkt betreffen, muss ein Vorverfahren hingegen durchgeführt werden.[351] Dies ist schon aufgrund des gegenüber nicht-staatlichen Akteuren geltenden Rechtsstaatsgebots erforderlich.[352] Allerdings sind diese Fälle nicht mit Sanktionen gegen Mitgliedstaaten vergleichbar.

d) Maßstäbe für das Vorverfahren

Vorverfahren vor Sanktionen erfüllen verschiedene wichtige Ziele, insbesondere fördern sie die Sachverhaltsaufklärung, ermöglichen politischen Dialog, gewähren rechtliches Gehör und enthalten eine Warnfunktion. All diese Ziele sind auch im Rahmen eines neuen Sanktionsmechanismus von Bedeutung und sollten entsprechend ermöglicht werden. Für einen effektiven politischen Dialog mit der für die europäische Integration schon bisher besonders wichtigen po-

---

[347] Hierzu etwa die Zahlen für das Jahr 2016: Die Kommission leitete 986 Vertragsverletzungsverfahren mit einem Aufforderungsschreiben ein, nur in wenigen Fällen klagte sie vor dem EuGH. 2016 beispielsweise erließ der EuGH nur 28 Urteile in Vertragsverletzungsverfahren. Zu diesen und weiteren Zahlen *European Commission*, Report from the Commission – Monitoring the application of European Union law 2016 Annual Report – COM (2017) 370 final, 06.07.2017, S. 18 ff.

[348] Hierbei bezieht sie sich vor allem auf das von ihr bisher eingesetzte Verfahren „EU-Pilot". *Europäische Kommission*, Mitteilung der Kommission – EU-Recht: Bessere Ergebnisse durch bessere Anwendung – C/2016/8600, 19.01.2017, S. 13. Hierzu *U. Ehricke*, in: R. Streinz (Hrsg.), EUV/AEUV, [3]München 2018, Art. 258 AEUV, Rn. 16. Der „EU-Pilot" wurde eingeführt, um die Vertragsverletzungsverfahren effizienter abzuwickeln. *Europäische Kommission*, Mitteilung der Kommission – Ein Europa der Ergebnisse – Anwendung des Gemeinschaftsrechts – KOM(2007) 502 endg, 05.09.2007, S. 8 f.

[349] Siehe oben § 2 C. I. 4.

[350] Siehe oben § 2 C. I. 4.

[351] So etwa in Art. 131 und 133 VO (EU, Euratom) Nr. 2018/1046 (EHO), ABl. EU L 193 v. 30.07.2018, S. 1 ff.

[352] Siehe oben § 2 A. II.

litischen Konfliktlösung ist es ratsam, Teile des Vorverfahrens vertraulich auszugestalten. Um gleichzeitig Transparenzanforderungen sowie die Warnfunktion zu erfüllen, sollte es aber möglich sein, einzelne Aspekte des Vorverfahrens und insbesondere den Fortschritt öffentlich zu machen. Ein solchermaßen ausgestaltetes Vorverfahren kann auch in schwierigen Konfliktlagen zur Rechtsstaatlichkeit Erfolg haben, wie der Fall Rumänien zeigt: Hier war der seitens der EU insbesondere 2012 ausgeübte politische Druck zur Änderung rechtsstaatskritischer Gesetze auch ohne Einleitung eines formellen Verfahrens zumindest teilweise erfolgreich.[353]

Allerdings gilt es zu verhindern, dass zu langwierige Vorverfahren die Möglichkeit der Verzögerung von Sanktionen bieten. Da sich mitgliedstaatliche Politik häufig an kurz- bis mittelfristigen Zeiträumen der Legislaturperioden orientiert, ist die Schnelligkeit von Sanktionen wichtig für ihre Wirksamkeit und ihren Abschreckungseffekt.[354] Insoweit bietet sich eine zeitliche Begrenzung des Vorverfahrens auf wenige Monate an.

2. *Vorschlag von Kommission und Parlament: Dialog mit Mitgliedstaat*

Nach dem Vorschlag von Kommission und Parlament muss die Kommission zunächst ein Vorverfahren durchführen: Ist sie der Auffassung, dass „hinreichende Gründe für die Feststellung" eines generellen Mangels in Bezug auf das Rechtsstaatsprinzip gemäß Art. 3 des Vorschlags vorliegen, teilt sie dies dem betreffenden Mitgliedstaat unter Angabe von Gründen mit und unterrichtet Parlament und Rat hierüber.[355]

Der Wortlaut „nach Auffassung der Kommission" überlässt der Kommission insoweit eine alleinige Einschätzungsprärogative, wobei sie allerdings auf „sämtliche sachdienliche Informationen" eingeht.[356] Hierunter fallen insbesondere Entscheidungen des EuGH, Stellungnahmen des Gremiums unabhängiger Sachverständiger, Entschließungen des Parlaments, Berichte des EuRH,

---

[353] *L. Pech/D. Kochenov*, Strengthening the Rule of Law Within the European Union: Diagnoses, Recommendations, and What to Avoid – Policy Brief June 2019, 13.06.2019, S. 2 ff.

[354] So auch *M. Blauberger/V. van Hüllen*, Journal of European Integration 6 (2020), S. 1 ff., 4 f.

[355] Art. 5 Abs. 1 Vorschlag COM (2018) 324 final (finanzielle Sanktionen) – Abänderungen Parlament (P8_TA-PROV(2019)0349) v. 04.04.2019.

[356] Art. 5 Abs. 1 und 2 Vorschlag COM (2018) 324 final (finanzielle Sanktionen) – Abänderungen Parlament (P8_TA-PROV(2019)0349) v. 04.04.2019. In der englischen, französischen, spanischen und dänischen Sprachfassung heißt es hingegen: „The Commission may take into account […]", „La Commission peut prendre en compte […]", „La Comisión podrá tener en cuenta […]" bzw. „Kommissionen kan tage hensyn […]". Nach diesen Versionen muss die Kommission diese Berichte nicht zwingend berücksichtigen. Die deutsche Version „berücksichtigt" spricht hingegen für eine zwingende Berücksichtigung dieser Berichte – soweit es solche gibt. In der Praxis dürfte diese unterschiedliche Wortwahl aber keinen Unterschied machen. Denn aus politischen Gründen wird die Kommission ohnehin alle Berichte berücksichtigen und ihre Auffassung möglichst genau substantiieren.

Schlussfolgerungen und Empfehlungen einschlägiger internationaler Organisationen und Netze, die Aufnahmekriterien für neue Mitgliedstaaten sowie Leitlinien des Kooperations- und Kontrollverfahrens.[357] Hierzu kann die Kommission auch zusätzliche Informationen anfordern, die der betroffene Mitgliedstaat vorlegen muss.[358] Zudem kann der Mitgliedstaat binnen einer von der Kommission festgelegten Frist, die zwischen einem und drei Monaten betragen darf, Stellung nehmen und Abhilfemaßnahmen vorschlagen.

3. Eigener Reformvorschlag: Zeitlich begrenztes Vorverfahren

Der Vorschlag von Kommission und Parlament wird den anhand der bestehenden Sanktionsmechanismen aufgestellten Maßstäben[359] größtenteils gerecht. Positiv hieran ist insbesondere, dass es ausreichend Raum für politischen Dialog gibt und das Verfahren auch keine Beteiligung anderer Organe vorsieht: Diese Vertraulichkeit kann der Kommission und insbesondere der möglicherweise innenpolitischen Zwängen unterliegenden mitgliedstaatlichen Regierung eine gesichtswahrende Lösung ermöglichen.[360] Nach diesem Vorschlag sind die Beteiligten allerdings auch nicht gezwungen, die Verhandlungen bzw. ausgetauschten Informationen geheim zu halten. Dadurch ist es der Kommission möglich, über Öffentlichkeitsarbeit zusätzlichen öffentlichen Druck auf den Mitgliedstaat zu erzeugen.

Reformbedürftig ist aber unter anderem, dass der Vorschlag nur der Kommission das Recht gibt, ein solches Vorverfahren einzuleiten – Parlament und Rat haben insoweit nur Informationsrechte gegenüber der Kommission. Gerade wegen der besonderen Bedeutung des Schutzes der finanziellen Interessen der EU sowie der Rechtsstaatlichkeit allgemein sollten Parlament und Rat die Kommission zur Einleitung eines solchen Vorverfahrens verpflichten können.[361]

---

[357] Art. 5 Abs. 2 Vorschlag COM (2018) 324 final (finanzielle Sanktionen) – Abänderungen Parlament (P8_TA-PROV(2019)0349) v. 04.04.2019. Zu den Aufnahmekriterien für neue Mitgliedstaaten *Europäischer Rat*, Europäischer Rat Kopenhagen 22.–23. Juni 1993 – Schlussfolgerungen des Vorsitzes – SN 180/1/93, 23.06.1993. Zum Kooperations- und Kontrollverfahren siehe oben § 3 C. V.

[358] Art. 5 Abs. 3 Vorschlag COM (2018) 324 final (finanzielle Sanktionen) v. 02.05.2018. Dieser Absatz legt aber nicht fest, von wem die Kommission diese Informationen anfordern kann. In Zusammenschau mit Art. 5 Abs. 4 Vorschlag COM (2018) 324 final (finanzielle Sanktionen) v. 02.05.2018 ist aber davon auszugehen, dass der betroffene Mitgliedstaat gemeint ist. Die Art der Informationen ist ebenfalls nicht genauer definiert. Im Unterschied zur Stellungnahme des Mitgliedstaats und (wertenden) Berichten anderer Organisationen dürfte es sich hierbei vor allem um technische Auskünfte handeln, beispielsweise Statistiken zu Gerichten und Verfahren sowie Gesetzes- und Verordnungstexte.

[359] Siehe oben § 4 C. I. 1. d).

[360] So auch *U. Sedelmeier*, Journal of European Public Policy 24 (2017), S. 337 ff., 346.

[361] Hierfür sollten die für Parlament und Rat Abstimmungsregelungen in üblichen Verfahren Anwendung finden, d. h. Mehrheit der abgegebenen Stimmen im Parlament (Art. 231 UAbs. 1 AEUV) und qualifizierte Mehrheit im Rat (Art. 16 Abs. 3 EUV).

Wegen ihrer zentralen Stellung als Hüterin der Verträge,[362] ihrer Organisation und Kontakte in die einzelnen Mitgliedstaaten sollte das Vorverfahren selbst aber nur von der Kommission geführt werden. Gegebenenfalls parallel laufende Vorverfahren anderer Institutionen bergen darüber hinaus die Gefahr von Kompetenzkonflikten und Effizienzverlusten.

Zudem lässt der Vorschlag der Kommission zu viel Gestaltungsspielraum bei der Durchführung des Vorverfahrens. Da sie dieses als Herrin des Verfahrens somit leichter steuern kann, ist es wahrscheinlicher, dass sie dieses Verfahren einleitet. Insbesondere die Erfahrung mit dem Art. 7-Verfahren zeigt jedoch, dass zeitlich nicht klar begrenzte Vorverfahren die Gefahr von nachteiligen Verfahrensverzögerung in sich tragen.[363] Deshalb sollte das Vorverfahren schon durch die Verordnung stärker strukturiert und grundsätzlich auf maximal sechs Monate – mit gegebenenfalls einer Verlängerung um drei Monate – angesetzt werden. Dies dürfte regelmäßig ausreichen, um insbesondere den Sachverhalt weiter aufzuklären, politischen Dialog zu ermöglichen und gegebenenfalls eine Konfliktlösung herbeizuführen. Dies gilt umso mehr als dem formellen Vorverfahren regelmäßig informelle Vorgespräche und Vorbereitungen vorausgehen.[364] Zugleich kann diese Zeitspanne langfristig negative Konsequenzen verhindern helfen. Auch trotz der grundsätzlich zu wahrenden Vertraulichkeit des Vorverfahrens sollte die Kommission in Grundzügen über den Fortgang dieses Vorverfahrens und ausführlich über die Ergebnisse mit abschließenden Empfehlungen berichten.

II. Das Hauptsacheverfahren

Im sich an das Vorverfahren anschließenden Hauptsacheverfahren ist über die Feststellung eines sanktionswürdigen Verstoßes sowie die Sanktion zu entscheiden. Auch insoweit lassen sich Lehren aus den bereits bestehenden Sanktionsmechanismen ziehen. Das betrifft insbesondere bestehende Verfahrenshürden und die Rollen der unterschiedlichen Institutionen in diesen Verfahren. Nach dem Vorschlag von Kommission und Parlament soll die Kommission über finanzielle Sanktionen befinden. Zur Umsetzung der finanziellen Sanktion sieht der Vorschlag eine Übertragung der von der Sanktion betroffenen Mittel auf einen anderen Haushaltsposten vor. Hierüber sollen Parlament und Rat im Verfahren der umgekehrten (qualifizierten) Mehrheit entscheiden. Dieses Verfahren ist mit Blick auf den Wortlaut der Verträge sowie das institutionelle Gleichgewicht allerdings abzulehnen. Erforderlich ist neben einem Beschluss der Kommission vielmehr ein positiver Zustimmungsbeschluss von Parlament und Rat zur Mittelübertragung.

---

[362] Art. 17 Abs. 1 S. 3 EUV.

[363] Siehe oben § 4 C. I. 1. a) cc).

[364] So etwa auch beim Vertragsverletzungsverfahren, siehe oben § 4 C. I. 1. b).

1. Maßstabsbildung anhand bestehender Sanktionsmechanismen und Anforderungen des Haushaltsrechts

Die Hauptsacheverfahren der bestehenden Sanktionsmechanismen sind unterschiedlich strukturiert, insbesondere die Rolle der Institutionen sowie Verfahrenshürden betreffend. Hieraus lassen sich Maßstäbe für den neuen Sanktionsmechanismus ableiten.

a) Verfahrenshürden im Verfahren nach Art. 7 EUV

Das Verfahren nach Art. 7 EUV zeichnet sich durch besonders hohe Verfahrenshürden aus und gliedert sich in drei Verfahrensabschnitte: Die Feststellung der Gefahr der Verletzung der Grundwerte der EU, die Feststellung der tatsächlichen Verletzung dieser Werte sowie die Aussetzung von Rechten als Sanktion.

Für die Feststellung der „eindeutige[n] Gefahr einer schwerwiegenden Verletzung" der Werte aus Art. 2 EUV bedarf es eines begründeten Vorschlags eines Drittels der Mitgliedstaaten, des Parlaments oder der Kommission, dem das Parlament mit Zwei-Drittel-Mehrheit und der Rat mit Vier-Fünftel-Mehrheit zustimmen muss.[365] Diese Feststellung dient der Warnung des betroffenen Mitgliedstaats und der Sensibilisierung der Öffentlichkeit;[366] sie ist aber keine zwingende Voraussetzung für die weiteren Maßnahmen nach Art. 7 EUV.[367] Die Feststellung der tatsächlichen Verletzung der Werte aus Art. 2 EUV kann ein Drittel der Mitgliedstaaten oder die Kommission vorschlagen und den be-

---

[365] Art. 7 Abs. 1 UAbs. 1 S. 1 EUV. Der betroffene Mitgliedstaat hat ein Anhörungsrecht, ist aber nicht stimmberechtigt und wird auch für die Berechnung des Quorums nicht mitgerechnet, Art. 7 Abs. 5 EUV i. V. m. Art. 354 Abs. 1 UAbs. 1 S. 1 AEUV. Stimmenthaltungen anderer Mitgliedstaaten können das Erreichen des nötigen Quorums verhindern. Dies folgt im Umkehrschluss aus Art. 7 Abs. 5 EUV i. V. m. Art. 354 Abs. 1 S. 2 AEUV. *M. Ruffert*, in: C. Calliess/M. Ruffert (Hrsg.), EUV/AEUV, [5]München 2016, Art. 7 EUV, Rn. 11. Dem Parlamentsbeschluss muss zudem mindestens die Mehrheit der Mitglieder des Parlaments zustimmen, Art. 7 Abs. 5 EUV i. V. m. Art. 354 Abs. 4 AEUV.

[366] *P. Voet van Vormizeele*, in: H. v. Groeben/J. Schwarze/A. Hatje (Hrsg.), Europäisches Unionsrecht, [7]Baden-Baden 2015, Art. 7 EUV, Rn. 7 f.

[367] Auch wenn Sinn und Zweck der Regelung, nämlich die Durchführung eines abgestuften Verfahrens mit einer ultima ratio wohl eher dafür sprechen, dass die Durchführung des Verfahrens nach Art. 7 Abs. 1 EUV zwingende Voraussetzung für die Feststellung nach Art. 7 Abs. 2 EUV ist, ergibt sich dies aus dem Wortlaut der Vorschrift nicht. Somit ist es für die Durchführung des Verfahrens nach Art. 7 Abs. 2 EUV nicht zwingend, zunächst Vorfeldmaßnahmen nach Art. 7 Abs. 1 EUV zu ergreifen. *S. Mangiameli/G. Saputelli*, in: H.-J. Blanke/S. Mangiameli (Hrsg.), The Treaty on European Union (TEU), Heidelberg 2013, Art. 7 TEU, Rn. 30; *P. Voet van Vormizeele*, in: H. v. Groeben/J. Schwarze/A. Hatje (Hrsg.), Europäisches Unionsrecht, [7]Baden-Baden 2015, Art. 7 EUV, Rn. 6; *M. Ruffert*, in: C. Calliess/M. Ruffert (Hrsg.), EUV/AEUV, [5]München 2016, Art. 7 EUV, Rn. 14; *Europäische Kommission*, Mitteilung der Kommission an den Rat und an das Europäische Parlament zu Artikel 7 des Vertrags über die Europäische Union – Wahrung und Förderung der Grundwerte der Europäischen Union – COM (2003) 606 final, 15.10.2003, S. 5.

troffenen Mitgliedstaat zu einer Stellungnahme auffordern.[368] Den Beschluss hierüber treffen das Parlament mit Zwei-Drittel-Mehrheit sowie der Europäische Rat mit Einstimmigkeit der übrigen Mitgliedstaaten.[369] Erst wenn ein solcher Feststellungsbeschluss getroffen wurde, kann der Rat mit qualifizierter Mehrheit die Aussetzung bestimmter Rechte beschließen.[370] Durch die Beteiligung von Parlament, Europäischer Rat, Rat und Kommission erhalten dieses Verfahren und die auf seiner Grundlage beschlossenen Sanktionen eine besondere Legitimation. Aufgrund der hohen Quoren – insbesondere der Einstimmigkeit bei der Feststellung der Verletzung – ist dieses Verfahren in der Praxis aber nur schwer anwendbar. Deshalb steht auch eine Reform dieses Verfahrens zur Debatte.[371]

b) Stark gerichtlich geprägtes Vertragsverletzungsverfahren

Das Hauptsacheverfahren des Vertragsverletzungsverfahrens ist ein gerichtliches: Auf Antrag der Kommission oder eines anderen Mitgliedstaats entscheidet der EuGH darüber, ob der betroffene Mitgliedstaat Unionsrecht verletzt.[372] In diesem Verfahrensstadium wird die Beurteilung der mitgliedstaatlichen Maßnahme(n) somit der politischen Bewertung entzogen und einer gerichtlichen Entscheidung durch den EuGH zugeführt. Dieser ist als unabhängiges Organ keinen (tages-)politischen Zwängen unterworfen. Allerdings sind Auswirkungen möglicher politischer Zwänge auch im Vertragsverletzungsverfahren nicht ausgeschlossen – hier spielen sie dann bei der Entscheidung der Kommission über die Einleitung des Vertragsverletzungsverfahrens eine Rolle.

Insoweit stellt das Vertragsverletzungsverfahren einen, wenn auch sehr wichtigen, Sonderfall dar: In anderen Sanktionsverfahren treffen andere Institutionen die Entscheidung über die Sanktion, der EuGH kann nur nachträglich zur gerichtlichen Kontrolle angerufen werden.[373] Eine solche nachträgliche gerichtliche Kontrolle lässt zunächst Raum für eine politische Lösungsfindung,

---

[368] Art. 7 Abs. 2 EUV. Das Europäische Parlament hat wohl wegen der besonderen Auswirkungen dieser Entscheidung insoweit kein Initiativrecht. *M. Ruffert*, in: C. Calliess/M. Ruffert (Hrsg.), EUV/AEUV, [5]München 2016, Art. 7 EUV, Rn. 15. Es kann die anderen Unionsorgane mit Initiativrecht politisch (wenn auch nicht rechtlich bindend) zur Einleitung dieses Verfahrens auffordern. *S. Mangiameli/G. Saputelli*, in: H.-J. Blanke/S. Mangiameli (Hrsg.), The Treaty on European Union (TEU), Heidelberg 2013, Art. 7 TEU, Rn. 33.

[369] Gemäß Art. 7 Abs. 2 und Abs. 5 EUV i. V. m. Art. 354 Abs. Abs. 1 und 4 EUV.

[370] Art. 7 Abs. 3 S. 1 EUV. Gemäß Art. 238 Abs. 3 lit. b AEUV (doppelte qualifizierte Mehrheit). *P. Voet van Vormizeele*, in: H. v. Groeben/J. Schwarze/A. Hatje (Hrsg.), Europäisches Unionsrecht, [7]Baden-Baden 2015, Art. 354 AEUV, Rn. 6. Stimmenthaltungen können einer qualifizierten Mehrheit auf dieser Stufe des Verfahrens somit entgegenstehen, wie auch im Umkehrschluss aus Art. 354 Abs. 1 S. 2 AEUV folgt. Auch *M. Ruffert*, in: C. Calliess/M. Ruffert (Hrsg.), EUV/AEUV, [5]München 2016, Art. 7 EUV, Rn. 21.

[371] Siehe oben § 2 B. I.

[372] Art. 258 UAbs. 2, Art. 259 UAbs. 1 und Art. 260 Abs. 1 AEUV.

[373] Für bestehende Sanktionsmechanismen nach der EHO siehe unten § 4 C. II. 1. d).

der in der europäischen Integration ein hoher Stellenwert eingeräumt wird.[374] Ein insoweit den politischen Organen zugestandener Beurteilungsspielraum und Ermessen zur Konfliktlösung wirkt auch einer Politisierung des EuGH entgegen. Denn das hohe Maß des in ihn gesetzten Vertrauens folgt insbesondere daraus, dass er nicht als politischer Akteur wahrgenommen wird.[375]

c) Entscheidungshoheit des Rates im Defizitverfahren und Verfahren zur Koordinierung der Wirtschaftspolitik

Im Defizitverfahren sowie im Verfahren zur Korrektur makroökonomischer Ungleichgewichte liegt die Entscheidungshoheit im Hauptsacheverfahren beim Rat, der mit umgekehrter qualifizierter Mehrheit entscheidet:[376] Hiernach legt die Kommission dem Rat eine entsprechende Empfehlung vor. Diese gilt als Beschluss des Rates angenommen, sofern er diese nicht innerhalb einer bestimmten Frist mit qualifizierter Mehrheit ablehnt oder ändert. Eine positive Beschlussfassung des Rates ist für das Zustandekommen des Ratsbeschlusses nicht erforderlich.[377] Hierdurch sollen politische Blockaden im Rat umgangen, das Verfahren schneller und damit der Sanktionsmechanismus insgesamt effizienter werden.[378]

Begründet wird diese in den Verträgen so nicht ausdrücklich vorgesehene umgekehrte qualifizierte Mehrheit unter anderem mit Art. 136 AEUV, der über Art. 121 und 126 AEUV hinausgehende Regelungen zur Überwachung der Haushaltsdisziplin und der Einhaltung der Grundzüge der Wirtschaftspolitik

---

[374] Dies zeigt sich auch an den in allen Sanktionsverfahren vorgesehenen Vorverfahren, siehe oben § 4 C. I. 1.

[375] So auch *M. Blauberger/R. D. Kelemen*, Journal of European Public Policy 24 (2017), S. 321 ff., 331 f.

[376] Zur wirtschafts- und haushaltspolitischen Überwachung siehe oben § 2 C. I. 2. a) cc) und § 2 C. III. 1. b) aa).

[377] Für Entscheidungen zur Korrektur makroökonomischer Ungleichgewichte Art. 3 Abs. 3 VO (EU) Nr. 1174/2011 (Korrektur makroökonomischer Ungleichgewichte), ABl. EU L 306 v. 16.11.2011, S. 8 ff.; für Entscheidungen über Verhängung von Geldbußen im Rahmen des Defizitverfahrens nach Art. 126 Abs. 8 AEUV gilt Art. 6 Abs. 2 VO (EU) Nr. 1173/2011 (haushaltspolitische Überwachung), ABl. EU L 306 v. 16.11.2011, S. 1 ff.

Deshalb wird die Bezeichnung als „umgekehrte qualifizierte Mehrheit" teilweise als verfehlt angesehen, stattdessen sollte es vielmehr als Vetorecht des Rates bezeichnet werden. *A. Agostini*, Das Sanktionssystem zur haushaltspolitischen Disziplinierung der EU-Mitgliedstaaten, 2020, S. 184 f.

[378] *A. Agostini*, Das Sanktionssystem zur haushaltspolitischen Disziplinierung der EU-Mitgliedstaaten, 2020, S. 183 f.; *R. Palmstorfer*, ELJ 20 (2014), S. 186 ff., 191 f. Aus den ErwG. gehen diese Ziele nur mittelbar hervor, etwa ErwG. 7 und 23 VO (EU) Nr. 1173/2011 (haushaltspolitische Überwachung), ABl. EU L 306 v. 16.11.2011, S. 1 ff. und ErwG. 10 und 16 VO (EU) Nr. 1174/2011 (Korrektur makroökonomischer Ungleichgewichte), ABl. EU L 306 v. 16.11.2011, S. 8 ff. Trotzdem hat der Rat auf dieser Grundlage noch keine Sanktionen verhängt, auch wenn die Voraussetzungen hierfür erfüllt waren. *R. Bandilla*, in: E. Grabitz/M. Hilf/ M. Nettesheim (Hrsg.), Das Recht der Europäischen Union, [69]München 2020, Art. 126 AEUV, Rn. 98.

zulasse. Deshalb ermögliche er als implizite Grenze des Art. 16 Abs. 3 EUV auch eine Erleichterung der Sanktionsentscheidungen in diesem Bereich.[379] Zudem handele es sich bei den Fällen der umgekehrten qualifizierten Mehrheit um eine zulässige Straffung des Verfahrens, da auf anderen Verfahrensstufen weiterhin ein positiver Ratsbeschluss mit qualifizierter Mehrheit nötig sei.[380] Schließlich könne den Verträgen ein allgemeiner Grundgedanke zur Erleichterung von Mehrheitsentscheidungen entnommen werden, etwa aus der verstärkten Zusammenarbeit nach Art. 333 AEUV und dem vereinfachten Vertragsänderungsverfahren nach Art. 48 Abs. 7 EUV.[381]

Die Anwendung der umgekehrten qualifizierten Mehrheit ist aber schon deshalb umstritten, weil die Verträge diese nicht ausdrücklich vorsehen: Nach dem Wortlaut des Art. 16 Abs. 3 EUV „beschließt [der Rat] mit qualifizierter Mehrheit",[382] sofern „in den Verträgen nichts anderes festgelegt ist".[383] Dies spricht für das Erfordernis eines positiven, zustimmenden Beschlusses.[384] Das Verfahren der umgekehrten qualifizierten Mehrheit unterscheidet sich auch vom in der Geschäftsordnung vorgesehenen Verfahren der stillschweigenden Mehrheit, da bei letzterem jedes Ratsmitglied einzeln eine förmliche Beschlussfassung des Rates herbeiführen kann.[385] Denn abgesehen von solchen Abstimmungsmodalitäten kann der Rat die durch das Primärrecht vorgegebenen Mehrheitserfordernisse und Grundsätze der Willensbildung nicht ändern.[386] Auch der denkbare Verweis auf ein ähnliches Vorgehen im Komitologieverfahren vorgesehenen Prüfverfahren[387] trägt nicht: Hier wird nicht der Rat als Institution tätig, son-

---

[379] *C. Antpöhler*, ZaöRV 72 (2012), S. 353 ff., 379 f.

[380] *C. Calliess/C. Schoenfleisch*, JZ 67 (2012), S. 477 ff., 479 f.

[381] *C. Antpöhler*, ZaöRV 72 (2012), S. 353 ff., 379 f.

[382] Diese wird nach Art. 238 Abs. 3 AEUV berechnet.

[383] Ausnahmen sehen etwa Art. 46 Abs. 6 S. 1 EUV (Einstimmigkeit bei Beschlüssen im Rahmen der Ständigen Strukturierten Zusammenarbeit), Art. 290 Abs. 2 UAbs. 1 lit. b) AEUV (Inkrafttreten von delegierten Rechtsakten) und Art. 314 Abs. 7 lit. a) AEUV (Billigung des Haushaltsplans) vor.

[384] Nach aA folgt das Erfordernis eines positiven Beschlusses nicht aus Art. 16 Abs. 3 EUV, sondern aus Art. 121 Abs. 4 UAbs. 2 und 3 sowie Art. 126 Abs. 13 AEUV. *A. Agostini*, Das Sanktionssystem zur haushaltspolitischen Disziplinierung der EU-Mitgliedstaaten, 2020, S. 188 f.

[385] Art. 12 Abs. 2 UAbs. 2 Beschluss 2009/937/EU (GO Rat), ABl. EU L 325 v. 01.12.2009, S. 35. Die Geschäftsordnung erlässt der Rat gemäß Art. 240 Abs. 3 AEUV. Zu diesem Unterschied auch *J. Bast/F. Rödl*, EuGRZ 39 (2012), S. 269 ff., 275 f.

[386] EuGH, Urteil v. 06.05.2008, Rs. C-133/06, *Parlament/Rat*, ECLI:EU:C:2008:257, Rn. 54; EuGH, Urteil v. 23.02.1988, Rs. C-68/86, *Vereinigtes Königreich/Rat*, ECLI:EU:C:1988:85, Rn. 38; *C. Antpöhler*, ZaöRV 72 (2012), S. 353 ff., 379.

[387] Hier finden ähnliche Regelungen im Fall der Untätigkeit des Organs Anwendung: Im Prüfverfahren kann die Kommission den Durchführungsrechtsakt erlassen, wenn der Ausschuss keine Stellungnahme abgibt; dies gilt jedoch nicht, wenn der Ausschuss dies mit einfacher (und nicht qualifizierter) Mehrheit abgelehnt hat, Art. 5 Abs. 4 UAbs. 1 S. 1, UAbs. 2 lit. c) VO (EU) Nr. 182/2011 (Komitologieverfahren), ABl. EU L 55 v. 16.02.2011, S. 13 ff. Gibt der danach gegebenenfalls angerufene Berufungsausschuss keine Stellungnahme oder keine ab-

dern ein Ausschuss, in dem die Mitgliedstaaten vertreten sind.[388] Somit ist es überzeugender, die sekundärrechtliche Festlegung der umgekehrten qualifizierten Mehrheit mit Blick auf den klaren Wortlaut des Art. 16 Abs. 3 EUV abzulehnen.[389]

Zudem hat diese Änderung der notwendigen Mehrheitsverhältnisse auch Auswirkungen auf das institutionelle Gleichgewicht:[390] Bei einer (positiven) qualifizierten Mehrheit bedarf es neben des Kommissionsvorschlags einer Mehrheit von mindestens 55 % der Mitglieder des Rates, gebildet aus mindestens 15 Mitgliedern, die zusammen 65 % der Bevölkerung repräsentieren müssen.[391] Bei einer umgekehrten qualifizierten Mehrheit genügt es, wenn im Rat mehr als 45 % der Mitglieder, die zusammen mehr als 35 % der Bevölkerung repräsentieren, für den Vorschlag der Kommission sind. In diesem Fall einer „ermöglichenden Minderheit"[392] käme eine qualifizierte Mehrheit gegen den Kommissionsvorschlag nicht zustande. Vielmehr bedürfte es zur Ablehnung des Kommissionsvorschlags entgegen der nach Art. 16 Abs. 4 UAbs. 2 EUV erforderlichen Sperrminorität einer „Sperrmehrheit".[393] Somit hat die Entscheidung der Kommission über den Vorschlag ein erhöhtes Gewicht; diese Änderung der Mehrheitserfordernisse verschiebt das in Art. 13 Abs. 2 S. 1 EUV festgelegte institutionelle Gefüge, ohne dass es hierfür eine primärrechtliche Grundlage gäbe.[394]

---

lehnende Stellungnahme (mit qualifizierter Mehrheit) ab, kann die Kommission den Durchführungsrechtsakt erlassen, Art. 6 Abs. 1 und Abs. 3 i. V. m. Art. 5 Abs. 1 VO (EU) Nr. 182/2011 (Komitologieverfahren), ABl. EU L 55 v. 16.02.2011, S. 13 ff.

[388] Art. 3 Abs. 2 VO (EU) Nr. 182/2011 (Komitologieverfahren), ABl. EU L 55 v. 16.02.2011, S. 13 ff.

[389] So auch *J. Bast/F. Rödl*, EuGRZ 39 (2012), S. 269 ff., 276 f.; *R. Palmstorfer*, ELJ 20 (2014), S. 186 ff., 196 f. Kritisch (wohl) auch *M. Niedobitek*, in: ders. (Hrsg.), Europarecht – Grundlagen der Union, Berlin 2014, S. 1, 191 f. Kritisch zur ähnlichen Abstimmungsregel in Art. 7 des (völkerrechtlichen) Vertrags über Stabilität, Koordinierung und Steuerung in der Wirtschafts- und Währungsunion *R. Repasi*, EuR 48 (2013), S. 45 ff., 69 f.

[390] Nach diesem Grundsatz des institutionellen Gleichgewichts übt jedes Organ seine Befugnisse unter Beachtung der Befugnisse der anderen Organe. EuGH, Urteil v. 06.05.2008, Rs. C-133/06, *Parlament/Rat*, ECLI:EU:C:2008:257, Rn. 56 f.

[391] Art. 16 Abs. 4 UAbs. 1 EUV.

[392] *D. Seikel*, JCMS: Journal of Common Market Studies 54 (2016), S. 1398 ff., 1407 f. spricht insoweit von einer „enabling minority".

[393] Von *R. Palmstorfer*, ELJ 20 (2014), S. 186 ff., 194 f. als „blocking majority" bezeichnet.

[394] So auch *J. Bast/F. Rödl*, EuGRZ 39 (2012), S. 269 ff., 277; *A. Agostini*, Das Sanktionssystem zur haushaltspolitischen Disziplinierung der EU-Mitgliedstaaten, 2020, S. 190 ff. spricht insoweit gar vom Rat als „Marionette" der Kommission; (wohl) auch *M. W. Bauer/S. Becker*, Journal of European Integration 36 (2014), S. 213 ff., 221 f.; *D. Seikel*, JCMS 54 (2016), S. 1398 ff., 1407 f. *C. Antpöhler*, ZaöRV 72 (2012), S. 353 ff., 381 stimmt in diesem Punkt zu, sieht diese Verschiebung aber im Ergebnis als gerechtfertigt an. Hierin keine Verschiebung des institutionellen Gleichgewichts sieht *C. Ziegenhorn*, in: E. Grabitz/M. Hilf/M. Nettesheim (Hrsg.), Das Recht der Europäischen Union, [69]München 2020, Art. 16 EUV, Rn. 12.

d) Kommissionsbeschlüsse über finanzielle Sanktionen nach EHO

Die Sanktionsmöglichkeit nach Art. 63 Abs. 8 EHO[395] weist der Kommission die Handlungsprämisse zu: Diese beschließt den Ausschluss von der Finanzierung aus Unionsmitteln bzw., sofern in den fondsspezifischen Regelungen vorgesehen, die Unterbrechung von Zahlungsfristen oder Aussetzung von Zahlungen.[396] Ein formelles Vorverfahren findet insoweit nicht statt, vielmehr hat der betroffene Mitgliedstaat nur die Möglichkeit der nachträglichen Stellungnahme.[397] Die Beschlüsse der Kommission unterliegen einer gerichtlichen ex-post Kontrolle.[398] Im Rahmen dieses Verfahrens kann die Kommission Sanktionen also vergleichsweise schnell verhängen, was die Effektivität und den Abschreckungseffekt des Sanktionsmechanismus erhöht.

e) Anforderungen des Haushaltsrechts

Zur Erhöhung seiner Effektivität sollen im Rahmen des neuen Sanktionsmechanismus beschlossene Sanktionen Auswirkungen auf die ESIF haben.[399] Deshalb sind Anforderungen des Haushaltsrechts zu beachten. Gemäß der zeitlichen und sachlichen Spezialität[400] sind die Mittel im Haushaltsplan unter anderem nach ESIF und Programmen unterteilt. Für die Umsetzung der angestrebten finanziellen Sanktion müssen Mittel aus den sanktionierten Programmen bzw. ESIF auf andere Haushaltsposten übertragen werden. Dadurch wird sichergestellt, dass dem sanktionierten Programm bzw. ESIF Mittel in Höhe der finanziellen Sanktion nicht mehr zu Verfügung stehen und stattdessen anderweitig verplant werden können. Solche Mittelübertragungen sind aber nur gemäß Art. 317 UAbs. 3 AEUV i. V. m. Art. 28 bis 32 EHO möglich. Da Mittelübertragungen regelmäßig Wertungen und Schwerpunkte der Haushaltsgesetze verändern,

---

[395] Siehe oben § 2 C. I. 4.

[396] Die Kommission ist nicht verpflichtet gleichzeitig ein Vertragsverletzungsverfahren wegen dieses Verstoßes durchzuführen. EuGH, Beschluss v. 11.07.1996, Rs. C-325/94 P, *An Taisce und WWF UK/Kommission*, ECLI:EU:C:1996:293, Rn. 25.

Eine Aussetzung ist etwa möglich zur Durchsetzung der Ex-Ante-Konditionalitäten und zum Schutz der EU-Finanzen (siehe oben § 2 C. I. 2. a) bb)) oder zur wirtschaftspolitischen Steuerung (siehe oben § 2 C. I. 2. a) cc)).

[397] Siehe oben § 4 C. I. 1. c).

[398] Einschlägig wäre die Nichtigkeitsklage, Art. 263 AEUV.

Auch die Sanktionen beim Einsatz von Budgethilfen an Drittländer (Art. 236 Abs. 4 lit. b) VO (EU, Euratom) Nr. 2018/1046 (EHO), ABl. EU L 193 v. 30.07.2018, S. 1 ff.) und bei direkter Mittelverwaltung durch die Kommission (Art. 131 und 133 VO (EU, Euratom) Nr. 2018/1046 (EHO), ABl. EU L 193 v. 30.07.2018, S. 1 ff.) sehen eine solche zentrale Rolle der Kommission vor. Diese Fälle sind aber nicht direkt vergleichbar mit Sanktionen gegenüber Mitgliedstaaten.

[399] Siehe oben § 2 D. und unten § 4 D.

[400] Art. 310 Abs. 1 UAbs. 1 und Abs. 2 AEUV. Zum Grundsatz der Spezialität *A. Reus/ P. Mühlhausen/A. Stöhr*, Haushalts- und Beihilferecht der EU – Verfahren, Ausführung, Kontrolle, München 2017, S. 98 f.; *S. Magiera*, in: E. Grabitz/M. Hilf/M. Nettesheim (Hrsg.), Das Recht der Europäischen Union, [69]München 2020, Art. 310 AEUV, Rn. 38.

sind die Haushaltsgesetzgeber Parlament und Rat hieran grundsätzlich zu beteiligen.[401]

Als Ausnahme hiervon sieht Art. 30 EHO für die Kommission die Möglichkeit vor, im Rahmen ihres Einzelplans Mittelübertragungen vorzunehmen; diese sind jedoch nach Art und Umfang beschränkt.[402] Die operativen Ausgaben der ESIF können dabei von Titel zu Titel übertragen werden, sofern sie weiterhin demselben Ziel dienen oder Ausgaben für technische Hilfe darstellen.[403] Auf alle darüber hinausgehenden Mittelübertragungen ist das Verfahren nach Art. 31 EHO anwendbar. Hiernach kann die Kommission Parlament und Rat Mittelübertragungsvorschläge unterbreiten. Das Parlament beschließt hierüber mit Mehrheitsbeschluss, der Rat mit qualifizierter Mehrheit innerhalb von sechs Wochen, in dringenden Fällen innerhalb von drei Wochen,[404] nach dessen Eingang bei beiden Organen.[405] Diese Mittelübertragung ist gebilligt oder gilt als gebilligt, wenn Parlament und Rat innerhalb der sechswöchigen Frist zustimmen, eines der beiden Organe zustimmt und das andere keinen Beschluss fasst oder beide keinen Beschluss fassen.[406] Treffen Parlament und Rat unterschiedliche Beschlüsse bezüglich der Höhe der Mittelübertragung, gilt der niedrigere der beiden Beträge als gebilligt, wenn der Mittelübertragungsvorschlag nicht zurückgezogen wird.[407]

f) Maßstäbe für das Hauptsacheverfahren

Für den neuen Sanktionsmechanismus lassen sich hieraus verschiedene Konsequenzen ziehen: Die Beteiligung der Kommission, des Parlaments und des Rates an der Feststellung eines sanktionsbewehrten Verstoßes sowie der Entscheidung über die Sanktion verleihen dem Sanktionsmechanismus eine erhöhte Legitimität. Die Beteiligung von Rat und Parlament ist zudem aufgrund ihrer

401 Dies dient auch dem Schutz des institutionellen Gleichgewichts, siehe oben § 3 B. I. 4. c) bb). Denn die Kommission ist (bei geteilter Mittelverwaltung zusammen mit den Mitgliedstaaten) lediglich Haushaltsvollzugsorgan, Art. 17 Abs. 1 S. 4 EUV und Art. 317 UAbs. 1 S. 1 AEUV.

402 Art. 29 gilt für Mittelübertragungen innerhalb von Einzelplänen anderer Unionsorgane als der Kommission und Art. 32 VO (EU, Euratom) Nr. 2018/1046 (EHO), ABl. EU L 193 v. 30.07.2018, S. 1 ff. für Mittelübertragungen nach Maßgabe besonderer Bestimmungen, etwa für Soforthilfen.

403 Art. 30 Abs. 1 lit. f) VO (EU, Euratom) Nr. 2018/1046 (EHO), ABl. EU L 193 v. 30.07.2018, S. 1 ff.

404 Die Frist wird zudem bei Mittelübertragungen von nur geringem Umfang verkürzt, Art. 31 Abs. 7 VO (EU, Euratom) Nr. 2018/1046 (EHO), ABl. EU L 193 v. 30.07.2018, S. 1 ff.

405 Art. 31 Abs. 3 und 4 VO (EU, Euratom) Nr. 2018/1046 (EHO), ABl. EU L 193 v. 30.07.2018, S. 1 ff. Die Mehrheitserfordernisse folgen für den Rat (auch) aus Art. 16 Abs. 3 EUV, für das Parlament aus Art. 231 UAbs. 1 AEUV.

406 Art. 31 Abs. 6 VO (EU, Euratom) Nr. 2018/1046 (EHO), ABl. EU L 193 v. 30.07.2018, S. 1 ff.

407 Art. 31 Abs. 8 VO (EU, Euratom) Nr. 2018/1046 (EHO), ABl. EU L 193 v. 30.07.2018, S. 1 ff.

Rolle als Haushaltsgesetzgeber und den entsprechenden Anforderungen des Haushaltsrechts erforderlich. Die nach dem Haushaltsrecht der Kommission allein zur Verfügung stehenden Möglichkeiten zur Mittelübertragung reichen nach Art und Umfang für eine effektive Umsetzung dieses Sanktionsmechanismus nicht aus. Denn diese sind eng begrenzt und ermöglichen beispielsweise nicht die Bildung einer separaten Haushaltsreserve oder die Übertragung auf Haushaltstitel, die andere Ziele verfolgen.

Trotzdem ist es sinnvoll, der Kommission als Hüterin der Verträge und Haushaltsvollzugsorgan eine zentrale Rolle zuzuweisen: Sie ist Herrin über das Vorverfahren[408] und hat einen guten Überblick über die Verwendung der Mittel aus den ESIF sowie ihre wirtschaftliche Bedeutung für die einzelnen Mitgliedstaaten[409] und verfügt allgemein über viele Informationen über die Mitgliedstaaten. Insbesondere das Vertragsverletzungsverfahren hat gezeigt, dass die Kommission ihre Überwachungstätigkeit grundsätzlich ausfüllt und bei Verstößen gegen Unionsrecht Sanktionsmaßnahmen einleitet.[410] In Ausnahmefällen ist sie ihrer Rolle aber nicht gerecht geworden, etwa im Falle von Verstößen gegen Vorgaben der Wirtschafts- und Währungsunion, insbesondere zum Defizit der öffentlichen Haushalte.[411] Zudem hat die Kommission im Falle Ungarns das Rechtsstaatsverfahren nach Art. 7 EUV mehrere Jahre nicht eingeleitet, obwohl hierfür ausreichende Anhaltspunkte bestanden.[412] Es besteht also die Gefahr „politischer Zweckentfremdung".[413] Deshalb ist es geboten, dass Parlament und Rat die Kommission formell zur Beschlussfassung auffordern können. Dies würde dem in den Verträgen vorgesehenen indirekten Initiativrecht von Parlament und Rat entsprechen.[414] Denn beide Institutionen haben ebenso wie die im Rat vertretenen einzelnen Mitgliedstaaten als Beitragszahler zum EU-Haushalt ein Interesse am Schutz der EU-Finanzen.

Mit Blick auf die insbesondere in Parlament und Rat erforderlichen Mehrheitserfordernisse sollten zu hohe Verfahrenshürden vermieden werden und deshalb ein Mehrheits- (Parlament) bzw. qualifizierter Mehrheitsbeschluss (Rat) ausreichend sein.[415] Die Einführung einer umgekehrten qualifizierten Mehrheit ist hingegen abzulehnen: Sie ist schon in ihren bisherigen Anwendungsfeldern nicht mit dem Wortlaut der Verträge vereinbar; jedenfalls lässt sich die dort gewählte Begründung nicht auf den hier diskutierten Sanktionsmechanismus

---

[408] Siehe oben § 4 C. I. 3.

[409] Siehe oben § 2 C. II.

[410] Siehe oben § 4 C. II. 1. b).

[411] Siehe oben § 4 B. I. 1. und Fn. 232.

[412] Dieses leitete letztlich das Parlament ein. Siehe oben § 2 A. IV. 1. b).

[413] Zu diesem Problem knapp *A. v. Bogdandy*, ZaöRV 79 (2019), S. 503 ff., 540.

[414] Für das Parlament Art. 225 AEUV, für den Rat Art. 241 AEUV.

[415] Höhere Zustimmungserfordernisse in Rat und Parlament wegen der Regelungen in Art. 16 Abs. 3 EUV (Rat) und Art. 231 UAbs. 1 AEUV (Parlament) rechtlich nicht möglich.

übertragen.[416] Vielmehr sehen die Verträge – anders als vielleicht im Bereich der Wirtschaftspolitik – auch nicht implizit vereinfachte Mehrheitsentscheidungen zur Sanktion von Rechtsstaatsverstößen vor. Stattdessen erfordert etwa das Art. 7-Verfahren besonders hohe Quoren für die Entscheidungen im Rat. Zudem ist anders als etwa im Art. 7-Verfahren[417] auch ein Ausschluss des Stimmrechts des betroffenen Mitgliedstaats – oder gar anderer ebenfalls entsprechend zu sanktionierender Mitgliedstaaten – im Rahmen dieses Sanktionsmechanismus nicht möglich. Aufgrund von Art. 16 Abs. 2 EUV bedürfte eine solche Regelung einer Vertragsänderung.

Auch für das Parlament, das gemäß Art. 231 UAbs. 1 AEUV mit der Mehrheit der abgegebenen Stimmen beschließt, kann kein System der umgekehrten Mehrheit eingeführt werden. Denn dies würde gegen die Grundsätze des Art. 231 UAbs. 1 AEUV verstoßen, wiewohl im Vergleich mit dem Prinzip der umgekehrten qualifizierten Mehrheit im Rat die Änderung der Mehrheitsverhältnisse weniger ausgeprägt wäre.[418] Vielmehr braucht eine solche Sanktionierung eine ausreichende politische Legitimation, die durch das Verfahren der umgekehrten (qualifizierten) Mehrheit nicht gewährleistet wäre.[419] Deshalb würde die Festlegung der umgekehrten (qualifizierten) Mehrheit die Einführung dieses neuen Sanktionsmechanismus politisch weiter erschweren. Aus den genannten Gründen sollte deshalb auch Art. 31 Abs. 6 EHO reformiert werden und eine (positive) Zustimmung von Rat mit qualifizierter Mehrheit und Parlament mit Mehrheit verlangen.[420] Dieses entsprechend reformierte Verfahren sollte dann auch im neuen Sanktionsmechanismus Anwendung finden.

---

[416] Kritisch ebenfalls *J. Brauneck*, EuR 54 (2019), S. 37 ff., 52.

[417] Auch im Defizitverfahren ist der betroffene Mitgliedstaat nicht stimmberechtigt, Art. 126 Abs. 13 UAbs. 2 sowie Art. 12 Abs. 1 VO (EU) Nr. 1173/2011 (haushaltspolitische Überwachung), ABl. EU L 306 v. 16.11.2011, S. 1 ff.; gleiches gilt bei Empfehlungen im Rahmen der Koordinierung der Wirtschaftspolitik, Art. 121 Abs. 4 UAbs. 2 AEUV. Für weitere Anwendungsfälle des Verbots des Richters in eigener Sache in den Verträgen *M. Nettesheim*, in: E. Grabitz/M. Hilf/M. Nettesheim (Hrsg.), Das Recht der Europäischen Union, [69]München 2020, Art. 238 AEUV, Rn. 22 ff.

[418] Die Änderung der Mehrheitsverhältnisse ist hier nur dann relevant, wenn die Entscheidung mit nur einer Stimme Mehrheit getroffen würde.

Ausnahmen hierzu sind etwa die Fiktionen in Art. 314 Abs. 4 lit. b) und Abs. 7 lit. a) AEUV zur Zustimmung des Parlaments zum Haushaltsplan.

[419] *D. Georgiev*, ŚSP (Środkowoeuropejskie Studia Polityczne) 2019, S. 117 ff., 121 f. spricht insoweit gar von der Gefahr eines „Empire“. Zum institutionellen Gleichgewicht siehe oben § 3 B. I. 4. c) bb).

[420] Das gilt auch für die übrigen Verfahren mit umgekehrte (qualifizierter) Mehrheit, etwa in Art. 4 Abs. 2, Art. 5 Abs. 2, Art. 6 Abs. 2 VO (EU) Nr. 1173/2011 (haushaltspolitische Überwachung), ABl. EU L 306 v. 16.11.2011, S. 1 ff.; Art. 3 Abs. 3 VO (EU) Nr. 1174/2011 (Korrektur makroökonomischer Ungleichgewichte), ABl. EU L 306 v. 16.11.2011, S. 8 ff.; Art. 23 Abs. 10 VO (EU) Nr. 1303/2013 (ESIF-Dachverordnung 2013), ABl. EU L 347 v. 17.12.2013, S. 320 ff. Art. 15 Abs. 8 Geänderter Vorschlag COM (2020) 23 final (Vorschlag ESIF-Dachverordnung 2021) v. 14.01.2020.

2. Vorschlag von Kommission und Parlament: Kommissionsbeschluss und umgekehrte (qualifizierte) Mehrheit in Rat und Parlament

Nach dem Vorschlag von Kommission und Parlament muss die Kommission einen Durchführungsbeschluss über die Sanktionen fassen. Diesen müssen Parlament und Rat nach dem Verfahren der umgekehrten (qualifizierten) Mehrheit annehmen.

a) Durchführungsbeschluss der Kommission

Mit der Entscheidung über den Durchführungsbeschluss weist der Vorschlag der Kommission eine gewichtige Rolle zu. Sie muss bei ihrer Prüfung des Vorliegens eines sanktionsbewehrten Verstoßes alle Informationen, Stellungnahmen und gegebenenfalls vorgeschlagene Abhilfemaßnahmen berücksichtigen,[421] verfügt insgesamt aber über ein großes Ermessen bei der Auslegung der Kriterien.[422] Legt der betroffene Mitgliedstaat weitere Informationen vor, muss die Kommission über sich daraus ergebene Folgemaßnahmen binnen Monatsfrist entscheiden.[423] Auf der Grundlage dieser Prüfung entscheidet die Kommission, ob ihrer Ansicht nach ein genereller Mangel in Bezug auf das Rechtsstaatsprinzip vorliegt. Ist dies der Fall, so beschließt sie Sanktionen gemäß Art. 4 des Vorschlags im Wege eines Durchführungsrechtsakts.[424] Dieser unterliegt mangels entsprechender Festlegung nicht der Kontrolle der Mitgliedstaaten durch das Komitologieverfahren.[425]

---

421 Art. 5 Abs. 5 Vorschlag COM (2018) 324 final (finanzielle Sanktionen) v. 02.05.2018. Hierbei trägt die Kommission den Informationen und Leitlinien aus Art. 5 Abs. 2 des Vorschlags „gebührend Rechnung“. Art. 5 Abs. 5a Vorschlag COM (2018) 324 final (finanzielle Sanktionen) – Abänderungen Parlament (P8_TA-PROV(2019)0349) v. 04.04.2019.

422 Deshalb (wohl) kritisch *EuRH*, Stellungnahme Nr. 1/2018 (2018/C 291/01) – Zu dem Vorschlag vom 2. Mai 2018 für eine Verordnung des Europäischen Parlaments und des Rates über den Schutz des Haushalts der Union im Falle von generellen Mängeln in Bezug auf das Rechtsstaatsprinzip in den Mitgliedstaaten, 17.08.2019, Rn. 12 ff.

423 Art. 5 Abs. 5 S. 2 Vorschlag COM (2018) 324 final (finanzielle Sanktionen) – Abänderungen Parlament (P8_TA-PROV(2019)0349) v. 04.04.2019.

424 Art. 5 Abs. 6 Vorschlag COM (2018) 324 final (finanzielle Sanktionen) – Abänderungen Parlament (P8_TA-PROV(2019)0349) v. 04.04.2019. Gemäß Art. 291 Abs. 2 AEUV können der Kommission zur einheitlichen Durchführung der verbindlichen Rechtsakte der EU Durchführungsbefugnisse übertragen werden.

Die Kommission entscheidet mit Mehrheitsbeschluss, Art. 250 Abs. 1 AEUV.

425 Aus Art. 291 Abs. 3 AEUV ergibt sich keine Pflicht, ein solches Kontrollverfahren für alle Durchführungsrechtsakte vorzusehen. *F. Schmidt*, in: H. v. Groeben/J. Schwarze/A. Hatje (Hrsg.), Europäisches Unionsrecht, [7]Baden-Baden 2015, Art. 291 AEUV, Rn. 45 f. Instruktiv ist hierzu auch der Wortlaut von Art. 1 der auf der Grundlage von Art. 291 Abs. 3 AEUV erlassenen VO (EU) Nr. 182/2011 (Komitologieverfahren), ABl. EU L 55 v. 16.02.2011, S. 13 ff.: „Diese Verordnung legt die allgemeine Regeln und Grundsätze fest, die anzuwenden sind, wenn ein verbindlicher Rechtsakt der Union […] vorschreibt, dass Durchführungsrechtsakte von der Kommission vorbehaltlich einer Kontrolle durch die Mitgliedstaaten erlassen werden.“ Eine solche Festlegung trifft der Vorschlag COM (2018) 324 final (finanzielle Sanktionen) –

Die Voraussetzung für eine solche Übertragung der Durchführungsbefugnisse auf die Kommission ist insbesondere mit Blick auf das Bedürfnis einer einheitlichen Regelung und Umsetzung des Sanktionsmechanismus gegeben. Solche Durchführungsbefugnisse können auch Einzelfallentscheidungen (wie im Sanktionsverfahren) umfassen.[426] Zudem erlässt die Kommission bereits jetzt finanzielle Berichtigungen im Rahmen der ESIF als Durchführungsbeschlüsse.[427]

b) Mittelübertragung: Umgekehrte (qualifizierte) Mehrheit in Rat und Parlament

Gleichzeitig mit ihrem Durchführungsbeschluss soll die Kommission Parlament und Rat einen Vorschlag für die Mittelübertragung zur Bildung einer Haushaltsreserve in der dem Sanktionsvolumen entsprechenden Höhe vorlegen.[428] Abweichend von den Regelungen in Art. 31 Abs. 4 und 6 EHO[429] kann das Parlament mit Mehrheit oder der Rat mit qualifizierter Mehrheit die Änderung oder Ablehnung dieses Vorschlags beschließen.[430] Nach dem ursprünglichen Vorschlag der Kommission sollte dieses Recht nur dem Rat und nicht dem Parlament zustehen; mit Blick auf seine Stellung als Haushaltsgesetzgeber forderte jedoch auch das Parlament dieses Recht.[431] Machen weder Parlament noch Rat innerhalb von vier Wochen von ihrem Recht Gebrauch, tritt der Vorschlag der Kommission nach dem Prinzip der umgekehrten (qualifizierten) Mehrheit in Kraft.[432] Dies soll die Durchführung des Sanktionsverfahrens erleichtern,[433]

Abänderungen Parlament (P8_TA-PROV(2019)0349) v. 04.04.2019 nicht. Rat und Parlament werden durch den Beschluss zur Mittelübertragung einbezogen, siehe unten § 4 C. II. 2. b).

426 *M. Nettesheim*, in: E. Grabitz/M. Hilf/M. Nettesheim (Hrsg.), Das Recht der Europäischen Union, [69]München 2020, Art. 291 AEUV, Rn. 28.

427 Art. 145 Abs. 6 VO (EU) Nr. 1303/2013 (ESIF-Dachverordnung 2013), ABl. EU L 347 v. 17.12.2013, S. 320 ff.

428 Art. 5 Abs. 6a Vorschlag COM (2018) 324 final (finanzielle Sanktionen) – Abänderungen Parlament (P8_TA-PROV(2019)0349) v. 04.04.2019.

429 Siehe oben § 4 C. II. 1. e).

430 Art. 5 Abs. 6b Vorschlag COM (2018) 324 final (finanzielle Sanktionen) – Abänderungen Parlament (P8_TA-PROV(2019)0349) v. 04.04.2019. Auf Änderungen findet Art. 31 Abs. 8 VO (EU, Euratom) Nr. 2018/1046 (EHO), ABl. EU L 193 v. 30.07.2018, S. 1 ff., Anwendung, wonach bei unterschiedlichen Änderungsvorschlägen der niedrigere Betrag als gebilligt gilt.

431 Art. 5 Abs. 7 Vorschlag COM (2018) 324 final (finanzielle Sanktionen) v. 02.05.2018. In seinem Abänderungsvorschlag hat das Parlament seine Beteiligung „mit Blick auf [die] Auswirkungen auf den Haushalt der Union“ und seine Stellung als Haushaltsgesetzgeber (zusammen mit dem Rat) festgelegt. ErwG. 15a Vorschlag COM (2018) 324 final (finanzielle Sanktionen) – Abänderungen Parlament (P8_TA-PROV(2019)0349) v. 04.04.2019. Auch Art. 31 Abs. 3 VO (EU, Euratom) Nr. 2018/1046 (EHO), ABl. EU L 193 v. 30.07.2018, S. 1 ff. sieht eine zwingende Beteiligung von Parlament und Rat bei Mittelübertragungen vor.

432 Art. 5 Abs. 6c Vorschlag COM (2018) 324 final (finanzielle Sanktionen) – Abänderungen Parlament (P8_TA-PROV(2019)0349) v. 04.04.2019.

433 ErwG. 15a Vorschlag COM (2018) 324 final (finanzielle Sanktionen) – Abänderungen Parlament (P8_TA-PROV(2019)0349) v. 04.04.2019. Auch der Europäische Wirtschafts- und

ist allerdings auch zwischen den Institutionen umstritten. So sprach sich etwa der Präsident des Europäischen Rates gegen die Anwendung der umgekehrten (qualifizierten Mehrheit) aus.[434]

3. Eigener Reformvorschlag: Beschluss von Kommission mit Zustimmung von Parlament und Rat

Das im Vorschlag von Kommission und Parlament vorgesehene Hauptsacheverfahren orientiert sich in seiner Grundstruktur – Hauptverantwortung und Beschluss der Kommission sowie Mittelübertragung durch Parlament und Rat – an den in dieser Untersuchung entwickelten Maßstäben.[435] Es ist allerdings in zwei wichtigen Details reformbedürftig: Nach dem Vorschlag kann allein die Kommission die Entscheidung über die Sanktion herbeiführen; Rat und Parlament sollten insoweit das Recht erhalten, die Kommission zu einer solchen Entscheidung formell aufzufordern. Zudem sollten für die Entscheidungen von Rat und Parlament ein positiver Beschluss dieser Institutionen vorgesehen werden; das Verfahren der umgekehrten (qualifizierten) Mehrheit ist abzulehnen.

a) Beschluss der Kommission

Aufgrund ihrer zentralen Stellung als Hüterin der Verträge sollte die Kommission über die Feststellung des zu sanktionierenden Verstoßes sowie die darauf reagierende finanzielle Sanktion beschließen. Insoweit hat sie sich an die in der Verordnung festgelegte Definition der sanktionsbewehrten Mindeststandards – einschließlich der Möglichkeit des Mitgliedstaats sich zu entlasten – zu orientieren und die Stellungnahme(n) der EAER zu berücksichtigen.[436] Gleiches gilt für die Parameter der Berechnung der finanziellen Sanktion.[437]

Nach dem Vorschlag könnte die Kommission aber ein entsprechendes Sanktionsverfahren allein dadurch verhindern, dass sie den entsprechenden Beschluss nicht fasst. Nach den Erfahrungen in bestehenden Sanktionsmechanismen ist dies auch in der Praxis nicht ausgeschlossen.[438] Um dem entgegenzuwirken, sollten Rat und Parlament die Kommission zu einem solchen Beschluss zumin-

---

Sozialausschuss befürwortet dieses Verfahren, um „die Gefahr von Untätigkeit oder politischer Selektivität […] auf ein Mindestmaß [zu reduzieren]“, *Europäischer Wirtschafts- und Sozialausschuss*, Stellungnahme des Europäischen Wirtschafts- und Sozialausschusses zu dem „Vorschlag für eine Verordnung des Europäischen Parlaments und des Rates über den Schutz des Haushalts der Union im Falle von generellen Mängeln in Bezug auf das Rechtsstaatsprinzip in den Mitgliedstaaten“ (2019/C 62/28) – COM (2018) 324 final – 2018/0136 (COD), 15.02.2019, 4.2. Unterstützend auch *M. Blauberger/V. van Hüllen*, Journal of European Integration 6 (2020), S. 1 ff., 8 f.

[434] *HMK*, FAZ 17.02.2020, S. 15.

[435] Siehe oben § 4 C. II. 1. f).

[436] Siehe oben § 4 A. III.

[437] Siehe unten § 4 D. II. 3.

[438] Siehe oben § 4 C. II. 1. f).

dest formell auffordern können.[439] Die Kommission könnte diese Aufforderung zwar ablehnen, müsste dies jedoch besonders und öffentlich begründen.[440] Der dadurch und durch die Ergebnisse aus dem Vorverfahren gegebenenfalls bestehende politische Druck sollte dazu führen, dass die Kommission den Sanktionsbeschluss bei Vorliegen der Voraussetzungen regelmäßig trifft. Mit Blick auf die Erfahrungen aus dem Verfahren nach Art. 7 EUV ist zu erwarten, dass insbesondere das Parlament von dieser Möglichkeit Gebrauch machen könnte. Der Rat dürfte diese Möglichkeit hingegen nur selten nutzen, da die Mitgliedstaaten Sanktionsverfahren gegeneinander nur sehr selten einleiten.[441]

Darüber hinausgehend ist es aber nicht geboten, Parlament und Rat einen solchen Sanktionsbeschluss auch ohne Zustimmung der Kommission zu ermöglichen. Denn gegen eine solche Umgehung der Kommission spricht ihre zentrale Stellung als Hüterin der Verträge,[442] im Verfahren zur Haushaltsgesetzgebung[443] sowie als Haushaltsvollzugsorgan.[444] Die mit diesen primärrechtlichen Regelungen vorgegebene starke Stellung der Kommission im Institutionsgefüge darf durch einen neuen sekundärrechtlichen Sanktionsmechanismus nicht umgangen werden. Dies gilt umso mehr, als dass durch den Sanktionsmechanismus konkrete Haushaltsvollzugsaufgaben der Kommission betroffen sind.

b) Zustimmung von Parlament und Rat gemäß reformiertem Art. 31 EHO

Wie bereits im Vorschlag von Kommission und Parlament vorgesehen, ist es aus politischer Sicht geboten und rechtlich erforderlich, Parlament und Rat in die Entscheidung über die Sanktion mit einzubeziehen. Die Zustimmung dieser beiden Haushaltsgesetzgeber ist dann erforderlich, wenn die Auswirkungen der geplanten finanziellen Sanktionen auf den Haushalt derart sind, dass es sich nicht um eine reine Haushaltsausführung handelt. Dies ist bei den hier angestrebten möglichen finanziellen Sanktionen, über die die Kommission nach bestehendem Haushaltsrecht nicht allein entscheiden könnte, der Fall.[445]

---

[439] Die Durchführung des Vorverfahrens sollten Parlament und Rat jeweils einzeln ebenfalls beschließen können, siehe oben § 4 C. I. 3.

[440] Für das indirekte Initiativrecht ist dies geregelt in Art. 225 S. 2 und Art. 241 S. 2 AEUV.

[441] Dies zeigt sich etwa beim Vertragsverletzungsverfahren, siehe oben § 4 C. II. 1. b).

[442] Art. 17 Abs. 1 S. 3 EUV.

[443] Diese ergibt sich insbesondere aus ihren Initiativ- und Beteiligungsrechten in Art. 310 Abs. 3 i. V. m. Art. 177 UAbs. 1 und 2 i. V. m. Art. 294 Abs. 2, Abs. 6, Abs. 7 lit. c), Abs. 9, Abs. 11 AEUV (Basisrechtsakt); Art. 314 Abs. 2, Abs. 5 UAbs. 2, Abs. 7 lit. b) und c), Abs. 8 AEUV (Jahreshaushaltsplan); Art. 322 Abs. 1 i. V. m. Art. 294 Abs. 2, Abs. 6, Abs. 7 lit. c), Abs. 9, Abs. 11 AEUV (EHO).

[444] Art. 17 Abs. 1 S. 4 EUV und Art. 317 UAbs. 1 S. 1 AEUV. Deshalb könnte der Rat auch nicht mit der Ausführung des Haushaltsplans betraut werden. *J. Brauneck*, EuR 54 (2019), S. 37 ff., 51.

[445] Siehe oben § 4 C. II. 1. e).

Auch politisch ist diese Beschlussfassung von Parlament und Rat opportun: Die finanziellen Sanktionen können für die Mitgliedstaaten besondere politische und volkswirtschaftliche Bedeutung entfalten.[446] Entsprechend sollten auch die Interessen der Mitgliedstaaten über den Rat Berücksichtigung finden. Zudem verleiht ein Beschluss in Rat und Parlament der Sanktion eine besondere Legitimation. Hierdurch würde zugleich das Parlament als Hort der europäischen Demokratie aufgewertet und insoweit das institutionelle Gleichgewicht geschützt.

Entgegen des Vorschlags und Art. 31 Abs. 6 EHO sollten Parlament und Rat einer solchen Sanktion aber positiv mit Mehrheit (Parlament) bzw. qualifizierter Mehrheit (Rat) zustimmen müssen. Die überzeugenderen Gründe sprechen dafür, dass die mit der umgekehrten (qualifizierten) Mehrheit eingeführte Zustimmungsfiktion mit den Verträgen nicht vereinbar ist.[447] Jedenfalls sollte der neue Sanktionsmechanismus nicht mit diesen ganz erheblichen primärrechtlichen Bedenken belastet werden. Insoweit bietet sich zudem eine entsprechende Reform des Art. 31 Abs. 6 EHO an. Ein dort dann festgelegtes positives Zustimmungserfordernis sollte auch der neue Sanktionsmechanismus anwenden.[448] Auch die dort vorgesehenen Fristen von sechs und ausnahmsweise drei Wochen sollten übernommen werden.[449] Für die hiervon nicht maßgeblich abweichende Frist im Vorschlag von Kommission und Parlament von vier Wochen ist keine besondere Rechtfertigung ersichtlich.[450]

III. Beschleunigtes Verfahren oder einstweilige Maßnahmen

Neben dem üblichen Verfahren bestehend aus Vor- und Hauptsacheverfahren könnten ein beschleunigtes Verfahren oder einstweilige Maßnahmen eine schnelle Reaktion auf sanktionsbewehrte Verstöße ermöglichen. Um nachhaltige Gefahren zu verhindern und seinen Abschreckungseffekt zu erhöhen, verfügt allein das Vertragsverletzungsverfahren über eine solche Möglichkeit. Der Vorschlag von Kommission und Parlament sieht das nicht vor; auch diese Untersuchung sieht dies als nicht erforderlich an.

---

[446] So wurden im Rahmen der Euro- und Wirtschaftskrise in Griechenland zahlreiche Maßnahmen durch Vertreter der EZB, des IWF und der Kommission vorgeschlagen und umgesetzt, deren nicht ausreichende demokratische Legitimität kritisiert wird. *A. v. Bogdandy/ M. Ioannidis*, CML Rev 51 (2014), S. 59, 94 f.

[447] Siehe oben § 4 C. II. 2. b).

[448] Im Übrigen wären auch höhere Zustimmungserfordernisse in Rat und Parlament wegen der Regelungen in Art. 16 Abs. 3 EUV (Rat) und Art. 231 UAbs. 1 AEUV (Parlament) rechtlich nicht möglich. Aufgrund der Erfahrungen mit den hohen Zustimmungserfordernissen im Rechtsstaatsverfahren wären sie auch nicht politisch opportun. Siehe oben § 4 C. II. 1. a).

[449] Art. 31 Abs. 4 S. 2 VO (EU, Euratom) Nr. 2018/1046 (EHO), ABl. EU L 193 v. 30.07.2018, S. 1 ff.

[450] Siehe oben § 4 C. II. 2. b).

1. Beschleunigte Verfahren in bestehenden Sanktionsmechanismen

Das Vertragsverletzungsverfahren ermöglicht den Erlass einstweiliger Anordnungen gemäß Art. 279 AEUV.[451] Dies gilt für besonders schwerwiegende Fälle, in denen irreparable Schäden drohen. Insoweit hat der Erlass einstweiliger Anordnungen vor allem verfahrenssichernde Funktion.[452] Die übrigen in den Verträgen vorgesehenen Sanktionsmechanismen sehen dies nicht vor; es ist den beteiligten Institutionen insoweit aber möglich, die jeweiligen Verfahren schneller durchzuführen. So kann etwa im Art. 7-Verfahren auf das Vorverfahren sowie den strukturierten Ratsdialog verzichtet oder diese durch kurze Fristen für Stellungnahmen beschleunigt durchgeführt werden.[453] Auch die Feststellung der eindeutigen Gefahr einer schwerwiegenden Verletzung gemäß Art. 7 Abs. 2 EUV ist für den Verfahrensfortgang nicht erforderlich.[454]

Die gemäß Art. 63 Abs. 8 lit. b) und c) EHO vorgesehenen Sanktionen gegen Mitgliedstaaten im Fall von Verstößen gegen die geltenden Regeln und Grundsätze sehen ebenfalls kein beschleunigtes Verfahren vor; gleiches gilt für die Sanktionen bei Budgethilfen für Drittländer gemäß Art. 236 Abs. 4 lit. a) EHO.[455] Allerdings lassen sich diese Verfahren ohnehin schnell durchführen, da sie unter anderem kein formelles Vorverfahren vorsehen.[456]

2. Der Vorschlag von Kommission und Parlament

Der Vorschlag von Kommission und Parlament sieht kein beschleunigtes Verfahren vor; insbesondere die Kommission kann durch schnelle Bearbeitung das Verfahren aber beschleunigt durchführen. Zwingend sind allein die Minimalfrist von einem Monat für die Stellungnahme des Mitgliedstaats im Vorverfahren[457]

---

[451] Dem Wortlaut nach ist dieses Verfahren bei Vertragsverletzungsverfahren nicht ausgeschlossen. So auch schon GA Reischl, Schlussanträge v. 21.05.1977, Rs. 61-77 R, *Kommission/Irland*, ECLI:EU:C:1977:122; EuGH, Beschluss v. 21.05.1977, Rs. 31-77 R und 53-77 R, *Kommission/Vereinigtes Königreich*, ECLI:EU:C:1977:86, Rn. 20; EuGH, Beschluss v. 22.04.1994, Rs. C-87/94 R, *Kommission/Belgien*, ECLI:EU:C:1994:166, Rn. 23 ff. Insbesondere mit Blick auf die Kompetenzverteilung kritisch *W. Cremer*, in: C. Calliess/M. Ruffert (Hrsg.), EUV/AEUV, [5]München 2016, Art. 258 AEUV, Rn. 37; *U. Ehricke*, in: R. Streinz (Hrsg.), EUV/AEUV, [3]München 2018, Art. 258 AEUV, Rn. 37.

[452] Beispiel hierfür ist etwa der Beschluss gegen Polen im Streit um die Abholzung des auch nach europäischem Recht geschützten Urwalds *Białowieża*. In seinem Beschluss hat der EuGH die weitere Abholzung unter Androhung bis zum Abschluss des Hauptsacheverfahrens untersagt und für den Fall des Verstoßes ein Zwangsgeld angedroht. EuGH, Beschluss v. 20.11.2017, Rs. C-441/17 R, *Kommission/Polen*, ECLI:EU:C:2017:877, Rn. 28 ff. Zu diesem Verfahren siehe oben § 2 A. IV. 2. a).

[453] Siehe oben § 4 C. I. 1. a) aa) und § 4 C. I. 1. a) bb).

[454] Siehe oben § 4 C. II. 1. a).

[455] Zu diesem Verfahren siehe oben Fn. 398.

[456] Etwas anderes gilt nur für Sanktionen gegenüber Mittelempfängern; dies ist aber nicht mit Sanktionen gegenüber Mitgliedstaaten vergleichbar. Siehe oben § 4 C. I. 1. c).

[457] Art. 5 Abs. 4 Vorschlag COM (2018) 324 final (finanzielle Sanktionen) – Abänderungen Parlament (P8_TA-PROV(2019)0349) v. 04.04.2019. Siehe oben § 4 C. I. 2.

sowie die vierwöchige Frist, innerhalb der Parlament und Rat über die Mittelübertragung entscheiden müssen.[458]

3. Eigene Bewertung des Vorschlags von Kommission und Parlament

Die im Vorschlag von Kommission und Parlament sowie in dem in dieser Untersuchung entworfenen Reformvorschlag vorgesehenen Fristen[459] erlauben – sofern sie als Minimalfristen angewendet werden – bereits jetzt eine schnelle Durchführung des Sanktionsverfahrens. Unbeachtet besonderer politischer Gegebenheiten könnte das Sanktionsverfahren somit insgesamt in deutlich unter einem Jahr durchgeführt werden. Diese Frist dürfte regelmäßig ausreichen, um nachhaltige Gefahren bzw. Beeinträchtigungen zu verhindern und einen ausreichenden Abschreckungseffekt zu erzielen. Hauptgrund für Verzögerungen dürften vielmehr politische Gegebenheiten bzw. die wechselseitige Unterstützung einzelner Mitgliedstaaten sein. Diese Verzögerungen ließen sich auch durch ein beschleunigtes Verfahren nicht wirksam eingrenzen. Hierfür kommt es – neben einem zwischen den Mitgliedstaaten möglichst kongruenten Rechtsstaatsverständnis – vor allem auf die erforderlichen Mehrheiten in Parlament und Rat an.[460] Zudem können Kommission und Mitgliedstaaten für einzelne mitgliedstaatliche Maßnahmen gegebenenfalls zusätzlich das Vertragsverletzungsverfahren mit der Möglichkeit einstweiliger Anordnungen anstrengen.[461]

D. Rechtsfolgen des Sanktionsbeschlusses

Der Sanktionsbeschluss der Kommission, dem Rat und Parlament zugestimmt haben müssen,[462] kann nur eine feststellende Wirkung bzgl. des mitgliedstaatlichen Rechts haben, das mitgliedstaatliche Recht selbst aber nicht ändern (I). Ziel dieses Sanktionsmechanismus ist es, Änderungen der mitgliedstaatlichen Rechtslage durch finanzielle Sanktionen zu erreichen (II). Um eine direkte Betroffenheit von natürlichen und juristischen Personen zu vermeiden, ist es zudem denkbar, die Mitgliedstaaten zur weiteren Auszahlung der Mittel zu verpflichten (III). Ferner ist zu klären, ob Verstöße gegen die sanktionsbewehrten Mindeststandards auch Gegenstand anderer, gegebenenfalls parallel laufender, Sanktionsverfahren, werden können (IV).

---

[458] Art. 5 Abs. 6a Vorschlag COM (2018) 324 final (finanzielle Sanktionen) – Abänderungen Parlament (P8_TA-PROV(2019)0349) v. 04.04.2019. Siehe oben § 4 C. II. 2. b).

[459] Dieser Reformvorschlag stützt sich im Wesentlichen auf die Fristen aus dem Vorschlag von Kommission und Parlament. Für den Rats- und Parlamentsbeschluss zur Mittelübertragung wird abweichend davon in dieser Untersuchung aber eine Frist von sechs bzw. drei Wochen gefordert. Siehe oben § 4 C. II. 3. b).

[460] Siehe oben § 4 C. II. 3. b).

[461] Siehe oben § 3 D. III.

[462] Siehe oben § 4 C. II. 3.

I. Feststellende Wirkung des Sanktionsbeschlusses bzgl. mitgliedstaatlichem Recht

Alle in der EU angewandten Sanktionsmechanismen zur Durchsetzung des Unionsrechts sind nur darauf angelegt, eine Änderung der mitgliedstaatlichen Haltung bzw. Gesetzgebung durch politischen und gegebenenfalls finanziellen Druck zu erreichen.[463] Dies folgt schon aus dem Grundsatz der begrenzten Einzelermächtigung, da die EU etwa mitgliedstaatliche Gesetze selbst nicht ändern kann.[464] Hierdurch drückt sich zudem die mitgliedstaatliche Souveränität aus, da sie selbst über das anzuwendende Verfahren und die beteiligten Organe entscheiden können. Dadurch wird auch eine über die zur Behebung des sanktionswürdigenden Verstoßes hinausgehende Vereinheitlichung verhindert und damit die weiter notwendige Pluralität unter den Mitgliedstaaten[465] geschützt. Entsprechend hat etwa das Urteil im Vertragsverletzungsverfahren nur eine feststellende Wirkung;[466] möglich bleiben aber entsprechende Hinweise wie ein Verstoß gegen das Unionsrecht aufgehoben werden kann.[467]

Auch der Vorschlag von Kommission und Parlament sieht keine rechtsgestaltende Wirkung des Sanktionsbeschlusses für das mitgliedstaatliche Recht vor. Das ist zu begrüßen. Die Verordnung sollte aber zudem eine möglichst klare Benennung der sanktionierten Defizite festlegen. Nur auf der Grundlage der konkreten Beschreibung der rechtsstaatlichen Defizite kann der betroffene Mitgliedstaat entsprechende Maßnahmen zur Behebung des Defizits einleiten. Ferner ist die konkrete Beschreibung dieser Defizite auch Grundlage für folgende Feststellungen, ob die entsprechenden Defizite behoben wurden. Schließlich macht die möglichst klare Benennung den Sanktionsmechanismus auch für die Öffentlichkeit leichter nachvollziehbar. Darüber hinaus sollten die Kommission und gegebenenfalls auch die zur EAER reformierte OLAF,[468] ähnlich dem Vertragsverletzungsverfahren, entsprechende Abhilfemaßnahmen empfehlen und hierzu auf best practices in anderen Mitgliedstaaten verweisen.

---

[463] Die in den Verträgen festgelegten Sanktionsmechanismen sind die Verfahren nach Art. 7 EUV (Rechtsstaatsverfahren), Art. 121 AEUV (Koordinierung Wirtschaftspolitik), Art. 126 AEUV (Defizitverfahren) und Art. 258 ff. AEUV (Vertragsverletzungsverfahren). Zu den einzelnen Sanktionsmechanismen siehe oben § 3 C.

[464] Art. 4 Abs. 1 und Art. 5 Abs. 1 S. 1 EUV und siehe oben § 4 A. I. 1.

[465] So auch *J.-W. Müller*, ELJ 21 (2015), S. 141 ff., 159.

[466] Art. 260 Abs. 1 AEUV. *U. Ehricke*, in: R. Streinz (Hrsg.), EUV/AEUV, ³München 2018, Art. 260 AEUV, Rn. 1.

[467] *Ders.*, in: R. Streinz (Hrsg.), EUV/AEUV, ³München 2018, Art. 260 AEUV, Rn. 3. Auch das Defizitverfahren sieht Empfehlungen an den betroffenen Mitgliedstaat vor, Art. 126 Abs. 7 bis 9 AEUV.

[468] Siehe oben § 4 B. III. 1.

II. Finanzielle Sanktion zur Erzwingung von Rechtsänderungen

Die bestehenden Sanktionsmechanismen in der EU enthalten teilweise bereits finanzielle Sanktionen, deren Durchsetzbarkeit allerdings strittig ist. Der Vorschlag von Kommission und Parlament sieht finanzielle Sanktionen unter Einbezug der ESIF vor. Dieser Vorschlag ist allerdings konkretisierungsbedürftig, insbesondere mit Blick auf die Parameter für die Sanktionshöhe.

1. Finanzielle Sanktionen und ihre Durchsetzbarkeit gegen Mitgliedstaaten

Ziel finanzieller Sanktionen ist regelmäßig die Bestrafung vergangenen sowie die Beeinflussung derzeitigen und künftigen Verhaltens. Für die Wirksamkeit dieser finanziellen Sanktionen ist es aber entscheidend, dass diese im Zweifelsfall auch gegen Mitgliedstaaten durchgesetzt werden können.

a) Strafe und Beugung als Ziel bestehender Sanktionsmechanismen

Die finanziellen Sanktionen bestehender Sanktionsmechanismen zeichnen sich dadurch aus, dass sie jeweils die Bestrafung vergangener Unionsrechtsverstöße und die Beugung des künftigen mitgliedstaatlichen Verhaltens zum Ziel haben.

Art. 260 AEUV ermöglicht finanzielle Sanktionen im Vertragsverletzungsverfahren, falls der betroffene Mitgliedstaat seiner aus dem Urteil folgenden Handlungspflicht nicht nachkommt.[469] Hierzu schlägt die Kommission in einem neuen Verfahren die Festsetzung eines Zwangsgelds und/oder Pauschalbetrags vor:[470] Das Zwangsgeld besteht aus Tagessätzen, deren Grundbetrag mit Schwere- und Dauerkoeffizienten sowie Länderfaktor multipliziert wird; auch die Berechnung des Pauschalbetrags richtet sich nach diesen der Verhältnismäßigkeit und Gleichheit der Mitgliedstaaten dienenden Parametern.[471] Der EuGH ist an diesen Vorschlag aber nicht gebunden[472] und stellt zur Berechnung der Höhe maßgeblich auf das mitgliedstaatliche Bruttoinlandsprodukt (BIP) ab.[473] Zudem

---

[469] EuGH, Urteil v. 14.03.2006, Rs. C-177/04, *Kommission/Frankreich*, ECLI:EU:C:2006:173, Rn. 59; EuGH, Urteil v. 12.07.2005, Rs. C-304/02, *Kommission/Frankreich*, ECLI:EU:C:2005:444, Rn. 80; *U. Everling*, in: A. von Bogdandy/J. Bast (Hrsg.), Europäisches Verfassungsrecht, [2]Heidelberg 2009, S. 961, 997. Die Handlungspflicht folgt aus Art. 260 Abs. 1 AEUV, siehe oben § 4 D. I.

[470] Art. 260 Abs. 2 UAbs. 1 AEUV.

[471] Die Kommission wendet hierfür eine von ihr festgelegte Berechnungsmethode an, Mitteilung SEC/2005/1658 (Anwendung Artikel 228 EG-Vertrag). Die zugrunde gelegten makroökonomischen Daten werden jährlich angepasst, für 2019 Mitteilung C/2019/6434 (Berechnung Pauschalbeträge und Zwangsgelder), ABl. EU C 309 v. 13.09.2019, S. 1 ff. Einen guten Überblick über die Berechnung von Zwangsgeld und Pauschalbetrag bietet *R. Pauling*, EuZW 17 (2006), S. 492 ff.

[472] EuGH, Urteil v. 04.06.2000, Rs. C-387/97, *Kommission/Griechenland*, ECLI:EU:C:2000:356, Rn. 89; *A. Huck/F. Klieve*, EuR 41 (2006), S. 399 ff., 415.

[473] EuGH, Urteil v. 14.11.2018, Rs. C-93/17, *Kommission/Griechenland*, ECLI:EU:C:2018:903, Rn. 142.

kann er wegen ihrer unterschiedlichen Zielrichtung Zwangsgeld und Pauschalbetrag auch kombinieren: Das Zwangsgeld enthält eine auf die Umsetzung der Verpflichtung gerichtete Beugefunktion, der Pauschalbetrag hat als einmalige finanzielle Sanktion vor allem strafenden und damit abschreckenden Charakter.[474] Problematisch an dieser Regelung ist die durch das nochmalige Anrufen des EuGH nötige Zeitspanne, die sich negativ auf den Abschreckungseffekt des Vertragsverletzungsverfahrens auswirkt.[475] Nur bei nicht oder nicht ordnungsgemäß erfolgter Richtlinienumsetzung kann der EuGH bereits zusammen mit der Feststellung der Vertragsverletzung auch Pauschalbetrag und/oder Zwangsgeld im ersten Verfahren festsetzen, um die vollständige und zeitnahe Richtlinienumsetzung zu gewährleisten.[476] Insgesamt haben sich die finanziellen Sanktionen des Art. 260 AEUV, so ein entsprechendes Urteil ergeht, als effektiv erwiesen.[477]

Im Rahmen des Defizitverfahrens sind eine verzinsliche Einlage als präventive Komponente als Anreiz zur Einhaltung unionaler Politiken[478] sowie eine unverzinsliche Einlage und Geldbuße als korrektive Komponenten mit Abschreckungswirkung möglich.[479] Diese finanziellen Sanktionen betragen je-

---

474 Dies gilt trotz des Wortlauts von Art. 260 Abs. 2 UAbs. 1 S. 2 AEUV „[…] Pauschalbetrag[s] oder Zwangsgeld[s] […]". EuGH, Urteil v. 12.07.2005, Rs. C-304/02, *Kommission/Frankreich*, ECLI:EU:C:2005:444, Rn. 81 ff.; *A. Huck/F. Klieve*, EuR 41 (2006), S. 399 ff., 413 ff. Die Kommission beantragt deshalb regelmäßig die Verhängung von Pauschalbetrag und Zwangsgeld gleichzeitig, *Europäische Kommission*, Mitteilung der Kommission – EU-Recht: Bessere Ergebnisse durch bessere Anwendung – C/2016/8600, 19.01.2017, S. 15.

475 So auch *P. Wennerås*, in: A. Jakab/D. Kochenov (Hrsg.), The enforcement of EU law and values ensuring member states' compliance, Oxford 2016, 79 f.; *B. Jack*, ELJ 19 (2013), S. 404 ff., 405 ff.

476 Art. 260 Abs. 3 AEUV. *U. Karpenstein*, in: E. Grabitz/M. Hilf/M. Nettesheim (Hrsg.), Das Recht der Europäischen Union, [69]München 2020, Art. 260 AEUV, Rn. 56 f.; *A. Thiele*, EuR 45 (2010), S. 30 ff., 34 ff.; *K. Träbert*, Sanktionen der Europäischen Union gegen ihre Mitgliedstaaten, Frankfurt am Main 2010, S. 393 ff. Hierzu allgemein *Europäische Kommission*, Mitteilung der Kommission – EU-Recht: Bessere Ergebnisse durch bessere Anwendung – C/2016/8600, 19.01.2017. Bei ihrem Vorschlag zur Höhe des Zwangsgelds und/oder Pauschalbetrags wendet die Kommission dieselbe Berechnungsmethode an wie beim Verfahren nach Art. 260 Abs. 2 AEUV. *Dass.*, Mitteilung der Kommission – Anwendung von Artikel 260 Absatz 3 AEUV – ABl. EU 2011/C 12/01, 15.01.2011, Rn. 16.

477 *W. Cremer*, in: C. Calliess/M. Ruffert (Hrsg.), EUV/AEUV, [5]München 2016, Art. 260 AEUV, Rn. 16; *B. Jack*, ELJ 19 (2013), S. 404 ff., 411 ff.

478 Art. 4 Abs. 1 VO (EU) Nr. 1173/2011 (haushaltspolitische Überwachung), ABl. EU L 306 v. 16.11.2011, S. 1 ff. i. V. m. Art. 6 Abs. 2 UAbs. 2 VO (EG) Nr. 1466/97 (haushaltspolitische Überwachung und Koordinierung Wirtschaftspolitiken), ABl. EU L 209 v. 07.07.1997, S. 1 ff.; ErwG. 15 VO (EU) Nr. 1173/2011 (haushaltspolitische Überwachung), ABl. EU L 306 v. 16.11.2011, S. 1 ff.

479 Art. 126 Abs. 11 UAbs. 1 AEUV, Art. 5 Abs. 1 und Art. 6 Abs. 1 VO (EU) Nr. 1173/2011 (haushaltspolitische Überwachung), ABl. EU L 306 v. 16.11.2011, S. 1 ff.

Darüber hinaus ermöglicht Art. 8 VO (EU) Nr. 1173/2011 (haushaltspolitische Überwachung), ABl. EU L 306 v. 16.11.2011, S. 1 ff., eine Geldbuße bis maximal 0,2 % des BIP bei Manipulationen von Statistiken. Auch insoweit ist Abschreckung das Ziel, ErwG. 16 VO (EU) Nr. 1173/2011 (haushaltspolitische Überwachung), ABl. EU L 306 v. 16.11.2011, S. 1 ff.

weils 0,2 % des BIP des Vorjahres des betroffenen Mitgliedstaats, wodurch die Gleichheit der Mitgliedstaaten sowie die Verhältnismäßigkeit gewahrt werden sollen.[480] Korrigieren Mitgliedstaaten makroökonomische Ungleichgewichte nicht wie vom Rat empfohlen, ist die Verhängung einer verzinslichen Einlage und einer jährlichen Geldbuße möglich.[481] Diese beläuft sich auf 0,1 % des mitgliedstaatlichen BIP des vorangegangenen Jahres.[482] Die in diesen Verfahren vorgesehene Geldbuße hat mit ihrem endgültigen und strafenden Charakter einen ähnlichen Effekt wie der Pauschalbetrag im Vertragsverletzungsverfahren. Die verzinslichen wie unverzinslichen Einlagen haben wegen der Zeitspanne, in der dem Mitgliedstaat die Mittel nicht zur Verfügung stehen, sowie des Zinseffekts bei der unverzinslichen Einlage ähnlich zum Zwangsgeld vor allem eine Beugefunktion.

Die ESIF-Dachverordnung ermöglicht, etwa bei der Missachtung von Konditionalitäten, mit der Zahlungsunterbrechung, der Aussetzung sowie der finanziellen Berichtigung unterschiedliche finanzielle Sanktionen.[483] Die EHO sieht zum Schutz der finanziellen Interessen der EU mit dem Ausschluss der Finanzierung aus Mitteln der EU, der Unterbrechung von Zahlungsfristen und sowie der Aussetzung von Zahlungen ähnliche Möglichkeiten vor.[484] Unterbrechung und Aussetzung haben, da sie bei Erfüllung der Voraussetzung aufgehoben werden können und damit zeitabhängig sind, maßgeblich eine Beugefunktion.[485] Der Ausschluss hat hingegen endgültigen und damit vor allem strafenden Charakter. Für Aussetzungen im Rahmen der Verbindung der ESIF mit der wirtschaftspolitischen Steuerung sieht die ESIF-Dachverordnung Höchstgrenzen im Verhältnis zum mitgliedstaatlichen BIP und zur ESIF-Förderung vor.[486]

---

[480] Art. 4 Abs. 1 (verzinsliche Einlage), Art. 5 Abs. 1 (unverzinsliche Einlage) bzw. Art. 6 Abs. 1 (Geldbuße) sowie ErwG. 22 f. VO (EU) Nr. 1173/2011 (haushaltspolitische Überwachung), ABl. EU L 306 v. 16.11.2011, S. 1 ff. Zur Gleichheit der Mitgliedstaaten Art. 4 Abs. 2 S. 1 EUV, zur Verhältnismäßigkeit siehe oben § 4 A. I. 1. c).

[481] Art. 3 Abs. 1 und Abs. 2 VO (EU) Nr. 1174/2011 (Korrektur makroökonomischer Ungleichgewichte), ABl. EU L 306 v. 16.11.2011, S. 8 ff. i. V. m. Art. 8 Abs. 3 und Art. 10 Abs. 4 VO (EU) Nr. 1176/2011 (MIP-Verordnung), ABl. EU L 306 v. 16.11.2011, S. 25 ff.

[482] Art. 3 Abs. 5 VO (EU) Nr. 1174/2011 (Korrektur makroökonomischer Ungleichgewichte), ABl. EU L 306 v. 16.11.2011, S. 8 ff. Diese Berechnung anhand des mitgliedstaatlichen BIP soll der Gleichbehandlung der Mitgliedstaaten dienen, ErwG. 14 VO (EU) Nr. 1174/2011 (Korrektur makroökonomischer Ungleichgewichte), ABl. EU L 306 v. 16.11.2011, S. 8 ff.

[483] Siehe oben § 2 C. I. 2. b).

[484] Siehe oben § 2 C. I. 4.

[485] So etwa in Art. 19 Abs. 7, Art. 22 Abs. 6 UAbs. 2, Art. 23 Abs. 12 VO (EU) Nr. 1303/2013 (ESIF-Dachverordnung 2013), ABl. EU L 347 v. 17.12.2013, S. 320 ff.; Art. 15 Abs. 11, Art. 91 Abs. 2 Geänderter Vorschlag COM (2020) 23 final (Vorschlag ESIF-Dachverordnung 2021) v. 14.01.2020.

[486] Art. 23 Abs. 11 VO (EU) Nr. 1303/2013 (ESIF-Dachverordnung 2013), ABl. EU L 347 v. 17.12.2013, S. 320 ff.; Art. 15 Abs. 10 Geänderter Vorschlag COM (2020) 23 final (Vorschlag ESIF-Dachverordnung 2021) v. 14.01.2020. Zu Maßnahmen in Verbindung mit der wirtschaftlichen Steuerung siehe oben § 2 C. I. 2. a) cc).

Im Art. 7-Verfahren sind finanzielle Sanktionen ebenfalls möglich;[487] mangels ausdrücklicher Regelung und Praxis bestehen insoweit allerdings keine Erfahrungswerte.

b) Zwangsvollstreckung gegen Mitgliedstaaten?

Bisher sind Mitgliedstaaten ihren Zahlungsverpflichtungen aus Sanktionsmechanismen nachgekommen.[488] Bei der Einführung eines neuen, politisch umstrittenen Sanktionsmechanismus – wie dem hier untersuchten – kann sich dies allerdings ändern. Deshalb ist es für die Wirksamkeit finanzieller Sanktionen entscheidend, ob und wie sie im Zweifelsfall gegen Mitgliedstaaten durchgesetzt werden können.

Finanzielle Sanktionen im Vertragsverletzungsverfahren erlässt der EuGH als Urteil.[489] Für deren Vollstreckung verweist Art. 280 AEUV auf Art. 299 UAbs. 1 AEUV. Hiernach sind Rechtsakte der Kommission, des Rates und der EZB, die eine Zahlung auferlegen, vollstreckbare Titel; allerdings „gilt [dies] nicht gegenüber Staaten". Deshalb und mit Blick auf die darin zum Ausdruck kommende Staatenimmunität auch der Mitgliedstaaten der EU lehnen einige eine Vollstreckbarkeit gegen Mitgliedstaaten ab.[490] Überzeugender ist es aber, grundsätzlich von einer Vollstreckbarkeit der EuGH-Urteile auch gegenüber Mitgliedstaaten auszugehen. Denn die meisten vollstreckbaren Urteile ergehen gerade gegenüber Mitgliedstaaten; in all diesen Fällen wäre die Vollstreckbarkeitserklärung in Art. 280 AEUV sonst bedeutungslos. Somit ist der Verweis in dieser Vorschrift teleologisch reduziert als eingeschränkter Rechtsfolgenverweis zu verstehen. Dadurch soll nur die Anwendbarkeit der übrigen vollstreckungsrechtlichen Regelungen in Art. 299 UAbs. 2 bis 4 AEUV sichergestellt werden.[491]

Nach dieser Vorschrift richtet sich die Zwangsvollstreckung allerdings nach den Regelungen des betroffenen Mitgliedstaats. Faktisch kann dieser somit über seine erforderliche Mitwirkung eine Vollstreckung verhindern, auch wenn er zur

[487] Siehe oben § 2 B. I. 2.

[488] Soweit ersichtlich haben Mitgliedstaaten in der Praxis etwa finanzielle Sanktionen nach Art. 260 AEUV vermutlich aus Reputationsgründen immer beglichen. So auch *M. Klamert*, EuR 53 (2018), S. 159 ff., 159.

[489] Art. 260 Abs. 2 und 3 AEUV. Siehe oben § 4 D. II. 1. a).

[490] *I. Pernice*, in: J. Krüper/M. Payandeh/H. Sauer (Hrsg.), Konrad Hesses normative Kraft der Verfassung, Tübingen 2019, S. 165, 193 f.; *J. C. Sahl*, Aufrechnung zwischen Hoheitsträgern – Zur Zulässigkeit der Aufrechnung im deutschen und europäischen Mehrebenensystem, Berlin 2019, S. 167 f.

[491] So auch *S. Korte*, Standortfaktor Öffentliches Recht – Integration und Wettbewerb in föderalen Ordnungen am Beispiel der Gesetzgebung, Tübingen 2016, S. 203 f.; *B. W. Wegener*, in: C. Calliess/M. Ruffert (Hrsg.), EUV/AEUV, [5]München 2016, Art. 280 AEUV, Rn. 1; *P.-T. Stoll/B. Rigod*, in: E. Grabitz/M. Hilf/M. Nettesheim (Hrsg.), Das Recht der Europäischen Union, [69]München 2020, Art. 280 AEUV, Rn. 5; *M. Klamert*, EuR 53 (2018), S. 159 ff., 167 ff.

ordnungsgemäßen Mitwirkung eigentlich verpflichtet wäre.[492] In diesem Konfliktfall böte auch die Zwangsvollstreckung keine verlässliche Lösung. Daher kommt es entscheidend darauf an, ob die EU in diesem Fall ihre Zahlungsverpflichtungen an den Mitgliedstaat, etwa aus den ESIF, mit der mitgliedstaatlichen Pflicht zur Zahlung von Zwangsgeldern und Pauschalbeträgen aufrechnen kann. Hiergegen spricht, dass diese Aufrechnung einer Vollstreckung faktisch sehr nahekommt und hierfür keine primär- oder sekundärrechtlichen Regelungen getroffen wurden.[493] Allerdings unterscheidet sich die Aufrechnung von der Vollstreckung darin, dass sie ohne einen die mitgliedstaatliche Souveränität beeinträchtigenden Zwang auskommt.[494] Für eine solche Aufrechenbarkeit streitet zudem der effet utile des Unionsrechts und insbesondere des über appellierende Effekte hinaus ansonsten letztlich wirkungslosen Vertragsverletzungsverfahrens mitsamt seinen Möglichkeiten der finanziellen Sanktion.[495] Allerdings sind über die Aufrechnung, die zum Erlöschen der jeweiligen Forderungen führt, nur reine Strafzahlungen möglich. Es ist aber nicht möglich, Strafzahlungen bzw. einbehaltende Gelder später über ein Anreizsystem zurückzugeben.[496]

Die im Rahmen des Defizitverfahrens und der wirtschaftspolitischen Steuerung möglichen Sanktionen sind hingegen gemäß Art. 299 UAbs. 1 AEUV nicht vollstreckbar: Hierbei handelt es sich um Rechtsakte des Rates und der Kommission, die eine Zahlung auferlegen.[497]

Die finanziellen Sanktionen nach der EHO verstoßen hingegen nicht gegen dieses Verbot der Zwangsvollstreckung gegen Mitgliedstaaten. Denn beim Ausschluss von der Finanzierung und bei der Finanzierungsunterbrechung bzw. -aussetzung handelt es sich schon dem Wortlaut nach nicht um einen „Rechtsakt […], der eine Zahlung auferlegt“ i. S. v. Art. 299 UAbs. 1 AEUV. Diesem klaren Wortlaut kann auch nicht entgegengehalten werden, dass der Effekt ein ähnlicher wäre. Vielmehr spricht der effet utile für diese Möglichkeit, da die EU andernfalls ihre finanziellen Interessen auch bei evidenten Verstößen nicht

---

[492] *J. Seidl*, Beitrittsverfahren und Sanktionen als Sicherungsmechanismen für die Werte der Europäischen Union, Erfurt 2019, S. 196 ff.; *J. C. Sahl*, Aufrechnung zwischen Hoheitsträgern – Zur Zulässigkeit der Aufrechnung im deutschen und europäischen Mehrebenensystem, Berlin 2019, S. 168 f.; *I. Härtel*, EuR 36 (2001), S. 617 ff., 621 f.

[493] *I. Härtel*, EuR 36 (2001), S. 617 ff., 622; *M. Klamert*, EuR 53 (2018), S. 159 ff., 170 ff.

[494] *J. C. Sahl*, Aufrechnung zwischen Hoheitsträgern – Zur Zulässigkeit der Aufrechnung im deutschen und europäischen Mehrebenensystem, Berlin 2019, S. 170 f.

[495] So im Ergebnis auch *J. Seidl*, Beitrittsverfahren und Sanktionen als Sicherungsmechanismen für die Werte der Europäischen Union, Erfurt 2019, S. 198 f.; *J. C. Sahl*, Aufrechnung zwischen Hoheitsträgern – Zur Zulässigkeit der Aufrechnung im deutschen und europäischen Mehrebenensystem, Berlin 2019, S. 194. Ohne Unterscheidung zwischen Vollstreckung und Aufrechnung im Ergebnis auch *K. L. Scheppele*, in: C. Closa/D. Kochenov (Hrsg.), Reinforcing Rule of Law Oversight in the European Union, Cambridge 2016, S. 105, 130 f.

[496] So wohl auch *C. Closa/D. Kochenov/J. Weiler*, Reinforcing Rule of Law Oversight in the European Union – EUI Working Paper RSCAS 2014/25, 2014, S. 19 f.

[497] So auch *M. Klamert*, EuR 53 (2018), S. 159 ff., 167.

schützen könnte. Ferner besteht bei dieser Aufrechnung ein Zusammenhang zwischen der finanziellen Sanktion und dem Grund hierfür.[498] Auch Zahlungen an Mitgliedstaaten aus den ESIF stehen bereits jetzt grundsätzlich der Aufrechnung durch die EU offen.[499]

c) Maßstäbe für die finanzielle Sanktion

Ebenso wie die bestehenden Sanktionsmechanismen sollten auch neue finanzielle Sanktionen aus zwei Komponenten bestehen: Mit einer endgültigen finanziellen Sanktion sollen vergangene Verstöße geahndet und dadurch eine abschreckende Wirkung erzeugt werden. Dies erfordert eine mit Sanktionsbeschluss wirksame und endgültige finanzielle Sanktion. Mit einer zweiten, zeitabhängigen finanziellen Sanktion sollen Anreize zur zeitnahen Aufhebung (weiter) bestehender Verstöße gesetzt werden.

Zur Rechtsklarheit und zur erhöhten Abschreckungswirkung sollten in der Verordnung Parameter für die Berechnung der Höhe der finanziellen Sanktion(en) festgelegt werden.[500] Diese Parameter sollten aus zwei Komponenten bestehen: So sollten sie einerseits Schwere, Dauer und Auswirkungen der Verstöße untersuchen und berücksichtigen. Hierunter fällt mit Blick auf die Kompetenzgrundlage[501] insbesondere die Höhe der (drohenden) finanziellen Schäden für die EU. Auf dieser Grundlage sollte unter Berücksichtigung der Verhältnismäßigkeit die Basis finanzieller Sanktionen errechnet werden.[502] Dieses würde mit einer zweiten Komponente, die die Wirtschaftskraft des betroffenen Mitgliedstaats berücksichtigt, multipliziert. Hierdurch kann dem Grundsatz der Gleichheit der Mitgliedstaaten Rechnung getragen werden;[503] dies ist auch für das Vertrauen der Bevölkerung in die EU sowie diesen Sanktionsmechanismus relevant.[504] Für diese zweite Komponente bietet sich, wie auch bei den Vertragsverletzungs- und Defizitverfahren sowie dem Verfahren zur Koordinierung der Wirtschaftspolitik, eine Berechnung anhand des BIP des betroffenen

---

498 Soweit ersichtlich hat der EuGH diese Frage aber noch nicht entschieden.

499 *J. C. Sahl*, Aufrechnung zwischen Hoheitsträgern – Zur Zulässigkeit der Aufrechnung im deutschen und europäischen Mehrebenensystem, Berlin 2019, S. 195 ff.

500 So auch *U. Sedelmeier*, Journal of European Public Policy 24 (2017), S. 337 ff., 342 f.

501 Siehe oben § 4 A. I. 1. a) aa).

502 Zur Verhältnismäßigkeit siehe oben § 4 A. I. 1. c).

503 Nach dem Gleichheitsgrundsatz aus Art. 4 Abs. 2 S. 1 EUV muss die EU die Mitgliedstaaten gleich behandeln, insbesondere ungeachtet anderer Faktoren wie Größe, wirtschaftliche Kraft und Einfluss innerhalb der EU. *C. Calliess/W. Kahl/A. Puttler*, in: C. Calliess/M. Ruffert (Hrsg.), EUV/AEUV, [5]München 2016, Art. 4 EUV, Rn. 12. Auch die Kommission verweist auf dieses Erfordernis bei der Überwachung der Rechtsstaatlichkeit, *Europäische Kommission*, Mitteilung der Kommission – Die weitere Stärkung der Rechtsstaatlichkeit in der Union – Aktuelle Lage und mögliche nächste Schritte – COM (2019) 163 final, 03.04.2019, S. 8.

504 So auch *U. Sedelmeier*, Journal of European Public Policy 24 (2017), S. 337 ff., 346; *M. Blauberger/V. van Hüllen*, Journal of European Integration 6 (2020), S. 1 ff., 6.

Mitgliedstaats an. Dabei ist zu berücksichtigen, dass nur eine ausreichend hohe finanzielle Sanktion ihre Abschreckungswirkung oder Beugefunktion erreichen kann. Ist die Sanktion hingegen zu hoch bzw. schwer, macht dies, wie beim Art. 7-Verfahren, die Anwendung des Sanktionsverfahrens unwahrscheinlicher, was sich wiederum negativ auf den Abschreckungseffekt auswirkt.[505]

In diesem Zusammenhang wird auch diskutiert, im Sinne von smart sanctions vor allem die gesellschaftlichen und wirtschaftlichen Stützen rechtsstaatsfeindlicher Parteien und Gruppierungen zu treffen.[506] Dadurch sollen die Auswirkungen auf unbeteiligte Gruppen des betroffenen Mitgliedstaats möglichst gering gehalten und gleichzeitig der Druck auf die Regierungen und Parlamentsmehrheiten erhöht werden.[507] Für die Sanktionierung nur einzelner natürlicher oder juristischer Personen sind die ESIF aber wegen ihrer Ausgestaltung als allgemeine Wirtschaftsstruktur- und Infrastrukturförderung nicht geeignet. Zudem ist es Ausfluss des Rechtsstaatsprinzips, dass für die gezielte Bestrafung einzelner natürlicher oder juristischer Personen der Verwaltungs- oder Strafrechtsweg offensteht.[508] Dies könnte im Rahmen dieses Sanktionsmechanismus nur schwer gewährleistet werden.

2. Vorschlag von Kommission und Parlament: Große Spielräume für Kommission und Rat

Art. 4 Abs. 1 des Vorschlags von Kommission und Parlament ermöglicht finanzielle Sanktionen. Hierüber entscheidet die Kommission in ihrem Durchführungsbeschluss;[509] Rat und Parlament können diese Sanktion mit (im Rat: qualifizierter) Mehrheit ablehnen oder abändern.[510]

Für die Auswahl der Maßnahmen für finanzielle Sanktionen unterscheidet der Vorschlag nach der Art der Mittelverwaltung: Für von der Kommission in direkter oder indirekter Mittelverwaltung[511] ausgeführte und an mitgliedstaatliche Einrichtungen als Empfänger fließende EU-Mittel kann die Aussetzung der Zahlungen beschlossen werden.[512] Alternativ kann die Umsetzung recht-

---

505 Zu diesem Problem siehe oben § 2 B. I. 2.

506 Zu diesem Vorschlag im Rahmen von Art. 7 EUV *T. Dumbrovsky*, Beyond Voting Rights Suspension – Tailored Sanctions as Democracy Catalyst under Article 7 TEU – EUI Working Paper RSCAS 2018/12, March 2018 und oben § 2 B. I. 2.

507 So auch *ders.*, Beyond Voting Rights Suspension – Tailored Sanctions as Democracy Catalyst under Article 7 TEU – EUI Working Paper RSCAS 2018/12, March 2018, S. 7 ff.

508 Siehe oben § 2 B. I. 2.

509 Siehe oben § 4 C. II. 2. a).

510 Siehe oben § 4 C. II. 2. b).

511 Art. 62 lit. a) und c) VO (EU, Euratom) Nr. 2018/1046 (EHO), ABl. EU L 193 v. 30.07.2018, S. 1 ff.

512 Art. 4 Abs. 1 lit. a) Vorschlag COM (2018) 324 final (finanzielle Sanktionen) – Abänderungen Parlament (P8_TA-PROV(2019)0349) v. 04.04.2019.

licher Verpflichtungen ausgesetzt oder diese gekündigt werden;[513] auch ein Verbot, neue rechtliche Verpflichtungen einzugehen, ist möglich.[514] Für die von der Kommission und Mitgliedstaaten in geteilter Mittelverwaltung ausgeführten EU-Mittel[515] können die Genehmigung eines oder mehrerer Programme ausgesetzt oder geändert bzw. Mittelbindungen ausgesetzt, reduziert oder auf andere Ausgabenprogramme übertragen werden.[516] Zudem können Vorfinanzierungen reduziert, Zahlungsfristen unterbrochen oder Zahlungen ausgesetzt werden.[517] Zugleich werden Mittel in Höhe der Maßnahme in eine Haushaltsreserve übertragen.[518]

Die Maßnahmen haben unterschiedliche Wirkungen und zeitigen deshalb unterschiedliche finanzielle Folgen: Die Aussetzung bzw. Änderung der Genehmigung von Programmen führt dazu, dass neue Programme nicht oder nur in geänderter Form finanziert werden.[519] Die finanziellen Folgen sind für den Mitgliedstaat nicht sofort, sondern erst in Zukunft spürbar. Dahingegen sind die Aussetzung von Mittelbindungen und Zahlungen sowie die Unterbrechung von Zahlungsfristen sofort wirkende finanzielle Sanktionen. Diese Sanktionen sind ihrer Struktur nach alle mehrheitlich vorübergehend, können also im Falle der Beseitigung des sanktionierten Verstoßes aufgehoben werden und haben damit vor allem beugenden Charakter.[520] Allerdings sind auch bei einer späteren Aufhebung der Aussetzung bzw. Änderung der Genehmigung von Programmen verwaltungstechnische Verzögerungen bei deren Durchführung zu erwarten.[521]

---

[513] Art. 4 Abs. 1 lit. a (1) Vorschlag COM (2018) 324 final (finanzielle Sanktionen) – Abänderungen Parlament (P8_TA-PROV(2019)0349) v. 04.04.2019.

Die Kündigung erfolgt nach Art. 131 Abs. 3 VO (EU, Euratom) Nr. 2018/1046 (EHO), ABl. EU L 193 v. 30.07.2018, S. 1 ff. Nach Art. 131 Abs. 3 UAbs. 3 i. V. m. UAbs. 1 lit. a) und c) EHO können rechtliche Verpflichtungen bisher dann gekündigt werden, wenn Unregelmäßigkeiten, Betrug oder eine Pflichtverletzung vorlag. Eine solche Kündigung ist auch möglich, wenn solche „Unregelmäßigkeiten, Betrug oder [Pflichtverletzung] die Zuverlässigkeit oder Wirksamkeit internen Kontrollsysteme [der die Unionsmittel ausführenden] Stelle oder Person […] oder die Rechtmäßigkeit und Ordnungsmäßigkeit der zugrunde liegenden Vorgänge infrage stellen".

[514] Art. 4 Abs. 1 lit. a (2) Vorschlag COM (2018) 324 final (finanzielle Sanktionen) – Abänderungen Parlament (P8_TA-PROV(2019)0349) v. 04.04.2019.

[515] Gemäß Art. 62 Abs. 1 lit. b) i. V. m. Art. 63 und 126 bis 129 VO (EU, Euratom) Nr. 2018/1046 (EHO), ABl. EU L 193 v. 30.07.2018, S. 1 ff.

[516] Art. 4 Abs. 1 lit. b) (1) bis (3) Vorschlag COM (2018) 324 final (finanzielle Sanktionen) – Abänderungen Parlament (P8_TA-PROV(2019)0349) v. 04.04.2019.

[517] Art. 4 Abs. 1 lit. b) (4) bis (6) Vorschlag COM (2018) 324 final (finanzielle Sanktionen) – Abänderungen Parlament (P8_TA-PROV(2019)0349) v. 04.04.2019.

[518] Art. 5 Abs. 6a Vorschlag COM (2018) 324 final (finanzielle Sanktionen) – Abänderungen Parlament (P8_TA-PROV(2019)0349) v. 04.04.2019. Hierüber entscheiden Rat und Parlament, siehe oben § 4 C. II. 2. b).

[519] Art. 4 Abs. 1 lit. b) (1) Vorschlag COM (2018) 324 final (finanzielle Sanktionen) – Abänderungen Parlament (P8_TA-PROV(2019)0349) v. 04.04.2019.

[520] Dies entspricht der Aussetzung nach der EHO, siehe oben § 4 D. II. 1. a).

[521] Deshalb schlägt der Europäische Ausschuss der Regionen vor, von diesem Sanktions-

Die Aussetzung kann aber auch zu einer endgültigen Sanktion werden: Sofern die Genehmigung von Programmen ausgesetzt oder geändert oder Mittelbindungen ausgesetzt wurden,[522] werden bei Aufhebung dieser Maßnahmen den ausgesetzten Mittelbindungen entsprechende Beträge in den Haushaltsplan eingesetzt.[523] Sie dürfen allerdings nur in den zwei auf den Erlass der Maßnahmen folgenden Haushaltsplänen eingesetzt werden.[524] Liegt die Maßnahme mehr als zwei Haushaltsjahre zurück, werden die Beträge in den Gesamtspielraum für Mittel für Verpflichtungen (Unionsreserve) nach Art. 12 Vorschlag MFR 2021–2027 eingestellt.[525] Bei der Inanspruchnahme der Unionsreserve müssen Parlament und Rat die ursprünglichen Mittelbindungen dieser Beträge nicht berücksichtigen.[526] Die Reduzierung von Mittelbindungen oder der Vorfinanzierung sowie die Kündigung rechtlicher Verpflichtungen sind von vorneherein endgültig und haben somit vor allem einen strafenden Charakter.[527]

Zur Berechnung der Sanktion enthält der Vorschlag keine konkreten Vorgaben. Er legt allein fest, dass die Sanktion „in einem angemessenen Verhältnis zu Art, Schwere, Dauer und Umfang des generellen Mangels in Bezug auf das Rechtsstaatsprinzip" stehen müssen.[528] Für die Bewertung der Verhältnis-

---

instrument abzusehen. Änderung 3 *Europäischer Ausschuss der Regionen*, Stellungnahme des Europäischen Ausschusses der Regionen – Das Paket für den Mehrjährigen Finanzrahmen für die Jahre 2021–2027 (2018/C 461/10), 21.12.2018.

[522] Art. 4 Abs. 1 lit. b) (1) und (2) Vorschlag COM (2018) 324 final (finanzielle Sanktionen) – Abänderungen Parlament (P8_TA-PROV(2019)0349) v. 04.04.2019. Bei dem Verweis in Art. 6 Abs. 3 S. 1 auf Art. 4 Abs. 2 lit. b) (1) und (2) dürfte es sich um einen redaktionellen Fehler handeln; richtig ist Abs. 1.

[523] Art. 6 Abs. 3 S. 1 Vorschlag COM (2018) 324 final (finanzielle Sanktionen) – Abänderungen Parlament (P8_TA-PROV(2019)0349) v. 04.04.2019 und Art. 7 UAbs. 1 Vorschlag COM (2018) 322 final/2 (MFR 2021–2027) v. 15.05.2018.

[524] Art. 6 Abs. 3 S. 2 Vorschlag COM (2018) 324 final (finanzielle Sanktionen) – Abänderungen Parlament (P8_TA-PROV(2019)0349) v. 04.04.2019 und Art. 7 UAbs. 2 Vorschlag COM (2018) 322 final/2 (MFR 2021–2027) v. 15.05.2018. „n" bezeichnet das Jahr der Aussetzung, diese ausgesetzten Mittelbindungen dürfen nicht später als im Jahr „n +2" in den Haushaltsplan eingesetzt werden. Der Europäische Ausschuss der Regionen schlägt vor, diese Frist auf drei Jahre zu verlängern, um „den Verlust dieser Mittel zu verhindern". Änderung 6 *Europäischer Ausschuss der Regionen*, Stellungnahme des Europäischen Ausschusses der Regionen – Das Paket für den Mehrjährigen Finanzrahmen für die Jahre 2021–2027 (2018/C 461/10), 21.12.2018.

[525] Art. 6 Abs. 3 S. 3 Vorschlag COM (2018) 324 final (finanzielle Sanktionen) – Abänderungen Parlament (P8_TA-PROV(2019)0349) v. 04.04.2019 bezeichnet dieses Jahr als „n + 3".

[526] Art. 12 Abs. 2 Vorschlag COM (2018) 322 final/2 (MFR 2021–2027) v. 15.05.2018. Nach ErwG. 7 Vorschlag COM (2018) 322 final/2 (MFR 2021–2027) v. 15.05.2018 dienen die Unionsreserve und weitere Flexibilisierungsinstrumente dazu, dass die EU „auf bestimmte unvorhergesehene Ereignisse reagieren kann oder genau definierte Ausgaben, die die Obergrenzen einer oder mehrerer Rubriken des MFR übersteigen würden, finanziert werden können".

[527] Dies ist vergleichbar mit einer Kürzung i. S. v. Art. 131 Abs. 3 und 4 VO (EU, Euratom) Nr. 2018/1046 (EHO), ABl. EU L 193 v. 30.07.2018, S. 1 ff.

[528] Art. 4 Abs. 3 S. 1 Vorschlag COM (2018) 324 final (finanzielle Sanktionen) – Abände-

mäßigkeit muss die Kommission allen ihr vorliegenden Informationen und Stellungnahmen des betroffenen Mitgliedstaats „gebührend Rechnung" tragen.[529] „Soweit möglich" sollen diese Kürzungen die Auszahlungen treffen, die „durch diesen Mangel tatsächlich oder möglicherweise beeinträchtigt werden".[530] Dadurch soll ein Zusammenhang zwischen dem Mangel in Bezug auf das Rechtsstaatsprinzip und der finanziellen Sanktion hergestellt werden.

Der Vorschlag regelt nicht, in welche Art von Haushaltsreserve (vorläufig eingesetzte Mittel, Art. 49,[531] Negativreserve, Art. 50,[532] oder Reserve für Soforthilfen, Art. 51[533]) die Mittel übertragen werden sollen. Parlament und Rat können auf Vorschlag der Kommission entscheiden, in welche Haushaltsreserve die Mittel übertragen werden. Am wahrscheinlichsten ist die Mittelübertragung in die vorläufig eingesetzten Mittel, da es sich auch bei der Sanktion letztlich um „gravierende Ausführungsschwierigkeiten" gemäß Art. 49 Abs. 2 EHO handelt.

3. Eigener Reformvorschlag: Berechnung der Sanktionshöhe und Eignung der einzelnen ESIF

Der Vorschlag von Kommission und Parlament enthält wichtige Festlegungen zur Art der finanziellen Sanktion, ist im Übrigen aber noch konkretisierungs-

---

rungen Parlament (P8_TA-PROV(2019)0349) v. 04.04.2019. Diese Verpflichtung auf Verhältnismäßigkeit folgt auch aus Art. 5 Abs. 1 S. 2 und Abs. 4 EUV.

Nach ErwG. 14 Vorschlag COM (2018) 324 final (finanzielle Sanktionen) – Abänderungen Parlament (P8_TA-PROV(2019)0349) v. 04.04.2019 sind für die Verhältnismäßigkeit insbesondere „die Schwere der Lage, der Zeitraum seit Beginn des einschlägigen Verhaltens, seine Dauer und Häufigkeit, die zugrundeliegende Absicht und das Ausmaß der Mitarbeit des betroffenen Mitgliedstaats bei der Abstellung" des Mangels zu berücksichtigen. Zudem sollten auch die Auswirkungen auf die Haushaltsmittel der EU Beachtung finden.

[529] Art. 5 Abs. 5a Vorschlag COM (2018) 324 final (finanzielle Sanktionen) – Abänderungen Parlament (P8_TA-PROV(2019)0349) v. 04.04.2019.

[530] Art. 4 Abs. 3 S. 2 Vorschlag COM (2018) 324 final (finanzielle Sanktionen) – Abänderungen Parlament (P8_TA-PROV(2019)0349) v. 04.04.2019.

[531] Gemäß Art. 49 Abs. 1 lit. a) und b) VO (EU, Euratom) Nr. 2018/1046 (EHO), ABl. EU L 193 v. 30.07.2018, S. 1 ff. werden im Titel der vorläufig eingesetzten Mittel bei Aufstellung des Haushaltsplans Mittel eingesetzt, falls zu diesem Zeitpunkt kein Basisrechtsakt existiert oder die Mittelplanung und -verwendung nach den Grundsätzen der Wirtschaftlichkeit der Haushaltsführung aus gewichtigen Gründen ungewiss ist. Nach Art. 49 Abs. 2 VO (EU, Euratom) Nr. 2018/1046 (EHO), ABl. EU L 193 v. 30.07.2018, S. 1 ff. können Parlament und Rat auf Vorschlag der Kommission bei „gravierenden Ausführungsschwierigkeiten" auch während des Haushaltsjahrs Mittelübertragungen auf diesen Haushaltstitel beschließen.

[532] Bei der Negativreserve handelt es sich um eine erwartete Minderausgabe; diese Einsparungen werden Teil der Negativreserve. *European Commission*, European Union Public Finance, [5]2014, S. 161 f. Diese Negativreserve enthält nur Mittel für Zahlungen und kann im Einzelplan mit bis zu EUR 200 Millionen veranschlagt werden. Art. 50 UABs. 1 VO (EU, Euratom) Nr. 2018/1046 (EHO), ABl. EU L 193 v. 30.07.2018, S. 1 ff.

[533] Die Reserve für Soforthilfen dient der Unterstützung von Drittländern, Art. 51 Abs. 1 VO (EU, Euratom) Nr. 2018/1046 (EHO), ABl. EU L 193 v. 30.07.2018, S. 1 ff.

bedürftig. Dies betrifft insbesondere die Parameter zur Berechnung der finanziellen Sanktion. Zudem stellt sich die Frage, welche ESIF für einen solchen Sanktionsmechanismus besonders geeignet sind.

a) Parameter für die Sanktionshöhe

Die Zwecke der Sanktionen – Strafe und Beugung – sollten auch in der Ausarbeitung und Darstellung der Arten der finanziellen Sanktionen kenntlich gemacht werden. Bisher ist dies nur teilweise der Fall. Insbesondere der durch Zeitablauf mögliche endgültige Charakter der Aussetzung wird aus dem Vorschlag selbst nur mittelbar klar. Sollte der Vorschlag von Kommission und Parlament beschlossen werden, sollten zumindest die Unterschiede der vorläufig bzw. endgültig wirkenden Sanktionen klargestellt werden.

Stattdessen wäre es aber vorzuziehen, die im Vorschlag vorgesehenen Arten der finanziellen Sanktionen durch ein degressives Verfahren zu ersetzen: Im Rahmen dieses Verfahrens sollten Mittel in verhältnismäßiger Höhe eingefroren bzw. ausgesetzt werden. Die Höhe der Auszahlung dieser ausgesetzten Mittel würde dann vom Umsetzungszeitraum der Korrektur abhängig gemacht werden: Würde der Verstoß innerhalb von sechs Monaten behoben, würden die einbehaltenden Mittel in voller Höhe ausgezahlt. Für jeden weiteren sechs monatigen Zeitraum der verzögerten Umsetzung könnten die Mittel um 20% endgültig reduziert werden. Nach insgesamt drei Jahren wären die Mittel für den Mitgliedstaat vollständig verfallen.[534] Hierfür ist es allerdings erforderlich, die finanzielle Sanktion für die Verstöße einzeln zu berechnen und keine Gesamtbetrachtung anzuwenden. Denn bei einer Gesamtbetrachtung wäre die Anwendung dieses degressiven Verfahrens nicht möglich, sollte nur ein Teil der Verstöße behoben sein.

Für die zur Berechnung der Sanktionshöhe geltenden Parameter sollte insbesondere klargestellt werden, dass diese auf Schwere, Dauer und Auswirkungen des Verstoßes einerseits sowie Finanzkraft des Mitgliedstaats andererseits und damit aus zwei Komponenten beruhen. Für die erste Komponente sollten, gegebenenfalls in delegierten Rechtsakten, genauere Parameter festgelegt werden; hierfür sollten sich Kommission bzw. Verordnungsgeber an bestehenden Sanktionsmechanismen orientieren.[535] Ferner sollte der Verordnungsgeber auch einen Höchstbetrag der finanziellen Sanktionen festlegen, etwa bei 25%

---

[534] Bei einer solch längeren Periode besteht eine höhere Wahrscheinlichkeit, dass diese Sanktionen und ihre Gründe auch in mitgliedstaatlichen Wahlkämpfen eine Rolle spielen. Dies kann politisch wünschenswert sein.

[535] So bestimmt Art. 31 Abs. 2 und 3 Delegierte VO (EU) Nr. 480/2014 (Ergänzung VO 1303/2013), ABl. EU L 138 v. 03.03.2014, S. 5 ff., in Ergänzung zu Art. 144 Abs. 6 VO (EU) Nr. 1303/2013 (ESIF-Dachverordnung 2013), ABl. EU L 347 v. 17.12.2013, S. 320 ff. die prozentuale Höhe der finanziellen Berichtungen anhand der Ausmaße der Mängel im mitgliedstaatlichen Verwaltungs- und Kontrollsystem.

der jährlichen Mittelbindungen bzw. 0,25 % des nominalen BIP des betroffenen Mitgliedstaats, je nachdem welcher Wert niedriger ist.[536] Hierdurch bestünde weiterhin ausreichender Spielraum für Sanktionen, andererseits können allzu starke volkswirtschaftliche Auswirkungen vermieden und eine gewisse makroökonomische Stabilität sichergestellt werden. Dies würde auch Rechtssicherheit und Transparenz sowie die Akzeptanz des Sanktionsmechanismus in der Bevölkerung erhöhen. Zu diesen Zwecken und zur Überprüfung der Verhältnismäßigkeit sollte die Kommission auch dazu verpflichtet werden, Berechnungen zu möglichen Auswirkungen auf die mitgliedstaatlichen und subnationalen Haushalte sowie gegebenenfalls betroffene natürliche und juristische Personen vorzunehmen und zu veröffentlichen.[537] All diese Festlegungen sollten, ähnlich zum Defizitverfahren, in einem Anhang zur EHO festgelegt werden.[538]

b) Eignung der einzelnen ESIF

Die ESIF sind wegen ihrer verschiedenen wirtschafts- und sozialpolitischen Ziele sowie volkswirtschaftlichen Bedeutung unterschiedlich gut für die Einbeziehung in den Sanktionsmechanismus geeignet. Hierbei muss die Situation im jeweiligen Mitgliedstaat einzeln betrachtet werden, da die einzelnen ESIF und ihre Programme je nach Zielrichtung in den Mitgliedstaaten unterschiedlich stark zur Anwendung kommen.[539] Vor dem Hintergrund des Gleichbehandlungsgrundsatzes[540] kann es deshalb erforderlich sein, bei verschiedenen Mitgliedstaaten jeweils verschiedene ESIF bzw. durch sie finanzierte Programme in den Sanktionsmechanismus miteinzubeziehen.

Zudem müssten auch die strukturpolitischen Ziele der einzelnen Programme berücksichtigt werden: So fördert der ESF etwa beschäftigungswirksame Projekte für junge und arbeitslose Europäer.[541] In anderen Bereichen – etwa der

---

[536] Dies entspräche der neuen Regelung zu Höchstgrenzen bei Sanktionen im Rahmen der Verbindung der ESIF mit der wirtschaftlichen Steuerung, Art. 15 Abs. 10 Geänderter Vorschlag COM (2020) 23 final (Vorschlag ESIF-Dachverordnung 2021) v. 14.01.2020.

[537] Ähnlich Änderung 4 *Europäischer Ausschuss der Regionen*, Stellungnahme des Europäischen Ausschusses der Regionen – Das Paket für den Mehrjährigen Finanzrahmen für die Jahre 2021–2027 (2018/C 461/10), 21.12.2018; *EuRH*, Stellungnahme Nr. 1/2018 (2018/C 291/01) – Zu dem Vorschlag vom 2. Mai 2018 für eine Verordnung des Europäischen Parlaments und des Rates über den Schutz des Haushalts der Union im Falle von generellen Mängeln in Bezug auf das Rechtsstaatsprinzip in den Mitgliedstaaten, 17.08.2019, Rn. 26 ff.

[538] Anhang III VO (EU) Nr. 1303/2013 (ESIF-Dachverordnung 2013), ABl. EU L 347 v. 17.12.2013, S. 320 ff.

[539] So hat der EMFF schon seiner Zielsetzung nach in Binnenländern im Vergleich zu Küstenländern kaum Bedeutung. Zu den Prioritäten des EMFF Art. 6 VO (EU) Nr. 508/2014 (EMFF), ABl. EU L 149 v. 15.05.2014, S. 1 ff. Zu den unterschiedlichen Zielen der ESIF und ihrer wirtschaftlichen Bedeutung siehe oben § 2 C. II.

[540] Art. 4 Abs. 2 S. 1 EUV.

[541] Art. 16 ff. VO (EU) Nr. 1304/2013 (ESF), ABl. EU L 347 v. 17.12.2013, S. 470 ff.

Infrastrukturförderung durch den Kohäsionsfonds – sind die konkreten Auswirkungen auf besonders schutzbedürftige Gruppen geringer. Ferner sollten Mittel, die der Förderung der Verwaltungseffizienz und Rechtsstaatlichkeit dienen, nicht gekürzt werden. Im Fokus der finanziellen Sanktionen sollten vielmehr die Programme stehen, deren Umsetzung wegen der rechtsstaatlichen Defizite besonders problematisch ist.[542] Darüber hinaus können aber auch andere, nicht direkt beeinträchtigte Programme sanktioniert werden, da der Sanktionsmechanismus einen umfassenden Schutz der finanziellen Interessen der EU gewährleisten soll.

III. Fortlaufende Verpflichtung der Mitgliedstaaten

Eine finanzielle Sanktion der ESIF kann auch Folgen für einzelne natürliche oder juristische Personen haben, sofern sie etwa (End-)Begünstigte des betroffenen ESIF sind. Sie, und nicht die Regierung bzw. Parlamentsmehrheit, wären damit faktisch Adressat der Sanktion.[543] Um dies zu verhindern, könnten die Mitgliedstaaten weiter zur Auszahlung der Mittel in voller Höhe an die Endbegünstigten verpflichtet werden.[544] Dadurch würde allerdings die Bevölkerung insgesamt mutmaßlich geringer für die mitgliedstaatlichen Verstöße sensibilisiert, was ein Ziel finanzieller Sanktionen sein kann.[545] In diesem Fall obläge es dem betroffenen Mitgliedstaat darüber zu entscheiden, mit welchen Maßnahmen er die durch die fehlende Finanzierung der EU entstehenden Verluste kompensiert. Dies ist rechtlich möglich; Kommission und Parlament haben einen diesen Vorgaben entsprechenden Vorschlag unterbreitet.

1. Rechtliche Maßstäbe für die fortlaufende Verpflichtung der Mitgliedstaaten

Eine solche Regelung erinnert an Art. 7 Abs. 3 UAbs. 2 EUV, nach der der Mitgliedstaat auch im Falle der Aussetzung von Rechten weiterhin an alle Ver-

---

[542] So auch der Vorschlag von Kommission und Parlament, siehe oben § 4 D. II. 2.

[543] Deshalb war das Parlament ursprünglich „der Überzeugung, dass der Unionshaushalt nicht das geeignete Instrument ist, um Verstöße gegen Artikel 2 EUV zu ahnden, und dass die Mitgliedstaaten finanzielle Konsequenzen unabhängig vom Haushaltsvollzug tragen sollten". *Europäisches Parlament*, Entschließung des Europäischen Parlaments vom 14. März 2018 zu dem nächsten MFR: Vorbereitung der Standpunkte zum MFR nach 2020 – 2017/2052(INI), 14.03.2018, Rn. 119.

[544] Dies fordern etwa *F. Heinemann*, Intereconomics 53 (2018), S. 297 ff., 300; *Europäischer Ausschuss der Regionen*, Stellungnahme des Europäischen Ausschusses der Regionen – Das Paket für den Mehrjährigen Finanzrahmen für die Jahre 2021–2027 (2018/C 461/10), 21.12.2018, Rn. 19; *Europäischer Wirtschafts- und Sozialausschuss*, Stellungnahme des Europäischen Wirtschafts- und Sozialausschusses zu dem „Vorschlag für eine Verordnung des Europäischen Parlaments und des Rates über den Schutz des Haushalts der Union im Falle von generellen Mängeln in Bezug auf das Rechtsstaatsprinzip in den Mitgliedstaaten" (2019/C 62/28) – COM (2018) 324 final – 2018/0136 (COD), 15.02.2019, 4.9.

[545] Siehe oben § 2 C. III. 3. b).

pflichtungen aus den Verträgen gebunden ist. Im Übrigen ist den bestehenden Sanktionsmechanismen eine derartige Regelung aber fremd. Auch die EHO, die ESIF-Dachverordnung und die einzelnen ESIF-Verordnungen legen ein solche nicht fest.

Durch eine solche Regelung würde die EU finanzielle Verpflichtungen auf die Mitgliedstaaten (rück-)übertragen: Im MFR legen die Mitgliedstaaten einstimmig fest, der EU bestimmte Aufgaben- mit entsprechenden Ausgabenkategorien zu überantworten.[546] Diese werden durch Haushaltsplan und Basisrechtsakt konkretisiert.[547] Bereits jetzt ermöglichen es Haushaltsvorschriften, Auszahlungen und Mittelbindungen auszusetzen bzw. zu reduzieren.[548] Auf der Grundlage solcher Haushaltsvorschriften sollen nun ursprünglich der EU zugewiesene finanzielle Verpflichtungen dem betroffenen Mitgliedstaat übertragen werden können.

Der Wortlaut der Finanzvorschriften in Art. 310 bis 325 AEUV widerspricht einem solchen Vorgehen aber nicht. Art. 317 UAbs. 1 S. 1 AEUV sieht vor, dass die Kommission „den Haushaltsplan zusammen mit den Mitgliedstaaten" ausführt. Insoweit wird den Mitgliedstaaten zwar nur eine verwaltungstechnische Verantwortung zur Ausführung zugewiesen und keine finanzielle. Diese Regelung steht einer solchen teilweisen finanziellen Verantwortung aber auch nicht entgegen. Das institutionelle Gleichgewicht ist durch eine solche Zuweisung dann nicht verschoben, wenn die Fälle dieser Übertragung definiert, das Verfahren hierfür klar bestimmt ist und dadurch Wertungen und Schwerpunkte von Haushaltsplan und Basisrechtsakten nicht geändert werden.[549] Deshalb ist es auch nicht entscheidend, dass Haushaltsplan sowie Basisrechtsakte, die die Ausgaben der EU zuweisen, und die Haushaltsvorschriften, auf deren Grundlage diese finanziellen Verpflichtungen wieder den Mitgliedstaaten übertragen können werden sollen, jeweils nach (leicht) unterschiedlichen Vorschriften erlassen werden.[550]

Die Vorschriften zu den ESIF, insbesondere Art. 3 Abs. 3 UAbs. 3 EUV sowie Art. 174 bis 178 AEUV, legen nur die allgemeinen Ziele der ESIF fest,[551] verhalten sich im Übrigen aber neutral zu einer solchen Regelung. Zwar werden die dort genannten Ziele als Aufgaben der EU definiert. Diese Regelungen enthalten allerdings keine Festlegung über die Aufteilung der Finanzierung zwischen der EU und den Mitgliedstaaten; bereits jetzt obliegt den Mitgliedstaaten regelmäßig die Pflicht zur Kofinanzierung.[552] Die Übertragung eines Teils die-

---

546 Siehe oben § 3 B. I. 4. a).

547 Siehe oben § 3 B. I. 4. b).

548 Siehe oben § 3 B. I. 4. c) und § 2 C. I. 4.

549 Siehe oben § 3 B. I. 4. c) bb).

550 In beiden Fällen findet regelmäßig das ordentliche Gesetzgebungsverfahren Anwendung, es gelten aber unterschiedliche Anhörungsrechte. Siehe oben § 3 B. I. 4. c) bb).

551 Siehe oben § 2 C. I. 1.

552 Siehe oben § 2 C. II., Fn. 360.

ser Finanzierungskosten unter bestimmten, eng definierten Umständen auf Mitgliedstaaten ist durch die Vorschriften zu den ESIF nicht ausgeschlossen. Gleiches gilt auch für das Sekundärrecht, insbesondere EHO, Haushaltsplan und Basisrechtsakte. Im Übrigen wäre diese Regelung in den Haushaltsvorschriften als lex specialis vorrangig.

Aus dem Ziel dieser Regelung und ihrer rechtlichen Konstruktion folgt aber, dass dies nur auf die geteilte Mittelverwaltung Anwendung finden kann: Nur in diesem Fall sind die Mitgliedstaaten in die Ausführung des EU-Haushalts eingebunden und können insoweit zur weiteren Auszahlung ohne entsprechende Erstattung durch die EU verpflichtet werden. Bei direkter und indirekter Mittelverwaltung sind die Mitgliedstaaten nicht in ähnlicher Weise einbezogen, vielmehr obliegt die Ausführung allein der Kommission oder anderen Organisationen.[553]

2. Eigene Bewertung des Vorschlags von Kommission und Parlament

Art. 4 Abs. 2 des Vorschlags von Kommission und Parlament verpflichtet den betroffenen Mitgliedstaat bzw. die jeweilige staatliche Einrichtung auch bei der Verhängung einer finanziellen Sanktion dazu, „das betroffene Programm [bzw.] den betroffenen Fonds auszuführen und insbesondere Zahlungen an Endempfänger oder Begünstigte zu tätigen“. Die Umsetzung dieser Verpflichtung soll über ein Internetportal, das (End-)Begünstigte hierüber informiert und über das diese die Kommission über Verstöße informieren können, abgesichert werden.[554] Kommt der betroffene Mitgliedstaat dieser Pflicht nicht nach, kann die Kommission Beträge in der entsprechenden Höhe wieder einziehen. Diese sollen dann auf die Unionsreserve übertragen und soweit möglich an die Endempfänger oder Endbegünstigten direkt ausgezahlt werden.[555]

---

[553] Siehe oben § 2 C. I. 4.

[554] Art. 4 Abs. 3a Vorschlag COM (2018) 324 final (finanzielle Sanktionen) – Abänderungen Parlament (P8_TA-PROV(2019)0349) v. 04.04.2019. Hierdurch trägt der Vorschlag auch Bedenken Rechnung, dass (End-)Begünstigte nicht ausreichend hierüber informiert sind. *EuRH*, Stellungnahme Nr. 1/2018 (2018/C 291/01) – Zu dem Vorschlag vom 2. Mai 2018 für eine Verordnung des Europäischen Parlaments und des Rates über den Schutz des Haushalts der Union im Falle von generellen Mängeln in Bezug auf das Rechtsstaatsprinzip in den Mitgliedstaaten, 17.08.2019, Rn. 26 ff.; *Europäischer Wirtschafts- und Sozialausschuss*, Stellungnahme des Europäischen Wirtschafts- und Sozialausschusses zu dem „Vorschlag für eine Verordnung des Europäischen Parlaments und des Rates über den Schutz des Haushalts der Union im Falle von generellen Mängeln in Bezug auf das Rechtsstaatsprinzip in den Mitgliedstaaten“ (2019/C 62/28) – COM (2018) 324 final – 2018/0136 (COD), 15.02.2019, 4.10. Kritisch deshalb ebenfalls *M. Blauberger/V. van Hüllen*, Journal of European Integration 6 (2020), S. 1 ff., 12 f.

[555] Art. 4 Abs. 3b Vorschlag COM (2018) 324 final (finanzielle Sanktionen) – Abänderungen Parlament (P8_TA-PROV(2019)0349) v. 04.04.2019. Für die Verwendung der Unionsreserve findet das Verfahren nach Art. 12 Abs. 2 Vorschlag COM (2018) 322 final/2 (MFR 2021–2027) v. 15.05.2018 i. V. m. Art. 314 AEUV Anwendung. Die Kommission kann hierüber folglich nicht allein entscheiden, sie ist vielmehr auf Parlament und Rat angewiesen.

Aus rechtlicher Sicht besteht insoweit kein Reformbedarf. Politisch erscheint diese Regelung zur Vermeidung von individuellen Betroffenen in den betroffenen Mitgliedstaaten ebenfalls opportun. Daneben bietet es sich an, von vorneherein vorranging nur solche EU-Mittel zu beschränken, bei denen staatliche Einrichtungen Endempfänger und Endbegünstigte sind.[556] Hier wären natürliche und juristische Personen, etwa durch verminderte Ausgaben im Infrastrukturbereich, nur mittelbar betroffen.

IV. Parallele Anwendung mit anderen Sanktionsmechanismen

Verstöße gegen die in dieser Untersuchung dargelegten sanktionsbewehrten Mindeststandards können auch die Voraussetzung für die Durchführung anderer Sanktionsverfahren, insbesondere des Vertragsverletzungsverfahrens oder gegebenenfalls des Art. 7-Verfahrens, erfüllen. Die parallele Anwendung verschiedener Sanktionsverfahren könnte zu einer effektiveren Verfolgung dieser Verstöße beitragen, wirft jedoch rechtliche Fragen auf.

Die Verträge regeln die Frage der parallelen Anwendung von Sanktionsmechanismen für diesen Fall nicht ausdrücklich: Allein Art. 126 Abs. 10 AEUV enthält ein Verbot der Doppelanwendung von Sanktionsmechanismen, indem er die Anwendung des Vertragsverletzungsverfahrens zur Sanktion übermäßiger Defizite ausschließt. Dies dient jedoch vornehmlich dem Schutz der Verfahrensbestimmungen und insbesondere der Rolle des Rates im Defizitverfahren.[557] Allgemeingültige Regelungen können hieraus deshalb nicht abgeleitet werden. Im Übrigen betonen die Verträge aber unter anderem die Bedeutung der Rechtsstaatlichkeit, der Gleichheit der Mitgliedstaaten und des Grundsatzes der loyalen Zusammenarbeit.[558] Das unionale Rechtsstaatsgebot umfasst auch den Grundsatz ne bis in idem. Dieser erfüllt in seiner bisherigen Konzeption vornehmlich eine grundrechtliche und individualschützende Funktion, indem natürliche und juristische Personen vor Doppelbestrafung geschützt werden.[559] Der Grundsatz hat aber auch gesellschaftliche Funktionen, da er der Durchsetzung des Grundsatzes nulla poena sine lege, der Rechtssicherheit sowie dem Rechtsfrieden dient.[560]

---

[556] Siehe oben § 4 D. II. 3. b).

[557] *R. Bandilla*, in: E. Grabitz/M. Hilf/M. Nettesheim (Hrsg.), Das Recht der Europäischen Union, [69]München 2020, Art. 126 AEUV, Rn. 63.

[558] Art. 2 S. 1, Art. 4 Abs. 2 und 3 EUV. Zum Rechtsstaatsgebot siehe oben § 2 A. II. Im Gegensatz dazu folgt die Anwendung des ebenfalls grundrechtlich geprägten Grundsatzes der Verhältnismäßigkeit auf die Mitgliedstaaten auch aus dem Wortlaut der Verträge. Siehe oben § 4 A. I. 1. c) aa).

[559] Siehe oben § 2 A. II. 1. d).

[560] *B. van Bockel*, The ne bis in idem principle in EU law – A conceptual and jurisprudential analysis, Leiden 2009, S. 30.

Das Verhältnis der Mitgliedstaaten zur EU ist mit der Grundrechtsposition natürlicher und juristischer Personen nicht vollumfänglich vergleichbar; dies streitet gegen eine modifikationslose Übertragung dieses grundrechtlichen Konzepts. Trotzdem haben die Zwecke, denen der Grundsatz ne bis in idem dient, teilweise auch in der europäischen Zusammenarbeit eine besondere Bedeutung: So sind Rechtssicherheit und Rechtsfrieden Grundvoraussetzung für das Vertrauen in eine Rechtsordnung und sind folglich für die europäische Rechtsordnung elementar. Sie sind zudem Grundlage der in Art. 4 Abs. 3 UAbs. 1 EUV festgelegten loyalen Zusammenarbeit, da eine solche insbesondere ohne Rechtssicherheit nur schwer möglich ist.[561] Schließlich dient ein mögliches Doppelsanktionierungsverbot auch der Achtung der Gleichheit der Mitgliedstaaten. Denn diese können je nach der Anzahl ihres Stimmengewichts im Rat sowie auch faktisch einen unterschiedlich starken Einfluss auf die verschiedenen Sanktionsmechanismen haben. Für weniger einflussreiche Mitgliedstaaten besteht deshalb möglicherweise eine größere Gefahr der Doppelsanktion.

Letztlich entscheidend ist aber, ob die Ziele und Verfahrensbestimmungen der jeweiligen Sanktionsmechanismen eine parallele Anwendung ausschließen. Diese Beurteilung wird auch durch die Rechtsprechung des EuGH zu Zwangsgeld und Pauschalbetrag in der Folge der Missachtung von Urteilen im Vertragsverletzungsverfahren gestützt: Diese gemäß Art. 260 Abs. 2 UAbs. 2 AEUV möglichen finanziellen Sanktionen sind parallel möglich, da sie zwei unterschiedliche Funktionen – Beugung und Strafe – erfüllen.[562] Mit ähnlicher Begründung sind bereits bisher vorgesehene Sanktionsmechanismen zum Schutz des EU-Haushalts bei Umsetzung der ESIF von anderen Sanktionsmechanismen unabhängig.[563] Auch eine parallele Anwendung des Vertragsverletzungs- und des Art. 7-Verfahrens ist möglich, da sie sich in ihrem Verfahren und ihrer Zielrichtung unterscheiden: Das Art. 7-Verfahren ist ein vornehmlich politisches Verfahren, das eine Sanktion auf der Grundlage einer wertenden Gesamtbetrachtung ermöglicht.[564] Das Vertragsverletzungsverfahren hingegen dient der Feststellung und gegebenenfalls Sanktion vornehmlich singulärer Unionsrechtsverstöße.

Wegen der unterschiedlichen Verfahren und Zielsetzungen ist deshalb auch der neue Sanktionsmechanismus ein von anderen Sanktionsmechanismen unabhängiges Verfahren. Im Vergleich zum Art. 7-Verfahren konzentriert er sich auf konkrete Unionsrechtsverstöße, die zugleich die finanziellen Interessen der EU beeinträchtigen (können)[565] und unterliegt überdies einer gerichtlichen

---

[561] Siehe oben § 2 A. III. 3.
[562] Siehe oben § 4 D. II. 1. a).
[563] Siehe oben § 2 C. I. 2. b), Fn. 333.
[564] Siehe oben § 2 B. II. 1. und § 3 C. II.
[565] Siehe oben § 4 A. III.

Kontrolle.[566] Auch im Vergleich zum Vertragsverletzungsverfahren unterscheidet sich die Zielrichtung: Der Sanktionsmechanismus überprüft nicht die Unionsrechtskonformität allgemein, sondern ist nur auf Unionsrechtsverstöße mit (potenziellen) Folgen für den EU-Haushalt konzentriert.

Durch eine parallele Anwendung in diesem Fall werden nicht die mit dem Doppelbestrafungsverbot ebenfalls geschützten Rechtsgrundsätze verletzt: Denn aufgrund der in allen Sanktionsmechanismen vorgesehenen hohen Verfahrenshürden besteht keine derart erhöhte Gefahr der Doppelbestrafung nur bestimmter Mitgliedstaaten, dass der Gleichheitsgrundsatz verletzt wäre. Hierdurch ebenso gering ist die Gefahr für den Rechtsfrieden und die Rechtssicherheit im Verhältnis der EU zu ihren Mitgliedstaaten. Die parallele Anwendung verschiedener Sanktionsmechanismen entscheidet sich daher nicht an rechtlichen Kriterien, sondern an der politischen Opportunität. Diese dürfte regelmäßig gegeben sein, etwa bei einer Kombination von einstweiligen Anordnungen im Vertragsverletzungsverfahren und der Anwendung dieses neuen Sanktionsmechanismus; letztlich obliegt diese Bewertung aber den beteiligten Institutionen.

E. Spiegelbildlichkeit des Aufhebungsbeschlusses

Der Sanktionsmechanismus muss auch Regelungen für die Aufhebung der Sanktionen treffen: Nur ein klar strukturiertes Aufhebungsverfahren bietet dem betroffenen Mitgliedstaat ausreichend Anreize, seine sanktionierten Verstöße zu beheben und erfüllt zugleich die Anforderungen des Rechtsstaatsgebots, insbesondere der Rechtssicherheit.

In den bestehenden Sanktionsmechanismen erfolgt die Aufhebung der Sanktion regelmäßig spiegelbildlich zur Verhängung der Sanktion: So kann im Art. 7-Verfahren der Rat die durch ihn zuvor festgelegten Sanktionen mit qualifizierter Mehrheit (ohne Beteiligung des betroffenen Mitgliedstaats) ändern oder aufheben.[567] Gleiches gilt für Defizitverfahren und das Verfahren zur Koordinierung der Wirtschaftspolitik.[568] Bei den bestehenden Mechanismen zum Schutz der ESIF beschließt die Kommission über die zuvor durch sie verhängten Sanktionen.[569] Allein im Vertragsverletzungsverfahren kommt es zu keiner

---

566 Siehe unten § 4 F.

567 Art. 7 Abs. 4 EUV.

568 Für das Defizitverfahren: Art. 126 Abs. 12 S. 1, Abs. 13 AEUV; Art. 4 Abs. 6, Art. 7 VO (EU) Nr. 1173/2011 (haushaltspolitische Überwachung), ABl. EU L 306 v. 16.11.2011, S. 1 ff. Sofern er zuvor Empfehlungen veröffentlicht hat, hält er in einer öffentlichen Erklärung fest, dass kein übermäßiges Defizit mehr besteht, Art. 126 Abs. 12 S. 2 AEUV. Für das Verfahren zur Koordinierung der Wirtschaftspolitik gelten Art. 121 Abs. 4 UAbs. 2 und 3 AEUV; Art. 11 und 12 VO (EU) Nr. 1176/2011 (MIP-Verordnung), ABl. EU L 306 v. 16.11.2011, S. 25 ff.

569 Für die EHO Art. 63 Abs. 8 UAbs. 2 S. 1 VO (EU, Euratom) Nr. 2018/1046 (EHO),

formalen Aufhebung der Sanktion: Vielmehr bleibt die Verurteilung zwar bestehen, allerdings fällt mit Unionsrechtskonformität des Mitgliedstaats die Voraussetzung für die Pflicht zur Zahlung des gegebenenfalls angeordneten Zwangsgelds weg.[570]

Der Vorschlag von Kommission und Parlament achtet dieses Prinzip der Spiegelbildlichkeit. Nach Darlegung und entsprechendem Antrag des betroffenen Mitgliedstaats[571] oder auf eigene Initiative prüft die Kommission die Lage in dem betroffenen Mitgliedstaat.[572] Diese Prüfung erfolgt innerhalb einer Regelfrist von einem Monat nach Eingang der förmlichen Mitteilung und unter Berücksichtigung etwaiger Stellungnahmen des Gremiums unabhängiger Sachverständiger.[573] Bestehen die generellen Mängel in Bezug auf das Rechtsstaatsprinzip ganz oder teilweise nicht mehr, beschließt die Kommission „umgehend" die vollständige oder teilweise Aufhebung der Sanktionsmaßnahmen. Parlament und Rat beschließen auf Vorschlag der Kommission über die vollständige oder teilweise Aufhebung der nach Art. 5 Abs. 6a des Vorschlags gebildeten Haushaltsreserve.[574] Dies ist allerdings nur innerhalb von zwei Jahren nach dem Beschluss über die Aussetzung möglich, danach werden die entsprechenden Beträge endgültig in die Unionsreserve überführt.[575]

Auch diese Untersuchung spricht sich für ein Aufhebungsverfahren aus, das sich spiegelbildlich am Sanktionsverfahren orientiert. Die Kommission sollte bei Änderung der Sachlage ausdrücklich zur Neubewertung der Situation im

---

ABl. EU L 193 v. 30.07.2018, S. 1 ff. Für die ESIF etwa Art. 19 Abs. 7, Art. 22 Abs. 6 UAbs. 2, Art. 23 Abs. 12 VO (EU) Nr. 1303/2013 (ESIF-Dachverordnung 2013), ABl. EU L 347 v. 17.12.2013, S. 320 ff.; Art. 15 Abs. 11 und Art. 91 Abs. 2 Geänderter Vorschlag COM (2020) 23 final (Vorschlag ESIF-Dachverordnung 2021) v. 14.01.2020.

[570] Zum Zwangsgeld nach Art. 260 Abs. 2 UAbs. 2 und Abs. 3 UAbs. 2 AEUV siehe oben §4 D. II. 1. a).

[571] Art. 6 Abs. 1 und 2 Vorschlag COM (2018) 324 final (finanzielle Sanktionen) – Abänderungen Parlament (P8_TA-PROV(2019)0349) v. 04.04.2019.

[572] Art. 6 Abs. 2 Vorschlag COM (2018) 324 final (finanzielle Sanktionen) – Abänderungen Parlament (P8_TA-PROV(2019)0349) v. 04.04.2019. Die deutsche „oder auf eigene Initiative prüft die Kommission", französische „ou de sa propre initiative, la Commission [...] évalue", spanische „o por propria iniciativa, la Comisión [...] evaluerá" und dänische Sprachfassung „Kommissionen vurderer [...] eller på eget initiativ" sprechen nicht eindeutig von einer entsprechenden Prüfpflicht. Die englische Sprachfassung „or on its own initiative, the Commission [...] shall assess" scheint hingegen für eine solche Pflicht zu sprechen.

[573] Art. 6 Abs. 2 S. 1 und 2 Vorschlag COM (2018) 324 final (finanzielle Sanktionen) – Abänderungen Parlament (P8_TA-PROV(2019)0349) v. 04.04.2019. Eine solche Frist für die Kommission hatte der EuRH gefordert. *EuRH*, Stellungnahme Nr. 1/2018 (2018/C 291/01) – Zu dem Vorschlag vom 2. Mai 2018 für eine Verordnung des Europäischen Parlaments und des Rates über den Schutz des Haushalts der Union im Falle von generellen Mängeln in Bezug auf das Rechtsstaatsprinzip in den Mitgliedstaaten, 17.08.2019, Rn. 24.

[574] Hierfür gilt das Verfahren nach Art. 5 Abs. 2, 4, 5, 6, 6b und 6c Vorschlag COM (2018) 324 final (finanzielle Sanktionen) – Abänderungen Parlament (P8_TA-PROV(2019) 0349) v. 04.04.2019.

[575] Siehe oben §4 D. II. 2.

betroffenen Mitgliedstaat verpflichtet werden.[576] Nach der hier vorgeschlagenen Lösung erfordert die Aufhebung eine positive Zustimmung von Parlament und Rat zum entsprechenden Kommissionsvorschlag.[577] Aber auch nach Aufhebung der Sanktion bietet sich zur Gewährleistung langfristiger Compliance gegebenenfalls ein Follow-up-Monitoring an.[578]

F. Rechtsschutz der Mitgliedstaaten durch Nichtigkeitsklage

Der hier untersuchte Sanktionsmechanismus dient der Gewährleistung konkreter unionsrechtlicher Vorgaben zum Schutz des EU-Haushalts. Er ist deshalb nicht als politisches Verfahren, wie etwa das Art. 7-Verfahren, ausgestaltet. Vielmehr ist er den gerichtlicher Kontrolle unterliegenden Sanktionsmechanismen, insbesondere den bereits bestehenden Verfahren zum Schutz des EU-Haushalts,[579] ähnlich.

Ebenso wie diese muss auch der hier diskutierte Sanktionsmechanismus nachträglichem Rechtsschutz durch die Nichtigkeitsklage gemäß Art. 263 AEUV offenstehen. Denn nach der Rechtsprechung muss die Nichtigkeitsklage gegen alle Rechtswirkung entfaltende Entscheidungen der Organe möglich sein, unabhängig von ihrer Rechtsnatur oder Form.[580] Anders als etwa Art. 269 für das Art. 7-Verfahren sieht das Primärrecht auch keine Ausnahme hiervon zugunsten des hier diskutierten Sanktionsmechanismus vor. Im Rahmen der Nichtigkeitsklage kann der EuGH Zuständigkeit, wesentliche Formvorschriften, Verletzung der Verträge und Rechtsnormen und Ermessensmissbrauch prüfen.[581]

Bei den Verfahrensbestimmungen handelt es sich um Formvorschriften, deren Einhaltung gerichtlich voll überprüfbar ist. Insbesondere Verstöße gegen in dem Sanktionsmechanismus festgelegte Beteiligungs- und Anhörungsrechte sind wesentlich und würden zur Nichtigkeit führen.[582] Die Entscheidung, ob

---

[576] So auch *EuRH*, Stellungnahme Nr. 1/2018 (2018/C 291/01) – Zu dem Vorschlag vom 2. Mai 2018 für eine Verordnung des Europäischen Parlaments und des Rates über den Schutz des Haushalts der Union im Falle von generellen Mängeln in Bezug auf das Rechtsstaatsprinzip in den Mitgliedstaaten, 17.08.2019, Rn. 25.

[577] Siehe oben § 4 C. II. 3.

[578] So auch *Europäische Kommission*, Mitteilung der Kommission – Die weitere Stärkung der Rechtsstaatlichkeit in der Union – Aktuelle Lage und mögliche nächste Schritte – COM (2019) 163 final, 03.04.2019, S. 17 f.

[579] Zur gerichtlichen Kontrolle dieser Verfahren EuGH, Beschluss v. 11.07.1996, Rs. C-325/94 P, *An Taisce und WWF UK/Kommission*, ECLI:EU:C:1996:293, Rn. 24.

[580] EuGH, Urteil v. 13.07.2004, Rs. C-27/04, *Kommission/Rat*, ECLI:EU:C:2004:436, Rn. 44; EuGH, Urteil v. 02.03.1994, Rs. C-316/91, *Parlament/Rat*, ECLI:EU:C:1994:76, Rn. 8.

[581] Art. 263 Abs. 2 AEUV.

[582] *W. Cremer*, in: C. Calliess/M. Ruffert (Hrsg.), EUV/AEUV, [5]München 2016, Art. 263

das rechtsstaatliche Minimum verletzt ist und dadurch eine Gefährdung der EU-Finanzen droht, beinhaltet immer auch einen gewissen Beurteilungsspielraum. Auch die Ausübung dieses Beurteilungsspielraums unterliegt aber gerichtlicher Kontrolle, insbesondere hinsichtlich der Grenzen des Beurteilungsspielraums und der angewandten Bewertungsmaßstäbe. Besonderes Gewicht ist insoweit der unabhängigen Expertenkommission bzw. der nach dem hier vorgestellten Vorschlag reformierten EAER zuzumessen.[583] Auch die Entscheidung über die Höhe der Sanktion, die sich an den festgelegten Berechnungsparametern sowie anerkannten Maßstäben der Verhältnismäßigkeit messen lassen muss, kann der EuGH im Rahmen der Nichtigkeitsklage kontrollieren.[584] Antragsberechtigt ist der betroffene Mitgliedstaat.[585]

Nur mittelbar betroffene (End-)Begünstigte können Entscheidungen im Rahmen dieses Sanktionsmechanismus hingegen nicht im Rahmen der Nichtigkeitsklage gerichtlich überprüfen lassen. Schon nach bisherigem Recht erfüllen sie nicht die Voraussetzungen des Art. 263 Abs. 4 AEUV: Denn Entscheidungen der Kommission zu bestehenden Sanktionen im Rahmen der ESIF[586] richten sich nur an den Mitgliedstaat; der (End-)Begünstigte ist hierdurch auch nicht individuell und unmittelbar betroffen, da der Mitgliedstaat ihm gegenüber insoweit nicht an die Kommissionsentscheidung gebunden ist und etwa die Zuschüsse aus eigenen Mitteln bestreiten könnte.[587] Umso mehr gilt dies dann für das in diesem Sanktionsmechanismus angestrebte Regime, nachdem die Mitgliedstaaten zu einer fortlaufenden Auszahlung sogar verpflichtet sind.[588]

AEUV, Rn. 89; *U. Ehricke*, in: R. Streinz (Hrsg.), EUV/AEUV, [3]München 2018, Art. 263 AEUV, Rn. 80; EuGH, Urteil v. 29.10.1980, Rs. 138/79, *Roquette Frères/Rat*, ECLI:EU:C:1980:249, Rn. 37.

Zu den Beteiligungsrechten siehe oben § 4 C.

[583] Siehe oben § 4 B. III. 1.

[584] Siehe oben § 4 D. II. 3. a).

[585] Art. 263 Abs. 2 AEUV.

[586] Siehe oben § 2 C. I. 2. b).

[587] EuGH, Urteil v. 02.05.2006, Rs. C-417/04 P, *Regione Siciliana/Kommission I*, ECLI:EU:C:2006:282, Rn. 25 ff.; EuGH, Urteil v. 22.03.2007, Rs. C-15/06 P, *Regione Siciliana/Kommission II*, ECLI:EU:C:2007:183, Rn. 29 ff.; EuGH, Urteil v. 21.01.2016, Rs. C-281/14 P, *SACBO/Kommission und INEA*, ECLI:EU:C:2016:46, Rn. 61 ff. Da die Kommissionsentscheidung zu finanziellen Sanktionen trotz möglicher mitgliedstaatlicher (Ersatz-) Finanzierung automatische Wirkung entfalte, sah dies EuG, Urteil v. 18.10.2005, Rs. T-60/03, *Regione Siciliana/Kommission II*, ECLI:EU:T:2005:360, Rn. 44 ff., anders. Zu diesen Entscheidungen *K. Pantazatou*, in: H. C. Hofmann/G. C. Rowe/A. H. Türk (Hrsg.), Specialized Administrative Law of the European Union, Oxford 2018, S. 532, 551 ff.

[588] Siehe oben § 4 D. III.

G. Konsequenzen der Kompetenzgrundlage und politischer Erwägungen: Zwischenfazit

Auf der Grundlage des Haushaltsrechts können Parlament und Rat im ordentlichen Gesetzgebungsverfahren einen neuen finanziellen Sanktionsmechanismus im Wege einer Verordnung erlassen. Sollen zugleich die jährlichen Obergrenzen im MFR angepasst werden, bedarf dies eines einstimmigen Ratsbeschlusses.

Mit Blick auf die gewählte Kompetenzgrundlage in Art. 322 Abs. 1 lit. a) AEUV ist dieser Sanktionsmechanismus auf den Schutz der finanziellen Interessen der EU beschränkt. Diese sanktionsbewehrten Mindeststandards entfalten allerdings eine gewisse Breitenwirkung zum Schutz der Rechtsstaatlichkeit auch in nicht direkt mit der Ausführung des EU-Haushalts betroffenen Bereichen: Auf mitgliedstaatlicher Ebene sind zahlreiche lokale, regionale und nationale Exekutivorgane mit der Verwaltung der ESIF betraut; ihre Überwachung wiederum obliegt verschiedenen mitgliedstaatlichen Justizorganen wie Staatsanwaltschaften und Gerichten. Für alle Exekutiv- und Justizorgane kann dieser Sanktionsmechanismus verwaltungstechnische und rechtsstaatliche Mindeststandards vorsehen, soweit ihre Arbeit zur Umsetzung des EU-Haushalts bzw. zur Kontrolle dieser Umsetzung betroffen ist. Insoweit muss die im Vorschlag von Kommission und Parlament gewählte Definition der sanktionsbewehrten Mindeststandards enger gefasst werden.

In der Anwendung dieses Sanktionsmechanismus kommt der Kommission schon wegen ihrer Stellung als Hüterin der Verträge eine besonders wichtige Rolle zu. Zur Objektivierung und zur verbesserten Transparenz dieses Sanktionsmechanismus ist die Unterstützung der Kommission durch ein unabhängiges Gremium ratsam. Aufgrund der ohnehin anstehenden Reform der OLAF bietet es sich an, diese zur EAER zu reformieren und mit dieser Aufgabe zu betrauen. Sie sollte die Einhaltung der sanktionsbewehrten Mindeststandards periodisch sowie insbesondere auf Verdacht hin überprüfen und ihre entsprechenden Berichte veröffentlichen.

Geben diese Berichte Anlass zur Besorgnis, dass sanktionsbewehrte Mindeststandards in relevanter Weise verletzt werden, sollte der Sanktionsmechanismus formell eröffnet werden. Ein von der Kommission geleitetes, aber gegebenenfalls auch durch Parlament und/oder Rat initiiertes, befristetes Vorverfahren bietet die Möglichkeit, den Sachverhalt im grundsätzlich vertraulichen Dialog mit dem betroffenen Mitgliedstaat aufzuklären und gegebenenfalls Abhilfemaßnahmen zu erörtern.

Bestehen aus Sicht der beteiligten Institutionen die adressierten mitgliedstaatlichen Verstöße auch nach Abschluss des Vorverfahrens, können Kommission, Rat und Parlament eine finanzielle Sanktion beschließen. Erforderlich ist hierfür ein Kommissionbeschluss, dem das Parlament mit Mehrheit und der Rat mit qualifizierter Mehrheit als Haushaltsgesetzgeber zustimmen müssen; die Anwendung der umgekehrten qualifizierten Mehrheit ist hingegen nicht möglich. Die finanzielle Sanktion soll ausreichend Anreize dafür bieten, dass der Mitgliedstaat die sanktionierten Verstöße beendet; eine Änderung der mitgliedstaatlichen Rechtslage oder Verwaltungspraxis durch unionale Institutionen ist hingegen nicht möglich. Hierbei ist es grundsätzlich auch möglich, die Mitgliedstaaten im Falle der geteilten Mittelverwaltung dazu zu verpflichten, die Beiträge aus den ESIF auch ohne entsprechende unionale Kompensation in voller Höhe an Endempfänger und -begünstigte auszuzahlen.

Bei Beendigung der mitgliedstaatlichen Verstöße können Kommission, Parlament und Rat nach demselben Verfahren die Aufhebung der Sanktion beschließen. Die betroffenen Mitgliedstaaten können über die Nichtigkeitsklage gemäß Art. 263 AEUV Rechtsschutz vor dem EuGH gegen Beschlüsse im Rahmen dieses Sanktionsverfahrens erlangen.

§ 5 Der Beitrag der ESIF zur Lösung der Rechtsstaatskrise: Thesen

Diese Untersuchung zeigt, dass die Krise der mitgliedstaatlichen Rechtsstaatlichkeit tiefgreifend und ihre Lösung komplex ist. Sie verdient aber auch trotz der weiteren fundamentalen Herausforderungen der EU – von Brexit über Migrations-, Klima-, Euro- und Wirtschaftspolitik bis zu den sozialen und wirtschaftlichen Folgen von Covid-19 – weiterhin die Aufmerksamkeit der europäischen Politik. Erhält sie diese in ausreichender Form, bietet die Krise der mitgliedstaatlichen Rechtsstaatlichkeit der EU, ihren Mitgliedstaaten und nicht zuletzt allen Unionsbürgern die Möglichkeit, sich noch einmal selbst ihrer grundlegenden Werte zu vergewissern.[1] Gelingt ihr eine überzeugende Antwort hierauf, die sie zudem durch entsprechende präventive und repressive Mechanismen schützen kann, geht die EU aus dieser Krise gestärkt hervor.

Nach längerer politischer Debatte hat die Kommission einen neuen finanziellen Sanktionsmechanismus zum Schutz der Rechtsstaatlichkeit vorgeschlagen.[2] Das Parlament hat insoweit – allerdings mit Änderungswünschen – Zustimmung signalisiert.[3] Diese Untersuchung zeigt, dass ein solcher neuer Sanktionsmechanismus rechtlich möglich ist. Er dient zugleich dazu, die bereits bestehende Verschränkung unionaler und mitgliedstaatlicher Politiken besser abzubilden und insbesondere die Umsetzung unionaler Politiken durch die Mitgliedstaaten besser abzusichern. Aufgrund seiner kompetenzrechtlichen Basis kann dieser neue Sanktionsmechanismus die Rechtsstaatlichkeit in allen Mitgliedstaaten aber nur teilweise schützen.

Trotzdem kann dieser Mechanismus, zusammen mit weiteren Maßnahmen, einen wichtigen Baustein zur Bewältigung der Rechtsstaatskrise darstellen. Darüber hinaus ist die verstärkte Anwendung des Vertragsverletzungsverfahrens im Fall von Rechtsstaatsverstößen mitsamt der daraus hervorgehenden EuGH-

[1] Nach Auffassung von *Armin von Bogdandy* handelt es sich hierbei „vielleicht" um einen „verfassungsprägenden Moment". *A. v. Bogdandy*, Tyrannei der Werte? – Probleme und Wege europäischen Schutzes nationaler Rechtsstaatlichkeit, S. 2.

[2] Vorschlag COM (2018) 324 final (finanzielle Sanktionen) v. 02.05.2018.

[3] Vorschlag COM (2018) 324 final (finanzielle Sanktionen) – Abänderungen Parlament (P8_TA-PROV(2019)0349) v. 04.04.2019. Der Rat hat kurz vor Veröffentlichung dieser Arbeit einen eigenen Vorschlag unterbreitet, der sich in wesentlichen Teilen mit den in dieser Untersuchung vorgestellten Ergebnissen deckt: Proposal 11322/20 (conditionality EU budget) – Proposal of the Council (Interinstitutional File 2018/0136(COD)) v. 30.09.2020.

Rechtsprechung zu rechtsstaatlichen Grundsätzen ermutigend. Problematisch bleibt das Verfahren nach Art. 7 EUV zum Schutz grundlegender Werte aufgrund der darin vorgesehenen hohen Zustimmungserfordernisse im Rat und im Europäischen Rat: Die dort erkennbare politische Blockade nimmt diesen Verfahren – und damit auch den durch diese aufgegriffenen Problemlagen – ihre Bedeutung. Deshalb sollten über diese Maßnahmen hinaus auch weitere präventive Mechanismen zur Förderung rechtsstaatlicher Strukturen und einer Kultur der Rechtsstaatlichkeit umgesetzt werden.

Aus dieser Untersuchung ergeben sich somit zusammenfassend folgende Thesen:

1. Rechtsstaatliche Verfahren in allen Mitgliedstaaten haben eine fundamentale Bedeutung für die EU als Ganzes.

Die Rechtsstaatlichkeit als Grundwert der EU ist Bedingung für die europäische Integration und Zusammenarbeit. Für die Gefährdung dieser ist die Summe und Schwere der Verstöße relevant. Insbesondere die derzeitigen Verstöße in Polen und Ungarn gefährden die europäische Zusammenarbeit. Bestehen diese fort, ist eine Erosion rechtsstaatlicher Grundsätze auch in anderen Mitgliedstaaten möglich.

2. Es besteht das Bedürfnis für einen weiteren effektiven und finanziell wirksamen Sanktionsmechanismus.

Die bestehenden Sanktionsmechanismen reichen für einen umfassenden und zeitnahen Schutz der Rechtsstaatlichkeit in den Mitgliedstaaten nicht aus. Ein neuer Sanktionsmechanismus unter Einbezug der ESIF kann einen Beitrag zum besseren Schutz der europäischen Rechtsstaatlichkeit leisten. Daneben sind aber auch weitere politische und präventive Maßnahmen für einen umfassenden Schutz der Rechtsstaatlichkeit nötig.

3. Der finanzielle Sanktionsmechanismus zum Schutz der Rechtsstaatlichkeit kann nur auf der Grundlage von Art. 322 Abs. 1 lit. a) AEUV, wonach Parlament und Rat Haushaltsvorschriften festlegen können, erlassen werden.

Andere Kompetenzgrundlagen für einen neuen Sanktionsmechanismus unter Einbezug der ESIF und zum Schutz der mitgliedstaatlichen Rechtsstaatlichkeit bestehen nicht. Daneben besteht die Möglichkeit der Einführung eines solchen Sanktionsmechanismus im Wege der Vertragsänderung, die derzeit aber politisch unwahrscheinlich ist.

4. Der als Haushaltsvorschrift erlassene finanzielle Sanktionsmechanismus zum Schutz der Rechtsstaatlichkeit muss den Schutz der EU-Finanzen zum Ziel haben und kann deshalb rechtsstaatliche Mindeststandards nur in EU-haushaltsrelevanten Bereichen einfordern.

Wird der Sanktionsmechanismus auf der Grundlage von Art. 322 Abs. 1 lit. a) AEUV erlassen, muss dieser auf den Schutz des EU-Haushalts begrenzt sein. Die Anforderungen an die Rechtsstaatlichkeit der mit der Umsetzung und Kontrolle des EU-Haushalts betrauten mitgliedstaatlichen Behörden und Gerichte ist daher nur Mittel zum Zweck. Andere Aspekte der Rechtsstaatlichkeit, die keine Auswirkungen auf die Umsetzung des EU-Haushalts haben, können durch diesen Sanktionsmechanismus nicht geschützt werden.

5. Ein neuer finanzieller Sanktionsmechanismus auf der Grundlage von Art. 322 Abs. 1 lit. a) AEUV kann nur die Rechtsstaatlichkeit von Verfahren schützen.

Nur diese sind, sofern sie die mit der Umsetzung und Kontrolle des EU-Haushalts betrauten Exekutiv- und Justizorgane betreffen, für den Schutz der finanziellen Interessen der EU relevant. Der Schutz der Rechtsstaatlichkeit in einem umfassenden Sinn, der die Grundrechte mit einbezieht, muss daher (auch) durch andere Sanktionsmechanismen erreicht werden. Hierfür bleiben das Verfahren nach Art. 7 EUV sowie das Vertragsverletzungsverfahren, trotz ihrer jeweiligen Schwächen, von besonderer Bedeutung.

6. Die Verschränkung der unionalen und mitgliedstaatlichen Politiken führt dazu, dass die rechtsstaatlichen Vorgaben zum Schutz des EU-Haushalts eine gewisse über das reine Haushaltsrecht hinausgehende Breitenwirkung entfalten.

Zwar ist der Sanktionsmechanismus in seiner Zielrichtung auf den Schutz des EU-Haushalts beschränkt und seine sanktionsbewehrten Mindeststandards betreffen daher nur die damit befassten Organe und Gerichte. Allerdings sind unionale und mitgliedstaatliche Politiken so stark miteinander verschränkt, dass mit der Umsetzung des EU-Haushalts letztlich sehr viele mitgliedstaatliche Organe und Gerichte betraut sind. Sie alle müssten diese Mindeststandards erfüllen, wodurch der Sanktionsmechanismus eine über das reine Haushaltsrecht hinausgehende Breitenwirkung entfaltet.

7. Der Verordnungsgeber sollte rechtsstaatliche Mindeststandards dieses Sanktionsmechanismus allgemeingültig und abstrakt definieren; für die Einhaltung dieser Mindeststandards obliegt die Darlegungs- und Beweislast den Mitgliedstaaten.

Aufgrund der Kompetenzgrundlage muss die Definition der sanktionsbewehrten Mindeststandards in einer Verordnung, idealerweise der EHO, erfolgen. Hierin sollten, insbesondere unter Bezugnahme auf die einschlägige EuGH-Rechtsprechung, allgemeingültige und abstrakte Kriterien definiert werden. Diese müssen allerdings ausreichend Raum für unterschiedliche nationale Besonderheiten im Staatsaufbau lassen. Den Mitgliedstaaten obliegt dann die Darlegungs- und Beweislast für die Einhaltung dieser Kriterien.

8. Im Rahmen des neuen finanziellen Sanktionsmechanismus sollten einer zur EAER reformierten OLAF entsprechende Aufgaben zur Überwachung der Einhaltung rechtsstaatlicher Mindeststandards übertragen werden.

Durch die Einführung der EUStA steht eine Reform der OLAF ohnehin an. Diese Reform sollte genutzt werden, um OLAF zur Europäischen Agentur für Verwaltungseffizienz und Rechtsstaatlichkeit/European Agency for Administrative Efficiency and Rule of Law (EAER)/Agence Européene pour l'Efficience Administrative et l'État de Droit umzugestalten. Diese neue Agentur sollte die Aufgaben zur Überwachung der sanktionsbewehrten Mindeststandards übernehmen und die Kommission entsprechend beraten. Zudem sollte diese Agentur auch allgemeine Empfehlungen aussprechen.

9. Die Sanktion erfordert einen Kommissionbeschluss. Zudem müssen Rat und Parlament einer entsprechenden Mittelübertragung ausdrücklich zustimmen.

Die Rolle der Kommission folgt aus ihrer zentralen Stellung als Hüterin der Verträge und als Haushaltsvollzugsorgan. Das Zustimmungserfordernis von Rat und Parlament folgt aus ihrer Stellung als Haushaltsgesetzgeber. Die im Vorschlag von Kommission und Parlament vorgesehene umgekehrte qualifizierte Mehrheit ist aber nicht möglich. Für die Implementierung dieser Vorgaben sollte Art. 63 EHO, der die gemeinsame Mittelverwaltung mit den Mitgliedstaaten regelt, entsprechend reformiert werden.

10. Der Sanktionsbeschluss kann hinsichtlich der mitgliedstaatlichen Maßnahmen nur eine feststellende Wirkung entfalten; finanzielle Sanktionen sollen die Mitgliedstaaten zur Reform der umstrittenen Maßnahmen drängen.

Die rein feststellende Wirkung hinsichtlich des mitgliedstaatlichen Rechts folgt aus dem Grundsatz der begrenzten Einzelermächtigung sowie dem Schutz der nationalen Identität. Durch eine finanzielle Sanktion können die politischen Opportunitätskosten der Mitgliedstaaten aber verändert und sie zur Änderung der beanstandeten Maßnahmen gedrängt werden.

11. Ziel der finanziellen Sanktion müssen Strafe und Beugung sein.

Die Strafe soll einen ausreichenden Abschreckungseffekt erreichen, die Beugung soll eine zeitnahe Rechtsänderung zugunsten rechtsstaatlicher Verfahren fördern. Hierfür ist eine zeitabhängige Erhöhung der Strafzahlung nötig. Die Berechnung der Sanktionshöhe muss auch die Grundsätze der Gleichheit der Mitgliedstaaten sowie der Verhältnismäßigkeit wahren.

12. Der finanzielle Sanktionsmechanismus auf der Grundlage des Haushaltsrechts ist mit den übrigen Sanktionsmechanismen vereinbar.

Die primärrechtlich festgelegten Sanktionsmechanismen sind nicht abschließend, sie lassen vielmehr Raum für diesen sekundärrechtlichen Sanktionsmechanismus.

§ 6 English summary

This study shows that the crisis of the rule of law in certain European Union (EU) Member States is profound and that its solution is complex. It deserves the continued attention of European policy-makers despite the other fundamental challenges the EU is facing – Brexit; migration; the Euro and economic policy; the social and economic consequences of the Covid-19 pandemic; the transition to a green economy. If it is given sufficient attention, the crisis of the rule of law in certain Member States offers the EU, its Member States and all EU citizens the opportunity to reassert their fundamental values. If it succeeds in providing a convincing answer to this question, which is protected through appropriate preventive and repressive mechanisms, the EU will emerge from this crisis even stronger.

The European Commission has proposed a new financial sanction mechanism protecting the rule of law in all Member States.[1] The European Parliament is generally in favor of this proposal but has suggested several amendments.[2] This study shows that such a new sanction mechanism is legally possible and serves to better reflect the already existing interlocking of EU and Member State policies and, in particular, to better safeguard the implementation of EU policies by Member States. However, due to its legal foundation this financial sanction mechanism could protect the rule of law in all Member States only partially.

Nevertheless, this mechanism can be, complemented by other measures, one important element to overcome the current crisis of the rule of law. Additionally, the increased use of the infringement procedure in cases of violations of the rule of law and the resulting European Court of Justice (ECJ) case law on different aspects of the rule of law is encouraging. However, the sanction mechanism for the violation of fundamental values laid out in Art. 7 Treaty on European Union (TEU) remains problematic because of its high approval requirements in the Council and in the European Council: The political blockade among Member States deprives these procedures – and thus also the problems

---

[1] Proposal COM (2018) 324 final (Financial Sanctions) v. 02.05.2018.

[2] Proposal COM (2018) 0324 final (Financial Sanctions) – Parliament's Amendments (P8_TA-PROV(2019)0349) v. 04.04.2019. Right before the publication of this thesis the Council has published another proposal which is largely consistent with the findings of this study: Proposal 11322/20 (conditionality EU budget) – Proposal of the Council (Interinstitutional File 2018/0136(COD)) v. 30.09.2020.

they address – of their significance. Therefore, in addition to these measures, the EU should also implement further preventive measures to promote structures and a more resilient culture of European rule of law.

In summary, this study has developed the following theses:

1. It is of fundamental importance for the EU as a whole that Member States' procedures respect the rule of law.

The rule of law as a fundamental value of the EU is a condition for European integration and cooperation. The threat for European integration and cooperation depends on the sum and severity of the measures violating the rule of law. In particular, the current violations in Poland and Hungary endanger the European cooperation in its current form. Should they continue, principles of rule of law may also erode in other Member States.

2. There is a need for an additional, effective, and financial sanction mechanism.

The existing sanction mechanisms are not sufficient to promptly and comprehensively protect the rule of law in all Member States. A new sanction mechanism involving the European Structural and Investment Funds can contribute to a better protection of the rule of law. However, additional political, and preventive measures are also needed to ensure its comprehensive protection.

3. The financial sanction mechanism for the protection of the rule of law may only be adopted under Art. 322 (1) (a) Treaty on the Functioning of the European Union (TFEU) which allows the European Parliament and the Council to adopt budgetary provisions.

There are no other legal bases for a new sanction mechanism protecting the rule of law in all Member States and involving the European Structural and Investment Funds. Besides making use of Art. 322 (1) (a) TFEU, there remains only the (politically unlikely) possibility of introducing such a sanction mechanism by amending the Treaties.

4. The financial sanction mechanism for the protection of the rule of law, adopted as a budgetary provision, must aim to protect EU finances, and may therefore only demand minimum standards in areas relevant to the EU budget.

If the mechanism is adopted under Art. 322 (1) (a) TFEU, the sanction mechanism must be limited to the protection of the EU budget. Requiring Member States' authorities and courts entrusted with the implementation and control of the EU budget to respect the rule of law is therefore only a means to this end. Other aspects of the rule of law which do not affect the implementation of the EU budget cannot be protected through this sanction mechanism.

5. A new financial sanction mechanism based on Art. 322 (1) (a) TFEU may only require that procedural safeguards adhere to the rule of law.

Only these are relevant for the protection of the EU's financial interests, insofar as they concern executive and judicial bodies entrusted with the implementation and control of the EU budget. The protection of the rule of law in a comprehensive sense, which includes fundamental rights, must therefore (also) be achieved by other sanction mechanisms. For this purpose, the procedure under Art. 7 TEU and the infringement procedure remain of particular importance, despite their respective weaknesses.

6. It follows from the intertwining of EU and Member State policies that the rule of law requirements for the protection of the EU budget have a broader effect exceeding the core of budgetary legislation.

Admittedly, the sanction mechanism is limited in its objective to the protection of the EU budget and, consequently, its minimum standards only affect certain institutions and courts dealing with the implementation of the EU budget. However, EU and Member State policies are so closely intertwined that many Member State institutions and courts are ultimately entrusted with implementing the EU budget. They would all have to meet these minimum standards giving the sanction mechanism a broader effect well beyond the core of budgetary legislation.

7. The legislator should define the procedural minimum standards in a general and abstract manner; the burden of proof for the compliance with these minimum standards must lie with the Member States.

The definition of the minimum standards subject to sanctions must be laid down in a regulation, ideally the European Financial Regulation. In this regulation, generally applicable and abstract criteria taking into account the relevant ECJ case law should be defined. They must, however, leave sufficient room for different national particularities and Member States' internal structure. The Member States would then have the burden of proof in demonstrating that these criteria have been met.

8. The European Anti-Fraud Office (Office Européen de Lutte Antifraude – OLAF) should be reformed into the European Agency for Administrative Efficiency and Rule of Law (EAER) and be assigned the task of monitoring the compliance with the minimum standards set out by the new financial sanction mechanism.

With the establishment of the European Public Prosecutor's Office a reform of OLAF is on the horizon anyhow. This reform should be used to transform OLAF into the European Agency for Administrative Efficiency and Rule of

Law (EAER)/Europäische Agentur für Verwaltungseffizienz und Rechtsstaatlichkeit/Agence Européene pour l'Efficience Administrative et l'État de Droit. This new agency could make use of the already existing resources of OLAF and should monitor the minimum standards for which sanctions may be imposed and advise the Commission accordingly. In addition, this agency should also issue general recommendations and best practices.

9. The Commission must decide whether to impose sanctions. Council and Parliament must give their explicit consent to a corresponding transfer of funds.

The Commission's role follows from its central position as guardian of the Treaties and as the budget implementing body. Council and Parliament must give their explicit assent in their capacity as legislator on the budget. It is not possible to stipulate a reverse qualified majority as provided for in the Commission's and Parliament's proposal. To implement these requirements, Art. 63 European Financial Regulation, which regulates the implementation of the EU's budget under shared management with the Member States, should be reformed accordingly.

10. The decision on sanctions may only have a declaratory effect regarding Member States' measures; the financial sanction should urge Member States to reform their disputed measures.

The purely declaratory effect with regard to Member States' law follows from the principle of conferral and the protection of national identity. However, a financial sanction can change the political opportunity costs of the relevant Member State and urge it to change the disputed measures.

11. The aim of the financial sanction must be punishment and pressure.

The punishment should have a sufficient deterrent effect, while pressure should promote a prompt change in the law in favor of constitutional procedures that champion the rule of law. To this end, a time-dependent increase of the penalty is necessary. The calculation of the penalty amount must also respect the principles of equality of Member States and proportionality.

12. The financial sanction mechanism based on budgetary law is compatible with other European sanction mechanisms.

The sanction mechanisms laid down in primary law are not exhaustive; on the contrary, they also leave room for this new sanction mechanism to be implemented in secondary legislation.

Literatur

Wissenschaftliche Literatur

Abels, Gabriele/Bernstorff, Jochen von/Förster, Horst/Große Hüttmann, Martin/Hrbek, Rudolf/Kinder, Sebastian/Nettesheim, Martin/Remmert, Barbara/Schlumberger, Oliver/Schmid, Josef/Schubert, Gunter/Seiler, Christian/Wehling, Hans-Georg (Hrsg.), Jahrbuch des Föderalismus 2019, Baden-Baden 2019.

Agostini, Anke, Das Sanktionssystem zur haushaltspolitischen Disziplinierung der EU-Mitgliedstaaten, Baden-Baden 2020.

Ahtisaari, Martti/Frowein, Jochen/Oreja, Marcelino, Report on the Austrian Government's Commitment to the Common European Values, in Particular Concerning the Rights of Minorities, Refugees and Immigrants, and the Evolution of the Political Nature of the FPÖ (The Wise Men Report), ILM 40 (2001), S. 102 ff.

Algan, Yann/Guriev, Sergei/Papaioannou, Elias/Passari, Evgenia, The European Trust Crisis and the Rise of Populism, BPEA 2017 (2017), S. 309 ff.

Antpöhler, Carlino, Emergenz der europäischen Wirtschaftsregierung – Das Six Pack als Zeichen supranationaler Leistungsfähigkeit, ZaöRV 72 (2012), S. 353 ff.

Appel, Hilary, Can the EU Stop Eastern Europe's Illiberal Turn?, Critical Review 58 (2019), S. 1 ff.

Bakardjieva Engelbrekt, Antonina/Leijon, Karin/Michalski, Anna (Hrsg.), The European Union and the return of the nation state – Interdisciplinary European studies, New York 2020.

Ballin, Ernst Hirsch, Mutual Trust, in: Closa, Carlos/Kochenov, Dimitry (Hrsg.), Reinforcing Rule of Law Oversight in the European Union, Cambridge 2016, S. 133 ff.

Bandilla, Rüdiger, Art. 121 AEUV, in: Grabitz, Eberhard/Hilf, Meinhard/Nettesheim, Martin (Hrsg.), Das Recht der Europäischen Union, [69]München 2020.

–, Art. 126 AEUV, in: Grabitz, Eberhard/Hilf, Meinhard/Nettesheim, Martin (Hrsg.), Das Recht der Europäischen Union, [69]München 2020.

Bast, Jürgen, Art. 5 EUV, in: Grabitz, Eberhard/Hilf, Meinhard/Nettesheim, Martin (Hrsg.), Das Recht der Europäischen Union, [69]München 2020.

Bast, Jürgen/Rödl, Florian, Jenseits der Koordinierung? Zu den Grenzen der EU-Verträge für eine Europäische Wirtschaftsregierung, EuGRZ 39 (2012), S. 269 ff.

Bauer, Michael W./Becker, Stefan, The Unexpected Winner of the Crisis: The European Commission's Strengthened Role in Economic Governance, Journal of European Integration 36 (2014), S. 213 ff.

Becker, Ulrich/Hatje, Armin/Schoo, Johann/Schwarze, Jürgen (Hrsg.), EU-Kommentar, 4. Aufl., Baden-Baden 2019.

Benedetto, Giacomo, The EU budget after Lisbon: rigidity and reduced spending?, J. Pub. Pol. 33 (2013), S. 345 ff.

Bieber, Roland, Art. 312 AEUV, in: Groeben, Hans von der/Schwarze, Jürgen/Hatje, Armin (Hrsg.), Europäisches Unionsrecht, [7]Baden-Baden 2015.

Bitter, Stephan, Die Sanktion im Recht der Europäischen Union – Der Begriff und seine Funktion im europäischen Rechtsschutzsystem, New York 2011.

Blanke, Hermann-Josef, Art. 47 GRC, in: Calliess, Christian/Ruffert, Matthias (Hrsg.), EUV/AEUV – Das Verfassungsrecht der Europäischen Union mit Europäischer Grundrechtecharta: Kommentar, [5]München 2016.

Blanke, Hermann-Josef/Mangiameli, Stelio (Hrsg.), The Treaty on European Union (TEU) – A Commentary, Heidelberg 2013.

Blauberger, Michael/Hüllen, Vera van, Conditionality of EU funds: an instrument to enforce EU fundamental values?, Journal of European Integration 6 (2020), S. 1 ff.

Blauberger, Michael/Kelemen, R. Daniel, Can courts rescue national democracy? – Judicial safeguards against democratic backsliding in the EU, Journal of European Public Policy 24 (2017), S. 321 ff.

Blumann, Claude/Dubouis, Louis, Droit institutionnel de l'Union européenne, Paris 2013.

Bockel, Bas van, The ne bis in idem principle in EU law – A conceptual and jurisprudential analysis, Leiden 2009.

Bogdandy, Armin von, Tyrannei der Werte? – Herausforderungen und Grundlagen einer europäischen Dogmatik systemischer Defizite, ZaöRV 79 (2019), S. 503 ff.

–, Der europäische Rechtsraum, AöR 144 (2019), S. 321 ff.

–, Vertrauen im europäischen Rechtsraum – Eine Bestandsaufnahme im Lichte der Verfassungskrisen, in: Kadelbach, Stefan (Hrsg.), Verfassungskrisen in der Europäischen Union, Baden-Baden 2018, S. 23 ff.

–, Jenseits der Rechtsgemeinschaft – Begriffsarbeit in der europäischen Sinn- und Rechtsstaatlichkeitskrise, EuR 52 (2017), S. 487 ff.

–, Die EU im polnischen Kampf um demokratische Rechtsstaatlichkeit, EuZW 27 (2016), S. 441 f.

Bogdandy, Armin von/Ioannidis, Michael, Systemic Deficiency in the Rule of Law: What It Is, What Has Been Done, What Can Be Done, CML Rev 51 (2014), S. 59.

Bogdandy, Armin von/Bernstorff, Jochen von, Die Europäische Agentur für Grundrechte in der europäischen Menschenrechtsarchitektur und ihre Fortentwicklung durch den Vertrag von Lissabon, EuR 45 (2010), S. 141 ff.

Bogdandy, Armin von/Bast, Jürgen (Hrsg.), Europäisches Verfassungsrecht – Theoretische und dogmatische Grundzüge, [2]Heidelberg 2009.

Bogdandy, Armin von/Calliess, Christian/Enderlein, Henrik/Fratzscher, Marcel/Fuest, Clemens/Mayer, Franz/Schwarzer, Daniela/Steinbeis, Maximilian/Stelzenmüller, Constanze/Weizsäcker, Jakob von/Wolff, Guntram, Aufbruch in die Euro-Region, ZRP 46 (2013), S. 225 ff.

Bogdandy, Armin von/Kottmann, Matthias/Antpöhler, Carlino/Dickschen, Johanna/Hentrei, Simon/Smrkolj, Maja, Reverse Solange – Protecting the Essence of Fundamental Rights against EU Member States, CML Rev 49 (2012).

Böhm, Klaus Michael, Aktuelle Entwicklungen im Ausländerrecht, NStZ 39 (2019), S. 256 ff.

Brauneck, Jens, Gefährdung des EU-Haushalts durch rechtsstaatliche Mängel in den Mitgliedstaaten?, EuR 54 (2019), S. 37 ff.

–, Rettet die EU den Rechtsstaat in Polen?, NVwZ 37 (2018), S. 1423 ff.

Caesar, Rolf (Hrsg.), Zur Reform der Finanzverfassung und Strukturpolitik der EU, Baden-Baden 1997.

Calliess, Christian, Art. 2 EUV, in: Calliess, Christian/Ruffert, Matthias (Hrsg.), EUV/AEUV – Das Verfassungsrecht der Europäischen Union mit Europäischer Grundrechtecharta: Kommentar, 5München 2016.

–, Art. 5 EUV, in: Calliess, Christian/Ruffert, Matthias (Hrsg.), EUV/AEUV – Das Verfassungsrecht der Europäischen Union mit Europäischer Grundrechtecharta: Kommentar, 5München 2016.

–, The Governance Framework of the Eurozone and the Need for a Treaty Reform, in: Fabbrini, Federico (Hrsg.), What form of government for the European Union and the Eurozone?, Oxford 2015, S. 37 ff.

–, Die neue Europäische Union nach dem Vertrag von Lissabon – Ein Überblick über die Reformen unter Berücksichtigung ihrer Implikationen für das deutsche Recht, Tübingen 2010.

Calliess, Christian/Ruffert, Matthias (Hrsg.), EUV/AEUV – Das Verfassungsrecht der Europäischen Union mit Europäischer Grundrechtecharta: Kommentar, 5München 2016.

Calliess, Christian/Schoenfleisch, Christopher, Auf dem Weg in die europäische „Fiskalunion"? – Europa- und verfassungsrechtliche Fragen einer Reform der Wirtschafts- und Währungsunion im Kontext des Fiskalvertrages, JZ 67 (2012), S. 477 ff.

Calliess, Christian/Kahl, Wolfgang/Puttler, Adelheid, Art. 4 EUV, in: Calliess, Christian/Ruffert, Matthias (Hrsg.), EUV/AEUV – Das Verfassungsrecht der Europäischen Union mit Europäischer Grundrechtecharta: Kommentar, 5München 2016.

Canor, Iris, My Brother's Keeper? Horizontal Solange: „An ever closer distrust among the peoples of Europe", CML Rev 50 (2013), S. 383 ff.

Caponi, Remo, The Performance of the Italian Civil Justice System: An Empirical Assessment, The Italian Law Journal 2 (2016), S. 15 ff.

Closa, Carlos, The politics of guarding the Treaties: Commission scrutiny of rule of law compliance, Journal of European Public Policy 26 (2019), S. 696 ff.

–, Reinforcing EU Monitoring of the Rule of Law – Normative Arguments, Institutional Proposals and the Procedural Limitations, in: Closa, Carlos/Kochenov, Dimitry (Hrsg.), Reinforcing Rule of Law Oversight in the European Union, Cambridge 2016, S. 15 ff.

Closa, Carlos/Kochenov, Dimitry (Hrsg.), Reinforcing Rule of Law Oversight in the European Union, Cambridge 2016.

Crabit, Emmanuel, Upholding the rule of law for the future of Europe, in: Heusel, Wolfgang/Rageade, Jean-Philippe (Hrsg.), Authority of EU Law – Do We Still Believe in It?, Berlin 2019, S. 261 ff.

Craig, Paul, EU Administrative Law, 3Oxford 2018.

–, Shared administration, disbursement of community funds and the regulatory state, in: Hofmann, Herwig/Türk, Alexander (Hrsg.), Legal challenges in EU administrative law – Towards an integrated administration, Cheltenham 2009, S. 34 ff.

Cremer, Wolfram, Art. 258 AEUV, in: Calliess, Christian/Ruffert, Matthias (Hrsg.), EUV/AEUV – Das Verfassungsrecht der Europäischen Union mit Europäischer Grundrechtecharta: Kommentar, 5München 2016.

–, Art. 259 AEUV, in: Calliess, Christian/Ruffert, Matthias (Hrsg.), EUV/AEUV – Das Verfassungsrecht der Europäischen Union mit Europäischer Grundrechtecharta: Kommentar, 5München 2016.

–, Art. 260 AEUV, in: Calliess, Christian/Ruffert, Matthias (Hrsg.), EUV/AEUV – Das Verfassungsrecht der Europäischen Union mit Europäischer Grundrechtecharta: Kommentar, 5München 2016.

–, Art. 263 AEUV, in: Calliess, Christian/Ruffert, Matthias (Hrsg.), EUV/AEUV – Das Verfassungsrecht der Europäischen Union mit Europäischer Grundrechtecharta: Kommentar, 5München 2016.

–, Art. 48 EUV, in: Calliess, Christian/Ruffert, Matthias (Hrsg.), EUV/AEUV – Das Verfassungsrecht der Europäischen Union mit Europäischer Grundrechtecharta: Kommentar, 5München 2016.

Curtin, Deirdre, Democratic Accountability of EU Executive Power: A Reform Agenda for Parliaments, in: Fabbrini, Federico (Hrsg.), What form of government for the European Union and the Eurozone?, Oxford 2015, S. 171 ff.

Dall'Erba, Sandy/Fang, Fang, Meta-analysis of the impact of European Union Structural Funds on regional growth, Regional Studies 51 (2017), S. 822 ff.

Danwitz, Thomas von, § 13 Rechtsschutz in der Europäischen Union, in: Hatje, Armin/Braun, Dominik (Hrsg.), Europäisches Organisations- und Verfassungsrecht, Baden-Baden 2014, S. 747 ff.

Dauses, Manfred/Ludwigs, Markus (Hrsg.), Handbuch des EU-Wirtschaftsrechts, 49München 2019.

Di Fabio, Udo, Art. 2 GG, in: Maunz, Theodor/Dürig, Günter (Hrsg.), Grundgesetz – Kommentar, 90München 2020.

Dimitriu, Oana, Trick or Treat: Linking EU Funds to Rule of Law, CKS 2019, S. 543 ff.

Editorial Comments, Safeguarding EU values in the Member States – Is something finally happening?, CML Rev 52 (2015), S. 619 ff.

Ehricke, Ulrich, Art. 258 AEUV, in: Streinz, Rudolf (Hrsg.), EUV/AEUV – Vertrag über die Europäische Union und Vertrag über die Arbeitsweise der Europäischen Union, 3München 2018.

–, Art. 260 AEUV, in: Streinz, Rudolf (Hrsg.), EUV/AEUV – Vertrag über die Europäische Union und Vertrag über die Arbeitsweise der Europäischen Union, 3München 2018.

–, Art. 263 AEUV, in: Streinz, Rudolf (Hrsg.), EUV/AEUV – Vertrag über die Europäische Union und Vertrag über die Arbeitsweise der Europäischen Union, 3München 2018.

Everling, Ulrich, Die Europäische Union als föderaler Zusammenschluss von Staaten und Bürgern, in: Bogdandy, Armin von/Bast, Jürgen (Hrsg.), Europäisches Verfassungsrecht – Theoretische und dogmatische Grundzüge, 2Heidelberg 2009, S. 961 ff.

Fabbrini, Federico (Hrsg.), What form of government for the European Union and the Eurozone?, Oxford 2015.

Fazekas, Mihály/King, Lawrence Peter, Perils of development funding? The tale of EU Funds and grand corruption in Central and Eastern Europe, Regulation & Governance 13 (2019), S. 405 ff.

Fesnic, Florin N., Can Civic Eduation Make a Difference for Democracy? Hungary and Poland Compared, Political Studies 64 (2016), S. 966 ff.

Folz, Hans-Peter, Quis custodiet – Die ultra vires-Kontrolle durch das Bundesverfassungsgericht nach Honeywell, EuZA 4 (2011), S. 308 ff.

Frenz, Walter, Handbuch Europarecht 5 – Wirkungen und Rechtsschutz, Heidelberg 2010.

–, Handbuch Europarecht – Band 6: Institutionen und Politiken, Heidelberg 2011.

Funkschmidt, Gerhard, Die EU-Strukturpolitik: Zielorientierungen, Wirkungen, Effizienz, in: Caesar, Rolf (Hrsg.), Zur Reform der Finanzverfassung und Strukturpolitik der EU, Baden-Baden 1997, S. 209 ff.

Gaitanides, Charlotte, Art. 267 AEUV, in: Groeben, Hans von der/Schwarze, Jürgen/Hatje, Armin (Hrsg.), Europäisches Unionsrecht, 7Baden-Baden 2015.

Geismann, Maria, Art. 292 AEUV, in: Groeben, Hans von der/Schwarze, Jürgen/Hatje, Armin (Hrsg.), Europäisches Unionsrecht, 7Baden-Baden 2015.

Gellermann, Martin, Art. 294 AEUV, in: Streinz, Rudolf (Hrsg.), EUV/AEUV – Vertrag über die Europäische Union und Vertrag über die Arbeitsweise der Europäischen Union, 3München 2018.

Georgiev, Dencho, The Rule of Law and the EU Budget for 2021–2027: More Solidarity or Renouncing the Values of the EU?, ŚSP (Środkowoeuropejskie Studia Polityczne) 2019, S. 117 ff.

Görisch, Christoph, Demokratische Verwaltung durch Unionsagenturen – Ein Beitrag zur Konkretisierung der europäischen Verfassungsstrukturprinzipien, Tübingen 2012.

Grabenwarter, Christoph, Neuere Verfassungsentwicklungen in Europa und „Europäisches Verfassungsrecht" – Die Rolle der Venedig-Kommission, in: Kadelbach, Stefan (Hrsg.), Verfassungskrisen in der Europäischen Union, Baden-Baden 2018, S. 61 ff.

Grabitz, Eberhard/Hilf, Meinhard/Nettesheim, Martin (Hrsg.), Das Recht der Europäischen Union, 69München 2020.

Groeben, Hans von der/Schwarze, Jürgen/Hatje, Armin (Hrsg.), Europäisches Unionsrecht. Vertrag über die Europäische Union, Vertrag über die Arbeitsweise der Europäischen Union, Charta der Grundrechte der Europäischen Union, 7Baden-Baden 2015.

Gutierrez-Fons, Jose A., Comparing Supremacy: Sovereign Immunity in the United States and Non-Contractual State Liability in the European Union, Penn St Int'l L Rev 28 (2009), S. 199 ff.

Häberle, Peter/Kotzur, Markus, Europäische Verfassungslehre, 8Baden-Baden 2016.

Häde, Ulrich, Art. 119 AEUV, in: Calliess, Christian/Ruffert, Matthias (Hrsg.), EUV/AEUV – Das Verfassungsrecht der Europäischen Union mit Europäischer Grundrechtecharta: Kommentar, 5München 2016.

–, Art. 121 AEUV, in: Calliess, Christian/Ruffert, Matthias (Hrsg.), EUV/AEUV – Das Verfassungsrecht der Europäischen Union mit Europäischer Grundrechtecharta: Kommentar, 5München 2016.

–, Art. 126 AEUV, in: Calliess, Christian/Ruffert, Matthias (Hrsg.), EUV/AEUV – Das Verfassungsrecht der Europäischen Union mit Europäischer Grundrechtecharta: Kommentar, 5München 2016.

Hafner, Gerhard, Völkerrechtliche Grenzen und Wirksamkeit von Sanktionen gegen Völkerrechtssubjekte, ZaöRV 76 (2016), S. 391 ff.

Haggard, Stephan/Tiede, Lydia, The Rule of Law and Economic Growth: Where are We?, World Development 39 (2011), S. 673 ff.

Hallstein, Walter, Der unvollendete Bundesstaat – Europäische Erfahrungen und Erkenntnisse, Düsseldorf 1969.

Halmai, Gábor, The Possibility and Desirability of Rule of Law Conditionality, HJRL 11 (2019), S. 171 ff.

Hamer, Jens, Art. 126 AEUV, in: Groeben, Hans von der/Schwarze, Jürgen/Hatje, Armin (Hrsg.), Europäisches Unionsrecht, 7Baden-Baden 2015.

Hanley, Seán/Sikk, Allan, Economy, corruption or floating voters? Explaining the breakthroughs of anti-establishment reform parties in eastern Europe, Party Politics 22 (2016), S. 522 ff.

Härtel, Ines, § 11 Gesetzgebungsordnung der Europäische Union, in: Hatje, Armin/Braun, Dominik (Hrsg.), Europäisches Organisations- und Verfassungsrecht, Baden-Baden 2014, S. 623 ff.

–, Durchsetzbarkeit von Zwangsgeld-Urteilen des EuGH gegen Mitgliedstaaten, EuR 36 (2001), S. 617 ff.

Hatje, Armin/Schwarze, Jürgen, Der Zusammenhalt der Europäischen Union, EuR 54 (2019), S. 153 ff.

Hatje, Armin/Braun, Dominik (Hrsg.), Europäisches Organisations- und Verfassungsrecht, Baden-Baden 2014.

Hau, André, Sanktionen und Vorfeldmaßnahmen zur Absicherung der europäischen Grundwerte – Rechtsfragen zu Art. 7 EU, Baden-Baden 2002.

Hazelhorst, Monique, Mutual Trust Under Pressure: Civil Justice Cooperation in the EU and the Rule of Law, Neth Int Law Rev 65 (2018), S. 103 ff.

Hein, Michael/Petersen, Felix/Steinsdorff, Silvia von (Hrsg.), Die Grenzen der Verfassung, Baden-Baden 2018.

Heinemann, Friedrich, Going for the Wallet? Rule-of-Law Conditionality in the Next EU Multiannual Financial Framework, Intereconomics 53 (2018), S. 297 ff.

–, EU-Kohäsionspolitik: Finanzielle Fehlanreize und die Suche nach dem europäischen Mehrwert, ZfW 62 (2013), S. 58 ff.

Herrnfeld, Hans-Holger, Art. 48 EUV, in: Becker, Ulrich/Hatje, Armin u. a. (Hrsg.), EU-Kommentar, 4Baden-Baden 2019.

Hesse, Konrad, Grundzüge des Verfassungsrechts der Bundesrepublik Deutschland, 20Heidelberg 1999.

Heusel, Wolfgang/Rageade, Jean-Philippe (Hrsg.), Authority of EU Law – Do We Still Believe in It?, Berlin 2019.

Hilf, Meinhard/Schorkopf, Frank, Art. 2 EUV, in: Grabitz, Eberhard/Hilf, Meinhard/Nettesheim, Martin (Hrsg.), Das Recht der Europäischen Union, 69München 2020.

Hillion, Christophe, Overseeing the Rule of Law in the EU, in: Closa, Carlos/Kochenov, Dimitry (Hrsg.), Reinforcing Rule of Law Oversight in the European Union, Cambridge 2016, S. 59 ff.

Hilz, Wolfram/Nötzold, Antje (Hrsg.), Die Zukunft Europas in einer Welt im Umbruch, Wiesbaden 2018.

Hobolt, Sara B./Tilley, James, Fleeing the centre: The rise of challenger parties in the aftermath of the euro crisis, West European Politics 39 (2016), S. 971 ff.

Hofmann, Herwig/Türk, Alexander (Hrsg.), Legal challenges in EU administrative law – Towards an integrated administration, Cheltenham 2009.

Hofmann, Herwig/Rowe, Gerard C./Türk, Alexander, Administrative law and policy of the European Union, Oxford 2011.

Hofmann, Herwig C. H./Rowe, Gerard C./Türk, Alexander H. (Hrsg.), Specialized Administrative Law of the European Union – A Sectoral Review, Oxford 2018.

Hofmann, Rainer, Die Bindung staatlicher Macht, in: Hofmann, Rainer/Amaral, Maria Lúcia (Hrsg.), Rechtsstaatlichkeit in Europa, Heidelberg 1996, S. 3 ff.

Hofmann, Rainer/Amaral, Maria Lúcia (Hrsg.), Rechtsstaatlichkeit in Europa, Heidelberg 1996.

Hofmeister, Hannes, Polen als erster Anwendungsfall des neuen „EU-Rahmens zur Stärkung des Rechtsstaatsprinzips", DVBl 131 (2016), S. 869 ff.

Holzner, Thomas, Das Europäische Parlament im Institutionengefüge der EU – Verschiebung der Kräfteverhältnisse infolge der Durchsetzung eines „Spitzenkandidaten" als Kommissionspräsident?, EuR 50 (2015), S. 525 ff.

Huber, Peter M., Art. 19 EUV, in: Streinz, Rudolf (Hrsg.), EUV/AEUV – Vertrag über die Europäische Union und Vertrag über die Arbeitsweise der Europäischen Union, 3München 2018.

–, Art. 253 AEUV, in: Streinz, Rudolf (Hrsg.), EUV/AEUV – Vertrag über die Europäische Union und Vertrag über die Arbeitsweise der Europäischen Union, [3]München 2018.

Huck, Angelika/Klieve, Felicitas, Kumulative Verhängung von Zwangsgeld und Pauschalbetrag wegen Nichtbeachtung von Vertragsverletzungsurteilen nach Art. 228 Absatz 2 EG, EuR 41 (2006), S. 399 ff.

Hufbauer, Gary Clyde/Schott, Jeffrey J./Elliott, Kimberly Ann/Oegg, Barbara, Economic sanctions reconsidered, [3]Washington, D. C. 2007.

Hummer, Waldemar, Nebeneffekte des Sanktionsverfahrens gegen Polen wegen dessen Rechtsstaatlichkeitsdefizit – Scheitert die Vollstreckung eines „Europäischen Haftbefehls“ in Polen wegen „systemischer Mängel“ in Bezug auf die Unabhängigkeit der Justiz?, EuR 53 (2018), S. 653 ff.

–, Ungarn erneut am Prüfstand der Rechtsstaatlichkeit und Demokratie. Wird Ungarn dieses Mal zum Anlassfall des neu konzipierten „Vor Artikel 7 EUV“-Verfahrens?, EuR 50 (2015), S. 625 ff.

Jack, Brian, Article 260(2) TFEU: An Effective Judicial Procedure for the Enforcement of Judgements?, ELJ 19 (2013), S. 404 ff.

Jacqué, Jean Paul, L’évolution des rapports entre le droit de l’Union et le droit national du point de vue de l’Union, in: Schwarze, Jürgen (Hrsg.), Das Verhältnis von nationalem Recht und Europarecht im Wandel der Zeit – Band I, Baden-Baden 2012, S. 33 ff.

Jaeger, Thomas, Gerichtsorganisation und EU-Recht: Eine Standortbestimmung, EuR 53 (2018), S. 611 ff.

Jakab, András/Kochenov, Dimitry (Hrsg.), The enforcement of EU law and values ensuring member states’ compliance, Oxford 2016.

Jarass, Hans, Art. 47 GRC, in: ders. (Hrsg.), Charta der Grundrechte der Europäischen Union, [3]München 2016.

–, Art. 52 GRC, in: ders. (Hrsg.), Charta der Grundrechte der Europäischen Union, [3]München 2016.

– (Hrsg.), Charta der Grundrechte der Europäischen Union, [3]München 2016.

Kadelbach, Stefan (Hrsg.), Verfassungskrisen in der Europäischen Union, Baden-Baden 2018.

–, Art. 5 EUV, in: Groeben, Hans von der/Schwarze, Jürgen/Hatje, Armin (Hrsg.), Europäisches Unionsrecht, [7]Baden-Baden 2015.

–, Allgemeines Verwaltungsrecht unter europäischem Einfluß, Tübingen 1999.

Kallfaß, Gunnar, Durchsetzung des Unionsrechts in den Mitgliedstaaten – am Beispiel des Kartellrechts, EuR 53 (2018), S. 175 ff.

Kamm, Christina, Machtbegrenzung durch Gewaltenteilung als europäischer Verfassungsgrundsatz, in: Hein, Michael/Petersen, Felix/Steinsdorff, Silvia von (Hrsg.), Die Grenzen der Verfassung, Baden-Baden 2018, S. 233 ff.

Karpenstein, Ulrich, Art. 258 AEUV, in: Grabitz, Eberhard/Hilf, Meinhard/Nettesheim, Martin (Hrsg.), Das Recht der Europäischen Union, [69]München 2020.

–, Art. 259 AEUV, in: Grabitz, Eberhard/Hilf, Meinhard/Nettesheim, Martin (Hrsg.), Das Recht der Europäischen Union, [69]München 2020.

–, Art. 260 AEUV, in: Grabitz, Eberhard/Hilf, Meinhard/Nettesheim, Martin (Hrsg.), Das Recht der Europäischen Union, [69]München 2020.

–, Europa zeigt Zähne – Dreimal Polen, dreimal Neuland: Kommission und EuGH machen nun ernst, EuZW 29 (2018), S. 97 f.

Karpenstein, Ulrich/Dingemann, Kathrin, Art. 253 AEUV, in: Grabitz, Eberhard/Hilf, Meinhard/Nettesheim, Martin (Hrsg.), Das Recht der Europäischen Union, [69]München 2020.

Kelemen, R. Daniel, Is differentiation possible in rule of law?, CEP 17 (2019), S. 246 ff.

Kern, Bastian/Eggers, Christoph, Art. 174 AEUV, in: Grabitz, Eberhard/Hilf, Meinhard/Nettesheim, Martin (Hrsg.), Das Recht der Europäischen Union, [69]München 2020.

Kiekebusch, Dirk, Der Grundsatz der begrenzten Einzelermächtigung, Tübingen 2015.

Kirchhof, Ferdinand, Art. 85 GG, in: Maunz, Theodor/Dürig, Günter (Hrsg.), Grundgesetz – Kommentar, [90]München 2020.

Kirchhof, Paul, Der europäische Staatenverbund, in: Bogdandy, Armin von/Bast, Jürgen (Hrsg.), Europäisches Verfassungsrecht – Theoretische und dogmatische Grundzüge, [2]Heidelberg 2009, S. 1009 ff.

Kischel, Uwe, Die Kontrolle der Verhältnismäßigkeit durch den Europäischen Gerichtshof, EuR 35 (2000), S. 380 ff.

Klamert, Marcus, Die Durchsetzung finanzieller Sanktionen gegenüber den Mitgliedstaaten, EuR 53 (2018), S. 159 ff.

Kluth, Winfried, Systemische Mängel im deutschen Rechtsstaat wegen fehlender Unabhängigkeit der Staatsanwaltschaften?, NVwZ 38 (2019), S. 1175 ff.

Kneuer, Marianne, Schutz der Demokratie – der Hebel der EU vor und nach Erweiterungen, in: Hilz, Wolfram/Nötzold, Antje (Hrsg.), Die Zukunft Europas in einer Welt im Umbruch, Wiesbaden 2018, S. 207 ff.

Kochenov, Dimitry, The Acquis and Its Principles: The Enforcement of the „Law" versus the Encorcement of „Values" in the EU, in: Jakab, András/Kochenov, Dimitry (Hrsg.), The enforcement of EU law and values ensuring member states' compliance, 2016, S. 9 ff.

Kochenov, Dimitry/Pech, Laurent, Better Late than Never? – On the European Commission's Rule of Law Framework and its First Activation, JCMS 54 (2016), S. 1062 ff.

Korte, Stefan, Standortfaktor Öffentliches Recht – Integration und Wettbewerb in föderalen Ordnungen am Beispiel der Gesetzgebung, Tübingen 2016.

Krajewski, Markus/Rösslein, Ulricht, Art. 294 AEUV, in: Grabitz, Eberhard/Hilf, Meinhard/Nettesheim, Martin (Hrsg.), Das Recht der Europäischen Union, [69]München 2020.

Krekó, Péter/Enyedi, Zsolt, Orbán's Laboratory of Illiberalism, Journal of Democracy 29 (2018), S. 39 ff.

Krüper, Jürgen/Payandeh, Mehrdad/Sauer, Heiko (Hrsg.), Konrad Hesses normative Kraft der Verfassung, Tübingen 2019.

Kullak, Elena Marie, Vertrauen in Europa – Entwicklung und Funktion als Verfassungsgrundsatz des Unionsrechts, Tübingen 2020.

Labayle, Simon, Respect des valeurs de l'Union européenne en Pologne: première application du nouveau cadre pour renforcer l'État de droit, EP 1 (2016), S. 1283 ff.

Lavelle, Patrick, Europe's Rule of Law Crisis: An Assessment of the EU's Capacity to Address Systemic Breaches of its Foundational Values in Member States, Trinity College Law Review 22 (2019), S. 35 ff.

Leino, Päivi/Saarenheimo, Tuomas, Sovereignty and Subordination: On the Limits of EU Economic Policy Co-ordination, E.L.Rev. 42 (2017), S. 166 ff.

Lindner, Josef Franz, Zur grundsätzlichen Bedeutung des Protokolls über die Anwendung der Grundrechtecharta auf Polen und das Vereinigte Königreich – Zugleich ein Beitrag zur Auslegung von Art. 51 EGC, EuR 43 (2008), S. 786 ff.

Mader, Oliver, Enforcement of EU Values as a Political Endeavour: Constitutional Pluralism and Value Homogeneity in Times of Persistent Challenges to the Rule of Law, HJRL 11 (2019), S. 133 ff.

Magiera, Siegfried, Art. 285 AEUV, in: Grabitz, Eberhard/Hilf, Meinhard/Nettesheim, Martin (Hrsg.), Das Recht der Europäischen Union, [69]München 2020.

–, Art. 310 AEUV, in: Grabitz, Eberhard/Hilf, Meinhard/Nettesheim, Martin (Hrsg.), Das Recht der Europäischen Union, [69]München 2020.

–, Art. 312 AEUV, in: Grabitz, Eberhard/Hilf, Meinhard/Nettesheim, Martin (Hrsg.), Das Recht der Europäischen Union, [69]München 2020.

–, Art. 325 AEUV, in: Grabitz, Eberhard/Hilf, Meinhard/Nettesheim, Martin (Hrsg.), Das Recht der Europäischen Union, [69]München 2020.

Mangiameli, Stelio/Saputelli, Gabriella, Art. 7 TEU, in: Blanke, Hermann-Josef/Mangiameli, Stelio (Hrsg.), The Treaty on European Union (TEU) – A Commentary, Heidelberg 2013.

Matczak, Marcin, Poland's Rule of Law Crisis: Some Thoughts, HJRL 11 (2019), S. 407 ff.

Maunz, Theodor/Dürig, Günter (Hrsg.), Grundgesetz – Kommentar, [90]München 2020.

Meinel, Florian, Die Steuerung des Verwaltungshandelns durch Haushaltsrecht und Haushaltskontrolle in der Europäischen Union, Die Verwaltung 51 (2018), S. 153 ff.

Meng, Werner, Art. 48 EUV, in: Groeben, Hans von der/Schwarze, Jürgen/Hatje, Armin (Hrsg.), Europäisches Unionsrecht, [7]Baden-Baden 2015.

Moberg, Andreas, When the Return of the Nation-State Undermines the Rule of Law: Poland, the EU, and Article 7 TEU, in: Bakardjieva Engelbrekt, Antonina/Leijon, Karin/Michalski, Anna (Hrsg.), The European Union and the return of the nation state – Interdisciplinary European studies, 2020, S. 59 ff.

Möllers, Christoph/Schneider, Linda, Demokratiesicherung in der Europäischen Union – Studie zu einem Dilemma, Tübingen 2018.

Monnet, Jean, Mémoires, Paris 1976.

Müller, Jan-Werner, Protecting the Rule of Law (and Democracy!) in the EU – The Idea of a Copenhagen Commission, in: Closa, Carlos/Kochenov, Dimitry (Hrsg.), Reinforcing Rule of Law Oversight in the European Union, Cambridge 2016, S. 206 ff.

–, Should the EU Protect Demorcracy and the Rule of Law inside Member States?, ELJ 21 (2015), S. 141 ff.

Murswiek, Dietrich, Die heimliche Entwicklung des Unionsvertrags zur europäischen Oberverfassung – Zu den Konsequenzen der Auflösung der Säulenstruktur der Europäischen Union und der Erstreckung der Gerichtsbarkeit des EU-Gerichtshofs auf den EU-Vertrag, NVwZ 28 (2009), S. 481 ff.

Nettesheim, Martin, Art. 3 AEUV, in: Grabitz, Eberhard/Hilf, Meinhard/Nettesheim, Martin (Hrsg.), Das Recht der Europäischen Union, [69]München 2020.

–, Art. 238 AEUV, in: Grabitz, Eberhard/Hilf, Meinhard/Nettesheim, Martin (Hrsg.), Das Recht der Europäischen Union, [69]München 2020.

–, Art. 291 AEUV, in: Grabitz, Eberhard/Hilf, Meinhard/Nettesheim, Martin (Hrsg.), Das Recht der Europäischen Union, [69]München 2020.

–, Art. 292 AEUV, in: Grabitz, Eberhard/Hilf, Meinhard/Nettesheim, Martin (Hrsg.), Das Recht der Europäischen Union, [69]München 2020.

Neuwahl, Nanette/Kovacs, Charles, Hungary and the EU's rule of law protection, Journal of European Integration 55 (2020), S. 1 ff.

Nickel, Dietmar, Integrationspolitische Herausforderungen an den Europäischen Rechtsstaat: „Zur Zukunft der europäischen Rechts- und Wertegemeinschaft", EuR 52 (2017), S. 663 ff.

–, Wahl- und Kreationsfunktionen des Europäischen Parlaments – Unter besonderer Berücksichtigung der Einsetzung der Kommission, EuR 51 (2016), S. 28 ff.

Niedobitek, Matthias, Art. 285 AEUV, in: Streinz, Rudolf (Hrsg.), EUV/AEUV – Vertrag über die Europäische Union und Vertrag über die Arbeitsweise der Europäischen Union, [3]München 2018.

–, Art. 286 AEUV, in: Streinz, Rudolf (Hrsg.), EUV/AEUV – Vertrag über die Europäische Union und Vertrag über die Arbeitsweise der Europäischen Union, [3]München 2018.

–, Art. 287 AEUV, in: Streinz, Rudolf (Hrsg.), EUV/AEUV – Vertrag über die Europäische Union und Vertrag über die Arbeitsweise der Europäischen Union, [3]München 2018.

–, Art. 310 AEUV, in: Streinz, Rudolf (Hrsg.), EUV/AEUV – Vertrag über die Europäische Union und Vertrag über die Arbeitsweise der Europäischen Union, [3]München 2018.

–, Art. 312 AEUV, in: Streinz, Rudolf (Hrsg.), EUV/AEUV – Vertrag über die Europäische Union und Vertrag über die Arbeitsweise der Europäischen Union, [3]München 2018.

–, Art. 314 AEUV, in: Streinz, Rudolf (Hrsg.), EUV/AEUV – Vertrag über die Europäische Union und Vertrag über die Arbeitsweise der Europäischen Union, [3]München 2018.

–, § 1 Vertragliche Grundlagen, rechtliche Gestalt, Institutionen der Union, in: ders. (Hrsg.), Europarecht – Grundlagen der Union, Berlin 2014, S. 1 ff.

– (Hrsg.), Europarecht – Grundlagen der Union, Berlin 2014.

Niklewicz, Konrad, Safeguarding the Rule of Law within the EU: Lessons from the Polish Experience, EV 16 (2017), S. 281 ff.

Nußberger, Angelika, Das Verhältnismäßigkeitsprinzip als Strukturprinzip richterlichen Entscheidens in Europa, NVwZ-Beilage 32 (2013), S. 36 ff.

Obwexer, Walter, Art. 4 EUV, in: Groeben, Hans von der/Schwarze, Jürgen/Hatje, Armin (Hrsg.), Europäisches Unionsrecht, [7]Baden-Baden 2015.

–, Das System der „Europäischen Wirtschaftsregierung" und die Rechtsnatur ihrer Teile: Sixpack – Euro-Plus-Pakt- Europäisches Semester – Rettungsschirm, ZÖR 67 (2012), S. 209 ff.

Ohler, Christoph, Art. 48 EUV, in: Grabitz, Eberhard/Hilf, Meinhard/Nettesheim, Martin (Hrsg.), Das Recht der Europäischen Union, [69]München 2020.

–, Art. 49 EUV, in: Grabitz, Eberhard/Hilf, Meinhard/Nettesheim, Martin (Hrsg.), Das Recht der Europäischen Union, [69]München 2020.

Oliver, Peter/Stefanelli, Justine, Strengthening the Rule of Law in the EU – The Council's Inaction, JCMS 54 (2016), S. 1075 ff.

Österdahl, Inger, Article 7 TEU and the rule of law mechanism: A dissuasive weapon or a paper tiger?, in: Heusel, Wolfgang/Rageade, Jean-Philippe (Hrsg.), Authority of EU Law – Do We Still Believe in It?, Berlin 2019, S. 241 ff.

Palm, Ulrich, Der Bruch des Stabilitäts- und Wachstumspakts, EuZW 15 (2004), S. 71 ff.

Palmstorfer, Rainer, The Reverse Majority Voting under the ‚Six Pack': A Bad Turn for the Union?, ELJ 20 (2014), S. 186 ff.

Pantazatou, Katerina, European Union Funds, in: Hofmann, Herwig C. H./Rowe, Gerard C./Türk, Alexander H. (Hrsg.), Specialized Administrative Law of the European Union – A Sectoral Review, Oxford 2018, S. 532 ff.

Pauling, Reinhard, Es wird teuer – Neuer Bußgeldkatalog der Kommission zur Anwendung von Art. 228 EG liegt vor, EuZW 17 (2006), S. 492 ff.

Pech, Laurent/Scheppele, Kim Lane, Illiberalism Within: Rule of Law Backsliding in the EU, CYELS 19 (2017), S. 3 ff.

Pechstein, Matthias, Art. 7 EUV, in: Streinz, Rudolf (Hrsg.), EUV/AEUV – Vertrag über die Europäische Union und Vertrag über die Arbeitsweise der Europäischen Union, 3München 2018.

–, Art. 48 EUV, in: Streinz, Rudolf (Hrsg.), EUV/AEUV – Vertrag über die Europäische Union und Vertrag über die Arbeitsweise der Europäischen Union, 3München 2018.

–, Art. 49 EUV, in: Streinz, Rudolf (Hrsg.), EUV/AEUV – Vertrag über die Europäische Union und Vertrag über die Arbeitsweise der Europäischen Union, 3München 2018.

Pernice, Ingolf, „Die Normativität der Europäischen Verfassung“. Wunschdenken oder Wegweisung der Zukunft?, in: Krüper, Jürgen/Payandeh, Mehrdad/Sauer, Heiko (Hrsg.), Konrad Hesses normative Kraft der Verfassung, Tübingen 2019, S. 165 ff.

Pinho, Carlos/Varum, Celeste/Antunes, Micaela, Under What Conditions Do Structural Funds Play a Significant Role in European Regional Economic Growth? Some Evidence from Recent Panel Data, Journal of Economic Issues 49 (2015), S. 749 ff.

Poeschke, Olaf, Politische Steuerung durch Sanktionen? – Effektivität, Humanität, völkerrechtliche Aspekte, Wiesbaden 2003.

Pötters, Stephan/Traut, Johannes, Die ultra-vires-Kontrolle des BVerfG nach „Honeywell“ – Neues zum Kooperationsverhältnis von BVerfG und EuGH?, EuR 46 (2011), S. 580 ff.

Puttler, Adelheid, Art. 174 AEUV, in: Calliess, Christian/Ruffert, Matthias (Hrsg.), EUV/AEUV – Das Verfassungsrecht der Europäischen Union mit Europäischer Grundrechtecharta: Kommentar, 5München 2016.

–, Art. 176 AEUV, in: Calliess, Christian/Ruffert, Matthias (Hrsg.), EUV/AEUV – Das Verfassungsrecht der Europäischen Union mit Europäischer Grundrechtecharta: Kommentar, 5München 2016.

Rangel de Mesquita, Maria José, European Union values, Rule of Law and the Multiannual Financial Framework 2021–2027, ERA Forum 19 (2018), S. 287 ff.

Rech, Walter, Some remarks on the EU's action on the erosion of the rule of law in Poland and Hungary, Journal of Contemporary European Studies 26 (2018), S. 334 ff.

Reimer, Franz, Ziele und Zuständigkeiten – Die Funktionen der Unionszielbestimmungen, EuR 38 (2003), S. 992 ff.

Repasi, René, Völkervertragliche Freiräume für EU-Mitgliedstaaten, EuR 48 (2013), S. 45 ff.

Reus, Andreas/Mühlhausen, Peter/Stöhr, Andreas, Haushalts- und Beihilferecht der EU – Verfahren, Ausführung, Kontrolle, München 2017.

Rieckhoff, Henning, Der Vorbehalt des Gesetzes im Europarecht, Tübingen 2012.

Rooduijn, Matthijs, The Rise of the Populist Radical Right in Western Europe, EV 14 (2015), S. 3 ff.

Rossi, Matthias, Art. 352 AEUV, in: Calliess, Christian/Ruffert, Matthias (Hrsg.), EUV/AEUV – Das Verfassungsrecht der Europäischen Union mit Europäischer Grundrechtecharta: Kommentar, 5München 2016.

Ruffert, Matthias, Art. 3 EUV, in: Calliess, Christian/Ruffert, Matthias (Hrsg.), EUV/AEUV – Das Verfassungsrecht der Europäischen Union mit Europäischer Grundrechtecharta: Kommentar, 5München 2016.

–, Art. 7 EUV, in: Calliess, Christian/Ruffert, Matthias (Hrsg.), EUV/AEUV – Das Verfassungsrecht der Europäischen Union mit Europäischer Grundrechtecharta: Kommentar, 5München 2016.

–, Art. 340 AEUV, in: Calliess, Christian/Ruffert, Matthias (Hrsg.), EUV/AEUV – Das Verfassungsrecht der Europäischen Union mit Europäischer Grundrechtecharta: Kommentar, 5München 2016.

Säcker, Franz Jürgen, Richterliche Unabhängigkeit – Der Kern der Gewaltenteilung, NJW 71 (2018), S. 2375 ff.

Sadurski, Wojciech, Poland's constitutional breakdown, Oxford 2019.

–, Polish Constitutional Tribunal Under PiS: From an Activist Court, to a Paralysed Tribunal, to a Governmental Enabler, HJRL 11 (2018), S. 1 ff.

Sahl, Jan Christian, Aufrechnung zwischen Hoheitsträgern – Zur Zulässigkeit der Aufrechnung im deutschen und europäischen Mehrebenensystem, Berlin 2019.

Sanders, Anne, Ein Stress-Test der Rechtsstaatlichkeit – Vorschlag für eine Reaktion auf Angriffe auf die richterliche Unabhängigkeit in Europa, ZRP 50 (2017), S. 230 ff.

Satzger, Helmut, Art. 325 AEUV, in: Streinz, Rudolf (Hrsg.), EUV/AEUV – Vertrag über die Europäische Union und Vertrag über die Arbeitsweise der Europäischen Union, 3München 2018.

Sauer, Heiko, Kompetenz- und Identitätskontrolle von Europarecht nach dem Lissabon-Urteil – Ein neues Verfahren vor dem Bundesverfassungsgericht?, ZRP 42 (2009), S. 195 ff.

Saurer, Johannes, Der kompetenzrechtliche Verhältnismäßigkeitsgrundsatz im Recht der Europäischen Union, JZ 69 (2004), S. 281 ff.

Scheppele, Kim Lane, Enforcing the Basic Principles of EU Law through Systemic Infringement Actions, in: Closa, Carlos/Kochenov, Dimitry (Hrsg.), Reinforcing Rule of Law Oversight in the European Union, Cambridge 2016, S. 105 ff.

Schill, Stephan/Krenn, Christoph, Art. 4 EUV, in: Grabitz, Eberhard/Hilf, Meinhard/Nettesheim, Martin (Hrsg.), Das Recht der Europäischen Union, 69München 2020.

Schimmelfennig, Frank/Sedelmeier, Ulrich, Governancy by conditionality: EU rule transfer to the candidate countries of Central and Eastern Europe, Journal of European Public Policy 11 (2014), S. 669 ff.

Schimmelfennig, Frank/Engert, Stefan/Knobel, Heiko, Europäisierung in Osteuropa: Reaktionen auf die demokratische Konditionalität, Österreichische Zeitschrift für Politikwissenschaft (ÖZP) 32 (2003), S. 321 ff.

Schmidt, Florian, Art. 291 AEUV, in: Groeben, Hans von der/Schwarze, Jürgen/Hatje, Armin (Hrsg.), Europäisches Unionsrecht, 7Baden-Baden 2015.

Scholz, Rupert, Art. 23 GG, in: Maunz, Theodor/Dürig, Günter (Hrsg.), Grundgesetz – Kommentar, 90München 2020.

Schöndorf-Haubold, Bettina, Die Strukturfonds der Europäischen Gemeinschaft – Rechtsformen und Verfahren europäischer Verbundverwaltung, München 2005.

Schorkopf, Frank, Art. 6 EUV, in: Grabitz, Eberhard/Hilf, Meinhard/Nettesheim, Martin (Hrsg.), Das Recht der Europäischen Union, 69München 2020.

–, Art. 7 EUV, in: Grabitz, Eberhard/Hilf, Meinhard/Nettesheim, Martin (Hrsg.), Das Recht der Europäischen Union, 69München 2020.

–, Wertesicherung in der Europäischen Union. Prävention, Quarantäne und Aufsicht als Bausteine eines Rechts der Verfassungskrise, EuR 51 (2016), S. 147 ff.

Schröder, Meinhard, Art. 352 AEUV, in: Groeben, Hans von der/Schwarze, Jürgen/Hatje, Armin (Hrsg.), Europäisches Unionsrecht, [7]Baden-Baden 2015.

Schulte, Markus, Art. 121 AEUV, in: Groeben, Hans von der/Schwarze, Jürgen/Hatje, Armin (Hrsg.), Europäisches Unionsrecht, [7]Baden-Baden 2015.

Schütze, Robert, European constitutional law, [2]Cambridge 2018.

Schwarze, Jürgen, (Hrsg.), Das Verhältnis von nationalem Recht und Europarecht im Wandel der Zeit – Band I, Baden-Baden 2012.

– Das Verhältnis von nationalem Recht und Europarecht im Wandel der Zeit – Band II, Baden-Baden 2013.

Sedelmeier, Ulrich, Political safeguards against democratic backsliding in the EU: The limits of material sanctions and the scope of social pressure, Journal of European Public Policy 24 (2017), S. 337 ff.

–, Europeanisation in new member and candidate states, Living Rev. Euro. Gov. 6 (2011).

Seidl, Josephine, Beitrittsverfahren und Sanktionen als Sicherungsmechanismen für die Werte der Europäischen Union, Erfurt 2019.

Seikel, Daniel, Flexible Austerity and Supranational Autonomy. The Reformed Excessive Deficit Procedure and the Asymmetry between Liberalization and Social Regulation in the EU, JCMS 54 (2016), S. 1398 ff.

Serini, Katharina, Sanktionen der Europäischen Union bei Verstoß eines Mitgliedstaats gegen das Demokratie- oder Rechtsstaatsprinzip, Berlin 2009.

Skouris, Wassilios, Demokratie und Rechtsstaat – Europäische Union in der Krise?, München 2018.

Stahl, Gerhard, Sanktionen der Europäischen Union bei Verstoß eines Mitgliedstaats gegen das Demokratie- oder Rechtsstaatsprinzip, in: Caesar, Rolf (Hrsg.), Zur Reform der Finanzverfassung und Strukturpolitik der EU, Baden-Baden 1997, S. 193 ff.

Stettner, Rupert, A.IV. Unionsrecht und nationales Recht, in: Dauses, Manfred/Ludwigs, Markus (Hrsg.), Handbuch des EU-Wirtschaftsrechts, [49]München 2019.

Stoll, Peter-Tobias/Rigod, Boris, Art. 280 AEUV, in: Grabitz, Eberhard/Hilf, Meinhard/Nettesheim, Martin (Hrsg.), Das Recht der Europäischen Union, [69]München 2020.

Streel, Alexandre de, The Confusion of Tasks in the Decision-Making Process of the European Economic Governance, in: Fabbrini, Federico (Hrsg.), What form of government for the European Union and the Eurozone?, Oxford 2015, S. 79 ff.

Streinz, Rudolf, Art. 4 EUV, in: ders. (Hrsg.), EUV/AEUV – Vertrag über die Europäische Union und Vertrag über die Arbeitsweise der Europäischen Union, [3]München 2018.

–, Art. 5 EUV, in: ders. (Hrsg.), EUV/AEUV – Vertrag über die Europäische Union und Vertrag über die Arbeitsweise der Europäischen Union, [3]München 2018.

–, Art. 352 AEUV, in: ders. (Hrsg.), EUV/AEUV – Vertrag über die Europäische Union und Vertrag über die Arbeitsweise der Europäischen Union, [3]München 2018.

– (Hrsg.), EUV/AEUV – Vertrag über die Europäische Union und Vertrag über die Arbeitsweise der Europäischen Union, [3]München 2018.

Sunde, Uwe, Wirtschaftliche Entwicklung und Demokratie? Ist Demokratie ein Wohlstandsmotor oder ein Wohlstandsprodukt?, PWP 7 (2006), S. 471 ff.

Sydow, Gernot, Verwaltungskoopeation in der Europäischen Union – Zur horizontalen und vertikalen Zusammenarbeit der europäischen Verwaltungen am Beispiel des Produktzulassungsrechts, Tübingen 2004.

Thiele, Alexander, Das Rechtsschutzsystem nach dem Vertrag von Lissabon – (K)ein Schritt nach vorn?, EuR 45 (2010), S. 30 ff.

Toggenburg, Gabriel N./Grimheden, Jonas, Upholding Shared Values in the EU – What Role for the EU Agency for Fundamental Rights?, JCMS 54 (2016), S. 1093 ff.

Träbert, Katrin, Sanktionen der Europäischen Union gegen ihre Mitgliedstaaten, Frankfurt am Main 2010.

Tröger, Hendrik, Der DigitalPakt Schule als Auslöser einer neuen Föderalismusdebatte, in: Abels, Gabriele/Bernstorff, Jochen von u. a. (Hrsg.), Jahrbuch des Föderalismus 2019, Baden-Baden 2019, S. 233 ff.

Trstenjak, Verica/Beysen, Erwin, Das Prinzip der Verhältnismäßigkeit in der Unionsrechtsordnung, EuR 47 (2012), S. 265 ff.

Uhle, Arnd, Art. 70 GG, in: Maunz, Theodor/Dürig, Günter (Hrsg.), Grundgesetz – Kommentar, [90]München 2020.

Uitz, Renáta, The Perils of Defending the Rule of Law Through Dialogue, European Constitutional Law Review 15 (2019), S. 1 ff.

Ullerich, Robert, Rechtsstaat und Rechtsgemeinschaft im Europarecht – Eine dogmatische und terminologische Untersuchung der europäischen Verträge und der Rechtsprechung des Europäischen Gerichtshofs – Zugleich eine Gegenüberstellung zum Bundesverfassungsrecht, Baden-Baden 2011.

Unruh, Peter, Die Unionstreue – Anmerkungen zu einem Rechtsgrundsatz der Europäischen Union, EuR 37 (2002), S. 41 ff.

Viță, Viorica, Revisiting the Dominant Discourse on Conditionality in the EU: The Case of EU Spending Conditionality, CYELS 19 (2017), S. 116 ff.

Voet van Vormizeele, Philipp, Art. 354 AEUV, in: Groeben, Hans von der/Schwarze, Jürgen/Hatje, Armin (Hrsg.), Europäisches Unionsrecht, [7]Baden-Baden 2015.

–, Art. 7 EUV, in: Groeben, Hans von der/Schwarze, Jürgen/Hatje, Armin (Hrsg.), Europäisches Unionsrecht, [7]Baden-Baden 2015.

Voßkuhle, Andreas, Rechtsstaat und Demokratie, NJW 71 (2018), S. 3154 ff.

Vries, Tina de, Bedrohungen für die Unabhängigkeit der Justiz in Polen – Teil 1, WiRO 27 (2018), S. 105 ff.

–, Bedrohungen für die Unabhängigkeit der Justiz in Polen – Teil 2, WiRO 27 (2018), S. 129 ff.

Wägenbaur, Rolf, Wie effizient ist das Vertragsverletzungsverfahren?, EuZW 17 (2006), S. 705.

Waldhoff, Christian, Art. 285 AEUV, in: Calliess, Christian/Ruffert, Matthias (Hrsg.), EUV/AEUV – Das Verfassungsrecht der Europäischen Union mit Europäischer Grundrechtecharta: Kommentar, [5]München 2016.

–, Art. 286 AEUV, in: Calliess, Christian/Ruffert, Matthias (Hrsg.), EUV/AEUV – Das Verfassungsrecht der Europäischen Union mit Europäischer Grundrechtecharta: Kommentar, [5]München 2016.

–, Art. 287 AEUV, in: Calliess, Christian/Ruffert, Matthias (Hrsg.), EUV/AEUV – Das Verfassungsrecht der Europäischen Union mit Europäischer Grundrechtecharta: Kommentar, [5]München 2016.

–, Art. 310 AEUV, in: Calliess, Christian/Ruffert, Matthias (Hrsg.), EUV/AEUV – Das Verfassungsrecht der Europäischen Union mit Europäischer Grundrechtecharta: Kommentar, [5]München 2016.

–, Art. 311 AEUV, in: Calliess, Christian/Ruffert, Matthias (Hrsg.), EUV/AEUV – Das Verfassungsrecht der Europäischen Union mit Europäischer Grundrechtecharta: Kommentar, 5München 2016.

–, Art. 312 AEUV, in: Calliess, Christian/Ruffert, Matthias (Hrsg.), EUV/AEUV – Das Verfassungsrecht der Europäischen Union mit Europäischer Grundrechtecharta: Kommentar, 5München 2016.

–, Art. 325 AEUV, in: Calliess, Christian/Ruffert, Matthias (Hrsg.), EUV/AEUV – Das Verfassungsrecht der Europäischen Union mit Europäischer Grundrechtecharta: Kommentar, 5München 2016.

Weber, Albrecht, Art. 5 TEU, in: Blanke, Hermann-Josef/Mangiameli, Stelio (Hrsg.), The Treaty on European Union (TEU) – A Commentary, Heidelberg 2013.

–, Rechtsstaatsprinzip als gemeineuropäisches Verfassungsprinzip, ZÖR 63 (2008), S. 267 ff.

Wegener, Bernhard W., Art. 253 AEUV, in: Calliess, Christian/Ruffert, Matthias (Hrsg.), EUV/AEUV – Das Verfassungsrecht der Europäischen Union mit Europäischer Grundrechtecharta: Kommentar, 5München 2016.

–, Art. 280 AEUV, in: Calliess, Christian/Ruffert, Matthias (Hrsg.), EUV/AEUV – Das Verfassungsrecht der Europäischen Union mit Europäischer Grundrechtecharta: Kommentar, 5München 2016.

Weiler, J. H.H., Epilogue: Living in a Glass House – Europe, Democracy and the Rule of Law, in: Closa, Carlos/Kochenov, Dimitry (Hrsg.), Reinforcing Rule of Law Oversight in the European Union, Cambridge 2016, S. 313 ff.

Wendel, Matthias, Rechtsstaatlichkeitsaufsicht und gegenseitiges Vertrauen – Anmerkung zum Urteil des EuGH v. 25.7.2018, Rs. C-216/18 PPU (Minister for Justice and Equality gegen LM), EuR 54 (2019), S. 111 ff.

–, Der EMRK-Beitritt als Unionsrechtsverstoß – Zur völkerrechtlichen Öffnung der EU und ihren Grenzen, NJW 68 (2015), S. 921 ff.

Wennerås, Pål, Making Effective Use of Article 260 TFEU, in: Jakab, András/Kochenov, Dimitry (Hrsg.), The enforcement of EU law and values ensuring member states' compliance, 2016, S. 79 ff.

Wernicke, Stephan, Vertrauensverluste – Deutschland versus Europäische Union?, EuZW 26 (2015), S. 649 f.

Wróbel, Andrzej, Die Grenzen der europäischen Integration im Lichte jüngerer Entscheidungen des polnischen Verfassungsgerichts, ERA Forum 13 (2013), S. 491 ff.

Wunderlich, Nina, Art. 258 AEUV, in: Groeben, Hans von der/Schwarze, Jürgen/Hatje, Armin (Hrsg.), Europäisches Unionsrecht, 7Baden-Baden 2015.

–, Art. 259 AEUV, in: Groeben, Hans von der/Schwarze, Jürgen/Hatje, Armin (Hrsg.), Europäisches Unionsrecht, 7Baden-Baden 2015.

Zechenter, Elizabeth, ABA CHR Report: The Case of Judge Alina Czubieniak – Threats to Judicial Independence in Poland through the Use of Judicial Disciplinary Procedures, SSRN 2019, 3525993.

Ziegenhorn, Christina, Art. 16 EUV, in: Grabitz, Eberhard/Hilf, Meinhard/Nettesheim, Martin (Hrsg.), Das Recht der Europäischen Union, 69München 2020.

Ziller, Jacques, Zur Europarechtsfreundlichkeit des deutschen Bundesverfassungsgerichtes. Eine ausländische Bewertung des Urteils des Bundesverfassungsgerichtes zur Ratifikation des Vertrages von Lissabon, ZÖR 65 (2010), S. 157 ff.

Graue Literatur/Bericht/Report

Agentur der Europäischen Union für Grundrechte, Publikationen, 2019, https://fra.europa.eu/en/publications-and-resources/publications (geprüft am 10.10.2020).

Appenzeller, Gerd/Meier, Albrecht, „Wir beschäftigen uns viel zu wenig mit Mittel- und Osteuropa" – Europa-Staatsminister Michael Roth, 28.02.2018, https://www.tagesspiegel.de/politik/europa-staatsminister-michael-roth-wir-beschaeftigen-uns-viel-zu-wenig-mit-mittel-und-osteuropa/21009626.html (geprüft am 10.10.2020).

asktheEU.org, CLS Opinion re proposed general rule of law deficiencies mechanism, 12.02.2019, https://www.asktheeu.org/en/request/cls_opinion_re_proposed_general (geprüft am 10.10.2020).

Axmann, Martin, Parlamentswahlen in Ungarn – Politischer Hintergrundbericht, 07.04.2014, http://www2.hss.de/fileadmin/media/downloads/Berichte/140416_Ungarn_PHB.pdf.

Bárd, Petra, Luxemburg as the Last Resort – The Kúria's Judgement on the Illegality of a Preliminary Reference to the ECJ, 23.09.2019, https://verfassungsblog.de/luxemburg-as-the-last-resort/ (geprüft am 10.10.2020).

Bárd, Petra/Morijn, John, Domestic Courts Pushing for a Workable Test to Protect the Rule of Law in the EU, 19.04.2020, https://verfassungsblog.de/domestic-courts-pushing-for-a-workable-test-to-protect-the-rule-of-law-in-the-eu/ (geprüft am 10.10.2020).

Bárd, Petra/van Ballegooij, Wouter, Judicial Independence as a Precondition for Mutual Trust, 10.04.2018, https://verfassungsblog.de/judicial-independence-as-a-precondition-for-mutual-trust/ (geprüft am 10.10.2020).

Barroso, José Manuel Durão, State of the Union address 2013 – European Parliament plenary session/Strasbourg, Strasbourg 11.09.2013.

Becker, Peter, Ein neuer Haushalt für die EU: Die Verhandlungen über den mehrjährigen Finanzrahmen 2021–2027 – SWP-Studie 14/2019.

Bogdandy, Armin von, Tyrannei der Werte? – Probleme und Wege europäischen Schutzes nationaler Rechtsstaatlichkeit, 17.01.2019, https://papers.ssrn.com/sol3/papers.cfm?abstract_id=3317539 (geprüft am 10.10.2020).

Bogdandy, Armin von/Bogdanowicz, Piotr/Canor, Iris/Schmidt, Matthias/Taborowski, Maciej, Drawing Red Lines and Giving (Some) Bite – The CJEU's Deficiencies Judgement on the European Rule of Law, 03.08.2018, https://verfassungsblog.de/drawing-red-lines-and-giving-some-bite-the-cjeus-deficiencies-judgment-on-the-european-rule-of-law/ (geprüft am 10.10.2020).

Borchardt, Marine, A political European Commission through a new organisation – „This time it's different". Really?, Paris 19.12.2016.

Brantner, Franziska/Chromiec, Jan Jakub, Europäische Werte verteidigen sich nicht von selbst – EU-Verfahren gegen Polen, 2018, https://www.faz.net/aktuell/politik/ausland/gastbeitrag-europaeische-werte-verteidigen-sich-nicht-von-selbst-15949489.html (geprüft am 10.10.2020).

Broniatowski, Michał, Polish deputy PM: Warsaw will ‚ignore' ECJ ruling on justice reform, 27.08.2018, https://www.politico.eu/article/poland-warsaw-ignore-ecj-ruling-on-justice-reform/ (geprüft am 10.10.2020).

Bundesregierung, Gemeinsame Stellungnahme der Bundesregierung und der Länder zur Kohäsionspolitik der EU nach 2020, Berlin 20.06.2017.

Bundeszentrale für politische Bildung, Rechtsruck bei Parlamentswahl in Ungarn – Politik Hintergrund aktuell, 12.04.2010, http://www.bpb.de/politik/hintergrund-aktuell/69129/parlamentswahl-in-ungarn-12-04-2010 (geprüft am 10.10.2020).

Búrca, Gráinne de/Morijn, John, Repression of Freedom of Expression in Poland: Renewing support for Wojciech Sadurski, 03.06.2020, https://verfassungsblog.de/repression-of-freedom-of-expression-in-poland-renewing-support-for-wojciech-sadurski/ (geprüft am 10.10.2020).

Closa, Carlos/Kochenov, Dimitry/Weiler, J. H.H., Reinforcing Rule of Law Oversight in the European Union – EUI Working Paper RSCAS 2014/25, Florence 2014.

Cooper, Harry, EU's Jourová wants funds linked to new prosecutor's office, 06.08.2017, https://www.politico.eu/article/eus-jourova-wants-funds-linked-to-new-prosecutors-office/ (geprüft am 10.10.2020).

Council of Europe, PACE decides to open monitoring of Poland over rule of law – Parliamentary Assembly, Strasbourg 28.01.2020.

–, The functioning of democractic institutions in Poland – Parliamentary Assembly Doc. 15025, Strasbourg 06.01.2020.

–, Members of the Venice Commission – Member States, 2014, https://www.venice.coe.int/WebForms/members/countries.aspx?lang=DE (geprüft am 10.10.2020).

–, Präsentation – Council of Europe – Venice Commission, https://www.venice.coe.int/WebForms/pages/?p=01_Presentation&lang=DE (geprüft am 10.10.2020).

Council of the European Union, Opinion of the Legal Service: Proposal for a Regulation of the European Parliament and of the Council on the protection of the Union's budget in case of generalised deficiencies as regards the rule of law in the Member States – Compatibility with the EU Treaties – 2018/0136 (COD); 13593/18, Brussels 25.10.2018.

–, Outcome of the Council Meeting – 3567th Council Meeting (General Affairs), Luxembourg 17.10.2017.

–, Outcome of the Council Meeting – 3467th Council Meeting (General Affairs), Brussels 24.05.2016.

–, Outcome of the Council Meeting – 3427th Council Meeting (Gernal Affairs), Brussels 17./18.11.2015.

–, Ensuring the respect for the rule of law – Dialogue and exchange of views, Brussels 09.11.2015.

–, Opinion of the Legal Service: Commission's Communication on a new EU Framework to strengthen the Rule of Law – Compatibility with the Treaties (10296/14), Brussels 27.05.2014.

Dori, Adriani, The EU Justice Scoreboard – Judicial Evaluation as a New Governance Tool – MPILux Working Paper 2 (2015).

Ducourtieux, Cécile, Pologne: la France suggère de conditionner l'accès aux fonds européens au respect de l'Etat de droit, 15.11.2017, http://www.lemonde.fr/europe/article/2017/11/15/pologne-la-france-suggere-de-conditionner-l-acces-aux-fonds-europeens-au-respect-de-l-etat-de-droit_5215408_3214.html (geprüft am 10.10.2020).

Dumbrovsky, Tomas, Beyond Voting Rights Suspension – Tailored Sanctions as Democracy Catalyst under Article 7 TEU – EUI Working Paper RSCAS 2018/12, Florence March 2018.

Eder, Florian, Juncker: German plan to link funds and rules would be „poison", 06.01.2017, https://www.politico.eu/article/juncker-german-plan-to-link-funds-and-rules-would-be-poison/ (geprüft am 10.10.2020).

En Marche!, Une Europe qui protège les Européens, 2017, https://en-marche.fr/emmanuel-macron/le-programme/europe (geprüft am 10.10.2020).

Pressemitteilung im Nachgang zum Urteil des deutschen Bundesverfassungsgerichts vom 5. Mai 2020 – Pressemitteilung Nr. 58/20, Luxemburg 08.05.2020.

EuGH, Jahresbericht 2018 Rechtsprechungstätigkeit, Luxemburg 2018.

EuRH, Prüfungsberichte und Stellungnahmen, 06.10.2020, https://www.eca.europa.eu/de/Pages/AuditReportsOpinions.aspx (geprüft am 10.10.2020).

–, Stellungnahme Nr. 1/2018 (2018/C 291/01) – Zu dem Vorschlag vom 2. Mai 2018 für eine Verordnung des Europäischen Parlaments und des Rates über den Schutz des Haushalts der Union im Falle von generellen Mängeln in Bezug auf das Rechtsstaatsprinzip in den Mitgliedstaaten 17.08.2019.

–, Prüfung des Verfahrens bei einem makroökonomischen Ungleichgewicht (MIP) – Sonderbericht Nr. 03/2018, Luxemburg 23.01.2018.

EUR-Lex, Procedure 2018/0136/COD, 30.09.2020, https://eur-lex.europa.eu/legal-content/EN/HIS/?uri=CELEX:52018PC0324&qid=1568889705966 (geprüft am 10.10.2020).

–, Procedure 2017/0360/NLE, 16.01.2019, https://eur-lex.europa.eu/procedure/DE/2017_360 (geprüft am 10.10.2020).

–, Procedure 2018/0902/NLE, 25.09.2018, https://eur-lex.europa.eu/procedure/DE/2018_902 (geprüft am 10.10.2020).

Europäische Kommission, Rechtsstaatlichkeit: Schutz von Richtern vor politischer Kontrolle: EU-Kommission verklagt Polen vor dem Europäischen Gerichtshof, Brüssel 10.10.2019.

–, Mitteilung der Kommission – Die weitere Stärkung der Rechtsstaatlichkeit in der Union – Aktuelle Lage und mögliche nächste Schritte – COM (2019) 163 final, Brüssel 03.04.2019.

–, Empfehlung (EU) 2018/103 der Kommission vom 20. Dezember 2017 zur Rechtsstaatlichkeit in Polen in Ergänzung der Empfehlungen (EU) 2016/1374, (EU) 2017/146 und (EU) 2017/1520 – C/2017/9050, Brüssel 20.12.2017.

–, Empfehlung (EU) 2017/1520 der Kommission vom 26. Juli 2017 zur Rechtsstaatlichkeit in Polen in Ergänzung der Empfehlungen (EU) 2016/1374 und (EU) 2017/146 – C/2017/5320, Brüssel 26.07.2017.

–, European Commission acts to preserve the rule of law in Poland, Brüssel 26.07.2017.

–, Bericht der Kommission – Jahresbericht 2016 über die Anwendung der Grundsätze der Subsidiarität und der Verhältnismäßigkeit – COM (2017) 600 final, Brüssel 30.06.2017.

–, Reflexionspapier über die Zukunft der EU-Finanzen, Brüssel 28.06.2017.

–, Reflexionspapier zur Vertiefung der Wirtschafts- und Währungsunion, Brüssel 31.05.2017.

–, Mitteilung der Kommission – EU-Recht: Bessere Ergebnisse durch bessere Anwendung – C/2016/8600 19.01.2017.

–, Empfehlung (EU) 2017/146 der Kommission vom 21. Dezember 2016 zur Rechtsstaatlichkeit in Polen in Ergänzung zur Empfehlung (EU) 2016/1374 – C/2016/8950, Brüssel 21.12.2016.

–, Empfehlung (EU) 2016/1374 der Kommission vom 27. Juli 2016 zur Rechtsstaatlichkeit in Polen – C/2016/5703, Brüssel 27.07.2016.

–, Orientierungsaussprache des Kollegiums über die jüngsten Entwicklungen in Polen und den Rahmen zur Stärkung des Rechtsstaatsprinzips: Fragen und Antworten – Factsheet MEMO/16/62, Brüssel 13.01.2016.

–, Mitteilung der Kommission – Investitionen in Beschäftigung und Wachstum – Maximierung des Beitrags der europäischen Struktur- und Investitionsfonds, Brüssel 14.12.2015.

–, Der Bericht der fünf Präsidenten: Die Wirtschafts- und Währungsunion Europas vollenden – vorgelegt von: Jean-Claude Juncker in enger Zusammenarbeit mit Donald Tusk, Jeroen Dijsselbloem, Mario Draghi und Martin Schulz, Brüssel 22.06.2015.

–, Mitteilung der Kommission an das Europäische Parlament, den Rat, die Europäische Zentralbank, den Europäischen Wirtschafts- und Sozialausschuss und den Ausschuss der Regionen der EU – Justizbarometer 2015 – COM (2015) 116 final 09.03.2015.

–, Mitteilung der Kommission an das Europäische Parlament und den Rat – Ein neuer EU-Rahmen zur Stärkung des Rechtsstaatsprinzips – COM (2014) 158 final, Brüssel 11.03.2014.

–, Mitteilung der Kommission an das Europäische Parlament, den Rat, den Europäischen Wirtschafts- und Sozialausschuss und den Ausschuss der Regionen – Verbesserung der OLAF-Governance und Stärkung der Verfahrensgarantien bei OLAF-Untersuchungen: Ein schrittweiser Ansatz zur Begleitung der Einrichtung der Europäischen Staatsanwaltschaft – COM(2013) 533 final, Brüssel 17.07.2013.

–, Mitteilung der Kommission an das Europäische Parlament, den Rat, die Europäische Zentralbank, den Europäischen Wirtschafts- und Sozialausschuss und den Ausschuss der Regionen – Das EU-Justizbarometer – COM (2013) 160 final 27.03.2013.

–, Mitteilung der Kommission an den Rat und das Europäische Parlament – Aktualisierung der Mitteilung über die Beziehungen zu Beschwerdeführern in Fällen der Anwendung von Unionsrecht – COM (2012) 154 final 02.04.2012.

–, Mitteilung der Kommission – Anwendung von Artikel 260 Absatz 3 AEUV – ABl. EU 2011/C 12/01 15.01.2011.

–, Mitteilung der Kommission – Ein Europa der Ergebnisse – Anwendung des Gemeinschaftsrechts – KOM(2007) 502 endg, Brüssel 05.09.2007.

–, Mitteilung der Kommission an den Rat und an das Europäische Parlament zu Artikel 7 des Vertrags über die Europäische Union – Wahrung und Förderung der Grundwerte der Europäischen Union – COM (2003) 606 final, Brüssel 15.10.2003.

Europäischer Ausschuss der Regionen, Stellungnahme des Europäischen Ausschusses der Regionen – Das Paket für den Mehrjährigen Finanzrahmen für die Jahre 2021–2027 (2018/C 461/10) 21.12.2018.

Europäischer Rat, Europäischer Rat vom 24./25. März 2011 Schlussfolgerungen 20.04.2011.

–, Europäischer Rat Kopenhagen 22.–23. Juni 1993 – Schlussfolgerungen des Vorsitzes – SN 180/1/93 23.06.1993.

Europäischer Wirtschafts- und Sozialausschuss, Stellungnahme des Europäischen Wirtschafts- und Sozialausschusses zu dem „Vorschlag für eine Verordnung des Europäischen Parlaments und des Rates über den Schutz des Haushalts der Union im Falle von generellen Mängeln in Bezug auf das Rechtsstaatsprinzip in den Mitgliedstaaten" (2019/C 62/28) – COM (2018) 324 final – 2018/0136 (COD) 15.02.2019.

Europäisches Parlament, Entschließung des Europäischen Parlaments vom 16. Januar 2020 zu den laufenden Anhörungen gemäß Artikel 7 Absatz 1 EUV zu Polen und Ungarn – 2020/2513(RSP), Strasbourg 16.01.2020.

–, Entschließung des Europäischen Parlaments vom 14. März 2018 zu dem nächsten MFR: Vorbereitung der Standpunkte zum MFR nach 2020 – 2017/2052(INI), Strasbourg 14.03.2018.

–, Entschließung des Europäischen Parlaments vom 1. März 2018 zu dem Beschluss der Kommission, im Hinblick auf die Lage in Polen das Verfahren gemäß Artikel 7 Absatz 1 EUV einzuleiten – 2018/2541(RSP), Strasbourg 01.03.2018.

–, Entschließung des Europäischen Parlaments vom 25. Oktober 2016 mit Empfehlungen an die Kommission zur Einrichtung eines EU-Mechanismus für Demokratie, Rechtsstaatlichkeit und die Grundrechte – 2015/2254(INL), Strasbourg 25.10.2016.

–, Entschließung vom 13. April 2016 zur Lage in Polen – 2015/3031(RSP), Strasbourg 13.04.2016.

European Anti-Fraud Office (OLAF), Annual OLAF Reports, 18.02.2020, https://ec.europa.eu/anti-fraud/about-us/reports/olaf-report_en (geprüft am 10.10.2020).

European Anti-Fraud Office, Reports, 25.09.2018, https://ec.europa.eu/anti-fraud/about-us/reports_en (geprüft am 10.10.2020).

European Commission, EU Justice Scoreboard, 31.07.2020, https://ec.europa.eu/info/policies/justice-and-fundamental-rights/upholding-rule-law/eu-justice-scoreboard_en (geprüft am 10.10.2020).

–, European Structural and Investment Funds (Countries) – Explore data by Country, 28.05.2020, https://cohesiondata.ec.europa.eu/countries (geprüft am 28.05.2020).

–, European Structural and Investment Funds (EAFRD) – European Agricultural Fund for Rural Development, 28.05.2020, https://cohesiondata.ec.europa.eu/funds/eafrd (geprüft am 28.05.2020).

–, European Structural and Investment Funds (EFRE) – European Regional Development Fund, 28.05.2020, https://cohesiondata.ec.europa.eu/funds/erdf (geprüft am 28.05.2020).

–, European Structural and Investment Funds (EMFF) – European Maritime & Fisheries Fund, 28.05.2020, https://cohesiondata.ec.europa.eu/funds/emff (geprüft am 28.05.2020).

–, European Structural and Investment Funds (ESF) – European Social Fund, 28.05.2020, https://cohesiondata.ec.europa.eu/funds/esf (geprüft am 28.05.2020).

–, European Structural and Investment Funds (Overview) – EU Overview, 28.05.2020, https://cohesiondata.ec.europa.eu/overview (geprüft am 28.05.2020).

–, Communication from the Commission to the European Parliament, the European Council, the Council, the European Economic and Social Committee and the Committee of the Regions – The EU budget powering the recovery plan for Europe – COM (2020) 442 final, Brussels 27.05.2020.

–, Rule of Law: European Commission launches infringement procedure to safeguard the independence of judges in Poland – IP/20/772, Brussels 29.04.2020.

–, On Progress in Bulgaria under the Cooperation and Verification Mechanism – COM (2019) 498 final, Brussels 22.10.2019.

–, On Progress in Romania under the Cooperation and Verification Mechanism – COM (2019) 499 final, Brussels 22.10.2019.

–, The reports on progress in Bulgaria and Romania, 22.10.2019, https://ec.europa.eu/info/policies/justice-and-fundamental-rights/upholding-rule-law/rule-law/assistance-bulgaria-and-romania-under-cvm/reports-progress-bulgaria-and-romania_en (geprüft am 10.10.2020).

–, Monitoring the Application of European Union Law – 2018 Annual Report – Part I: general statistical overview, Brussels 04.07.2019.

–, Special Eurobarometer 489 – Rule of law – Report, Luxembourg July 2019.

–, Annual reports on the application of the Charter, 05.06.2019, https://ec.europa.eu/info/aid-development-cooperation-fundamental-rights/your-rights-eu/eu-charter-fundamental-rights/application-charter/annual-reports-application-charter_en (geprüft am 28.05.2020).
–, The EU budget at a glance May 2019.
–, Anti-Corruption report, 04.12.2018, https://ec.europa.eu/home-affairs/what-we-do/policies/organized-crime-and-human-trafficking/corruption/anti-corruption-report_en (geprüft am 10.10.2020).
–, On Progress in Bulgaria under the Cooperation and Verification Mechanism – COM (2018) 850 final, Strasbourg 13.11.2018.
–, On Progress in Romania under the Cooperation and Verification Mechanism – COM (2018) 851 final, Strasbourg 13.11.2018.
–, Proposal for a Regulation of the European Parliament and of the Council amending Regulation (EU, Euratom) No 883/2013 concerning investigations conducted by the European Anti-Fraud Office (OLAF) as regards cooperation with the European Public Prosecutor's Office and the effectiveness of OLAF investigations – 2018/0170(COD), Brussels 23.05.2018.
–, Joint Statement of European Commission President Juncker and First Vice-President Timmermans on the latest developments in Romania – Statement/18/423, Brussels 24.01.2018.
–, Reasoned Proposal in accordance with article 7(1) of the Treaty on the European Union regarding the rule of law in Poland – COM (2017) 835 final, Brussels 20.12.2017.
–, On progress in Romania under the Co-operation and verification mechanism – COM (2017) 751 final, Brussels 15.11.2017.
–, Report from the Commission – Monitoring the application of European Union law 2016 Annual Report – COM (2017) 370 final, Brussels 06.07.2017.
–, Reflection paper on the future of EU finances, Brussels 28.06.2017.
–, The Value Added of Ex ante Conditionalities in the European Structural and Investment Funds – SWD (2017) 127 final, Brussels 31.03.2017.
–, Albania 2016 Report – Communication from the Commission to the European Parliament, the Council, the European Economic and Social Committee and the Committee of the Regions – 2016 Communication on EU Enlargement Policy – SWD (2016) 364 final; COM (2016) 715 final, Brussels 09.11.2016.
–, Turkey 2016 Report – Communication from the Commission to the European Parliament, the Council, the European Economic and Social Committee and the Committee of the Regions – 2016 Communication on EU Enlargement Policy – SWD (2016) 366 final; COM (2016) 715 final, Brussels 09.11.2016.
–, Internal Guidance on Ex-Ante Conditionalities for the European Structural and Investment Funds: Part I, Brussels 29.08.2014.
–, Internal Guidance on Ex-Ante Conditionalities for the European Structural and Investment Funds: Part II 13.02.2014.
–, EU Anti-Corruption Report Annex 8 Greece – COM (2014) 38 final, Brussels 03.02.2014.
–, European Union Public Finance, 5. Aufl., Luxembourg 2014.
–, Partnership Agreements on the European Structural and Investment Funds, 2014, https://ec.europa.eu/info/publications/partnership-agreements-european-structural-and-investment-funds_de (geprüft am 10.10.2020).

–, 29th Annual Report on monitoring the application of EU law – Report from the Commission 29.11.2012.
–, Better Regulation Toolbox – Complementing the Better Regulation Guideline presented in SWD(2017) 350.
–, EU expenditure and revenue 2014–2020, https://ec.europa.eu/budget/graphs/revenue_expediture.html (geprüft am 10.10.2020).
–, EU expenditure and revenue 2014–2020, https://ec.europa.eu/budget/graphs/revenue_expediture.html (geprüft am 10.10.2020).
–, European Structural and Investment Funds (CF) – Cohesion Fund, https://cohesiondata.ec.europa.eu/funds/cf (geprüft am 10.10.2020).
European Commission for Democracy through Law (Venice Commission), Joint urgent opinion on amendments to the Law on the Common Courts, the Law on the Supreme Court, and some other laws – CDL-PI(2020)002-e, Strasbourg 16.01.2020.
–, Romania Opinion on Emergency Ordinances GEO No. 7 and GEO No. 12 amending the Law of Justice – CDL-AD(2019)014, Strasbourg 24.06.2019.
–, Opinion on the Law on Administrative Courts and on the Law on the Entry Into Force of the Law on Administrative Courts and certain transitional rules – CDL-AD(2019)004, Strasbourg 19.03.2019.
–, Romania Opinion on Amendments to the Criminal Code and the Criminal Procedure Code – CDL-AD(2018)021, Strasbourg 20.10.2018.
–, Opinion on the Act on the Public Prosecutor's office, as amended – CDL-AD(2017)028, Strasbourg 11.12.2017.
–, Opinion on the Draft Act amending the Act on the National Council of the Judiciary, on the Draft Act amending the Act on the Supreme Court, proposed by the President of Poland, and on the Act on the Organisation of Ordinary Courts – CDL-AD(2017)031, Strasbourg 11.12.2017.
–, Opinion on Article XXV of 4 April 2017 on the Amendment of Act CCIV of 2011 on National Tertiary Education – CDL-AD(2017)022, Strasbourg 09.10.2017.
–, Bulgaria Opinion on the judicial system act – CDL-AD(2017)018, Strasbourg 07.10.2017.
–, Opinion on the Draft Law on the Transparency of Organisations receiving support from abroad – CDL-AD(2017)015, Strasbourg 20.06.2017.
–, Opinion on the Act on the Constitutional Tribunal – CDL-AD(2016)026, Venice 14.10.2016.
–, Opinion on the Act of 15 January 2016 amending the Police Act and certain other Acts – CDL-AD(2016)012, Strasbourg 13.06.2016.
–, Rule of Law Checklist – CDL-AD(2016)007, Strasbourg 18.03.2016.
–, Opinion on amendments to the Act of 25 June 2015 on the Constitutional Tribunal of Poland – CDL-AD(2016)001, Venice 11.03.2016.
–, Opinion on Media Legislation (Act CLXXXV on Media Services and on the Mass Media, Act CIV on the Freedom of the Press, and the Legislation on Taxation of Advertisement Revenues of Mass Media) of Hungary – CDL-AD(2015)015, Strasbourg 22.06.2015.
–, Opinion on the Fourth Amendment to the Fundamental Law of Hungary – CDL-AD(2013)012, Strasbourg 17.06.2013.
–, Opinion on the Cardinal Acts on the Judiciary that were amended following the adoption of Opinion CDL-AD(2012)001 on Hungary – CDL-AD(2012)020, Strasbourg 15.10.2012.

–, Opinion on Act CLI of 2011 on the Constitutional Court of Hungary adopted by the Venice Commission – CDL-AD(2012)009, Strasbourg 19.06.2012.
–, Opinion on Act CLXIII of 2011 on the Prosecution Service and Act CLXIV of 2011 on the Status of the Prosecutor General, Prosecutors and other Prosecution Employees and the Prosecution Career of Hungary – CDL-AD(2012)008, Strasbourg 19.06.2012.
–, Opinion on the Act on the Rights of Nationalities of Hungary – CDL-AD(2012)011, Strasbourg 19.06.2012.
–, Opinion on Act CCVI of 2011 on the right to freedom of conscience and religion and the legal status of churches, denominations and religious communities of Hungary – CDL-AD(2012)004, Strasbourg 19.03.2012.
–, Opinion on Act CLXII of 2011 on the Legal Status and Remuneration of Judges and Act CLXI of 2011 on the Organisation and Administration of Courts of Hungary – CDL-AD(2012)001, Strasbourg 19.03.2012.
–, Opinion on the new Constitution of Hungary – CDL-AD(2011)016, Strasbourg 20.06.2011.
European Commission for Democracy through Law (Venice Commission)/*OSCE Office for Democratic Institutions and Human Rights*, Joint Opinion on the Act on the Elections of Members of Parliament of Hungary – CDL-AD(2012)012, Strasbourg 18.06.2012.
European Commission for the Efficiency of Justice (Council of Europe), Country profiles, 2020, https://www.coe.int/en/web/cepej/country-profiles (geprüft am 10.10.2020).
European Council, Laeken Declaration on the future of the European Union – Annexe I to the Presidency conclusions 15.12.2001.
European Court of Human Rights, Country profiles, https://echr.coe.int/Pages/home.aspx?p=press/country&c= (geprüft am 10.10.2020).
European Parliament, European Parliament resolution of 18 December 2019 on the rule of law in Malta following the recent revelations surrounding the murder of Daphne Caruana Galizia – 2019/2954(RSP), Strasbourg 18.12.2019.
–, Legislative Observatory 2018/0136(COD) – Protection of the Union's budget in case of generalised deficiencies as regards the rule of law in the Member States, 13.11.2019, https://oeil.secure.europarl.europa.eu/oeil/popups/ficheprocedure.do?lang=en&reference=2018/0136(COD) (geprüft am 10.10.2020).
–, European Parliament legislative resolution of 16 April 2019 on the proposal for a regulation of the European Parliament and the Council amending Regulation (EU, Euratom) No 883/2013 concerning investigations conducted by the European Anti-Fraud Office (OLAF) as regards cooperation with the European Public Prosecutor's Office and the effectiveness of OLAF investigations – COM (2018) 0338 – C8-0214/2018 – 2018/0170(COD), Strasbourg 16.04.2019.
–, The rule of la in Romania – 2018/2844(RSP), Strasbourg 13.11.2018.
–, European Parliament resolution of 12 September 2018 on a proposal calling on the Council to determine, pursuant to Article 7(1) of the Treaty on European Union, the existence of a clear risk of a serious breach by Hungary of the values on which the Union is founded – 2017/2131(INL) (Text and Annex), Strasbourg 12.09.2018.
–, Resolution of 15 Novemer 2017 on the situation of the rule of law and democracy in Poland – 2017/2931(RSP), Strasbourg 15.11.2017.
–, Resolution of 17 May 2017 on the situation in Hungary – 2017/2656(RSP), Strasbourg 17.05.2017.

–, Resolution of 14 September 2016 on the recent developments in Poland and their impact on fundamental rights as laid down in the Charter of Fundamental Rights of the European Union – 2016/2774(RSP), Strasbourg 15.09.2016.

–, Resolution of 16 December 2015 on the situation in Hungary – 2015/2935(RSP), Strasbourg 16.12.2015.

–, Resolution of 10 June 2015 on the situation in Hungary – 2015/2700(RSP), Strasbourg 10.06.2015.

–, The Triangular relationship between Fundamental Rights, Democracy and Rule of Law in the EU – Towards an EU Copenhagen Mechanism October 2013.

–, Resolution of 3 July 2013 on the situation of fundamental rights: standards and practices in Hungary (pursuant to the European Parliament resolution of 16 February 2012) – 2012/2130(INI), Strasbourg 03.07.2013.

–, Resolution of 16 February 2012 on the recent political developments in Hungary – 2012/2511(RSP), Strasbourg 16.02.2012.

–, Resolution of 10 March 2011 on media law in Hungary – P7_TA(2011)0094, Strasbourg 10.03.2011.

European Parliament Committee on Budgetary Control, Opinion of the Committee on Budgetary Control for the Committee on Civil Liberties, Justice and Home Affairs on the situation in Hungary – Pursuant to the European Parliament resolution of 17 May 2017 (2017/2131 (INL)), Brussels 26.04.2018.

European Parliamentary Research Service, Protecting the rule of law in the EU – Existing mechanisms and possible improvements November 2019.

–, Corruption in the European Union – Prevalence of corruption, and anti-corruption efforts in selected EU Member States PE 608.687, Brüssel 09/2017.

European Union Agency for Fundamental Rights, Publications & resources, 06.10.2020, https://fra.europa.eu/en/publications-and-resources (geprüft am 10.10.2020).

–, Opinion of the European Union Agency for Fundamental Rights on the development of an integrated tool of objective fundamental rights indicators able to measure compliance with the shared values listed in Article 2 TEU based on existing sources of information – FRA Opinion 2/2016, Vienna 08.04.2016.

eurostat, Real GDP growth rate – Percentage change on previous year, 09.10.2020, https://ec.europa.eu/eurostat/databrowser/view/tec00115/default/table?lang=en (geprüft am 10.10.2020).

Fabio Di, Udo/Weber, Manfred, Wie Rechtsstaatlichkeit besser verteidigt werden kann, 2019, https://www.faz.net/aktuell/politik/ausland/eu-polen-und-ungarn-wie-rechtsstaatlichkeit-besser-verteidigt-werden-kann-16093459.html (geprüft am 10.10.2020).

Falco, Federico de, Linking EU funds to compliance with the Rule of Law: An analysis of the proposal, 27.02.2019, https://eulogos.blogactiv.eu/2019/02/27/linking-eu-funds-to-compliance-with-the-rule-of-law-an-analysis-of-the-proposal/ (geprüft am 10.10.2020).

Ferrer, Jorge/Katarivas, Moni, What are the effects of the EU Budget: Driving force or drop in the ocean, Brussels 04.2014.

FIDH: Mouvement Mondial des Droits Humains, Hungary: Democracy under Threat – Six Years of Attacks against the Rule of Law – No. 684a, Paris 11/2016.

Financial Times, Brussels faces clash with Poland over budget link to rule of law – Initiative seeks to ensure net beneficiary nations have independet judiciaries, 22.01.2018, https://www.ft.com/content/223b1e26-fead-11e7-9650-9c0ad2d7c5b5 (geprüft am 10.10.2020).

Fondation Robert Schuman, Declaration of 9th May 1950 delivered by Robert Schuman – European Issue No. 204, Paris 11.05.2011.

Frans Timmermans, Remarks of First Vice-President Frans Timmermans after the College discussion on legal issues relating to Hungary, Brüssel 12.04.2017.

Group of States against Corruption (Council of Europe), Evaluations, 2020, https://www.coe.int/en/web/greco/evaluations (geprüft am 10.10.2020).

–, Evaluation Report Greece 2014 – Greco Eval IV Rep (2014) 9E 22.10.2015.

Grzeszczak, Robert/Karolewski, Ireneusz Pawel, Mind the Gap! Schwierigkeiten der Rechtsstaatlichkeit der EU, 26.09.2017, https://verfassungsblog.de/mind-the-gap-schwierigkeiten-der-rechtsstaatlichkeit-in-der-eu/ (geprüft am 10.10.2020).

Gurzu, Anca, Romanian PM clashes with Commission over rule of law, 19.04.2019, https://www.politico.eu/article/romanian-prime-minister-viorica-dancila-clashes-with-commission-over-rule-of-law/ (geprüft am 10.10.2020).

–, Romanian prime minister accuses EU of double standards, 04.02.2019, https://www.politico.eu/article/viorica-dancila-romania-prime-minister-accuses-eu-of-double-standards/ (geprüft am 10.10.2020).

Gutan, Bianca Selejan, New Challenges against the Judiciary in Romania, 22.02.2019, https://verfassungsblog.de/new-challenges-against-the-judiciary-in-romania/ (geprüft am 10.10.2020).

–, Failing to Struggle or Struggling to Fail? On the New Judiciary Legislation Changes in Romania, 31.01.2018, https://verfassungsblog.de/failing-to-struggle-or-struggling-to-fail-on-the-new-judiciary-legislation-changes-in-romania/ (geprüft am 10.10.2020).

Heinemann, Friedrich/Weiss, Stefani, The EU Budget and Common Agricultural Policy Beyond 2020: Seven More Years of Money for Nothing? 2018.

HMK, Heftige Kritik an Vorschlag zum EU-Budget, FAZ 17.02.2020, S. 15.

Jourová, Věra, Speech of Commissioner Jourova at the High level seminar: Finland 100 years – Finnish and European perspectives to the Rule of Law 31.10.2017.

Kelemen, R. Daniel/Scheppele, Kim Lane, How to Stop Funding Autocracy in the EU, 10.09.2018, https://verfassungsblog.de/how-to-stop-funding-autocracy-in-the-eu/ (geprüft am 10.10.2020).

Klein, Angelika, Polen hat gewählt – Länderbericht, 15.10.2019, https://www.kas.de/laenderberichte/detail/-/content/polen-hat-gewaehlt-1 (geprüft am 10.10.2020).

Kochenov, Dimitry/Bárd, Petra, The Four Elements of the Autocrats' Playbook, 18.09.2018, https://verfassungsblog.de/the-four-elements-of-the-autocrats-playbook/ (geprüft am 10.10.2020).

Kochenov, Dimitry/Pech, Laurent, Upholding the Rule of Law in the EU: On the Commission's „Pre-Article 7 Procedure" as a Timid Step in the Right Direction – EUI Working Paper RSCAS 2015/24, Florence 2015.

Kondzińska, Agata/Wieliński, Bartosz T./Bielecki, Tomasz, French foreign minister: We no longer want to pay for Poland and Hungary, 05.09.2018, https://www.euractiv.com/section/future-eu/news/french-foreign-minister-we-no-longer-want-to-pay-for-poland-and-hungary/ (geprüft am 10.10.2020).

LeFigaro, UE: Des critères sociaux pour les fonds d'aides (Macron), 17.11.2017, http://www.lefigaro.fr/flash-eco/2017/11/17/97002-20171117FILWWW00157-ue-des-criteres-sociaux-pour-les-fonds-d-aides-macron.php (geprüft am 10.10.2020).

Leyen, Ursula von der, Eine Union, die mehr erreichen will – Meine Agenda für Europa – Politische Leitlinien für die künftige Europäische Kommission 2019–2024, Brüssel.

Lili Bayer, Hungary says refugee ruling „raped" EU Law, 2017, https://www.politico.eu/article/hungary-says-ecj-ruling-on-refugee-quotas-has-raped-eu-law-asylum-seekers-italy-greece-relocation-scheme/ (geprüft am 10.10.2020).

Markowski, Radosław, Analyse: Wie viel „Budapest" liegt in Warschau – Eine Wahl zugunsten radikaler Veränderungen, 10.11.2015, http://www.bpb.de/internationales/europa/polen/215347/analyse-wie-viel-budapest-liegt-in-warschau (geprüft am 10.10.2020).

Marques, Felipe, MEDEL letter to the President of the EU Commission and to the EU Commissioner of Justice about the CVM report on Bulgaria and Romania, 18.12.2018, https://medelnet.eu/index.php/news/europe/483-medel-letter-to-the-president-of-the-eu-commission-and-to-the-eu-commissioner-of-justice-about-the-cvm-report-on-bulgaria-and-romania (geprüft am 10.10.2020).

Michelot, Martin, How can Europe repair breaches of the rule of law – Europe, a values-based power, Paris 04.04.2018.

Müller, Peter, Öttinger: „Das machen unsere Freunde nicht noch mal mit", Der Spiegel 04.08.2018, S. 32 ff.

Mussler, Werner, Die EU muss „im 21. Jahrhundert ankommen", FAZ 07.05.2019, S. 16 f.

–, Dijsselbloem verschärft Kritik an Juncker, 14.06.2016, http://www.faz.net/aktuell/wirtschaft/wirtschaftspolitik/jeroen-dijsselbloem-verschaerft-kritik-an-jean-claude-juncker-14287318.html (geprüft am 10.10.2020).

Pallokat, Jan, Polen stoppt Urwald-Abholzung – Nach EuGH-Stranandrohung, 21.11.2017, https://www.tagesschau.de/ausland/polen-urwald-105.html (geprüft am 17.01.2018).

Pap, András Lászlo/Śledzińska-Simon, Anna, The Rise of Illiberal Democracy and the Remedies of Multi-Level Constitutionalism – Jean Monnet Working Paper 12/17, New York 2017.

Paun, Carmen, Romanian president: EU can't link funding to rule of law, 20.04.2018, https://www.politico.eu/article/romanian-president-eu-cant-link-funding-to-rule-of-law/ (geprüft am 10.10.2020).

Pech, Laurent, The Rule of Law as a Constitutional Principle of the European Union – Jean Monnet Working Paper 04/09, New York 2009.

Pech, Laurent/Kochenov, Dimitry, Strengthening the Rule of Law Within the European Union: Diagnoses, Recommendations, and What to Avoid – Policy Brief June 2019 13.06.2019.

Pernice, Ingolf, Der Beitrag Walter Hallsteins zur Zukunft Europas – Begründung und Konsolidierung der Europäischen Gemeinschaft als Rechtsgemeinschaft – WHI Paper 9/01, Berlin 16.11.2001.

Pew Research Center, Democratic Rights Popular Globally but Commitment to Them Not Always Strong 27.02.2020.

Policy Department for Citizens' Rights and Constitutional Affairs (European Parliament), The EU framework for enforcing the respect of the rule of law and the Union's fundamental principles and values – Study for the AFCO Committee PE 608.856 January 2019.

Rat, Europäisches Semester, 06.03.2020, http://www.consilium.europa.eu/de/policies/european-semester/ (geprüft am 28.05.2020).

–, Empfehlung des Rates vom 12. Februar 2001 mit dem Ziel, in Irland die mangelnde Übereinstimmung mit den Grundzügen der Wirtschaftspolitik zu beenden – 2001/191/ EG, Brüssel 12.02.2001.

Rat der Europäischen Union, 3362. Tagung des Rates – Allgemeine Angelegenheiten, Brüssel 16.12.2014.

Scheppele, Kim Lane, Can Poland be Sanctioned by the EU? Not Unless Hungary is Sanctioned Too, 24.10.2016, https://verfassungsblog.de/can-poland-be-sanctioned-by-the-eu-not-unless-hungary-is-sanctioned-too/ (geprüft am 10.10.2020).

Scheppele, Kim Lane/Pech, Laurent, Is There a Better Way Forward?, 10.03.2018, https://verfassungsblog.de/is-there-a-better-way-forward/ (geprüft am 10.10.2020).

–, Is Article 7 Really the EU's „Nuclear Option"?, 06.03.2018, https://verfassungsblog.de/is-article-7-really-the-eus-nuclear-option/ (geprüft am 10.10.2020).

–, Is the Organisation of National Judiciaries a Purely Internal Competence?, 04.03.2018, https://verfassungsblog.de/is-the-organisation-of-national-judiciaries-a-purely-internal-competence/ (geprüft am 10.10.2020).

–, Should the EU Care About the Rule of Law at Member State Level?, 03.03.2018, https://verfassungsblog.de/should-the-eu-care-about-the-rule-of-law-at-member-state-level/ (geprüft am 10.10.2020).

Scheppele, Kim Lane/Pech, Laurent/Kelemen, R. Daniel, Never Missing an Opportunity to Miss an Opportunity: The Council Legal Service Opinion on the Commission's EU budget-related rule of law mechanism, 12.11.2018, https://verfassungsblog.de/never-missing-an-opportunity-to-miss-an-opportunity-the-council-legal-service-opinion-on-the-commissions-eu-budget-related-rule-of-law-mechanism/ (geprüft am 10.10.2020).

Šelih, Jasna/Bond, Ian/Dolan, Carl, Can EU funds promote the rule of law in Europe?, London 11.2017.

Sitaropoulos, Nikolaos, Rule of law in Greece buckles under institutionalised ill-treatement by law enforcement agents, 15.03.2016, https://verfassungsblog.de/rule-of-law-in-greece-buckles-under-institutionalised-ill-treatment-by-law-enforcement-agents/ (geprüft am 10.10.2020).

Spiegel Online, Orbán will Sanktionen gegen Polen blockieren – EU-Strafverfahren wegen Justizreform, 22.12.2017, http://www.spiegel.de/politik/ausland/ungarn-viktor-orban-will-eu-sanktionen-gegen-polen-blockieren-a-1184620.html (geprüft am 10.10.2020).

–, Bundesregierung will Osteuropäern Gelder entziehen – Missachtung von EU-Prinzipien, 30.05.2017, http://www.spiegel.de/politik/ausland/eu-haushalt-bundesregierung-droht-polen-und-ungarn-a-1149942.html (geprüft am 10.10.2020).

Steinbeis, Maximilian, The Hand on the Faucet, 03.06.2017, https://verfassungsblog.de/the-hand-on-the-faucet/ (geprüft am 10.10.2020).

Szabó, Dániel G., A Hungarian Judge Seeks Protection from the CJEU – Part I, 28.07.2019, https://verfassungsblog.de/a-hungarian-judge-seeks-protection-from-the-cjeu-part-i/ (geprüft am 10.10.2020).

Tagesschau, Ohne Rechtsstaatlichkeit keine EU-Hilfen? – Vorschlag der Bundesregierung, 31.05.2017, https://www.tagesschau.de/ausland/eu-rechtsstaatlichkeit-101.html (geprüft am 10.10.2020).

–, EU lehnt Sanktionen gegen Länder ab – Flüchtlingsquote, 15.09.2015, https://www.tagesschau.de/inland/sanktionen-eu-fleuchtlinge-101.html (geprüft am 10.10.2020).

Tagesspiegel, Polnischer Ministerpräsident im EU-Haushaltsstreit versöhnlich – Sondergipfel in Brüssel, 23.02.2018, https://www.tagesspiegel.de/politik/sondergipfel-in-bruessel-polnischer-ministerpraesident-im-eu-haushaltsstreit-versoehnlich/20996176.html (geprüft am 10.10.2020).

Than, Krisztina, Hungary abandons plan for administrative courts, justice minister says, 01.11.2019, https://www.reuters.com/article/us-hungary-courts/hungary-abandons-plan-for-administrative-courts-justice-minister-says-idUSKBN1XB3KS (geprüft am 10.10.2020).

The Chancellery of the Prime Minister, White Paper on the Reform of the Polish Judiciary, Warsaw 07.03.2018.

The World Bank, Worldwide Governance Indicators, 04.10.2018, https://datacatalog.worldbank.org/dataset/worldwide-governance-indicators (geprüft am 10.10.2020).

Thiele, Alexander, VB vom Blatt: Das BVerfG und die Büchse der ultra-vires-Pandora, 05.05.2020, https://verfassungsblog.de/vb-vom-blatt-das-bverfg-und-die-buechse-der-ultra-vires-pandora/ (geprüft am 10.10.2020).

–, Art. 7 EUV im Quadrat? Zur Möglichkeit von Rechtsstaatsverfahren gegen mehrere Mitgliedstaaten, 24.07.2017, https://verfassungsblog.de/art-7-euv-im-quadrat-zur-moeglichkeit-von-rechtsstaats-verfahren-gegen-mehrere-mitgliedsstaaten/ (geprüft am 10.10.2020).

Vassileva, Radosveta, Is Bulgaria's Rule of Law about to Die under the European Commission's Nose? The Country's Highest-Ranking Judge Fears So, 23.04.2019, https://verfassungsblog.de/is-bulgarias-rule-of-law-about-to-die-under-the-european-commissions-nose-the-countrys-highest-ranking-judge-fears-so/ (geprüft am 10.10.2020).

–, Capturing Bulgaria's Justice System: The Homestretch, 09.01.2019, https://verfassungsblog.de/capturing-bulgarias-justice-system-the-homestretch/ (geprüft am 10.10.2020).

–, The Disheartening Speech by the President of Bulgaria's Supreme Court Which Nobody in Brussels Noticed, 11.07.2018, https://verfassungsblog.de/the-disheartening-speech-by-the-president-of-bulgarias-supreme-court-which-nobody-in-brussels-noticed/ (geprüft am 10.10.2020).

Waelbroeck, Michel/Oliver, Peter, Enforcing the Rule of Law in the EU: What can be done about Hungary and Poland? Part II, 09.02.2018, https://blogdroiteuropeen.com/2018/02/09/enforcing-the-rule-of-law-in-the-eu-what-can-be-done-about-hungary-and-poland-part-ii-michel-waelbroeck-and-peter-oliver/ (geprüft am 10.10.2020).

Weppner, Britta, EU-Kommission überwacht Bulgarien weiter, 28.04.2019, https://www.tagesspiegel.de/politik/sofia-unter-beobachtung-eu-kommission-ueberwacht-bulgarien-weiter/24265500.html (geprüft am 10.10.2020).

World Bank Group, Doing Business 2019 – Training for Reform – Regional Profile European Union (EU).

World Justice Project, World Justice Project Rule of Law Index 2019, https://worldjusticeproject.org/our-work/research-and-data/wjp-rule-law-index-2019 (geprüft am 10.10.2020).

Sachregister

Studien zum europäischen und deutschen Öffentlichen Recht

herausgegeben von
Christian Calliess und Matthias Ruffert

Die Schriftenreihe *Studien zum europäischen und deutschen Öffentlichen Recht* (EuDÖR) widmet sich den Verbindungen zwischen dem nationalen und dem europäischen Recht. Das Öffentliche Recht ist in Bewegung. Vor allem die europäische Integration stellt überkommene Strukturen und Denkmuster in Theorie und Dogmatik vor neue Herausforderungen. Nicht zuletzt der Vertrag von Lissabon etabliert neuartige Verbundstrukturen im Verfassungs- und Verwaltungsrecht. Die Reihe EuDÖR setzt sich zum Ziel, diesen Prozess mit aktuellen Forschungsarbeiten rechtswissenschaftlich zu begleiten.

ISSN: 2192-2470
Zitiervorschlag: EuDÖR

Alle lieferbaren Bände finden Sie unter *www.mohrsiebeck.com/eudoer*

Mohr Siebeck
www.mohrsiebeck.com